NAPOLEÃO
Uma vida

NAPOLEÃO

Uma vida

Vincent Cronin

Tradução de Anna Lim e Lana Lim

Publicado originalmente em inglês pela HarperCollins Publishers Ltd. com o título:
Napoleon
© Vincent Cronin 1990

Amarilys é um selo editorial Manole.

Editor-gestor: Walter Luiz Coutinho
Editor: Enrico Giglio
Produção editorial: Luiz Pereira e Marcia Men
Editoração eletrônica: Anna Yue
Capa: Axel Sande / Gabinete de Artes

Dados Internacionais de Catalogação na Publicação (CIP)
(Câmara Brasileira do Livro, SP, Brasil)

Cronin, Vincent
Napoleão : uma vida / Vincent Cronin ;
tradução de Anna Lim e Lana Lim. --
Barueri, SP : Amarilys, 2013.

Título original: Napoleon
Bibliografia.
ISBN: 978-85-204-3563-2

1. França - História 2. França - Reis e
governantes - Biografia 3. Napoleão I, Imperador
dos franceses, 1769-1821 I. Título.

13-08455　　　　　　　　　　　　　　　　CDD-923.1

Índices para catálogo sistemático:
1. França : Reis e governantes : Biografia
923.1

Todos os direitos reservados.
Nenhuma parte deste livro poderá ser reproduzida, por qualquer processo,
sem a permissão expressa dos editores.
É proibida a reprodução por Xerox.

A Editora Manole é filiada à ABDR – Associação Brasileira de Direitos Reprográficos

1ª edição brasileira – 2013
1ª reimpressão – 2019

Editora Manole Ltda.
Av. Ceci – Tamboré
06460-120 – Barueri – SP – Brasil
Tel. (11) 4196-6000 – Fax (11) 4196-6021
www.manole.com.br / www.amarilyseditora.com.br
https://atendimento.manole.com.br/

Impresso no Brasil / *Printed in Brazil*

Este livro contempla as regras do Acordo Ortográfico da Língua Portuguesa de
1990, que entrou em vigor no Brasil em 2009.

Para Chantal

Sumário

Prefácio, 11

1. Uma infância feliz, 15
2. Academias militares, 30
3. O jovem reformador, 45
4. Fracasso na Córsega, 59
5. Salvando a Revolução, 71
6. Apaixonado, 89
7. Joséphine, 100
8. A campanha italiana, 112
9. Frutos da vitória, 131
10. Além das pirâmides, 147
11. Uma nova Constituição, 169
12. O primeiro-cônsul, 182
13. Reconstruindo a França, 198
14. Abrindo as Igrejas, 213
15. Paz ou guerra?, 227
16. O imperador dos franceses, 240
17. O Império de Napoleão, 257
18. Amigos e inimigos, 273
19. O estilo do Império, 289
20. A estrada para Moscou, 304
21. Retirada, 322
22. Colapso, 337
23. Abdicação, 354
24. Soberano de Elba, 376

25. Cento e trinta e seis dias,   391
26. A última batalha,   410
27. O fim,   426

Apêndice A: Autores de memórias e Napoleão,   443
Apêndice B: Clisson e Eugénie,   453
Fontes e notas,   459
Índice remissivo,   473

Ilustrações

Napoleão, por Pontornini
  (Mansell)

Napoleão na ponte de Arcola, detalhe de pintura de Antoine Gros
  (Versailles-Mansell)

O primeiro-cônsul, por Thomas Phillips
  (Courtauld Institute of Art)

O imperador Napoleão, por Houdon
  (Girandon)

Letizia Bonaparte, por Greuze
  (Coleção privada da condessa de Caraman)

Désirée Clary, por François Gérard
  (Bulloz)

Joséphine, gravura colorida por Isabey
  (Malmaison-Larerton)

O auge da ação no Nilo, por Thomas Whitcombe
  (National Maritme Museum)

A Batalha de Abukir, por L.F. Lejeune
  (Versailles-Girandon)

Napoleão no 19º Brumário, por François Bouchot
  (Mansell)

Joseph Bonaparte, por Wicar
(Versailles-Bulloz)

Lucien Bonaparte, atribuído a Robert Lefrèvre
(Versailles-Girandon)

Louis Bonaparte, por Wicar
(Versailles-Girandon)

Jerome Bonaparte, por Antoine Grois
(Versailles-Girandon)

Francisco II, sobre ilustração de P.G. Stambucchi
(Bildarchir d.Öst. Nationalbibliothek)

Marie Louise, por Francis Gérard
(Louvre-Mansell)

O rei de Roma, por *Sir* Thomas Lawrence

A campanha russa: 15 de novembro de 1812, por C.W. von Faber du Faur
(British Museum)

A campanha russa: 11 de dezembro de 1812, por C.W. von Faber du Faur
(British Museum)

Sir Hudson Lowe, sobre pintura a pastel de Abraham Wivell
(National Portrait Gallery)

Napoleão em Santa Helena, por James Sant
(Glasgow Art Gallery)

Longwood Old House, litografia de W. Gauci

Prefácio

Quando Napoleão colocou os pés pela primeira vez no convés de um navio de guerra inglês, observou os marinheiros içando a âncora e armando as velas, e reparou quão mais silencioso o navio era do que um navio francês. Seis vezes mais silencioso, ele calculou. O livro que segue é mais silencioso do que a maioria dos livros sobre Napoleão, no sentido de que há menos fogos de artilharia. Esta é uma biografia de Napoleão, não uma história do período napoleônico, e acredito que biografias devem lidar com eventos que elucidem o caráter de uma pessoa. Nem todas as batalhas de Napoleão se prestam a essa tarefa, e ele mesmo declarou ter sido responsável por no máximo metade das vitórias: "É o exército que vence a batalha".

Mas por que mais uma biografia? Por dois motivos. Primeiro, de 1951 para cá surgiu material novo de grande importância, não por acrescentar detalhes aqui e ali, mas por nos obrigar a olhar Napoleão, o homem, de uma maneira fundamentalmente nova. Esse material consiste em: os Cadernos de Alexandre des Mazis, o amigo mais próximo de Napoleão na juventude; as cartas de Napoleão para Désirée Clary, a primeira mulher de sua vida; as Memórias de Louis Marchand, o criado de Napoleão; e o diário boswelliano de Santa Helena do general Bertrand. Nada disso, exceto os escritos de Bertrand, foi publicado na Inglaterra. Também é importante a parte central da história autobiográfica de Napoleão que por tanto tempo ficou desaparecida, *"Clisson et Eugénie"*, na qual um frustrado jovem oficial de 25 anos expõe suas aspirações.

O segundo motivo é mais pessoal. Existe um grande número de biografias de Napoleão e, embora vá soar presunçoso, eu estava insatisfeito com a maneira como ele era retratado nelas. Não conseguia encontrar ali um homem real, de carne e osso. Na minha visão, sempre havia contradições gritantes de personalidade. Para citar só um exemplo dentre muitos, os biógrafos repetem a frase de Napoleão: "Amizade é somente uma palavra. Não amo ninguém". Mas, ao mesmo tempo, era evidente, a partir de suas próprias páginas, que Napoleão tinha muitos amigos próximos, mais do que qualquer outro soberano da França, calculo, e que ele gostava deles tanto quanto gostavam dele. Muitos dos biógrafos evidentemente ficavam embaraçados com essa aparente contradição e tentavam explicá-la dizendo que Napoleão era diferente de outros homens: "Napoleão era um monstro de egoísmo" ou "Napoleão era um monstro de desonestidade".

Já eu não acredito em monstros. Como disse, quis descobrir um Napoleão que eu pudesse imaginar como um homem real, de carne e osso. É claro que eu sabia que opiniões amplamente divergentes eram esperadas sobre sua vida pública, mas não havia razão para esperar divergências quanto aos fatos de sua vida pessoal. Então comecei a procurar pelas fontes. Descobri que um número surpreendente das que costumam ser usadas era, no mínimo, de valor duvidoso. A frase de Napoleão "Amizade é somente uma palavra" aparece somente nas Memórias de Bourrienne, o ex-secretário de Napoleão. Só que Bourrienne usurpou meio milhão de francos de Napoleão, teve de ser alocado no exterior, onde usurpou mais dois milhões, e por fim foi dispensado. Depois da queda de Napoleão se juntou aos Bourbon, porém mais uma vez foi dispensado por desonestidade. Para ajudar a pagar suas dívidas decidiu publicar suas Memórias. No entanto, Bourrienne não as escreveu: só forneceu anotações para parte delas, e estas foram escritas por um *ghost writer*, um jornalista simpatizante aos Bourbon. Pouco tempo depois da publicação, Bourrienne teve de ser trancafiado em um sanatório. Imediatamente após as publicação de suas Memórias, um grupo de homens cientes dos fatos publicou um livro de 720 páginas inteiramente dedicado a corrigir os erros factuais de Bourrienne. Admito que esse seja um exemplo extremo, mas há outros oito livros de memórias que nenhuma corte inglesa aceitaria como prova cabível; mesmo assim eles têm sido usados pelos biógrafos como referência constante.

À medida que continuava minha avaliação crítica das fontes – incluída aqui como o Apêndice A – fui capaz de esclarecer muitas das contradições que me intrigavam. No entanto, no processo, descobri que precisava mudar minha opinião anterior sobre Napoleão. Começaram a surgir diferentes qualidades e diferentes defeitos, e foi então que resolvi tentar escrever uma nova biografia, uma das primeiras a se fundamentar em avaliação crítica das fontes, que também agregaria o material novo que mencionei anteriormente. Trataria mais de questões civis do que militares, pois o próprio Napoleão dedicava mais tempo a questões civis. Mesmo como segundo-tenente, importava-se mais com melhorias sociais em casa do que conquistas no exterior, e embora as circunstâncias o tenham

PREFÁCIO 13

obrigado a combater durante a maior parte de seu reinado, ele sempre insistiu que era em primeiro lugar um estadista. Ao descrever o trabalho construtivo de Napoleão, e mesmo suas intenções frustradas, fiz o possível para me apoiar nos diários ou nas memórias dos homens que melhor o conheciam, como Desaix na Itália, Roederer durante o Consulado e Caulaincourt durante os últimos anos do Império.

Uma vez Napoleão sonhou que estava sendo devorado por um urso. Esse, e dois outros sonhos – um que envolvia afogamento e o outro sobre Joséphine – são tudo que sabemos sobre seu histórico de sonhos. Mas Napoleão era, entre outras coisas, um rato de biblioteca. Durante seus momentos de lazer, fosse em Malmaison ou em campanha, era comum ser encontrado completamente envolvido na leitura de um livro, e sabemos exatamente quais livros e peças mexiam com ele. Discuto esses aspectos com certo detalhamento por acreditar que, tais como sonhos, eles ajudam a esclarecer seus anseios e temores.

Usei os seguintes manuscritos de coleções públicas: na Biblioteca Thiers, a rica coleção formada por Frédéric Masson, incluindo o diário do dr. James Verling, que viveu em Longwood de julho de 1818 até setembro de 1819, e a cópia integral do diário de Gourgaud: ambas fornecem detalhes valiosos sobre a saúde e o estado de espírito de Napoleão; no Institut de France, os documentos Cuvier, que mostram como Napoleão organizou o ensino; no Public Record Office, os despachos de Lowe para o lorde Bathurst e os documentos do Foreign Office relacionados à Suíça, que esclarecem a ruptura do Tratado de Amiens; no British Museum, dois breves manuscritos de Napoleão; os Windham Papers, que mostram o quão envolvida a classe dominante inglesa estava com os exilados franceses; os Liverpool Papers, em particular o Add.MS [manuscrito adicional] . 38.569, o volume de cartas cifradas de Drake, em Munique, para Hawkesbury, mantendo-o a par do complô para derrubar Napoleão; e o diário e relatórios do capitão Nichols em Santa Helena.

Quero agradecer pela generosa ajuda a dr. Frank G. Healey, dr. Paul Arrighi, *monsieur* Etienne Leca, *conservateur* da Bibliothèque Municipale em Ajaccio, *monsieur* J. Leblanc do Musée d'Ajaccio, sr. Nigel Samuel, que gentilmente permitiu que eu usasse seu manuscrito de parte de *"Clisson et Eugénie"*, Madame L. Hautecoeur da Bibliothèque de l'Institut de France, *Mademoiselle* Hélène Michaud da Bibliothèque Thiers, srta. Banner da Royal College of Music, sra. Barbara Low, que digitou o livro e, por uma série de detalhes napoleônicos, meu amigo sr. Basil Rooke-Ley.

I

Uma infância feliz

Na manhã do dia 2 de junho de 1764, os sinos de bronze da catedral de Ajaccio começaram a dobrar e as pessoas importantes da cidadezinha – proprietários de terras, oficiais do exército, juízes e tabeliões – com suas senhoras em vestidos de seda, subiram os cinco degraus que levavam à catedral de fachada sóbria; entraram e sentaram-se em seus lugares para o casamento mais badalado do ano. Carlo Buonaparte de Ajaccio, um advogado alto e esguio de 18 anos de idade, iria se casar com a bela Letizia Ramolino, de 14 anos, também de Ajaccio. Como todos sabiam, era uma união por amor. Carlo estudava Direito na Universidade de Pisa e, de repente, sem concluir seus estudos, tomou um navio de volta para casa para pedir a mão de Letizia, no que foi aceito. No Continente, casamentos das classes superiores eram negócios de berço e dinheiro, mas na simplória Córsega geralmente eram negócios do coração. Não que o mencionado casamento fosse insatisfatório do ponto de vista de linhagem e propriedade, longe disso.

Os Buonaparte viviam originalmente na Toscana. Um oficial do exército chamado Ugo é mencionado em um ato de 1122 como tendo combatido ao lado de Frederico, o Caolho, duque de Suábia, para subjugar a Toscana; e foi o sobrinho de Ugo, quando ele se tornou membro do Conselho que governava Florença, que assumiu o sobrenome Buonaparte, que significa "a boa parte". Por "boa parte" ele designava os homens do imperador, que acreditavam em proezas cavalheirescas e na unidade da Itália, mais do que no partido papal, que incluía uma nova classe executiva. Mas a "boa parte" perdeu poder e Ugo Buonaparte teve de deixar Florença. Ele foi morar no porto marítimo de Sarzana. Na turbulenta primeira metade do século XVI, um dos descendentes de Ugo, um certo Francesco Buonaparte, embarcou em Sarzana para tentar a sorte na Córsega, que começara a ser colonizada por Gênova, e ali a família de Francesco construiu um bom nome para si, principalmente como advogados ativos no governo local.

Os Ramolino descendiam dos condes de Collalto na Lombardia e estavam estabelecidos na Córsega havia 250 anos. Assim como os Buonaparte, haviam se casado em sua maior parte com outras famílias tradicionais de origem italiana, e os filhos iam para o exército. O pai de Letizia havia comandado a guarnição de Ajaccio, e mais tarde se tornou o inspetor-geral de Estradas e Pontes, um posto genérico uma vez que não havia estradas ou pontes em Córsega. Ele morreu quando Letizia tinha cinco anos, e dois anos depois sua mãe se casou com o capitão Franz Fesch, um oficial suíço que servia na marinha genovesa. Foi o padrasto suíço de Letizia que a levou ao altar.

Também do ponto de vista material foi um casal bem formado. Carlo, cujo pai havia morrido quatro anos antes, trouxe para sua esposa a casa da família na Via Malerba, dois dos melhores vinhedos perto de Ajaccio e alguns pastos e terras aráveis; enquanto o dote de Letizia consistia em 31 acres, um moinho e um grande forno de assar pão, avaliados em um total de 6.705 libras tournois. Como a propriedade de Carlo provavelmente valia mais ou menos o mesmo, o jovem casal poderia esperar uma renda anual de aproximadamente 670 libras tournois, grande parte em espécie.

Então o galante jovem advogado se casou com a linda filha do oficial do exército e quando o último convidado se foi ele a levou para viver no primeiro andar de sua grande casa com persianas, em uma rua estreita perto do mar. No andar térreo vivia a mãe de Carlo e seu rico tio Lucciano, arcediago de Ajaccio, que sofria de gota; no andar de cima viviam os primos, que às vezes podiam ser difíceis, e agora Letizia estava sendo agregada à unidade familiar. Ela era esguia e delicada – tinha somente 1,5 metro de altura. Seus olhos eram marrons-escuros, seus cabelos castanhos, seus dentes brancos e possuía duas características comuns à nobreza: um nariz fino e reto, além de longas mãos alvas. Apesar de sua beleza, era extremamente tímida, às vezes a ponto de ser desajeitada. Ela também era extraordinariamente devota, até mesmo para uma corsa. Ela ia à missa todos os dias, uma prática que manteria por toda sua vida.

Nessa época, a Córsega chamava atenção por seus esforços para se tornar independente. Em 1755, Pasquale Paoli, um alferes de 29 anos da Guarda Corsa que servia ao rei de Nápoles, voltou à ilha, colocou-se como líder das guerrilhas e expulsou os genoveses de toda a Córsega central, contendo-os em alguns portos, sendo o de Ajaccio um deles. Então deu aos corsos uma constituição democrática, com ele próprio como chefe executivo, e começou a governar com sabedoria. Ele reprimiu os bandidos, construiu algumas estradas, fundou escolas e até mesmo uma pequena universidade.

Carlo Buonaparte, assim como todo corso, detestava o governo genovês, que cobrava pesados tributos dos corsos e reservava os melhores empregos para os presunçosos nobres genoveses. Ele queria que seu país fosse completamente livre e, ademais, estava disposto a trabalhar por isso. Era jovem demais para se candidatar ou até mesmo para votar, mas fazia visitas a Paoli e, dois anos depois de seu casamento, levou Letizia consigo na viagem de três dias a cavalo até Corte, a capital-fortaleza de Paoli. Normalmente Letizia só saía para a missa, e evidentemente Carlo queria exibir sua deslumbrante jovem esposa.

Era um homem alto e pesado de cabelos loiros avermelhados e penetrantes olhos azuis. Morava em uma casa guardada por cinco grandes cães, e ele mesmo de certa forma lembrava um mastim amigável. Em seu uniforme verde com bordados dourados, passava o dia andando para cima e para baixo, pulsando com energia, ditando para sua secretária ou citando Lívio e Plutarco. Ele tirava força dos clássicos, assim como de outros homens da Bíblia, e dizia, "Eu desafio Roma, Esparta ou Tebas a me mostrarem trinta anos de tanto patriotismo quanto a Córsega consegue exibir".

Paoli era um solteiro convicto de 41 anos, e vivia somente pela independência da Córsega. Mas ele gostava da tímida Letizia. Tanto que à noite ele parava de andar, puxava uma cadeira e jogava com ela reversi, um jogo de tabuleiro. Letizia vencia com tanta frequência que Paoli lhe dizia que ela tinha o jogo no sangue.

Paoli ainda tinha muito de líder de guerrilha. Disse a Carlo que pretendia fazer um ataque com o intuito de desviar a atenção na próxima ilha genovesa de Capraia, de forma que as tropas genovesas nos portos corsos pudessem correr em defesa de Capraia. Isso irritaria o Papa, que originalmente havia dado Córsega e Capraia a Gênova, e Paoli pediu a Carlo que fosse até Roma como seu embaixador para evitar quaisquer contramedidas. Isso era uma honra e uma grande mostra de confiança em Carlo, um jovem de apenas vinte anos.

Depois de deixar Letizia com a mãe dele, Carlo partiu para Roma. Não era uma tarefa fácil, uma vez que os cinco bispos na Córsega, todos nomeados por Gênova, enviavam continuamente a Roma relatórios adversos sobre Paoli. No entanto, Carlo era bom de conversa e seus modos corteses causavam uma impressão favorável. Explicou a política de Paoli com tanta habilidade que Roma absteve-se de represálias. No entanto, descobriu que a Cidade Santa era extremamente cara e para voltar para casa teve de pedir dinheiro emprestado a um corso chamado Saliceti, um dos médicos do Papa.

De volta a Ajaccio, Carlo se sentiu bem satisfeito. Paoli estava feliz com seu trabalho e – talvez os jogos de reversi tivessem algo a ver com isso – as pessoas diziam que ele via Carlo como seu provável sucessor. Letizia, depois da tristeza de ter perdido primeiro um menino e depois uma menina ainda bebês, agora era a orgulhosa mãe de um filho saudável, Giuseppe.

Com o repente de um temporal corso, essa felicidade foi arruinada. Paoli de certa forma foi bem-sucedido demais, pois os genoveses, ao perceberem que o jogo tinha terminado, decidiram vender a Córsega. O comprador era o rei da França, Luís XV. Ele havia perdido a Minorca recentemente e estava ansioso por restaurar seu poder no Mediterrâneo. Ele assinou o termo de compra em Versalhes no dia 15 de maio de 1768, e logo fez planos para tomar posse.

Os corsos realizaram reuniões de emergência. Havia 130 mil deles àquela altura: um povo impetuoso, de olhos vivos, voz estridente, gestual contundente. O corso típico usava uma jaqueta curta, culotes e polainas feitas de veludo cotelê cor de chocolate; na cabeça, um boné pontudo de veludo preto; nos ombros, um mosquete carregado, com a munição dentro de uma bolsa de couro. Vivia em uma casa de pedra sem janelas, iluminada à noite por um galho de pinheiro em chamas, em um canto onde ficava uma pilha de castanhas que ele moía para fazer seu pão. Azeitonas e uvas ele apanhava de suas próprias árvores e vinhas, e a caça – em sua maior parte perdizes e javalis – ele abatia com sua própria arma. Então ele não precisava trabalhar nos campos, e considerava tal trabalho humilhante. Suas necessidades não eram muitas, e como a moeda era pouco conhecida, não sentia muita tentação em acumular riqueza. Por outro lado, possuía um senso de independência fora do comum. Isso gerava uma tremenda segurança, além de sua contrapartida: a presunção.

Com homens como esses para liderar, Paoli decidiu resistir aos franceses. Carlo juntou-se à causa. Eles convocaram reuniões públicas com grande número de participantes; em uma delas Carlo fez um discurso apaixonado e muito sincero: "Se a liberdade pudesse pertencer àqueles que a desejam, todos seriam livres, mas um apego resoluto pela liberdade, elevando-se sobre todas as dificuldades e baseado em fatos, e não aparências, raramente é encontrado nos homens, e é por isso que aqueles que possuem esse apego são considerados praticamente sobre-humanos". E era assim que Paoli era visto pelos ilhéus. Nessa reunião, a maioria votou pela resistência, e os homens se dispersaram gritando "Liberdade ou Morte".

Em agosto de 1768 navios de guerra franceses levaram 10 mil tropas até Bástia, do outro lado da ilha diante de Ajaccio. Carlo correu para as montanhas para se juntar a Paoli. Letizia também foi para cuidar dele caso se ferisse. Os guerrilheiros

UMA INFÂNCIA FELIZ

corsos, com exceção de Paoli, não tinham uniformes nem canhões; eles não atacavam ao som de flauta e tambor, mas sim ao estridente som de búzios. Eles não entendiam nada de exercícios militares, mas conheciam cada canto do maquis, a espessa vegetação rasteira de murta, arbustos, giesta e outros arbustos de cheiro doce que cobrem as colinas corsas. Paoli os levou à vitória e fez 500 prisioneiros. Os franceses tiveram de recuar e Chauvelin, seu comandante, recolheu-se humilhado.

Na primavera seguinte os franceses voltaram, dessa vez em 22 mil, liderados pelo competente conde de Vaux. Mais uma vez Carlo foi até o maquis. Letizia foi com ele. Ela estava grávida e carregava seu bebê nos braços. Ela acampou em uma caverna de granito no pico mais elevado da Córsega, Monte Rotondo, enquanto Carlo liderava seus homens contra os franceses. Às vezes ela escapava para ver: "Balas passavam silvando pelos meus ouvidos, mas eu acreditava na proteção da Virgem Maria, a quem dediquei meu filho por nascer".

Os corsos lutavam obstinadamente. Na luta desse ano e na do anterior mataram ou feriram nada menos que 4.200 franceses. Mas eles estavam em um número infinitamente menor e no dia 9 de maio Paoli foi derrotado definitivamente na Ponte Nuovo. Carlo ainda mantinha a resistência no Monte Rotondo quando, duas semanas mais tarde, um oficial francês chegou carregando uma bandeira branca. Ele disse a Carlo que Corte estava em mãos francesas e a guerra havia acabado. Paoli decidiu se exilar na Inglaterra. Se Carlo e seus camaradas voltassem para suas casas eles não seriam molestados.

Carlo e Letizia foram até Corte. Ali o comandante de Vaux, que passou a sentir um saudável respeito pelos corsos, garantiu-lhes que os franceses não tinham vindo como opressores, mas sim como amigos. Carlo agora se encontrava diante de uma escolha cruel. Deveriam ele e Letizia se exilar junto com Paoli? Afinal, ele era um dos tenentes de confiança de Paoli. Talvez os ingleses fossem ajudá-los a conquistar sua liberdade, embora apelos à Inglaterra não tivessem trazido nenhum apoio na guerra atual. Ou deveriam eles aceitar a nova situação? Diferentemente de Paoli, Carlo era um homem de família, e ele via quão difícil seria viver no exterior como um advogado. Paoli era um idealista, "sobre-humano" em sua devoção à liberdade, mas Carlo era mais pragmático. Ele havia arriscado sua vida duas vezes para manter a Córsega livre. Já bastava. Ele permaneceria em Ajaccio. Mas se separou de Paoli amigavelmente, indo até Bástia para se despedir dele quando este partiu em um navio de guerra inglês junto com outros 340 corsos que preferiam o exílio ao domínio francês.

Carlo e Letizia, com o coração aflito, continuaram sua vida em Ajaccio. A nova guarnição francesa desceu a bandeira corsa – em prata, a cabeça de um mouro de olhos vendados – e içou sua própria bandeira azul com lírios brancos.

O francês era a nova língua oficial, e enquanto Carlo começou a aprendê-la, Letizia esperava a criança que, como resultado da decisão de Carlo, nasceria não como um corso em Londres, mas sim como um francês em Ajaccio.

Julho virou agosto, um mês quente e abafado no pequeno porto marítimo protegido de ventos. Quinze de agosto é a festa da Assunção, e Letizia, com sua devoção à Virgem Maria, insistiu em ir à catedral para a missa solene. Quando a missa começou ela sentiu os primeiros sinais do parto. Auxiliada por sua eficiente cunhada, Geltruda Paravicini, ela voltou para casa, que ficava a um minuto de caminhada. Ela não teve tempo de subir para o quarto, e deitou no sofá do térreo, enquanto Geltruda chamava o médico. No sofá, pouco depois do meio-dia, com quase nenhuma dor, Letizia deu à luz um menino. Ele nasceu com uma coifa, ou seja, parte da placenta cobria sua cabeça, o que na Córsega e em muitos lugares é considerado sinal de boa sorte.

Mais tarde, naquele dia, um padre da catedral veio batizar o menino. Certamente ele esperava que "Maria" fosse incluído como um dos nomes, uma vez que Letizia o havia dedicado à Virgem Maria e ele nascera no dia de sua maior festa; esse costume era bastante comum: Carlo, por exemplo, era Carlo Maria. Mas os pais não queriam nenhum toque feminino. A criança que Letizia carregou com bravura ao lado de seu marido quando servia o exército só deveria ter um nome: Napoleone, em homenagem a um dos tios de Letizia que havia combatido os franceses e morrera há pouco tempo. Originalmente, Napoleone era o nome de um mártir egípcio que sofrera na Alexandria governada por Diocleciano. Letizia o pronunciava com um "o" breve, mas na maior parte dos lábios corsos ele soava como "Nabullione".

A excitação e o esforço nas montanhas podem ter causado o nascimento prematuro do bebê; de qualquer maneira, ele não era robusto. A própria Letizia o amamentou e também contratou uma forte camponesa ama-de-leite, a esposa de um marinheiro chamada Camilla Ilari. Então não faltou leite para a criança. Ele era paparicado por uma mãe que já perdera dois filhos, e quando chorava era ninado até dormir em seu berço de madeira. Todo esse cuidado, combinado com o clima saudável e o ar marítimo de Ajaccio, produziu o efeito desejado e o bebê que nascera miúdo começou a virar uma criança forte.

Enquanto Giuseppe, o menino mais velho, era quieto e comportado, Napoleone era cheio de energia e curiosidade, de modo que os visitantes mudaram seu nome para Rabulione – "aquele que se intromete em tudo". Ele tinha uma natureza generosa e dividia seus brinquedos e doces com outras crianças sem pedir nada em troca. No entanto, sempre estava pronto para uma briga. Gostava de enfrentar Giuseppe, que era dezenove meses mais velho que ele; rolavam no chão do jardim, mordendo, trocando tapas e torcendo o pescoço um do outro, e muitas vezes era o menino mais novo que ganhava. Evidentemente com o briguento Napoleone em mente, Letizia tirou os móveis de um quarto onde, nos dias chuvosos, os meninos podiam fazer o que quisessem, até desenhar nas paredes.

Napoleone cresceu em um ambiente de segurança e carinho. Seus jovens pais eram devotados um ao outro, e ambos adoravam crianças. Posteriormente, Carlo, como um corso, teria o direito de vida e morte sobre seus filhos, mas agora cabia à mãe administrar disciplina. Quando Carlo tentava lidar com a traquinagem dos meninos, Letizia dizia: "Deixe-os. Isso não é assunto seu, é meu". Ela prezava muito a higiene, e fazia seus filhos tomarem banho diariamente. Napoleone não se incomodava com isso, mas se incomodava em ir para a longa missa solene do domingo. Se ele tentasse não ir, recebia uma sonora palmada de Letizia.

O alimento que ele comia vinha em sua maior parte da terra de seus pais; "os Buonaparte", dizia o arcediago Lucciano com orgulho, "nunca pagaram por pão, vinho e azeite". O pão era feito em casa com milho moído no moinho que viera com o dote de Letizia. O leite era de cabra; o queijo, um queijo de cabra cremoso chamado *bruccio*. Não havia manteiga, mas muito azeite de oliva; havia pouca carne, mas muito peixe fresco, inclusive atum. Tudo era de boa qualidade e nutritivo. Napoleone se interessava pouco por comida, exceto pelas cerejas negras: ele gostava muito delas.

Quando tinha cinco anos, foi enviado a uma escola diurna mista dirigida por freiras. À tarde as crianças eram levadas para uma caminhada, e nessas ocasiões Napoleone gostava de andar de mãos dadas com uma garota chamada Giacominetta. Os outros meninos notaram isso, bem como o fato de que Napoleone, descuidado com o modo de vestir, sempre andava com as meias na altura dos tornozelos. Eles o seguiam gritando:

Napoleone di mezza calzetta
Fa l'amore a Giacominetta.

Os corsos detestam ser zombados, e nesse ponto Napoleone era um corso típico. Ele pegava gravetos e pedras, corria entre os meninos zombeteiros e assim mais uma briga começava.

Das freiras Napoleone foi para uma escola diurna de meninos dirigida por um certo padre Recco. Ali ele aprendeu a ler – em italiano, pois as inovações francesas não atingiam as escolas. Aprendeu a escrever, também em italiano.

Aprendeu também aritmética, e disso ele gostava. Até fazia somas fora da escola, por prazer. Um dia, aos oito anos de idade, saiu com um fazendeiro local para inspecionar um moinho. Como o fazendeiro lhe ensinou quanto milho o moinho moeria em uma hora, ele calculou as quantidades moídas em um dia e em uma semana. Também calculou o volume de água necessária para ativar as mós.

Durante as longas férias de verão a família se mudava – levando seus colchões consigo – para uma de suas casas de fazenda perto do mar ou nas montanhas. Ali Napoleone era levado para longas caminhadas por sua robusta Tia Geltruda, que não tinha filhos e gostava de ensiná-lo a cultivar. Dessa maneira ele aprendeu sobre plantações de milho, plantio e colheita de vinhas, e o estrago feito pelas cabras do Tio Lucciano às oliveiras.

Famílias corsas como os Buonaparte ocupavam uma posição social muito incomum. Tanto Carlo quanto Letizia eram nobres de nascimento: ou seja, por trezentos anos a maior parte de seus antepassados havia se casado com iguais e, embora não houvesse casamentos consanguíneos, certo refinamento físico e mental poderia ser esperado em cada geração. No entanto, eram diferentes do resto da nobreza europeia no sentido de que não eram ricos nem possuíam privilégios. Eles pagavam impostos como todo mundo e os trabalhadores os chamavam pelo primeiro nome. Sua casa em Ajaccio era maior que a maioria, mas não diferente na essência: não havia retratos de família nas paredes, nem lacaios subservientes. Enquanto seus correspondentes continentais, que cresceram moles e gordos, buscavam um mundo de fantasia em romances excitantes e bailes de máscara, a nobreza corsa era obrigada a manter os pés no chão. Eles eram mais diretos, mais espontâneos: um pequeno exemplo é que membros de uma família se beijavam na boca. Por não terem os símbolos de poder, prestavam mais atenção às características internas da nobreza. Os Buonaparte acreditavam – e ensinaram Napoleone a acreditar – que a honra é mais importante que dinheiro, a fidelidade mais importante que a autoindulgência, a coragem mais importante que tudo no mundo. A partir de sua experiência, Letizia disse a Napoleone, "Quando você crescer será pobre. No entanto, é melhor ter uma bela sala para receber amigos, um belo conjunto de roupas e um belo cavalo, para poder ter uma boa fachada – mesmo que tenha de viver de pão seco". Às vezes ela mandava Giuseppe e Napoleone para a cama sem jantar, não como castigo, mas sim para treiná-los a "aguentar o desconforto sem demonstrar".

Na França, na Itália ou na Inglaterra, Napoleone teria crescido com alguns amigos de sua própria classe, mas na Córsega todos se misturavam em pé de igualdade. Ele era muito próximo de Camilla, sua ama de leite, e seus dois melhores amigos eram filhos de Camilla. Nas ruas de Ajaccio e no campo ele brincava com corsos de todos os tipos. Não foi instruído por um tutor estrangeiro, mas sim por corsos. Embora somente dois de seus oito bisavós fossem majoritariamente de raízes corsas, Napoleone herdou ou adquiriu muitas atitudes e valores corsos.

O mais importante deles era um senso de justiça. Por séculos essa foi a principal característica corsa, pois é mencionada por autores clássicos. Um exemplo disso ocorreu quando Napoleone frequentava a escola. Os meninos eram divididos em dois grupos, romanos e cartaginenses; os muros da escola traziam penduradas espadas, escudos e bandeiras feitas de madeira ou papelão, e o grupo com o trabalho superior tirava um troféu do outro. Napoleone estava entre os cartaginenses. Não conhecia muito de História, mas pelo menos sabia que os romanos haviam derrotado os cartaginenses. Ele queria estar no lado vencedor. Acontece que Giuseppe era um romano e Napoleone por fim persuadiu seu irmão tranquilo a trocar de lugar com ele. Agora ele era um romano, e deveria estar contente. Mas pensando melhor, decidiu que havia sido injusto com Giuseppe. Começou a sentir o peso do remorso. Por fim desabafou com sua mãe, e só quando ela o tranquilizou voltou a se sentir confortável.

Outro exemplo diz respeito a seu pai. De tempos em tempos Carlo gostava de ir a um dos cafés de Ajaccio para tomar algo com seus amigos. Às vezes ele jogava cartas a dinheiro; se perdesse, faltava dinheiro a Letizia para as despesas domésticas. Ela dizia a Napoleone, "Vá ver se seu pai está jogando", e assim ele ia. Detestava a ideia de espionar, ainda mais a seu próprio pai: revoltava seu senso de justiça. Adorava sua mãe, mas por toda sua vida essa foi uma situação com a qual nunca concordou.

Sob domínio genovês a Justiça havia sido venal, de forma que os corsos assumiram a lei e desenvolveram uma espécie de justiça bárbara: vingança. Os corsos instruíam seus filhos a acreditar em Deus e na Igreja, mas omitiam o preceito sobre perdoar injúrias; na verdade, eles lhes diziam que insultos deviam ser vingados. Como o corso era extremamente sensível a qualquer reflexão sobre sua própria dignidade, as vendetas rapidamente se intensificaram, e eram a maldição da ilha. Um observador notou que "um corso é considerado infame se não vingar a morte de seu décimo primo". "Aqueles que concebem sua honra afrontada deixam as barbas crescerem... até que tenham vingado a afronta. Essas longas barbas eles chamam de *barbe di vendetta*". Vingança era o lado obscuro do orgulho másculo e senso de justiça dos corsos; Carlo o possuía, assim como seu filho.

Nesse mundo de matanças repentinas nas montanhas as pessoas viviam aterrorizadas por mau olhado, vampiros, feitiços. Letizia, ao ouvir notícias assustadoras, fazia o sinal da cruz rapidamente e murmurava "Gesù!", um hábito que seu filho adotou. Por outro lado, os corsos tinham uma obsessão um tanto doentia com mortes violentas. Boa parte de sua poesia cantada assumia a forma de lamentações de uma moça por seu querido irmão morto subitamente a facadas ou a tiros. Havia muitas histórias de fantasmas, as quais Napoleone ouviu e se lembrava; havia contos de terror sobre mortes e seus presságios; quando alguém estava fadado a morrer, uma luz pálida sobre o telhado anunciava o fato; a coruja piava a noite inteira, o cachorro uivava, e muitas vezes se ouvia um tambor, percutido por um fantasma.

Enquanto isso Carlo adaptava-se bem ao domínio francês. Ele foi até Pisa para se formar em Direito e, em 1771, quando os franceses dividiram a Córsega em onze distritos legais, Carlo conseguiu um trabalho como assessor do distrito de Ajaccio. Ele tinha de assistir o juiz tanto em casos criminais quanto civis, e assumir seu lugar quando necessário. Seu salário era de 900 libras por ano. Ele logo contratou uma babá para os meninos, chamada Caterina, e duas serventes para ajudar Letizia com as refeições e a lavanderia.

Carlo também ganhava dinheiro como advogado praticante e até defendia casos em causa própria. Ele nunca recebeu todo o dote prometido de Letizia, e quando Napoleone fez cinco anos Carlo entrou com uma ação e ganhou. Ele obteve a venda pública no mercado de Ajaccio de "dois pequenos barris, dois engradados, duas jarras de madeira para carregar uvas, uma bacia e um tonel, uma grande barrica, quatro barricas médias, seis barris de baixa qualidade etc". Um mês depois Carlo constatou que ainda lhe deviam o equivalente a um boi: 70 livres. Após uma nova audiência, um novo julgamento foi emitido, obrigando o espólio de Ramolino a pagar "o preço do valor de um boi exigido por Carlo Buonaparte".

Em outra ocasião, Carlo, seguindo o princípio corso de que se não defendesse seus direitos em questões pequenas, logo os perderia nas questões grandes, entrou com uma ação contra seus primos no andar de cima "por esvaziar suas lavagens pela janela" e estragar um dos vestidos de Letizia.

O processo mais importante de Carlo dizia respeito a uma propriedade em Mitelli. Ela pertencera a Paolo Odone, irmão da tataravó de Carlo, que morreu sem herdeiros e a deixou para os jesuítas. Como a Ordem Jesuíta havia sido fechada recentemente, Carlo considerou a propriedade como sua, mas as autoridades francesas apreenderam a propriedade e usaram a receita para as escolas. Carlo tentou continuamente provar, dentro da lei, que tinha direito a ela, mas não tinha provas documentadas. Quando, em 1780, começou a manter um livro de registros e datas importantes de família, pediu "aos mais qualificados de seus

UMA INFÂNCIA FELIZ

filhos" para manterem o registro detalhado e, em alusão à propriedade, "vingar nossa família pelas tribulações e restrições que sofremos no passado".

Carlo mostrava uma energia admirável, mas sua vida ainda seguia o padrão do passado. Graças aos franceses, agora deveria tomar uma direção completamente nova. Os franceses dividiram a sociedade em três classes – nobres, clérigos e plebeus – e trouxeram esse eficiente sistema para a Córsega. Se um corso quisesse continuar na política, como Carlo, ele não deveria fazê-lo mais como um indivíduo, e sim como um membro de uma das três classes. Um corso cuja família tivesse vivido na ilha por duzentos anos e que conseguisse provar que possuía linhagem nobre durante aquele período recebia privilégios similares àqueles da nobreza francesa, incluindo isenção de impostos, e o direito de atuar como um nobre na assembleia da ilha.

Carlo decidiu aceitar essa oferta. Os Buonaparte haviam mantido contato com o ramo toscano em Florença e ele logo conseguiu produzir onze quartos de nobreza – sete a mais que o mínimo estipulado. Ele se inscreveu devidamente como um nobre francês e assumiu seu lugar quando os Estados-Gerais da Córsega se reuniram pela primeira vez em maio de 1772. Seus colegas o estimavam, uma vez que o elegeram membro do Conselho dos Doze Nobres, que tinha influência no governo da Córsega.

Quando tinha três anos, Napoleone teria notado uma mudança na aparência de seu pai. O alto Carlo começou a usar uma peruca encaracolada empoada, com uma fita dupla de cetim preto. Ele usava coletes bordados, elegantes culotes, meias de seda e sapatos com fivelas de prata. Junto aos quadris carregava a espada que simbolizava sua linhagem nobre, e começou a ser chamado pelos locais de "Buonaparte, o Magnífico". Também houve mudanças na casa da família. Carlo construiu uma sala onde podia dar grandes jantares, e comprou livros, uma raridade na Córsega. Logo constituiu uma biblioteca de mil volumes. Por conta disso Napoleone, ao contrário de seus antepassados, cresceu com acesso a livros e a toda sua reserva de conhecimento.

Quando Napoleone tinha sete anos, os corsos escolheram seu pai como um dos três nobres a expressar a deferência da ilha ao rei Luís XVI. E assim foi Buonaparte, o Magnífico, até o palácio de Versalhes, onde conheceu o amigável e desarticulado rei e talvez também Maria Antonieta, que importava arbustos de flores da Córsega para seu jardim em Trianon. Durante essa e uma segunda visita em 1779 Carlo tentou, sem sucesso, ser pago pelo legado de Odone, mas ele conseguiu um subsídio para a plantação de amoreiras – esperava-se que elas introduzissem a produção de seda na Córsega. Quando voltou, Carlo pôde se gabar de que havia falado com Sua Majestade, mas foi uma gabação custosa. "Em

Paris", ele anotou em seu livro de contabilidade, "recebi 4 mil francos do rei e uma gratificação de mil coroas do Governo, mas voltei sem um centavo".

Carlo poderia ser classificado como um nobre francês, mas estava longe de ser rico. Em 1775, quando Napoleone tinha seis anos, tiveram um terceiro filho, chamado Lucciano, e dois anos mais tarde uma filha, Maria Anna, de forma que ele passou a ter quatro filhos para sustentar e educar com um salário de 900 livres. A França, como ele descobriu a duras penas, era dispendiosa: certamente o melhor que ele podia esperar era manter seus meninos na escolinha do padre Recco e quando eles fizessem dezesseis anos enviá-los até Pisa para estudar direito, como tantas gerações de Buonaparte. Felizmente para Carlo e seus filhos, esse problema logo seria resolvido de uma forma inesperada.

Paoli havia deixado a Córsega, e seu lugar como o homem mais importante havia sido tomado pelo comandante civil e militar francês, Louis Charles René, o conde de Marbeuf. Nascido em Rennes de uma antiga família bretã em 1712, ele entrou para o exército, lutou bravamente e foi promovido a comandante de brigada. Então, com seu charme e inteligência, tornou-se cortesão e cavalheiro de companhia do rei Estanislau I, o sogro polonês de Luís XV. Em sua nomeação como soberano virtual da Córsega, ouviu do ministro das Relações Exteriores: "Faça os corsos o amarem, e não lhes negue nada para fazê-los amarem a França".

Foi o que fez Marbeuf. Reduziu os impostos a meros 5% das colheitas, aprendeu a pronúncia corsa do italiano, de forma que pudesse conversar com os camponeses; às vezes usava o típico gorro pontudo de veludo corso, feito em casa; construiu para si uma bela casa perto de Corte e recebia as pessoas generosamente – como ele de fato podia, com seu salário de 71.208 libras.

Bretões e escoceses têm duas coisas em comum: gaitas de fole e um talento para administrar colônias. Quando James Boswell percorreu a Córsega, ficou com Marbeuf, segundo ele: "das montanhas da Córsega para as margens do Sena", e admirou o trabalho desse "valoroso e generoso francês... alegre sem leviandade e sensato sem severidade". Quando adoeceu, Boswell foi cuidado pelo próprio Marbeuf, em uma dieta de caldos de carne e livros. De fato, a bondade de Marbeuf se destaca tanto no *Tour* de Boswell que chega a prejudicar o propósito do livro, que era louvar os corsos "oprimidos".

Carlo também gostava de Marbeuf. Ambos queriam melhorar a agricultura. Marbeuf introduziu a batata, e incentivou o cultivo de linho e tabaco. Ajudou Carlo a conseguir uma concessão de 6 mil libras para drenar um pântano de sal perto de Ajaccio e plantar cevada. Carlo providenciou por conta própria que um comerciante de sementes viesse da Toscana para plantar ou semear certos vegetais franceses desconhecidos na Córsega: repolho, beterraba, salsão, alcachofra

UMA INFÂNCIA FELIZ

e aspargos. Os dois homens queriam cultivar e prosperar. Uma amizade amadureceu entre eles, e quando Carlo foi para Versalhes em 1776, defendeu Marbeuf contra certos críticos na corte.

Os Marbeuf, assim como tantos bretões, tinham uma veia romântica. O pai de Marbeuf havia se apaixonado por Louise, filha de Luís XV, e plantou um beijo em público no rosto dessa princesa – pelo qual uma *lettre de cachet* o enviou à prisão. Marbeuf *fils* teve de fazer um *mariage de raison*, o casamento de conveniência, com uma senhora muito mais velha que ele, e ela não o acompanhou até a Córsega. Lá ele se apaixonou por uma certa Madame de Varesne, e a manteve como amante até 1776, quando o caso terminou. Marbeuf tinha 64 anos, mas ainda possuía inclinações românticas. Em suas festas veio a conhecer Letizia, então com vinte e poucos anos e descrita em relatos franceses como "seguramente a mulher mais deslumbrante de Ajaccio". Logo ele se "apaixonou perdidamente" por ela. Era um caso platônico, pois Letizia só tinha olhos para Carlo, mas fez toda a diferença para o destino do jovem Napoleone. Em vez de simplesmente ajudar Carlo ocasionalmente com suas plantações de amoreiras, agora Marbeuf não poupava esforços pela linda Letizia e seus filhos.

Marbeuf, ciente das dificuldades financeiras de Carlo, lhe informou sobre um sistema pelo qual filhos de nobres franceses empobrecidos poderiam ter instrução gratuita. Os meninos destinados ao exército podiam frequentar a academia militar, meninos que quisessem entrar para a Igreja poderiam frequentar o seminário em Aix, e meninas a escola da Madame de Maintenon em Saint-Cyr. Marbeuf teria de recomendar qualquer criança, mas se Carlo e Letizia quisessem aproveitar o esquema, poderiam contar com seu apoio.

Essa oferta foi como uma resposta dos céus. A essa altura os vagos planos de transformar os dois meninos mais velhos em advogados já haviam sido deixados de lado. Agora seria ou carreira militar ou religiosa. Carlo e Letizia decidiram que Giuseppe, quieto e afável, tinha habilidade para padre. Napoleone nem tanto, considerando que tinha de ser levado à força à missa solene. Forte e corajoso, ele provavelmente tinha o dom dos Ramolino para o combate. Então eles decidiram que Napoleone deveria tentar a academia militar.

Marbeuf apoiou as solicitações de Carlo e enviou os documentos para Paris, com testemunhos de que Carlo não podia pagar as mensalidades da escola. Em 1778 as decisões reais chegaram. Giuseppe poderia ir a Aix, mas somente quando fizesse dezesseis anos. Até lá ele claramente deveria ter alguma instrução francesa, e isso Carlo não podia pagar. Mais uma vez Marbeuf interveio. Seu sobrinho era o bispo de Autun, e a faculdade em Autun era uma escola excelente, a Eton francesa. Giuseppe poderia frequentá-la até que tivesse idade suficiente para Aix, e Marbeuf, que não tinha filhos, cuidaria de suas mensalidades. Quanto a Napoleone, ele foi aceito a princípio pela academia militar em Brienne, embora a confirmação final tivesse de aguardar um novo certificado de nobreza, desta vez do heraldista real em Versalhes. Oficiais de justiça eram notoriamente lentos, e o certificado poderia levar meses: talvez fosse um bom plano se Napoleone passasse esses meses com seu irmão em Autun, também à custa de Marbeuf. Carlo e Letizia concordaram de bom grado.

Carlo pôde demonstrar sua gratidão com um pequeno gesto. Ele, que já havia sido líder de guerrilha, advogado, fazendeiro e político, agora virara poeta, talvez por influência de sua nova biblioteca. Quando Marbeuf, após a morte da primeira esposa, casou com uma jovem chamada Mademoiselle de Fenoyl – sem, no entanto, diminuir em nada sua paixão por Letizia – Carlo lhe presenteou com um soneto em italiano que escrevera e registrara orgulhosamente em seu livro de contabilidade, ao lado de humildes listas de artigos para fazendas, tecidos, roupas e utensílios de cozinha. Era um soneto bem razoável, que refletia o amor de Carlo por crianças e as esperanças por seus próprios filhos. Ele dizia: que Marbeuf e sua esposa sejam em breve abençoados com um filho, que trará lágrimas de alegria aos seus olhos, e, seguindo a exaltada carreira de seus ancestrais, abrilhantará a flor-de-lis, e a honra de seus pais.

Napoleone, aos nove anos, tinha todos os motivos para estar satisfeito com a vida. Morava em uma ótima casa na cidade mais bonita de uma ilha deslumbrante. Sentia orgulho por sua família ter lutado com Paoli, mas era jovem demais para sentir ressentimento contra as tropas francesas ou os oficiais franceses, que na verdade estavam despejando dinheiro na Córsega, em projetos de modernização. Ele tinha irmãos e uma irmã e, embora não fosse o mais velho, conseguia levar a melhor sobre Giuseppe em uma briga. Ele admirava seu pai, que havia subido na vida, e amava sua mãe, que, como ele dizia, era "carinhosa e rígida". Certamente não gostava da ideia de sair de casa, mas, como todos diziam, era uma grande oportunidade e ele pretendia tirar o máximo daquilo. Quando ia para a escola sua mãe lhe dava um pedaço de pão branco para seu almoço. No caminho trocava com um dos soldados de guarnição por pão preto rústico. Quando Letizia o repreendia, respondia que como ia ser soldado, ele precisava se acostumar com as rações dos soldados, e de qualquer maneira ele preferia pão preto ao branco.

Napoleone observava sua mãe, já ocupada com sua filha bebê, enquanto ela preparava e marcava o grande número de camisas e colarinhos e toalhas exigidas pelos internatos. Além disso, Napoleone precisava ter um garfo e uma colher de prata, e um cálice gravado com o brasão dos Buonaparte: um escudo

UMA INFÂNCIA FELIZ

vermelho atravessado diagonalmente por três faixas prateadas, e duas estrelas de seis pontas azul-celeste, tudo encimado por uma coroa.

Na noite de 11 de dezembro de 1778, Letizia, seguindo um costume corso, levou Giuseppe e Napoleone aos lazaristas para serem abençoados pelo padre superior. No dia seguinte os meninos se despediram de seus irmãos e irmã, do arcediago com gota, das muitas tias e incontáveis primos que compunham uma família corsa, e de Camilla: lágrimas rolavam pelo seu rosto, vendo "seu Napoleone" ir embora. Então eles partiram a cavalo atravessando montanhas, com mulas carregando a bagagem, até Corte, onde Marbeuf havia providenciado uma carruagem para levá-los a Bástia. No grupo também estava o meio-irmão de Letizia, Giuseppe Fesch, que, também com a ajuda de Marbeuf, ia ingressar no seminário de Aix: um simpático rapaz gordo e rosado de dezesseis anos. No sul da ilha sempre havia um primo ou tio com quem ficar, mas não em Bástia, e eles tiveram de passar a noite em uma pousada simples. Um homem velho arrastou colchões até um quarto gelado, mas havia muito poucos, então os cinco se aninharam juntos e dormiram o quanto puderam. Na manhã seguinte, Napoleone embarcou no navio para a França, um menino de nove anos e meio saindo de casa pela primeira vez. Enquanto sua mãe lhe dava um beijo de despedida, ela percebeu o que ele estava sentindo e lhe disse uma última palavra em seu ouvido: "Coragem!"

2

Academias militares

No Natal de 1778 em Marselha, Napoleone Buonaparte pôs os pés em solo francês e foi parar entre pessoas cujo idioma ele não conseguia entender. Felizmente seu pai, prático e fluente em francês, estava lá para organizar a viagem até Aix, onde deixaram Giuseppe Fesch, e depois até o norte, provavelmente de barco, o modo mais barato, subindo os rios Ródano e Saône até o coração daquele território oitenta vezes maior que a Córsega. Em Villefranche, uma cidade de 10 mil habitantes na viticultora Beaujolais, Carlo disse: "Como somos tolos de nos envaidecermos pelo nosso país: gabamo-nos pela rua principal de Ajaccio e aqui, em uma cidadezinha francesa comum, há uma rua igualmente ampla e bonita."

A Córsega é montanhosa, rústica e pobre; para os Buonaparte, a França deve ter parecido seu completo oposto, com suaves contornos ondulantes, campos aparados e vinhas bem podadas; estradas retas e grandes casas com parques, lagos e cisnes. Uma população de 25 milhões, de longe a maior da Europa, tinha um alto padrão de vida e exportava quase o dobro do que importava. Mobília francesa, tapeçaria, peças de ouro e prata, joias e porcelana adornavam casas do Tejo até o Volga. Senhoras em Estocolmo, assim como senhoras em Nápoles, usavam vestidos e luvas parisienses, e carregavam leques feitos em Paris, enquanto seus maridos cheiravam rapé de caixas de rapé francesas, arranjavam seus jardins em estilo francês, e consideravam-se sem instrução se não tivessem lido Montesquieu, Rousseau e Voltaire. Ao chegarem à França, os dois garotos Buonaparte entraram no centro da civilização europeia.

Autun era uma cidade ligeiramente menor que Villefranche, porém mais rica em construções refinadas. Havia mais belas esculturas na entrada de sua catedral romanesca do que em toda a Córsega. Carlo apresentou seus filhos ao bis-

ACADEMIAS MILITARES

po de Marbeuf e os colocou sob responsabilidade do diretor do Collège de Autun. No primeiro dia de 1779 ele se despediu de Joseph e de Napoleão, como eles seriam chamados a partir de então, e foi para Paris a fim de validar a certidão do nascimento nobre de Napoleão.

A primeira tarefa de Napoleão era aprender francês, que também era o idioma da Europa instruída, a grande língua universal que o latim fora outrora. Ele achou difícil. Não era muito bom em memorizar e reproduzir sons, nem tinha o temperamento flexível do linguista nato. Em seus quatro meses em Autun, aprendeu a falar francês, mas conservou um forte sotaque italiano, e pronunciava certas palavras em estilo italiano, como por exemplo, *"tou"* em vez de *"tu"*, *"classé"* em vez de *"classe"*. Em Autun, na verdade, ele ainda era muito corso. Isso levou um de seus professores, o padre Chardon, a falar sobre a conquista francesa. "Por que vocês foram derrotados? Vocês tinham Paoli, e Paoli deveria ser um bom general." "Ele é, senhor", respondeu Napoleão, "e eu quero ser como ele quando crescer."

O heraldista real emitiu a certidão de Napoleão e chegou a hora de os dois irmãos partirem. Joseph chorou copiosamente, mas somente uma lágrima correu pelo rosto de Napoleão, e mesmo essa ele tentou esconder. Mais tarde, o diretor-assistente, que observava os dois, disse a Joseph: "Ele não demonstrou, mas está tão triste quanto você."

Na segunda metade de maio, Napoleão foi levado pelo vigário do bispo de Marbeuf para a pequena cidade de Brienne, situada na parte verde de Champagne, uma região rural de florestas, lagos e fazendas de laticínios. Aqui ficava um prédio simples do século XVIII em um jardim de 5 acres perto de uma alameda com limoeiros. Brienne havia sido um internato comum até dois anos antes, quando o governo, alarmado com a série de derrotas da França, transformou-o em uma das doze novas academias militares. No entanto, haviam mantido a equipe antiga, então, paradoxalmente, a Academia Militar de Brienne era dirigida por membros da Ordem de São Francisco, em hábitos marrons e sandálias. O diretor era o padre Louis Berton, um frade bruto, meio empolado, de trinta e poucos anos, e o segundo professor era seu irmão, padre Jean Baptiste Berton, um ex-granadeiro conhecido como "o frade em *ique*" porque ele usava muitas palavras terminadas em *-ique*. Eles eram homens comuns, mas dirigiam bem a Brienne, que era considerada uma das melhores academias.

Napoleão foi levado para um dormitório contendo dez cubículos, cada um mobiliado com uma cama, um colchão de palha, cobertores, uma cadeira de madeira e um armário onde ficavam uma jarra e uma bacia. Ali ele desfez suas malas, tirando três pares de lençóis, doze toalhas, dois pares de meias pretas, uma dúzia de camisas, uma dúzia de colarinhos brancos, uma dúzia de lenços, dois pijamas, seis toucas de dormir de algodão e, por fim, seu elegante uniforme azul de cadete. Um estojo de pó para arrumar o cabelo e uma fita de cabelo foram deixados de lado, pois até a idade de doze anos os cadetes tinham de manter o cabelo curto. Às dez horas um sino tocava, velas eram apagadas e o cubículo de Napoleão, assim como os outros, era trancado. Se ele precisasse de qualquer coisa poderia chamar um dos serventes que dormiam em um dos quartos.

Às seis horas Napoleão era acordado e seu cubículo destrancado. Depois de se lavar e colocar seu uniforme azul com botões brancos, juntava-se aos outros meninos de sua classe – a *"septième"* – para uma palestra sobre bom comportamento e as leis da França. Então ele ia à missa. Às oito da manhã começavam as aulas – após um desjejum de pão branco cascudo, fruta e um copo d'água – com as matérias básicas de Latim, História e Geografia, Matemática e Física. Às dez horas, aulas sobre construção de fortificações e de desenho, inclusive o desenho e a pintura de mapas de relevo. Ao meio-dia os meninos tinham a refeição principal do dia. Ela consistia em sopa, carne cozida, um prato principal, uma sobremesa e vinho tinto misturado com um terço de água.

Depois do jantar Napoleão tinha uma hora de recreio, depois mais aulas de matérias básicas. Entre quatro e seis ele aprendia, dependendo do dia, esgrima, dança, ginástica, música e alemão, com o inglês como uma alternativa. Então ele fazia duas horas de lição de casa e às oito jantava um assado, um prato principal e uma salada. Após o jantar ele tinha sua segunda hora de recreio. Depois das preces da noite, apagavam-se as luzes às dez. Quintas e domingos, ele ia à missa solene e às Vésperas. Era esperado que ele se confessasse uma vez por mês, e comungasse uma vez a cada dois meses. Ele tinha férias anuais de seis semanas entre 15 de setembro e 1º de novembro: somente alunos ricos tinham dinheiro para ir para casa, e Napoleão não era um deles. No inverno os cubículos ficavam muito frios, e às vezes a água nas jarras congelava. A primeira vez em que isso aconteceu, as exclamações perplexas causaram divertimento: ele nunca tinha visto gelo antes.

Havia cinquenta meninos em Brienne quando Napoleão chegou, mas à medida que ele ia subindo de série, os números elevaram-se para cem. A maior parte era socialmente superior a ele. Alguns garotos tinham nomes famosos na história, outros tinham pais ou tios que caçavam com o rei, mães que frequentavam os bailes da Corte. Na Córsega ele estivera quase no topo, do ponto de vista social; agora, de repente se encontrava quase no ponto mais baixo. Além disso, era um menino recebendo subsídio do Estado, e embora Luís XVI houvesse estipulado que nenhuma distinção devesse ser feita, inevitavelmente os meninos

ACADEMIAS MILITARES

que pagavam anuidade faziam com que os outros sentissem essa distinção. Por fim, era o único corso. Havia outros garotos de outros países, inclusive pelo menos dois garotos ingleses, mas Napoleão, com seu sotaque italiano, inevitavelmente se destacava, e para o garoto novo isso não é bom. Sozinho em um país estranho, longe de sua família, falando um novo idioma, ainda se sentindo desajeitado em seu uniforme azul, certamente precisava da coragem que sua mãe lhe desejou. Mas meninos de nove anos se adaptam, e logo ele se estabeleceu.

Temos três verdadeiros incidentes dos anos em Brienne. O primeiro se deu logo no início, quando Napoleão tinha nove ou dez anos. Ele havia quebrado alguma regra, e o professor responsável impôs o castigo de costume: ele deveria usar roupas de bobo e comer seu jantar ajoelhado num canto do refeitório. Com todos assistindo, Napoleão entrou no recinto. Em vez de seu uniforme azul, vestia um rústico tecido caseiro marrom. Estava lívido, tenso e olhava direto à frente. "De joelhos, senhor!" Ao comando do seminarista, Napoleão repentinamente começou a vomitar e teve um violento ataque de nervos. Batendo o pé no chão, ele gritava: "Vou comer meu jantar em pé, não de joelhos. Em minha família só nos ajoelhamos para Deus". O seminarista tentou forçá-lo, mas Napoleão rolava no chão chorando e gritando: "Não é verdade, Mamãe? Só para Deus! Só para Deus!". Por fim, o diretor interveio e cancelou o castigo.

Em outra ocasião, a escola estava celebrando um feriado. Alguns dos meninos encenavam uma tragédia em versos – *La Mort de César*, de Voltaire – e Napoleão, agora mais velho, era o cadete-oficial do dia, quando outro cadete veio avisá-lo de que a esposa do zelador da escola, Madame Hauté, estava tentando entrar sem convite. Quando impediram sua entrada, ela começou a gritar impropérios. "Levem a mulher embora", disse Napoleão bruscamente, "ela está trazendo licenciosidade para o acampamento."

Todos os cadetes recebiam um pequeno pedaço de terra no qual podiam cultivar legumes e verduras e fazer um jardim. Napoleão, com seu histórico de fazendeiro, se esforçou bastante para cultivar seu pedaço de terra e mantê-lo arrumado. Como seus vizinhos imediatos não tinham interesse em jardinagem, agregou a terra deles à sua; montou uma treliça, plantou arbustos e, para evitar que o jardim fosse estragado, cercou-o com uma grade de madeira. Ali ele gostava de ler e de pensar sobre sua casa. Um dos livros que leu ali foi o poema épico de Tasso sobre as cruzadas, *Gerusalemme Liberata*, ou Jerusalém Libertada, cantos que as guerrilhas corsas costumavam cantar; outro foi o *Jardins* de Delille, uma de suas passagens ficou gravada em sua memória. "Potaveri", ele lembrava, "é levado de sua terra natal, o Taiti; é trazido à Europa, coberto de cuidados e todos os esforços são feitos a fim de diverti-lo. Mas só uma coisa o comove, e traz aos seus olhos lágrimas de tristeza: uma amoreira; ele a abraça e a beija com um grito de alegria: "Árvore da minha terra, árvore da minha terra!"

O jardim que o lembrava de casa se tornou o retiro de Napoleão nas férias. Se alguém pusesse o nariz ali, Napoleão o expulsava. No dia 25 de agosto, a festa de São Luís, que era celebrada como o aniversário oficial do rei, todo cadete com mais de quatorze anos tinha a permissão de comprar pólvora e fazer fogos de artifício. No jardim perto do de Napoleão um grupo de cadetes construiu uma escultura na forma de uma pirâmide, mas quando chegou a hora de acendê-la, uma faísca atingiu uma caixa de pólvora e houve uma explosão terrível, a cerca de Napoleão foi destruída e os meninos, assustados, debandaram para dentro de seu jardim. Furioso ao ver sua treliça quebrada e seus arbustos pisoteados, Napoleão pegou uma enxada, correu na direção dos intrusos e os enxotou.

Esses três episódios certamente foram lembrados porque mostram um garotinho sério defendendo seus direitos, ou se afirmando, em um nível pouco comum. Contudo, eram ocasiões excepcionais, e não se deve pensar que Napoleão era rígido ou rebelde ou que se entrosava mal. Pelo contrário. Quando o cavaleiro de Kéralio, inspetor de escolas militares, visitou Brienne em 1783, ele disse o seguinte sobre o Napoleão de quatorze anos: "obediente, afável, direto, grato".

Napoleão fez dois amigos de escola. Um deles era um aluno bolsista, um ano mais velho que ele: Charles Le Lieur de Ville-sur-Arce. Assim como Napoleão, Charles era bom em matemática e defendia o corso quando zombavam dele. O outro era Pierre François Laugier de Bellecour, filho do barão de Laugier. Garoto de rara beleza, ele nascera em Nancy, como seria de se esperar de alguém com sua origem, e começava a demonstrar modos afeminados. Pierre François estava um ano atrás de Napoleão, que, ao notar esses sinais, um dia o chamou de lado. "Você está se entrosando com uma turma que não aprovo. Seus novos amigos estão o corrompendo. Então escolha entre eles e eu". "Eu não mudei", respondeu Pierre François, "e o considero meu melhor amigo". Napoleão ficou satisfeito e os dois continuaram a amizade.

Napoleão fez dois amigos adultos. Um era o zelador, marido da impulsiva Madame Hauté, e o outro o pároco de Brienne, padre Charles. Ele preparou Napoleão para sua Primeira Comunhão aos onze anos de idade, e a vida simples e devota do pároco o impressionou profundamente.

Mais importante que essas amizades eram os valores que Napoleão assimilava. Enfaticamente não eram os valores de Paris. Os zombeteiros e chacoteadores dos salões de Paris, Beaumarchais, Holbach e todo o resto, se é que eram conhecidos, pouco importavam em Brienne. Enfurnado no interior profundo, ele pertencia a uma França mais antiga, menos superficial, que nunca havia brincado de vida no campo nos jardins do Palácio Trianon, nunca acompanhou Watteau na viagem a Citera. O objetivo de Brienne, segundo seu fundador, o ministro da Guerra Saint-Germain, era forjar uma elite heróica. Os cadetes deveriam ter "um grande zelo em servir ao rei, não para ter uma carreira de sucesso, mas para cumprir um dever imposto pela lei da natureza e pela lei de Deus". Toda a ênfase do ensino estava no serviço militar ao rei, como uma encarnação da França, e na grandeza de seu reino.

Daí a importância da História. Napoleão aprendeu que "a Alemanha costumava ser parte do Império francês". Ele estudou a Guerra dos Cem Anos, na qual não houve vitórias dos ingleses: "Nas batalhas de Agincourt, Crécy e Poitiers, o rei Jean e seus cavaleiros sucumbiram diante das falanges gascoas". Ele viu a história viva no vilarejo, onde a família Brienne estava reconstruindo seu castelo ancestral. Jean de Brienne havia lutado na quarta Cruzada, governou Jerusalém entre 1210 e 1225, e depois todo o Império Latino do Leste; outros membros da família, Gautier V e Gautier VI, haviam sido duques de Atenas. Como os franceses viajaram para longe, quantas terras eles dominaram! Menos atenção foi dada a derrotas recentes do que a vitórias passadas, e a zombaria de instituições francesas, o derrotismo e a decadência que eram características da vida intelectual de Paris não tinham lugar em Brienne. Ali Napoleão aprendeu a ter fé na França.

Ao passo que os colegas de escola de Napoleão vinham de famílias militares e por isso tendiam a reforçar ainda mais esse enclave de patriotismo, na religião eles tendiam a se distinguir dos bons franciscanos. Durante sua longa briga com os jansenistas, os jesuítas demarcaram amplas áreas da vida influenciadas pela razão, pela lei natural e pelo livre arbítrio, áreas dentro das quais o homem não era uma criatura caída e na qual o pecado original não requeria o contrapeso da graça divina. Eles haviam antecipado muitas crenças dos *philosophes*, mas à custa de fazer com que a religião revelada parecesse, aos olhos de alguns, um acréscimo arbitrário e desnecessário ao mundo natural.

Com esse histórico os cadetes introduziram um elemento de descrença em Brienne. Para um católico, a primeira comunhão é o dia mais solene da infância, mas em Brienne alguns dos garotos naquele dia quebravam o jejum saindo para comer uma omelete. Eles não tinham nenhuma intenção de cometer sacrilégio; simplesmente não acreditavam que iriam receber o corpo de Cristo. Napoleão foi, até certo ponto, influenciado pela atitude dos outros garotos, especialmente porque era algo que vinha de encontro ao agnosticismo de seu pai, e ele começou a questionar o que os frades diziam. O momento decisivo veio quando ele tinha onze anos, e mais uma vez o fator prático foi seu senso de justiça. Napoleão ouviu um sermão no qual o pregador dizia que Cato e César estavam no inferno. Ele ficou escandalizado ao descobrir que "os homens mais virtuosos da antiguidade queimariam na chama eterna por não terem praticado uma religião da qual eles nem tinham conhecimento". A partir daquele momento ele decidiu que não podia mais se considerar com sinceridade um cristão convicto.

Esse foi um divisor de águas na vida de Napoleão. No entanto, ele havia herdado o forte instinto de crença de sua mãe, e já era uma pessoa que precisava de ideais. O vazio em sua alma não durou muito. Ele foi preenchido pelo culto à honra, que havia aprendido em casa, pelo cavalheirismo, que ele aprendeu nas aulas de história, e pela noção de heroísmo, que aprendeu nas *Vidas de homens famosos* de Plutarco, e acima de tudo por Corneille.

Os heróis de Corneille são homens que precisam escolher entre dever e interesse ou inclinação pessoal. Ao exercer uma força de vontade quase sobre-humana, eles acabam escolhendo o dever. Patriotismo é o primeiro dever de todos, e a coragem é a principal virtude. Quanto à morte:

Mourir pour le pays n'est pas un triste sort:
*C'est s'immortaliser par une belle mort.**

Essa atitude agradava a Napoleão. Ele também achava vergonhoso morrer o que os noruegueses chamavam de "uma morte na palha", ou seja, no leito, e em sua primeira campanha como comandante-chefe ele teve de escrever sobre um jovem subalterno: "Ele morreu com glória diante do inimigo; não sofreu por um único momento. Que homens prudentes não invejariam uma morte como essa?".

Quando tinha doze anos, Napoleão, que havia crescido à beira do mar, decidiu que queria ser marinheiro. Um gosto pela matemática muitas vezes vem acompanhado de um gosto pelo mar e por navios – assim foi com os gregos –, mas Napoleão tinha também outra motivação. A Inglaterra e a França estavam em guerra, que estava sendo travada no mar; ademais, os almirantes franceses, Suffren e de Grasse, estavam de fato conquistando vitórias. Naturalmente, Napoleão queria entrar na divisão onde houvesse mais ação. Junto a outros cadetes decididos a entrar para a Marinha, ele chegou mesmo a dormir em uma rede.

---

* "Morrer pelo país não é um destino triste / É se imortalizar por meio de uma bela morte." (N.T.)

ACADEMIAS MILITARES

Naquele verão, Napoleão recebeu uma visita de seus pais. Carlo usava uma elegante peruca em formato de ferradura, e até exagerou na polidez; Napoleão observou criticamente que ele e padre Berton passaram muito tempo em frente a uma porta, um tentando se curvar ao outro primeiro. Letizia tinha seu cabelo preso em um coque e com um enfeite de renda, e usava um vestido de seda branco estampado com flores verdes. Ela acabara de voltar de Autun, onde um menino lembrou, "Ainda consigo sentir a mão dela acariciando meu cabelo, e ouvir sua voz musical quando me chamava de 'o amiguinho dela, o amigo de seu filho Joseph'". Em Brienne ela impressionou todos os cadetes.

Letizia não aprovava a rede de Napoleão e seu plano de ser marinheiro. Ela lembrou que na Marinha ele estaria exposto a dois perigos, em vez de um: fogo inimigo e o mar. Quando voltaram para a Córsega, ela e Carlo pediram a Marbeuf, de quem Napoleão gostava e respeitava, para usar sua influência na mesma direção. No entanto, Napoleão permanecia determinado a entrar para a Marinha.

Em 1783, o cavaleiro de Kéralio inspecionou Brienne e fez um relatório sobre os cadetes. Depois de observar que Napoleão tinha "excelente físico e saúde" e de dar a descrição de sua personalidade citada anteriormente, ele escreveu: "Muito regular em sua conduta, sempre se distinguiu por meio do seu interesse em matemática. Tem um conhecimento sólido de história e geografia. Dança e desenha muito mal. Dará um excelente marinheiro."

Apesar desse bom relatório, Napoleão não foi aprovado em 1783 para a Ecole Militaire, o passo seguinte em sua educação, fosse ele entrar no Exército ou na Marinha. Evidentemente ele era considerado jovem demais – tinha somente quatorze anos – mas a notícia veio como um baque, pois Carlo estava esperando que Napoleão fosse se formar naquele ano, de maneira a deixar sua bolsa livre para Lucciano, agora com oito anos.

As coisas começaram a ir mal para Carlo Bonaparte. Sua saúde se deteriorou. Ele estava magro e exausto, com manchas no rosto, ninguém sabia por quê. Agora ele tinha sete filhos, e após o nascimento do último Letizia havia contraído febre puerperal, que a deixou com o lado esquerdo do corpo rígido. Foi para dar à sua esposa o benefício das águas em Bourbonne que Carlo visitou a França, parando no caminho para ver Napoleão. Depois do ímpeto inicial de generosidade, os franceses estavam reduzindo as bolsas e os subsídios escolares, de forma que Carlo encontrava dificuldade para pagar as contas. Tudo isso se tornou evidente para Napoleão. Já mostrando a responsabilidade de um jovem homem, procurou uma maneira de se formar em Brienne e deixar sua vaga livre para Lucciano.

Em 1783, a Inglaterra e a França, dando um fim à sua guerra naval de seis anos, assinaram em Versalhes um tratado de paz. É provável, embora não exista certeza, que Napoleão agora nutria a ideia de entrar no colégio naval inglês de Portsmouth como um cadete. Servir sob outra bandeira era algo incomum na época: o grande estrategista francês marechal de Saxe havia nascido na Saxônia e, mais modestamente, o padrasto suíço de Letizia havia servido aos genoveses. Além do mais, em *La Nouvelle Héloïse* de Rousseau, um dos autores favoritos de Napoleão, Saint-Preux não havia navegado com a esquadra de Anson? Napoleão quase certamente considerou aquilo um expediente temporário para amenizar as dificuldades financeiras de seu pai. De qualquer maneira, com ajuda de um mestre, Napoleão conseguiu escrever uma carta ao Almirantado, pedindo uma vaga no colégio naval inglês. Ele a mostrou para um garoto inglês na escola, o filho de um baronete chamado Lawley, que mais tarde veio a se tornar lorde Wenlock. "Temo que a dificuldade será minha religião". "Seu danado!", respondeu Lawley. "Não creio que você tenha alguma." "Mas minha família tem. O povo de minha mãe, os Ramolino, é muito rígido. Eu seria deserdado se mostrasse quaisquer sinais de ter me tornado um herege."

Napoleão enviou sua carta. Ela chegou, mas não se sabe se ele obteve uma resposta. De qualquer maneira, não foi para a Inglaterra e no verão seguinte ele passou na École Militaire. Napoleão deve ter ficado satisfeito em dar a seu pai as notícias e em recebê-lo em junho em Brienne, com o jovem Lucciano, que agora entrava na escola, embora Napoleão só fosse sair no outono. Carlo permaneceu um dia, depois seguiu para Saint-Cyr para colocar Marie Anne, de sete anos, na escola para meninas de lá, também com uma bolsa do Estado; depois para Paris, para se consultar com um médico; e por fim para Versalhes, onde ele fez um requerimento junto a Calonne no Ministério das Finanças pelo pagamento de subsídios prometidos para drenar os pântanos de sal perto de Ajaccio.

Carlo tinha ainda outra preocupação. Joseph, agora com dezesseis anos e vencedor de todos os prêmios de Autun, anunciou que não queria entrar para o seminário de Aix. Evidentemente ele não sentia vocação para o sacerdócio. A falta de tal vocação não impedia que muitos daquela época de livre pensar fossem ordenados. Que Joseph tenha agido como agiu, era um bom índice do tipo de criação dos Bonaparte. Joseph e Napoleão escreviam um para o outro, e talvez tenham sido as descrições cornelianas da vida militar do filho mais novo que fizeram Joseph anunciar que ele também queria se tornar um oficial.

Napoleão recebeu essa notícia de seu pai em junho. Na Córsega, o filho mais velho gozava de um respeito excepcional; suas decisões normalmente ficavam além de críticas de membros mais novos. No entanto, Napoleão não sentiu ini-

ACADEMIAS MILITARES

bições em criticar o irmão; seu senso de responsabilidade aflorou e escreveu para seu tio, Nicolò Paravicini, uma das poucas cartas preservadas de sua época de escola. Está em francês e começa assim:

Meu querido tio,

Estou escrevendo para que saiba que meu querido pai veio até Brienne a caminho de Paris para levar Marie Anne a Saint-Cyr, e para tentar recuperar sua saúde... Ele deixou Lucciano aqui, de nove anos de idade e 94 centímetros de altura... Ele tem boa saúde, é rechonchudo, animado e cabeça de vento, e causou uma boa primeira impressão.

Napoleão então passa a discorrer sobre Joseph, que agora queria servir ao rei, segundo dizia. "Ele está bem errado nisso por vários motivos. Foi instruído para a Igreja. É tarde para voltar em sua palavra. Meu Senhor, o bispo de Autun, teria lhe dado uma quantia considerável e ele certamente se tornaria bispo. Que vantagem para a família! Meu Senhor de Autun fez tudo que era possível para fazê-lo perseverar, e prometeu que ele não se arrependeria. Em vão. Ele mudou de ideia." Depois de escrever isso, Napoleão sentiu que poderia estar cometendo uma injustiça para com Joseph. "Se ele tem um verdadeiro gosto por esse tipo de vida, a melhor de todas as carreiras, então eu o elogio: se o grande propulsor de questões humanas lhe deu – como a mim – uma inclinação definitiva para o serviço militar." À margem, talvez pensando no rosto cansado e doente de seu pai e no magro salário de um oficial, Napoleão acrescentou que de qualquer maneira ele esperava que Joseph seguisse a carreira da Igreja, para a qual ele tinha talento, e que ele fosse "sustentar nossa família".

A carta é interessante porque mostra Napoleão assumindo a liderança enquanto tentava ver os dois lados do problema. Suas dúvidas sobre a aptidão militar de Joseph acabaram se mostrando corretas; um acontecimento inesperado logo levaria Joseph de volta à Córsega.

Em outubro de 1784, quando tinha quinze anos, Napoleão se preparava para deixar Brienne. Ao contrário de Joseph, ele não ganhou nenhum prêmio. Mas todo ano ele se saía bem o bastante para ser escolhido para recitar ou responder a perguntas na tribuna no Dia do Discurso. Sua melhor matéria era matemática, e sua segunda melhor, geografia. Seu ponto fraco era soletração. Ele escrevia em francês de ouvido – *la vaillance* se tornou, em uma de suas cartas para casa, *l'avallance* – e durante toda a vida ele soletrou até as palavras mais simples de maneira incorreta.

No dia 17 de outubro, prendendo o cabelo num rabo de cavalo, empoado e amarrado com uma fita, Napoleão embarcou com o padre Berton na carruagem do correio em Brienne. Em Nogent eles fizeram transferência para a acessível balsa de passageiros, puxada por quatro cavalos, que os levou vagarosamente para o Sena. Na tarde do dia 21 chegaram a Paris.

Ali Napoleão se sentia bastante provinciano; era visto "olhando embasbacado para todas as direções com a expressão exata para atrair um batedor de carteiras". Não seria de se espantar, uma vez que Paris era uma cidade de grande riqueza, mas também de grande miséria. As carruagens dos nobres corriam por ruas estreitas precedidas de mastins para espantar a ralé; suas rodas espirravam uma lama grossa. Havia lojas elegantes vendendo penas de águia-pescadora e luvas perfumadas de jasmim, mas também muitos mendigos gratos por qualquer tostão. Uma novidade eram as luminárias de rua, penduradas por cordas, que ao cair da noite eram abaixadas, acesas e novamente erguidas: eram chamadas de *lanternes*.

A primeira coisa que Napoleão fez em Paris foi comprar um livro. Sua escolha recaiu em *Gil Blas*, um romance sobre um garoto espanhol pobre que sobe na vida até se tornar secretário do primeiro-ministro. Padre Berton o levou para a igreja de Saint German, onde os dois rezaram para que eles chegassem bem; depois para a École Militaire, o esplêndido prédio de Gabriel, com sua fachada dominada por oito colunas coríntias, um domo e um relógio emoldurado por guirlandas. Ele fora aberto havia somente treze anos e era uma das atrações de Paris.

Napoleão achou tudo muito opulento. As salas de aula tinham papel de parede azul com flores de lis douradas; havia cortinas nas janelas e portas. Seu dormitório era aquecido por um fogão de faiança, sua jarra e bacia de toalete eram de peltre, sua cama era coberta por cortinas de linho de Alençon. Ele tinha um uniforme azul mais elaborado, com uma gola vermelha e fita prateada, e usava luvas brancas. As refeições eram deliciosas, e no jantar eram servidas três sobremesas. Os mestres eram homens selecionados, muito bem pagos. O custo para a França de um cadete subsidiado como Napoleão era de 4.282 libras tournois por ano.

A vida era muito semelhante à vida real no exército. Napoleão achava agradável que o apagar das luzes e o despertar fossem sinalizados com o rufar de tambores, e o clima era o de uma "cidade de guarnição". No inverno, os 150 cadetes, formados nas 12 academias provinciais, ajudaram a atacar e defender o Forte Timbrune, uma cópia reduzida, mas exata, de uma cidade fortificada. Napoleão, por causa de seu desejo de entrar para a Marinha, foi colocado na aula de artilharia, onde estudou hidrostática, cálculo diferencial e integral.

Um dia Napoleão estava na área de desfiles, treinando com seu pesado e longo mosquete. Ele cometeu um erro, pelo qual o cadete veterano que o estava instruindo deu-lhe uma pancada forte nas juntas. Isso ia contra o regulamento. Em um acesso de fúria, Napoleão jogou seu mosquete na cabeça do cadete veterano – ele jurou que nunca mais receberia lições dele. Seus superiores, vendo que teriam de lidar cuidadosamente com esse novo cadete, atribuíram-lhe outro instrutor, Alexandre des Mazis. Napoleão e Alexandre, que estava um ano à frente dele, logo iniciaram uma amizade duradoura.

O delicado Laugier de Bellecour, assim que chegou a Paris, juntou-se definitivamente a rapazes de interesses afins. A certa altura, as autoridades da escola ficaram tão enojadas que decidiram enviá-lo de volta a Brienne, mas foram impedidas pelo ministro. Quando Laugier tentou renovar relações, Napoleão respondeu, "Senhor, você desdenhou de meu conselho, e assim renunciou à minha amizade. Nunca mais fale comigo". Laugier ficou furioso. Mais tarde ele atacou Napoleão pelas costas e o derrubou. Napoleão se levantou, correu atrás dele, pegou-o pelo colarinho e o jogou ao chão. Ao cair, Laugier bateu com a cabeça contra um fogão, e o capitão em serviço se apressou para aplicar uma punição. "Fui insultado", explicou Napoleão, "e me vinguei. Não há mais nada o que dizer." E ele calmamente foi embora.

Napoleão evidentemente ficou decepcionado com a recaída de Laugier, que ele associou à luxúria de seu novo ambiente. Ele se sentou e escreveu ao ministro da Guerra um "memorando sobre a educação da juventude espartana", e sugeriu que esse exemplo poderia ser seguido nas academias francesas. Ele enviou um esboço para o padre Berton, mas foi aconselhado a deixar o caso de lado, de maneira que seu curioso ensaio nunca chegou ao destino. No entanto, esse pequeno episódio é importante por duas razões. Como ele confidenciou mais tarde a um amigo, Napoleão sentia atração física por homens com bastante frequência; pelo fato de ter tido experiência pessoal de impulsos homossexuais, ele tinha muita ansiedade em vê-los extirpados. O outro aspecto de seu ensaio era que ele mostrava Napoleão pela primeira vez sentindo um mal-estar nacional. O mal-estar (ou *malaise*) era real, mas somente alguns poucos – artistas, essencialmente – o sentiam. O ano em que Napoleão escreveu, 1785, foi o ano do escândalo do Colar de Diamantes, e o ano em que Louis David, reagindo contra o mal-estar, pintou *Le Serment des Horaces*, no qual após sessenta anos de espreguiçamentos em camas e balanços e almofadas perfumadas, as figuras na arte francesa subitamente acordaram.

Napoleão passava seus momentos de lazer, diz Alexandre des Mazis, caminhando pela escola, de braços cruzados e cabeça baixa – uma postura pela qual ele era criticado nos desfiles. Ele pensava com frequência em sua simplória terra natal e no exilado Paoli, que havia baseado a constituição corsa na de Esparta. Um de seus amigos fez uma caricatura de Napoleão andando com longas passadas, um pequeno Paoli pendurado no nó atrás de seu cabelo, com a legenda, "Bonaparte, corra, voe para ajudar Paoli e salve-o de seus inimigos."

Um mês após Napoleão ter entrado para a École Militaire seu pai foi até o sul da França para buscar aconselhamento médico. Ele sofria de uma dor quase contínua no estômago, e uma dieta de peras prescrita em Paris por ninguém menos que o médico de Maria Antonieta não lhe trouxe nenhum alívio. Em Aix ele consultou o Professor Turnatori, e depois foi para Montpellier, que tinha um famoso corpo docente especializado em remédios herbáceos. Ali ele consultou outros três médicos, mas não conseguiram fazer nada para curar sua dor ou os vômitos que eles descreviam como "persistentes, teimosos e hereditários". Carlo nunca fora muito religioso, mas agora ele insistia em ver um padre e, em seus últimos dias, foi confortado e recebeu os sacramentos do vigário da igreja de Saint-Denis. No final de fevereiro de 1785, ele morreu de câncer do estômago.

Napoleão, que amara e respeitara seu pai, certamente sentiu a grande perda. Ficou particularmente entristecido por Carlo ter morrido longe da Córsega, em meio à "indiferença" de uma cidade estranha. Mas quando o capelão quis levá-lo por algumas horas para a solidão da enfermaria, como era o costume, Napoleão recusou, dizendo que ele era forte o bastante para aguentar a notícia. Ele logo escreveu para a mãe – Joseph iria para casa para cuidar dela – mas sua carta, assim como as cartas de todos os cadetes, foi reescrita por um oficial, e acabou sendo um exercício formal, até forçado, de consolo filial. Um sinal melhor de seus sentimentos foi quando um amigo da família em Paris ofereceu-se para emprestar-lhe um pouco de dinheiro, "Minha mãe já tem muitos gastos", disse Napoleão. "Não posso aumentá-los."

Ademais, Paris às vezes fornecia entretenimento gratuito. Um dia, em março de 1785, Napoleão e Alexandre des Mazis foram para o Campo de Marte para assistir Blanchard se preparando para subir em um balão de ar quente. Desde que os irmãos Montgolfier viram uma camisa secando e ondulando em frente a uma fogueira e assim conceberam o princípio do balonismo, esse esporte caiu nas graças do público. Por alguma razão, Blanchard ficava adiando sua subida. As horas passaram e nenhum balão subiu. Napoleão foi ficando impaciente: era uma de suas características, ele não suportava ficar sem fazer nada. De repente deu um passo à frente, sacou uma faca de seu bolso e cortou as cordas de retenção. Imediatamente o balão subiu, vagou sobre os telhados de Paris e depois foi encontrado muito longe, murcho. Alexandre diz que por essa travessura Napoleão foi severamente punido.

Napoleão se esforçou na École Militaire. Ele continuou a se sair bem em matemática e em geografia. Gostava de esgrima e destacou-se pelo número de floretes que quebrou. Era muito fraco em esboçar mapas de fortificações, em desenho e, mais uma vez, em dança, e tão ruim em alemão que normalmente ele era dispensado de comparecer às aulas. No lugar, lia Montesquieu, o principal panegirista da República Romana.

Normalmente um cadete passava dois anos na École Militaire, especialmente quando seguia o difícil curso de artilharia. Contudo, Napoleão foi tão bem em seus exames que concluiu tudo em somente um ano. Ele chegou em 42º lugar na lista dos 58 que receberam patentes, mas a maior parte dos outros passou vários anos na escola. Mais significativo é o fato de que somente três eram mais jovens que Napoleão. Sua patente foi antecipada para 1º de setembro, e Napoleão se tornou um oficial aos dezesseis anos e quinze dias de idade.

Em 1785, não houve admissão de oficiais na Marinha, então Napoleão não realizou sua ambição de ser um marinheiro. Em vez disso, foi encarregado da artilharia: uma escolha óbvia, considerando seu talento para a matemática. Recebeu sua patente, assinada pessoalmente por Luís XVI, e no desfile de conclusão de treinamento recebeu sua insígnia: uma fivela de prata, um cinto de couro polido e uma espada.

Às vezes, nos seus dias livres, Napoleão visitava a família Permon. Madame Permon era corsa, conhecia os Bonaparte e havia sido boa para Carlo no sul da França; casada com um rico comissário do exército, tinha duas filhas, Cécile e Laure. Napoleão colocou suas botas novas de oficial e insígnia e orgulhosamente foi até a casa dos Permon na Place de Conti, número 13. Mas as duas irmãs começaram a gargalhar ao verem suas pernas finas perdidas em suas longas botas de oficial. Quando Napoleão demonstrou irritação, Cécile o repreendeu. "Agora que você tem sua espada de oficial precisa proteger as mulheres e apreciar que elas zombem de você."

"É óbvio que você é só uma menininha", respondeu Napoleão.

"E você? É só um gato de botas!"

Napoleão aceitou bem a troça. No dia seguinte, usou suas parcas economias para comprar para Cécile uma cópia de *O gato de botas* e para sua irmã mais nova Laure uma miniatura do Gato de Botas correndo à frente da carruagem de seu mestre, o marquês de Carabás.

Cinco anos e nove meses antes Napoleão havia chegado à França como um garoto corso falante de italiano. Agora ele era um francês, um oficial do rei. Ele havia se saído bem. Mas a morte de seu pai lhe deixara grandes responsabilidades. No momento ele era o único recurso financeiro de sua mãe, uma viúva com oito filhos. Ele podia escolher seu regimento e, como queria estar o mais próximo possível de sua mãe, de seus irmãos e irmãs, escolheu o regimento de La Fère; não só era um dos melhores, como também estava estacionado em Valença, a cidade de guarnição mais próxima da Córsega.

3

O jovem reformador

Valença, no Rio Ródano, na época de Napoleão era uma agradável cidade de 5 mil habitantes, famosa por inúmeras abadias e priorados de grande beleza e pela forte cidadela construída por Francisco I e modernizada por Vauban. Oficiais moravam em alojamentos, e Napoleão encontrou para si um quarto de primeiro andar em frente ao Café Cercle. Era um quarto bem barulhento, onde conseguia ouvir o estalar de bolas de bilhar no salão ao lado, mas ele gostava da senhoria, *Mademoiselle* Bou, uma solteirona de cinquenta anos que remendava suas roupas. Assim, Napoleão permaneceu com ela durante todo seu tempo na cidade. Como segundo-tenente seu soldo era de 93 libras tournois por mês; seu quarto lhe custava 8 libras e 8 sous.*

Em suas primeiras nove semanas como oficial novato, Napoleão serviu nas trincheiras e ganhou experiência direta nos deveres dos soldados rasos, inclusive montando guarda. Os recrutas eram mal pagos e dormiam dois em cada cama – até não muito tempo antes eram três – mas pelo menos nunca eram açoitados, ao contrário dos soldados do exército inglês e prussiano: para eles, uma sentença de 800 chibatadas, por exemplo, não era nada incomum.

Em janeiro de 1786, Napoleão assumiu todas suas funções como segundo-tenente. De manhã ele ia até o polígono para manobrar canhões e praticar tiro, à tarde tinha aulas sobre balística, trajetória e poder de fogo. Os canhões eram de bronze e de três tamanhos: de 4, 8 e 12 libras; o de 12 libras, que era puxado por seis cavalos, tinha um alcance efetivo de 1.200 jardas. Todos disparavam bolas de metal de três tipos: sólidas, aquecidas e metralhas de curto alcance. Os canhões eram novos, tendo sido projetados nove anos antes, e eram os melhores

---

* A vigésima parte de uma libra *tournois*. (N.E.)

da Europa. Napoleão logo se tornou profundamente interessado em tudo que tivesse a ver com eles. Um dia, junto com seu amigo Alexandre des Mazis, que também havia entrado para o regimento de La Fère, andou até Le Creusot para ver a fundição real de canhões; ali um inglês, John Wilkinson, e um loreno, Ignace de Wendel, haviam instalado a mais moderna fábrica no estilo inglês, usando não lenha, mas coque, com motores a vapor e trilhos para carroças movidas a cavalo.

Quando não estava em serviço, Napoleão se divertia. Ele fez amizade com o monsenhor Tardivon, abade de Saint-Ruf em Valença, a quem o bispo de Marbeuf o havia recomendado, e com os aristocratas locais, alguns deles pais de belas filhas. Ele gostava de caminhar e escalava até o topo do Monte Roche Colombe, nos arredores. No inverno, ia patinar. Fazia aulas de dança e ia a bailes. Fez uma visita a um amigo corso, Pontornini, que vivia na vizinha Tournon. Pontornini desenhou seu retrato, o mais antigo que sobreviveu, e nele escreveu: *"Mio Caro Amico Buonaparte"*.

Tanto em Valença quanto em Auxonne, onde foi alocado em junho de 1788, Napoleão se deu bem com seus colegas, e agora que ele estava ganhando seu próprio sustento, parecia mais relaxado. No entanto, havia discórdias ocasionais. Em Auxonne, no quarto acima do seu, um oficial chamado Belly de Bussy insistia em tocar, desafinado, sua corneta. Um dia Napoleão encontrou Belly na escadaria. "Meu caro, não se cansou de tocar aquele maldito instrumento?" "Nem um pouco." "Bem, outras pessoas se cansaram." Belly desafiou Napoleão para um duelo e ele aceitou, porém seus amigos intervieram e resolveram a questão de maneira harmoniosa.

Para ajudar sua mãe, Napoleão se ofereceu para levar seu irmão Louis para dividir seu alojamento em Auxonne. Louis, então com onze anos, era o preferido de Napoleão na família, assim como Napoleão era o preferido de Louis. Napoleão agia como um professor para o menino mais novo e dava-lhe lições de catecismo para sua primeira comunhão, além de também cozinhar para os dois, já que o dinheiro havia se tornado muito escasso na família Bonaparte. Quando precisava de roupa de cama, Napoleão pagava à sua mãe pelo custo do envio, e às vezes precisava abreviar suas cartas para economizar na postagem.

Como segundo-tenente Napoleão passava muito de seu tempo lendo e estudando: na verdade se esforçou quase como se para um curso de universidade. Em Valença ele comprava ou emprestava obras da livraria de Pierre Marc Aurel em frente ao Café Cercle. Evidentemente, Aurel não conseguia atender a todas as suas necessidades, pois no dia 29 de julho de 1786 ele escreveu para um livreiro de Genebra pedindo pelas memórias da protetora de Rousseau, Madame de

Warens, dizendo: "Agradeceria se mencionasse que livros o senhor tem sobre a ilha de Córsega, e quais poderia obter para mim de imediato".

Napoleão lia tanto, em parte, porque naquela época esperava se tornar um escritor. Uma análise do que ele leu e escreveu fornece uma excelente indicação de como, no início da Revolução Francesa, veio a tomar a decisão que mudaria o seu destino.

Comecemos com a leitura mais leve de Napoleão. Um dos livros que ele saboreou foi *Alcibiade*, uma adaptação francesa de um romance histórico germânico. Outro era *La Chaumière Indienne*, de Bernardin de Saint-Pierre. Ele descreve a mentalidade voltada para a saúde de pessoas simples que vivem próximas à Natureza; é cheio de sentimentos generosos, humanos e espontâneos. Napoleão gostava desse tipo de romance, como na verdade muitos de seus contemporâneos; viam naquilo um antídoto para a fria perversidade calculista da sociedade sofisticada, como revelado pelo livro *As ligações perigosas*. Mesmo quando lia por distração, Napoleão buscava algo que o tornasse melhor. Ele copiava em um caderno palavras ou nomes desconhecidos, como Dança de Dédalo, dança pírrica; Odeum – teatro – Pritaneu; Timandra, uma famosa cortesã que permaneceu constantemente fiel a Alcebíades em seus infortúnios; rajás, pária, leite de coco, bonzos, lama.

Napoleão também gostava de *A arte de conhecer o caráter das pessoas pela fisionomia*, do pastor protestante e místico suíço Johann Kaspar Lavater. Em um estilo popular e com a ajuda de excelentes ilustrações Lavater analisou os narizes, os olhos, as orelhas e a postura de diversos tipos humanos e figuras históricas, com o intuito de rastrear os efeitos sobre o corpo de qualidades e defeitos espirituais. Napoleão prezava tanto o livro que planejava escrever ele mesmo um estudo similar.

De outros livros, mais sérios – trinta, no total – Napoleão tomava notas, no ritmo de cerca de uma página de notas por dia, 120 mil palavras no total. Tomava notas essencialmente sobre passagens que continham números, nomes próprios, anedotas e palavras em itálico. Por exemplo, da *História dos Árabes* de Marigny: "Dizem que Soliman comia cerca de 45 kg de carne por dia…" "Hischam tinha 10 mil camisas, 2 mil cintos, 4 mil cavalos e 700 fazendas, e duas produziam 10 mil dracmas…" Ele ficava empolgado com números grandes e nas raras ocasiões em que cometia um deslize era geralmente para tornar o número maior, como quando ele disse que a Armada Espanhola possuía 150 navios, enquanto seu autor falava em 130.

Do *Histoire Naturelle* de Buffon, Napoleão tomou notas sobre a formação dos planetas, da terra, dos rios, dos mares, dos lagos, dos ventos, dos vulcões, dos terremotos e, especialmente, do homem. "Alguns homens", ele observou, "nascem com um testículo apenas, outros têm três; eles são mais fortes e mais vigorosos. É espantoso como essa parte do corpo contribui para [sua] força e coragem. Que diferença entre um touro e um boi, um carneiro reprodutor e um carneiro castrado, um galo e um capão!" Então ele copiava uma longa passagem sobre os vários métodos de castração – por amputação, compressão e decocção de ervas, terminando com a declaração de que em 1657 Tavernier alegou ter visto 22 mil eunucos no reino de Golconda. Assim como muitos jovens, por algum tempo Napoleão pareceu ter um medo inconsciente da castração.

O segundo-tenente Bonaparte nunca lia sobre a vida de generais, histórias de guerras ou livros de táticas. A maior parte de suas leituras vinha de um fato gritantemente óbvio: havia algo de errado com a França. Havia injustiça, havia pobreza desnecessária, havia corrupção no alto escalão. No dia 27 de novembro de 1786, Napoleão escreveu em seu caderno: "Somos membros de uma poderosa monarquia, mas hoje só sentimos os vícios de sua Constituição". Napoleão, assim como todo mundo, via que era necessária uma reforma. Mas que tipo de reforma? Para articular seus próprios sentimentos e procurar por uma resposta, Napoleão começou a ler sobre história e teoria política.

Ele começou com a *República* de Platão, sobre a qual sua principal conclusão foi que "Todo homem que governa não ordena para seu próprio interesse, mas sim para o interesse de seus súditos". Da *Histoire Ancienne* de Rollin ele fez anotações sobre o Egito – ficou chocado com a tirania dos faraós –, a Assíria, a Lídia, a Pérsia e a Grécia. Observou que Atenas foi originalmente governada por um rei, mas não podemos concluir a partir disso que a monarquia seja a forma mais natural e primordial de governo. Sobre Licurgo, ele observa: "Barreiras foram necessárias contra o poder do rei, do contrário o despotismo teria reinado. A energia do povo tinha de ser mantida e moderada de forma que eles não pudessem ser nem escravos nem anarquistas". Da *História dos Árabes* de Marigny ele leu três de quatro volumes, e ignorou as páginas sobre religião. "Maomé não sabia ler ou escrever, o que acho improvável. Ele tinha dezessete esposas." Ele lia sobre a China em *Essai sur les Moeurs* de Voltaire, e citava Confúcio sobre a obrigação de um governante de se renovar continuamente para renovar o povo, pelo seu exemplo.

Nessa e em outras observações, duas atitudes principais se destacam. Napoleão tinha uma nítida simpatia pelos oprimidos e um desgosto por tiranias de qualquer espécie, fosse o Todo Poderoso infligindo danação eterna às almas ou

O JOVEM REFORMADOR

o cardeal de Fleury gabando-se de ter emitido 40 mil *lettres de cachet.** Mas não há condenações arrebatadoras. Embora não simpatizasse com o absolutismo da corte de Luís XIV, ele cita com aprovação a observação do neto de Luís XIV ao recusar um novo móvel para sua casa: "O povo poderá obter as necessidades da vida somente quando os príncipes proibirem a si mesmos o que for supérfluo".

O livro que mais parece ter influenciado Napoleão, e sobre o qual ele mais fez anotações, foi uma tradução francesa da obra de John Barrow, *Uma nova e imparcial história da Inglaterra, da invasão de Júlio César até a assinatura das preliminares de paz, 1762*. A tradução francesa parou em 1689, ou seja, prudentemente bem antes da longa série de derrotas dos franceses.

As notas de Napoleão sobre Barrow eram desprovidas de qualquer chauvinismo, salvo talvez pela primeira: "As Ilhas Britânicas provavelmente foram as primeiras a serem povoadas por colonizadores gauleses". A invasão de César ele pulou, provavelmente porque já a conhecia bem, mas copiou uma longa história sobre o arrependimento de Offa, e sua instituição do óbolo de São Pedro. Ele deu muito espaço a Alfredo e à Carta Magna, observando que o estatuto havia sido condenado pelo Papa. Napoleão acompanhava todos os esforços constitucionais de perto, como a acusação de Eduardo II e a rebelião de Wat Tyler. No final do reino de Ricardo II, Napoleão acrescentou um comentário pessoal: "A principal vantagem da Constituição inglesa consiste no fato de que o espírito nacional sempre está em total vitalidade. Por um período de muitos anos, o rei certamente pode se apropriar de mais autoridade do que deveria, pode até usar seu grande poder para cometer injustiças, mas os protestos da nação logo se tornam uma comoção, e cedo ou tarde o rei se rende."

Napoleão tratou com detalhes da Reforma. Resumindo o reino de Jaime I, ele observou com aprovação: "O Parlamento de agora em diante reconquistou sua ascendência". Sobre Carlos I, Napoleão teve uma opinião ruim. Ele fez observações sobre Pym, o primeiro demagogo parlamentar, mas poupou entusiasmo para Simon de Montfort e mais tarde pelo Protetor Somerset, que havia morrido em uma época mais dura para tornar possíveis os sucessos de Pym e de Cromwell. Sobre Simon de Montfort, ele escreveu: "Ali jaz um dos maiores ingleses, e junto com ele a esperança que sua nação tinha de ver diminuída a autoridade real."

A tradução francesa da história de Barrow terminou em 1689 com o triunfo da monarquia constitucional. A mensagem de Barrow era clara: somente uma Constituição que defendesse os direitos do povo poderia conter um governo arbi-

---

* Cartas seladas contendo ordens diretas do rei; em geral, condenações arbitrárias e sem julgamento. (N.T.)

trário. À luz dessa mensagem, Napoleão passou a olhar de maneira diferente a história da França. O governo original dos francos, ele concluiu, era uma democracia temperada pelo poder do rei e de seus cavaleiros. Um novo rei foi coroado ao ser aclamado e erguido em um escudo por suas tropas. Então bispos chegaram, pregando despotismo. Pepino, antes de receber a coroa, pediu permissão ao Papa. Aos poucos a aura do reinado tomou conta das mentes dos homens, e os reis usurparam uma autoridade que nunca lhes fora concedida originalmente. Eles já não governavam mais pelos interesses do povo que lhes concedera o poder originalmente. Em outubro de 1788, Napoleão planejava escrever um ensaio sobre a autoridade real: ele analisaria as funções ilegais exercidas por reis nos doze reinos da Europa. Sem dúvida ele tinha em mente o poder de Luís XVI, que podia enviar qualquer francês à Bastilha com uma assinatura. Napoleão decidiu que o que havia de errado com a França era que o poder do rei e dos homens do rei havia se tornado excessivo; a reforma que Napoleão queria – e a questão é importante, considerando sua carreira futura – era uma Constituição que, ao estabelecer os direitos do povo, garantisse que o rei agisse em prol dos interesses da França como um todo.

Para um observador imparcial da Europa por volta do ano de 1785, o fato mais relevante teria sido o sucesso de monarquias inconstitucionais, os chamados despotismos esclarecidos. Em Portugal, na Espanha e na Suécia reis desse tipo estavam promovendo reformas e modernizações, enquanto na Prússia e na Rússia, Frederico II e Catarina II estavam respectivamente governando de maneira arbitrária, e ainda assim ganhando o epíteto "Grande". É interessante que Napoleão desviasse o olhar desses sucessos pessoais e o fixasse no país que fugia à regra – Inglaterra, com sua monarquia limitada pela lei. Ele o fez em parte por ser um admirador de Rousseau, cuja teoria do contrato social deriva de Locke, mas ainda mais por causa do histórico de sua família de cumprimento da lei e da sua simpatia pessoal pelos oprimidos.

Na época, Napoleão queria uma reforma na França. Ele queria uma monarquia constitucional que governasse em prol dos interesses do povo. Essa decisão foi fortalecida por uma nova virada nos acontecimentos na Córsega. Ali os franceses mudaram de lado. Em setembro de 1786, Marbeuf morreu, e a partir de então a ilha passou a ser administrada pelo Ministério das Finanças. Um grupo de burocratas assumiu e, como a França estava se encaminhando para a falência, recebeu ordens de cortar gastos. Eles se recusaram a pagar subsídios devido às melhorias implementadas por Letizia em sua propriedade. Logo, ela se viu em dificuldades financeiras, especialmente depois de a presença de burocratas

O JOVEM REFORMADOR

e de tropas francesas ter elevado o custo de vida: o milho dobrou de preço entre 1771 e 1784.

A primeira reação de Napoleão foi buscar justiça. Ele foi para Paris em 1787 para ver o homem no comando, o controlador-geral. Ele especificou a soma devida, mas acrescentou, emocionado, que nenhuma soma "poderia compensar o tipo de humilhação que um homem sente quando é a todo momento obrigado a reconhecer sua sujeição".

O Ministério não pagou a Letizia seu dinheiro. Nem os franceses devolveram a propriedade de Odone, porque um dos oficiais, um certo *monsieur* Soviris, era parte interessada. Mais uma vez Napoleão entrou em ação. Enviou uma carta ao escrivão da Assembleia dos Estados Gerais, Laurent Giubega, que por acaso era seu padrinho; protestando em termos fortes sobre tribunais e gabinetes letárgicos, onde a decisão reside em um homem, "um estranho não somente à nossa língua e hábitos, mas também ao nosso sistema legal... que sente inveja do luxo visto no Continente, e que seu salário não lhe permite obter".

A carta de Napoleão não teve efeito. Esses dois casos de injustiça, que afetavam sua mãe viúva, mudaram toda a atitude de Napoleão em relação aos franceses na Córsega. Antes ele aceitava a presença deles como benéfica; agora ele os via como opressores. O domínio deles na região era um exemplo particular da injustiça inerente ao sistema francês. Ele decidiu que esse domínio deveria acabar e que a Córsega deveria voltar a ser livre.

Mas como? No início, Napoleão não sabia. "A atual posição de meu país", ou seja, a Córsega, observou ele com tristeza, "e a impotência de mudá-la é uma nova razão para fugir desta terra onde o dever me obriga a elogiar homens cuja virtude sou obrigado a odiar". Napoleão levou dois anos para encontrar um caminho. O caminho era um livro. Ele escreveria uma História da Córsega, nas linhas da de Boswell, para sensibilizar o povo francês, para despertar seus sentimentos de humanidade. Uma vez que eles conhecessem os fatos, exigiriam a liberdade para os corsos.

O manuscrito de Napoleão concentra a atenção nos combatentes da Córsega pela liberdade contra os genoveses, homens como Guglielmo e Sampiero. Napoleão pretendia fazer de Paoli sua figura central, mas quando pediu por documentos Paoli respondeu que a história não deveria ser escrita por jovens. Assim, Napoleão nunca concluiu o livro. No entanto, chegou a escrever vários capítulos bastante convincentes e argumentou que os corsos teriam escapado da submissão caso tivessem constituído uma Marinha.

Napoleão acreditava que a Córsega deveria ser libertada por "um homem forte e justo"; da mesma maneira, acreditava que um homem corajoso deveria falar em nome do povo francês e instigar reformas. Ele não os identificava – ainda estava pensando de forma geral – mas ele se perguntou: "O que aconteceria com tais homens? Qual era o destino do herói reformista?". Para responder a essas perguntas ele escreveu um conto. Era fundamentado em um incidente em Barrow, portanto se passava na Inglaterra, mas Napoleão claramente pretendia aplicá-lo na situação da França e da Córsega naquele tempo.

O cenário é Londres, no ano de 1683. Três homens planejam limitar o poder do frívolo Carlos II: Essex, austero, com um forte senso de justiça; Russell, bom e carinhoso, adorado pelo povo; Sidney, um gênio que percebe que a base de todas as constituições é o contrato social. Os conspiradores são pegos, e Russell e Sidney são executados. Mas o povo pede que Essex seja perdoado e os juízes apenas o prendem.

"Noite. Imagine uma mulher perturbada por sonhos sinistros, alertada por sons assustadores no meio da noite, atormentada na escuridão de um enorme quarto. Ela vai até a porta e tateia pela chave. Um arrepio percorre seu corpo quando toca a lâmina de uma faca. O sangue que escorre dela não consegue amedrontá-la. 'Quem quer que você seja', ela grita, 'pare. Sou apenas a humilde esposa do conde de Essex'." Em vez de desmaiar, como a maioria das mulheres teria feito, ela volta a tatear pela chave, encontra-a e abre a porta. Bem longe, no quarto ao lado, ela pensa que viu algo andando, mas sente vergonha de sua própria fragilidade, fecha a porta e volta para a cama.

São onze horas e a condessa, perturbada, pálida e aflita, está tentando combater um sonho preocupante. "Jean Bettsy, Jean Bettsy, querida Jean". Ela abre os olhos – pois a voz a acordou – e vê – Meu Deus! – ela vê um fantasma se aproximar de sua cama, puxar as quatro cortinas e levá-la pela mão. "Jean, você se esqueceu de mim, você está dormindo. Mas sinta." Ele puxa a mão dela para seu pescoço. Que horror! Os dedos da condessa penetram em grandes feridas, seus dedos são cobertos por sangue; ela grita e esconde o rosto; mas quando volta a olhar, não vê nada. Apavorada e trêmula, aflita por esses temíveis avisos, a condessa toma uma carruagem e vai até a Torre. No meio de Pall Mall ela ouve alguém na rua dizer: "O conde de Essex está morto!" Afinal ela chega e a porta da prisão está aberta. Oh, que terrível visão! Três grandes golpes de navalha puseram fim à vida do conde. Sua mão está pousada sobre o coração. Com os olhos elevados para o céu, ele parece implorar por vingança eterna.

O rei Carlos II e o duque de York são os assassinos. "Você talvez vá imaginar Jean cai desmaiada e desonra com lágrimas covardes a memória dos mais estimáveis dos homens. Na verdade, ela manda lavar o corpo, leva-o para casa e o mostra para as pessoas... Mas, em seu luto, a condessa reveste seus cômodos de preto. Ela tapa as janelas e passa os dias enlutada pelo terrível destino de seu ma-

O JOVEM REFORMADOR

rido." A condessa deixaria a casa somente três anos depois – Napoleão se enganou com as datas –, quando o rei morreu e o duque de York foi destituído. Ela ficou "satisfeita com a vingança divina e voltou a assumir seu lugar na sociedade".

Esse foi o conto de Napoleão. A maior parte de seus escritos são tão tranquilos e sensatos que é surpreendente se deparar com uma obra horripilante como essa. Mas é uma faceta de seu caráter, assim como tragédias sangrentas o são da civilização grega. Se o fantasma vem da Córsega, e o sangue vem de histórias de terror em voga na época, o tema básico é próprio de Napoleão. Um nobre decide agir contra o rei em nome de um povo oprimido. E qual é o resultado? Ele perde a vida. Napoleão sentiu que esse era o desfecho invariável. Em seu livro corso ele escreveu: "Paoli, Colombano, Sampiero, Pompiliani, Gafforio, ilustres vingadores da humanidade... Quais foram os resultados de suas virtudes? Adagas! Sim, adagas."

Mas adagas não foram o fim. Seis anos mais tarde Carlos II e seu irmão se foram e um rei cumpridor de leis sentou-se ao trono. Embora Essex não tivesse vivido para ver isso, a monarquia constitucional pela qual ele morreu acabou triunfando. Napoleão acreditava que havia uma vingança superior em andamento. Uma justiça reguladora divina meditava sobre as questões humanas.

Nós vimos as reformas que Napoleão gostaria de ter efetuado na França e na Córsega, e o trágico destino que ele considerou para os reformistas. Mas todas essas notas e escritos, por mais reveladores que fossem, careciam de um toque pessoal singular. O que o segundo-tenente Bonaparte queria fazer com sua própria vida? Quais eram suas aspirações? A resposta está em um ensaio de quarenta páginas que ele submeteu para um prêmio de 1.200 libras tourmois oferecido pela Academia de Lyon em resposta à pergunta "Quais são as verdades e os sentimentos mais importantes a se instilar nos homens para que eles sejam felizes?"

Napoleão começa seu ensaio com a epígrafe: "A moralidade existirá quando os governos forem livres", uma adaptação, não uma citação como Napoleão alegava, da frase de Raynal, "A boa moral depende de um bom governo". Napoleão diz que o homem nasce para ser feliz: a Natureza, uma mãe esclarecida, o dotou de todos os órgãos necessários para esse fim. Então a felicidade é aproveitar a vida da maneira mais adequada à constituição do homem. E todo homem nasce com um direito a essa parte dos frutos da terra, necessários para a subsistência. O principal mérito de Paoli reside em ter garantido isso.

Napoleão em seguida aborda o sentimento. O homem experimenta os sentimentos mais agradáveis quando está sozinho à noite, meditando sobre a origem da Natureza. Sentimentos como esses seriam seu mais precioso dom se não tivesse também recebido o amor pelo país, o amor pela esposa e a "amizade divina". "Uma esposa e filhos! Um pai e uma mãe, irmãos e irmãs, um amigo! E ainda assim as pessoas encontram defeitos na Natureza e perguntam por que nasceram!"

Sentir faz com que amemos o que é belo e justo, mas também faz com que nos rebelemos contra a tirania e o mal. É o segundo aspecto que devemos tentar desenvolver e proteger da perversão. Portanto, o bom legislador deve guiar o sentimento pela razão. Ao mesmo tempo, ele deve permitir completa e absoluta liberdade de pensamento e liberdade para falar e escrever exceto onde isso prejudique a ordem social. A ternura, por exemplo, não pode se degenerar em frouxidão, e nunca devemos encenar o *Alzire* de Voltaire, no qual o herói moribundo, em vez de execrar seu assassino, sente pena dele e o perdoa. É a razão que distingue o sentimento genuíno da paixão violenta, é a razão que mantém a sociedade, é a razão que desenvolve um sentimento natural e o torna incrível. Amar seu próprio país é um sentimento elementar, mas amá-lo acima de todo o resto é "o amor da beleza em toda sua energia, o prazer de ajudar a tornar a nação inteira feliz".

Mas existe um tipo perverso de patriotismo, gerado pela ambição. Napoleão poupa sua linguagem mais incisiva para descrever a ambição, "com sua pele clara, olhar forte, passos apressados, gestos espasmódicos e risada sardônica". Em outros pontos de seus cadernos ele volta ao mesmo tema: chama Brutus de louco ambicioso; quanto ao profeta árabe Hakim – fanático que pregava a guerra civil e, por ter ficado cego em decorrência de uma doença, escondia seus olhos sem visão com uma máscara de prata, explicando que a usava para evitar que os homens ficassem atordoados com a luz que irradiava de seu rosto –, Napoleão comenta com escárnio: "Até onde um homem consegue ir, levado pela sua paixão pela fama!".

Napoleão conclui seu ensaio contrastando com o egoísta ambicioso, o patriota genuíno, o homem que vive para ajudar os outros. Por meio da coragem e da força máscula o patriota conquista a felicidade. Viver feliz e trabalhar para a felicidade dos outros é a única religião que vale para Deus. Que prazer é morrer cercado por seus filhos e poder dizer: "Eu garanti a felicidade de uma centena de famílias: tive uma vida difícil, mas o Estado se beneficiará dela; por meio de minhas preocupações meus colegas cidadãos vivem com tranquilidade, por meio de minhas perplexidades estão felizes, por meio de minhas tristezas estão alegres".

Foi esse o ensaio escrito pelo segundo-tenente Bonaparte em seu alojamento apertado em Auxonne, entre desfiles e turnos de sentinela. Ele certamente ficou desapontado quando não ganhou o prêmio: na verdade, nenhum de seus ensaios foi considerado digno de premiação. Mas valeu a pena ter escrito o en-

O JOVEM REFORMADOR

saio, uma vez que em certos aspectos era o programa de uma vida. O patriota claramente é o próprio Napoleão. Seu objetivo na vida é trabalhar para a felicidade dos outros. O heroísmo e o cavalheirismo que ele prezava como cadete agora eram ofuscados por um patriotismo de um tipo mais prosaico. Ele havia perdido sua admiração pelo herói corneliano que defendia seus direitos; em vez disso passou a se ver como membro de uma comunidade, trabalhando por "uma centena de famílias". E agora ele não era um soldado, mas sim um civil.

Napoleão não inclui a cristandade como uma condição para a felicidade, e nesse sentido ele estava de acordo com a sua época. Como escreveu em seu caderno, a cristandade "declara que seu reino não é deste mundo; como então ela pode estimular afeto pelo país natal, como ela pode inspirar qualquer sentimento que não o ceticismo, indiferença e frieza por questões humanas e pelo governo?".

A confiança de Napoleão no sentimento também era típica de sua época, que começava a desconfiar de cinismo e de máscaras. A originalidade de Napoleão está em reconhecer que uma perigosa confusão pode surgir entre sentimento verdadeiro – virtude – e paixão mascarada de sentimento. Ele é original ao fazer da razão, e não da intensidade do sentimento, o juiz do valor do sentimento. Se fosse pressionado a listar os critérios pelos quais a razão age, Napoleão certamente teria citado o patriotismo e os valores como honestidade e generosidade (mas não o perdão) que aprendeu com seus pais; em outras palavras, pelo menos parte dos valores da cristandade seriam excluídos de seu ensaio.

Enquanto o segundo-tenente Bonaparte, em uma pequena cidade de guarnição, estudava, planejava reformas e considerava a vida que gostaria de ter, o mundo mais amplo da França estava se encaminhando para uma crise. Talvez a causa do problema fosse que ninguém mais possuía poder para agir. O ainda popular e bem-intencionado Luís XVI tentou fazer as tão necessárias reformas tributárias, mas os advogados que compunham os Parlamentos se recusavam consistentemente a registrá-las. Como um jovem conselheiro no Parlamento de Paris explicou a um visitante: "Você deve saber, senhor, que na França o trabalho de um conselheiro é ser contra tudo que o rei quer fazer, mesmo as boas coisas". Em todos os níveis a França consistia em grupos engessados na oposição, e o forte espírito crítico francês ridicularizava qualquer reforma proposta. Uma falta de confiança se espalhou pela nação, atingindo em cheio o comércio em 1788. Então veio um inverno excepcionalmente rigoroso em 1788-89. O Sena e outros rios congelaram; o comércio ficou impedido; o gado e os rebanhos de ovelha morreram. Após muitos anos de estabilidade, o preço do pão, da carne e de outras mercadorias disparou, e isso em uma época em que muitas oficinas estavam demitindo seus funcionários. Por toda a França se alastrou o medo da fome.

No final de março de 1789, na pequena cidade de Seurre, um barco estava sendo carregado com trigo. O trigo fora comprado por um negociante de Verdun e seria enviado para aquela cidade. O povo de Seurre, convencido de que sua comida estava sendo toda comprada, revoltou-se e impediu que o barco saísse. O 64º Regimento estava então aquartelado em Auxonne, a uns trinta quilômetros de Seurre, e seu coronel, barão Du Teil, enviou um destacamento de cem soldados, com Napoleão entre os oficiais, para restaurar a ordem.

Em Seurre, Napoleão veio a conhecer em primeira mão o humor do povo francês, assustado e bravo, enquanto eles clamavam não somente por comida, mas também por justiça social. O que Napoleão pensava e sentia em 1789 está muito menos documentado do que o que ele lia e escrevia, mas sabemos que acreditava que cada francês tinha direito à subsistência, e era solidário com eles quanto ao alto preço do pão. Por outro lado, detestava tumultos e multidões. Quando homens do 64º invadiram os quartéis e se apoderaram dos fundos regimentais, e quando a casa de campo do barão Du Teil foi incendiada, Napoleão certamente não aprovou. Sendo filho de advogado, queria que esse movimento popular se expressasse constitucionalmente dentro dos Estados-Gerais.

Isso aconteceu com o tempo. Em fevereiro de 1789, um certo Emmanuel Joseph Sieyès, um ex-padre de Fréjus, publicou um panfleto que arrebatou o país. "O que é o Terceiro Estado?", Sieyès perguntava. "Tudo. O que foi na ordem política até agora? Nada. O que ele pede? Para se tornar algo." Em Sieyès, o povo havia encontrado uma pena; em Mirabeau, ele encontrava uma voz. Mirabeau era um nobre com sangue sulista nas veias, e, assim como Napoleão, se impregnava na história inglesa. Rejeitado por seus colegas nobres, havia sido eleito pelo Terceiro Estado de Aix, e foi em nome deles que Mirabeau levantou a voz: "o defensor", disse ele, "de uma monarquia limitada pela lei e o apóstolo da liberdade garantida por uma monarquia".

No dia 14 de julho de 1789, um grupo de parisienses invadiu a Bastilha, mas para Napoleão, longe de Paris, isso teria sido um acontecimento comparável aos tumultos de Seurre. O que interessava a ele eram os decretos da Assembleia Constituinte, como os Estados-Gerais agora se autodenominavam. A Assembleia aboliu certos privilégios dos nobres e do clero, deu o voto a mais de 4,5 milhões de homens que possuíam pelo menos uma pequena terra ou propriedade, e em 1791 apresentou à França sua primeira Constituição, elaborada por Mirabeau, com um prefácio de "Declaração dos Direitos do Homem e do

Cidadão", cujos dois principais artigos são o 1º e o 4º: "Homens nascem e permanecem livres e iguais em direitos. Distinções sociais podem ser baseadas somente em utilidade pública..." "A liberdade consiste no poder de fazer qualquer coisa que não prejudique os outros."

Qual foi a reação de Napoleão a essas leis? Ele era um nobre francês. Seus amigos e colegas oficiais também eram nobres franceses, e seus irmãos muito provavelmente estavam a caminho de se tornar bispos ou até cardeais. Por serem nobres, eles derramavam ou estavam dispostos a derramar seu sangue pelo Rei, e não pagavam impostos. Pertenciam a uma elite, talvez 500 mil entre 25 milhões. Napoleão poderia, como nobre, chegar a ser marechal da França, e o fato de plebeus não poderem o mesmo aumentava significativamente suas chances de chegar ao topo. Agora esses privilégios haviam desaparecido repentinamente, e muitos ressentiram-se disso. Mais da metade dos colegas oficiais de Napoleão se recusaram a aceitar a nova situação e muitos, inclusive seu melhor amigo, Alexandre des Mazis, decidiram emigrar.

Napoleão não via a situação em termos de interesse próprio. O que ele via era uma Constituição que limitava a monarquia pela lei. Isso era algo que ele vinha esperando havia anos. Ele também via o poder sendo passado ao povo francês; agora que o patriotismo menor era engolido pelo maior, ele acreditava que isso ajudaria a Córsega. Napoleão tinha certeza de que o povo francês simpatizaria com o povo corso e daria um fim ao domínio colonial. Se, na agitação do novo movimento popular, ele perdesse seus privilégios, era um preço pequeno a se pagar. Ele não sonhava em ir ao exterior para se juntar a Príncipes de sangue determinados a salvar o Antigo Regime. A soberania havia sido transferida pela Assembleia do Rei para todos os cidadãos; então sua lealdade agora não era a Luís XVI, mas sim ao povo francês.

Napoleão poderia muito bem ter dado uma aprovação silenciosa para a Constituição e deixado por isso mesmo. Como um oficial de artilharia, tinha seus deveres diários a cumprir. Mas em seu ensaio sobre a felicidade, ele havia afirmado a obrigação de se envolver, de agir em nome de seus colegas. A Constituição estava sendo atacada pelos nobres e pelo clero, pelos reis da Europa; Napoleão decidiu agir em sua defesa.

Ele o fez com muita energia. Foi um dos primeiros a entrar para a Sociedade de Amigos da Constituição, um grupo de 200 patriotas de Valença, e se tornou secretário. No dia 3 de julho de 1791, ele teve uma parte importante em uma cerimônia, na qual 23 sociedades populares de Isère, Drôme e Ardèche solenemente condenaram a tentativa de fuga do rei para a Bélgica. Três dias depois ele prestou o juramento exigido de todos os oficiais, "antes morrer que permitir que uma potência estrangeira invada o solo francês". No dia 14 de julho ele prestou um juramento de lealdade à nova Constituição e, em um banquete na mesma noite, propôs um brinde aos patriotas de Auxonne.

As propriedades do clero e da nobreza começaram a ser confiscadas pelo governo e colocadas à venda sob o nome de *biens nationaux*. No começo as pessoas tinham medo de comprar, temendo uma contrarrevolução. Por fim, no departamento de Drôme, um homem reuniu coragem, pagou o dinheiro e fez a compra. Napoleão mais uma vez tomou a iniciativa e parabenizou publicamente o comprador por seu "patriotismo".

A Assembleia havia aprovado um decreto conhecido como Constituição Civil do Clero, que declarava o clero francês independente de Roma e que o futuro clero e bispos deveriam ser eleitos por suas congregações. Esse decreto foi condenado por Pio VI. Napoleão prontamente comprou uma cópia do anticlerical *História da Sorbonne*, de Duvernet, estudou a questão da autoridade papal e anotou as ocasiões quando clérigos franceses se atreviam a dizer que um papa estava acima do rei. Napoleão achava Pio um intrometido, mas nem todos em Valença concordavam. Então Napoleão providenciou para que um padre chamado Didier, anteriormente um monge franciscano, falasse com sua Sociedade de Amigos da Constituição, onde, entre aplausos, o padre garantiu à plateia que clérigos como ele mesmo, que prestaram o juramento da lealdade à Constituição Civil, estavam agindo em boa-fé, independentemente do que Roma dissesse.

Essa era a posição de Napoleão no verão de 1791. O oficial nobre de nascimento, sobrinho-neto do arcediago Lucciano, estava dando um exemplo com a venda de propriedades confiscadas dos nobres e do clero. Estava reunindo apoio para uma Constituição que tirava a soberania do rei que havia pagado por seus estudos e assinado sua patente. Mas esses eram derivados de uma linha de ação essencialmente positiva. Napoleão, aos 21 anos, era um homem satisfeito, cheio de entusiasmo por um movimento popular que encarnava muitas de suas aspirações, um movimento que, acreditava ele, estava trazendo justiça à França, um fim à opressão, e possivelmente benefícios à Córsega também.

4

Fracasso na Córsega

Em outubro de 1791, Napoleão tirou uma licença e voltou para Ajaccio, trocando exercícios de tiro e alojamentos apertados pela espaçosa e amigável casa em Via Malerba, o francês pelo italiano, refeições em cafés pelo *ravioli* e pelo *macaroni* dos quais ele sentia falta na França. As uvas dos vinhedos estavam amadurecendo, os arbustos das montanhas ainda tinham aquele aroma doce que Napoleão disse que conseguia reconhecer em qualquer lugar. O cenário era o mesmo, mas todos estavam um pouco mais velhos.

Napoleão encontrou sua mãe em seu sétimo ano de viuvez. Ela ainda era linda e havia recusado duas propostas de casamento, uma vez que queria se manter fiel à memória de Carlo e se dedicar totalmente aos filhos. Como viúva, ela sempre usava preto. Em vez de três empregados agora ela só podia pagar um, uma mulher chamada Saveriana, que insistiu em ficar, embora recebesse apenas simbólicos três francos por mês. Letizia tinha tantas tarefas domésticas que por um tempo não conseguiu mais cumprir os votos que ela impôs a si mesma de ir à missa todos os dias.

Joseph era um jovem inteligente e tranquilo de 23 anos, um advogado qualificado, interessado em política, que logo se tornaria um membro do Conselho de Ajaccio. Lucien tinha dezesseis anos. Enquanto os irmãos mais velhos estavam ausentes, ele era mimado. A volta de Joseph e a de Napoleão nos períodos de licença deixavam Lucien um tanto ressentido, e exacerbavam uma personalidade já irritadiça; no entanto, falava de maneira vigorosa e logo seria o orador da família. Marie Anne, de quatorze anos, estava em Saint-Cyr. Louis, que Napoleão trouxera consigo, tinha treze anos, e era um garoto bonito, carinhoso e excepcionalmente meticuloso. Pauline, de onze, era animada e encantadora, sentia tudo com profundidade, mas ainda assim era divertida – ela era a irmã preferida de Napoleão. Caroline, que tinha nove anos e pele clara, tinha talento para a música. O último dos treze filhos de Letizia, dos quais oito haviam sobrevivido, era Jérôme, um pequeno exibido um tanto mimado e convencido.

Para sua família, Napoleão, com sua espada na cintura, era uma figura respeitada, o único Bonaparte que possuía uma renda regular. Ele tinha uma altura mediana para padrões franceses, mas era mais baixo que a maior parte dos homens corsos, e era muito magro – ele mal preenchia seu uniforme azul com adornos vermelhos. Tinha um rosto magro e anguloso com uma mandíbula bastante pronunciada; seus olhos eram azuis acinzentados, e sua pele cor de oliva. Ele havia passado duas licenças anteriores em casa, mas foram períodos de tranquilidade em que leu Corneille e Voltaire em voz alta junto com Joseph e levou sua mãe, que ainda sofria de rigidez em seu lado esquerdo, até as águas ricas em ferro de Guagno. Sua licença atual seria muito menos serena.

Na casa também estava o arcediago Lucciano, agora com 76 anos e confinado à cama por conta da gota. Do leito, continuava a fazer negócios altamente lucrativos em fazendas, vinho, cavalos, trigo e porcos. Ele também era extremamente litigioso: em um ano ele compareceu ao tribunal em cinco ocasiões diferentes. Normalmente ele ganhava suas ações, e ficou muito rico. Por segurança ele guardava seu dinheiro – tudo em moedas de ouro – em seu colchão.

O resto da família, pelo contrário, era muito pobre. Carlo havia assinado um contrato promissor com o governo francês para produzir 10 mil pés de amoreiras para fabricar seda. Quando era garoto, a amora havia sido um símbolo das futuras riquezas dos Bonaparte – daí o apelo de Napoleão pela amoreira em Brienne. Mas agora era sinônimo de desastre, pois o governo francês havia cancelado o contrato, deixando os Bonaparte encalhados com milhares de pés de amoreiras, dos quais não podiam ser aproveitadas nem as frutas, já que essa espécie dava uma insípida frutinha branca, desdenhada em uma ilha de uvas e cerejas. Letizia tinha uma dívida de 3.800 libras tournois. No entanto, Lucciano não queria ajudar. Nada o faria abrir mão de um centavo sequer.

Quando havia uma urgência financeira, a encantadora Pauline era escalada para procurar o velho e, enquanto brincava, tentar extrair um ou dois luíses de ouro de seu colchão. Um dia, enquanto ela tentava desajeitadamente pegar alguma moeda, o saco inteiro caiu com estrondo no chão de azulejos. O arcediago, que por um momento ficou sem palavras, logo correu pela casa aos gritos. Letizia subiu às pressas e o encontrou olhando, revoltado, para seu precioso tesouro espalhado no chão. Ele jurou "por todos os santos no céu" que todo aquele ouro não era dele: ele o estava guardando para amigos ou clientes. Letizia apanhou as moedas em silêncio. O arcediago as contou, colocou-as de volta no saco e voltou a guardá-lo no colchão.

FRACASSO NA CÓRSEGA

Napoleão gostava do tio-avô, apesar da avareza, e falava com ele diariamente. Lamentava vê-lo doente e, pensando em como poderia ajudá-lo, lembrou-se de um médico suíço chamado Samuel Tissot, primeiro médico a sugerir que pessoas doentes deveriam tratar a si mesmas. Tissot publicou três livros famosos; um sobre onanismo, no qual alertava que a masturbação podia levar à loucura, outro sobre os distúrbios de pessoas da alta sociedade, para as quais ele prescrevia ar fresco, exercício e uma dieta vegetariana, e um terceiro sobre doenças que incidem em pessoas sedentárias e que leem muito, para as quais ele prescrevia caminhadas, canela, noz moscada, erva-doce e cerefólio. No segundo livro, por ser um republicano convicto, Tissot elogiava Paoli. Isso foi suficiente para animar Napoleão: acreditava que Tissot era uma mente irmã, e escreveu uma carta "Para *Monsieur* Tissot, Doutor em Medicina, Membro da Sociedade Real, residente em Lausanne".

"A Humanidade, senhor", começou Napoleão, "me leva a esperar que o senhor se digne a responder a essa incomum consulta. Eu, no último mês, vim sofrendo de febre terçã, o que me faz duvidar que o senhor consiga ler estes garranchos". Tendo assim se desculpado por sua letra, que raramente era boa, com ou sem febre, Napoleão descreveu os sintomas de seu tio-avô, explicou que ele praticamente nunca ficara doente antes, e até acrescentou seu próprio diagnóstico: "Acredito que ele tenha uma tendência ao egoísmo e, por ter uma situação tão confortável, ele não foi obrigado a desenvolver todas suas energias". De maneira respeitosa, mas com segurança, pediu ao dr. Tissot que enviasse uma prescrição pelo correio. Por acaso, Tissot já havia passado um remédio para gota no primeiro de seus livros "trate você mesmo": lavar as pernas, uma dieta com muito leite, sem doces, sem azeite, sem cozidos, sem vinho. Talvez ele sentisse que não tinha mais nada a dizer, pois escreveu na parte de trás do pedido de Napoleão: "Uma carta de pouco interesse; nenhuma resposta enviada".

O azeite de oliva, claro, é parte básica de uma dieta corsa. Por esse motivo ou outro o arcediago Lucciano foi piorando continuamente, e no final do outono de 1791 o fim claramente estava próximo. Sua família se reuniu em torno da cama do velho, com o crucifixo pendurado na cabeceira e o colchão de ouro, enquanto o arcediago dirigia uma última palavra para os meninos mais velhos. "Você, Joseph, será o chefe da família, e você, Napoleão, será um homem." O arcediago quis dizer que ele havia distinguido no segundo filho as virtudes da energia, da coragem e da independência que para um corso determinavam a verdadeira hombridade.

Com a morte do arcediago, sua propriedade foi passada para os filhos de Letizia. Da noite para o dia os Bonaparte não eram mais pobres, mas sim bastante ricos. Esse foi um golpe de sorte para Napoleão, pois tinha ambições de participar da política corsa, um mundo difícil em que não se chegava longe sem a influência proveniente do dinheiro.

A Córsega era dividida nitidamente entre aqueles que eram favoráveis à Constituição de 1791 e aqueles que se opunham às novas medidas de Paris, particularmente medidas contra a Igreja. Napoleão pertencia ao primeiro grupo, além disso, acreditava que somente uma Guarda Nacional forte, ou exército de cidadãos, poderia implementar a Constituição e trazer seus benefícios para o povo corso. Ele fez campanha por uma Guarda Nacional e, quando ela foi formada, escreveu para o Gabinete de Guerra, explicando que seu "posto de honra" agora ficava na Córsega, e pedindo permissão, que foi concedida, para se candidatar a uma das duas vagas como tenente-coronel no segundo batalhão.

Havia quatro candidatos e cada Guarda tinha dois votos. Duas semanas antes da eleição Napoleão providenciou que 200 guardas viessem até Ajaccio e ficassem hospedados na Casa Bonaparte e nos seus arredores. Ali Letizia lhes deu do bom e do melhor pagando com o ouro do arcediago.

Na véspera da eleição os comissários chegaram. Todos se atentaram para ver onde ficariam hospedados, pois era assim que eles indicavam suas preferências. Um deles, Morati, foi para a casa de uma família que apoiava o principal adversário de Napoleão, Pozzo. Napoleão não apreciou que Morati estivesse hospedado ali, e talvez até sendo intimidado. Ele chamou um de seus homens e mandou que ele sequestrasse Morati. Naquela noite, quando os Peraldi estavam sentados para jantar; intrusos irromperam na sala de jantar, pegaram Morati e o levaram para a casa de Napoleão. E ali o perplexo comissário teve de passar a noite.

No dia seguinte, os 521 guardas marcharam para dentro da igreja de San Francesco. Pozzo fez um discurso protestando contra o sequestro. Mas os guardas vaiaram, e com gritos de *"Abasso"* tiraram Pozzo da plataforma; alguns sacaram estiletes. Bem a tempo Napoleão e um amigo intervieram e formaram uma barreira em torno de Pozzo. Então o silêncio voltou e teve início a votação. Napoleão chegou em segundo, com 422 votos. Surpreendentemente, havia sido uma eleição tranquila para os padrões corsos – ninguém morreu.

Napoleão era agora, aos 22 anos, um tenente-coronel na Guarda Nacional. Mas ele se viu em uma situação problemática. Paris havia decretado o fim de todas as casas religiosas. Na Córsega havia 65 mosteiros, e o de Ajaccio era particularmente importante. Em março ele foi fechado. Naturalmente os franciscanos protestaram e, como eram queridos, conseguiram apoio.

Uma semana após a eleição de Napoleão, no domingo de Páscoa de 1792, um grupo de padres não juramentados – aqueles que se recusaram a jurar lealdade à Constituição – entrou no mosteiro fechado e celebrou uma missa. Napoleão decidiu que os padres estavam desafiando o governo e alertou seus guardas. Depois da missa teve início um jogo de boliche; surgiu uma briga, que logo se tornou uma batalha entre partidários dos monges e partidários do clero constitucional, entre a antiga e a nova ordem. Punhais cintilavam, pistolas luziam. Napoleão ordenou que seus guardas acalmassem a situação. De repente, perto da catedral, um dos partidários dos monges sacou uma pistola e o tenente Rocca della Sera da Guarda Nacional caiu morto. Napoleão correu até ele, carregou o corpo de volta para seu quartel na torre do seminário, e decidiu lutar até o fim contra os partidários dos monges.

A chave para Ajaccio era sua cidadela, uma poderosa fortaleza com muros íngremes e canhões. Quem conseguisse tomar a cidadela, tomava Ajaccio. Mas o Coronel Maillard, o comandante presente, não mostrava disposição para ajudar Napoleão. Em vez disso, enviou tropas francesas para esvaziar a cidade. Napoleão, no seminário, se recusou a ser retirado e houve momentos, nas ruas estreitas, em que tropas francesas e os homens de Napoleão se enfrentaram.

Napoleão foi procurar Maillard. Seus homens estavam exaustos, e ele perguntou se podiam descansar na cidadela. Maillard negou. Então nos dê um pouco de munição, disse Napoleão, estamos ficando sem. Mais uma vez Maillard disse não. Napoleão considerou essas respostas como um ato de desafio do exército do povo, e a cidadela, com suas armas mirando a cidade, outra Bastilha. Deixando Maillard bruscamente, ele percorreu Ajaccio convocando voluntários a invadir a cidadela. Mas ninguém ouviu: estavam preocupados com os monges, não com a fortaleza. Por fim Napoleão conduziu seus guardas, sem munição e exaustos por um dia e duas noites de luta, contra a cidadela, e o ataque fracassou.

Na quarta-feira de Páscoa, Pietri e Arrighi, os civis corsos responsáveis pela Guarda Nacional, chegaram a Ajaccio. "Esta é uma conspiração criada e fomentada pela religião", Napoleão lhes disse. Ele tinha razão, mas não conseguiu acrescentar que a maior parte dos corsos era apegada a seus modos religiosos tradicionais. Pietri e Arrighi acalmaram os ajaccianos, colocaram 34 na prisão, e enviaram o batalhão de Napoleão para Corte, a três dias de caminhada.

Isso foi um golpe para Napoleão: deixava Ajaccio nas mãos do coronel Maillard, isolava-o de sua família, seus amigos e sua arena política escolhida; também parecia tolerar, como ele colocava, a resistência dos "ajaccianos" a uma lei aprovada pela Assembleia livremente eleita. Mais infeliz ainda era o fato de que Maillard enviou um relatório furioso para Lejard, o ministro de Guerra, culpando Napoleão, um oficial francês, por entrar em guerra contra uma guarnição francesa. Napoleão, disse ele, deveria ir à corte marcial.

"Parece urgente que você vá para a França", disse Joseph a Napoleão com considerável alarme, e Napoleão achava isso também. Precisava se inocentar das acusações de Maillard a qualquer custo. Ele se despediu de sua família, pegou o barco em Bástia e no dia 28 de maio chegou a Paris.

A Revolução agora havia entrado em uma nova fase. Havia se tornado um conflito internacional: os reis e a aristocracia da Europa contra o povo da França. O imperador da Áustria e o rei da Prússia declararam guerra contra o povo, invadiram o território francês e prometeram restaurar o Antigo Regime. Quanto mais eles avançavam, mais nervosos e tensos ficavam os parisienses. Eles suspeitavam que Luís XVI estava sendo conivente com seus colegas reis; suspeitavam de sua rainha nascida na Áustria. Seus temores poderiam ter sido contidos por Mirabeau, mas Mirabeau morrera um ano antes, e agora não havia ninguém para acalmar multidões assustadas e furiosas que marchavam, protestavam e saqueavam.

Napoleão passava seus dias visitando o Gabinete de Guerra, ouvindo debates na Assembleia, visitando amigos e estudando o humor do povo. Ele ficou sem dinheiro e teve de penhorar seu relógio. No dia 20 de junho, almoçava perto do Palais Royal com Antoine de Bourrienne, um velho amigo da École Militaire que havia trocado o exército pelo direito. De repente, eles viram uma multidão de esfarrapados chegar da direção dos mercados, evidentemente indo para o prédio da Assembleia. Estavam em cerca de cinco a seis mil, armados com piques, machados, espadas, mosquetes e paus pontiagudos. Alguns usavam chapéus vermelhos, portanto eram jacobinos da extrema esquerda. Gritavam insultos para o governo moderado de Brissot. "Vamos seguir essa multidão", disse Napoleão.

A multidão chegou ao prédio da Assembleia, onde Napoleão os observou exigindo admissão. Durante uma hora, cantando a canção revolucionária *"Ça ira"* e agitando uma placa na qual fora pregado um coração de boi sangrando com a inscrição *"Coração de Luís XVI"*, eles entraram em fila pelo corredor. Depois marcharam até o Palácio das Tulherias, bradando rudes palavras de ordem, e subiram a ampla escadaria do século XVII até os cômodos da realeza. Parecia que ia haver um banho de sangue. Mas o rei os recebeu graciosamente, consentiu que colocassem um chapéu vermelho em sua cabeça, e bebeu uma taça de vinho com eles. Por duas horas ele ficou com eles, enquanto gritavam e protestavam e, tranquilizados, se foram. "O rei se saiu bem", escreveu Napoleão para Joseph, "... mas um incidente como esse é inconstitucional e um exemplo muito perigoso".

O perigo logo se mostrou. No dia 9 de agosto, jacobinos invadiram as galerias e importunaram o governo, que, à medida que o exército austro-prussiano avançava, estava continuamente perdendo o controle. "O barulho e a desordem eram imensos", escreveu uma testemunha ocular inglesa, o dr. Moore. "Cin-

FRACASSO NA CÓRSEGA

quenta membros vociferavam em uníssono: nunca fui testemunha de uma cena tão tumultuosa; o sino, bem como a voz do presidente, foram afogados em uma tempestade; e comparada a isso, a noite mais turbulenta que já testemunhei na Câmara dos Comuns foi tranquila".

Na manhã seguinte, em 10 de agosto, multidões erravam pelas ruas. Era um dia escaldante e os ânimos estavam acirrados. Depois de deixar seu hotel, Napoleão foi para uma casa na Place du Carrousel, onde o irmão de Bourrienne mantinha uma casa de penhores – com o relógio de Napoleão entre os artigos penhorados. Das janelas ele tinha uma vista para o palácio das Tulherias, e da multidão que começava a se formar diante dele, que agora não eram mais somente parisienses, e sim a Guarda Nacional recém-saída das províncias, principalmente Bretanha e Marselha. A última cantava a *Marselhesa*, que acabara de ser escrita por Rouget de Lisle; esse hino, talvez o mais emocionante já escrito, dava aos interioranos e aos parisienses o sentimento de uma causa coletiva e uma nova força.

Luís XVI apareceu do lado de fora do palácio. A multidão vaiava e gritava insultos. Luís voltou a entrar. Ele queria permanecer no palácio, mas Roederer, um jovem advogado em cujos conselhos ele confiava, lhe implorou para ir, com a rainha e os filhos, para a Assembleia. Ele fez isso. A Guarda Nacional então invadiu o pátio dianteiro do palácio e começaram os tiroteios – ninguém sabia quem havia disparado o primeiro tiro. Enquanto a Guarda Suíça resistia, a multidão levou canhões para a Pont Royal e começou a bombardear o local. Esperando evitar um derramamento de sangue, a Guarda Nacional entrou em massa praticamente sem resistência, pôs portas abaixo com machados e matou qualquer um que encontrasse pela frente, a maior parte, cortesãos e guardas suíços.

Por volta do meio-dia Napoleão se dirigiu até o pátio dianteiro, agora uma grande poça de sangue onde 800 homens jaziam mortos ou moribundos. Ficou enojado ao ver mulheres de aparência respeitável perpetrando ultrajes a guardas suíços mortos. Ele também viu homens de Marselha matando a sangue frio. Quando um deles apontou seu mosquete para um guarda suíço ferido, Napoleão interveio. "Você é do sul? Eu também. Vamos salvar este pobre coitado". O marselhês, fosse por vergonha ou pena, largou seu mosquete e naquele dia de sangue pelo menos uma vida foi salva.

Enquanto a multidão se dispersava, carregada com as joias, pratarias e vestidos de Maria Antonieta, Napoleão passava pelos cafés da área, olhando para o rosto das pessoas. Ele só conseguia ver raiva e ódio nelas. O que acontecera com os ideais generosos, o sentido de direito e de justiça e a fraternidade que haviam iniciado a Revolução?

Naquele quente dia de agosto, Napoleão aprendeu uma lição que nunca viria a esquecer: uma vez que a liderança se perde, até os mais generosos ideais dão errado. Ele, que ainda acreditava firmemente na monarquia constitucional, sentia que a liderança deveria ter vindo do rei. Naquela noite, escreveu a Joseph: "Se Luís XVI tivesse aparecido montado em um cavalo, a vitória teria sido dele".

Enquanto isso, Napoleão frequentava regularmente o Gabinete de Guerra. Ele explicou sua conduta em Ajaccio de forma tão satisfatória que a ideia de uma corte marcial foi abandonada. Sua determinação em levar para a Córsega os benefícios da Revolução causou uma impressão muito favorável. Não só permitiriam que ele voltasse ao comando, com 352 libras tournois para despesas de viagem, como também o promoveram no exército regular. A partir do último dia de agosto ele seria capitão Bonaparte.

O triunfo foi acompanhado por uma nova preocupação. No dia 16 de agosto a escola de Saint-Cyr, aristocrática e, portanto, indesejável, foi fechada oficialmente. Para Napoleão essa notícia era alarmante, pois Marie Anne estudava lá. Assim que ele terminou tudo no Gabinete de Guerra, correu até Saint-Cyr para buscar sua irmã, com quem não se encontrava havia oito anos. Agora ela tinha quinze anos, não era muito bonita, mas era inteligente, tranquila e inclinada ao linguajar um tanto pomposo que ensinavam em Saint-Cyr. Seu uniforme escolar era um vestido preto, meias pretas e luvas pretas: no peito, uma cruz pontuada por flores de lis, a figura de Cristo de um lado, de São Luís do outro. Esse emblema provavelmente era visto por Napoleão com considerável desconforto: no clima atual da França, era suficiente para fazer com que sua irmã fosse enforcada em uma das *lanternes* da rua.

Napoleão levou Marie Anne para Paris e reservou dois lugares na diligência para Marselha com uma semana de antecedência. Enquanto esperava, talvez para comemorar seu novo título de capitão, ele a levou à Ópera. Marie Anne havia aprendido que óperas eram indecentes e obra do Diabo. No começo ela fechou seus olhos cuidadosamente, mas depois Napoleão reparou que ela os abrira e estava gostando da nova experiência.

Enquanto isso, o poder era passado aos jacobinos. Estavam atrás do sangue de aristocratas e padres. No dia 7 de setembro, turbas invadiram os presídios de Paris e massacraram mais de mil homens e mulheres inocentes. Antes do final do mês ainda jogariam Luís Capeto para dentro do cárcere do Templo e declarariam a França uma República.

Dois dias depois do terrível massacre em Paris, Napoleão e Marie Anne subiram na diligência. Na travessia até a França, a garota com sotaque e maneiras de Saint-Cyr causou má impressão entre as multidões de jacobinos, e quando ela des-

FRACASSO NA CÓRSEGA

ceu da diligência em Marselha um grupo ameaçador apontou para seu chapéu de tafetá e plumas: "Aristocratas! Morte aos aristocratas!". "Não somos mais aristocratas do que você!", retorquiu o capitão Bonaparte, e arrancando o chapéu de plumas da cabeça de sua irmã, jogou-o para a multidão, que aplaudiu.

Em outubro de 1792, Napoleão voltou para Ajaccio, com sua posição pessoal elevada, feliz por estar fora do banho de sangue em Paris. Retomou sua função como tenente-coronel no 2º Batalhão na Guarda Nacional Corsa. Mas seu papel agora era novo, porque a Revolução havia entrado em outra fase. Em setembro, em Valmy, os franceses conquistaram uma vitória sobre os austro-prussianos. Valmy virou a maré da guerra. Toda a energia enclausurada que foi liberada pela nova Constituição agora se dirigia contra os inimigos externos do povo francês: os reis e nobres e bispos reacionários que se atreveram a enviar exércitos para a França. Não só os franceses reagiram, como levaram a guerra para solo inimigo. Invadiram a Bélgica, uma colônia austríaca, ameaçaram a Holanda – alarmando assim a Inglaterra, e tiraram a Saboia e Nice do Rei Vítor Amadeu de Piemonte, um aliado da Áustria.

A Revolução Francesa havia assumido a ofensiva. Um patriota – e Napoleão queria acima de tudo ser um patriota – não era mais um homem que levasse a seus companheiros os benefícios da Constituição, mas alguém que lutasse na linha de frente contra um inimigo determinado a eliminar esses benefícios. Um amigo de Napoleão, Antonio Cristoforo Saliceti, que atuava na Convenção (como a nova Assembleia se autodenominava), enfatizou a questão em uma carta a ele. A França estava em guerra contra o rei Vítor Amadeu, e as colônias do rei incluíam a Sardenha. Por que a Guarda Nacional corsa não atuou naquela área? A Convenção não estava feliz com os fracos esforços dos corsos para defender a liberdade do povo. Para Napoleão, a mensagem de Saliceti era clara. Se a Córsega quisesse continuar se identificando com a França, ela precisava marchar contra o inimigo comum.

Paoli havia voltado para a Córsega, onde chefiava o governo. Ele não estava ansioso por atacar a Sardenha, talvez causando represálias, mas consentiu em dar um golpe contra as ilhotas de Maddalena e Caprera, na Sardenha. Napoleão garantiu que ele e seu batalhão fossem escolhidos para essa expedição patriótica. Habitadas por pastores e pescadores falantes de corso, as 11 ilhas haviam sido ocupadas por 25 anos pela Sardenha, e embora tivessem pouco valor intrínseco, seriam úteis degraus.

No dia 18 de fevereiro de 1793, Napoleão e seu superior, coronel Quenza, embarcaram 800 homens da Guarda Nacional, dois canhões de 12 libras e um morteiro na corveta, a *Fauvette*. Ela era tripulada por facínoras de Marselha, que já haviam conquistado uma má reputação se embriagando em Ajaccio e matando três corsos. O comando da expedição havia sido confiado por Paoli a seu amigo Colonna Cesari.

Napoleão estava empolgado como só um jovem oficial consegue ficar na véspera de seu primeiro engajamento. Durante a tumultuosa viagem de quatro dias, notou-se que ele era cuidadoso em cumprir ordens em seus mínimos detalhes, e que ditava rapidamente suas próprias ordens. Ele havia levado um estojo de toalete com detalhes de prata marcados com suas iniciais, e toda manhã se lavava com uma esponja úmida.

Às quatro da tarde de 22 de fevereiro, protegido do fogo pela *Fauvette*, Napoleão e Quenza aportaram na diminuta ilha de San Stefano, perto de Maddalena. Foram recebidos por tiros de mosquete de uma pequena guarnição da Sardenha e perderam um homem, que foi ferido. Logo eles ocuparam a ilha toda, exceto por uma torre quadrada onde os sardos se refugiaram. Napoleão arrastou seus canhões até Maddalena para cobrir a chegada que ele achava que Cesari faria repentinamente. Mas Cesari se recusou a aportar naquela noite. Napoleão implorou. Cesari manteve sua decisão. Como Napoleão escreveu em seu relatório, "Perdemos o momento favorável que numa guerra decide tudo".

Por duas noites e um dia, com vento forte e chuva, Napoleão esperou pacientemente. Seus atiradores mataram uma cabra, tiraram sua pele e a cozinharam em uma fogueira. Napoleão comeu um pedaço de carne, de gosto ruim e sem sal nenhum. Somente no dia 24 Napoleão recebeu ordens para abrir fogo. Fez isso com bons resultados, bombardeando o vilarejo de Maddalena com projéteis e balas incandescentes, e ateando fogo ao lugar quatro vezes. Destruiu 80 casas, incendiou um galpão de madeira e calou as armas nos dois fortes inimigos.

No dia 25, Cesari por fim ordenou o ataque. A *Fauvette* deveria se aproximar da margem e desembarcar as tropas. Mas nos três dias de inação, qualquer ardor que os marinheiros de Marselha pudessem ter havia se esvaído. Um marinheiro fora morto por uma bala sarda e os outros estavam com medo das 450 tropas sardas em Maddalena. "Leve-nos de volta", eles gritaram para Cesari. Os corsos tentaram uni-los, mas os marinheiros só se tornaram hostis e, por fim, amotinaram-se. Cesari caiu em prantos – e logo foi apelidado de *pleureur*, chorão.

Os marinheiros obrigaram Cesari a escrever uma carta para Quenza, ordenando que evacuasse San Stefano. Quando a leram, Quenza e Napoleão mal conseguiam crer em seus olhos. Mas, é claro, eles precisavam obedecer. Napoleão e seus homens, sôfregos e exaustos, conseguiram levar os canhões de uma tonelada pela lama até a praia. Mas a *Fauvette* enviou barcos somente para levar as tropas. Com isso, em seu primeiro engajamento, Napoleão teve de aumentar o número de armas e abandoná-las ao inimigo.

Enquanto a malfadada expedição voltava para Bonifácio, Napoleão sofria todas as dores da decepção, da frustração e da vergonha. Sua reação imediata foi escrever para o Gabinete de Guerra implorando que outra expedição tomasse Maddalena e limpasse essa "mancha de desonra" no segundo batalhão; ele incluiu dois planos de ataque. Por Cesari, motivo da chacota, ele sentia desprezo, e pelos marinheiros marselheses, uma indignação profunda que não tentava esconder. Alguns dias depois que eles voltaram, alguns dos marinheiros tiraram o estojo de toalete revestido em prata de Napoleão e, com gritos de *"L'aristocrat à la lanterne"*, tentaram enforcá-lo. Isso só foi evitado pela feliz chegada de alguns dos guardas de Napoleão.

O caso Maddalena causou uma duradoura impressão em Napoleão. Ele lhe ensinou, como só um primeiro fracasso conseguiria, a dificuldade de operações combinadas. Ele lhe ensinou a importância da velocidade, do "momento favorável" quando homens estão prontos para agir, e o inimigo é surpreendido. Ele lhe ensinou a importância vital da firmeza em um comandante, e da disciplina entre os soldados. Também lhe deixou com a convicção de que se estivesse no comando em vez de Cesari, Maddalena teria sucumbido.

Após a volta de Napoleão, os acontecimentos passaram a andar rápido. Lucien decidiu que Paoli estava procrastinando e até favorecendo os ingleses, que agora estavam em guerra com a França. Ele foi até Toulon e em um discurso ostentoso denunciou Paoli, pedindo que o tribunal revolucionário "entregasse sua cabeça à espada da Justiça". O discurso de Lucien foi lido na Convenção, e o governo ordenou que o comissário Saliceti prendesse Paoli.

Napoleão escreveu para a Convenção em defesa de Paoli, e quando Saliceti chegou, foi procurá-lo na esperança de reconciliar Paoli e a França. Mas Paoli acreditava que, assim como Lucien, Napoleão havia se voltado contra ele e emitiu uma ordem para a captura do corso, vivo ou morto. Napoleão teve de recorrer à Resistência e mais tarde voltou até Bástia em um barco pesqueiro.

Napoleão era um fora-da-lei, que os homens de Paoli matariam assim que vissem. Mas ele também era um oficial francês comprometido com a noção de que a Córsega era parte da *patrie*. Enquanto um homem menos escrupuloso teria pegado o primeiro navio para Marselha, Napoleão decidiu não somente perseverar, como também contra-atacar. Explicou a Saliceti que Ajaccio era, em sua maior parte, pró-franceses. Com dois navios de guerra e 400 soldados de infantaria leve, ele tinha certeza de que conseguiria tomar a cidade. Napoleão falou de um modo tão convincente que Saliceti concordou em tentar.

Ao atacar Ajaccio, Napoleão sabia que estaria colocando em risco sua família. Então enviou uma mensagem à sua mãe, dizendo-lhe para ir secretamente com as crianças para a torre em ruínas de Capitello, leste do Golfo de Ajaccio. Letizia obedeceu e ali, no dia 31 de maio, navegando em um pequeno barco à frente dos navios de guerra franceses, Napoleão a encontrou, gesticulando freneticamente. Ficara preocupado com a segurança dela e pulou no mar de forma que pudesse tomá-la mais rapidamente em seus braços. Depois ele a enviou de barco, junto com as crianças, até Calvi, controlada pelos franceses.

No dia seguinte, Napoleão disparou contra a cidadela com os canhões dos navios, mas os muros de pedra, com metros de grossura, resistiram. Saliceti escreveu ao Conselho de Ajaccio uma carta pedindo-lhes que se pronunciassem a favor da França, mas o Conselho respondeu que, embora estivessem ligados à República, eles não queriam se envolver com Saliceti, já que era inimigo de Paoli. Somente 31 homens de Ajaccio vieram até os navios franceses. Napoleão havia calculado mal o sentimento da população e, como a cidadela ainda estava de pé, eles teriam de voltar. No entanto, há o registro de um pequeno triunfo. Alguns ajaccianos subiram nas árvores ao lado do porto, gritando provocações aos franceses. Napoleão silenciosamente carregou uma de suas armas leves, mirou com cuidado e disparou. O tiro destruiu um galho no qual um dos zombeteiros estava empoleirado: ele caiu como uma pedra e o resto se dispersou, às gargalhadas.

No dia 3 de junho em Calvi, Napoleão juntou-se à sua mãe, três irmãos e quatro irmãs, uma vez que Lucien estava em Toulon. Ele havia falhado em sua tentativa de evitar um rompimento entre Paoli e os franceses, e fracassou contra Ajaccio. Além dele, sua família também estava fora da lei, uma vez que seis dias antes a Assembleia corsa havia condenado os Bonaparte a "execração e infâmia perpétuas". Eles também estavam arruinados, pois os paolistas haviam saqueado a Casa Bonaparte, tomaram todo seu milho, azeite e vinho, e destruíram seu moinho e três casas de fazenda. Até onde Napoleão conseguia ver, não havia mais nada que eles pudessem fazer na Córsega. E em uma ilha devastada pela guerra civil, por quanto tempo mais sua mãe e irmã estariam a salvo? Da mesma forma que ele resgatou Marie Anne do Terror, agora ele precisava resgatar a família inteira dos paolistas. Ele arranjou passaportes para todos – ele descrevia Letizia como costureira – e uma semana depois encontrou vagas para eles em um navio de munição que voltava para a França. No dia 10 de junho de 1793, sem dinheiro ou posses, exceto pelas roupas no corpo, os Bonaparte partiram para a França.

5

Salvando a Revolução

Napoleão, junto com sua família refugiada, aportou em Toulon no dia 14 de junho de 1793. Naquele verão difícil ele descobriria que a França tinha um novo governo, o Comitê da Segurança Pública. Seus doze membros eram em sua maior parte advogados de classe média. O mais influente, Maximilien Robespierre, era um teórico puritano e pedante, que acreditava que os homens são naturalmente éticos e bons. Era estranho que ele pensasse assim, uma vez que entre seus colegas no Comitê, Collot d'Herbois, um ator e dramaturgo fracassado, tinha um veio patológico de violência; Hérault de Séchelles, um libertino amoral, havia expressado sua marca de egoísmo sorridente em *Teoria da Ambição*; e o jovem Saint-Just escreveu um poema pornográfico e fugiu com a prataria de sua mãe viúva. O que unia os doze era uma crença de que a bondade era o republicanismo, como definido por eles mesmos, e que todo o resto, por ser mau, deveria desaparecer. De acordo com Saint-Just: "O que constitui a República é a completa destruição de tudo que se opõe a ela".

Os doze começaram com o cristianismo, o que é compreensível uma vez que seu nome – *Comité de Salut public* (*Salut* significa Salvação, bem como Segurança) – implicava que a política havia suplantado a religião. Em novembro de 1793, suprimiriam o calendário cristão, com seus domingos e feriados, trocando-o pela *décade*, um período de dez dias, e meses eram nomeados pelas estações. A República, não a Encarnação, tornou-se o ponto de referência, e o 22 de setembro de 1792 – no estilo antigo ou "escravo" – foi considerado o começo do ano I.

A descristianização foi bem-vinda por alguns, inclusive Lucien, que trocou seu nome cristão por Brutus – Brutus Bonaparte – e fez com que o nome do vilarejo onde ele trabalhava no departamento de suprimentos do exército mudasse de Saint-Maximin para Maratona. Mas, para os descontentes, para os girondinos e republicanos moderados, para qualquer um que nutrisse simpatia pela monarquia, para todos aqueles que ressentiam os poderes ditatoriais e inconstitucionais do Comitê, os "Doze Homens Justos" mostravam um ódio sem igual desde que a Revolução começou. Traindo os Direitos do Homem, começaram a matar aquelas pessoas por suas opiniões políticas e religiosas, muitas vezes sem um julgamento, e sem misericórdia, pois, de acordo com Robespierre, "clemência é bárbara".

Muitos franceses se recusaram a aceitar essa nova onda de Terror. Dez departamentos, desde a Bretanha até Saintonge, haviam se insurgido contra o Comitê; alguns protestavam contra a prisão de "suspeitos", outros contra a profanação de estátuas e de crucifixos por parte dos soldados, outros contra a escassez e o alto preço do pão. Lyon estava em revolta, assim como Toulon. Boa parte da área de Marselha estava em pé de guerra. Não somente a França estava lutando com outras cinco nações, como também estava lutando consigo mesma.

Depois de instalar sua família a salvo em Marselha, Napoleão voltou para seu regimento e foi enviado para Pontet, a 11 km de Avignon, para servir sob ordens do general Carteaux. A Guarda Nacional de Marselha havia tomado Avignon, um importante centro de munição, e no dia 24 de julho Napoleão participou do bem-sucedido ataque de Carteaux à cidade. Foi uma lição amarga para Napoleão sobre os horrores da guerra civil. Suas próprias tropas atiraram e mataram membros da Guarda Nacional, e por sua vez foram mortos por eles. Civis também matavam e por sua vez eram mortos: a Guarda Nacional, ao entrar em Avignon, massacrou trinta civis a sangue frio.

Napoleão ficou profundamente transtornado com sua experiência em Avignon. Todos os generosos impulsos da Revolução pareciam ter se invertido e, aqui, quatro anos depois de 1789, ele estava derrubando seus colegas franceses em nome de um governo terrorista. Ele ficou tão transtornado que adoeceu, e foi descansar na vizinha Beaucaire. Ali ele escreveu sobre seu conflito interno na forma de um diálogo intitulado *A ceia em Beaucaire*.

Os interlocutores são um oficial do exército, obviamente Napoleão, e um empresário marselhês, um republicano moderado. O empresário alega que os sulistas têm o direito de lutar por suas visões políticas, e condena Carteaux como assassino. Napoleão, embora mostre simpatia pelas visões moderadas do empresário, condena os sulistas por terem cometido o imperdoável crime de mergulhar a França em uma guerra civil, e por sua loucura em, diante de chances impossíveis, continuá-la até então. Mudanças deveriam ocorrer de forma legal, não por meio de uma rebelião armada. A maioria dos franceses apoia o governo, e somente o exército regular, com sua disciplina e lealdade, pode restaurar

SALVANDO A REVOLUÇÃO

a ordem. Embora pessoalmente ele deteste a guerra civil – "onde um despedaça o outro e mata sem saber quem está matando" – ele defende Carteaux como humano e honesto: em Avignon "nem um único alfinete foi roubado". Ele termina propondo ao empresário que abandone suas visões rebeldes "e avance até os muros de Perpignan, para fazer o espanhol, que foi inflado por um pouco de sucesso, dançar a Carmagnole". Essa ideia deixa o pelotão de bom humor; o empresário compra champanhe, que ele e Napoleão acabam bebendo até duas da madrugada.

Em *A ceia em Beaucaire*, Napoleão justifica o que ele está fazendo, mas na verdade é uma súplica pelo fim da guerra civil. Como tal, mandou imprimir cópias, e provavelmente as distribuiu onde poderiam ser úteis. No entanto, seu livreto não conseguiu causar a impressão desejada, e a guerra civil continuou. Em agosto, Napoleão participou de um ataque sangrento a Marselha e estava lá quando Stanislas Fréron chegou, em nome do governo, para purgar e dignificar. "Já descobrimos quatro casas de jogos onde as pessoas se tratam de *monsieur* e *madame*", escreveu Fréron.

Enojado com a guerra civil e os expurgos, Napoleão escreveu ao Gabinete de Guerra pedindo para ser enviado ao Exército do Reno. Eram os inimigos da França que ele queria combater, não os franceses, e antes que o mês terminasse ele conseguiu sua chance, embora não da maneira que ele esperava.

Os 28 mil habitantes de Toulon já estavam revoltados havia um tempo contra o Governo. Quando Avignon e Marselha caíram, eles acreditavam que a única esperança da França residia em um rei Bourbon, e nos aliados do rei Bourbon. No dia 27 de agosto, içaram uma bandeira branca com flores de lis, proclamaram o menino Luís XVII seu rei, e "o ano de 1793 o primeiro ano da regeneração da monarquia francesa". No dia seguinte abriram seu porto aos navios ingleses e espanhóis, e seus portões às tropas inglesas, espanholas e italianas.

Alguns dias após esses acontecimentos, Napoleão viajou para Nice encarregado de um comboio de munição. Em Beausset, a 17 km de Toulon, ele topou com Saliceti, um dos quatro comissários do governo responsáveis pelo cerco em Toulon. Saliceti, um advogado alto e magro com 36 anos de idade e um rosto marcado por catapora, agora era íntimo dos Bonaparte: ele e Joseph haviam acabado de ser iniciados juntos na loja da Maçonaria, Parfaite Sincerité, em Marselha. Então quando Napoleão suplicou por um trabalho combatendo os ingleses e espanhóis em Toulon, Saliceti ouviu com simpatia. Em um segundo golpe de sorte para Napoleão, o tenente-coronel Dommartin, que comandava a artilharia, havia acabado de ser ferido. No dia 16 de setembro, Saliceti designou Napoleão, em caráter temporário, para substituir Dommartin.

Agora o novo oficial de comando de Napoleão era o general Carteaux, sob cujas ordens ele havia servido em Avignon, mas que só naquele momento veio a conhecer. Carteaux trabalhava como pintor da corte, mas embora pintasse reis, evidentemente não gostava deles, uma vez que se lançou na Revolução, aprendeu sozinho a lutar, e agora, aos 42 anos, era general.

Napoleão se divertia com Carteaux. Ele notou como o pintor-general ficava torcendo seu longo bigode preto, como ele andava em um magnífico cavalo que já pertencera ao príncipe de Condé, no qual ele posava, como se para um retrato, com uma mão no sabre, e não importava qual fosse o contexto, ele anunciava: "Eu ataco em colunas de três".

Na manhã seguinte, ao nascer do sol, Carteaux levou Napoleão pelas montanhas até sua artilharia: dois canhões de 24 libras e dois de 16 libras. Na cozinha de uma fazenda próxima, canhoneiros com foles de latão assopravam as balas em brasa para avivá-las. Carteaux perguntou a Napoleão como ele pensava que as balas deveriam ser carregadas nos canhões. Ele respondeu que a melhor maneira era com uma grande pá de ferro, mas como não havia nenhuma disponível, uma pá de madeira serviria. Carteaux disse aos canhoneiros para carregarem um dos canhões de 24 libras com balas em brasa como Napoleão dissera, e anunciou o ataque iminente à frota inglesa. Napoleão pensou que fosse uma piada, pois os navios ingleses estavam no mínimo a quase 5 km de distância, mas Carteaux falava sério. "Não deveríamos disparar um tiro de observação?", perguntou Napoleão. Nem Carteaux nem sua equipe pareciam saber o que era um tiro de observação, mas repetiram com aprovação, "Tiro de observação? Sim, claro".

O canhão de 24 libras foi carregado com uma bala de ferro. "Fogo!" Com um clarão, um estrondo e uma nuvem de fumaça, a bala voou e aterrissou a pouco mais de um quilômetro: ela nem alcançou o mar. O comentário de Carteaux divertiu Napoleão: "Aqueles miseráveis em Marselha nos enviaram pólvora gorada!". Então Carteaux mandou que posicionassem e disparassem uma colubrina, uma arma desajeitada com um cano muito longo, na direção dos navios ingleses. No terceiro disparo ela explodiu. Naquele dia, não houve ataque à frota inglesa.

Apesar desse prelúdio risível, Napoleão sabia que sua grande chance havia chegado. Em Toulon havia 18 mil tropas estrangeiras, sobretudo inglesas. Elas estavam lá para derrubar os revolucionários e colocar Luís XVII no trono. Quanto mais tempo elas ficassem, mais forças dariam às insurreições regionais e à anarquia que, de outra maneira, também destruiriam a Revolução. Uma vitória em Toulon poderia salvar o movimento, os direitos humanos, a justiça sob a lei, todos os ideais nos quais Napoleão acreditava. E ele tinha certeza de que Toulon poderia ser capturada – com canhões.

Napoleão pediu a Gasparin, um dos comissários com experiência militar, carta branca para dispor da artilharia. Esta foi concedida, apesar de reclamações do quartel de Carteaux de que Napoleão era um dos oficiais de Luís Capeto e um aristocrata sujo. Então Napoleão iniciou o trabalho com vontade. Tirou das cidadelas de Antibes e Mônaco canhões desnecessários; trouxe bois de lugares tão distantes quanto Montpellier, organizou brigadas de carroceiros para trazer 100 mil sacos de terra de Marselha para parapeitos. Ele empregou cesteiros para fazer gabiões, e ergueu um arsenal de oitenta fornalhas, bem como uma oficina para consertar mosquetes.

À medida que chegavam os canhões, Napoleão os enterrava na orla e bombardeava a frota. Quatro dias depois que ele assumiu o comando, um oficial inglês observou: "Canhoneiras sofreram consideravelmente... Setenta homens feridos ou mortos... Lorde Hood ficou ansioso com a expedição". Mas no quartel de Carteaux, eles reclamavam que Napoleão havia se aproximado demais, que ele fizera com que os atiradores fossem mortos.

No dia 19 de outubro, Napoleão descobriu que havia sido promovido a major, mas mesmo com essa patente ele não conseguia fazer com que Carteaux apreciasse o papel vital dos canhões. Então ele pediu aos comissários do governo que designassem um oficial superior para comandar a artilharia, pelo menos um brigadeiro, "que apenas pela sua patente terá influência junto a uma multidão de ignorantes em quartéis". Esse pedido foi atendido, mas o homem designado, brigadeiro Du Teil – irmão do ex-oficial de comando de Napoleão – era idoso e não estava bem de saúde. Du Teil deixava as decisões para Napoleão. Durante todo o cerco de três meses, Napoleão teve o comando *de facto* da artilharia, construindo-a a partir de um punhado de homens e cinco canhões até 64 oficiais, 1.600 homens e 194 canhões ou morteiros.

Enquanto isso os comissários removeram – e jogaram na prisão – o general Carteaux, cujos ataques "em colunas de três" estavam se mostrando danosos, e o substituíram por Doppet, um dentista. Doppet era um homem humilde ciente de suas limitações, que surpreendentemente, incluíam horror a sangue. Durante um ataque a um forte inglês ele viu um de seus assistentes ser morto ao seu lado; ele passou mal, entrou em pânico e deu o sinal de retirada. Dois dias depois ele renunciou.

Napoleão via tudo isso com a maior das frustrações. Mas, por fim, no dia 17 de novembro, um soldado profissional chegou para assumir o comando, Jacques Coquille Dugommier, de 55 anos, um ex-cultivador de cana. Ele e Napoleão se deram bem logo de início.

Napoleão propôs a Dugommier um plano para tomar Toulon. A cidade era protegida por montanhas ao norte, fortificações impenetráveis a leste e por seu porto ao sul. Carteaux havia proposto atacá-la por terra a partir do nordeste, sob um fogo devastador de navios ingleses no porto. Esse seria um erro, disse Napoleão. Deveriam atacar não a cidade, mas a frota, e para fazer isso eles deveriam tomar a terra elevada do porto, a 3 km de Toulon. Essa terra elevada era defendida por um poderoso forte inglês, o Fort Mulgrave, conhecido pelos franceses como Pequeno Gibraltar. Uma vez derrubado o Pequeno Gibraltar, fortes vizinhos cairiam, a frota seria alvo de disparos mortais dos franceses e seria forçada a partir, evacuando as tropas aliadas. Toulon então cairia.

"Existe somente um plano possível – o de Bonaparte", escreveu Dugommier para o ministro da Guerra. Ele escolheu 17 de dezembro para o ataque ao Pequeno Gibraltar e ordenou que Napoleão golpeasse as defesas. Napoleão posicionou uma bateria de canhões perigosamente perto de Pequeno Gibraltar: "a bateria de homens destemidos", era como ele a chamava orgulhosamente, e por 48 horas ele e seus homens lutaram um duelo de artilharia com os 20 canhões e quatro morteiros dentro do Forte. Napoleão tinha sua própria equipe agora, incluindo um jovem sargento borgonhês, Andoche Junot, que possuía uma letra legível, para escrever ordens. Nada abalava Junot. Em certa ocasião, quando uma bala inglesa aterrissou perto da bateria, quase matando Junot e cobrindo seus papéis de ordens com terra, tudo que ele disse foi: "Ótimo, não vou precisar colocar areia sobre a tinta" – um comentário que agradou Napoleão. Ele mesmo estava sempre em risco e, como uma testemunha observou, "se ele precisasse de descanso, o fazia deitado no chão, enrolado em seu casaco".

Na noite do dia 17, 7 mil tropas se reuniram para o ataque. Uma chuva pesada caía e um vento forte sacudia os pinheiros: condições difíceis para tiros precisos de mosquete e também desmoralizantes. Dugommier, que concluiu que, mesmo com tempo bom, não poderia contar com metade de suas tropas, disse à sua equipe que queria adiar o ataque em 24 horas. Os comissários, liderados por Saliceti, ficaram sabendo disso. Já suspeitavam da "pureza" de Dugommier porque ele havia permitido que um cirurgião inglês passasse pelas linhas para tratar das feridas de um general inglês capturado. Portanto, eles procuraram Napoleão e lhe disseram que queriam um ataque imediato e lhe ofereceram o comando.

Era um momento crucial para o jovem major de artilharia: uma dessas situações desafiadoras que ele havia descrito em seu ensaio e em contos, em que um homem precisa escolher entre glória pessoal e o *esprit de corps*. Napoleão não hesitou. Respondeu que tinha completa confiança em Dugommier e não acei-

SALVANDO A REVOLUÇÃO

taria o comando. Então ele foi falar com o próprio Dugommier, argumentou que a chuva não impediria a vitória, que dependia de canhões e baionetas, e o convenceu de que somente um ataque imediato poderia salvar a Revolução.

Dugommier se colocou à frente de 5 mil homens em duas colunas, deixando Napoleão na reserva com 2 mil. Enquanto os canhões de Napoleão atacavam o inimigo – seus canhões de 4 libras conseguiam disparar quatro tiros por minuto – os franceses avançavam com baionetas fixas e rapidamente capturaram duas defesas externas. Então eles foram atingidos por fogo pesado de canhões e mosquetes do Pequeno Gibraltar. Dezenas de tropas francesas caíram e o resto fugiu. *"Sauve qui peut"*, salve-se quem puder!, eles gritaram e deram meia volta. Dugommier conseguiu reuni-los e atacaram o forte duplamente murado. Por duas vezes se arremessaram contra as pontiagudas paliçadas externas e por duas vezes foram repelidos. Então Dugommier ordenou que Napoleão atacasse.

Montado em seu cavalo, Napoleão liderou seus 2 mil homens através da chuva fustigante na direção do forte. Seu cavalo foi atingido quase imediatamente, e ele continuou a pé. Ele estava calmo: sua teoria era, "Se chegou a sua hora, não adianta se preocupar". À medida que ele se aproximava do forte, ele destacou um batalhão de infantaria leve comandado por seu chefe de equipe, Muiron, para lançar um ataque flanqueante ao mesmo tempo em que o seu.

Napoleão chegou às muralhas do forte. Com mosquetes dependurados, sabres entre os dentes, ele e seus homens escalaram por cima das madeiras espetadas e parapeitos, um subindo nos ombros do outro, e escorregaram pelos espaços entre os canhões. Muiron foi o primeiro oficial a entrar, depois Dugommier, depois Napoleão. Eles foram atrás dos ingleses e dos piemonteses com baionetas e sabres, piques e varetas. Depois de duas horas de uma amarga luta, às três da madrugada o forte caiu, e ao amanhecer Saliceti e os outros comissários chegaram pomposamente com espadas sacadas, para oferecer solenes congratulações aos vitoriosos.

Napoleão jazia ferido. Ele levara um corte profundo do meio pique de um sargento inglês na parte interna de sua coxa esquerda, logo acima do joelho. Inicialmente o cirurgião quis amputar. Isso era uma prática comum com feridas feias, para evitar a gangrena. Mas após um segundo exame ele mudou de ideia. A ferida infeccionou levemente, e quando sarou deixou uma cicatriz profunda.

No dia 18, exatamente quando Napoleão havia previsto, os fortes vizinhos foram evacuados; nas palavras de Sidney Smith, as tropas "foram em massa até a água, tal como um rebanho de porcos possuídos pelo demônio correndo furiosamente para o mar". Os canhões de Napoleão expulsaram a frota inglesa com bombardeios. Naquela noite, o almirante lorde Hood ateou fogo ao arsenal e em todos os navios franceses que ele não podia usar, embarcou as tropas aliadas e, protegido pela noite, fugiu pelo mar. No dia seguinte os franceses entraram em Toulon.

Os comissários do governo, que agora incluíam Stanislas Fréron e um ex-nobre chamado Paul Barras, tinham ordens do Comitê de Segurança Pública "para executar vingança nacional" contra aqueles suspeitos de trazerem os ingleses para dentro. Assim, depois da noite de coragem, vieram os dias de crueldade. No dia 20 de dezembro, fuzilaram 200 oficiais e homens da artilharia naval. Dois dias depois, fuzilaram outros 200 homens e mulheres sem julgamento. Um oficial do governo chamado Fouché escreveu para Collot d'Herbois do Comitê de Segurança Pública: "Temos somente um meio de celebrar esta vitória; esta noite, 213 insurgentes caíram sob nosso trovão. *Adieu*, meu amigo, lágrimas de felicidade inundam minha alma"; e, alguns dias depois: "estamos derramando muito sangue impuro, mas pela humanidade e pelo dever".

Dugommier tentou parar o derrame de sangue, perdeu reputação entre os comissários e renunciou ao comando. Napoleão, que só conseguia capengar, também fez o que pôde para salvar vidas inocentes na cidade que havia sido renomeada de Port de la Montagne. Ao descobrir que a família De Chabrillan havia sido jogada na prisão somente por ser nobre, Napoleão providenciou para que eles se escondessem em caixas vazias de munição, que depois despachou para Hyères, onde os Chabrillan puderam pegar um navio e emigrar.

A tomada de Toulon foi uma vitória muito importante. Expulsou as forças combinadas de quatro nações de solo francês; ela acabou com a rebelião no Sul. Como tal, tornou-se tema de canções patrióticas e de um "drama heroico e histórico" por Pellet Desbarreaux, que foi apresentado em Toulouse. Napoleão não aparece, mas Saliceti sim, exortando as tropas: "Vocês são livres; ali estão os espanhóis e os ingleses – escravos. A liberdade está observando vocês!". Outros personagens foram um americano chamado Williams, que havia sido forçado a entrar na marinha inglesa e deserta para o lado francês: "Depositei minhas armas para correr para os braços de meus irmãos"; e um condenado que havia sido algemado por desafiar "a tirania dos nobres" – ele é saudado por Saliceti como um "ser virtuoso". Não se fala nada dos fuzilamentos; na verdade, Saliceti proclama "humanidade para com nossos inimigos derrotados".

Para Napoleão, Toulon também foi um marco. Ele teve esse primeiro gostinho de uma batalha de verdade; e vale notar que ela foi combatida para expulsar os ingleses do solo francês. Ele havia demonstrado ousadia e um rápido poder de decisão. Enquanto a carnificina das Tulherias o enojara, aqui ele conteve sua sensibilidade, dando até mostras de uma dureza, aquela qualidade essencial em um oficial de primeira linha. Seu papel fora limitado, mas ele o desempenhara bem, e Dugommier escreveu ao ministro da Guerra: "Não tenho palavras para descrever o mérito de Bonaparte: muita técnica, igual grau de inteligência e muita bravura, eis um mero esboço deste raro oficial..."

No dia 22 de dezembro, Napoleão foi promovido a brigadeiro-general – ele havia subido da patente de capitão em quatro meses. Seu salário era de 15 mil libras tournois por ano – numa época de forte inflação, é verdade, mas ainda assim uma soma considerável; e ele logo começou a cuidar de sua família. Ele os tirou da pobreza de Marselha e os levou a uma bonita casa de campo perto de Antibes chamada La Sallé, cercada por palmeiras, eucaliptos, mimosas e laranjeiras. Napoleão contratou serventes, mas Letizia, com seus altos padrões de limpeza, insistia em ela mesma lavar as roupas em um pequeno riacho que corria perto da ponta do jardim.

O brigadeiro Bonaparte, então com 24 anos, passou uma licença de alguns dias em La Sallé. Ele apresentou Louis, agora com quinze anos, a *Paul et Virginie*, uma mistura de história de amor com livro de viagem sobre as tropicais ilhas Maurício. Louis, já mostrando uma cuidadosa preocupação com minúcias, escreveu para o autor, Bernardin de Saint-Pirerre, perguntando que partes eram fatos e quais eram ficção. Louis "tem exatamente as qualidades que aprecio", escreveu Napoleão, "ternura, boa saúde, talento, precisão em suas atitudes e bondade". A outra favorita de Napoleão, Pauline, fazia vestidinhos encantadores: ela também roubava alcachofras e figos maduros do jardim vizinho e era perseguida pelo dono com xingamentos altos e uma estaca de videira. Ela já era atraente para os homens e encantou Andoche Junot, que Napoleão tornou seu ajudante de campo.

O único membro de sua família por quem Napoleão sentia preocupação era Lucien, ou Brutus. Lucien era um daqueles republicanos raivosos que só acreditavam em nivelamento por baixo. Para isso ele se casou com a filha de um dono de taberna, muito abaixo dele socialmente, e embora fosse menor de idade nem se deu ao trabalho de pedir permissão a Letizia. Ele não conseguia tolerar a autoridade, e ressentia a liderança que Napoleão assumiu para organizar a família. Ele confidenciou a Joseph, "Sinto em mim mesmo a coragem de ser um tiranicida... comecei uma canção sobre Brutus, só uma canção no estilo dos *Pensamentos noturnos* de Young... Eu escrevo com velocidade surpreendente, minha pena voa e então risco tudo. Corrijo pouco; não gosto das regras que limitam a genialidade e não observo nenhuma delas". No mesmo espírito, ele compôs discursos cheios de retórica que logo o poriam em encrenca. Eles não agradavam Napoleão. "Palavras demais e ideias de menos. Você não pode falar assim com o homem comum na rua. Ele tem mais bom senso e tato do que você pensa."

Enquanto ele relaxava com sua família no jardim em La Sallé, Napoleão conseguia ficar bem satisfeito com a vida. Ele havia ajudado a expulsar os ingleses da França, limpando assim a "mancha de desonra" que sofrera em Maddalena. Sentiu uma nova confiança em si mesmo, e seu novo trabalho – Inspetor Geral das Defesas Litorâneas entre Marselha e Nice – prometia ser interessante. Quanto à sua família, ele os tirou da Córsega bem em tempo – um mês depois, os ingleses chegaram. Gostavam de estar na França, e ele não via razão para não se estabelecerem ali de forma definitiva.

Tudo isso era altamente satisfatório. Mas havia um lado negro na situação. Napoleão possuía autoridade – mas isso poderia ser perigoso em um governo que ressentisse qualquer autoridade que não a sua. Napoleão era um moderado – mas isso poderia ser perigoso em uma época de extremismo. Napoleão era um brigadeiro – mas isso poderia ser perigoso se você desagradasse os comissários do governo, como Dugommier havia feito, e agora estava em uma prisão de Paris. Assim como qualquer um sob escrutínio público, a partir de agora ele estaria andando na corda bamba. De fato, após a vitória de Toulon, a sorte de Napoleão virou do avesso. Nos 21 meses seguintes quase tudo viria a dar desastrosamente errado.

Os infortúnios de Napoleão começaram em Marselha. Depois da carnificina nas Tulherias, do motim na *Fauvette*, e da recente rebelião, Napoleão passou a ver o povo de Marselha com considerável apreensão. Ele queria ver uma fortaleza robusta ali, e no dia 4 de janeiro enviou a Paris um relatório pedindo que o Fort Saint-Nicolas de Vauban fosse consertado contra um possível ataque de dentro e de fora. Em seu relatório usou uma frase infeliz: "Vou posicionar canhões para controlar a cidade".

Isso foi como atear fogo num barril de pólvora. Granet, o representante marselhês em Paris, reagiu: "Existe uma proposta em andamento", ele rugiu, "de reconstruir as bastilhas erguidas por Luís XIV para tiranizar o Sul. A proposta vem de Bonaparte da artilharia e de um ex-nobre, general Lapoype... exijo que ambos sejam convocados ao tribunal". Por ordens do Comitê da Segurança Pública, Napoleão foi preso e confinado a sua casa. Passou alguns dias de ansiedade extrema; felizmente, Saliceti, por trabalhar nos bastidores, foi capaz de explicar que não havia nenhuma intenção de ofensa, e conseguiu fazer com que Granet abandonasse a questão.

O segundo infortúnio veio de mudanças políticas no mês de Termidor – julho de 1794. Em Toulon ele havia feito amizade com um dos comissários do governo, Augustin Robespierre, irmão mais novo de Maximilien. De personalidade bem diferente da do irmão, Augustin era afável, apelidado *"Bonbon"* e viajava com sua linda amante. Augustin Robespierre informou a Maximilien que Napoleão era um oficial de "mérito transcendente" e no verão de 1794, quando Napoleão foi anexado ao exército dos Alpes, enviou-o em uma missão secreta a Gênova, para fazer relatórios sobre fortificações genovesas e sobre a força de seu exército. Napoleão executou esse trabalho com seu habitual esmero.

Enquanto isso o Terror havia atingido seu ápice. Membro do temido Comitê da Segurança Geral de Paris, o pintor Louis David disse, "Vamos extrair muito vermelho", e seu desejo foi atendido integralmente. Mil e trezentas pessoas foram para a guilhotina em dois meses, sendo um terço delas sem nem mesmo um simulacro de julgamento; "cabeças caíram como telhas de telhados". Por fim, no mês de Termidor, um grupo de Convencionais, parte deles enojados com a carnificina, parte deles em autodefesa, acusavam Maximilien Robespierre de conspirar contra a Revolução, ao que Augustin se revoltou: "Compartilhei suas virtudes, e pretendo compartilhar seu destino". No dia seguinte os dois Robespierre foram mortos na guilhotina.

Todos que eram próximos de um dos irmãos eram agora suspeitos, entre eles Saliceti, um ex-comissário, colega de Augustin Robespierre e protetor de Bonaparte, ele mesmo um amigo de Augustin Robespierre. Por motivos desconhecidos, talvez porque ele estivesse genuinamente desconfiado da "pureza" de Napoleão, Saliceti, com os dois outros comissários para o Exército dos Alpes, assinou uma carta para o Comitê da Segurança Pública no dia 6 de agosto declarando que Napoleão havia partido em uma viagem "altamente suspeita" para Gênova. "O que esse general estava fazendo em um país estrangeiro?", eles perguntavam – havia rumores de que o precioso ouro francês estava sendo colocado na conta de um banco genovês – e então emitiu um mandado: "Considerando que o general Bonaparte perdeu completamente a confiança deles com esse comportamento tão suspeito... eles decretam que o brigadeiro-general Bonaparte seja provisoriamente dispensado de suas funções; ele será preso por seu general comandante".

No dia 10 de agosto, Napoleão foi colocado em prisão domiciliar em seu alojamento, na rue de Villefranche número 1, em Nice, vigiado por dez gendarmes. Seus documentos foram apreendidos, lacrados e encaminhados para exame a Saliceti. Praticamente qualquer frase a essa altura era o suficiente para enviar um suspeito para a guilhotina, e Napoleão estava em grave perigo. Mas ele permaneceu calmo, certamente aplicando sua filosofia de campo de batalha: "Se chega a sua hora, não há por que se preocupar". A carta que ele escreveu enquanto estava preso contrasta bastante com a escrita por Lucien, que foi preso pouco tempo depois. "Abandonei meus pertences", escreveu Napoleão para Saliceti, "perdi tudo em nome da República. Desde então, servi em Toulon com alguma distinção... Desde que a conspiração de Robespierre foi descoberta, minha conduta tem sido a de um homem acostumado a julgar de acordo com princípios (não pessoas). Ninguém pode me negar o título de patriota". A carta de Lucien seguia uma veia bem diferente: "Salve-me da morte! Salve um cidadão, um pai, um marido, um filho infeliz, e que não é culpado! No silêncio da noite, que minha pálida sombra erre ao seu redor e o derreta sem piedade!"

Saliceti e seus colegas examinaram os documentos de Napoleão e os encontraram em ordem, inclusive seus gastos em Gênova. Mas Napoleão ainda era amigo de Augustin Robespierre, um inimigo declarado do Estado; ele tinha um nome italiano enquanto a França estava em guerra com boa parte da Itália. Os comissários voltaram o olhar para Paris. E ali, certamente para surpresa deles, descobriram que os termidorianos não estavam pedindo por mais sacrifícios de sangue; por enquanto não eram necessárias mais vítimas. No dia 20 de agosto os comissários escreveram que "como não foi encontrado nada que justificasse suas suspeitas... eles decretaram que o cidadão Bonaparte fosse solto provisoriamente." E assim, após duas semanas de prisão domiciliar, o cidadão Bonaparte, certamente com alívio intenso, saiu para o Sol mediterrâneo. Pouco depois sua patente foi restaurada.

Após cinco meses preparando uma expedição contra a Córsega, que a marinha inglesa frustrou, Napoleão, no final de abril de 1795, recebeu uma carta do Gabinete de Guerra nomeando-o para comandar a artilharia do Exército do Oeste, na época engajado em suprimir a rebelião na Bretanha convictamente católica e tradicionalmente monarquista. Napoleão encarou essa carta como mais um infortúnio. Teve sua cota de guerra civil; ele não queria mais matar franceses cercado por arbustos e calvários de granito, e de qualquer forma ele agora se considerava, com razão, um especialista na fronteira alpina. Ele correu até Paris para rescindir a nomeação.

Aubry, o ministro da Guerra, estava ocupado purgando o exército de "indesejáveis políticos". Augustin Robespierre havia descrito Napoleão como um oficial de "mérito transcendente"; isso era suficiente para torná-lo suspeito para um termidoriano como Aubry. Então quando Napoleão se candidatou a um trabalho diferente, Aubry friamente riscou seu nome da lista de oficiais de artilharia – a elite do Exército – e o transferiu para a infantaria no Exército do Oeste – uma forma de rebaixamento, quase um insulto, que Aubry descobriu ser eficiente para provocar a renúncia de muitos oficiais "indesejáveis".

SALVANDO A REVOLUÇÃO

Napoleão ficou chocado e magoado, mas não renunciou. Pediu uma licença médica de dois meses – de fato ele estava doente do coração, se não do corpo – que foi concedida, e foi procurar Aubry, ele mesmo um velho homem da artilharia que nunca havia ido além da patente de capitão. Napoleão solicitou um cargo de canhoneiro no Exército dos Alpes; Aubry disse que ele era jovem demais. "Representante dos cidadãos", respondeu Napoleão, "o campo de batalha envelhece os homens rapidamente, e é de lá que eu venho". Mas Aubry estava irredutível. Quem, afinal, era esse Bonaparte? Somente mais um general, com 138 generais acima dele na Lista do Exército.

Napoleão pensou em mexer pauzinhos. Stanislas Fréron, o jornalista libertino que virou político e fechou as casas de jogo de Marselha, agora era poderoso na região. Napoleão o conhecia um pouco e sabia que ele tinha se apaixonado por Pauline. Um dia, com a petição no bolso, Napoleão foi até a bela casa de Fréron na Rue de Chabannais, mas quando chegou até a porta não conseguiu implorar pessoalmente ao carniceiro de Toulon. Ele enviou um amigo no lugar, e Fréron não fez nada.

Achou Paris preocupantemente cara. Um bushel* de farinha, que em 1790 custava 2 libras, agora custava 225; um chapéu decente, antigamente 14 libras, agora custava 500. Seu salário anual de 15 mil libras, que ele recebia em cédulas de papel, destinava-se na maior parte ao sustento de sua mãe e irmãs, e para pagar as anuidades de Louis em uma cara escola de Châlons. Então Napoleão vendeu sua carruagem e se mudou para um hotel barato na Rive Gauche, em uma das ruas mais estreitas e desprezadas de Paris, Rue de La Huchette. Ele não tinha condições de substituir seu uniforme gasto e teve de desistir de usar luvas por ser um "gasto inútil".

Napoleão se sentia frustrado e infeliz. Em maio, ele havia definido a felicidade para um amigo como o maior desenvolvimento possível das habilidades de uma pessoa; e agora Paris parecia propensa à maior iminência possível das habilidades do brigadeiro Bonaparte. "Servi em Toulon com alguma distinção..." Ele considerava que havia sido tratado "injustamente" e começou a entediar seus amigos com histórias de seus ressentimentos. Ele saia para caminhadas tristes com Junot no Jardin des Plantes. Junot queria se casar com Pauline, mas ele era somente um tenente, associado a um brigadeiro politicamente indesejável em licença médica. "Você não tem nada", Napoleão lhe disse. "Ela não tem nada. Isso soma quanto? Nada. Seus filhos nascerão na miséria. Melhor esperar."

---

* Unidade usada para a medição do peso de commodities, como trigo e soja, por exemplo. Um bushel equivale a aproximadamente 27 kg. (N.T.)

Para animá-lo, Bourrienne levou Napoleão para ver Baptiste Cadet, um ótimo comediante, no sucesso de Paris, *Le Sourd*. Para ganhar uma aposta, o herói precisava tramar para conseguir um bom jantar e uma noite de hospedagem em uma pensão de Avignon sem pagar um tostão; ele decide fingir ser surdo, e assim é capaz de interpretar xingamentos como elogios, recusas como convites. Por fim, ele ganha sua aposta e também conquista a mocinha, que se chama Joséphine. Napoleão normalmente gostava de teatro, mas nessa ocasião, enquanto todos na casa gargalhavam, ele sentou-se em silêncio glacial. Não só ele estava pessoalmente frustrado, como também se sentia deprimido pelo cinismo e pela apatia dos novos dirigentes da França. Para Joseph ele escreveu que não sentia mais gosto pela vida. "Se isso continuar, vou dar um fim a ela não me desviando quando uma carruagem passar."

Se Napoleão não se jogou na frente de uma carruagem, talvez tenha sido por causa de sua esperança numa iminente justiça cósmica e por uma fala de uma peça mais divertida, pois no dia 17 de agosto, após três meses e meio de inatividade, ele conseguiu escrever de um modo menos desalentador para um amigo: "Se você encontrar homens maus e indecentes lembre-se da boa, porém farsesca, máxima de Scapin: 'Sejamos gratos por todos os crimes que eles não cometem'".

Aubry foi substituído como ministro de Guerra por Pontécoulant, um ex-nobre de 31 anos de idade que tinha a mente tão aberta quanto Aubry tinha preconceitos. Napoleão foi procurá-lo, pediu um emprego na fronteira italiana e esboçou um plano de ataque. "General", disse Pontécoulant, "suas ideias são brilhantes e ousadas, mas precisam ser examinadas com calma. Pense bem e me elabore um relatório". "Meia hora é suficiente", respondeu Napoleão, e pediu por uma caneta e duas folhas de papel. Ali mesmo ele esboçou um plano para invadir Piemonte. O Comitê da Segurança Pública gostou do plano, mas em vez de um comando em campo, deram a Napoleão um trabalho burocrático em Paris, em seu importante Centro de Planejamento.

Napoleão se sentia mais frustrado do que nunca. Trabalho de escritório estava ainda mais distante dos canhões do que treinamento de infantaria em uma cidade de guarnição bretã. Ele era um artilheiro, um especialista em balística e trajetórias e na matemática da guerra, e era como um artilheiro que ele gostaria de servir. Como a França não queria empregar seus talentos, por que ele não poderia ser transferido para a artilharia de algum outro país? Primeiro ele pensou na Rússia. Ele escreveu para o general Tamara, mas embora os russos estivessem interessados, eles não queriam dar a Napoleão a patente de major, na qual ele insistia.

Depois Napoleão pensou na Turquia, provavelmente porque em Ajaccio ele havia conhecido e feito amizade com o almirante Truguet, que por um tempo havia sido transferido para Constantinopla para reorganizar a frota turca. A artilharia turca era notoriamente fraca e mal organizada, e em Paris falava-se em enviar uma pequena missão para modernizá-la. Napoleão adotou a ideia, fez pressão por ela e se candidatou para chefiar a missão. Ele conseguiu o trabalho. No início de setembro seu passaporte foi feito: Napoleão estava pronto para sair da França e ir para a Turquia.

Mais uma vez a política chegou para desapontar os planos cuidadosamente traçados por Napoleão. A Convenção, tendo aberto mão da guilhotina, se viu incapaz de governar. Eles decidiram que a França precisava de um governo de duas câmaras, e para evitar os excessos cometidos pelo antigo Comitê da Segurança Pública, um executivo separado do legislativo, e esse executivo seria composto de cinco diretores. Eles esboçaram uma nova Constituição nesses termos e prometeram dissolver a si mesmos, com a condição de que dois terços dos membros da nova câmara legislativa, o Conselho dos Quinhentos, deveriam ser escolhidos entre os seus. Dessa forma, os princípios da Revolução teriam continuidade e uma nova eficácia.

Napoleão recebeu com prazer a nova Constituição; assim como a maior parte dos franceses, que a aprovaram em massa por plebiscito, embora estivessem menos entusiasmados com a cláusula dos "dois terços". Mas muitos parisienses eram amargamente contra a Constituição: extremistas eram contrários em princípio a qualquer governo fortemente moderado, e os monarquistas, que, cansados da Revolução, queriam trazer "Luís XVIII" ao trono, com ajuda dos ingleses, se necessário. Paris fervilhava com monarquistas, inclusive alguns "Incoyables", homens que fingiam ter ceceio e ares dândi supostamente ingleses. Napoleão costumava ficar furioso ao observá-los, tomando sorvete no Boulevard Italien: uma vez ele se ergueu irritado, empurrou sua cadeira para trás de forma que ela caiu nas pernas de um espalhafatoso "Incoyable" e deixou o lugar.

Em setembro, os monarquistas ficaram exultantes quando o irmão de Luís XVIII, o conde d'Artois, chegou em um navio de guerra à Ile d'Yeu, na costa de Vendée, e era esperado para a qualquer momento se juntar aos 80 mil Chouans – guerrilheiros que usavam emblemas brancos – em rebelião armada por toda a Bretanha e Vendée. Em trajes cinza antirrepublicanos com golas pretas, parisienses marchavam pelas ruas gritando "Abaixo os dois terços". Os ânimos se acirraram e logo ficou claro que Paris estava fatalmente dividida entre constitucionalistas de um lado, e monarquistas e extremistas de outro.

O líder dos constitucionalistas era Paul Barras. O quarto filho de um visconde das cercanias de Toulon, depois de servir como um segundo-tenente na Índia, entrou na política como um moderado e amigo de Mirabeau; votou pela morte de Luís XVI e durante o Termidor liderou a marcha no Hôtel de Ville, que derrubou Robespierre. Em uma Convenção composta de homens de segunda categoria, Barras se destacou como um dos mais qualificados para conter as multidões cada vez mais raivosas de Paris.

A 12ª noite do Vindemiário – 4 de outubro – foi úmida e de muita ventania. A partida de Napoleão para a Turquia havia sido postergada pela crise, e ele andou na chuva para assistir a uma peça sentimental, *Le Bon Fils*. Do lado de fora do teatro ele viu a Guarda Nacional rufando os tambores, chamando o povo para levantar armas contra a Convenção.

Do teatro Napoleão andou até a galeria pública da Convenção. Membros assustados haviam acabado de designar Barras como comandante-chefe do Exército do Interior, e permaneceram sentados ouvindo um vigoroso discurso de Stanilas Fréron. Fréron sabia que Barras não tinha muito jeito para soldado – em sete anos ele nunca havia passado da categoria de segundo-tenente – e precisaria de um especialista para ajudá-lo. Depois de seu discurso, Fréron trocou algumas palavras com Napoleão e, talvez se lembrando de sua energia em Toulon, pediu que ele viesse até o quartel de Barras no Carrossel.

Napoleão foi. Era cerca de meia-noite, ainda com vento e chuva. Barras estava de uniforme, um homem alto e bonito de 39 anos, com olhos esverdeados e uma boca atraente. Fréron apresentou Napoleão e Barras o cumprimentou da sua costumeira maneira brusca. "Você vai servir sob minhas ordens? Tem três minutos para decidir."

Para Napoleão a questão se apresentava em termos claros. Barras defendia a Convenção, a Convenção defendia a Constituição, e a Constituição defendia os princípios da Revolução. Do outro lado havia os monarquistas e os anarquistas, homens que desafiavam a Constituição livremente votada por uma esmagadora maioria de franceses. Ele não gostava de rixas civis e tentou evitá-las. Mas isso era diferente: era um caso claro de salvar a Revolução, que estava em risco. "Sim", ele respondeu a Barras.

"Onde estão os canhões?", foi a primeira pergunta de Napoleão. Na planície de Sablons, responderam, a quase 10 km de lá. Mas seria tarde demais para alcançá-los – os rebeldes já haviam enviado uma coluna. Napoleão chamou Murat, um arrojado jovem oficial de cavalaria de lealdade comprovada – ele até tentara mudar seu nome para Marat. "Leve 200 cavaleiros, galope até a planície de Sablons, traga de volta os 40 canhões que você encontrar lá, e munição. Use seus sabres se for preciso, mas pegue os canhões."

Às seis da manhã, Napoleão tinha seus 40 canhões: Murat os alcançou minutos antes dos rebeldes. Sua tarefa era defender a sede do governo – o palácio das

SALVANDO A REVOLUÇÃO

Tulherias – de ataques que supostamente viriam do norte. Os rebeldes chegavam a 30 mil, o Governo tinha 5 mil tropas regulares, além de 3 mil milicianos. Então tudo dependia dos canhões. Napoleão levou oito deles e os dispôs cuidadosamente ao norte das Tulherias. Ele posicionou dois canhões de 8 libras no final da rue Neuve Saint-Roche, apontando rua acima na direção da igreja de Saint-Roch. Carregando esses canhões com metralhas, Napoleão assumiu seu posto ao lado deles. Ele estava a pé, e Barras, a cavalo.

A manhã inteira Napoleão esperou por um ataque que não veio. Começou a cair uma chuva leve. Então veio o som de tambores, gritos e tiros de mosquete. Às três da tarde os rebeldes atacaram. Com tiros de mosquete e baionetas armadas, atravessaram as barricadas erguidas por Barras para proteger a Rue Saint-Honoré. As tropas do Governo atiraram neles. Para Napoleão, que observava, certamente parecia uma reprise de Ajaccio. Por uma hora a batalha oscilou e então os rebeldes avançaram devido ao seu grande número. Varreram a rue Saint-Honoré até a rue Neuve Saint-Roch, passando pela igreja. Barras deu ordem para atirar.

Os dois canhões de 8 libras de Napoleão flamejaram. Suas metralhas, miradas com precisão, explodiram contra os rebeldes, tiro após tiro, parte delas penetrando nas pedras da fachada da igreja. Homens caíram, mas vieram outros. Napoleão continuou disparando. Os rebeldes caíam e tentavam outros caminhos, ainda assim encontrando as metralhas dos seis outros canhões de Napoleão. Toda a ação durou somente alguns minutos. Então os rebeldes começaram a recuar na direção da Place Vendôme e do Palais Royal, perseguidos por mil tropas do governo. Meia hora depois, com baixas de 200 mortos ou feridos de cada lado, a rebelião terminou.

"A República foi salva", relatou Barras orgulhosamente para a Convenção, e Fréron fez um discurso. "Representantes de Cidadãos, não se esqueçam de que o general Bonaparte... que teve somente a manhã do dia 13 para fazer esses inteligentes e altamente bem-sucedidos esquemas havia sido transferido da artilharia para a infantaria. Fundadores da República, quanto tempo vocês ainda demorarão a corrigir os erros aos quais, em seu nome, muitos de seus defensores estiveram sujeitos?" Os representantes saudaram Napoleão e alguns tentaram empurrá-lo para cima da plataforma. Mas Napoleão ainda acreditava em princípios, não pessoas, e de acordo com um jovem advogado que estava no saguão chamado Lavalette: "Ele os empurrou para o lado com um olhar de irritação e insegurança que me agradou".

Por que Napoleão, que fora um fracasso na Córsega, era agora um sucesso? A resposta está em sua habilidade técnica. Nas ruelas de Ajaccio, Napoleão era somente mais um oficial; em Paris ele foi um raro especialista num momento em que a maioria de oficiais de artilharia havia emigrado: um homem que conseguia fazer com que cada precioso tiro contasse. Na Córsega ele foi somente mais um ardente patriota; em Paris – assim como em Toulon – ele havia atendido a uma necessidade específica. Ele conseguiu dominar uma situação com seu conhecimento de armas.

A energia e a habilidade de Napoleão no 13º Vindemiário tiveram um efeito mais distante. O conde d'Artois, em vez de ir para terra firme a fim de liderar os Chouans, decidiu esperar na Ile d'Yeu – uma demonstração de covardia que Napoleão achou inaceitável e que confirmou seu desgosto em relação aos Bourbon.

No dia 26 de outubro de 1795, a Convenção realizou sua última sessão e no dia seguinte começou o Diretório. Barras havia sido escolhido como um dos Diretores. Trajando sua roupa de Henrique IV, com um chapéu de três plumas, meias de seda e faixa com franja douradas, ele teve de deixar seu comando do Exército. Ele e seus colegas diretores decidiram que Napoleão, o especialista em canhões, deveria sucedê-lo. E assim, aos 26 anos de idade, Napoleão vestiu o uniforme salpicado de dourado de um general completo e assumiu o comando do Exército do Interior.

De seu sórdido hotel na Rive Gauche, Napoleão se mudou para uma casa decente na rue des Capucines, que vinha junto com o novo emprego. Suas decepções e seus planos para a Turquia foram esquecidos. "Agora não faltará nada para nossa família", ele escreveu para casa. Para Letizia ele enviou 50 mil luíses em moeda e papel. Para Joseph ele conseguiu um posto de cônsul na Itália, para Lucien um cargo de comissário com o Exército do Norte. Louis se tornou tenente no antigo regimento de Napoleão e um mês depois virou seu assistente de campo. Jérôme foi enviado para um bom internato. "Você sabe", escreveu Napoleão para Joseph com compreensível exagero, "eu vivo somente para o prazer que posso dar à minha família".

Na verdade ele tinha outros dois grandes prazeres. Primeiro, ele começava a pôr em prática suas habilidades – sua própria definição de felicidade. Segundo, o curso da Revolução mudara de sua sangrenta aberração: de fato, um dos últimos atos da Convenção foi abolir a pena de morte e mudar o nome da praça onde tantos foram guilhotinados, de Place de la Révolution para Place de la Concorde. Napoleão resumiu suas novas esperanças em uma carta para Joseph: "As pessoas estão muito satisfeitas com a nova Constituição, que promete felicidade, tranquilidade e um longo futuro para a França... Certamente haverá uma completa recuperação gradual; somente alguns anos serão necessários para isso".

6

Apaixonado

Em uma época que tendia a ver no sexo oposto meramente uma ocasião de prazer físico ou lucro financeiro, os Bonaparte acreditavam em amor e eram todos, em maior ou menor grau, amantes passionais. Carlo e Letizia se casaram por amor e, após a morte de Carlo, Letizia se manteve fiel à sua memória. O exemplo daquele casamento feliz, e o temperamento que o mantinha aceso, passou para os filhos. Lucien se casou com a filha do dono de uma hospedaria por amor, e quando ela morreu, ele se casou uma segunda vez por amor – o que custou sua carreira política. Louis passou boa parte de sua juventude escrevendo resmas de poemas de amor introspectivos, e foi por amor que o filho mais novo, Jérôme, acabou se casando com Elizabeth Patterson de Baltimore. Quanto a Pauline, a mais parecida com Napoleão em temperamento, aos dezesseis anos se apaixonou por Stanislas Fréron, e escrevia-lhe cartas assim: *"Ti amo sempre passionatissimamente, per sempre ti amo, ti amo, stell' idol mio, sei cuore mio, tenero amico, ti amo, ti amo, ti amo, si amatissimo amante"*. Napoleão também viria a amar *passionatissimamente*, mas a vez dele ainda não chegara.

A primeira coisa que Napoleão reparava em uma mulher eram as mãos e os pés. Se fossem pequenos, ele estava preparado para achá-la atraente, mas do contrário, não. A segunda qualidade que ele buscava era feminilidade. Gostava de mulheres de natureza generosa, carinhosa e voz suave: alguém que ele pudesse proteger. Por fim, buscava sinceridade e profundidade de sentimento.

Napoleão, criado no mundo masculino da Córsega, não acreditava na igualdade de sexos. Ao fazer observações sobre história inglesa, quando Barrow diz, "as druidisas tinham a mesma participação no sacerdócio", Napoleão, em uma de suas raras correções, escreveu, "elas ajudavam os druidas em suas funções". Ele acreditava que o papel da mulher era amar seu marido e criar seus filhos. "Mulheres estão no fundo de todas as intrigas e devem ser mantidas em casa, longe da política. Elas deviam ser proibidas de aparecer em público, exceto se estiverem trajando uma saia preta e véu, ou com o *mezzaro*, como em Gênova e Veneza".

O segundo-tenente Bonaparte começou a frequentar os bailes da guarnição e logo depois de chegar a Valença, sentiu-se atraído pela filha de um dos aristocratas locais. Seu nome provavelmente era Caroline du Colombier, mas Napoleão, que gostava de inventar seus próprios nomes para namoradas, chamava-a de Emma. O Napoleão pobre e de dezesseis anos não era um grande partido e Emma parece tê-lo tratado com desdém. Napoleão escreveu, tentando quebrar a resistência dela. "Meus sentimentos", escreveu ele, "são dignos de você. Diga que fará jus a eles." Essa e outras frases similares sugerem que Napoleão estava mais interessado em seus próprios belos sentimentos por Emma do que na própria Emma, e que, assim como muitos adolescentes, estava somente enamorado pela própria ideia de paixão. Não foi surpresa encontrar Emma "fria e indiferente". Depois de tentar sem sucesso fazer com que ela se interessasse por ele, Napoleão pediu a Emma que devolvesse as quatro breves cartas que ele lhe escrevera, e seu motivo era característico – ele não queria parecer um tolo: "Você se divertiu me humilhando, mas você é boa demais para continuar ridicularizando meus malfadados sentimentos". Emma acabou ficando com as cartas.

Depois disso, Napoleão manteve-se longe das garotas por algum tempo. Sabia que era pobre demais para se casar, então o dinheiro que seus colegas oficiais gastavam cortejando, Napoleão gastava com livros, ou com seu irmão Louis. Durante seu período como subalterno, Alexandre des Mazis reparou como uma das características de Napoleão que ele era excepcionalmente puro. Na verdade os dois tiveram uma discussão sobre isso, que Napoleão anotou em seu caderno. Napoleão disse, de um modo um tanto pedante, que namoradas faziam Alexandre negligenciar seus pais e amigos, e concluiu que "seria uma boa ação por parte de uma divindade protetora nos livrar e livrar o mundo em geral do amor".

Quando tinha dezoito anos, Napoleão foi para Paris a negócios de família. Estava pobre e sofria com a solidão. Uma noite – quinta-feira, 22 de novembro de 1787, pois ele registrou o episódio em seu caderno –, Napoleão foi caminhar no Palais Royal para espairecer. Ali havia luzes brilhantes, bares que ofereciam cerveja inglesa, *bavaroises* e *ratafia*, e até um Café Mécanique, onde o café era bombeado para xícaras através da perna central oca de cada uma das mesas redondas do lugar. Ele andava, dizia ele, "dando longas passadas".

Sou vigoroso de temperamento e não me importava com o frio; mas depois de um tempo minha mente ficou dormente e então percebi o quão frio estava. Entrei nas arcadas. Eu estava a ponto de entrar em um bar, quando reparei em uma mulher. Era tarde, ela tinha um corpo bonito e era muito jovem; claramente era uma prostituta. Olhei para ela, e ela parou. Em vez do modo desdenhoso que mulheres do tipo costumam demonstrar, ela parecia bem natural. Aquilo me chamou a atenção. Sua timidez me deu coragem de falar com ela. Sim, falei com ela, embora eu deteste a prostituição mais do que a maioria das pessoas, e sempre me senti sujo só de ser olhado por mulheres como essa... Mas seu rosto pálido, a impressão que ela dava de fragilidade e sua voz suave logo superaram minhas dúvidas. Ou ela me daria informações interessantes, pensei comigo mesmo, ou ela é só uma idiota.

"Vai pegar um resfriado", eu disse. "Como você consegue andar nas arcadas?"

"Ah, senhor, eu tenho esperanças. Preciso terminar meu trabalho da noite."

Ela falava com uma calma indiferença que me atraía e comecei a andar ao lado dela.

"Você não parece muito forte. Estou surpreso que não esteja exausta com uma vida como essa."

"Meu Deus, senhor, uma mulher precisa fazer alguma coisa."

"Talvez. Mas não há algum outro trabalho mais adequado à sua saúde?"

"Não, senhor, preciso sobreviver."

Fiquei encantado. Pelo menos ela respondia às minhas perguntas, algo que outras mulheres se recusavam a fazer.

"Você deve ser do norte, para enfrentar um frio desse."

"Sou de Nantes, na Bretanha."

"Essa parte eu conheço... *Mademoiselle*, por favor, me conte como perdeu sua virgindade."

"Foi um oficial de exército."

"Está brava?"

"Ah, sim, acredite." Sua voz assumiu uma pungência que eu não havia notado antes. "Acredite em mim. Minha irmã está bem arranjada. Por que eu não?"

"Como você veio para Paris?"

"O oficial que me fez mal foi embora. Eu o deteste. Minha mãe ficou furiosa comigo e eu tive de fugir. Um segundo oficial veio e me trouxe a Paris. Ele também me abandonou. Agora há um terceiro; moro há três anos com ele. Ele é francês, mas tem negócios em Londres, e está lá agora. Vamos para sua casa."

"O que vamos fazer lá?"

"Vamos nos aquecer e você terá sua cota de prazer."

Eu estava longe de ter escrúpulos. Na verdade, eu não queria que ela se assustasse com minhas perguntas, ou dizer que ela não dormisse com estranhos, quando esse era todo o motivo para eu abordá-la.

Essa talvez tenha sido a primeira vez em que Napoleão dormiu com uma mulher. Provavelmente ela tinha a pele branca e cabelos pretos típico dos bretões, e também aquele toque onírico que os distingue do parisiense mais casual. O que é certo é que ela era delicada e feminina, o tipo que atrai homens másculos, que Napoleão gostava de sua voz suave, e que era algo mais do que um mero encontro físico: Napoleão tentou conhecê-la como pessoa, e sentiu simpatia pelo seu drama.

Dos 18 aos 25 anos, Napoleão levou uma vida tão ocupada que ele não tinha praticamente nenhum tempo para garotas. Raramente ia para Paris, e não se sabe se ele fez uma segunda visita ao Palais Royal. Como seus colegas oficiais observaram, ele tinha um grande autocontrole e provavelmente continuava, como Alexandre des Mazis disse, "puro". Somente depois de Toulon, quando ele era brigadeiro, teve tempo para sair com garotas.

Em Marselha vivia um milionário do setor têxtil chamado François Clary. Do ponto de vista político ele era um monarquista. Quando as tropas do governo sufocaram a rebelião de Marselha em agosto de 1793, e Stanislas Fréron começou a fazer a purga e o terror, o filho mais velho de François, Étienne, foi jogado na prisão, e outro filho, para não ser capturado, suicidou-se. Quatro meses depois, François morreu de preocupação e dor. Sua viúva, quando foi solicitar a soltura de Étienne, conheceu Joseph Bonaparte, e foi Joseph, provavelmente por meio de Saliceti, que tirou Étienne da prisão. Joseph se tornou frequentador da grande e luxuosa casa dos Clary, e quando Napoleão foi para Marselha também passou a frequentá-la.

Havia duas filhas vivendo em casa: Julie, de 22 anos, e a filha mais nova dos Clary, Bernardine Eugénie Désirée, de dezesseis. Ambas eram morenas, com grandes olhos castanhos escuros. Napoleão acabou conhecendo bem as duas, e em um conto que ele veio a escrever no ano seguinte descreveu as diferenças entre elas. Ele chamava Julie de Amélie.

O olhar de Amélie parecia dizer, "Você está apaixonado por mim, mas você não é o único, e tenho vários outros admiradores; perceba que o único modo de me agradar é me bajulando e elogiando; gosto de um estilo afetado." Eugénie... sem ser comum, não era bonita, mas era boa, doce e carinhosa... ela nunca olhava com ousadia para um homem. Sorria gentilmente, revelando os dentes mais belos imagináveis. Se você lhe estende a mão, ela estende a dela timidamente, e somente por um momento, quase de maneira provocativa, mostrando a mão mais linda do mundo, onde a alvura da pele contrastava com veias azuis. Amélie era como uma peça de música francesa, com os acordes e harmonia que todos apreciam. Eugénie era como a música do rouxinol, ou uma peça de Paesiello, que só pessoas sensíveis apreciam; parece medíocre para o ouvinte comum, mas sua melodia transporta e apaixona aqueles que possuem sentimentos intensos.

A comparação musical é reveladora. Napoleão, aos 25, gostava muito de música, particularmente Paesiello, seu compositor favorito; gostava de ouvir garotas cantando; e a Clary mais nova, além de suas belas mãos alvas, parecia ter uma boa voz. Napoleão começou a gostar muito da tímida filha musical do milionário. Em casa ela era chamada de Désirée, mas Napoleão não gostava desse nome, com sua sugestão de desejo físico, e quando eles estavam a sós ele a chamava, como em seu conto, pelo seu nome do meio, Eugénie. Esse nome particular, com sua predileção pela música, se tornou um elo entre eles.

Napoleão sabia que Joseph gostava das duas garotas Clary, mas preferia a mais nova e queria se casar com ela. Napoleão chamou Joseph para conversar. "Em um casamento feliz", ele explicou, "uma pessoa precisa se render à outra. Mas você não é determinado, Désirée tampouco, ao passo que tanto Julie quanto eu sabemos o que queremos. É melhor você se casar com a Julie, e Désirée será minha esposa".

Joseph não fez objeções. Se seu irmão brigadeiro preferia Désirée, ele, do seu jeito complacente, estava preparado para ceder. Começou a cortejar a provocante Julie. Assim como sua irmã, Julie tinha um imenso dote de 100 mil libras e Joseph não tinha nada; por outro lado, Joseph havia salvado a vida de Étienne. Madame Clary e Letizia deram seus consentimentos, e em agosto Julie Clary se tornou esposa de Joseph. Provou-se um casamento feliz para os dois.

Em setembro, antes que pudesse conhecer melhor Eugénie ou começar a cortejá-la, Napoleão foi enviado para os Alpes, onde combateu os austríacos como canhoneiro sênior. Em campo, onde a única música era a de flauta e tambores, Napoleão evidentemente percebeu as muitas diferenças entre ele e Eugénie, incluindo a diferença de nove anos de idade, pois sua primeira carta foi um tanto fria. "Sua doçura inesgotável e sua alegre franqueza me inspiram com afeição, querida Eugénie, mas estou tão ocupado com o trabalho que não acho que essa afeição deva entrar em minha alma e deixar uma cicatriz mais profunda." Isso certamente foi rude. Mas também revelava um conflito entre sentimentos e dever, coração e mente; que viria a ser uma das características das relações de Napoleão com as mulheres. Na mesma carta ele disse a Eugénie que ela tinha o dom para a música e a incentivou a "comprar um piano e contratar um bom professor. Música é a alma do amor".

Cinco meses se passaram até que Napoleão voltasse a escrever, desta vez de Toulon. O tom agora era menos pessoal, quase como o de um irmão mais velho ou de um professor querendo encorajar um aluno. Napoleão incluiu uma lista de livros que Eugénie deveria ler e prometeu fazer uma assinatura de uma revista de piano publicada em Paris, "de forma que a cada dez dias você receba as melodias mais recentes". Ele agora via Eugénie como uma cantora e, para ajudá-la, ele, que mal conseguia cantar uma nota afinada, bolou um novo jeito de cantar uma oitava. Ele explicou para Eugénie assim:

> Se você cantar Re, Mi, Da, Sol, La, Si, Do, Re, sabe o que costuma acontecer? Você pronuncia Re claramente, mas lhe dá o mesmo valor que Do; ou seja, você dá um intervalo de um semitom entre Re e Mi. O que você deveria fazer é colocar um tom inteiro entre eles. Da mesma forma, você deveria colocar um tom inteiro entre Mi e Fa... Depois disso, você continua cantando Mi, Fa, Sol, La, Si, Do, Re, Mi, passando do som da primeira voz para a segunda através de um intervalo de semitom. Você conclui cantando Si, Do, Re, Mi, Fa, Sol, La, Si, que era a escala usada na antiguidade.

A partir disso fica bem claro que Napoleão não sabia absolutamente nada sobre teoria musical – ele entendia até mesmo os intervalos todos errados – e só estava se exibindo para Eugénie. Como Eugénie havia reclamado que suas cartas estavam frias, com essa aula de música Napoleão sentia que poderia se dar o direito de um final afetuoso: "*Adieu*, minha boa, bela e terna amiga. Seja alegre e cuide-se".

No dia 21 de abril de 1795, Napoleão foi para Marselha e, depois de uma separação de nove meses, viu Eugénie novamente. Ela evidentemente havia desabrochado; talvez como resultado do incentivo de Napoleão, ela estava cantando melhor; de qualquer maneira dessa vez Napoleão se apaixonou por ela, e duas semanas depois, quando voltou a passar pela casa dos Clary a caminho de Paris, a questão do casamento veio à tona. Eugénie ainda tinha apenas dezessete anos, e com seu dote de 100 mil libras era um partido muito melhor do que Napoleão, que só tinha seu soldo do exército. "Isso já é demais", pensou Madame Clary, que já havia dado uma filha ao pobre Joseph, e agora fazia questão de deixar claro: "Um Bonaparte já é suficiente na família".

A hostilidade de Madame Clary não abalou a nova afeição de Napoleão, e de Avignon, sua primeira parada depois de Marselha, ele terminou sua carta: "Lembranças e amor daquele que é seu para sempre."

No começo de sua estadia em Paris, Napoleão escrevia a cada dois ou três dias para sua "adorável amiga" e pediu a Eugénie que escrevesse todos os dias. Agora era ele que se preocupava quando uma carta não chegava. Continuou a estimular seu talento musical, enviando-lhe excertos do sucesso recente de Martini, *Sappho*, e alguns "romances que são belos e tristes. Você gostará de cantá--los se sentir-se como eu".

Agora Napoleão estava passando pelo seu pior período de depressão: era o momento em que sua carreira militar parecia irremediavelmente estagnada. Em seu sórdido hotel da Rive Gauche ele pensava na casa dos Clary, e quanto mais as coisas davam errado, mais ele buscava compensação em seus sentimentos por Eugénie. Ele começou a sentir que seria um fracasso como soldado, e que só o amor importava. Estava sozinho, e em sua solidão despejou seus sentimentos em um conto, o mais pessoal de seus escritos, no qual ele descrevia sua afeição por Eugénie e delineou o tipo de vida que esperava ter com ela. Ele manteve o nome dela para a heroína da história, mas seu herói ele chamou de Clisson. Um nome revelador, uma vez que o Olivier de Clisson original foi condestável da França, ou seja, o comandante supremo do exército real. Ele havia servido a Carlo V e Carlo VII extraordinariamente bem contra os ingleses e os flamengos, e seu nome se tornou sinônimo de serviço leal.

A história começa assim: "Clisson nasceu para a guerra... Embora não passasse de um jovem, alcançou o mais alto escalão no exército. A boa sorte ajudava constantemente seus talentos... E ainda assim sua alma não estava satisfeita". A insatisfação de Clisson vinha do fato de que as pessoas invejavam sua patente e espalhavam inverdades sobre ele. Para recobrar seu humor foi passar um mês em termas na floresta perto de Lyon.

Ali ele conheceu duas irmãs, Amélie e Eugénie. Apesar de sua melancolia, Amélie gostou de Clisson e flertava com ele, ao passo que a tímida Eugénie no começo sentiu uma forte aversão a ele, que ela não conseguia nem explicar nem justificar para si mesma. "Ela fixava o olhar no do estranho, e nunca se cansava de olhar para ele. Qual era sua história? Como ele parecia sombrio e pensativo! Seu olhar revela a maturidade da idade, sua fisionomia a languidez da adolescência." Durante uma caminhada na floresta, Eugénie e Clisson se encontraram novamente, vieram a se conhecer melhor e se apaixonaram.

Clisson agora "desprezava sua vida antiga, quando ele vivera sem Eugénie, sem que cada respiro seu fosse por ela. Ele se entregou ao amor e renunciou a qualquer desejo por fama. Os meses e os anos passaram tão rápido quanto horas. Eles tiveram filhos e continuaram apaixonados. Eugénie amava com a mesma firmeza com que era amada. Não havia nenhuma tristeza, prazer ou preocupação que eles não compartilhassem...".

"Toda noite Eugénie dormia com sua cabeça no ombro de seu amado, ou em seus braços, todo dia eles passavam juntos, criando seus filhos, cultivando o jardim, mantendo sua casa em ordem."

"Em sua nova vida com Eugénie, Clisson certamente vingava a injustiça dos homens, que havia desaparecido de sua mente como se fosse um sonho."

"A companhia de um homem tão talentoso quanto Clisson completava Eugénie. Sua mente agora era culta e seus sentimentos, antes muito ternos e frágeis, haviam assumido a força e a energia apropriadas para a mãe de seus filhos." Então segue uma frase notavelmente profética da vida de casado do próprio Napoleão. "Já Clisson não era mais lúgubre e triste, sua personalidade havia assumido a doçura e a graciosidade dela. A fama no exército o tornara orgulhoso e às vezes duro, mas o amor de Eugénie o tornou mais indulgente e flexível."

"O mundo e a humanidade logo esqueceram as conquistas de Clisson. A maior parte das pessoas, vivendo longe do mar e da natureza... consideravam ele e Eugénie loucos ou misantropos. Só os pobres os apreciavam e abençoavam. Isso compensava o escárnio dos tolos."

Tudo parecia destinado a um final feliz, mas não. A forma literária predileta de Napoleão era a tragédia. Ademais, ele tinha um grande senso de injustiça em questões humanas: ele já havia expressado isso em sua história sobre o conde de Essex, e o Terror certamente havia o reforçado. Mas talvez seu principal motivo fosse que, mesmo enquanto idealizava Eugénie, ele sentia que ou ela era jovem demais para ele ou que ela tinha alguma fraqueza de caráter: há um indicativo disso em sua frase sobre como Clisson dava a Eugénie a "força e a energia" que faltavam nela. De qualquer maneira Napoleão decidiu terminar sua história tragicamente.

Clisson foi convocado pelo exército novamente. Ele permaneceu ausente por vários anos, mas todos os dias recebia uma carta de Eugénie. Então ele foi ferido. Enviou um de seus oficiais, Berville, para confortar Eugénie e fazer companhia a ela. As cartas de Eugénie foram rareando, e por fim pararam. Clisson ficou aflito, mas não podia deixar seu posto. Uma batalha estava para começar, e às duas da madrugada ele escreveu para Eugénie:

Quantos homens azarados lamentam estar vivos, e ainda assim querem continuar vivendo! Só eu gostaria de ter um fim à minha vida. Foi Eugénie quem me deu... Adeus, a você, que escolhi para ser árbitro da minha vida, adeus, companheira dos meus mais belos dias! Em seus braços, com você, provei da felicidade suprema. Esvaí-me de vida e das coisas boas da vida. O que restou, senão a saciedade e o tédio? Aos 26 anos esgotei os prazeres passageiros que vêm com uma reputação, mas com seu amor descobri como é doce estar vivo. Essa lembrança parte meu coração. Que você viva feliz, esquecendo o infeliz Clisson! Beije meus filhos; que eles cresçam sem a natureza carinhosa de seu pai, pois isso os tornaria vítimas, como ele, de outros homens, da glória e do amor.

Clisson dobrou e confiou essa carta a um assistente, com ordens para enviá-la a Eugénie. Colocando-se à frente de um esquadrão, Clisson se lançou na batalha... e morreu "perfurado por mil golpes".

Assim termina a história de Napoleão sobre Clisson e Eugénie. Foi curioso o fato de que ele fizesse esse final trágico com a mulher traindo o homem: em uma ocasião Eugénie não lhe escreveu por duas semanas, mas isso não era justificativa suficiente. A idéia de que ele havia sido, ou seria, traído por uma mulher, vinha simplesmente do inconsciente oculto mais profundo da personalidade de Napoleão: talvez a poderosa imagem da mãe ou o medo inicial da castração. Por outro lado, a reação de Clisson é exatamente o que se poderia esperar de Napoleão: ele escolhe uma morte brusca em vez de uma vida ordinária.

Enquanto isso, Napoleão estava morando em Paris por licença médica, com mais tempo nas mãos do que nunca. Escrevia a Eugénie sobre o "luxo e os prazeres de Paris", acrescentando que ele não os provaria sem ela. Mas provou. Embora fosse pobre, tinha conhecidos abastados e por meio deles veio a conhecer muitas jovens amigáveis.

Uma delas era uma certa *Mademoiselle* de Chastenay, uma intelectual que vivia com a mãe em Châtillon, perto de Paris. Napoleão passou um dia com ela em maio, e como ele costumava fazer quando conhecia uma jovem, pediu a ela que cantasse para ele. Não somente ela atendeu a seu pedido, como cantou canções em italiano que ela mesma compôs. Isso ia muito além do talento de Eugénie. Então ela contou que havia traduzido um poema sobre um leque. Napoleão ficou extremamente interessado, e ele, que nesse período falava basicamente em monossílabos deprimidos, contou prolixamente o quão fascinado ele era pelo uso que as parisienses faziam do leque. Estendendo os princípios de Lavater, Napoleão elaborou com detalhes uma teoria segundo a qual cada movimento de seu leque refletia os sentimentos de uma dama. Ele disse que recentemente havia provado que sua teoria estava certa ao observar a famosa atriz, *Mademoiselle* Constant, na Comédie Française.

Mademoiselle de Chastenay nunca foi mais do que uma amiga para Napoleão, mas representava um mundo mais pleno e altamente erudito, diante do qual a Marselha dos Clary inevitavelmente apareceria em desvantagem.

Uma mulher ainda mais notável que Napoleão veio a conhecer foi Thérésia Tallien. Durante o Terror, com 21 anos, ela esteve na prisão e à espera da guilhotina. Ela escreveu um bilhete para seu amante, Jean Lambert Tallien – que ela veio a desposar posteriormente – e o escondeu no meio de um repolho, que ela atirou a partir de sua janela gradeada: "Se você me amar tão sinceramente quanto professa, use cada esforço para salvar a França, e eu juntamente com ela". Thérésia era uma bela mulher com cabelo preto-azeviche, e seu bilhete no repolho produziu o efeito desejado. Tallien se impôs na Convenção e ousou atacar o temido Robespierre, precipitando assim a queda de Robespierre, terminando o Terror e libertando sua querida.

Thérésia Tallien vivia em uma casa "original": do lado de fora parecia uma choupana, e do lado de dentro era luxuosamente mobiliada em estilo pompeiano. Ela dava festas badaladas, nas quais usava ousados vestidos transparentes. Às vezes ela usava um penteado *à la guillotine* – cabelo curto ou puxado para cima da nuca – e uma fita estreita de cetim vermelho em torno do pescoço. Em outras ocasiões, ela usava enfeites de cabelo vermelhos ou dourados. E qualquer coisa que ela usasse era ousada e original.

Às vezes Napoleão frequentava essas festas, em seu uniforme gasto. Havia escassez de tecido, mas um decreto recente concedera aos oficiais o suficiente para um uniforme novo. No entanto, como Napoleão não estava na lista ativa, não tinha direito a esse benefício. Certamente ele mencionou o fato para Thérésia Tallien como mais uma "injustiça". Ela, em vez de simplesmente se solidarizar, falou sobre ele para um amigo, um certo *Monsieur* Lefèvre, comissário da 17ª divisão, e isso foi o suficiente para conseguir um novo uniforme para Napoleão.

Durante o verão de 1795, Napoleão conheceu algumas lindas e talentosas mulheres, mais velhas que Eugénie. Em seus escritos ele levantou o dilema: ou sua carreira, ou amor em terras selvagens; e ele escolheu amor em terras selvagens. Mas à medida que ia conhecendo melhor Paris, evidentemente viu que o dilema não correspondia aos fatos. Ali havia mulheres influentes, casadas com generais ou políticos, ajudando-os em suas carreiras. Essas mulheres podiam ter valores diferentes dos seus, mas viviam no mesmo mundo, o mundo da Revolução. Inevitavelmente, na medida em que ele ia se interessando por essas mulheres, Napoleão se desapegou da Eugénie Clary de Marselha.

Em junho, Eugénie se mudou para Gênova, onde sua família tinha negócios. Ao escrever para Napoleão sobre a mudança, disse que continuaria sempre o amando. Napoleão olhou fundo em seu coração e descobriu que não conseguia mais partilhar desse sentimento. Ele tentou dispensá-la da maneira mais gentil possível: "Querida Eugénie, você é jovem. Seus sentimentos vão esvanecer, e então vacilar; depois você descobrirá que mudou. O tempo é poderoso assim... não aceito a promessa de amor eterno que você deu em sua última carta, mas a substituo por uma promessa de inviolável franqueza. O dia que você deixar de me amar, prometa me contar. Eu faço a mesma promessa." Em sua penúltima carta, ele frisou novamente: "Se você se apaixonar por outra pessoa, deve se render a seus sentimentos".

O fato é que o próprio Napoleão havia conhecido outra pessoa que excitava seus sentimentos em um nível extremo: uma amiga íntima de Thérésia Tallien, chamada Rose Beauharnais. Duas cartas mais tarde ele viria a terminar de vez seu caso de amor com Eugénie. Para Napoleão esse episódio chegou ao desfecho mais satisfatório somente quando os dois ficaram longe um do outro. De fato, no começo havia sido uma espécie de romance platônico, afinal, o que ele e Eugénie tinham em comum além de um gosto por música e uma inabilidade de soletrar as palavras mais simples? No começo Eugénie chorou e disse que sempre amaria Napoleão, mas logo ela superou essas lágrimas e teve um casamento feliz com Jean Bernadotte, outro oficial do exército em ascensão, com sangue sulista nas veias.

7

Joséphine

Os Tascher de La Pagerie eram uma nobre família francesa estabelecida desde o século XVII na ilha da Martinica, onde possuíam uma grande plantação de cana de açúcar empregando 150 negros, teoricamente escravos. Na verdade tratava-se de uma bem-tratada comunidade que produzia açúcar de cana, café e rum. Os Tascher da Martinica tinham algumas coisas em comum com os Bonaparte da Córsega. Eram nobres residindo fora de seus países de origem; viviam de forma simples, próximos à natureza, e por fazerem isso mantiveram as virtudes da nobreza. Mas os Tascher eram mais ricos e tinham uma vida mais confortável.

Rose nascera no dia 23 de junho de 1763, a mais velha de três filhas. Passou uma infância feliz na Martinica, que é tão luxuriante quanto a Córsega é pedregosa. Em volta de sua casa cresciam hibiscos vermelhos e orquídeas selvagens, fruta-pão, bananeiras e coqueiros. A vida ali tinha um ritmo tranquilo. Rose batia papo com as negras, balançava-se na rede, tocava violão, e lia alguns livros. Aos doze anos ela foi para um internato de freiras por quatro anos. Enquanto isso, um casamento adequado foi arranjado com um homem que ela havia encontrado só ocasionalmente, visconde Alexandre de Beauharnais, o filho de um ex-governador das Índias Ocidentais Francesas. Ele servia como oficial na França. Assim, para a França partiu Rose Tascher, aos dezesseis anos.

Alexandre de Beauharnais tinha dezenove anos, era bonito e rico – com uma renda de 40 mil francos. Ele estudara na Universidade de Heidelberg. Era o melhor dançarino da França e teve o privilégio de dançar nas quadrilhas de Maria Antonieta. Mas o talentoso Alexandre havia perdido sua mãe quando criança e cresceu com três pontos fracos: era pretensioso, autocentrado e não tinha controle no que dizia respeito a mulheres.

Alexandre estava satisfeito com sua esposa, particularmente com sua "honestidade e gentileza", e Rose Tascher se tornou a viscondessa de Beauharnais. O jovem casal teve dois filhos. Então Alexandre fugiu com outra mulher para viver na Martinica. Ali ele ouviu rumores totalmente infundados sobre a adolescência de Rose Tascher, e o homem que havia abandonado sua mulher por doze meses pensou, "tomado de fúria", que seria adequado escrever a ela uma arrogante epístola condenando seus "crimes e atrocidades".

Isso foi demais para a honesta Rose. Quando seu marido não mostrou sinal de voltar ao lar, ela pediu uma separação legal. Esta foi concedida em fevereiro de 1785, e Rose passou a receber 6 mil francos por ano. Aos 22 anos de idade a viscondessa de Beauharnais foi morar com outras senhoras na mesma situação, na casa das freiras bernardinas da Abadia de Penthémont na badalada rue de Grenelle. Durante o outono, ficava em Fontainebleau e acompanhava os cães nas caçadas do rei.

No verão de 1788, Rose descobriu que seu pai estava doente e sua irmã, no leito de morte. Depois de vender alguns de seus pertences, inclusive sua harpa, para pagar a passagem, voltou para a Martinica, levando consigo sua filha Hortense, mas deixando seu filho na Institution de la Jeune Noblesse. Ela ficou na Martinica por dois anos. Na viagem de volta à França, a pequena Hortense de sete anos de idade mostrou sinais precoces de coragem, que veio a ser sua marca distintiva. Ela costumava agradar a tripulação francesa com canções e danças caribenhas. Logo o áspero convés de madeira criou grandes buracos em seu único par de sapatos, mas para não desapontar os marinheiros, continuava a dançar até o fim da música, embora as solas dos seus pés estivessem machucadas e sangrando.

Na França, onde a Revolução estourou, Alexandre se tornou um dos principais membros da Assembleia Constituinte. Quando a Prússia e a Áustria invadiram, voltou para o exército, foi promovido a general e em 1793 ganhou uma oportunidade única quando foi chamado para o auxílio a Mainz. Em vez de correr até a cidade sitiada, Alexandre, de acordo com os comissários, "fez papel de tolo em Estrasburgo correndo o dia inteiro atrás de prostitutas e oferecendo bailes para elas". Em março de 1794, Alexandre foi enviado ao presídio carmelita. Rose se esforçou para tirá-lo de lá, escrevendo petições e pedindo ajuda a amigos. Então ela recebeu uma carta anônima, avisando que estava em perigo. Uma mulher inferior teria fugido, mas, como Rose escreveu para sua tia, "Aonde eu poderia ir sem comprometer meu marido?". Em abril, ela foi presa.

Todas as pessoas certas estavam na prisão. Rose dividiu o antigo convento com duques e duquesas, um almirante, um príncipe. Todos os dias a corajosa pequena Hortense e seu irmão Eugène vinham visitar seus pais. No entanto, depois foram proibidos até de escrever. "Tentamos compensar isso", diz Hortense, "escrevendo no final da lista de lavanderia, 'Seus filhos estão bem', mas o guarda foi cruel o suficiente para apagar. Como último recurso nós mesmos copiávamos a lista de lavanderia de forma que nossos pais pudessem ver nossa letra e pelo menos soubessem que estávamos vivos".

No auge do Terror, tornou-se delito um prisioneiro simplesmente buscar a companhia de outros prisioneiros aristocratas, e com essa acusação Alexandre de Beauharnais foi para a guilhotina no dia 23 de julho. Rose chorou por um marido que, apesar dos defeitos, ela amava, e seus temores por sua própria vida aumentaram. Ela passava os longos dias tentando ler o futuro em um baralho e, como era dada a lágrimas, chorando abertamente: algo que seus companheiros não gostavam, "pois era de mau tom tremer só de pensar no tumbril." Um a um, os grandes nomes da França eram chamados, e a prisão começou a se esvaziar. Na noite de 6 de agosto, outro nome foi anunciado pelo carcereiro: "A viúva Beauharnais!". Rose desmaiou – de alegria. Como Robespierre acabara de ser guilhotinado, seu amigo Tallien estava no poder e o carcereiro estava abrindo a porta da prisão para a liberdade.

Rose e seus filhos foram viver na casa de uma tia que escrevia poesia, Fanny de Beauharnais, a Eglé debochada pelo poeta Ecouchard Lebrun:

Eglé, belle et poète, a deux petits travers:
*Elle fait son visage et ne fait pas ses vers.**

Fanny tinha amigos influentes. Eles e Tallien conseguiram que Rose recebesse uma compensação substancial – inclusive uma carruagem – por prejuízos sofridos durante seu encarceramento de quatro meses. Também puseram negócios lucrativos em seu caminho. Em agosto de 1795, Rose pôde dar entrada em uma bela casa própria, na rue Chantereine, número 6: uma construção de dois andares com um jardim em forma de arco, entre limoeiros.

A própria ocupante dessa linda casinha era linda e miúda: 1,52 m de altura, esbelta, mãos e pés pequenos. Seus olhos eram castanhos escuros e tinham longos cílios. Seu cabelo sedoso, castanho-claro, ela usava cacheado e penteado para a frente. Seu ponto fraco eram os dentes; quando ela ria, tinha o cuidado de quase não abrir a boca, deixando que o riso borbulhasse na garganta. Seus dois pon-

---

*   "Eglé, bela e poetisa, tem dois pequenos defeitos/Ela cuida de seu rosto, mas não de seus versos." (N.T.)

tos fortes eram sua estonteante pele e sua bela voz com um leve sotaque *créole*: ela quase não pronunciava seus erres, um maneirismo que na época estava na moda.

Rose era bonita sem ser linda, e em uma cidade como Paris nunca iria longe somente com sua aparência. Mas ela possuía duas outras qualidades: era alegre e generosa. Os pequenos incidentes da vida, ela sempre achava "engraçados" – *drôle*, uma de suas palavras preferidas, que ela pronunciava *drolle*; e, segundo uma senhora inglesa que a conheceu na prisão, Rose era uma mulher muito talentosa e amigável.

As freiras bernardinas com quem ela se hospedara antes da Revolução agora haviam sido banidas, e isso simbolizava a mudança na vida da própria Rose. Agora ela vivia sozinha, e vivia por diversão. Queria apagar aqueles terríveis quatro meses à sombra da guilhotina com festas e o frufru de belas vestes. Em uma carta para sua grande amiga, Thérésia Tallien, Rose está se preparando para um baile:

> Como aparentemente é importante para mim que nos vistamos exatamente do mesmo jeito, estou avisando que levarei no meu cabelo um lenço vermelho amarrado à moda *créole* com três cachos de cada lado do rosto. O que pode ser bem ousado para mim será perfeitamente normal para você porque é mais jovem, talvez não mais bonita, mas infinitamente mais viçosa. Você sabe que sou justa com todos. Mas é tudo parte de um plano. A ideia é deixar os Trois Bichon e os Bretelle Anglaise [dois grupos de jovens modernos] desesperados. Você entenderá a importância dessa conspiração, a necessidade do segredo e o enorme efeito que ele surtirá. Até amanhã, conto com você.

Nesse alegre e hedonístico mundo, no final do verão de 1795, entrou Napoleão Bonaparte. Na época ele só recebia metade do salário e não tinha o suficiente para comer. Seu rosto pálido estava magro, chupado, e seu cabelo mal empoado caía "como orelhas de um Cocker Spaniel". A moda eram falas lacônicas, mas os amigos de Napoleão achavam que ele estava exagerando – ele falava basicamente em monossílabos. Foi assim que impressionou uma dama: "Muito pobre e tão orgulhoso quanto um escocês... ele havia recusado um comando em Vendée porque não queria abrir mão da artilharia: 'Essa é minha arma', ele costumava dizer – e disso nós jovens mulheres gargalhávamos, incapazes de entender como alguém conseguia se referir a um canhão como se estivesse falando de uma espada... Você nunca teria adivinhado que ele era um soldado; não havia nada de arrojado nele, nenhuma arrogância ou petulância, nada bruto".

Napoleão provavelmente conheceu Rose no chalé de Thérésia Tallien. Ele tinha somente 26 anos, ela 32. O que ele achou dela só podemos supor. Ela tinha os aspectos que ele estava predisposto a gostar; uma natureza gentil, muito feminina; era "toda renda", como ele disse uma vez. Quanto à sua personalidade, Napoleão pode ter pensado como um contemporâneo pensou: "seu temperamento moderado, sua disposição tranquila, a bondade que enchia seus olhos e era expressa não somente em suas palavras, como também no próprio tom de sua voz... tudo isso lhe dava um charme que contrabalançava a estonteante beleza de suas duas rivais – Madame Tallien e Madame Récamier".

Napoleão e Rose tinham amigos em comum, um deles era Paul Barras, e após essa nomeação para o comando do Exército do Interior, Napoleão foi convidado para a casa na qual Rose havia dado entrada. Descobriu que ela estava mobiliada com luxos, mais do que necessidades. Havia uma harpa, um busto de Sócrates, e algumas cadeiras delicadas com encostos curvados, cobertas de nanquim azul, mas nada de panelas, copos ou pratos. No entanto, Rose arranjou com bom gosto a pouca mobília que havia ali; além disso, mantinha a casa impecável – no convento carmelita ela era uma das poucas internas a limpar o quarto – e essa era uma qualidade que Napoleão apreciava. Havia uma atmosfera exótica também que teria atraído o soldado que se deleitava com *Paul et Virginie*. Parte da mobília vinha da Martinica e o café que Rose lhe serviu havia sido cultivado na plantação de sua mãe.

Rose acreditava firmemente em destino e em adivinhação. Quando ainda começavam a se conhecer, em uma festa no chalé de Tallien, ela convenceu Napoleão a ler a sorte das pessoas. Entre os convidados estava o general Hoche, que estivera na prisão com Rose e era apaixonado por ela. Muito alto e musculoso, com uma cicatriz de duelo em formato de vírgula entre as sobrancelhas, cada centímetro de Hoche parecia com o de um soldado; Napoleão, que não parecia em nada com um, e estava começando a gostar de Rose, pode ter sentido ciúmes. De qualquer modo, depois de falar com os outros convidados, tomando a mão de cada um deles e prevendo um agradável futuro, ele tomou a mão de Hoche, examinou suas linhas e anunciou secamente: "Você morrerá em sua cama". Hoche tratou a previsão como um insulto e olhou feio para Napoleão. Rose interveio com agilidade e tato. "Não há nada de errado nisso", ela disse. "Alexandre, o Grande morreu em seu leito". E o pequeno contratempo felizmente foi esquecido.

Napoleão passou a gostar cada vez mais de sua nova amiga. Mas ele não gostava do nome Rose. Ele decidiu mudá-lo, assim como mudara o de Désirée para Eugénie. Um dos outros nomes de Rose era Josèphe. Talvez pensando na heroína de *Le Sourd*, que ele vira no começo daquele ano, Napoleão encompridou e suavizou Josèphe para Joséphine, e foi por esse nome que ele começou a chamar Rose Beauharnais.

Entre os outros visitantes da rue Chantereine, número 6, estava Paul Barras. Como havia racionamento de comida, ele costumava enviar cestas repletas de aves, carne de caça e frutas caras. Com utensílios emprestados de uma vizinha, o cozinheiro de Joséphine transformava esses ingredientes em refeições elaboradas, uma vez que Barras tinha altos padrões no que dizia respeito ao prazer. Nos dias em que o diretor dava festas em sua casa de Chaillot, Joséphine ia até lá como anfitriã. Em Paris, circulavam rumores de que Joséphine era amante de Barras.

Napoleão, quando ouviu isso, começou a manter distância da rue Chantereine. Ele se concentrava em seus deveres militares e em manter a ordem em Paris: não era tarefa fácil, já que o povo estava descontente com a ração de cinquenta gramas de pão preto, composto parcialmente por serragem, feijão e castanhas. Uma vez ele foi importunado por uma gorda senhora parisiense: "Até parece que esses milicos se importam que o povo passe fome, contanto que eles mesmos encham a pança!". E a isso Napoleão respondeu: "Minha boa senhora, olhe para mim, e me diga qual de nós dois está comendo melhor".

Joséphine começou a sentir falta das visitas de Napoleão. Ela havia começado a se interessar por esse estranho general que não parecia um soldado, e cuja vida fora tão aventurosa quanto a sua. Um pintor badalado havia descrito recentemente os traços de Napoleão como "grecianos" e talvez isso a tenha feito ver o rosto seco dele sob outra luz. Ela lhe enviou um bilhete: "Você não vem mais ver uma amiga que gosta de você; você a abandonou completamente. Você está errado, pois ela sente ternura por você. Venha almoçar amanhã, no septidi*. Quero vê-lo e conversar com você sobre seus negócios. Boa noite, meu amigo, um beijo. Viúva Beauharnais." "Um beijo" [je t'embrasse] era uma expressão de polidez – Maria Antonieta a usara com Fersen – e denota apenas amizade.

No inverno de 1795, Napoleão retomou suas visitas. Em Joséphine encontrara uma mulher mais bonita e muito mais carismática do que Eugénie. Ela não tinha nada da simples flor da natureza por quem ele imaginara que iria se apaixonar; era sofisticada, se vestia bem e se interessava por seus "negócios", ou seja, sua carreira. Ela adorava festas e roupas bonitas, mas Napoleão pode ter enxergado um lado mais sério: mesmo em sua carta para Thérésia sobre seu vestido

---

* Sétimo dia da semana de dez dias do calendário republicano instaurado com a Revolução Francesa. (N. E.)

para o baile, é significativo o quão a sério Joséphine levava o pequeno esquema. De certa forma ele e Joséphine eram completamente opostos; mas, no fundo, tinham muito em comum. Eles vinham da mesma classe, ambos acreditavam na Revolução, e partilhavam alguns valores básicos.

A contragosto, Napoleão começou a se apaixonar. Talvez se lembrasse de sua mãe sóbria e parcimoniosa, que certamente não aprovaria essa viúva alegre com gostos caros. Ele dizia a si mesmo, incisivamente, que estava se deixando levar, e que Joséphine não o amava de verdade, e que ela lhe traria infelicidade. Depois de dar a si mesmo essa advertência, Napoleão decidiu que não se importava e que ele queria mais da vida do que felicidade.

Quanto a Joséphine, ela não amava Napoleão. Mas o achava estranhamente atraente, um homem que falava o que pensava de uma maneira tão decidida e que havia lhe dado um novo nome. Ele não lhe dava presentes caros, como Barras, mas tinha uma sinceridade que faltava a Barras. Ele era estranho, diferente, e só tinha olhos para ela. Os padrões morais de Joséphine poderiam ser resumidos em uma frase, "Preciso cuidar dos meus filhos e ser boa"; fora isso, ela vivia o presente. E Napoleão era insistente.

Numa noite de janeiro de 1796, Napoleão fez amor com Joséphine. Para ela, mãe de dois filhos, certamente era uma distração, uma bondade, algo *drolle*. Mas para Napoleão essa era a primeira vez em que possuía uma mulher que amava, e nessa experiência foi toda a força de uma natureza muito passional que havia sido mantida guardada desde a adolescência. No dia seguinte ele expressou alguns de seus sentimentos:

Sete da manhã.

Acordei cheio de você. Seu retrato e a lembrança da inebriante noite de ontem não deram sossego a meus sentidos. Doce e incomparável Joséphine, que efeito ímpar você tem no meu coração! Está descontente? É tristeza que vejo em você? Você está preocupada? Então minha alma está partida, e seu amigo não consegue sossegar... mas tampouco posso sossegar quando me rendo ao profundo sentimento que me domina, e tiro dos seus lábios e coração uma chama que me consome. Ah! Na noite passada percebi claramente que o retrato que tinha de você era bem diferente do que você realmente é! Você partirá ao meio-dia, e dentro de três horas a verei. Até lá, *mio dolce amor*, milhares de beijos; mas não me beije, pois seus beijos queimam meu sangue.

Joséphine certamente ficou muito surpresa em receber uma carta nessas linhas. Em seu meio era considerado de mau gosto ou uma piada sem graça tratar a cama como algo além de um prazer passageiro. Estragava a diversão. E quando Napoleão começou a questioná-la sobre Barras, certamente foi para esfriar seu ardor que ela lhe contou que os rumores eram verdadeiros: ela havia sido amante de Barras, embora não fosse mais.

Isso não dissuadiu Napoleão. Pelo contrário, decidiu que Joséphine era mais desejável do que nunca por ser "experiente". Ele poderia facilmente ter por amante uma mulher como Joséphine, e os costumes geralmente são mais relaxados em uma sociedade revolucionária, mas Napoleão gostava de tudo dentro das regras. Ele logo começou a pensar em casamento.

Por intermédio de um de seus professores na École Militaire, Napoleão entrou em contato com um certo *Monsieur* Emmery, um empresário que tinha interesses no Caribe. Ele descobriu que os Tascher eram uma família respeitada e que La Pagerie, propriedade da mãe de Joséphine, era muito valiosa: poderia proporcionar uma renda de 50 mil libras anuais a Joséphine. O problema era que desde 1794 a Martinica estava em mãos inglesas, e assim nenhum dinheiro de La Pagerie chegava até a França e provavelmente nenhum chegaria até que a Martinica fosse recapturada. Joséphine não tinha propriedades na França e nem era dona do imóvel da rue Chantereine. Ela podia um dia ter sido muito rica, mas no momento estava praticamente sem um tostão. Ademais, se ele a desposasse, Napoleão teria de se responsabilizar pelos dois filhos dela, ambos em escolas caras, em uma época em que ele já sustentava dois irmãos e três irmãs. Do seu lado ele só tinha seu salário de general. No entanto, Napoleão estava tão apaixonado que, mesmo depois de fazer esses cálculos desanimadores, decidiu que de alguma forma conseguiria dar um jeito.

A próxima questão era, que efeito o casamento teria em sua carreira? Depois do Vindemiário, Napoleão não procurou mais amor em terras selvagens. Em vez disso, seguindo seu ensaio – "paixão deve ser governada pela razão" –, se viesse a se casar, ele continuaria a arcar com as responsabilidades para com a República. Em especial, queria combater os inimigos da França, a Áustria e Piemonte, no norte da Itália. Ele pediu a Barras, o principal Diretor, pelo comando do Exército dos Alpes. Mas o primeiro instinto de Barras foi dizer não. Cada um dos Diretores tinha uma atribuição, e Barras respondia pelos assuntos internos. Napoleão estava fazendo um bom trabalho ali e ia contra os interesses de Barras transferi-lo. Ademais, havia generais mais antigos com mais direito ao comando.

Então Barras descobriu que Napoleão estava pensando em se casar com Joséphine, e o pedido de Napoleão lhe apareceu sob outra perspectiva. Barras acabara de ascender ao poder e se sentia inseguro. Dos cinco Diretores, só ele era nobre de nascimento, e sentia necessidade de amigos da mesma classe. Joséphine e Napoleão eram ambos nobres, mas Napoleão era corso e fora amigo do traidor Paoli, sendo assim um forasteiro não completamente aceito. Ao se casar com Joséphine dissiparia quaisquer dúvidas latentes a respeito de sua lealdade política. Portanto, Barras teria em Joséphine e em Napoleão dois aliados úteis. Então Barras incentivou Napoleão a se casar com sua ex-amante, de quem, por sua vez, desejava se livrar. "Ela pertence", disse ele, "tanto ao Antigo Regime quanto ao novo. Ela lhe dará estabilidade, e tem o melhor salão de Paris". Estabilidade – *consistance* – era a palavra-chave.

Barras não só aprovou o casamento, como agora reviu sua atitude em relação ao pedido de Napoleão. Se Napoleão adquirisse "estabilidade", seria vantagem para Barras nomeá-lo ao Exército dos Alpes, pois quaisquer sucessos naquele posto dariam crédito a Barras. Por fim, Barras informou a Napoleão e a Joséphine que se eles se casassem, o presente dele seria o Exército dos Alpes.

Napoleão teria pedido a mão de Joséphine de qualquer modo, uma vez que ele se certificasse de que poderia arcar com as despesas e que o casamento não prejudicaria sua carreira. A oferta de Barras foi só um incentivo a mais. Mas, no início, Joséphine não via as coisas assim. Ela não gostava dessa mistura de amor e política e, em certa noite de fevereiro, fez uma cena. Acusou Napoleão de querer se casar com ela só para ter o comando da Itália. Napoleão negou a acusação; como, ele perguntou, Joséphine poderia ter nutrido um "sentimento tão baixo"? Mais tarde, quando ele voltou para casa, escreveu para Joséphine uma carta dizendo o quão magoado ficara com a acusação. Mas em vez de retaliar por esse questionamento à sua sinceridade, ele se viu – para sua própria surpresa – voltando a abrir seu coração para ela. "Impossível ficar mais fraco ou me rebaixar mais. Que estranho poder é esse, incomparável Joséphine...? Eu lhe dou três beijos, um no seu coração, um na sua boca e um nos seus olhos".

Tranquilizada quanto à sinceridade de Napoleão, e também quanto ao fato de que Barras continuaria a protegê-la e passar contratos de negócio para ela, Joséphine olhou fundo em seu coração e perguntou a si mesma quais eram seus sentimentos por Napoleão. Ela gostava de sua coragem, do alcance de seu conhecimento e da vivacidade de sua mente. Do que ela gostava menos, paradoxalmente, era de sua paixão, do fato de ele ser exigente e de que esperasse que ela pertencesse a ele somente. Joséphine resumiu seus sentimentos a uma amiga: "Você vai perguntar, 'Eu o amo?'. Bem... não. 'Sente aversão por ele?' Não. O que sinto é mornidão: isso me irrita, na verdade pessoas religiosas a consideram o estado mais cansativo de todos".

Cansativo também era o fato de Joséphine ter 32 anos de idade. Ainda muito bonita, mas uma mulher de 32 anos sem renda estável. Quanto ao casamen-

JOSÉPHINE

to, o revolucionário francês Chaumette não havia declarado que não se tratava mais de um "jugo, uma corrente pesada; nada mais que... o cumprimento dos grandes desígnios da Natureza, o pagamento de uma agradável dívida que todo cidadão deve à *patrie*"? Como agora era somente uma união civil, poderia ser terminada facilmente pelo divórcio. Napoleão queria ardentemente o casamento, Barras o queria. Por fim, Joséphine concordou.

Joséphine levou Napoleão para ver seu tabelião, Raguideau, na rue Saint-Honoré. Raguideau era um homem miúdo, quase um anão. Ele foi conversar a sós com Joséphine, mas sem querer não fechou direito a porta. Depois que Joséphine explicou suas intenções, Napoleão ouviu Raguideau dizer, através da porta entreaberta: "Esse é um grande erro, e você vai se arrepender. Está cometendo uma loucura – casar-se com um homem que só tem seu casaco de exército e sua espada." Napoleão ficou profundamente magoado e nunca se esqueceu do episódio.

Raguideau elaborou um contrato de casamento extremamente desfavorável a Napoleão. Não haveria comunhão de bens, e ficou estipulado que ele deveria pagar a sua esposa 1.500 libras por ano para o resto da vida. Enquanto isso, Barras cuidava de cumprir seu lado do acordo. Ele havia se gabado quando disse a Napoleão que daria a ele o comando italiano como presente de casamento. Primeiro, ele precisaria obter o consentimento de seu colega Diretor, Lazare Carnot, cuja responsabilidade especial era o exército francês. Carnot, um frio matemático borgonhês que fora responsável pelas brilhantes vitórias da França em 1794, examinou o plano de Napoleão, esboçado para Pontécoulant, no qual ele propunha atacar pelo norte da Itália e "assinar um acordo de paz sob as muralhas de Viena". Esse plano fora criticado pelo general Berthier, segundo quem isso exigiria 50 mil soldados a mais, e pelo general Scherer, um ex-comandante nos Alpes, como "o trabalho de um maluco que só poderia ser executado por um maluco". No entanto, Carnot gostou do plano; então ele e Barras emitiram a ordem que transferia Napoleão para comandar o Exército dos Alpes. Isso foi assinado em 2 de março; o casamento estava marcado para o dia 9.

Napoleão não tinha uma certidão de nascimento e a Córsega estava ocupada pelos ingleses. Então fez o que Lucien fizera dois anos antes: pediu emprestada a de Joseph. Joséphine também não tinha uma certidão de nascimento e a Martinica também estava ocupada pelos ingleses, então ela usou a certidão de nascimento de sua irmã Catherine. Isso era basicamente um acordo prático, mas tinha a vantagem de fazer com que ela parecesse mais nova do que era. No papel Joséphine passou a ter 28 no lugar de 32, e Napoleão 27, no lugar de 26.

Na noite de 9 de março, um grupo de pessoas importantes se reuniu no que um dia havia sido a dourada sala de visitas da casa de um nobre na rue d'Antin, número 3, e agora servia como salão de casamentos na prefeitura do segundo *arrondissement*. Barras, o Diretor, estava ali em seu ostentoso chapéu de três plumas, e Tallien, a cuja coragem Joséphine devia sua vida. A terceira testemunha era Jérôme Calmelet, o advogado de Joséphine, que aprovava seu casamento tanto quanto Raguideau o desaprovava. A própria Joséphine usava um vestido de musselina de cintura alta decorado com flores vermelhas, brancas e azuis. O último a chegar foi Napoleão, em seu uniforme azul bordado de dourado, acompanhado por um auxiliar de campo, Lemarois, a quarta testemunha. O escrivão, um ex-soldado com uma perna de pau, havia adormecido ao lado da lareira. Napoleão o acordou. "Vamos", ele disse, "case-nos depressa".

O escrivão se levantou da cadeira, olhou para o casal e se dirigiu a Napoleão. "General Bonaparte, cidadão, aceita como legítima esposa Madame Beauharnais, aqui presente, para ser fiel a ela e observar fidelidade conjugal?"

"Cidadão, aceito".

O escrivão se dirigiu a Joséphine. "Madame Beauharnais, cidadã, aceita como seu legítimo esposo o general Bonaparte, aqui presente, para ser fiel a ele e observar fidelidade conjugal?"

"Cidadão, aceito".

"General Bonaparte e Madame Beauharnais, declaro vocês marido e mulher".

Depois de assinar o registro, Napoleão e Joséphine dirigiram pela gelada noite de março até a bonita e não quitada casa da rue Chantereine. Como presente de casamento, Napoleão deu a Joséphine um colar simples de ouro fino como cabelo, de onde pendia uma plaquinha de ouro e esmalte. Na placa havia duas palavras: *"Au destin"*. Em uma época sem religião, era a maneira de Napoleão dizer, na linguagem que Joséphine preferia, que a Providência havia os unido e cuidaria do casamento dos dois.

No cômodo térreo forrado de azul e adornado com vários espelhos, Napoleão descobriu que não ficaria sozinho com sua noiva. Joséphine tinha um pug chamado Fortuné que era louco por ela. O pug estivera com ela na prisão e carregava mensagens a seus amigos escondidas na coleira. Desde então, ele recebeu o privilégio de dormir na cama de Joséphine. Quando Napoleão procurou beneficiar-se do mesmo privilégio, Fortuné não gostou. Ele latiu, pulou e por fim mordeu seu rival na panturrilha.

Os sentimentos de Napoleão por sua nova esposa estão descritos nas cartas que ele lhe escreveu assim que viajou. Seu coração, ele disse, nunca sentira nada pela metade, e havia se protegido contra o amor. Então ele encontrou Joséphine. O capricho dela era uma lei sagrada. Conseguir vê-la era sua felicidade suprema. Ela era linda e graciosa. Ele adorava tudo nela. Fosse ela menos experiente ou mais nova, teria a amado menos. A glória só o atraía se agradasse Joséphine e elevasse a autoestima dela.

Só uma coisa perturbava Napoleão – os sentimentos de Joséphine por ele. Ao passo que ele nunca passava uma hora longe de Joséphine sem tirar o retrato dela do bolso e cobri-lo de beijos, ele descobriu, com desalento, que ela nunca tirara da gaveta o retrato que ele lhe dera em outubro. Ele sentia que ela não gostava tanto dele quanto ele gostava dela, e que um dia até essa afeição diminuiria. Era o final de *"Clisson et Eugénie"* se tornando realidade. A ideia "apavorava" Napoleão, e ele procurou espantá-la. "Não peço nem por amor eterno nem por fidelidade", ele disse a Joséphine, "mas somente... verdade, sinceridade ilimitada. O dia em que você me disser 'Eu te amo menos' será o último dia de meu amor ou o último de minha vida".

Um dia após o casamento, Napoleão e Joséphine foram ver Hortense na badalada escola de Madame Campan em Saint-German. Hortense havia sido contra o novo casamento da mãe porque, como disse a Eugène, "ela poderá nos amar menos" – uma previsão que se provaria errada. Napoleão, que gostava de crianças em geral, e especialmente dos filhos de Joséphine, se esforçou para agradar a Hortense e seus olhos azuis. Voltando para a rue Chantereine, mergulhou em livros que havia retirado da Biblioteca Nacional três dias antes. Eram memórias do marechal de Catinat, uma biografia de príncipe Eugênio, três volumes das batalhas de príncipe Eugênio, um livro sobre a topografia de Piemonte e Savoia, o *Guerre des Alpes* de Saint-Simon, e um relato das campanhas de Mailleois – todos sobre a região onde ele iria combater. Esses tomos áridos não eram exatamente adequados para uma lua-de-mel, mas quando Joséphine tentou seduzi-lo para longe deles, Napoleão disse: "Tenha paciência, minha querida. Teremos tempo para fazer amor quando a guerra for vencida."

A lua-de-mel desse soldado só durou dois dias e duas noites. Para Napoleão, inexperiente em nuances de alcova, isso não foi tempo suficiente para conquistar Joséphine. Ele estava contando demais com a Providência quando disse que haveria tempo depois para fazer amor.

Na noite do dia 11, Napoleão abraçou Joséphine e lhe deu um beijo de adeus. Então, em uma carruagem leve e rápida, tomou a estrada na direção sul para seu novo comando. Com ele foram Junot e Chauvet, tesoureiro do Exército da Itália, 8 mil libras em luíses de ouro, 100 mil libras em notas de câmbio, uma promessa de reforços arrancada dos Diretores, e o retrato, raramente longe de seus lábios, de sua "incomparável" esposa.

8

A campanha italiana

A guerra na qual Napoleão estava prestes a lutar estava sendo travada por dois homens com motivos familiares para odiar a República Francesa. O imperador Francisco II, um ano mais velho que Napoleão, era um austríaco tímido e decente com pouco talento ou energia; mas, como sobrinho de Maria Antonieta e sentado no mais antigo trono da Europa, ele havia se comprometido a restaurar um rei Bourbon para a França. Seu aliado, Vítor Amadeu III de Piemonte, era um intolerante vaidoso que prendia liberais e trouxe de volta a Inquisição. Ele constantemente caía no sono, o que explica seu apelido, "rei dos Arganazes", por conta da prática de hibernação destes roedores, mas como sogro do conde de Provence – "Luís XVIII" – ele se apressava em seus momentos acordado para tentar restaurar o trono da França.

As ordens de Napoleão eram para cruzar os Alpes até Piemonte, a fértil planície do alto do Vale do Pó. Ele entraria em combate e derrotaria os austríacos e piemonteses. Ocuparia o ducado austríaco de Milão; poderia tratar Piemonte como quisesse. Então ele negociaria a paz, tornando assim possível que fosse reduzido o enorme e caro exército da França. Tal conquista do norte da Itália fora tentada por duas vezes nos últimos cem anos, por Villars e por Maillebois: ambas as tentativas fracassaram.

Napoleão montou seu quartel-general em Nice e conheceu seus oficiais superiores. Um deles era Massena, um ex-contrabandista magro e sinuoso com um grande nariz de sabre, que parecia uma águia e de fato tinha um olho de águia para avaliar o campo. Assim como outros soldados, ele foi um sargento-major por quatorze anos, incapaz de ser promovido, até que a Revolução abriu patentes para todos. Eleito coronel por seus homens, ele agora era um general, uma figura seca, quieta e sorumbática. Outro general que foi promovido da posição de recruta era Charles Augereau, um parisiense das ruas; alto, falante e boca suja, que vendia relógios em Constantinopla, deu aulas de dança, serviu no exército russo e fugiu com uma garota grega para Lisboa, e apesar de tudo isso era um severo disciplinador. Havia Kilmaine, um excêntrico dublinense que comandava os magros pangarés que supostamente formavam a cavalaria. Por fim, havia Louis Alexandre Berthier. Aos 43 anos, ele era mais velho que os outros, nascera na classe dos oficiais e lutara na Guerra Americana da Independência, sendo citado por bravura em Philipsburgo. Por fora ele não tinha nada demais, com uma grande cabeça desajeitada, cabelo frisado e voz anasalada. Ele balbuciava e gaguejava, e tinha o hábito de roer as unhas de suas grandes mãos vermelhas. Mas seu cérebro era como um arquivo, organizado e arrumado até o último detalhe. Berthier era um chefe de gabinete nato e não tinha ambição de comandar. Mas Massena tinha, e com certa justiça estivera esperando pelo cargo dado a Napoleão. Ele reclamou com Augereau de ter que obedecer a esse presunçoso de Paris, e quando Napoleão mostrava o retrato de Joséphine, eles abafavam o riso.

Napoleão estava satisfeito com seus oficiais superiores, mas dispensou como incapazes cinco brigadeiros, e mandou embora quatro coronéis idosos da cavalaria, "bons para trabalho de escritório, somente". Ele trouxe consigo alguns de seus próprios homens corajosos, como Junot e Murat. Berthier o agradava particularmente por sua energia, exatidão e a maneira como conseguia expressar em despachos exatamente o que seu comandante-chefe queria dizer.

Napoleão se voltou para seus homens. Numa época em que a França tinha 560 mil cidadãos preparados para combate, o exército de Napoleão não era nem o maior nem o mais bem treinado. Ele consistia de 36.570 soldados de infantaria, 3.300 de cavalaria, 1.700 de artilharia, sapadores e gendarmes: um total de 41.570. A maior parte era de sulistas, provençais animados e loquazes, gascões exibidos, e teimosos e ávidos montanheses delfinenses.

Nessa época os combatentes franceses de base usavam calças e túnicas azuis, e uma cartucheira de couro preto contendo 35 cartuchos; presos a ela havia uma bolsa de couro para pederneiras extras, uma chave de fenda e o *tire-balles*, um alfinete especial para limpar a abertura da mira em seu mosquete, que tendia a entupir, e o trapo para limpar as peças. Nas costas ele carregava um bornal de couro de bezerro contendo – teoricamente – botas extras, cartuchos extras, pão ou biscoitos para quatro dias, duas camisas, um colarinho, um colete, um par de calças, meias, perneiras, uma touca de dormir, escovas e um saco de dormir. No total, mosquete incluído, ele carregava um peso de mais de 20 kg.

Seu mosquete de 17,5 milímetros, com 1,20 de comprimento, pesava mais de 4 kg. Para dispará-lo, ele primeiro abria o tambor, abria um cartucho com os dentes, enchia o tambor com um pouco de pólvora do cartucho e o fechava. Depois despejava o resto da pólvora pelo cano, forçava o cartucho com sua bala de chumbo por trás, usando duas estocadas de sua vareta. Por fim, engatilhava a arma e atirava. Conseguia disparar dois tiros por minuto. A cada cinquenta tiros ele precisava limpar o cano e trocar a pederneira. Na ponta do mosquete, quando atacava o inimigo, prendia uma baioneta com pouco mais de 50 cm.

Napoleão descobriu que poucos em seu exército estavam equipados seguindo esse padrão. Seus uniformes eram variados, com alguns dos veteranos apegados a túnicas brancas remendadas dos dias pré-Revolução, que eles relutantemente mandariam tingir. A maioria usava calças de linho esgarçadas. Em suas cabeças havia bonés gastos, chapéus de revolucionários, peles de urso já sem o pelo e capacetes sem as plumas. Com o rosto magro, pois não tinham o suficiente para comer, pareciam espantalhos. Nos pés, alguns usavam sapatos; outros se viravam com tamancos; alguns tinham trapos de tecidos, alguns nada além de palha trançada. E esse era o exército que todos esperavam que ele colocasse para marchar Itália adentro!

O que mais impressionou Napoleão foi a "assustadora penúria" de seu exército, então ele gastou todo seu ouro de uma só vez em rações de pão, carne e conhaque para seis dias. Ninguém aceitava uma letra de câmbio de 162.800 francos que o governo lhe dera; compreensivelmente, uma vez que foi emitida em Cádiz. Com a permissão dos Diretores, ele enviou Saliceti para Gênova a fim de levantar um empréstimo de 3,5 milhões de francos; Saliceti não teve sucesso, mas comprou milho o suficiente para o pão de três meses, se incrementado com castanhas. Napoleão também comprou 18 mil pares de botas. Com pão e botas, ele conseguiria se virar.

No dia 6 de abril, Napoleão transferiu seu quartel-general por quase 90 km até Albenga, ainda na costa. "A miséria leva à indisciplina", ele descobriu, e algumas tropas se recusaram a marchar. No dia 8: "Enviei à corte marcial dois oficiais que teriam gritado 'Vida longa ao rei!'". Em uma ordem do dia, Napoleão insistiu que a disciplina era o "nervo dos exércitos", e casos de indisciplina ele tratava com severidade. Manteve a rédea curta com tudo e todos. Augereau, que nunca havia fraquejado antes, confidenciou a Massea: "Não consigo entender – aquele idiota me dá medo."

Nos últimos cinquenta anos, a guerra na Europa havia se tornado profissão de um cavalheiro, comparável a caçar javalis ou dançar o minueto. As regras eram tudo. Dois exércitos se encontravam, e aos poucos se desdobravam em fileiras longas e perfeitamente alinhadas. Cada general procurava descobrir o ponto fraco do outro. Então ele lançava um ataque em colunas paralelas, equidistantes, em perfeito alinhamento, em cadência perfeita. Depois de algumas horas de luta, no máximo, cada um recuava para seu campo. Derramava-se pouco sangue, as batalhas geralmente eram empatadas, e assim a onda de guerra oscilava para a frente e para trás, indecidida.

Então veio a Revolução. A França pela primeira vez se conscientizou de sua condição de nação e, como na Inglaterra Elisabetana e na Espanha de Felipe II, uma tremenda energia foi liberada, um ímpeto de vencer a qualquer custo. Suboficiais chegavam a generais, e suas tropas cruas, treinadas às pressas, não conseguiam executar aqueles elaborados movimentos que os exércitos reais adoravam. Então eles atacavam mais rapidamente, mais soltos e não mais de acordo com o manual: em uma única coluna, ou, como Carteaux, em "colunas de três". Bem-sucedidos em outros lugares, esses métodos ainda não haviam produzido resultados na íngreme região da fronteira italiana. Como Napoleão colocou, "Estivemos jogando por [três] anos nos Alpes e Apeninos uma eterna partida de barra-manteiga". Para terminar o jogo um general precisaria de qualidades excepcionais.

Napoleão, nesse contexto, tinha quatro dessas qualidades. Primeiro, ele possuía um tipo particular de físico, diferenciado por um torso largo e grandes pulmões. Os grandes pulmões enchiam o peito inalando profundamente ar para oxigenar seu sangue, e esse generoso fornecimento de oxigênio, por sua vez, dava-lhe um metabolismo extraordinariamente rápido. "Case-nos depressa:" esse foi um exemplo dentre centenas de uma atividade pulsante que tornava Napoleão desejoso e capaz de fazer coisas com maior velocidade. Segundo, Napoleão conseguia, com muito pouco sono, manter um ritmo fora o comum por alguns períodos. Ele compensava as noites na sela, tirando meia hora de sono quando a ocasião permitia. Como a primeira hora de inconsciência descansa o corpo tanto quanto três horas no meio de uma noite completa de sono, Napoleão, com sonecas rápidas, era capaz de manter sua tremenda atividade por dias de 18 a 24 horas.

A terceira qualidade que Napoleão trouxe para o Exército dos Alpes foi um olhar para a topografia. Isso era parte de sua herança corsa. Em uma ilha praticamente sem estradas, para se deslocar rápido de Ajaccio para Bonifácio, ou de um vilarejo para outro, era necessário usar cada desfiladeiro, cada passagem, cada trilha. Uma virada errada poderia custar uma noite nas montanhas, ou uma bala nas costas. Portanto, Napoleão desenvolveu uma "intuição" para o campo: a partir da forma e das linhas das colinas, ele conseguia medir exatamente onde e em que nível os vales escondidos cairiam.

Por fim, Napoleão era um canhoneiro. Ele tinha alguns canhões no momento, mas usaria soldados do mesmo modo que os canhões: concentrando-os em vários lados de uma vez contra um único ponto, e quando esses caíssem, logo os movia para um segundo ponto.

Napoleão, em seu quartel-general de Albenga, estudou seu mapa, com alfinetes vermelhos marcando as posições dos inimigos. O exército austríaco contava com 22 mil soldados, o piemontês com 25 mil, então nesse aspecto o inimigo estava melhor. Ademais, em guerra de montanha, os defensores sempre têm vantagem. Por três anos, os generais franceses tentaram atravessar até Piemonte por cima dos Alpes Marítimos. Como havia poucas passagens, e estas eram estreitas e bem protegidas, eles fracassaram. Napoleão já havia decidido não seguir essa rota. Em vez disso, ele optou por acompanhar o litoral, simular um ataque para marchar através da neutra Gênova, tirando assim o comandante austríaco do alto de sua base na montanha em Alexandria. Então ele viria pelo mar, através do estreito de Cadibona-Carcare, que dividia os Alpes dos Apeninos. Ali ele atacaria com rapidez e intensidade um exército aliado que, ao tentar proteger Gênova, teria perigosamente ampliado suas fileiras. Através do estreito ele desembocaria em Piemonte. Em vez de atravessar os Alpes, ele os contornaria.

Napoleão começou pedindo permissão aos senadores de Gênova para marchar através do território genovês contra os austríacos, sabendo que informariam Beaulieu, o flamengo de 71 anos que comandava o exército austríaco. Napoleão então dividiu seu exército em três: uma divisão liderada por Massena, uma por Augereau, uma terceira por Sérurier. Uma pequena força-tarefa liderada por La Harpe foi enviada como isca por Napoleão para Voltri, a 24 km de Gênova. Beaulieu desceu correndo com 10 mil homens. No dia 10 de abril, atacou La Harpe e o expulsou de Voltri, enquanto o colega de Beaulieu, Argenteau, precipitou-se por outra rota, esperando cortar o recuo de La Harpe.

No dia 11 de abril, Napoleão entrou em ação. Rapidamente recuou La Harpe para o estreito de Cadibona-Carcare, e moveu a divisão de Massena para a mesma área. Sua 3ª Divisão ele moveu até o extremo do desfiladeiro, para evitar qualquer ajuda dos piemonteses. Enquanto isso, o general austríaco, Argenteau, havia marchado para dentro do desfiladeiro e estava lançando ataques à isca de Napoleão: o forte de terra de Montenotte, ocupado por 1.200 tropas francesas selecionadas.

Na manhã do dia 12, Napoleão ordenou a La Harpe que atacasse Argenteau pela frente, e a Massena que atacasse pelo flanco e pela retaguarda. Ele determinou como regra que os generais deviam escrever suas mensagens a cada hora, não só uma vez por dia; isso porque suas táticas, como agora, dependiam de sincronia exata. O ataque perfeitamente sincronizado pegou Argenteau de surpresa. A mil pés de altura, entre afloramentos de xisto cinza, Napoleão dirigiu operações a partir de uma cordilheira próxima, observando suas 16 mil tropas mal alimentadas e mal equipadas em seus uniformes azuis atacarem, com mosquetes e baionetas, 10 mil austríacos de uniforme branco a quem nada faltava. Com perdas irrisórias, mataram ou feriram 1.000 austríacos e fizeram 2.500 prisioneiros. Montenotte, combatida sob uma chuva fria, foi a primeira vitória de Napoleão.

Napoleão marchou rapidamente desfiladeiro acima para atacar os piemonteses antes que Beaulieu tivesse tempo para se juntar a eles novamente. O exército piemontês estava dividido em duas partes, uma em Ceva, e a outra sob o general Provera, em Millesimo. Napoleão ordenou que Sérurier lançasse ataques simulados em Ceva, enquanto ele, à frente das divisões de Massena e Augerau, marchasse sobre Millesimo. A batalha com esse nome se deu no dia 14 e, mais uma vez, com marchas rápidas, Napoleão teve vantagens de dezesseis para dez. Dessa vez sua vitória foi ainda mais esmagadora, e capturou todo o corpo de Provera. No mesmo dia, deixando Augereau em frente à Ceva para ajudar Sérurier, Napoleão liderou duas divisões contra 6 mil austríacos em Dego, e conquistou sua terceira vitória. No dia seguinte, derrotou mais 6 mil austríacos despachados por Beaulieu para ajudar os piemonteses.

Por 96 horas quase ininterruptas, Napoleão marchou com seu exército para cima e para baixo das íngremes colinas dos Alpes, por passos e desfiladeiros, e os lançou em quatro grandes batalhas. Circundou o inimigo de uma maneira jamais vista. Agora estavam dispersos e divididos. Enquanto os austríacos voltavam para proteger sua base em Pavia, a metade sobrevivente da força piemontesa entrincheirava-se no Rio Tanaro.

Napoleão deixou suas tropas descansarem, depois marchou rapidamente até o Tanaro. Atravessando esse rio, no dia 21 derrotou os piemonteses perto de Vico e entrou em Mondovi. Os piemonteses voltaram para o Rio Stura, com sua esquerda para a cidade de Cherasco, somente a 50 km da capital, Turim. Napoleão marchou até Stura, preparou-se para atravessá-la, e anunciou suas condições para a paz. Foi tudo rápido demais, desconcertante demais para o rei dos Arganazes. Do palácio de Turim ele enviou emissários em busca de um armistício – Salier de La Tour e Costa de Beauregard, um dos últimos oficiais a deixar o Forte Mulgrave quando Napoleão o capturou durante o cerco de Toulon.

Eles chegaram aos alojamentos de Napoleão, o palazzo de conde Salmatori em Cherasco, às onze da noite do dia 27 de abril. Berthier acordou Napoleão, que desceu em seu uniforme de general, com botas longas de montaria, mas sem espada, chapéu ou echarpe. Seu cabelo castanho estava sem pó e preso em um rabo de cavalo, mas com mechas sobre sua testa e têmporas. Ele estava pálido e seus olhos, vermelhos de cansaço.

Napoleão ouviu em silêncio enquanto Salier apresentava propostas. Em vez de responder, ele perguntou secamente se o rei Vítor Amadeu aceitava ou não as condições francesas. Salier reclamou que elas eram muito duras, sobretudo a rendição de Cuneo, chave para sua fronteira alpina. "Desde que elas foram estabelecidas", Napoleão respondeu, "capturei Cherasco, Fossano e Alba. Você deveria considerá-las moderadas." Salier murmurou uma frase sobre não querer desertar os austríacos. A resposta de Napoleão foi sacar seu relógio. "É uma hora. Ordenei o ataque para as duas. A menos que você concorde em entregar Cuneo esta manhã, esse ataque vai acontecer". Os emissários olharam um para outro e disseram que iam assinar.

Eles pediram café. Napoleão mandou trazer, e de sua fina valise no quarto tirou duas xícaras de porcelana. No entanto, ele não tinha colheres, e ao lado delas colocou colheres do exército. Sobre a mesa havia pão preto e um prato com bolos, uma oferenda de paz das freiras de Cherasco. Quando Costa de Beauregard fez uma observação sobre essa simplicidade espartana, Napoleão explicou que a valise era sua única bagagem: menos do que costumava carregar como um oficial de artilharia. Os austríacos tinham bagagem demais, ele disse.

Napoleão estava se sentindo exultante e extraordinariamente falante. Ele disse a Costa que havia proposto o plano que acabara de executar já em 1794, mas que havia sido recusado por um conselho de guerra. Conselhos de guerra eram meramente uma desculpa para covardia, e enquanto ele comandasse não haveria nenhum. Ele levou Costa até a sacada para assistir ao sol nascer, e ali lhe perguntou sobre os recursos, artistas e intelectuais de Piemonte, surpreendendo Costa com seu conhecimento, especialmente em história. Entre as ordens que Napoleão recebeu de Paris havia uma o encarregando de proteger obras de arte para o desfrute do povo francês. Referindo-se ao tratado recém-assinado, ele disse: "Pensei em pedir a pintura de Gerrit Dou, *A Mulher Hidrópica*, que pertence ao rei Vítor, mas mencionada junto com a fortaleza de Cuneo, tive receio de que parecesse uma bizarra inovação". Este é um comentário significativo. Destemido inovador no campo de batalha, no que dizia respeito a um tratado Napoleão tinha medo de passar ridículo ao fazer algo incomum.

Às seis da manhã, Saliceti chegou. Como comissário do governo junto ao exército dos Alpes, usava um uniforme mais esplêndido do que o de Napoleão: túnica e culotes azuis, cinturão vermelho e branco com franja vermelha, branca e azul, e um chapéu redondo com uma grande pluma vermelha, branca e azul. Saliceti pensava na guerra em termos de espólios para si mesmo e dinheiro para enviar para casa, para o empobrecido Diretório. Ele perguntou sobre os termos do tratado e irritou-se por Napoleão não ter arrancado mais dos piemonteses. O tratado, disse ele, era moderado demais como um todo.

Napoleão pretendia ser moderado. Ele via a guerra no norte da Itália de maneira diferente de Saliceti. Estava combatendo os austríacos, mas também libertando os italianos, por muito tempo "escravizados" no ducado de Milão. "Povos da Itália!", ele anunciou em uma proclamação impressa, "O exército francês veio para quebrar suas correntes... Respeitaremos suas propriedades, sua religião e seus costumes. Travaremos guerra com corações generosos, e só nos voltaremos contra os tiranos que tentam nos escravizar."

Depois de descer das áridas montanhas para a planície fértil, Napoleão pôde cuidar de seu exército. Por exemplo, ele obrigou a cidade de Mondovi a fornecer 8 mil rações de carne fresca e 4 mil garrafas de vinho, e o povo de Acqui a vender suas próprias botas aos franceses, do contrário elas seriam confiscadas. Tendo levantado o moral de seus homens, Napoleão os preparou para a próxima tarefa, destruir Beaulieu. "Vocês não conquistaram nada até que tenham terminado o que resta a ser feito. Existe, entre vocês, alguém cuja coragem esteja fraquejando? Não. Cada um de vocês, ao voltar para seu vilarejo, gostaria de dizer com orgulho, 'Eu estive com o exército na Itália'."

Para destruir Beaulieu, Napoleão precisava primeiro atravessar o rio Pó. A rota direta passava por Pavia, o ponto forte austríaco, onde em 1528 Francisco I foi feito prisioneiro. Isso custaria muitas vidas, e Napoleão procurou outra travessia. Em um de seus livros da biblioteca ele lera que o exército de Maillebois em 1746 havia atravessado o Pó rio abaixo até Piacenza. Napoleão correu até Piacenza, onde descobriu que o Pó tinha quase 500 metros de largura. Enquanto seus homens olhavam sorumbáticos a vasta extensão de água marrom e faziam apostas de que uma travessia levaria no mínimo dois meses, Napoleão escolheu um corajoso jovem oficial dos Pirineus, Jean Lannes, conhecido por seu asseio e seu vasto repertório de palavrões, e o enviou para atravessar o rio em barcos com 900 homens. Apesar do fogo inimigo, Lannes estabeleceu uma cabeça de ponte e Napoleão conseguiu enviar o seu exército inteiro para o outro lado em dois dias. Então ele foi até Milão, flanqueando o principal exército austríaco. "Quando Beaulieu descobriu o que havia acontecido", Napoleão escreveu para os Diretores, "ele percebeu, tarde demais, que suas fortificações no Ticino e fortalezas em Pavia eram inúteis e que os republicanos franceses não eram tão ineptos quanto Francisco I."

A batalha da qual Napoleão se esquivou no Pó ele viria a combater em um rio mais próximo de Milão, o Ada. Havia uma ponte sobre o Ada, na pequena cidade de Lodia, e para tomá-la Beaulieu deixou sua retaguarda: 12 mil homens e 16 canhões. Ao chegar a Lodi, ao meio-dia do dia 10 de maio, Napoleão foi fazer o reconhecimento. Perto do rio havia uma estátua de João Nepomuceno, um santo que preferiu morrer afogado a revelar o segredo do confessionário. Escondido atrás dessa estátua, Napoleão estudou o rio com seu telescópio. Não foi muito profundo, mas foi rápido. A ponte de madeira, sem parapeitos, tinha quase 200 metros de comprimento e 4 metros de largura. Na margem oposta, os canhões austríacos estavam agrupados em um robusto forte do século XV e uma alta torre pentagonal. Eles disparavam enquanto Napoleão fazia o reconhecimento, e um dos seus projéteis explodiu quase aos seus pés: mas São João Nepomuceno foi atingido sozinho, e Napoleão escapou sem nenhum arranhão.

Napoleão decidiu tomar de assalto a ponte. Não havia nenhum precedente histórico de ataques a uma ponte sob fogo pesado e seus generais disseram que era loucura. Mas Napoleão foi em frente. Em seu estilo costumeiro, conjugaria esse ataque com um movimento de flanqueamento, desta vez por meio de sua cavalaria, que ele ordenou que galopasse o Ada acima, encontrasse uma travessia e então varresse o lado direito austríaco. Então ele reuniu sua infantaria, 4 mil deles, na praça da cidade. A maior parte era de Savoia, um deles um colosso ruivo chamado Dupas que, assim como Napoleão, havia testemunhado o ataque das Tulherias e salvou vários suíços da morte. O soldado francês, de acordo com um oficial polonês da equipe de Napoleão, era notável por duas coisas: forma física e um pavor de opróbrio. Era com a última característica que Napoleão estava jogando. Montado sobre um cavalo branco cavalgou junto com os soldados. Ele queria atacar a ponte, disse aos savoianos, mas não sabia como. Ele não tinha confiança o suficiente neles. Eles brincariam disparando seus mosquetes e no final não se atreveriam atravessar. Ele provocou as tropas, incitou, e, por fim, às seis da tarde, os levou a um clímax de coragem. Então ordenou que o portão que leva à ponte fosse aberto, e tambores e flautas tocassem seus hinos favoritos: *"La Marseillaise"* e *"Les héros morts pour la liberté"*.

Ainda em seu cavalo branco, Napoleão se postou junto à ponte e incitou os savoianos, à medida que eles saíam da praça às pressas, gritando *"Vive la République!"* e pisoteando a ponte de madeira. À frente cavalgava o colossal Dupas. Canhões austríacos disparavam e a ponte começou a ser varrida por chumbo de todos os calibres. Muitos franceses caíram. Napoleão ansiosamente disparava ordens. Massena, Berthier e Lannes levaram mais voluntários pela terrível longa fileira de tábuas. Quase a 50 metros do final, soldados pularam no rio e nada-

A CAMPANHA ITALIANA

ram na direção da margem para tentar silenciar os canhões assassinos. Os austríacos responderam com um ataque de cavalaria, que jogou no rio todos os franceses que haviam chegado. Napoleão olhava constantemente para a nascente do rio, esperando em tensão. Por fim sua cavalaria apareceu – muito tarde, pois não conseguiu encontrar um vau. Ela caiu sobre os austríacos a partir do flanco e silenciou suas armas, de forma que cada vez mais saboianos atravessaram a longa ponte de madeira. À medida que escurecia, os austríacos fugiram, deixando para trás 16 canhões, 335 mortos e feridos, 1.700 prisioneiros. As baixas francesas foram de cerca de 200 mortos.

A batalha de Lodi marca um novo estágio no desenvolvimento de Napoleão. Ele havia vencido combates anteriores com habilidade estratégica ou tática, mas aqui, contrariando todas as expectativas, ele havia incitado ao extremo da coragem, para uma vitória final, um exército esfarrapado, que por meses mal se alimentou de batatas e castanhas. Em Lodi, pela primeira vez ele se tornou ciente de seu poder de liderança.

Cinco dias depois, Napoleão entrou em Milão. Uma delegação humildemente lhe trouxe as chaves da cidade. O líder Napoleão dirigiu-se severamente à delegação: "Ouvi dizer que vocês têm homens armados". "Somente 300, para manter a ordem", responderam os italianos, acrescentando com a característica bajulação: "Não são soldados de verdade como os seus". Isso fez Napoleão sorrir.

Enquanto sinos dobravam a partir da catedral de mil pináculos, e multidões de burgueses milaneses aplaudiam, Napoleão tomou como residência o palácio do qual o arquiduque austríaco havia fugido recentemente, depois de fazer milhões com o milho acumulado. Em um jantar oficial, falando em italiano, ele prometeu ao povo de Milão a eterna amizade da França. Aos Diretores ele escreveu: "A Tricolor sobrevoa Milão, Pavia, Como e todas as cidades da Lombardia". Ele tinha motivos para estar satisfeito. Cumprira os dois primeiros atos estabelecidos: paz com Piemonte, conquista do ducado de Milão. Ainda restava o Ato III, vitória decisiva sobre os austríacos, e com isso a paz da vitória.

Entre esses sucessos, Napoleão recebeu uma carta dos Diretores, a mais dolorosa carta que ele já recebera na vida. Os Diretores informaram a Napoleão que ele deveria abrir mão do comando único do exército dos Alpes. A partir daquele momento aquele exército deveria responder ao comando conjunto do general Kellermann, que comandava há pouco tempo o Exército de Moselle, e do general Bonaparte. Kellermann continuaria combatendo os austríacos no norte, enquanto Napoleão iniciaria uma nova campanha no sul, contra os Estados Papais e a Toscana, ambas simpáticas à Áustria.

Napoleão sabia que Kellermann era um alsaciano esnobe com um rosto ossudo e lábios finos, um comandante sólido, mas, aos 61 anos, lento e de modos inflexíveis. No entanto, por ser veterano e seu nome ser conhecido – ele havia vencido a batalha de Valmy em 1792 – Kellermann inevitavelmente teria a palavra final. Certamente Napoleão se lembrou do fiasco de Maddalena: ele não queria novamente servir sob o comando de um homem menos entusiasmado e ousado do que ele.

Napoleão escreveu uma carta aos Diretores, opondo-se veementemente às suas propostas: "Kellermann comandaria o exército tão bem quanto eu mesmo; ninguém tem mais certeza do que eu de que nossas vitórias se devem à coragem e ao arrojo do exército; mas creio que dar a Kellermann e a mim o comando conjunto na Itália significaria arruinar tudo. Não posso concordar em servir com um homem que acredita ser o melhor general da Europa; e, de qualquer forma, tenho certeza de que um mau general é melhor do que dois bons. A guerra, assim como o governo, é uma questão de tato".

Napoleão via outro lado para a questão. Em uma ordem do dia emitida em Nice, ele disse a suas tropas que elas encontrariam nele "um camarada de armas apoiado por sua confiança no Governo": ou seja, eles poderiam contar com Paris protegendo suas vidas totalmente com provisões, munição e assim por diante, e eles não seriam "deixados na mão" por razões políticas. E agora, aparentemente, eles estavam sendo deixados na mão. Em uma segunda carta que Napoleão escreveu aos Diretores: "Não posso dar ao país o serviço do qual ele precisa urgentemente, a menos que vocês tenham total e absoluta confiança em mim. Estou ciente de que é necessária muita coragem para lhes escrever esta carta: seria muito fácil me acusar de ambição e orgulho!"

Os Diretores consideraram as respostas de Napoleão. Certamente estavam incomodados com sua obstinação, mas não podiam deixar de ficar impressionados com seus argumentos. Ademais, a ameaça implícita de renunciar, depois de uma série de vitórias, deve ter pesado muito para eles. Decidiram esquecer a ideia de um comando conjunto. Napoleão continuaria sendo o comandante único, mas nesse caso deveria executar sozinho as duas tarefas originalmente propostas.

Napoleão ficou muito aliviado. No começo de junho, descobriu que o marechal Wurmser, um francês da Alsácia a serviço da Áustria, havia deixado o Reno com um grande exército austro-húngaro, e estava marchando para o sul para expulsá-lo da Itália. Napoleão calculou que Wurmser não conseguiria chegar antes de 15 de julho. Isso lhe deu seis semanas para precipitar-se até os Estados Papais e a Toscana, amedrontá-los para a neutralidade, e coletar todo o ouro que pudesse para os cofres vazios da França.

A CAMPANHA ITALIANA

123

Napoleão havia marchado com rapidez na primavera, mas naquele verão marchou ainda mais rápido. Voltando a atravessar o Pó, ele entrou na parte mais ao norte dos Estados Papais, Emilia-Romana, espalhou o exército papal de 18 mil homens, entrou em Florença e se apossou de Livorno, um importante enclave comercial e bancário inglês. Ali ele capturou navios e ouro. Ele também equipou os 500 refugiados corsos em Livorno, e organizou uma expedição que no final do ano deveria tornar a Córsega mais uma vez francesa. No dia 13 de julho ele estava de volta a Milão, depois de marchar quase 500 km em menos de seis semanas, aterrorizou toda a Itália central e se apossou, em pilhagens e indenizações, de 40 milhões de francos, a maior parte em ouro.

Enquanto isso, Napoleão estivera observando os austríacos de perto. Wurmser atravessara o Brennero e estava se deslocando para baixo do vale do Rio Ádige com um imenso exército – 50 mil homens. Em Castiglione, Napoleão, por sua vez, derrotou cada ala. Wurmser tentou novamente em setembro, mas foi expulso em Roveredo e Bassano. Então, dois meses depois, um renovado exército austro-húngaro, desta vez comandado por Alvinzi, invadiu a Itália, e Napoleão, com suas tropas cansadas, o esmagou em Arcola.

Em Arcola, em uma batalha por uma ponte como em Lodi, o cavalo de Napoleão foi atingido por um tiro enquanto ele estava montado. Fora de si por conta do ferimento, o cavalo mordeu o bocado de freio, galopou na direção dos austro-húngaros e mergulhou em um pântano. Napoleão foi arremessado e se viu imerso até os ombros na lama negra do pântano, sob pesado fogo inimigo. A qualquer momento ele esperava que os austríacos atacassem e cortassem sua cabeça – ele não poderia oferecer nenhuma resistência. Mas seu irmão Louis estava observando e, com outro jovem oficial chamado August Marmont, correu para o pântano e conseguiu tirar Napoleão de lá. Esse, Napoleão pensou, foi um dos momentos mais perigosos de todas suas batalhas.

Enquanto isso, Barras e seus colegas Diretores estavam de olho em Napoleão. Eles ficaram satisfeitos com a chegada de 40 milhões de francos, mas se preocupavam com a tendência de Napoleão a assumir uma linha independente. Primeiro houve o tratado com Piemonte, considerado moderado demais; depois sua atitude autocrática em relação à Kellermann; e agora havia relatos de que ele estaria esnobando Saliceti e Garrau, os próprios representantes dos Diretores. Napoleão negou estar sendo "ambicioso" – a mais odiosa das palavras – mas quão sincera seria essa negação? Poderia ser necessário prendê-lo por "ambição" política, como acontecera antes com dois outros comandantes do mesmo exército. Eles decidiram enviar um general de lealdade comprovada para descobrir. Oficialmente seu trabalho seria conseguir um armistício; na verdade, ele tinha ordens para espionar Napoleão.

Henri Clarke, um honesto general de gabinete de ascendência irlandesa, tinha 31 anos, um rosto redondo, cabelos cacheados e queixo duplo. Ele chegou ao quartel-general de Napoleão em novembro e com um olhar sagaz começou a fazer anotações. Berthier, observou ele, tinha altos padrões morais e não se interessava por política; Massena era corajoso, mas descuidado com a disciplina e "muito afeito a dinheiro". Quanto a Napoleão, Clarke fez este relato: "emaciado, magro, pele descolada dos ossos, olhar brilhante e febril" – ele havia pegado um resfriado depois de seu infortúnio em Arcola. Por nove dias, Clarke observou secretamente o comandante-chefe e enviou de volta o seguinte relatório:

> Ele é temido, amado e respeitado na Itália. Acredito que ele seja ligado à república e sem nenhuma ambição, salvo manter a reputação que conquistou. É um erro pensar que ele seja um homem de partido. Não pertence nem aos monarquistas, que o difamam, nem aos anarquistas, de quem ele não gosta. Só tem um guia – a Constituição... Mas o general Bonaparte tem seus defeitos. Não poupa seus homens o suficiente... Às vezes é duro, impaciente, abrupto ou arrogante. Muitas vezes pede coisas difíceis de maneira muito apressada. Ele não foi suficientemente respeitoso com os comissários do governo. Quando o repreendi por isso, ele respondeu que não poderia tratar de outra maneira homens que eram universalmente desdenhados por sua imoralidade e incapacidade.

O que Napoleão tinha em mente era que Saliceti pilhava impiedosamente igrejas e vendia nas ruas, por sua própria conta, cálices e cibórios contendo hóstias consagradas. Isso era um mau exemplo, num momento em que Napoleão estava fazendo todo o possível para conter até o mínimo saque. Clarke reconheceu que a atitude de Napoleão para com os comissários era justificada, e assim acrescentou: "Saliceti tem a reputação de ser o pilantra mais desavergonhado no exército e Garrau é ineficiente: nenhum dos dois é adequado para o Exército da Itália".

Quando leram o relatório de Clarke, os Diretores decidiram que suas suspeitas sobre Napoleão eram infundadas. Eles lhe prometeram total apoio, e em suas cartas e ordens mostraram confiança renovada em quaisquer decisões que ele viesse a tomar. Essa renovação de confiança chegou em boa hora, pois Napoleão agora enfrentava sua mais grave ameaça. Após derrotar o exército de Beaulieu e os dois exércitos austro-húngaros de Wurmser, ele vinha sendo atacado por um quarto e um quinto exércitos.

A CAMPANHA ITALIANA

125

No começo de 1797, a posição estratégica era esta: os austríacos haviam sido expulsos do norte da Itália, mas ainda permaneciam em Mantova, cidade cercada por lagoas. Havia 20 mil austríacos ali, vivendo de carne de cavalo, sendo aos poucos obrigados a se render pela fome. Um exército austríaco de 28 mil homens, comandado pelo talentoso general Alvinzi, marchava para baixo do vale do Ádige, enquanto simultaneamente outro exército de 17 mil homens comandados pelo general Provera se dirigia para Verona. A meta de ambos era aliviar Mantova, e eles tinham boas chances, pois o exército de Napoleão estava bem esgotado. Quatro mil homens estavam dominando cidades-chave; 9 mil sitiavam Mantova, e o mesmo número foi abatido pela febre, pega nas lagoas pútridas de Mantova. Havia somente 20 mil tropas francesas disponíveis para conter 45 mil.

Napoleão decidiu atacar Alvinzi primeiro. Em combates iniciais, o corso havia notado o planalto de Rivoli, cercado por colinas, entre os rios Tasso e Ádige. Não só ele era a chave para a estrada de Garda-Verona, em um terreno de gargantas e montanhas, como fornecia uma rara paisagem plana, onde um general tinha espaço para manobrar tropas e canhões, e Napoleão já havia anotado mentalmente que seria um excelente campo de batalha.

Napoleão enviou 10 mil homens para Rivoli comandados por Joubert e ele mesmo chegou ao planalto pouco antes da uma da madrugada, no dia 14 de janeiro. Massena, com 8 mil homens, era esperado para logo depois de amanhecer, e Rey, com mais 4 mil, à tarde. À luz do luar, Napoleão observou os disparos do exército de Alvinzi acampado nas colinas em torno do planalto: havia cinco unidades separadas. Napoleão decidiu jogar todas suas tropas contra cada uma delas. Ele começou ao amanhecer, atacando a mais forte, comandada por Quasdanovich, envolvendo todos os canhões e cavalaria. Depois de um duro combate, o flanco esquerdo de Napoleão foi virado, e a situação parecia séria. Tudo dependia da sincronia: felizmente para Napoleão, Massena provou ser totalmente confiável e completou em tempo sua marcha de 30 km, que durou a noite inteira.

Na liderança das tropas de Massena, Napoleão restabeleceu sua ala esquerda despedaçada. Então ele renovou o ataque à unidade de Quasdanovich; quebrou-a, virou, quebrou uma 2ª Unidade, então imediatamente virou e realizou mais um ataque, quase imprudente, a uma 3ª Unidade comandada por Lusignan que surpreendeu sua retaguarda. Então chegou Rey, pegou Lusignan em fogo cruzado e capturou aquela unidade inteira – suas cores, Napoleão reparou, haviam sido bordadas pela própria imperatriz. O resto dos austríacos recuou, deixando 8 mil mortos, feridos ou capturados. Quando chegou às cinco da tarde, com vários cavalos feridos, Napoleão era vitorioso. Havia sido uma batalha memorável porque, embora estivesse de fato cercado em campo, Napoleão, através da rapidez e dos brilhantes movimentos de flanco, esmagou um exército superior em número.

Antes que a fumaça da batalha assentasse, Napoleão conduziu seu cansado exército na direção de Mantova. A divisão de Massena, que havia marchado a noite inteira e combatido por doze horas em Rivoli, marchou toda a noite e todo o dia seguinte. Foi um esforço quase sobre-humano. Concentrando todos seus esforços mais uma vez em La Favorita e mais uma vez assumindo a ofensiva, Napoleão não somente derrotou os 17 mil homens de Provera, como levou a maior parte deles como prisioneiros. Enquanto isso, Joubert havia levado mais 7 mil prisioneiros do exército de Alvinzi que recuava, e Wurmser havia sido forçado de volta para dentro dos muros de Mantova, onde, no mês seguinte, Napoleão o forçou a capitular. Os Diretores queriam que Napoleão atirasse em Wurmser, um francês que havia entrado em guerra contra a França, mas Napoleão, que respeitava a coragem de Wurmser, desconsiderou a ordem e permitiu que ele voltasse para a Áustria. Para muitos, a visão de Wurmser e de sua equipe desanimada, faminta, sem bandeiras, armas e homens, tomando cansados a estrada para Viena, era uma imagem da total derrota da Áustria na Itália.

Napoleão queria avançar sobre os Alpes até a entrada de Viena. Mas primeiro ele tinha outra tarefa. Pio VI e seus cardeais detestavam a República Francesa; apesar do ataque punitivo de Napoleão no ano anterior, eles simpatizavam abertamente com a Áustria e fizeram de Roma uma capital de atividades de exilados. Napoleão recebeu ordens dos Diretores para marchar na direção do sul uma segunda vez e punir o Papa.

Napoleão recebeu bem essa estratégia, mas por outro motivo. Ele protegeria sua retaguarda quando chegasse a hora de marchar até a Áustria. Assim, no dia 1º de fevereiro, Napoleão partiu, percorrendo rapidamente as cidades papais: Bolonha, Faenza, Forli, Rimini, Ancona, Macerata. Houve pouca resistência. Certa ocasião, Lannes, comandando a unidade de reconhecimento, deparou-se com centenas de soldados da cavalaria papal. Com ele havia somente alguns oficiais de serviço, mas Lannes galopou até o inimigo. "Alto!", ele ordenou. Eles pararam. "Desmontem!" Eles desmontaram. "Rendam suas armas!" E para o espanto de Lannes, fizeram exatamente isso. Então foram feitos prisioneiros.

Tendo ocupado os Estados Papais, Napoleão podia impor as condições que quisesse. Um dos Diretores, o corcunda La Revellière, era um ateu que enlouquecia só de ouvir falar no nome do Papa. Ele queria que Napoleão destituísse

Pio VI. Mesmo os romanos acreditavam que seu Papa seria deposto, pois tinham como crença que o número seis dava azar:

Sextus Tarquinus, sextus Nero, sextus et iste,
Semper sub sextis perdita Roma fuit.*

Quando foi a Tolentino se encontrar com o enviado do Papa, Napoleão se viu diante de uma cruel escolha. De um lado, havia o desejo do diretor de destruir o governo papal; de outro, os fatos. Pio VI, de 69 anos, era um velho equivocado, mas inofensivo, com as costumeiras fraquezas papais: mimava um sobrinho inútil e a bela esposa do sobrinho, e gostava de erguer obeliscos. Ele mantinha unido um punhado de pequenos Estados que do contrário se esganariam: por um milênio o Papa foi uma parte essencial do equilíbrio do poder italiano. Mais particularmente, se Pio fosse deposto, Nápoles tomaria a Itália central, e Nápoles, governada pela neurótica e quase histérica Maria Carolina, irmã de Maria Antonieta, era uma inimiga ainda mais dura para a França do que Roma.

Napoleão decidiu não depor o Papa. Em vez disso, o obrigaria a fechar seus portos para todas as marinhas hostis, e tirar dele três dos Estados Papais, além de 30 milhões em ouro. Ele o enfraqueceria, não o destruiria, e tentaria conquistar sua amizade. Para conseguir isso ele recorreu a certa duplicidade. Para Pio, ele escreveu: "Minha ambição deve ser chamada de salvadora, não de destruidora da Santa Sé", enquanto para os Diretores, para o olhar desconfiado de La Revellière, Napoleão chamou Pio de "velha raposa" e disse, "Minha opinião é de que Roma, uma vez despida da Bolonha, Ferrara, Romagna e de 30 milhões, não pode mais existir. A velha máquina cairá aos pedaços sozinha".

Por intermédio do Tratado de Tolentino Napoleão conseguiu o que queria: segurança no norte, sem perturbar o quebra-cabeça político italiano. Assim como em Cherasco, os termos de Napoleão eram menos duros do que sua força militar justificava, e não foi um amigo, mas sim um inimigo, o correspondente de Luís XVIII em Roma, que disse sobre o tratado: "Sua Majestade certamente ficará surpresa pela moderação de Bonaparte".

Napoleão enviou o tratado de Tolentino a Paris no dia 19, menos de três semanas após ter começado sua precipitação para o sul. Então ele correu mais de 300 quilômetros para o norte a fim de preparar os estágios finais de sua campa-

---

*   "Tarquínio Sexto, Nero Sexto, este também um sexto (referência ao Papa Alexandre VI); Roma sempre caiu em ruína sob o domínio de um sexto." (N.T.)

nha. Ainda era inverno, os Alpes e Dolomitas estavam cobertos de neve. Mas Napoleão não esperou. Primeiro enviou Joubert para o Tirol para cortar os 15 mil austríacos estacionados ali e para proteger seu flanco do ataque do Exército do Reno Austríaco. Então, no dia 10 de março, saiu de Bassano à frente de quatro divisões, entrou na Áustria e, em uma série de marchas forçadas, correu para a capital. Ele capturou Leoben no dia 7 de abril e empurrou uma unidade de reconhecimento para Semmering, quase na entrada de Viena. Ele estava então a quase 500 km de Milão, mais de 900 km de Paris. Nunca antes um exército francês havia adentrado tão a fundo na Áustria.

A Corte em Viena foi completamente pega de surpresa. As poucas tropas remanescentes estavam bem longe, no Reno. Viena estava indefesa e Francisco II evacuou seus filhos para a Hungria, entre eles uma bonita garota de 6 anos de olhos azuis chamada Maria Luísa. Quando Napoleão ofereceu um armistício, Francisco não teve escolha a não ser concordar. Houve conversas em Leoben, no castelo de Göss, e ali também Napoleão insistiu na rapidez. Após cinco dias somente, no dia 18 de abril, Napoleão assinou os "termos preliminares de Leoben", por onde a Áustria concordava em abrir mão do ducado de Milão e, depois de cinco dias de guerra contra a França, a fazer as pazes.

Napoleão agora havia completado o que se propusera a fazer. A campanha italiana havia acabado. Durou treze meses. Em treze meses Napoleão conquistou uma série de vitórias que ofuscaram todas as vitórias francesas na Itália nos últimos 300 anos. Com um exército com não mais de 44 mil soldados, Napoleão derrotou forças que totalizavam quatro vezes esse número: venceu uma dúzia de batalhas importantes, matou, feriu ou prendeu 43 mil austríacos, capturou 170 bandeiras e 1.100 canhões. Como ele fez isso? Qual era seu segredo?

Napoleão não tinha segredo algum. Foram várias as qualidades que fizeram da campanha italiana um sucesso, e eram as mesmas qualidades que distinguiriam todas as campanhas de Napoleão. Ao analisar por que venceu batalhas na Itália, também se analisa por que ele sempre – ou quase sempre – saía vitorioso de um campo de batalha.

A primeira qualidade era disciplina. Napoleão, com seus ancestrais jurídicos, era afeito à lei e à ordem. Ele insistia que os oficiais emitissem um recibo para tudo que requisitassem, fosse uma caixa de velas ou um saco de farinha. Se seus soldados roubassem ou danificassem algo, ele providenciava compensação. Ele proibia saques e ordenou que um granadeiro que roubou um cálice nos Estados Papais fosse fuzilado em frente a toda a tropa. Em cartas e mais cartas raivosas ele condenava a prática desonesta de fornecedores do exército, que lhe enviavam pangarés morosos em vez de cavalos de guerra e roubavam de tudo – desde quinina até ataduras. Napoleão era impiedoso com esses homens, e quando um deles lhe dava de presente cavalos de qualidade, esperando que fizesse vista grossa, disparava: "Prendam-no por seis meses. Ele nos deve 500 mil *écus* em impostos".

A contrapartida positiva da disciplina era o incentivo à bravura. Napoleão promovia somente os bravos, e quanto mais corajoso fosse o oficial, mais rápido ele era promovido. Murat, por exemplo, um destemido oficial de cavalaria, passou de major para brigadeiro-general em dois meses. Para batalhões que lutaram bravamente Napoleão apresentava bandeiras especiais; de tafetá, elas traziam as cores da República, azul, branco e vermelho, diagonalmente – pois a versão mais conhecida da Tricolor ainda não começara a ser usada – com fasces no centro. No lugar de condecorações de batalha de guerras esquecidas, Napoleão inscrevia na seda novas condecorações de batalha, Lodi, Arcola, Rivoli e uma frase-chave de despachos para incitar a imaginação dos homens: por exemplo, "O terrível 57º, que nada consegue parar".

Outra das inovações de Napoleão foi conceder aos 100 homens mais corajosos em seu exército espadas damasquinadas gravadas: "Dadas em nome do Diretório executivo da República Francesa, pelo general Bonaparte ao Cidadão..." Ele também tomava um cuidado especial para homenagear os bravos caídos, ordenando que parte do fundo de construção da catedral de Milão fosse usada para a construção de oito pirâmides a serem gravadas com o nome de heróis franceses caídos, agrupados de acordo com uma semi-brigada.

O terceiro fator nos sucessos de Napoleão – e como ele estava certo em insistir nele – era a unidade do comando. Ele podia usar grandes corpos de homens separados por uma distância de centenas de quilômetros como parte de um único plano. Isso também tinha um efeito favorável sobre o moral. Suas tropas sabiam que um homem estava controlando suas marchas, suprimentos e formação de batalha, e que elas não seriam sacrificadas, em uma posição remota, por rixas mesquinhas entre generais com poderes iguais.

Observando as táticas de Napoleão, descobrimos que ele empregava excessivamente ataques simulados e movimentos de flanco. Em uma noite escura, aconteceu de Napoleão encontrar um inimigo que ficou para trás, um capitão veterano do exército austríaco. Sem revelar sua identidade, Napoleão perguntou em italiano como estavam as coisas. "Mal", respondeu o austríaco. "Eles enviaram um jovem maluco que ataca para a direita e para a esquerda, para a frente e para trás. É uma forma intolerável de fazer guerra." Se ele queria dizer que Napoleão ignorava os manuais e atacava onde quer que enxergasse um ponto fraco, o austríaco estava certo. Em cada uma de suas batalhas mais importantes, tanto em Lodi quanto em Rivoli, Napoleão enviou parte de seu exército para tomar o inimigo no flanco ou na retaguarda. Às vezes o movimento de flanco era pequeno: em Arcola, por exemplo, somente 800 homens e quatro canhões: mas quase invariavelmente era o suficiente para surpreender e desmoralizar.

Os dois demais fatores nos sucessos de Napoleão, concentração de força e velocidade, estão intimamente ligados. Napoleão podia ter menos homens na teoria, mas ao concentrar esses homens contra uma parte do inimigo ele quase sempre planejava ser numericamente superior em campo. A concentração era atingida com essas incríveis marchas forçadas, milhares de quilômetros para cima e para baixo da Itália, sobre montanhas cobertas de neve e planícies esturricadas pelo sol, de Nice até Verona, de Ancona até Semmering: daí o motivo da observação de Clarke, "Ele não poupa seus homens o suficiente". Mas, a rapidez em campo era somente um aspecto dessa rapidez no próprio corpo e cérebro de Napoleão, que já havia sido notada. Napoleão resumiu melhor do que ninguém todo o mecanismo delicadamente equilibrado em uma carta aos Diretores: "Se eu conquistei vitórias sobre forças muito superiores às minhas... foi porque, confiante de que os senhores acreditavam em mim, minhas tropas se moveram tão rápido quanto meus pensamentos."

9

Frutos da vitória

NAPOLEÃO não era somente um general a serviço da República, era um jovem recém-casado e profundamente apaixonado. Assim que ele entrou para o Exército dos Alpes, mostrou a todos a foto de sua esposa, com um ingênuo orgulho. Cada vez que ele parava naquela campanha vertiginosa, escrevia dois tipos de carta: uma para os Diretores, seca e factual, dando o número de bandeiras capturadas, ou o nome da última cidade a dar-lhe suas chaves, e outra para Joséphine, despejando seus sentimentos.

"Em meio aos acontecimentos, à frente das tropas ou atravessando os acampamentos, minha adorável Joséphine está em meu coração, ocupa minha mente, absorve meus pensamentos. Se eu a deixo com a velocidade das águas torrenciais do Ródano, é para vê-la novamente mais rápido. Se levanto no meio da noite para trabalhar, é para adiantar a chegada de meu doce amor em alguns dias." Joséphine, ao inspirar Napoleão, foi em certo sentido o coração da campanha italiana.

Napoleão esperou ansiosamente pela primeira carta de sua esposa. Esperou bastante, pois Joséphine detestava colocar a pena no papel. Ela escrevera pouco para seu primeiro marido e Alexandre viu seu orgulho ferido. Fazia o mesmo com Napoleão, que não ficava com seu orgulho ferido, mas sofria agonias de outra natureza.

"Chama-me de *vous*?"* Napoleão explodiu em resposta à sua primeira carta. "*Vous* é você! Ah, perversa, como pôde escrever essa carta. E, além disso, do dia 23 ao 26 há quatro dias. O que estava fazendo, já que não estava escrevendo para seu marido? Ah, minha querida, esse *vous* e esses quatro dias me fazem sen-

---

*   "*Vous*", em francês, é um pronome de tratamento formal. (N.T.)

tir falta de minha antiga indiferença. Maldito seja quem quer que seja a causa disso. *Vous*! *Vous*! O que será daqui a duas semanas!"

Em duas semanas foi pior. Joséphine escrevia raramente e como não estava apaixonada por Napoleão, suas breves cartas continham pouca ternura. Napoleão mergulhou em tristeza e preocupação.

"A ideia de que minha Joséphine possa estar desconfortável, a ideia de que ela possa estar doente e, acima de tudo, cruel, a temerosa ideia de que ela possa me amar menos, murcha minha alma, me faz triste, aflito e sequer me dá a coragem da fúria e do desespero". Por fim, Napoleão disse a Joséphine o que pensava dela. "Nenhuma carta sua. Só recebo uma a cada quatro dias. Ao passo que, se você me amasse, me escreveria duas vezes por dia. Mas você precisa conversar com seus cavalheiros às dez da manhã e então escutar as bobagens de cem janotas até uma da madrugada. Em países com alguma moral todos estão em casa antes das dez da noite. Mas, nesses países, as pessoas escrevem para seus maridos, pensam neles, vivem por eles. Adeus, Joséphine, para mim você é um monstro inexplicável." Mas ele acrescentou, "A cada dia amo mais você. A ausência cura pequenas paixões, mas aumenta as grandes".

Depois de derrotar e assinar a paz com Piemonte, Napoleão perguntou aos Diretores se permitiriam que sua esposa se juntasse a ele. Eles concordaram, e Napoleão procurou entre seus ajudantes pessoais um homem adequado para acompanhar Joséphine desde Paris. Por fim, escolheu Joachim Murat, da cavalaria: filho do dono de uma pousada, de cabelos cacheados e olhos azuis, fã de Napoleão, de uniformes exuberantes e de geleia de uva, marmelo e pera, uma especialidade de sua Guiana natal, que sua mãe lhe enviava regularmente e que ele carregava para todos os cantos em uma grande jarra de pedra.

No dia 6 de maio, data da chegada de Murat a Paris, Napoleão procurou no bolso do peito, como fazia muitas vezes ao longo do dia, a foto de Joséphine para beijar. Dessa vez ele encontrou o vidro do retrato quebrado. O povo do Mediterrâneo é supersticioso, e os corsos são ainda mais. De acordo com seu ajudante de ordens, Marmont, Napoleão empalideceu "de uma forma assustadora". "Marmont", ele disse, "minha esposa ou está muito doente ou é infiel".

Alguns dias depois, Napoleão recebeu uma carta de Murat para dizer que Joséphine não estava bem. Todos os sintomas sugeriam que ela estava grávida. Ela estava descansando no campo e não poderia vir à Itália imediatamente. Napoleão variava entre alegria pela esperança de se tornar pai e preocupação por Joséphine. "Não fique no campo. Vá para a cidade. Tente se divertir. Acredite, minha alma sofre muito em saber que você está doente e triste." "Anseio em saber como você é na gestação. Deve dar-lhe um ar majestoso e respeitável, algo que deve ser muito divertido, imagino".

Quando chegou o final de maio, Napoleão era mestre da Lombardia, festejado aonde quer que fosse. Seus generais estavam se divertindo – Berthier, em especial, havia se apaixonado por uma italiana, Giuseppina Visconti; só Napoleão estava infeliz, pois Joséphine ainda não fora encontrá-lo. Ela disse que estava doente demais para viajar. Napoleão, desesperadamente solitário e desconcentrado pela preocupação, sentia que precisava vê-la, "Arrume uma licença de emergência de uma hora", ele escreveu para Joséphine. "Dentro de cinco dias estarei em Paris, e de volta com o exército no 12º dia. Sem você sou inútil aqui. Eu deixo a busca pela glória e o serviço da *patrie* aos outros; esse exílio me sufoca; quando minha amada está sofrendo e doente não consigo calcular friamente como derrotar o inimigo... Minhas lágrimas escorrem sobre seu retrato; somente ele anda sempre comigo."

Os Diretores negaram a Napoleão a licença pessoal – não era em Paris que ele encontraria para eles 40 milhões de francos – e, na medida em que os dias de um junho italiano passavam, cada um com seus sucessos militares, Napoleão ainda esperava por Joséphine. Ele achava que ela estava falando menos em suas cartas sobre doença, e começou a procurar por alguma outra explicação para o fato de ela não ir ao encontro dele. "É azar o meu não ter conhecido você bem o suficiente, e é azar o seu ter acreditado que eu parecia com os outros homens de seu salão." Algumas vezes ele sentia que ela simplesmente era indiferente a ele: "Devo culpá-la? Não. Sua conduta é a de seu destino. Tão amável, tão linda, tão gentil, você está destinada a ser o instrumento de meu desespero?". Em outras, Napoleão temia que Joséphine tivesse se apaixonado por outro. "Você tem um amante?", ele perguntava aleatoriamente. "Arranjou algum rapaz de dezenove anos? Se arranjou, você tem motivo para temer o punho de Otelo."

O único indício que Napoleão tinha para acreditar que Joséphine estava apaixonada por outro homem era o tom de suas cartas, e o fato de ela não ir ao encontro dele. Era somente uma das várias explicações que lhe ocorriam ao longo de semanas de solidão, mas provou-se correta. O homem em questão era o tenente Hippolyte Charles dos Primeiros Hussardos.

Hippolyte Charles era o nono filho de um vendedor de tecidos, de uma cidade próxima a Valença, e três anos mais jovem que Napoleão. Ele tinha 1,67 de altura, uma pele bem marrom, olhos azuis, cabelo preto azeviche e costeletas. Era um soldado razoável – do contrário não teria sido um oficial no exército francês – e chegou a ser mencionado nos despachos. Mas não eram tanto suas qualidades marciais que chamavam a atenção das pessoas, mas sim seu "lindo rosto e elegância de um ajudante de cabeleireiro".

O que havia nesse tenente de classe média baixa que atraía Joséphine? Três coisas. Primeiro, assim como ela, e diferentemente de Napoleão, Hippolyte Charles era extremamente interessado em roupas. Ele gostava da textura, do corte e das cores das roupas, como muitas mulheres gostam, para elas mesmas, e ele sentia grande prazer em aparecer com o máximo de brilho em botas de couro vermelho franjado, com uma capa de pele de raposa vermelha, bordada em prateado, jogada vistosamente sobre o ombro esquerdo. "Ele se veste com tanto bom gosto", Joséphine observava, com aprovação. "Antes dele, ninguém sabia como usar uma gravata."

A segunda coisa que Joséphine apreciava no tenente Charles era que ele a fazia rir. Enquanto Napoleão, embora estivesse quase sempre alegre, raramente fazia brincadeiras, Charles contava piadas o tempo todo. Ele era especializado em trocadilhos, fossem os seus próprios ou dos teatros parisienses. *"L'Europe ne respirera que lorsque l'Angleterre sera dépitée et la France débarrassée*: a Europa só voltará a respirar quando a Inglaterra estiver sem Pitt e a França des-em-Barrassada". "*Buonaparte est sur le Pô, ce qui est bien sans Gênes*: Bonaparte está despreocupadamente no Po [vaso sanitário]". Contada pelo belo hussardo com a gravata perfeitamente atada, essa espécie de piada fazia Joséphine gargalhar com deleite.

A terceira vantagem do tenente Charles sobre o general Bonaparte era que ele tinha tempo disponível. Como oficial administrativo associado ao general Leclerc, Charles conseguia oportunidades para ir até Paris, e uma vez lá, pretextos para estender sua missão ou sua licença. Ele era um oficial de salão, assim como Joséphine era uma dama de salão. Diferentemente de Napoleão, ele não estava sempre olhando para o relógio enquanto contava a ela a última fofoca e os mais recentes gracejos, enquanto ele admirava o vestido novo dela com olhar de especialista. Ele era bem apessoado, era *drolle*, e tinha muito tempo para ela. Então não foi surpreendente que Joséphine tivesse se apaixonado por Hippolyte Charles.

Quando julho chegou, as cartas de Napoleão se tornaram tão exigentes que Joséphine decidiu que não poderia mais adiar sua visita a ele, especialmente que agora ela conseguira um jeito de o tenente Charles viajar com ela na mesma carruagem. Durante a viagem até Milão, a situação que Napoleão descreveu em "*Clisson et Eugénie*" foi encenada na vida real: um ajudante de ordens dormia com sua esposa.

Napoleão, é claro, não sabia disso. No dia 13 de julho, ele cavalgou até as portas de Milão e, após meses de separação, abraçou Joséphine. Com a alegria de tê-la com ele, esqueceu sua infelicidade e dúvidas. Ela estava com boa saúde, mas não grávida, e isso o desapontou ligeiramente. Ele ainda estava combatendo os austríacos, mas reservou a Joséphine o que para ele era um tempo imenso – dois dias e duas noites. Assim que partiu para o cerco de Mantova, ele escreveu para descrever sua felicidade: "Pensei que a amava alguns dias atrás, mas desde que a vi sinto que a amo mil vezes mais. Adorei-a cada vez mais a cada dia desde que a conheci, o que prova que a máxima de La Bruyère não é verdade: 'O amor vem todo de uma vez'."

Napoleão, que normalmente reparava em tudo, era cego aos sentimentos de Joséphine pelo tenente Charles. Embora o hussardo ainda frequentasse seu salão, Napoleão ou não prestava atenção ou não suspeitava dos olhares apaixonados de Charles, talvez porque, como ele disse uma vez, "Quando Joséphine está por perto, é só ela que vejo". Como ela era uma mulher suficientemente vivida para esconder seus sentimentos, Napoleão era capaz de desfrutar da presença de Joséphine sem qualquer nuvem. Então ele sentiu uma felicidade dada a poucos: estava conquistando uma série de extraordinárias vitórias e ele tinha Joséphine na Itália.

Quando não estava em campo, Napoleão escrevia a Joséphine cartas ainda mais apaixonadas do que quando se casaram. Ele ansiava, "arrancar de seu corpo a última camada de *chiffon*, suas sapatilhas, tudo, e então, como no sonho do qual lhe falei... tomá-la e confiná-la, prendê-la dentro do meu coração! Por que não? As leis da natureza deixam muito a desejar".

Joséphine soube em Paris que Napoleão era possessivo, mas foi tão pega de surpresa por esse nível de possessividade quanto os generais austríacos o foram pelo estilo de guerra de Napoleão. Podia se perceber um toque de preocupação em sua carta a Thérésia Tallien: "Meu marido não me ama, ele me venera. Acho que ele enlouquecerá".

Napoleão exibia orgulhosamente sua esposa aos italianos. Entre uma batalha e outra, ele fazia com que ela frequentasse jantares de gala, viajasse pelas principais cidades, onde era paparicada na ópera, e exibisse seus inúmeros vestidos parisienses em bailes badalados. Mas Joséphine não falava italiano como Napoleão e, de qualquer modo, achava os milaneses provincianos. Ela escrevia para seus amigos parisienses dizendo estar entediada e desejando estar com eles.

Em uma dessas entediantes viagens a Gênova, Joséphine conheceu um pintor de 25 anos de Toulouse chamado Antoine Gros. Gros possuía a mesma bela aparência sulista morena de Hippolyte Charles; ele era um aprendiz do famoso David e contou a Joséphine que sua ambição na vida era pintar Napoleão. Joséphine, que gostava de fazer favores a jovens rapazes, especialmente quando eles tinham flamejantes olhos escuros, convidou Gros para dividir a carruagem com ela na volta para Milão. Ali ela o apresentou a seu marido. Napoleão também gostava de Gros, concordou em posar para seu retrato, e lhe deu um cômodo em seu *palazzo*.

No entanto, Napoleão nunca tinha tempo para posar. Em qualquer dia que fosse ele estaria liderando suas tropas em batalhas ou se encontrando com italianos proeminentes ou ditando cartas, ordens, diretivas – e Gros, um "filhinho de mamãe", não queria segui-lo até lá. Ele mal tinha tempo para sentar para uma refeição. Joséphine implorava a ele, e certamente observou que os outros generais em seu exército tinham seus retratos pintados, mas Napoleão sempre dizia estar ocupado demais para posar. Por fim, Joséphine decidiu dar um bom uso ao amor de Napoleão por ela. Depois do almoço, na hora do café na sala de estar, ela o convidou para posar para seu retrato – sentado nos joelhos dela. Napoleão, como ela imaginava, concordou. Gros montou sua tela e cavalete, e logo começou a esboçar a lápis os primeiros traços de seu retrato. Num segundo e num terceiro dia durante o café pós-almoço Napoleão sentou-se nos joelhos de Joséphine, parado e sereno por uma vez em suas ocupadas vinte e quatro horas, e dessas inusitadas sessões Gros pintou o mais famoso retrato da campanha italiana: Napoleão sem chapéu, uma bandeira nas mãos, avançando na ponte em Arcola.

Depois de assinar termos preliminares de paz em Leoben, Napoleão pôde aproveitar mais um dos frutos da vitória: a presença de sua família. Na época ele estava vivendo em Mombello, perto de Milão, um palácio de amplos saguões com bandeiras e íntimos salões barrocos. Ali Napoleão recebeu Joseph, que ele havia nomeado embaixador de Roma a 60 mil francos por ano. Lucien veio, depois Jérôme e Louis, que, junto com Lannes, foi o primeiro soldado francês a atravessar o Pó, bem como as irmãs de Napoleão. Com todos eles Napoleão agora tinha o prazer de gastar com as boas coisas da vida, das quais nos últimos anos na Córsega eles foram privados. Ele se lembrou até de seus enteados, enviando a Eugène um relógio de ouro, e a Hortense um esmaltado com pérolas finas.

Letizia foi a última a chegar a essa reunião de família. No primeiro dia de junho, Napoleão saiu para encontrá-la, assim como ele encontrara Joséphine no ano anterior, nas portas de Milão, onde multidões aclamaram "a mãe do libertador da Itália". Enquanto Napoleão a tomava em seus braços, Letizia sussurrou, "Hoje sou a mãe mais feliz do mundo". Para Napoleão aquele momento também era um que ele sempre prezaria: depois de todos os riscos que eles correram na Córsega, e de todos os riscos que ele cortejou nos campos de batalha da Itália, estavam reunidos e a salvo.

Embora Joseph teoricamente fosse o chefe da família, Napoleão agora assumia esse papel de fato. Foi ele que proibiu Pauline de se casar com Stanislas Fréron, considerado culpado de sérios crimes políticos; foi ele que deu seu consen-

FRUTOS DA VITÓRIA

timento para que ela se casasse com um jovem oficial que se apaixonara por ela desde a época em que lutou bravamente ao lado de Napoleão em Toulon: o general-assistente Victoire Emmanuel Leclerc, 25 anos de idade, cabelos claros, bonito, herdeiro de um rico comerciante de farinha. Pauline, aos 17 anos, ainda era impulsiva: "com uma compostura de menininha, falando desconexamente, rindo de nada e de tudo". Napoleão e seus irmãos se cotizaram para lhe dar um generoso dote de 40 mil francos.

Napoleão decidiu se casar com Joséphine no civil e, como contou a um amigo oficial, Desaix, ele considerava Jesus Cristo "só mais um profeta". Mas ele acreditava que o casamento ganhava força com uma cerimônia solene, e sabia quanta importância Letizia dava aos ritos da Igreja. Então ele providenciou um casamento católico para Pauline no oratório de São Francisco no dia 14 de junho de 1797. No mesmo dia, ele certificou-se de que a Igreja abençoasse a união de sua irmã mais velha, Marie Anne – que preferia ser chamada de Elisa – e Felix Bacciochi, um corso enfadonho, mas valoroso: eles haviam se casado no civil seis semanas antes.

Entre essas celebrações, seu próprio casamento com Joséphine foi submetido ao escrutínio da família Bonaparte. Ele não conquistou a aprovação deles. Os sóbrios ilhéus não gostaram dessa parisiense frívola e promíscua; a parcimônia deles era ultrajada por seus inúmeros vestidos novos, desenhados com um máximo de elegância e um mínimo de tecido; o conservadorismo deles era chocado por penteados, uma hora com heras, outra hora com flores em um turbante; e o sentido de propriedade deles foi chocado pelos amigos parisienses que ela trouxera da Itália para aliviar seu tédio, tais como Madame Hamelin, que certa vez, por conta de uma aposta, atravessou metade de Paris em um vestido sem a parte de cima. Ainda que eles pudessem ter ignorado tal comportamento considerando a bondade e a gentileza de Joséphine, havia algo que eles não conseguiam ignorar – a presença do tenente Hippolyte Charles dos Primeiros Hussardos, em suas botas de couro vermelho franjado e capa com pele de raposa, trocando olhares e sorrisos com Joséphine. Todos os Bonaparte davam sinais de seu descontentamento, cada um de uma maneira diferente: Letizia, tratando Joséphine com gelada polidez, Pauline, mostrando a língua cada vez que Joséphine não estava olhando.

Napoleão certamente se entristeceu por sua família não ter aceitado sua esposa. Mas a família logo se dispersou. Letizia, na verdade, permaneceu somente por duas semanas antes de ir morar na Casa Bonaparte em Ajaccio, que Napoleão havia mandado reformar especialmente. Hippolyte Charles também era visto com menos frequência; promovido a capitão, por algum tempo ele se juntou a seu regimento. Napoleão e Joséphine ficaram a sós: naquele verão em Mombello ou na casa de Doge em Passeriano, desfrutando uma lua-de-mel tardia. Joséphine ainda não estava apaixonada por seu severo, possessivo e apaixonado marido, mas Napoleão amava o suficiente pelos dois.

Se para Napoleão a reunião com Joséphine e com sua família foram os dois frutos mais prazerosos da vitória, o fruto mais duradouro foi sua reorganização da Itália. Ao expulsar os austríacos, Napoleão estava cumprindo somente um aspecto de sua missão; o outro estava em trazer à Itália os benefícios da República. Napoleão empreendeu esse trabalho com um entusiasmo que era a expressão externa de sua própria crença intensa nos Direitos do Homem, e com uma profunda simpatia pelo povo cuja língua era sua própria língua materna.

Napoleão, depois de libertar uma cidade dos austríacos, plantou uma árvore na praça da cidade, uma das chamadas "árvores da liberdade", cujas folhas verdes simbolizavam os direitos "naturais" do homem. No começo ele permitiu que a forma tradicional de governo continuasse, mas trocou os oficiais municipais quando eles eram pró-austríacos. Aboliu os dízimos e os tributos feudais. Celebrava festivais republicanos, sobretudo o Dia da Bastilha, com desfiles e banquetes; ao circular seus dois jornais do Exército, ambos republicanos, encorajava os italianos a começarem seus próprios jornais em uma terra que nunca conhecera liberdade de imprensa.

A atitude de Napoleão para com a Igreja deveria suprimir a injustiça e a superstição, enquanto encorajava padres a se manterem longe da política e "se portarem de acordo com os princípios do Evangelho". Na cidade papal de Ancona, por exemplo, Napoleão descobriu com consternação que os judeus tinham de usar um chapéu amarelo e a estrela de Davi, e viver em um gueto que era trancado à noite; muçulmanos da Albânia e da Grécia também eram tratados como cidadãos de segunda classe. Napoleão acabou imediatamente com essas duas injustiças. A superstição, ele achou menos fácil de desfazer. O povo de Ancona venerava uma estátua de Nossa Senhora, que supostamente teria derramado lágrimas durante a invasão francesa. Napoleão mandou trazê-la para o quartel-general. Ele examinou os olhos, que, diziam, abriam e fechavam por meio de um mecanismo escondido, mas não conseguiu achar nenhum truque. Ele ordenou que a estátua fosse devolvida a seu santuário, mas que fosse coberta. Ali permaneceram seu diadema de joias e colares de pérolas. Napoleão ordenou que estes fossem divididos entre o hospital local e dotes para os pobres. Mais tarde, mudou de ideia – um raro acontecimento para ele – e mandou que as joias fossem devolvidas à estátua.

Napoleão deixou bem claro que, apesar de ter nascido corso, ele era francês, e para enfatizar o fato abandonou o "u" de seu sobrenome. Mas ele tratava ita-

FRUTOS DA VITÓRIA

lianos, especialmente acadêmicos e intelectuais, com uma simpatia rara entre franceses instruídos. Durante o cerco a Mantova, ele ofereceu autorizações de saída da cidade faminta para 15 cientistas e escritores. Quando saqueou a rebelde Pavia, poupou as casas de todos os professores universitários, inclusive Volta e Spallanzani. Ele encomendou pinturas, medalhas e alegorias republicanas do pintor milanês Andrea Appiani, e lhe deu uma casa desapropriada dos franciscanos que valia 40 mil liras milanesas. Ele procurou o fisiologista Scarpa e lhe perguntou, à queima-roupa, o seguinte: "Qual a diferença entre um homem vivo e um homem morto?", ao que Scarpa respondeu: "O morto não acorda". Para Cesarotti, tradutor de Ossian, ele deu uma pensão, e para a cidade de Brescia, um excelente telescópio. Ele foi até Pietole, onde Virgílio nasceu, e declarou a comuna isenta de impostos. A França era *la grande nation*, mas os italianos conseguiam compartilhar espiritualmente de sua grandeza. Por isso, ao convidar Oriani, que escrevia sobre astronomia, para visitar Paris, Napoleão disse: "Todos os homens geniais, todos aqueles que conquistaram distinção na república da literatura, são franceses, não importa onde tenham nascido".

Os italianos sempre foram predispostos a admirar um general vitorioso, e eles aclamaram Napoleão como um Cipião, um Aníbal, um Prometeu, até mesmo um Júpiter. Um camponês que queria se casar, mas foi proibido pelo seu pai, andou os mais de 200 km de Bolonha até Milão para implorar a Napoleão que derrubasse o veto paterno. De acordo com Ernst Arndt, um jovem escritor alemão que visitava Milão, "De Graz até Bolonha, é só de uma pessoa que todos estão falando. Amigos e inimigos concordam igualmente que Bonaparte é um grande homem, um amigo da humanidade, um protetor dos pobres e dos miseráveis. Em todas as histórias o povo diz que ele é o herói; eles o perdoam por tudo, exceto por ele ter enviado para a França obras de arte italianas". Esse último argumento requer explicação.

Era um princípio da República Francesa que obras de arte anteriormente pertencentes a reis, nobres e comunidades religiosas deveriam se tornar propriedade do povo francês. Da Holanda, os quadros de Stadholder foram enviados ao recém-aberto Museu de Paris, onde atraíram multidões. Em 1795, Louis Watteau, um sobrinho-neto do famoso Antoine, como representante do governo confiscou nada menos que 382 quadros dos castelos, igrejas e monastérios de Picardia. Carnot não estava fazendo nada de incomum quando escreveu, no dia 7 de maio de 1796, instruindo Napoleão a enviar de volta obras de arte para Paris "para fortalecer e embelezar o reinado da liberdade".

Napoleão cumpriu essas ordens com exatidão e um olho para a qualidade. Quando ele atravessou o Rio Pó em Piacenza, fez um tratado com o Duque de

Parma, segundo o qual através de uma indenização acordada ele permitia que Ferdinand ficasse com seu ducado intacto. Entre os itens que Napoleão exigiu estava a *Alvorada*, de Correggio. Um republicano tacanho poderia muito bem ter banido esse quadro porque retrata a Madona e o Menino com santos – e santos, de acordo com Grouvelle, causaram tantos males quanto príncipes. Napoleão ampliou sua perspectiva. Ferdinand não queria se separar de uma obra tão adorável, e no lugar ofereceu uma grande quantia de dinheiro, mas Napoleão insistiu no Correggio. "O milhão que ele nos oferece logo seria gasto", Napoleão escreveu aos Diretores, "mas a posse de tal obra de arte em Paris adornará a capital por muitos e muitos anos, e dará origem a genialidades similares".

Napoleão escolheu sozinho a *Alvorada* de Correggio. Posteriormente ele foi aconselhado por especialistas, mas as obras devolvidas a Paris muitas vezes refletiam os próprios gostos de Napoleão: tais como o manuscrito de Galileu sobre fortificações, e os tratados científicos escritos ao contrário por Leonardo da Vinci. Entre as obras de arte que ele enviou para a França, estavam *Concert Champêtre* de Giogione, a caricatura de Rafael para *A Escola de Atenas* e a *Madona da Vitória* de Mantegna, que comemora a expedição italiana não tão bem-sucedida de Carlos VIII de 1495.

Quase todos os tratados que Napoleão assinou continham condições sobre obras de arte. O Papa, por exemplo, teve de fornecer uma centena de quadros, estátuas ou vasos, e foi Napoleão que escolheu pessoalmente estátuas dos dois republicanos pioneiros, Junius Brutus e Marcus Brutus. Em Roma, de acordo com o escultor suíço Heinrich Keller, "os mais belos quadros são vendidos por um tostão. Quanto mais sacro o tema, mais barato. *Marco Antonio* está em uma cozinha vestido com um pesado colar de madeira e luvas, o *Gaulês Moribundo* está embalado em palha e aniagem até os pés, e a bela *Vênus* está enterrada até os seios em feno". Ao chegarem a Paris, os Diretores desfilaram com elas pelas ruas com uma placa prepotente: "A Grécia as rendeu, Roma as perdeu; por duas vezes seu destino foi mudado; ele não mudará novamente".

Napoleão permaneceu rigorosamente dentro dos limites de suas ordens. Em Florença, por exemplo, ele admirava a *Vênus* de Médici; ele disse ao curador que gostaria de enviá-la para a França, mas não tinha poder para tanto, uma vez que a Toscana e a França estavam em paz, e a *Vênus* permaneceu onde estava, no palácio de Pitti. Onde quer que conseguisse, Napoleão também buscava minimizar os danos da guerra. Durante o cerco de Mantova, propôs que todos os monumentos artísticos na cidade deveriam ser protegidos por uma bandeira de comum acordo. Em Milão, ele foi para S. Maria della Grazie para inspecionar a *Santa Ceia* de Leonardo da Vinci no refeitório do convento, e ao ver a frágil con-

FRUTOS DA VITÓRIA

dição do afresco, imediatamente pegou um papel e caneta e, apoiando o papel no joelho, escreveu uma ordem de seu próprio punho de que nenhuma tropa deveria ser alojada ali.

Uma coisa era remover pinturas e estátuas da Itália para a França; outra, bem diferente, era saber o quê transferir, além de árvores da liberdade, da França para a Itália. Mas, primeiramente, valia a pena transferir qualquer coisa? Valia a pena ajudar os italianos? Os diretores pediram fatos, e os fatos eram esses. O nobre italiano era rico e privilegiado; somente ele conseguia os melhores trabalhos. Vivia para bailes de máscara e danças – até possuía o direito de entrar na casa de qualquer cidadão "assim que violinos fossem ouvidos". Ele jogava muito a dinheiro, sustentava uma amante, fazia vista grossa para o namorado de sua esposa. Ele criara uma resistência irrisória aos franceses. Se ele se importava muito com alguma coisa, não era sobre política, mas com o relativo virtuosismo vocal dos *castrati* na ópera local. Preguiçoso e desenganado pelo domínio estrangeiro ou papal, ele flanava pela vida, e seu principal objetivo era *far l'ora* – fazer hora, matar o tempo.

Dois caminhos principais estavam abertos para os Diretores. Eles podiam ou exportar o governo republicano para o norte da Itália e torná-la uma república irmã, como a República Batava recém-fundada na Holanda, ou eles poderiam tratar o norte da Itália como degenerada, e, portanto somente um peão a ser sacrificado cinicamente na mesa de paz. Desalentados pelos relatos pessimistas de seus agentes, os Diretores quiseram adotar o segundo caminho. Para a pergunta, "Deveria a Itália ser republicanizada?", o ministro das Relações Exteriores, Delacroix, respondeu, "Não". O general Clarke disse aos Diretores que os submissos italianos não estavam maduros para a liberdade, uma afirmação com a qual muitos italianos também concordavam: o economista lombardo Pietro Vetri considerava seu povo retrógrado demais politicamente "para merecer o reino da virtude".

No entanto, Napoleão pensava diferente. Se os italianos tinham fraquezas, era porque eles estiveram escravizados por muito tempo. É verdade que Veneza havia afundado em uma incorrigível decadência, com seu registro de pedigrees de nobres, sua "população tola e covarde", mas em outros lugares Napoleão achava que as virtudes que haviam florescido no passado não haviam morrido – pelo menos entre escritores, advogados e acadêmicos – e poderiam ser encorajadas a prosperar uma vez mais. De fato, Napoleão acreditava que elas deviam ser encorajadas, pois ele via que toda a Europa estava trancada em uma grande guerra ideológica. Milão deveria se tornar uma república ou voltaria a ser inimiga da França.

Com isso como atitude geral, Napoleão foi rápido em relatar aos Diretores cada sinal de melhora. Em Milão, ele observou com aprovação um clube republicano com 800 membros, todos advogados e comerciantes. Em outubro de 1796, ele observou sinais de um movimento popular nos Estados Papais mais ao norte: "eles já estão considerando um revivalismo da antiga Itália". Eles poderiam ganhar com a experiência revolucionária francesa, Napoleão pensava: por outro lado, diferentemente dos franceses, os italianos não tinham obstáculos a superar, e essa era definitivamente uma desvantagem. Napoleão acreditava que a liberdade e a igualdade só podiam ser conquistadas com a prova de virilidade, e a melhor prova de virilidade era a coragem quando expostos a ataques. Então, durante outubro de 1796, ele pediu que voluntários italianos combatessem os austríacos. A resposta foi boa; ele inscreveu 3.700 em uma "Legião Lombarda" e os enviou para combater ao lado de seus irmãos de armas franceses no *front* do Ádige. Napoleão apresentou à legião uma bandeira que remetia à Tricolor: vermelha, branca e verde – o verde por muito tempo foi uma cor milanesa. Mais do que as 170 bandeiras inimigas que ele capturou, essa era a mais significativa bandeira na campanha italiana de Napoleão, pois duas gerações depois as listras vermelhas, brancas e verdes viriam a se tornar a bandeira de uma Itália livre.

Em uma série de cartas bem argumentadas, que refletiam dez anos de pensamento político, Napoleão apresentou seu ponto de vista aos Diretores. Por causa de suas vitórias, porque ele trouxera a Áustria à mesa de paz e, acima de tudo, porque seus argumentos eram positivos, enquanto os dos Diretores eram negativos, Napoleão conseguiu o que queria. Ele quase recebeu uma carta branca do antigo ducado de Milão, e se preparou para instituir uma nova República.

Como ela deveria se chamar? República Lombarda foi rejeitada porque os lombardos foram invasores estrangeiros, República Italiana porque a França estava em paz com quatro outros Estados na Itália. Serbelloni, um influente amigo de Napoleão, preferia "República Transalpina", "já que todos os sentimentos e todas as esperanças dessa república agora estão voltados para a França". Napoleão considerava seu nome dependente demais e por fim escolheu a denominação usada pelos antigos romanos: República Cisalpina.

Napoleão modelou sua constituição na da França. Todos os homens deveriam ter direitos iguais. O executivo deveria consistir de cinco Diretores, o legislativo de dois Conselhos: 40 a 60 Antigos e 120 Juniores. Napoleão nomeou os primeiros Diretores e primeiros membros dos Conselhos; os demais seriam escolhidos por voto. No dia 29 de junho de 1797, nasceu a livre e independente República Cisalpina. Em um discurso ao povo, Napoleão definiu suas intenções: "Para consolidar a liberdade, e com o único objetivo de sua felicidade, eu realizei uma tarefa como até agora foi empreendida somente pela ambição e pelo amor ao poder... Divididos e submissos à tirania por tanto tempo, vocês não poderiam ter conquistado sua própria liberdade; deixados à própria sorte por alguns anos, não haverá poder na terra forte o suficiente para tirá-la de vocês."

A República Cisalpina acabou sendo tão bem-sucedida que os ex-Estados Papais liderados por Bolonha pediram para entrar. Com o consentimento dos Diretores, Napoleão permitiu, e em julho de 1797 esses Estados foram anexados a Milão, dobrando assim o tamanho e a população da República Cisalpina.

Gênova se viu isolada entre a França republicana e a nova República Cisalpina: seu governo aristocrático começou a vacilar. Napoleão teve um prazer especial em encorajar o povo a derrubá-lo, acabando assim com um regime que por três séculos oprimiu a Córsega. Ele aplaudiu quando os genoveses queimaram o *Libro d'Oro* – um registro daqueles cujo sangue era azul o suficiente para governar – e depositaram as cinzas no mar. Na metade de 1797, Napoleão estabeleceu em Gênova o segundo dos Estados italianos que fundou: a República Liguriana.

Ao fomentar o republicanismo, Napoleão insistia em seus elementos positivos e construtivos, e tentou conter o preconceito que às vezes acompanhava as novas instituições. No dia 19 de junho de 1797, ele escreveu para os genoveses:

Cidadãos, descubro com grande desprazer que a estátua de Andrea Doria foi derrubada em um momento de fúria. Andrea Doria foi um grande marinheiro e estadista; a aristocracia era a liberdade de sua época. A Europa inteira inveja a preciosa honra de sua cidade por ter dado à luz este famoso homem. Não tenho dúvidas de que vocês se apressarão em restaurar sua estátua. Por favor, incluam meu nome como contribuinte nos gastos.

No final de 1797, mais uma vez Napoleão teve de repreender os genoveses:

Excluir todos os nobres da função pública seria um chocante ato de injustiça: vocês estariam fazendo o que eles mesmos fizeram no passado... toda vez que o povo de qualquer Estado, mas particularmente de um pequeno Estado, se acostuma a condenar sem ouvir, e aplaudir discursos meramente porque são passionais: quando eles chamam o exagero e a fúria de virtude; a equidade e a moderação, de crimes, a ruína desse Estado está próxima.

Dessa forma, Napoleão não só trouxe ao norte da Itália os princípios e as instituições da República Francesa, como fez o melhor que pôde para garantir que eles seriam exercidos com moderação.

Enquanto isso, negociações de paz com a Áustria estavam em andamento, e Napoleão, agora assumindo um novo papel como diplomata, precisava defender suas engatinhantes repúblicas em uma nova arena, a das relações internacionais. Em Leoben, a posição dos Diretores era de que a França precisava obter da Áustria a Bélgica, uma ex-colônia austríaca que foi conquistada pela França em 1795, e a fronteira do Reno. Esses eram os dois principais, em troca dos quais o norte da Itália poderia ter de ser devolvido. A posição austríaca era que a Áustria não poderia de jeito algum ceder Milão, que protegia sua vulnerável posição no Sul.

Napoleão estava agora em uma situação difícil, sozinho com um pequeno exército a mais de 900 km de Paris. Foi então que ele jogou na mesa de paz uma nova carta – Veneza. Isso compensaria a Áustria por Milão. É verdade que Veneza ainda não era dele, mas os nobres venezianos odiavam os franceses, e Napoleão acreditava que um confronto seria inevitável. Sua oferta criou comoção, e os austríacos logo aceitaram.

A leitura de Napoleão sobre o sentimento veneziano se mostrou correta. Na segunda de Páscoa, 17 de abril de 1797, enquanto os termos acordados em Leoben ainda permaneciam secretos, o povo de Verona, incitado por sermões, ergueu-se contra a guarnição francesa e massacrou 400 soldados, inclusive os feridos no hospital, que foram mortos a sangue frio. Outros atos hostis ocorreram; inclusive a captura de um navio de guerra francês pelos venezianos, e a morte de seu capitão. Napoleão, que havia considerado agir segundo sua conveniência, foi obrigado a agir imediatamente. Quando maio chegou, Veneza era dele.

Napoleão agora queria que o tratado de paz fosse assinado, lacrado e entregue logo, mas nisso ele viria a ter um choque. Os plenipotenciários do imperador se movimentavam tão lentamente na mesa de paz quanto Wurmser em campo. Gallo, que chegou no dia 23 de maio, insistia em ser chamado em todos os atos "Sire D. Martius Mastrilli, patrício e nobre de Nápoles, marquês de Gallo, cavaleiro da ordem real de São Januário, camareiro para Sua Majestade o rei das Duas Sicílias e seu embaixador na corte de Viena" – uma expressão que custava muita tinta e tempo. Esse cavalheiro pedante estabeleceu como uma concessão que, pelo Artigo I do tratado, o imperador reconhecia a República Francesa. Napoleão ergueu-se de um salto: "Tire isso! A República Francesa é como o sol no céu; azar daqueles que não veem".

Naquele verão, as discussões de paz foram transferidas para Campo Formio, no Vêneto, e Napoleão enfrentou um novo representante austríaco em Ludwig Cobenzl, um profissional atarracado disposto a cada truque do jogo. Esperando por uma reviravolta francesa ou pela ajuda da Inglaterra, Cobenzl fez o possível para adiar o tratado. Ele se opôs a um documento do Diretório porque foi escrito – em sóbrio estilo republicano – em papel, não no tradicional pergaminho, e seus lacres não eram suficientemente volumosos. Dois dias foram perdidos. Quando Cobenzl, com um falso ar de lamentação, anunciou a respeito da fronteira do Reno que ele não tinha poderes para agir em nome dos Estados do Império Germânico, Napoleão retorquiu: "O Império é um velho cozinheiro acostumado a ser explorado por todo mundo."

À medida que os atrasos se acumulavam e todas as suas vitórias pareciam estar prestes a ser anuladas, Napoleão ia se tornando cada vez mais irrequieto, e uma vez, agitando seu braço furiosamente, derrubou um precioso jogo de café de porcelana. Por fim, no dia 17 de outubro, o tratado de paz foi assinado, e Napoleão até garantiu uma vantagem de última hora: guardou para a França as Ilhas Jônicas, uma ex-colônia de Veneza, ganhando assim uma posição segura no leste do Mediterrâneo. Enquanto se despedia de Cobenzl, Napoleão se sentiu empolgado o suficiente para pedir desculpas por sua aspereza: "Sou um soldado acostumado a arriscar minha vida todos os dias. Estou no ápice de minha juventude e não consigo mostrar a contenção de um diplomata treinado."

Por meio do tratado de Campo Formio, Napoleão não só conseguiu uma paz favorável, como garantiu que a Áustria reconhecesse as duas repúblicas italianas que eram o grande ato construtivo de sua campanha italiana. Agora ele estava livre para deixar a Itália com Joséphine. Ele havia chegado como líder de um exército surrado e esfomeado; ele partia com um bom nome, para muitos italianos um benfeitor e libertador. Descobriu em si mesmo novos poderes: como líder militar, como político, mesmo como um diplomata. De acordo com Antoine Arnault, um dramaturgo que o viu muito em Mombello, Napoleão "não mostra arrogância, mas tem a postura de alguém que sabe seu valor e se sente no lugar certo".

Em novembro de 1797, Napoleão foi até Rastadt para conseguir que o tratado de Campo Formio fosse ratificado e, de lá, para Paris. No dia 10 de dezembro, em uma cerimônia pública no palácio de Luxemburgo, ele foi aclamado como nenhum outro general francês fora até então; mostrando a nova postura observada por Arnault, ele entregou aos Diretores o tratado de Campo Formio, ratificado pelo imperador, e fez um breve discurso colocando a campanha em perspectiva. "A religião", disse ele, "o sistema feudal e a monarquia governaram a Europa por vinte séculos, mas é na paz que vocês acabam de conquistar que começa a era dos governos representativos. Vocês conseguiram organizar essa grande nação, de forma que seu território está circunscrito pelos limites que a própria Natureza estabeleceu. Vocês fizeram até mais. Os dois países mais belos na Europa, uma vez tão famosos pelas artes, ciências e os grandes homens a quem serviu de berço, contemplam com alegre expectativa o Espírito da Liberdade erguer-se dos túmulos de seus ancestrais".

10

Além das pirâmides

Ao voltar da Itália, Napoleão recebeu um novo cargo: "comandante do exército contra a Inglaterra". Em fevereiro de 1798 ele foi até o noroeste da França para inspecionar, em meio a ventanias tempestuosas, as tropas e os navios reunidos nos portos do Canal. Os Diretores esperavam que Napoleão decidisse liderá-los contra a Inglaterra, o único país ainda em guerra com a França.

Napoleão estudou a situação cuidadosamente. Observou que a maior parte dos homens eram novos recrutas, e os oficiais, inexperientes. Faltavam navios e equipamentos. No ano anterior, a marinha inglesa havia destruído as frotas dos aliados da França, a Espanha e a Holanda, e tinha o domínio indiscutível dos mares. Mas o fato que mais pesava com Napoleão era que, dois meses antes, Hoche havia fracassado em enviar uma força expedicionária à Irlanda, ainda que a força dele tivesse somente 15 mil soldados. O que aconteceria com 100 mil? Napoleão olhou para as agitadas águas cinzentas e decidiu que não invadiria a Inglaterra. "Arriscado demais", ele disse ao seu secretário Bourrienne. "Não quero arriscar *la belle France* num lance de dados."

Em vez disso, Napoleão optou por uma invasão bem diferente, uma que ele acreditava que seria um golpe tão duro para a Inglaterra quanto chegar à costa de Sussex. Ele invadiria o Egito. Em 16 de agosto de 1797 ele já havia escrito: "Para destruir a Inglaterra completamente, precisamos nos apossar do Egito". Isso foi muitas vezes descrito como a fantasia descuidada de um aventureiro, o sonho de um aspirante a Alexandre, o Grande Nada poderia estar mais longe da verdade. Era uma operação muito menos perigosa que invadir a Inglaterra, e Napoleão a escolheu justamente por ser esse motivo.

Tampouco era uma ideia nova. O projeto circulava no Ministério das Relações Exteriores desde o ano em que Napoleão nasceu, e em 1777 De Tott havia visitado o Egito e se manifestou a favor de colonizá-lo. Mas foi Napoleão que adotou a ideia e a pôs em prática. Ele ouviu sobre o país pela primeira vez quando o autor do melhor livro sobre o Egito, Constantin de Volney, foi até a Córsega para cultivar algodão. A ideia havia amadurecido na Itália – a República Romana havia feito do Egito uma província; Veneza se tornara rica por conta do comércio egípcio de especiarias – e, ao tomar as Ilhas Jônicas, Napoleão reuniu em suas mãos a linha de comunicações necessária. Enquanto ainda estava na Itália, Napoleão apresentou a ideia ao ministro das Relações Exteriores, Talleyrand, que de início a aprovou e, no dia 5 de março, os Diretores deram a Napoleão plenos poderes para reunir a frota e o exército necessários.

Havia três metas para a expedição. Primeiro, Napoleão ocuparia o Egito, o libertaria de sua casta dominante, os mamelucos, e o desenvolveria como uma colônia francesa. Esperava-se pouca resistência. O Egito era um Estado fraco, praticamente independente, embora teoricamente pertencesse ao Sultão da Turquia. Napoleão preocupou-se em evitar a qualquer custo uma guerra contra a Turquia pelo Egito. Portanto, providenciou que, depois que tivesse ocupado o Egito, Talleyrand fosse até Constantinopla e, a partir de uma posição de força, negociasse um tratado favorável com a Sublime Porta. A promessa de Talleyrand fazer isso era fundamental para os planos de Napoleão.

A segunda meta era atacar a mais rica colônia da Inglaterra, a Índia. Isso poderia ser feito por terra, em aliança com a Turquia e a Pérsia ou, mais ambiciosamente, reconstruindo o velho canal através do istmo de Suez para permitir que uma frota francesa entrasse no Mar Vermelho, e de lá para o Oceano Índico.

A terceira meta da expedição veio com Napoleão e era inteiramente nova. Os franceses, na visão de Napoleão, iriam ao Egito para ensinar e para aprender. Ensinariam, porque o Egito era retrógrado e Napoleão, assim como Péricles, acreditava que seu país tinha uma missão civilizadora maior. Nas instruções dos Diretores para o comandante-chefe – esboçadas de fato por Napoleão – estava declarado que "Ele usará todos os meios em seu poder para melhorar as condições dos nativos do Egito". Portanto, os conhecimentos mais recentes em medicina, ciência e tecnologia seriam colocados à disposição dos egípcios. Ao mesmo tempo, os franceses tentariam aprender sobre um país praticamente desconhecido na Europa. Explorariam, mapeariam, observariam e registrariam fenômenos naturais. Seria uma viagem não só de conquistas militares, mas de descobertas científicas.

Com o consentimento dos Diretores, Napoleão começou a recrutar um tipo incomum de exército: acadêmicos, cientistas e artistas. Ele não lhes contava aonde estavam indo, por causa de espiões ingleses; ele simplesmente os convidava

ALÉM DAS PIRÂMIDES

a se juntarem a uma nova expedição. Entre aqueles que aceitaram estavam o naturalista Geoffroy Saint-Hilaire, Nicolas Conté, uma autoridade em uso de balões em guerras e inventor do lápis grafite, Gratet de Dolomieu, um mineralogista que deu seu nome às dolomitas, Jean Baptiste Fourier, um brilhante jovem matemático que se especializava no estudo do calor, Vivant Denon, um talentoso projetista e gravurista com um gosto pela aventura, e Redouté, o pintor de flores. Houve algumas recusas. O abade Jacques Delille, cuja poesia Napoleão apreciava quando criança lamentou que, aos 60 anos de idade, estivesse velho demais. Méhul, o compositor, não queria sair da França, e o cantor Loys tinha medo de pegar um resfriado: assim como muitos, ele provavelmente acreditava que o destino de Napoleão seria Flessingue. No lugar deles, Napoleão convocou Parseval-Grandmaison, um poeta que havia traduzido Camões, Riget e Villoteau. Em dez semanas, Napoleão recrutou 150 civis, inclusive quase todos os jovens cientistas talentosos da França. Uma grande diferença em relação a 1794, quando Coffinhal enviou Lavoisier à guilhotina com a observação "A República não precisa de cientistas".

À medida que sua frota e exército iam sendo reunidos, Napoleão chegou a Toulon com Joséphine. Ele estava mais apaixonado do que nunca, mas agora sua felicidade era ofuscada pelo fato de que ainda não fora capaz de dar um filho a ela. Depois que ele partiu, Joséphine iria para Plombières, um local de termas nos Vosges, onde as águas sulfurosas supostamente incentivariam a fertilidade. Napoleão fora avisado por seus irmãos de que Joséphine estava vendo Hippolyte Charles demais, e ele lhe pedira que ela se mantivesse longe do belo hussardo. Joséphine disse que sim. Ela estava se apegando a Napoleão, como disse a Barras em uma carta, "apesar de seus pequenos defeitos". Entre os pequenos defeitos ela certamente incluía seus tapinhas de amor, beliscões e puxões, dados com carinho por Napoleão, mas muito dolorosos para Joséphine.

Uma manhã, quando Napoleão e Joséphine ficaram na cama até tarde, Alexandre Dumas, um dos generais de Napoleão, entrou no quarto deles. O general Dumas era nativo das Índias Ocidentais e possuía uma força imensa: colocando quatro dedos nos tambores de quatro mosquetes, ele conseguia levantar tudo – 17 quilos – em toda extensão de seu braço. Dumas reparou que Joséphine estava em lágrimas. "Ela quer ir para o Egito", Napoleão explicou, e depois perguntou, "Você levará sua esposa, Dumas?" "Céus, não! Ela seria um grande estorvo!" "Se tivermos de permanecer lá por vários anos", prometeu Napoleão, "vamos buscar nossas esposas." Então ele virou para Joséphine. "Dumas só produz filhas e eu nem isso consegui fazer; no Egito cada um de nós tentará gerar um filho. Eu serei o padrinho do dele, e ele será do meu." Napoleão pontuava essas observações, de acordo com Dumas, com um barulhento tapa nas nádegas nuas e bem talhadas de Joséphine.

Do lado de fora do quarto de Napoleão, conveses eram esfregados e metais eram polidos em 180 navios; 1.000 canhões de dezenas de milhares de projéteis armazenados nas celas. Setecentos cavalos foram levados a bordo e amarrados em estábulos improvisados, completos com palha e feno. Por último, 17 mil soldados marcharam para dentro dos navios. Entre eles, como de costume, haviam espiões pagos pelos diretores, com ordens de relatar reveses ou comportamento antirrepublicano por parte dos generais. Em contraste com a expedição italiana, esta estava bem equipada, pois em fevereiro os Diretores enviaram uma expedição à Suíça para ali estabelecer uma República irmã, que capturou 30 milhões de francos em ouro.

Na manhã de 18 de maio de 1798, Napoleão ordenou que fossem disparadas seis salvas, o sinal para que todos que estavam na margem embarcassem. Os aposentos dele ficavam na nau capitânia *L'Orient*. Na manhã seguinte, às sete horas, Napoleão ordenou que sua frota levantasse as âncoras e partisse da enseada em forma de C. Dali, onde apenas quatro anos e meio antes o major Bonaparte bombardeou navios ingleses, Napoleão liderou a maior armada já reunida na França. E essa era somente parte da força total. Outra frota saindo de portos italianos incharia o número de navios para quase 400, e as tropas para 55 mil. No comando de tudo estava um general com menos de trinta anos.

Napoleão havia trazido a bordo uma pequena biblioteca, e para passar as horas no mar sua tripulação pedia emprestado livros dela. Bourrienne leu *Paul et Virginie*, o jovem Géraud Duroc também leu um romance, e Berthier, tão apaixonado por Giuseppina Visconti quanto Napoleão estava por Joséphine, mas incapaz de se casar-se porque ela já tinha um marido, mergulhou na tristeza sentimental de *Werther*. "Livros para camareiras!", zombava Napoleão, embora ele mesmo gostasse de um romance de vez em quando, e disse a seu bibliotecário: "Dê-lhes história. É só o que homens deveriam ler".

À noite, eles se sentavam no convés em meio à suave brisa de início de verão, e Napoleão propunha questões para debates informais: pressentimentos são um guia verdadeiro para o futuro? Como sonhos devem ser interpretados? Qual a idade da Terra? Há vida em outros planetas? Quando praticamente todos os seus oficiais administrativos se mostravam ateus, Napoleão apontava acima das velas ondulantes do *L'Orient*, na direção das estrelas brilhantes no céu mediterrâneo: "Então quem fez aquilo?".

No dia 9 de junho, Napoleão chegou de Malta. Ela pertencia à autônoma Ordem dos Cavaleiros de São João de Jerusalém e sua capital Valeta, com muros

ALÉM DAS PIRÂMIDES

de três metros de espessura, defendida por 1.000 canhões, era conhecida por ser a cidade mais fortemente protegida do mundo. Mas Napoleão sabia como distinguir entre uma reputação baseada em feitos passados e um fato presente. Ele tinha razão para acreditar que Malta, assim como Veneza, era um mero fóssil, e os 332 cavaleiros, paramentados em seda preta com enormes cruzes brancas maltesas, figuras de um baile de máscaras. Agentes haviam sido enviados na frente para subornar todos os cavaleiros com inclinações a crenças republicanas; e para criar desconforto entre os 200 cavaleiros franceses contra o Grão-Mestre, que era de ascendência germânica. Fizeram seu trabalho habilmente, e três dias depois da chegada de Napoleão à ilha dos cavaleiros, sem disparar um único tiro, cedeu Malta à República Francesa. Napoleão colocou a questão sucintamente: a Ordem "não servia mais a um propósito; ela caiu porque tinha de cair".

Napoleão deu a si mesmo seis dias para reformar esse bastião de privilégio e obscurantismo. Ele disparou, por assim dizer, uma salva de decretos. Aboliu a escravatura. Aboliu os privilégios feudais. Judeus teriam direitos iguais aos dos cristãos e poderiam construir uma sinagoga. Ele libertou 2 mil turcos e mouros. Decretou que ninguém deveria fazer votos religiosos antes de atingir a maturidade, que ele estabeleceu em 30 anos. Estabeleceu 15 escolas primárias para uma população de 10 mil a fim de ensinar "os princípios da moralidade e da Constituição Francesa". Aperfeiçoando as reformas com uma referência ao seu próprio passado, decretou que 60 meninos malteses deveriam ser enviados a Paris e educados livres como franceses.

Após esse interlúdio revigorante, que ele apreciou de maneira minuciosa, Napoleão continuou a navegar, mantendo-se ansiosamente atento a navios ingleses. Na noite de 22 de junho, as duas frotas de fato atravessaram o caminho uma da outra, mas na escuridão de uma noite enevoada nem os almirantes ingleses nem os franceses souberam. Logo estavam se aproximando do litoral de Creta, onde o artista Denon esboçou o Monte Ida, e Napoleão, erguendo seus olhos do Corão para observar o mesmo cume, reparou que em toda a história o povo havia mostrado uma necessidade por religião. Por fim, no dia 30 de junho, depois de seis semanas no mar, eles avistaram a costa do Egito, e Denon, pensando em Cleópatra, César e Antônio, murmurou para si mesmo um rígido alerta republicano: "Foi ali que o império da glória se rendeu ao império da volúpia."

Napoleão não tinha tempo para cunhar aforismos. Ele enfrentava uma situação militar desconfortável. A costa norte do Egito não tinha nenhum porto exceto por Alexandria, que Napoleão não queria atacar pelo mar. Ele foi obrigado a atracar com 5 mil homens em um tempo turbulento, em uma praia de areia acessível. O lugar que ele escolheu foi Marabut, a 13 km de Alexandria, e ali, à luz do luar, as tropas francesas de uniforme azul vadearam até a margem na areia branca, assim como seus ancestrais, cruzados de St. Louis, haviam feito mais para o leste, cinco séculos antes. O próprio Napoleão pôs os pés em solo egípcio às três da madrugada e, depois de revistar suas tropas, marchou por um quase deserto arenoso com figueiras plantadas até a cidade onde, muito tempo atrás, um egípcio chamado Napoleão havia entregado sua vida à fé. Os alexandrinos receberam um breve alerta sobre o ataque francês, mas, distraídos, não fecharam um de seus portões. Com a perda de 200 feridos, Napoleão ocupou a segunda maior cidade do Egito bem em tempo de almoçar.

Napoleão deixou Alexandria nas competentes mãos de Jean Baptiste Kléber, um modesto ex-arquiteto de rosto rechonchudo de Estrasburgo, o primeiro de muitos generais destemidos que ele traria da Alsácia-Lorena. Então ele marchou para o sul, primeiro passando por solo pantanoso, depois por deserto rochoso. Era a estação mais quente: ele e seus homens sofreram de sede, disenteria, escorpiões e enxames de borrachudos. Depois de duas semanas se arrastaram para fora desse deserto para encontrar o exército turco-egípcio reunido à sombra das três pirâmides de Gizé.

A elite desse exército eram 8 mil mamelucos. Eles ou seus ancestrais vinham de fora do Egito, principalmente de Circássia e Albânia, e desde a infância suas vidas foram dedicadas à guerra. Um mameluco investia a maior parte de suas riquezas em equipamento de combate: selas de maçaneta alta decoradas tão ricamente quanto tronos com tecido incrustrado em ouro com corais e joias, excelentes pistolas inglesas e uma cimitarra damascena.

Napoleão, praticamente sem nenhuma cavalaria, viu que teria de depender de sua infantaria e seus canhões. Reuniu duas divisões em quadrados de seis fileiras, canhões nos cantos, e manteve uma terceira divisão na reserva. Como de costume, na manhã da batalha fez um discurso para suas tropas: desta vez começou com uma alusão aos três grandes maciços de pedra cortando o horizonte: "Soldados, do alto dessas pirâmides, quarenta séculos estão os desprezando".

Liderados por Murad Bey, um circassiano alto que conseguia decapitar um boi com um único golpe de sua cimitarra, os mamelucos atacaram os quadrados franceses. Enquanto os primeiros deles saltavam de seus cavalos e penetravam as fileiras francesas, Napoleão, à frente da divisão da reserva, passava por trás dos mamelucos, separou-os de seu campo fortificado, bombardeou sua retaguarda e bombardeou o resto do exército. Os 16 mil egípcios da infantaria, que nunca haviam visto armas pesadas, entraram em pânico, se dispersaram e tentaram atravessar o Nilo a nado. Os mamelucos lutaram bravamente, mas não

ALÉM DAS PIRÂMIDES

conseguiram resistir ao fogo cruzado de Napoleão. A Batalha das Pirâmides durou somente duas horas, mas foi uma das vitórias mais decisivas de Napoleão: com uma perda de 200 homens, destruiu ou capturou praticamente o exército inimigo inteiro de 24 mil, e tomou posse do Baixo Egito.

Napoleão, que havia conversado com Volney e lera seu livro, estava preparado para encontrar no Cairo uma cidade pobre, e foi uma cidade pobre que ele encontrou quando a adentrou dois dias depois, um bom exemplo dos efeitos de um reinado ausente e uma classe dominante de origem estrangeira. Com exceção de três belas mesquitas e dos palácios dos mamelucos, o Cairo era uma grande coleção de barracos e bazares com pouco para vender além de abóboras e tâmaras cheias de larvas, queijo de camelo e pão fino e insípido como panquecas secas. Mas esse, afinal, era o objetivo da expedição: libertar, ensinar, desenvolver. Ao montar seu quartel-general em um antigo palácio mameluco, Napoleão declarou o fim do domínio turco, e colocou a administração da cidade nas mãos de um *diwan* (conselho) de nove xeques aconselhados por um comissário francês. Então ele correu atrás dos mamelucos em retirada, alcançou-os no Deserto do Sinai, e os derrotou decisivamente em Salahieh. Dessa vez ele capturou o tesouro deles de ouro e joias, e o dividiu entre seus oficiais.

De bom humor após Salahieh, Napoleão abriu uma carta que acabara de chegar de Kléber. Ela continha notícias péssimas. Napoleão havia deixado a frota francesa de dezessete navios ancorados, aparentemente a salvo, na baía de Abukir. Em uma manobra ousada, Horatio Nelson enviou cinco navios ingleses entre os franceses e a margem, e abriu fogo de dois lados ao mesmo tempo. Os franceses lutaram de volta, mas não tiveram a menor chance. *L'Orient* pegou fogo; o jovem filho do capitão Casabianca mostrou uma excepcional bravura ao tentar evitar que as chamas atingissem a pólvora do navio, um episódio que posteriormente foi versificado: "O menino estava no convés em chamas..." Mas ele não teve sucesso e *L'Orient* explodiu. No total, os franceses perderam 13 dos 17 navios de guerra.

Napoleão e seus 55 mil homens agora estavam isolados. Napoleão percebeu que eles não poderiam esperar por suprimentos, reforços, talvez nem cartas, muito menos suas esposas. Mas ele aceitou a notícia com tranquilidade. Depois de pedir a Lavalette, o ajudante que trouxera a carta, que mantivesse em segredo seu conteúdo, Napoleão foi tomar café da manhã com sua equipe, que estava de bom humor depois do compartilhamento de ouro e joias. Escolhendo seu momento, Napoleão disse: "Parece que vocês gostam deste país: que bom, pois agora não temos frota para nos levar de volta à Europa". Então ele deu os detalhes. "Não importa", ele concluiu, "temos tudo de que precisamos: podemos fabricar pólvora e balas de canhão." Antes que o café da manhã terminasse, Napoleão havia comunicado sua própria tranquilidade a seus homens, e ninguém mais falou sobre o assunto. Mas ele viu que agora, mais do que nunca, precisava obter vitórias.

Como comandante-chefe do exército ocupante, Napoleão era o único responsável por governar o Egito. Ele fez isso emitindo ordens e decretos. Para aconselhá-lo, instituiu um corpo consultivo de 189 egípcios proeminentes. Isso, explicou ele, "acostumaria os notáveis egípcios às ideias de assembleia e governo". Em cada uma das 14 províncias Napoleão estabeleceu um *diwan* de até nove membros, todos egípcios, mas aconselhados por um civil francês, para cuidar de policiamento, suprimentos alimentícios e higiene.

Napoleão, em uma série de decretos, criou o primeiro serviço postal regular do Egito, e um serviço de carruagem entre o Cairo e Alexandria. Ele começou uma casa da moeda, para transformar ouro mameluco em *écus* franceses. Construiu moinhos de vento para levantar água e moer milho. Começou o mapeamento do Egito, do Cairo e de Alexandria. Ergueu os primeiros postes de luz no Cairo, nas ruas principais, com quase 10 metros de distância entre um e outro. Começou as obras de um hospital com 300 leitos para os pobres. Estabeleceu quatro estações de quarentena para conter uma das pragas do Egito, a peste bubônica. Ele trouxera consigo um conjunto de tipos árabes – tomado da Propagação da Fé papal – e com ele produziu os primeiros livros impressos do Egito: não catecismos, mas um relato da oftalmia, e manuais sobre como tratar a peste bubônica e a catapora.

Napoleão havia lido o Corão na viagem para lá, e o achou "sublime". Como um racionalista do século XVIII, um admirador de Voltaire, Napoleão acreditava que homens são irmãos, e compartilham uma crença em um Deus benevolente. Somente as barreiras doutrinárias erguidas por padres e teólogos mesquinhos evitavam a fraternidade de homens de idolatrarem, juntos, o único Deus que os fez. Napoleão não encontrou nada no Corão que entrasse em conflito com essa crença. Sabendo da importância da religião no Egito, Napoleão anunciou, em sua primeira proclamação: "Qadis, xeques, imames, digam ao povo que também somos muçulmanos de verdade. Não somos os homens que destruíram o Papa, que pregava guerra eterna contra os muçulmanos? Não somos aqueles que destruíram os Cavaleiros de Malta, porque aqueles insanos acreditavam que deveriam constantemente travar guerra contra a fé de vocês?". Mais tarde, enquanto anunciava vitórias francesas, ele assumiu uma linha parecida. Napoleão, que acreditava firmemente na Providência, embora não tanto quanto Joséphine no Destino, atribuía com toda sinceridade os sucessos franceses a

Alá, e descrevia a si mesmo como alguém destinado pelo Todo-Poderoso a expulsar os turcos, e seus acessórios, os mamelucos.

Napoleão tentou conquistar o apoio dos líderes religiosos. Discutia teologia com os muftis e lhes disse que admirava Maomé. Para homenagear o aniversário do Profeta, ele ordenava desfiles, salvas de armas e fogos de artifício. Um dia, eufórico, ele alardeou que construiria uma mesquita com meia légua de circunferência onde ele e seu exército inteiro pudessem idolatrar. Então ele fez um pedido aos muftis: se eles anunciariam nas mesquitas que os franceses eram muçulmanos de verdade como eles, e aconselhariam os egípcios a prestar um juramento de lealdade ao governo de Napoleão. Os muftis responderam que se os franceses fossem muçulmanos de verdade, deveriam passar pela circuncisão e abrir mão do vinho. Napoleão decidiu que isso seria levar a adaptação um pouco longe demais. Por fim, chegaram a um acordo. Napoleão continuaria a proteger o Islã, e os muftis emitiram uma declaração limitada, mas extremamente útil, descrevendo Napoleão como o mensageiro de Deus e amigo do Profeta.

Napoleão foi bem-sucedido, em boa parte graças à abertura religiosa, ocupação e administração pacífica de um país com duas vezes o tamanho da França. Ele enfrentou um levante sério, quando fanáticos religiosos mataram parte da guarnição francesa no Cairo. Embora Tallien, um representante do governo, o incentivasse a atear fogo em todas as mesquitas e matar todos os sacerdotes, Napoleão não fez nada do tipo, é claro. Ele sacrificou os líderes do grupo e deixou que a rebelião morresse sozinha. Ela não se repetiu.

Napoleão gostava do Egito: não das moscas, da sujeira e das doenças, mas da terra e do modo de vida. "Napoleão" significa "leão do deserto" e ele gostou do deserto da mesma maneira que a maioria dos homens ama o mar. Ele gostava de atravessar o grande deserto de areia, geralmente a cavalo, mas às vezes no dorso de um camelo. O lado espartano de seu caráter combinava com a vida simples dos egípcios, onde posses contavam pouco e o caráter, muito. Ele gostava da confiança deles na Providência. Ele até gostava do modo como se vestiam. Uma vez ele experimentou usar turbante, túnica até os tornozelos e uma adaga em forma de meia-lua. Mas Tallien, que editava o jornal semanal de Napoleão, lançou um olhar republicano sobre essa indumentária oriental e, a conselho seu, Napoleão não a usou mais. Acima de tudo, talvez, ele gostasse do nome pelo qual os egípcios o chamavam: Sultão el-Kebir. Mais do que uma tradução de "comandante-chefe", ele sugeria que eles aceitavam Napoleão no lugar do Sultão da Turquia como governante.

O que os egípcios achavam de Sultão el-Kebir? Eles viam primeiramente um homem de energia e hábitos meticulosos, que, no escaldante calor trabalhava doze horas por dia com seu uniforme apertado abotoado até o pescoço. Eles viam um general que, embora tivesse proibido os açoites, conseguia manter a disciplina. Quando soldados roubaram tâmaras de um jardim particular, Napoleão evitava uma reincidência só de jogar com o medo francês da desonra. "Duas vezes por dia eles marcharão em volta do campo, com o uniforme virado do avesso, carregando as tâmaras, e uma placa com a palavra 'Saqueador'". Por fim, eles viam um homem que se importava com a justiça de um modo que os turcos nunca se importaram. Um dia, em um encontro com xeques, Napoleão soube que alguns árabes da tribo de Osnades haviam assassinado um felá e levado embora o rebanho de ovelhas do vilarejo. Napoleão chamou um oficial do Estado-Maior e lhe disse para levar 300 cavaleiros e 200 camelos para perseguir e punir os agressores. "O felá era seu primo", perguntou um xeque, sorrindo, "para você estar tão furioso com sua morte?" "Ele era mais do que isso", Napoleão respondeu. "A Providência havia confiado a segurança dele aos meus cuidados" "Maravilhoso!", respondeu o xeque. "Você fala como alguém inspirado pelo Todo-Poderoso."

Napoleão dividia seu tempo no Cairo entre egípcios influentes e os cientistas que ele trouxera da França. Entre os cientistas, seu melhor amigo era o matemático Gaspard Monge, um homem da classe operária – seu pai fora um amolador de facas – que, aos 14 anos, havia inventado um carro de bombeiros, e aos 27 salvou a França com uma nova técnica para transformar sinos de igreja em armas. Agora aos 52 anos, Monge tinha uma cara larga, olhos profundos sob sobrancelhas espessas, um nariz carnudo e lábios cheios. Ele era um homem de hábitos simples e bom coração, e gostava de conversar. Sua esposa não queria que ele viajasse, e Napoleão teve de bater na porta dos Monge, onde a empregada o confundiu com um dos alunos de seu patrão por causa de sua pouca idade, para convencer Madame Monge a deixar seu marido ir.

Em certa ocasião, Napoleão contou a Monge que quando menino queria trabalhar com ciência, e só as circunstâncias o tornaram um oficial de exército. Havia alguma verdade nisso: na Paris revolucionária, por exemplo, Napoleão de alguma forma encontrou tempo para assistir a aulas públicas sobre química dadas pelo inseparável amigo de Monge, Claude Berthollet. Monge comentou que Napoleão nascera tarde demais e citou a frase de Lagrange: "Ninguém consegue rivalizar com Newton, pois existe somente um mundo e ele o descobriu". "Newton solucionou o problema do movimento planetário", Napoleão respondeu. "O que eu esperava era descobrir como o movimento em si era transmitido, através de corpos infinitesimais."

Por seu talento em matemática, Napoleão havia sido recentemente eleito membro da seção de matemática do Institut de France. Um mês depois de che-

ALÉM DAS PIRÂMIDES · 157

gar ao Cairo, fundou um instituto-irmão para organizar a pesquisa de seus acadêmicos. Ele fez de Monge o presidente, e a ele mesmo vice-presidente. O Institut se reunia a cada cinco dias, ou ao ar livre à sombra de mimosas, ou no harém de uma mansão desapropriada. Napoleão passava tanto tempo lá que seus oficiais de patente ficaram com ciúmes dos "cães pequineses", como se referiam aos acadêmicos. Um civil com a barba feita era visto pelos egípcios como sinal de escravidão, então a maior parte dos membros deixou crescer grandes bigodes.

Napoleão e Monge designaram membros para vários projetos. Para citar só alguns, Berthollet estudava as técnicas egípcias de fabricação de índigo, Norry mediu a coluna de Pompeia, Savigny descobriu uma espécie desconhecida de ninfeia azul, Villoteau fez pesquisas com música árabe, o cirurgião Larrey estudou oftalmia, observou que o olho direito era afetado com mais frequência do que o esquerdo, e associou isso ao hábito dos egípcios de dormirem sobre seu lado direito, que assim estava mais propenso a ser afetado pela umidade.

Claude Berthollet, um taciturno químico que havia complementado a forja em bronze de Monge com um novo método para fabricar pólvora, passou semanas nos lagos de natrão do Deserto da Líbia estudando um fenômeno químico: a formação de carbonato de sódio por meio do contato do sódio com o carbonato de cálcio que existe no leito dos lagos. A maioria das pessoas acreditava, na época, que as mudanças químicas eram causadas por "afinidade eletiva", mas como resultado de sua pesquisa Berthollet mostrou em seu *Essai de Statique Chimique* que reações químicas dependem em parte das massas de substâncias reagentes, aproximando-se assim de formular as leis de ação das massas.

Geoffroy Saint-Hilaire, de 26 anos, era o zoólogo do Institut. Havia fundado o zoológico no jardim botânico de Paris, onde Napoleão costumava caminhar com Junot para aliviar sua depressão nervosa; ele havia escrito, junto com Cuvier, uma obra-prima sobre o orangotango. Embora tivesse a saúde delicada – uma grave conjuntivite o cegou por quatro semanas – ele fez estudos detalhados sobre o crocodilo, o avestruz e o *polypterus*, um peixe do Nilo desconhecido na Europa que lembra certos mamíferos. Ao coletar ibises mumificadas das tumbas de Tebas, ele se tornou o primeiro homem a estudar o progresso de uma espécie dentro de um período de milhares de anos. Através desses e outros estudos relacionados em anatomia comparativa, Saint-Hilaire deu precisão à teoria lamarckista da evolução e ajudou a pavimentar o caminho para Darwin.

Napoleão também, em menor proporção, fez parte do trabalho científico de campo. A tarefa que ele impôs a si mesmo era estudar o canal que na antiguidade se juntou ao Mar Mediterrâneo e ao Vermelho. Trabalhou no projeto com um de seus amigos mais próximos, o general Max Caffarelli, do corpo de engenheiros. Caffarelli, assim como Napoleão, era tanto um teórico quanto um homem prático. Ele surpreendeu o Institut com um artigo erudito no qual alegava que toda propriedade é uma forma de roubo; em suas oficinas ele conseguia transformar qualquer coisa, desde balas de canhão até os conjuntos de tigelas de madeira encomendados por Napoleão, para a recreação das tropas. Caffarelli tinha uma perna de pau, e quando estavam com saudades de casa, os soldados brincavam: "Caffarelli está bem – ele tem um pé na França".

Um dia, Napoleão e Caffarelli partiram para o canal, levando consigo, embrulhado em papel, um piquenique de três frangos assados. Eles foram de cavalo até "as Fontes de Moisés", fontes naturais de água perto do Suez. Depois de inspecionar os vestígios do canal, tirando medidas e discutindo as dificuldades envolvidas, voltaram para casa. Mas seus guias egípcios se perderam e quando a noite caiu foram todos pegos pela maré do Mar Vermelho. Todos tiveram de nadar para se salvar. Napoleão viu Caffarelli perder sua perna de pau, mas com a ajuda de um dos guias conseguiu arrastar o general aleijado para um lugar em segurança. Mais tarde, Napoleão encarregou o engenheiro Le Père de fazer um levantamento do istmo, e o detalhado relatório de Le Père veio a ser um dos documentos principais na decisão, muitos anos depois, de construir um novo canal.

Napoleão, assim como todo visitante no Egito, interessou-se muito pelas pirâmides. Certo dia ele saiu para visitá-las, acompanhado por Berthier, cujo amor por Giuseppina Visconti estava assumindo proporções extravagantes. Ele ficava anunciando para Napoleão que pretendia renunciar e ir encontrá-la na Itália. Ele olhava abobado para a lua no exato momento em que ele sabia que sua amada em Milão a veria pela primeira vez. Ele projetou uma tenda especial carregada por três mulas que, quando montada, se tornava um templo para Giuseppina Visconti. Ela continha um altar no qual ele colocou o retrato dela e na frente do qual ele queimava incenso com grande reverência. Napoleão, que gostava de zombar de Berthier, entrava na tenda de botas e deitava casualmente no divã, para o que Berthier balbuciava que Napoleão estava "profanando o santuário".

Napoleão e Berthier chegaram à Grande Pirâmide e inspecionaram o trabalho, iniciado por Napoleão, de tirar areia da Esfinge enterrada pela metade. Junto com Monge, que também estava no grupo, Berthier decidiu escalar a Pirâmide. Monge alcançou o topo, mas na metade do caminho Napoleão viu o apaixonado Berthier voltar desconsolado. "Já vai descer?", Napoleão gritou. "*Ela* não está no topo, meu pobre Berthier, mas *ela* tampouco está aqui embaixo!"

ALÉM DAS PIRÂMIDES

O segundo-tenente Bonaparte havia copiado em seu caderno, da *História* de Rollin, as dimensões da Grande Pirâmide, inclusive sua massa em braças cúbicas. Esse número provavelmente permaneceu na mente de Napoleão, pois ele tinha uma notável memória para números. De qualquer maneira, após inspecionar a pirâmide, Napoleão disse a Monge que com as pedras naquela construção seria possível erguer uma muralha em torno de Paris com um metro de largura e três metros de altura. Mais tarde, Monge confirmou que o cálculo de Napoleão estava correto, mas igualmente interessante é o fato de Napoleão ter olhado a Pirâmide do modo que olhou: ou seja, não em relação ao poder dos faraós, nem à tumba que ela continha, nem aos problemas tecnológicos envolvidos na construção: mas em termos de seu tamanho exprimível em números em relação à França.

A busca de Napoleão por conhecimento tinha seu lado divertido. Em dada ocasião, Napoleão pediu ao artista Rigo que fizesse desenhos à mão dos núbios, os habitantes mais atrasados do Egito, em seus trajes nativos. Rigo começou a trabalhar, mas assim que os homens negros viram suas imagens na tela, se apavoraram. "Ele pegou minha cabeça! Ele pegou meu braço!", eles gritaram, e fugiram. Mais uma vez Napoleão convidou o povo do Cairo para visitar as oficinas do Institut, onde Conté fabricava tudo, desde salitre até cornetas. Mas era novidade demais para homens que não possuíam nem um carrinho de mão ou um par de tesouras. Os egípcios tinham certeza de que Conté era um alquimista que transformava chumbo em ouro, e quando ele fez uma demonstração com o balão, enquanto os sacos globulares subiam para o céu azul passando por cima do Nilo, eles balançavam suas cabeças com turbantes sabiamente e resmungavam, "Esses franceses estão em conluio com o diabo."

Os ingleses naturalmente zombavam do modo heterodoxo de seu inimigo fazer campanha. Um caricaturista inglês imaginou uma dupla de esquálidos cientistas franceses sendo atacados por crocodilos bravos: um era mordido na coxa, o outro nas nádegas. Os cientistas recebiam o crédito da autoria de tratados sobre "A Educação dos Crocodilos" e "Os Direitos do Crocodilo".

Napoleão percebeu que se ele quisesse conhecer os egípcios detalhadamente, precisava descobrir o que haviam sido e feito no passado: mas a história egípcia era, tanto para europeus quanto para egípcios, um vazio quase total. Então ele enviou Vivant Denon para fazer um levantamento de antiguidades no Alto Egito. Denon acompanhou o corpo do exército do general Desaix, fazendo esboços "no meu joelho ou em pé, mesmo sobre um cavalo, e sem finalizar nenhum como eu gostaria". Entre as antiguidades que ele registrou para a Europa estavam o Templo de Hórus, com casas árabes no topo, e o templo de

Ptolomeu em Dendera. Depois de examinar o corredor perfeitamente preservado deste, sustentado por colunas, Denon anotou em seu diário: "Os gregos não inventaram nada!".

Napoleão também incentivou o estudo de hieróglifos. Os franceses copiaram com precisão inscrições de grandes monumentos, na verdade copiaram tantos que ficaram sem lápis, e Conté teve de improvisar mais alguns, derretendo balas de chumbo em junco retirado do Nilo. Mas eles não entendiam os estranhos sinais. Seguindo os gregos, erroneamente acreditavam que hieróglifos eram todos símbolos figurativos, e que o egípcio era basicamente a mesma língua que o chinês.

A verdade emergiu de maneira dramática e de uma fonte improvável: uma grande e feia pedra preta. Em uma sessão do Institut em julho de 1799 – a mais importante sessão realizada sob o comando de Napoleão – foi lido um documento do Cidadão Lancret, anunciando "a descoberta em Roseta de algumas inscrições que podem oferecer muito interesse". Em uma laje de basalto com 118 centímetros de altura e 77 de largura havia um texto escrito em três diferentes línguas: hieróglifos, demótico – a língua do Egito moderno – e grego. Lancret sabia ler grego: era um decreto comemorando a acessão de Ptolomeu V Epifânio ao trono do Egito em 197-196 a.C. e listando suas benfeitorias para o clero. Quando o grego foi comparado aos hieróglifos, tornou-se possível identificar o cartucho que significava Ptolomeu, e daí os valores de *p*, *o* e *l*.

Jean François Champollion, um brilhante jovem francês que sabia nove línguas orientais, seguiu as pistas fornecidas pela Pedra de Roseta. Ele coletou mais e mais valores, sempre decifrando nomes estrangeiros. Então surgiu a questão de se os egípcios usavam os cartuchos somente como uma forma improvisada de escrever nomes estrangeiros ao Egito, ou se eles os usavam para seus próprios reis? Examinando um cartucho recém-copiado de Abu Simbel, Champollion viu que ele continha um círculo parecido com o sol perto de um sinal ao qual ele havia dado o valor de *m* (na verdade era *ms*); e, por fim, dois sinais aos quais ele dera o valor *s*. Ele percebeu que ao dar ao disco solar seu som copta *Re* e ao mesmo tempo o identificando com o deus *Ra* mencionado por escritores gregos, ele tinha o faraó Ramsés, mencionado na Bíblia. Muito entusiasmado, Champollion pegou outro cartucho para examinar; ele continha a figura de uma íbis, sagrada para o deus Thoth, e o mesmo sinal *ms* presente no primeiro cartucho. Isso denotava que Tutmés, conhecido dos registros gregos, havia sido outro faraó. Naquele instante, hieróglifos egípcios perderam seu manto de mistério. O segredo da escrita egípcia era que ela combinava sinais que representavam ideias com sinais que representavam sons.

ALÉM DAS PIRÂMIDES   161

A Pedra de Roseta foi a mais importante descoberta feita pela expedição de Napoleão. Ela viria a desvendar não somente os hieróglifos, mas o mundo desconhecido da história egípcia. Isso fez os egípcios cientes de si mesmos como um povo com um grande passado, e, portanto, possivelmente com um grande futuro. Sua descoberta, juntamente com inúmeras melhorias científicas e médicas introduzidas pelos "cães pequineses" de Napoleão, pode ser considerada o marco da fundação do Egito moderno.

Em outubro de 1798, Napoleão pôde estar razoavelmente satisfeito com seus quatro meses no Egito. Ele havia ocupado o país e o estava desenvolvendo rapidamente. Graças às distrações que ele improvisou, incluindo concertos, peças e caçadas a avestruzes, suas tropas não ficaram desmotivadas demais. Ele mesmo estava em excelente saúde, e cercado por amigos, inclusive seu enteado Eugène, um sincero e dedicado jovem de 17 anos, de quem Napoleão gostava e a quem foi feito ajudante-de-campo. Mas esse período de felicidade foi destruído por duas traições.

A primeira traição veio na forma de uma carta, pois apesar do bloqueio de Nelson, ocasionalmente um navio conseguia vir da França. A carta era dirigida a Junot; fora enviada de Paris, e como continha notícias de Joséphine, Junot julgou ser sua obrigação mostrá-la a Napoleão. Joséphine havia voltado das termas de Plombières junto com Hippolyte Charles em sua carruagem. Nas várias paradas para dormir, os dois ficaram nas mesmas pousadas. De volta a Paris, Joséphine passou a receber Charles na rue Chantereine, número 6, e havia sido vista com ele em público, nos mal iluminados camarotes do Théâtre des Italiens. Como resultado, toda Paris tinha certeza de que Joséphine e Hippolyte eram amantes.

Quando ele leu a carta sobre Joséphine, no começo Napoleão não conseguia acreditar. Até então ele nunca tivera nenhuma prova definitiva de que sua esposa tivera sido infiel. Ele perguntou a vários de seus amigos, inclusive Berthier, sobre Hippolyte Charles, e eles confirmaram a notícia. Todos, exceto ele, pareciam saber. Napoleão empalideceu, bateu com a mão na cabeça várias vezes e disse a Bourrienne, em uma voz falha: "Joséphine! E estou a 600 léguas de distância!". Ele jurou exterminar Charles e sua raça de janotas, e então condenou Joséphine. "Vou me divorciar dela. Sim, terei um espalhafatoso divórcio público."

Napoleão era um perfeccionista, como sabemos, e, assim como todos os perfeccionistas, quando as coisas davam errado, estava sujeito a uma profunda desilusão. No ano anterior, conversando com um amigo ele havia comparado a vida a "uma ponte jogada sobre um rio veloz. Viajantes a atravessam, alguns sem pressa, outros correndo, alguns a seguem em linha reta, outros serpenteando. Um grupo, oscilante, faz uma parada para dormir ou olhar o rio. E há outros, carregados de fardos e sem descanso, que se esgotam tentando pegar bolhas de todas as cores que charlatões sopram no vazio de plataformas ricamente decoradas. Assim que são tocadas essas bolhas desaparecem, sujando a mão que as tentou pegar".

Agora outra bolha havia estourado. Desde o começo Napoleão tivera dúvidas sobre o amor de Joséphine por ele, e agora que essas dúvidas foram confirmadas escreveu uma carta a seu confidente favorito, Joseph, dando total vazão à sua desilusão. "O véu foi terrivelmente despedaçado", disse Napoleão. "Você é a única pessoa que restou para mim; valorizo sua amizade... Providencie para mim uma casa de campo quando eu voltar, ou perto de Paris ou na Borgonha... estou cansado da natureza humana. Preciso ficar sozinho e isolado. Grandes feitos me são indiferentes. Qualquer sentimento secou. A fama é insípida."

Mesmo essa carta, que ajudou a aliviar sua dor, acabou sendo usada contra Napoleão, e por fim redobrou sua dor. Nelson a interceptou, junto com uma carta de Eugène para Joséphine, descrevendo a infelicidade de Napoleão. Ambas as cartas apareceram no jornal londrino *Morning Chronicle* do dia 24 de novembro, e antes que o mês terminasse Napoleão já virara motivo de chacota em Paris.

Napoleão detestava fazer papel de tolo – era uma de suas principais características – e logo procurou uma maneira de se desembaraçar. A partir do Egito ele não poderia proceder com o "espalhafatoso divórcio público", mas pelo menos podia mostrar que não era aquele homem ridículo, um marido inconsolável. Entre as 300 francesas que acompanhavam seu exército, como costureiras e lavadeiras, havia uma bela loira de Carcassonne, a esposa de um tenente da infantaria, chamada Pauline Fourès. Ela e o marido não eram muito apaixonados e quando Napoleão demonstrou um interesse por ela, Pauline se divorciou. Napoleão então assumiu a sulista como sua amante. Ele não era apaixonado por Pauline – suas tropas descreveram corretamente o Institut como a "amante favorita" de seu general – mas ela era bonita e doce. Napoleão exibia Pauline abertamente em sua carruagem quando passava pelas ruas do Cairo, e, como ele esperava, espalhou-se a notícia em Paris de que o novo conquistador do Egito tinha uma Cleópatra.

A segunda traição teve consequências mais extensas do que a primeira. Em cartas atrás de cartas, Napoleão perguntava a Talleyrand se ele havia cumprido sua promessa e ido a Constantinopla para negociar um tratado com a Turquia. Ele nunca obteve uma resposta. Talleyrand, na verdade, não foi. Tampouco fa-

ALÉM DAS PIRÂMIDES

zia parte dos planos desse escorregadio político alavancar a carreira de Napoleão ou fazer uma desconfortável jornada de mais de 2 mil quilômetros. Como resultado, no outono de 1798 deu-se o acontecimento que Napoleão mais temia: sob pressão da Inglaterra, a Turquia declarou guerra à França. Naquele inverno, um exército turco se reuniu na Síria para invadir o Egito.

Napoleão tinha razões para alarme. Os turcos eram conhecidos em toda a Europa por sua crueldade. Eles decapitavam prisioneiros e mantinham a Grécia oprimida por massacres constantes de vilarejos inteiros, inclusive mulheres e crianças. Se um exército turco entrasse no Egito, seria uma catástrofe para os egípcios, bem como para os franceses. Napoleão decidiu se antecipar ao ataque. No final de janeiro ele reuniu 13 mil homens, 900 da cavalaria e 49 canhões para invadir a Síria, como a Cidade Santa era chamada na época.

Depois de uma marcha angustiante através do Deserto do Sinai, durante a qual eles foram obrigados a comer jumentos e camelos, Napoleão e seus homens chegaram à fértil planície em torno de Gaza, onde limoeiros e oliveiras faziam Napoleão lembrar de Languedoc. Ele capturou Gaza no dia 25 de fevereiro e fez 2 mil turcos prisioneiros. O principal problema de Napoleão era comida – ele mal tinha o suficiente para seu próprio exército – então libertou os turcos capturados com a condição de que eles não participassem mais da guerra. Em seguida, foi em frente, e no dia 7 de março tomou Jaffa de assalto. Ali ele capturou 4 mil turcos. Centenas deles eram homens que Napoleão havia soltado sob condicional em Gaza.

Napoleão agora precisava enfrentar uma decisão assustadora. Ele podia manter os turcos como prisioneiros. Mas então seria incapaz de alimentá-los. Quase a 500 km de sua base no Cairo, seus próprios homens mal carregavam biscoitos o suficiente para eles mesmos, e no deserto não conseguiriam encontrar mais comida. Ou ele poderia libertar os prisioneiros. Claramente eles voltariam para o principal exército turco, inchando assim os números de uma força já muito maior que a sua. Os turcos morreriam de fome, ou ele teria de combatê-los novamente – e ao fazer isso, derramaria sangue francês. Napoleão achou a decisão terrível demais para tomar sozinho, e fez o que nunca fizera antes, convocou um conselho de guerra com todos seus oficiais veteranos. Discutiram a respeito por dois dias, e cada um deu sua opinião. A maioria decidiu que só havia uma coisa a fazer – fuzilar os prisioneiros. Era um caminho terrível a se seguir, mas a eles parecia um mal menor que qualquer outra alternativa. Napoleão deu as ordens necessárias e, no dia 10 de março, os turcos foram mortos.

Napoleão continuou sua marcha subindo a costa de Acre, um porto cercado por mar em três lados e, no quarto, apresentava o mais formidável sistema de defesa no Oriente Médio: um castelo construído pelos Cruzados com a força da Grande Pirâmide, defendida por uma vala, muralhas e 250 canhões. Do lado de dentro havia uma forte guarnição turca e 800 marinheiros ingleses comandados por Sidney Smith, um elegante oficial que havia combatido Napoleão em Toulon.

Napoleão decidiu tentar capturar Acre. Se ele conseguisse, poderia negar à frota inglesa sua base mais importante, e ele próprio teria uma rota livre para Damasco e Constantinopla. Era uma aposta grande, assim como o risco que ele corria. Isso porque, para contornar o difícil terreno do deserto, ele havia enviado a maior parte de seus canhões por mar, e os ingleses os capturaram. Napoleão agora tinha apenas 12 canhões, e tão pouca munição que teve de apanhar balas de canhão já usadas pelo inimigo, oferecendo uma recompensa de 4 *sous* por balas de 4 libras, 12 *sous* por balas de 24 libras. Com essa munição emprestada, conseguiu penetrar três vezes as muralhas dos castelos; por três vezes seus homens atacaram o pátio dianteiro; por três vezes eles foram expulsos por afiadas cimitarras. Nesse momento crítico, Napoleão recebeu uma mensagem urgente do general Kléber, que estava protegendo seu flanco direito e havia sido atacado por um número superior de soldados. Napoleão correu em seu socorro, encontrou Kléber em sua sexta hora de combate ao inimigo, e na planície abaixo do Monte Thabor liderou 4.500 tropas francesas para a vitória sobre 35 mil turcos.

De volta a Acre, Napoleão viu que o calor, os canhões inimigos e as doenças estavam minando seu pequeno exército. Monge estava delirante com disenteria e Napoleão transferiu o matemático para sua própria tenda. Para piorar, Max Caffarelli havia atravessado uma das rasas trincheiras do *front*. Como de costume, para manter o equilíbrio com a perna de pau, ele mantinha sua mão esquerda no quadril. Isso significava que seu cotovelo ficava pouco acima do nível do chão. Amigos avisaram que os turcos estavam atirando em qualquer coisa que vissem, por menores que fossem, mas Caffarelli manteve sua mão no quadril. Um momento depois uma bala de canhão estraçalhou a junta de seu cotovelo. A ferida foi tão grave que Larrey teve de amputar-lhe o braço esquerdo.

Napoleão foi imediatamente ver seu amigo e pedia constantemente por notícias. Algumas noites depois, Bourrienne entrou em sua tenda, cabisbaixo. Ele disse que Caffarelli pedira que lessem para ele o prefácio de Voltaire ao L'Esprit des Lois de Montesquieu, e durante a leitura perdeu a consciência. "Ele estava tão ansioso para ouvir aquele prefácio!", murmurou Napoleão, que foi ver seu amigo. Mas ele encontrou Caffarelli ainda inconsciente, e naquela noite ele morreu. Desde a infidelidade de Joséphine, Napoleão passara a esperar muito das relações com seus oficiais, e agora ele sofreu tudo que um homem sofre ao perder um amigo próximo. Ele disse que a França havia perdido um de seus melhores cidadãos, e a Ciência um de seus famosos sábios. Mandou embalsamar o coração de Caffarelli e o colocou em um relicário: esse relicário veio a ser um dos pertences valiosos de Napoleão, e onde quer que ele morasse ele o carregava consigo.

Napoleão continuou o cerco com mais nove canhões pesados que chegaram até ele pelo mar. Em ataques sangrentos, os franceses abriram caminho até Acre, sendo depois expulsos ou capturados e instantaneamente decapitados. Os turcos, por sua vez, abriram fogo quase contínuo contra as linhas francesas. Uma vez uma bomba-relógio caiu aos pés de Napoleão e ele foi arrastado para um lugar seguro por dois granadeiros; outro dia, enquanto ele observava o inimigo através de um telescópio colocado entre os feixes de uma bateria de canhões, um projétil turco atingiu os feixes de cima, jogando-o violentamente de volta para os braços de Berthier. Como um de seus generais observou, "Estamos atacando à moda turca uma fortaleza defendida à moda europeia".

Na noite de 7 de maio, quando o cerco já durava há seis semanas, Napoleão avistou uma frota anglo-turca de 30 navios, trazendo reforços de Rodes. Se Acre fosse cair, deveria cair logo. Ele ordenou que o 69º fizesse um ataque completo. Eles conseguiram entrar, mas bem em tempo Sidney Smith trouxe um destacamento de marinheiros ingleses, e eles, recém-ingressados na batalha, expulsaram os franceses. Napoleão viu que perdera Acre; teve um acesso de fúria e gritou com o 69º: "Vou vestir vocês com saias", ele gritou. "Baixem seus culotes. Vocês têm bocetas no meio das suas pernas, não pintos. Baixem os culotes desses maricas."

Relutantemente, Napoleão decidiu abandonar o cerco e voltar para o Egito. Foi um momento doloroso: seu primeiro revés desde Maddalena. Mas ele não teria muito tempo para remoer, pois agora enfrentaria um novo problema. Em Jaffa, vários casos de peste bubônica haviam ocorrido: transmitida por uma pulga carregada por ratos, a doença produz inchaços primeiro nas axilas e virilha, depois na garganta, ao que a morte costuma suceder em alguns dias. Napoleão havia isolado os casos, mas a peste se espalhara e agora centenas de homens estavam contaminados. Alguns estavam tão doentes que não conseguiam nem sentar em uma mula. Então surgiu a questão: o que deveria ser feito com eles?

Napoleão, mais do que a maioria de seus soldados, cuidava de seus feridos e doentes. No Cairo, por exemplo, ele mandou fazer um pão especialmente bom para eles, que estava proibido de ser servido "ao comandante-chefe, ou a qualquer general, ou para o general intendente", e ordenou que bandas militares tocassem do lado de fora dos hospitais todos os dias ao meio-dia para alegrar os pacientes. Ele agora sentia compaixão por seus bravos homens atingidos pela Peste Negra. Ele sabia que se eles ainda estivessem vivos quando os turcos os pegassem, seriam decapitados. Ele disse a Desgenettes, comandante do corpo médico, que seria uma boa ideia acabar com a agonia das vítimas da peste com uma forte dose de ópio. Desgenettes discordou: ele disse que seria melhor deixá-los à mercê da própria sorte. Por fim, chegou-se a um acordo. Para 30 dos soldados moribundos afetados pela peste, os médicos administraram láudano como analgésico. Isso teve o efeito inesperado de lhes causar vômito, com resultados benéficos; parte dos 30 se recuperou e voltou a salvo. Quanto aos doentes que conseguiam viajar, Napoleão emitiu a seguinte ordem: "Todos os cavalos, mulas e camelos serão dados aos feridos, doentes e empestados que mostrarem qualquer sinal de vida". Essa ordem mal começara a circular quando o cavalariço de Napoleão se apresentou. Que cavalo, perguntou ele, o general havia reservado para si? Napoleão bateu furiosamente com seu chicote no cavalariço. "Todos que não estiverem doentes irão a pé, começando por mim."

Napoleão conduziu seu exército surrado para baixo da costa da Terra Santa, e para dentro do Deserto do Sinai. Em fevereiro, a cavalo, essa jornada já havia sido ruim, mas agora, a pé, com uma longa fileira de feridos, em um calor que chegava a 54° C, era uma lenta tortura. No entanto, no começo de junho Napoleão trouxe a maior parte de seu exército a salvo de volta para o Egito e se preparou para repelir o exército turco que deveria chegar em breve.

Os turcos se aproximaram da margem perto de Alexandria no dia 11 de julho, acamparam na península próxima de Abukir, e ali, no dia 25 de julho, Napoleão os atacou. Ele tinha 8 mil homens contra 9 mil turcos, basicamente uma elite de janízaros vestidos com largas calças azuis e turbantes vermelhos, armados com mosquetes, pistolas e sabres. Eles se organizaram em duas fileiras com quase 2 km de distância entre eles; a primeira fileira em uma planície, a segunda em uma colina chamada Monte Vizir. Atrás deles havia o mar, e o mar, Napoleão decidiu, seria seu aliado mais confiável na batalha a seguir.

Napoleão enviou Lannes e L'Estaing contra o centro da primeira fileira turca, e Murat com a cavalaria para derrubar tanto o flanco direito quanto o esquerdo. Isso levou os turcos de volta ao Monte Vizir. Napoleão então descansou suas tropas e continuou com a batalha às três da tarde. Murat, vestindo um exuberante uniforme com mais detalhes dourados do que tecido azul mostrou uma soberba coragem. Mustufa, o general turco de barba branca, disparou uma pistola direto na sua mandíbula inferior, ao que Murat tirou a pistola da mão do paxá com seu sabre, arrancando dois dedos com ele, e continuou a conduzir sua cavalaria para dentro do grosso dos janízaros, por fim varrendo-os para o mar. Cinco mil turcos perderam suas vidas afogados, cerca de 2 mil foram mortos e 2 mil capturados. Somente alguns escaparam.

A estratégia de Napoleão, combinada à coragem de Murat, fez de Abukir uma importante e providencial vitória francesa. Ela limpou a mácula que fora a derrota em Acre. "Diga a todas as jovens senhoras", Murat escreveu para casa, "que mesmo que Murat tenha perdido parte de sua boa aparência, nenhuma dirá que ele perdeu qualquer bravura na guerra do amor."

A posição de Napoleão pós-Abukir era razoavelmente boa. Durante os treze meses desde que ele pisara em solo egípcio, ocupou o país, iniciou um grande número de melhorias e obteve muitos novos conhecimentos. Somente a segunda meta da expedição falhou: não havia esperança imediata de atacar a Índia. Mas, por meio de sua vitória entre o mar e a areia, Napoleão conteve a ameaça da Turquia, e aparentemente não havia razão para que ele não permanecesse no Egito e continuasse pacificamente seu trabalho de desenvolvimento.

Logo depois da batalha de Abukir, Napoleão conseguiu um pacote de jornais, incluindo uma *Gazette française de Francfort* do dia 10 de junho de 1799. Ele passou os olhos avidamente por suas páginas, pois não tinha notícias da Europa havia seis meses. Descobriu que a França havia entrado em uma situação quase inacreditável de tão ruim. Em vez de um inimigo, a Inglaterra, agora ela enfrentava cinco: Inglaterra, Turquia, Nápoles, Áustria e Rússia. Um exército anglo-russo havia chegado à Holanda, um exército austro-russo invadira a Suíça e capturara Zurique. Uma frota turco-russa capturara Corfu, orgulho das Ilhas Jônicas. Um exército austro-russo invadiu o norte da Itália, derrotou os franceses em Cassano e desmantelou a República Cisalpina, de forma que todo o trabalho construtivo de Napoleão na Itália foi temporariamente desfeito. Ainda pior que isso, a França estava em um estado de colapso econômico. De acordo com os jornais, era apenas uma questão de tempo até Luís XVIII subir ao trono.

"Será verdade?" Napoleão exclamou. "Pobre França!... O que eles fizeram, esses pilantras?" Tudo que ele estimava parecia estar se esfacelando, todos os valores que ele havia reunido em seu brinde em um banquete franco-egípcio: "Ao ano 300 da República!" O que ele deveria fazer? Ele poderia permanecer onde estava e esperar por ordens de Paris, ordens que provavelmente nunca atravessariam o bloqueio inglês. Ou ele poderia tentar furar ele mesmo aquele bloqueio – esperando voltar para a França e, uma vez lá, efetuar a ação decidida pelos Diretores para salvar a *patrie* e a República. Pois eram elas que importavam acima de tudo: o Egito era somente um espetáculo secundário. Os empecilhos no segundo caminho eram óbvios – ele seria acusado de desertar seu exército, de tomar uma decisão que somente os Diretores teriam o direito de tomar. No entanto, Napoleão escolheu o segundo caminho. "Eu precisava assumir todos os riscos, pois meu país era o lugar onde eu mais seria útil."

Napoleão convocou o almirante Ganteaume e descobriu que quatro pequenos navios estavam disponíveis, inclusive a fragata que ele chamara de *Muiron* em homenagem a um de seus ajudantes-de-campo favoritos, que morrera em Arcola. Secretamente, ele fez os preparativos para navegar até a França com esses quatro navios, levando somente alguns oficiais e civis. Depois de entregar o comando do exército a Kléber, no dia 23 de agosto de 1799, após quatorze meses no Egito, Napoleão partiu para a França.

O corso jamais voltaria a ver o Egito. Mas, em quatorze meses dinâmicos ele deixara sua marca nas areias que apagam a maioria das marcas humanas. O que aconteceu ali depois é contado de forma breve. O exército francês sofreu derrotas tanto dos turcos quanto dos ingleses e foi repatriado sob um tratado assinado em 1801. O Egito, após um período de anarquia, emergiu como uma nação independente comandada por Mehemet Ali, um dos sobreviventes da Batalha de Abukir. Ele manteve o elo próximo com a França, e foram cientistas franceses, até a época de Lesspes, que desenvolveram o Egito.

Do outro lado, os "cães pequineses" perderam seu status privilegiado após a partida de Napoleão. Mesmo assim, continuaram, sob condições terríveis, a observar e coletar, e partiram para a França com todos os seus tesouros exceto por um item, a Pedra de Roseta, que foi para Londres. Quando voltaram para a França, Napoleão mais uma vez deu-lhes patrocínio e colocou-os para trabalhar compilando o relato mais suntuoso e detalhado de um país estrangeiro até então produzido: a *Déscription de l'Egypte*. Em dez volumes, lindamente ilustrados, tratando de todos os assuntos desde antiguidades até zoologia, Napoleão disponibilizou ao mundo as descobertas iniciadas pelo Institut d'Egypte, na verdade tudo que valia a pena ser conhecido sobre o passado e o presente do Egito. Mais do que as bandeiras turcas capturadas em Monte Tabor e Abukir, esses livros foram os troféus de sua campanha egípcia.

II

Uma nova Constituição

Napoleão chegou a sua casa em Paris às seis da manhã do dia 16 de outubro de 1799, com a sorte de ter escapado da fragata inglesa, e logo se viu envolvido em um drama doméstico. Sua casa havia sido redecorada com itens caros, mas Joséphine não estava lá. "Os guerreiros do Egito", Napoleão observou secamente, "são como os de Troia. Suas esposas foram igualmente fiéis", e ele renovou sua decisão de se divorciar de Joséphine. Só quando sua esposa voltou, dois dias depois, explicando que ela fora encontrá-lo na rota de Borgonha – Napoleão viera por Nevers – e, junto com os filhos, implorou às lágrimas por uma noite inteira do lado de fora da casa, Napoleão cedeu e a perdoou pelo episódio de Charles. Ele se recriminou por ser fraco – como de fato era, para padrões corsos –, mas Joséphine só enxergou força por trás de sua ameaça de divórcio e da terrível noite de pranto; ela sabia agora que Napoleão era dominante e, feminina como ela era, preferia assim. Ela e Napoleão começaram a se assentar em uma relação mais feliz.

Os diretores estavam esperando por Napoleão e na verdade o haviam convocado de volta para casa em uma carta que fora interceptada. Quando ele foi se apresentar, eles lhe ofereceram o comando de qualquer exército que ele escolhesse. Napoleão havia voltado para responder à ameaça de uma invasão estrangeira, mas descobriu que durante o verão a ameaça havia sido contida com sucesso por outros, particularmente Massena. Agora o perigo para a França estava em outra parte, e ele disse aos diretores que consideraria a oferta.

Napoleão só precisou olhar dentro de seu próprio círculo para descobrir a extensão da podridão dentro da França. Paul Barras degringolou. Ele trocou seu trabalho por mulheres e jogatina; levando o tipo de vida de seu primo, o Marquês de Sade, ele vendia qualquer trabalho para pagar por seus prazeres. O governo era praticamente ausente, o que levou à inflação. Após uma dúzia de apresentações de sua peça *Oscar*, o amigo de Napoleão, Arnault, recebeu do caixa do teatro direitos autorais no total de 1,3 milhão de francos. "A França está mais pobre do que nunca!", Arnault comentou com sua mãe. "Como assim?", perguntou ela. "Por que eu sou um milionário", respondeu.

Sete oitavos dos artesãos de Paris estavam desempregados, e servidores públicos não eram pagos há tempos. As estradas estavam tão perigosas que parte da bagagem de Napoleão foi roubada por bandidos. Vendée e a Bretanha estavam novamente em guerra, mas, ao menos em Paris, muitos ansiavam por um rei Bourbon, já que nada poderia ser pior que os diretores, e vendedoras de flores ofertavam seus buquês com uma piscadela e uma cutucada: "Cinco por um luís. Cinco por um luís".

Mais deprimente que os fatos era a atitude dos franceses diante deles. Dois dos irmãos de Napoleão haviam escrito romances que refletiam a desordem: a equipe de Joseph nas neves alpinas, a de Lucien, nas selvas úmidas e quentes do Ceilão. Ambos adotaram uma atitude de escapismo e desesperança diante de uma situação que lhes parecia irremediável.

Napoleão não poderia tolerar a apatia de seus irmãos. Ele via que a República estava novamente em perigo, e cabia a ele fazer algo a respeito. Duas semanas depois de sua volta, Napoleão decidiu que entraria para a política. A decisão veio naturalmente de suas aspirações passadas, como expresso em seu ensaio sobre a Felicidade, mas foi fortalecida por suas experiências no Egito. Como o sultão El Kebir, ele não só havia comandado um exército, como havia governado um país – e, acreditava ele, governara muito bem. Quando mais tarde analisou os motivos por trás de sua decisão de entrar para a política, ele disse: "Não agi pelo amor ao poder, mas porque senti que eu era mais instruído, mais perceptivo, *plus clarvoyant* – e mais qualificado do que qualquer outro".

A primeira ideia de Napoleão era ser eleito um diretor. As eleições eram feitas pelos Conselhos, mas as vontades dos próprios diretores contavam bastante. Então Napoleão foi para Luxemburgo para ver Paul Barras. Embora Napoleão não soubesse, Barras estava nos últimos estágios de negociação secreta com monarquistas fora do país para trazer Luís XVIII de volta; ele receberia 12 milhões de francos por isso. Ciente do republicanismo intransigente de Napoleão, Barras tratou o jovem general de maneira muito fria e o passou para o diretor que presidia na época, Gohier. Louis Gohier era um advogado tímido de 53 anos, que compartilhava o fraco de Barras por mulheres bonitas; inclusive, ele gostava bastante de Joséphine. Mas, se Napoleão nutria qualquer esperança por causa disso, ele foi rudemente desapontado. Gohier apontou que, de acordo com a Cons-

UMA NOVA CONSTITUIÇÃO

tituição, ninguém com menos de quarenta anos poderia se tornar diretor. Napoleão tinha somente trinta. Um dia, disse Gohier de forma condescendente, Napoleão certamente entraria para o governo, mas não agora. "Então você se manteria leal a uma regra que priva a república de homens capazes?", retrucou Napoleão. "Em minha opinião, general, não poderia haver desculpa para mexer com a lei." "Presidente, o senhor está se apegando à letra que mata."

Napoleão se viu impedido de entrar para o governo, já que Gohier representava os advogados que compunham os Conselhos. No entanto, a recepção que ele teve em toda a França e os tributos espontâneos de pessoas de todas as classes o convenceram de que ele tinha um papel a desempenhar salvando a república. De fato, se ele não a salvasse, quem é que salvaria?

Seria necessário, Napoleão decidiu, trazer à luz uma nova constituição, com um limite mínimo de idade mais baixo para o Executivo. O Diretório já havia demonstrado como isso poderia ser feito. Em duas ocasiões diferentes, em setembro de 1797 e em maio de 1798, os diretores cercaram as câmaras do Conselho com tropas para assustar membros, obrigando-os a anular a eleição de cerca de cinquenta deputados cujas visões os diretores temiam. De fato, Gohier, que se apegava tão obstinadamente à letra da constituição, pertencia a um governo que por duas vezes agiu inconstitucionalmente e, ao fazer isso, perdia qualquer direito a uma autoridade legal, segundo os franceses.

O próprio Napoleão não era tão influente a ponto de iniciar tal mudança. No entanto, calhou de ele ser procurado por um diretor recém-nomeado, Joseph Sieyès. Autor do panfleto *O que é o Terceiro Estado?*, que ajudou a iniciar a Revolução, Sieyès agora tinha 51 anos e nos Quinhentos ele fora o mais proeminente orador em prol de princípios liberais. Ele morava sozinho em um apartamento de solteiro de terceiro andar, com um busto de cera de seu herói, Voltaire. Um homem magro com uma calva em forma de domo, nariz longo e pontudo e uma voz fina, ele sofria de hérnia e varizes. Mas tinha coragem. Uma vez, um padre descontente chamado Poule entrou em seus aposentos e o feriu no pulso e no ventre. Sieyès friamente disse a seu porteiro: "Se um tal de *monsieur* Poule me chamar novamente, diga que não estou em casa".

Napoleão e Sieyès, fisicamente tão diferentes, logo descobriram que intelectualmente eles tinham muito em comum, e Sieyès tinha a experiência na política de alto escalão que faltava a Napoleão. Napoleão disse ao ex-abade: "Não temos governo porque não temos Constituição, pelo menos não o tipo da qual precisamos. Cabe à sua genialidade produzir uma. Uma vez que ela estiver feita, nada será mais fácil do que governar". Sieyès, por sua vez, estava impressionado com Napoleão. Em agosto ele havia dito: "Precisamos de uma espada";

agora ele encontrara uma. Ele contou a um amigo: "Pretendo marchar com o general Bonaparte porque, de todos os soldados, ele é o mais próximo de um civil".

Napoleão e Sieyès concordaram quanto às táticas. Eles convidariam os diretores a renunciar, deixando assim o Executivo vago; para substituir os diretores, eles pediriam aos dois conselhos que nomeassem um comitê de três para preparar a nova Constituição. Como era esperada oposição entre os Quinhentos, e as multidões de Paris poderiam aderir, para evitar derramamento de sangue os amigos de Sieyès nos Anciões transfeririam os dois conselhos para o palácio de Saint-Cloud, no subúrbio de Paris.

Napoleão e Sieyès trouxeram para o esquema membros importantes dos Anciões: Roederer, que era o principal jornalista político da França, Talleyrand, Joseph e Lucien, que, respingado pela glória de Napoleão, havia sido eleito presidente dos Quinhentos. A tensão logo aumentou. Suspeitando de uma conspiração, Gohier, no dia 28 de outubro, tentou forçar Napoleão a assumir o comando de um exército fora do país. Napoleão recusou, dizendo que não estava bem de saúde. Então Barras também começou a desconfiar, e com um colega diretor, o oficial de gabinete general Moulins, tentou trazer Napoleão para dentro do esquema para reinstaurar Luís XVIII. Napoleão recusou.

Napoleão teve de depender inteiramente de sua própria personalidade para conquistar apoio. Ele não tinha dinheiro, pois Joséphine havia gasto tanto de seu salário de general que ele encontrou menos de 100 luíses em dinheiro vivo, e até o momento ele não tinha baionetas: as 7 mil tropas no distrito de Paris estavam sob comando dos diretores, e três deles o viam com desconfiança. Então, foi com o máximo sigilo que ele mandou Roederer imprimir pôsteres, que seriam colocados no dia escolhido para o golpe. Referindo-se às duas ocasiões nas quais os diretores haviam eliminado deputados recém-eleitos, os pôsteres diziam: "ELES AGIRAM DE TAL FORMA QUE NÃO EXISTE MAIS UMA CONSTITUIÇÃO".

A manhã do 18 de Brumário – sábado, 9 de novembro de 1799 – veio fria e cinzenta, com neblina. Napoleão chegou cedo à rue de la Victoire, número 6 – a rue de Chantereine havia sido renomeada em homenagem às vitórias que ele tivera – e colocou roupas civis, pois atualmente ele era um general com meio salário. Evidentemente, ele estava muito ansioso, pois sua letra, que piorava em períodos de preocupação, agora havia se tornado quase ilegível. Mas estava tentando resistir a esse humor, pois nos últimos dias ele foi ouvido cantando trechos de sua música predileta mais recente, *Ecoutez, honorable assistance*". Ele enviou mensagens a oficiais superiores que os convidavam para "uma jornada", e à medida que cada um deles chegava ele os levava para seu escritório para explicar o que a jornada envolvia. Então eles esperaram do lado de fora, subindo e descendo em pares os caminhos do jardim em pedra, com os sabres batendo nas pedras e esporas tilintando quando eles viravam.

O oficial mais importante chegou, general Lefèbvre, em 1789 um sargento-major, agora governador militar de Paris. Um grande homem bruto do povo com um queixo comprido, ele olhou direto nos olhos de Napoleão e disse com seu carregado sotaque alsaciano: "Que diabos está acontecendo aqui?" Napoleão explicou que eles precisavam salvar a República. Lefèbvre fez cara feia e se mostrou avesso, mas Napoleão sabia que esses modos bruscos escondiam um coração gentil. "Olhe", ele disse, "aqui está a espada que carreguei na Batalha das Pirâmides. Eu a dou para você como prova de minha estima e confiança". Ele entregou a espada para Lefèbvre, que ficou comovido. Depois de um momento ele disse: "Estou pronto para jogar esses advogados vagabundos no rio".

Enquanto isso, os Anciões se encontraram em uma sessão de emergência. Cornet, um amigo de Sieyès, anunciava que um esquema havia sido descoberto e que havia somente um momento para salvar o Estado: "A menos que você aproveite aquele momento", ele avisou, na retórica do dia, "será o fim da República, e seu esqueleto será dado a abutres que brigarão pelos seus membros decepados". Cornet propôs que os Conselhos deveriam se mudar para Saint-Cloud, onde fariam seus trabalhos no dia seguinte, e que Napoleão deveria ser nomeado comandante do distrito de Paris, para garantir a segurança dos Conselhos. As duas medidas foram implementadas.

Assim que Cornet lhe trouxe sua nomeação, Napoleão colocou seu uniforme de general: culotes brancos, casaco azul com lapelas largas bordadas em ouro, e na cintura uma faixa vermelha, azul e branca. Montado em um corajoso garanhão espanhol preto que lhe fora emprestado, ele conduziu seus amigos oficiais através de Paris, passando pela Place de la Concorde, com sua estátua da Liberdade em gesso, até o palácio das Tulherias. Às dez horas ele entrou e jurou lealdade aos Anciões como comandante do distrito de Paris. Então ele enviou 300 de suas novas tropas ao palácio de Luxemburgo, para "proteger" os Diretores. Gohier e Moulins, alarmados, tentaram entrar em contato com Barras, mas este mandou dizer que estava no banho. Ali ele permaneceu, esperando por uma aproximação de última hora de Napoleão. A aproximação não veio. Gohier e Moulins renunciaram e, mais tarde naquele dia, Talleyrand entrou mancando no palácio de Luxemburgo, viu Barras, negociou como só ele sabia, e por fim garantiu sua renúncia; o preço foi 500 mil francos. Naquela noite, Barras foi até a casa de campo acompanhado pelos dragões de Napoleão. O próprio Napoleão permaneceu no palácio das Tulherias até tarde, conversando com Sieyès. As coisas não foram tão mal, concluíram eles; e os parisienses também pensavam isso, pois a variação dos papéis do governo francês subiu de 11,35 para 12,88.

Na manhã seguinte, Napoleão percorreu os mais de 10 km até Saint-Cloud, um palácio alto e rústico com pilastras na fachada principal e um desajeitado telhado curvo. Seus homens já estavam lá, com tendas armadas na entrada. Havia alguns poucos granadeiros inflamados, mas a ampla maioria eram os plácidos veteranos cujo trabalho era atuar como guarda parlamentar. Eles permaneciam em grupos, passando entre si um único cachimbo: sem receber pagamento por meses, poucos podiam comprar tabaco. Napoleão perguntou se tudo estava pronto. Nada estava pronto, eles lhe disseram. Os trabalhadores ainda estavam instalando bancos, cadeiras, tapeçarias, púlpitos e pódios decorados com Minerva, pois os Conselhos eram detalhistas com sua decoração. Isso era um empecilho para Napoleão, pois dava tempo a seus inimigos nos Quinhentos para se agrupar. Ele se juntou a Sieyès em um escritório no primeiro andar e se preparou para uma longa espera. Andou de um lado para outro, ocasionalmente atiçando a lareira com um pedaço de lenha.

Por fim os cômodos foram mobiliados. Os Anciões entraram em fila na Galerie d'Apollon, seus ricos afrescos de Mignard celebrando o Deus Sol e, indiretamente, o Rei Sol, enquanto sua orquestra tocava *La Marseillaise*. Às três e meia seu presidente abriu a sessão lendo uma carta que anunciava a renúncia de quatro diretores. Oradores propuseram então que os Quinhentos elaborassem uma lista de diretores adequados a partir da qual eles, os Anciões, tomariam uma decisão final. Essa proposta foi aceita e a sessão, suspensa.

Napoleão estivera esperando que os Anciões designassem um comitê para fazer uma nova constituição. Quando ele ouviu o que eles haviam votado, decidiu ele mesmo ir até a Galerie d'Apollon. "Você está bem encrencado", murmurou o general Augereau, que ele encontrara no caminho. "Bobagem", disse Napoleão. "Foi muito pior em Arcola". Com Berthier e Bourrienne a seu lado, Napoleão entrou no magnífico saguão dourado, parou no centro, e examinou os 250 Anciões em suas togas vermelhas e toques escarlates. Muitos tinham boa vontade para com ele, mas seria necessário um bom discurso para conquistar uma maioria.

"Representantes do povo", começou Napoleão, "esta não é uma situação normal. Vocês estão à beira de um vulcão. Permitam-me falar com a franqueza de um soldado". Desde que assumira o comando, ele foi chamado de um novo César, um novo Cromwell. Os nomes não eram merecidos. "Juro que a *patrie* não tem um defensor mais zeloso que eu... Estou inteiramente às suas ordens... Vamos salvar, custe o que custar, as duas coisas pelas quais nos sacrificamos tanto, liberdade e igualdade".

UMA NOVA CONSTITUIÇÃO

"E a Constituição?", gritou Lenglet, um advogado de Arras.

A Constituição, Napoleão respondeu, não era mais uma garantia para o povo, não era mais respeitada. "Na verdade, conspirações estão sendo tramadas em seu nome. Sei tudo sobre os perigos que os ameaçam".

"Que perigos? Dê nome aos conspiradores".

Barras e Moulins, disse Napoleão, haviam proposto colocá-lo à frente do partido para derrubar princípios liberais. Ele então elogiou os Anciões, comparando suas visões moderadas com o perigoso jacobinismo dos Quinhentos. Mas Napoleão sentiu que ele não estava cativando a plateia. Ele, que falava com tanta confiança para suas tropas, se sentia desconfortável entre esses oradores treinados, e não conseguia encontrar suas palavras. "Preservá-los-ei de perigos", disse ele, tentando um tom diferente e com um olhar para a porta aberta, "cercado por meus camaradas de guerra. Granadeiros, vejo suas peles de urso e baionetas... Com eles eu fundei Repúblicas".

Os Anciões, que estavam esperando um estadista, encontraram um soldado na defensiva. Eles começaram a cochichar. Napoleão repetiu suas últimas frases, com outra olhada para porta, e então, ciente de que estava fracassando, decidiu que tentaria a marca da retórica de Lucien.

"Se algum orador pago por uma potência estrangeira propuser me proscrever, que o raio da guerra o esmague instantaneamente! Se ele propôs me proscrever, eu os convoco, meus bravos companheiros de armas!" Uma frase de um artigo de jornal recente veio à sua mente. "Lembrem-se", ele gritou com um floreio, "de que eu marcho acompanhado pelo deus da vitória e pelo deus da fortuna".

Isso foi demais para os Anciões. Houve protestos raivosos. Bourrienne sussurrou: "Saia do recinto, general, você não sabe o que está falando". Napoleão percebeu que havia errado de tom. Com uma última súplica de que os Anciões deveriam "formar um comitê e tomar medidas apropriadas para o perigo", ele saiu do saguão.

Napoleão nunca se conformava com um revés. Ele decidiu tentar a sorte com os Quinhentos, embora previsse uma recepção hostil, pois membros haviam passado a tarde prestando, um a um, um juramento solene à Constituição. Primeiramente, no entanto, ele enviou uma palavra a Joséphine, dizendo-lhe que tudo ficaria bem. Então, enfiando sua vareta de montaria com ponta de prata embaixo do braço, ele entrou na Orangerie. Era um salão cinza vazio, bem diferente da alegre Galerie d'Apollon, e os homens dentro dele eram soturnos. Quase que imediatamente ele sentiu seu braço sendo agarrado por um membro jacobino, Bigonnet. "Como se atreve! Saia já. Você está violando o santuário da lei". Seguiu-se uma algazarra. Membros subiram nos bancos, outros surtaram na direção da figura de uniforme azul, socando-o, tentando agarrar sua gola branca e gritando "Proscreva o ditador!"

Uma das poucas coisas que Napoleão temia era uma multidão raivosa. Ele imediatamente empalideceu e começou a sentir que desmaiaria. Sua respiração ficou pesada. Enquanto Lucien, do púlpito, implorava para que seu irmão tivesse direito a uma audiência, membros furiosos continuavam a se agitar em torno de Napoleão. Ele tentou sair, mas seu caminho estava impedido. Por fim, quatro soldados corpulentos entraram marchando, acompanhados por um oficial que pegou Napoleão pelos ombros e o levou até a porta. O rosto de Napoleão fora arranhado por dedos raivosos e fios de sangue escorriam por suas têmporas.

Depois que Napoleão saiu, Lucien repreendeu os Quinhentos. O general Bonaparte, disse ele, só estava cumprindo seu dever ao entrar no saguão do Conselho para ver como as coisas estavam. Mas membros interromperam seu presidente aos gritos. Bonaparte manchara sua glória, eles diziam, ele agiu como um rei, e Lucien precisava declará-lo um fora da lei. Muito emocionado, com lágrimas nos olhos, Lucien tentou um de seus gestos retóricos. Como ele, o presidente, não conseguia mais se fazer ouvir, como "um sinal de luto público" ele tiraria sua insígnia. Então ele removeu seu toque e toga vermelha. Como ele previa, membros imploraram para que ele os pusesse de volta. Ele fez isso e, ciente de que agora poderia adiar a votação para proscrever Napoleão, ele escreveu uma mensagem para seu irmão: "Você tem dez minutos para agir".

Napoleão não queria usar a força. Dois anos antes, quando os diretores cercaram os Conselhos com tropas, Napoleão escrevera para Talleyrand: "É uma grande tragédia para a nação de 30 milhões de habitantes no século XVIII precisar chamar baionetas para salvar o Estado". Mas ser proscrito era ser executado na Place de Grenelle. Napoleão andou até o pátio, montou em seu cavalo negro e enviou uma escolta de soldados para trazer Lucien.

Ao sinal de Napoleão, tambores rufaram e Lucien falou às tropas. Os Quinhentos, disse ele, estavam sendo aterrorizados por alguns membros com punhais; cabia ao exército, com suas baionetas, resgatar a maioria. Mas, nas grandes janelas de Orangerie parte dos Quinhentos apontava dedos acusadores para Napoleão. "Criminoso!", gritavam eles. O guarda não sabia em quem acreditar. Ficaram parados, indecisos. Então Napoleão falou: "Soldados, eu os conduzi à vitória, posso contar com vocês?" Por quatro vezes, disse Napoleão, ele arriscou sua vida pela França – ele se referia a Toulon, à Itália, ao Egito e à viagem de volta – , mas encontrou um perigo pior "em uma assembleia de assassinos". Certamente havia sangue em seu rosto, e as tropas gritavam "Vida longa a Bona-

UMA NOVA CONSTITUIÇÃO

parte!". Mas ainda havia hesitação. Foi Lucien, com seu senso de dramaticidade, que encontrou o gesto necessário. Ele sacou sua espada e a apontou solenemente para o peito de Napoleão. "Eu juro", gritou ele, "trespassar meu próprio irmão se algum dia ele interferir na liberdade dos franceses."

Napoleão agora tinha as tropas do seu lado. Ele ordenou que seu cunhado Leclerc e Murat os liderassem até Orangerie e a esvaziassem. "Vamos morrer pela liberdade", alguns membros gritaram, mas ninguém queria matá-los. Em vez disso, pularam das grandes janelas e correram para o parque.

Às nove horas daquela noite, quando o palácio estava calmo novamente, cerca de 80 deles voltaram a se reunir. Declararam o fim do Diretório e incorporaram o governo em uma comissão temporária: Napoleão, Sieyès e o quinto diretor, Roger Ducos. Napoleão, com seus colegas, prestou um juramento de lealdade à República – era um grande dia para juramentos – e às quatro da madrugada o repetiu diante dos Anciões. O golpe terminara. Não foi derramado sangue algum, ninguém foi morto.

Em silêncio, Napoleão saiu com seu secretário Bourrienne de volta para Paris. Sabia que cometera um erro ao falar no "deus da vitória e no deus da fortuna". Mas, em um nível mais fundamental, o plano para uma mudança totalmente legal de governo havia dado errado. Talvez ele e Sieyès tivessem subestimado a oposição nos Quinhentos; talvez tudo tivesse degringolado com a lentidão dos carregadores de móveis. E, ainda assim, o real decorrer dos acontecimentos provou a vantagem de Napoleão. Ele havia relutado em usar a força, mas foi exatamente a força que lhe garantiu um lugar na comissão. Em vez de esperar do lado de fora no corredor, ele mesmo teria agora uma parte direta na elaboração da Constituição.

No dia seguinte, no palácio de Luxemburgo, usando roupas civis, Napoleão começou a trabalhar com Sieyès, uma vez que Ducos não tinha influência nenhuma. Sieyès tinha uma ideia preponderante. Ele acreditava que a França precisava ter um corpo de sábios, não sujeitos aos caprichos do eleitorado, cuja função seria proteger os princípios da Revolução. Esses sábios, a serem chamados de Senado Conservador, nomeariam membros do executivo e do legislativo, e agiriam como cães de guarda, garantindo que tudo que o executivo e o legislativo fizessem seria em conformidade com a nova Constituição. Sob o Diretório, aqueles com a franquia nomeavam eleitores, que escolhiam a legislatura. Sob a nova constituição, Sieyès queria que o eleitorado só elaborasse listas de candidatos, a partir da qual o Senado escolheria a legislatura.

Napoleão aceitou a ideia de Sieyès de um Senado Conservador. Ao mesmo tempo ele apresentou dois princípios seus. O primeiro era o sufrágio universal masculino. Segundo constituições anteriores, somente donos de propriedades tinham o direito de votar; Napoleão queria que todo francês com mais de 21 anos tivesse esse direito. Ademais, Sieyès havia restringido o eleitorado a elaborar listas de candidatos; para contrabalançar isso, Napoleão queria que o eleitorado exprimisse sua vontade sobre a nova constituição e os membros do novo executivo. Isso seria feito por meio de plebiscitos. Napoleão, em suma, queria que a autoridade controladora se baseasse na vontade popular. Nesse ponto, conquistou o consentimento de Sieyès.

Tanto Napoleão quanto Sieyès acreditavam que o executivo deveria consistir em três, mas eles divergiam quanto aos poderes a serem acordados a cada um. Sieyès queria um sábio, um Grande Eleitor, que mediaria tranquilamente em Versalhes, e comunicaria sua sabedoria a dois colegas ativos, um para questões internas, outro para questões externas. Para livrá-lo de preocupações mundanas, o Grande Eleitor receberia um enorme salário de 6 milhões de francos.

Napoleão desaprovava. Versalhes equivalia a corrupção, e o povo não aceitaria um governo de lá: "A França se afundará em sangue". Ademais, qual era o verdadeiro papel do Grande Eleitor? Ou ele governaria clandestinamente por meio de seus dois colegas, e nesse caso, por que não lhe conceder abertamente a autoridade? Ou ele receberia seis milhões de francos para não fazer nada. "Como você pôde imaginar, cidadão Sieyès, que um homem de honra, talento e alguma capacidade concordaria em chafurdar em Versalhes como um porco de engorda?"

Sieyès passou para a ideia de um executivo de três iguais. Mais uma vez Napoleão desaprovou: os diretores eram iguais, e só conseguiam anular uns aos outros. Napoleão queria que um dos três tomasse decisões e outros dois fossem conselheiros. Em questão estava toda a noção do que uma república deveria ser. Desde 1793 o executivo era composto de um grupo de homens, não um. Mas essa estima pela oligarquia derivava em grande parte de Montesquieu, que, bem arbitrariamente, havia escolhido Atenas e Esparta como modelos do que uma república deveria ser. Napoleão não via necessariamente uma ligação entre "república" e "oligarquia", e aqui estava seguindo uma tradição mais antiga e mais longa. Massillon, por exemplo, havia definido "república" como qualquer Estado governado por leis nos interesses do povo como um todo.

Napoleão e Sieyès não conseguiam concordar quanto à estrutura do executivo. Então chamaram os conselheiros nomeados pelos conselhos, e por dez dias Napoleão argumentou até resolver a questão. Por fim ele conseguiu o que queria. O executivo consistiria em três cônsules: o termo foi cunhado por Sieyès, que havia o tirado de Berna, onde até 1798 os magistrados nomeados pelo sena-

UMA NOVA CONSTITUIÇÃO

do eram conhecidos como cônsules. Somente o primeiro-cônsul tomaria decisões, uma vez que o segundo e o terceiro cônsules tinham um mero papel consultivo. Depois de concordarem nesse ponto, Napoleão, Sieyès e seus conselheiros esboçaram a nova constituição, a quarta da França desde 1789.

A Constituição do ano VIII, como era chamada, determinou que os três cônsules teriam mandato de dez anos, reelegíveis. No futuro eles seriam eleitos pelo Senado, mas para começar seriam nomeados na constituição. Napoleão Bonaparte seria o primeiro-cônsul, com poder para nomear ministros e certos juízes.

A legislatura consistiria em três assembleias: um Conselho do Estado, nomeado pelo primeiro-cônsul, para fazer projetos de lei; um Tribunado de 100 membros para discutir as leis; um Corpo Legislativo de 300 para votar ou rejeitar as leis em votação secreta.

O Senado consistiria em até 80 membros, com 40 anos para cima. Os primeiros Senadores seriam nomeados pelo primeiro-cônsul, e a partir daí eles captariam novos membros. Senadores elegeriam não somente os cônsules, mas também membros do Tribunado, do Corpo Legislativo e do Supremo Tribunal de Apelação.

Napoleão deu carta branca a Sieyès para escolher o Senado. Sieyès elaborou uma lista de 29 homens, e permitiu que ele escolhesse outros 29. O Senado final englobava homens de todas as vertentes de opinião política, bem como alguns poucos cientistas distintos como Laplace, Monge e Berthollet. Quando chegou a hora de eles escolherem a legislatura, selecionaram homens como eles mesmos de experiência comprovada. Dos cerca de 460 homens no Senado, Tribunado e Corpo Legislativo, nada menos que 387 deles haviam sido membros de Assembleias desde a Revolução. Entre eles havia regicidas e ex-monarquistas, girondinos e montanheses. Um dos aspectos mais surpreendentes da nova constituição, quando foi criada, era essa continuidade do passado.

O próprio Napoleão selecionou seus colegas consulares. Como segundo cônsul ele escolheu Jean Jacques Cambacérès, de 46 anos, um advogado de Montpellier que fizera um nome na Convenção como um habilidoso projetista de leis. Um homem grande e bonito de nariz longo e queixo saliente, Cambacérès era solteiro, muito minucioso com sua aparência, usava uma elaborada peruca com três fileiras de cachos, um lornhão, andava com uma lenta dignidade e era um excelente anfitrião: ele costumava dizer, "Um país é governado por bons jantares."

Cambacérès, do ponto de vista político, permanecia à esquerda do centro, e para equilibrá-lo Napoleão procurou por um homem mais velho, representando tudo que havia de melhor no Antigo Regime, se possível um economista. Alguém sugeriu Charles François Lebrun, um normando de 60 anos que havia servido no Ministério das Finanças de Luís XV e se aposentou bem jovem, para traduzir Homero e Tasso. Napoleão perguntou a Roederer sobre ele. "Ele é bom em lidar com todo tipo de gente?" "Excelente", disse Roederer. "Envie-me seus escritos", disse Napoleão. "Você quer dizer os discursos dele para a Assembleia?" "Não, os livros dele." Roederer ficou confuso. "Que influência eles podem ter no posto de cônsul?" "Quero ver as cartas de dedicatória", disse Napoleão enigmaticamente. Descobriu-se que nenhum dos livros de Lebrun tinha cartas de dedicatória: no entanto, o que eles tinham era um estilo claro e ácido. Napoleão gostou do estilo e deu o emprego a Lebrun.

Lebrun, assim como Cambacérès, era um homem grande, robusto – ambos os seus colegas eram consideravelmente maiores que Napoleão – mas de rosto sincero e hábitos sóbrios: ele usava uma peruca simples com as chamadas "asas de pombo", e Napoleão viria a considerá-lo um gênio das finanças. Ele visitava Lebrun tarde da noite após o trabalho, deitava em sua cama – Lebrun era viúvo – e aprendia sobre os mistérios das taxas de banco, letras de desconto e dívida pública.

A nova constituição foi publicada no dia 24 de dezembro de 1799. Ela foi impressa, apropriadamente, em uma tipografia nova e especial, muito nítida e sóbria, baseada exclusivamente em linhas retas e círculos pelo grande tipógrafo François Didot. Agora cabia ao eleitorado francês julgar esse documento. Estavam cansados de maus governos: queriam alguém que governasse, e sabiam que Napoleão era eficiente. Alguns dos Quinhentos haviam gritado "Ditador!", mas um ditador, em Roma, havia tanto decretado quanto aplicado a lei; ademais, um ditador não era eleito pelo povo. Portanto, em nenhum sentido o primeiro-cônsul podia ser chamado de ditador. Pelo contrário, se a democracia é um sistema sob o qual todo o povo confia o governo a magistrados de sua escolha eleitos por um período limitado, então pela nova Constituição a França estaria entrando em uma democracia. De qualquer maneira, o povo francês aprovou o que leu. Com menos abstenções que em plebiscitos anteriores, votaram em peso a favor da nova Constituição, com Napoleão, Cambacérès e Lebrun como cônsules: 3.011.007 Sim; 1.562 Não.

De novembro de 1799 até fevereiro de 1800, quando os votos foram contados; Napoleão foi meramente um cônsul provisório. Ele vivia no palácio de Luxemburgo e se contentava com tarefas rotineiras. Enviava cirurgiões, médicos, soldados e uma trupe de atores para seus camaradas no Egito; quando George Washington morreu, ordenou que o exército cumprisse um luto de dez dias, e fez um discurso elogiando aquele que "colocou a liberdade de seu país em uma base segura". Ele também resolveu a questão de que trajes os cônsules deveriam usar em ocasiões oficiais. Alguns sugeriram um uniforme de veludo branco, meias-botas de marroquim vermelho que foram populares na corte de Luís XVI, com o chapéu revolucionário vermelho. "Nem chapéu vermelho, nem meias--botas vermelhas", disse Napoleão. Em vez disso ele escolheu um uniforme de abotoamento duplo bordado com tranças douradas, em veludo azul para seus colegas, em veludo vermelho para si mesmo.

Quando os votos do plebiscito foram anunciados, Napoleão se mudou, no dia 17 de fevereiro de 1800, para o palácio das Tulherias, onde ele e seus colegas receberam aposentos. Um novo século havia começado e, para a França, uma nova era. Oito anos antes Napoleão assistira à turba invadir esse mesmo palácio e colocar o chapéu vermelho em Luís XVI. Talvez ele tenha imaginado essa cena quando disse a Joséphine: "Venha, pequena *Créole*, durma na cama de seus senhores".

O quase vazio palácio das Tulherias estava carregado de lembranças da realeza. Uma das primeiras ações de Napoleão foi exorcizá-las e, com seu forte senso de história, dar a si mesmo, por assim dizer, uma linha de ancestrais. Ele pediu a Lucien que erguesse, na Grande Galeria, estátuas de Demóstenes, Alexandre, Aníbal, Cipião, Brutus, Cícero, Cato, César, Gustavo Adolfo, Turene, o grande Condé, Duguay-Trouin, Marlborough, príncipe Eugênio, marechal de Saxe, Washington, Frederico, o Grande, Mirabeau, Dugommier, Dampierre, Marceau e Joubert.

Uma vez, em um ensaio, o segundo-tenente Bonaparte havia expressado a esperança de que ele seria capaz de dizer em seu leito de morte: "Garanti a felicidade de uma centena de famílias; tive uma vida difícil, mas o Estado será beneficiado". Agora, com estátuas de seus heróis ao seu lado, aos 30 anos e seis meses, Napoleão por fim estava em uma posição de tentar trabalhar por essa meta.

12

O primeiro-cônsul

Quando se tornou primeiro-cônsul, Napoleão começou a ficar bem conhecido. Até então ele era uma figura bidimensional – alguns franceses escreviam seu nome "Léopon", outros "Néopole" – mas agora, com as notícias e os impressos, as pessoas comuns se familiarizaram com cada detalhe de sua aparência e vestimentas, junto com sua vida privada e seus métodos de trabalho.

Napoleão tinha cerca de 1,68 de altura, sem sapatos: mais ou menos a altura média de um francês de sua época. Quando jovem ele era magro, mas quando se tornou primeiro-cônsul ele começou a engordar. O aspecto mais distintivo de seu corpo era o torso largo, cobrindo pulmões de capacidade excepcional. Estes, como vimos, lhe davam sua tremenda energia, uma energia que se expressava na vida diária por duas características: Napoleão estava quase sempre em pé ou andando, raramente sentado, e falava mais do que o normal. Quando jovem costumava ser calado, mas como primeiro-cônsul se tornou tagarela. A qualquer momento em que as portas duplas de seus apartamentos eram abertas e se olhava para dentro, Napoleão estava falando: ou conversando com um amigo ou um ministro, ou ditando para seu secretário.

Os ombros de Napoleão eram largos, e seus membros, bem-formados. Mas não eram particularmente musculosos. Suas coxas, por exemplo, careciam de firmeza. Ele sentava em seu cavalo como um saco de batatas, precisava se inclinar bem para a frente para manter o equilíbrio e no campo de caça muitas vezes era jogado. Seu físico era vigoroso, mas não potente; não comparável aos de Augereau, Massena ou Kléber. Faltava tamanho, peso e músculo; e como soldado em qualquer setor exceto na artilharia, Napoleão provavelmente não teria se destacado.

O PRIMEIRO-CÔNSUL 183

Napoleão costumava dizer que a batida de seu coração era menos audível e menos pronunciada que a da maioria dos homens, mas seus médicos não conseguiam encontrar evidências disso. Sua pulsação variava entre 54 e 60 batidas por minuto. Então o ritmo do metabolismo parecia estar na média. Nenhuma peculiaridade física pode explicar a velocidade na qual sua mente funcionava.

Esse corpo que vibrava com energia era surpreendentemente sensível. A pele branca e de textura muito fina retraía com o frio, e mesmo com climas que outros consideravam amenos Napoleão gostava de ter uma lareira acesa. Na verdade, uma fogueira ao ar livre era um de seus prazeres. Napoleão tinha uma leve miopia, mas seus grandes olhos eram excepcionalmente alertas, e captavam em uma única olhada os mínimos detalhes. Seu olfato também era altamente aguçado. Napoleão detestava cheiros nocivos: para ele era um martírio ficar em um cômodo recém-pintado ou sentir o odor de um esgoto distante. Ele insistia que seus apartamentos tinham de ter um odor de limpeza, e de tempos em tempos mandava queimar aloé neles. Seu paladar era menos aguçado. Muitas vezes comia sem perceber o que havia em seu prato e, a menos que Joséphine colocasse açúcar para ele, bebia seu café depois do jantar sem açúcar. Mas fazia questão de que sua comida fosse limpa. Uma vez, enquanto comia vagens, encontrou uma fibrosa; pensou por um momento que estava mastigando cabelo e ficou tão revoltado com a ideia que a partir de então passou a mastigar vagens com cuidado.

A cabeça de Napoleão tinha um tamanho médio; seguindo as medidas de hoje, ele usava um chapéu tamanho 18. A cabeça parecia grande porque o pescoço era curto. Seus pés eram pequenos: 26 centímetros de comprimento, ou seja, tamanho 34/35. Suas mãos também eram muito pequenas e bem torneadas, com dedos afilados e unhas bem formadas. Ele também tinha pênis e testículos pequenos.

Napoleão, na juventude e na meia-idade, manteve-se notavelmente em forma. Aos 20, enquanto andava nos desertos de sal de Ajaccio, teve uma febre muito grave e quase morreu. Em 1797, na campanha italiana, ele sofreu de hemorroidas, mas elas sumiram quando ele aplicou três ou quatro sanguessugas. Em 1801 sofreu de intoxicação alimentar, decorrente da falta de exercícios. Isso sucumbiu à fricção com uma mistura de álcool, azeite de oliva e cevadilha, uma planta mexicana usada como vermífugo. Em 1803, em Bruxelas, ele teve uma tosse forte e cuspia sangue, mas isso logo foi curado com vesículas. A enfermidade mais dolorosa que Napoleão sofria era disúria intermitente, um problema na bexiga que causa dificuldades para urinar. Durante as campanhas, sua escolta de cavalaria se acostumou a vê-lo apoiado contra uma árvore, às vezes por até cinco minutos, esperando para urinar.

A aparência de Napoleão em geral era considerada muito bonita. Sua pele era lisa e de um amarelo muito pálido. A testa era larga e alta. Os olhos eram azuis cinzentos e agressivos; a boca, em comparação, era flexível e expressava claramente os humores de Napoleão: com raiva, os lábios se apertavam; com ironia, faziam bico, com bom humor eram suavizados por um gracioso sorriso. Sua voz tinha um tom médio. Embora não tivesse conseguido aprender alemão e, mais tarde, inglês, ele dominava o francês e falava perfeitamente, ao passo que seu ouvido para música o ajudara a perder completamente seu sotaque italiano quando ele deixou a escola. Normalmente ele falava em velocidade moderada, mas quando agitado, realmente muito rápido: segundo o legado papal, "como uma torrente".

Eis como Napoleão, observando um desfile do lado de fora do palácio das Tulherias no dia 5 de maio de 1802, pareceu à perspicaz inglesa Fanny Burney. Seu rosto "tem um tom profundamente impressionante, de palidez até amarela, não somente na aparência, mas em cada aspecto – cuidado, pensamento, melancolia e meditação estão fortemente marcados; com o mesmo tanto de personalidade, negação, genialidade e uma seriedade tão penetrante, ou ainda tristeza, tão poderosa a ponto de afundar na mente de um observador". Fanny Burney estava esperando um general vitorioso exuberante, mas ela disse ter encontrado "bem mais o ar de um estudante do que de um guerreiro". Para Mary Berry, que também viu Napoleão em 1802, mas mais de perto, sua "boca, quando ele fala... tem uma notável e incomum expressão de doçura. Seus olhos são de um cinza-claro, e ele olha diretamente no rosto da pessoa com quem ele fala. Para mim, isso é sempre um bom sinal".

Napoleão vivia na antiga suíte de Luís XVI com oito quartos no primeiro andar do palácio das Tulherias, assistido por serventes em uniformes azul-claro decorados com detalhes prateados. À noite ele ia até os aposentos de Joséphine no andar térreo, que ela decorou com bom gosto na última moda. Ele e Joséphine dormiam em uma cama dupla de mogno, decorada com muito ouro artificial, na alcova drapeada do quarto azul-claro de Joséphine.

O dia de Napoleão começava entre seis e sete, quando ele era acordado por Constant, seu empregado belga. Napoleão gostava de levantar cedo e costumava observar que, ao nascer do dia, o cérebro está mais afiado. Ele colocava uma camisola – de piquê branco no verão, de flanela no inverno – e chinelos de marroquim, e subia uma escadaria particular até seu próprio quarto, onde ele ficava sentado diante da lareira, bebia uma xícara de chá ou de água de flor de la-

O PRIMEIRO-CÔNSUL

185

ranjeira, abria suas cartas, olhava os jornais e conversava com Constant; antes de imergir em um banho fumegante.

Banhos quentes, assim como lareiras, eram um dos grandes prazeres da vida de Napoleão, assim como de Pauline: talvez por causa do ensinamento precoce de Letizia. Ele costumava permanecer no banho por pelo menos uma hora, sempre ligando a torneira quente, formando tanto vapor que Constant, cujo trabalho era ler os jornais para ele, tinha de abrir as portas de vez em quando para enxergar o impresso. Napoleão achava esse banho relaxante – ele costumava dizer que valia quatro horas de sono – e também melhorava sua disúria.

Depois de seu banho, Napoleão colocava uma camiseta de flanela, calças e camisola. Então ele começava a fazer a barba. Essa era uma tarefa que a maioria dos homens confiava a um empregado ou a um barbeiro, mas Napoleão sempre se barbeava sozinho. Enquanto Rustam, seu guarda-costas mameluco, segurava um espelho, Napoleão espalhava em seu rosto sabão com ervas ou laranja, e, usando uma navalha que havia sido imersa em água quente, se barbeava com movimentos para baixo. Ele sempre comprava suas navalhas com cabo de madrepérola da Inglaterra, uma vez que o aço de Birmingham era superior ao francês. Com elas, se barbeava meticulosamente e quando ele terminava perguntava a Constant ou a Rustam se estava bom.

Napoleão já havia passado uma hora em um banho e não estava sujo de maneira alguma. Mas, assim como sua mãe, ele era muito meticuloso com sua higiene pessoal. Então lavava as mãos com pasta de amêndoa; e seu rosto, pescoço e orelhas com esponja e sabão. Depois ele escovava os dentes. Ele os palitava com um palito de dente de madeira polida, depois os escovava duas vezes, primeiro com dentifrício, depois com coral em pó fino. Os dentes de Napoleão eram naturalmente brancos e fortes e nunca requeriam a atenção de Dubois, seu dentista, que assim recebia 6 mil francos anuais para não fazer nada, o único oficial na casa de Napoleão a manter uma sinecura. Por fim, Napoleão lavava a boca com uma mistura de água e conhaque, e raspava a língua, como era a moda na época, com um raspador de prata, metalizado ou de casco de tartaruga.

Uma vez por semana, nessa hora, Napoleão tinha seu cabelo cortado por Duplan, que também era cabeleireiro de Joséphine. O cabelo de Napoleão era fino e castanho-claro. Ele parara de empoá-lo em 1799, a pedido de Joséphine, mas continuou a usá-lo comprido até o fim do Consulado. A partir de então, como estava começando a ter entradas, começou a cortá-lo bem curto.

Napoleão encerrava sua toalete tirando sua roupa até a cintura e pedindo que Constant jogasse água de colônia sobre sua cabeça, de forma que escorresse para o torso. Napoleão esfregava o peito e braços com uma escova de cerdas duras, enquanto Constant fazia o mesmo com seus ombros e costas.

Em seguida Napoleão começava a se vestir. Ele era muito sovina com roupas, fazia seus sapatos durarem dois anos; uniformes e culotes, três anos; e roupas de cama, seis anos. Como ele tinha pés sensíveis, mandava algum servente, que usasse o mesmo tamanho de sapatos, amaciar cada novo par para ele durante um período de três dias. Ele se apegou às sapatilhas, de marroquim vermelho ou verde, e as usava até que literalmente caíssem aos pedaços. Uma vez ele chocou seu alfaiate ao pedir-lhe que remendasse um par de culotes de montaria que estavam gastos atrás.

Napoleão geralmente usava uma camiseta de flanela, calças de algodão muito curtas, uma camisa de linho, meias de seda brancas, culotes de caxemira branca presos por suspensórios e sapatos com pequenas fivelas douradas. Em volta do pescoço ele usava uma gravata de musselina muito fina, e sobre sua camisa um colete bem longo de caxemira branca. Seu casaco preferido era o relativamente simples de um coronel nos Chasseurs, sem cordões ou bordados. Era verde-escuro, com botões dourados, gola vermelha e detalhes vermelhos nas lapelas. Depois de 1802 começou a usar um chapéu bicorne de castor preto, bem simples salvo por uma pequena bandeira tricolor. Quando em ambientes internos, ele carregava o chapéu em sua mão esquerda, e quando perdia a calma jogava o chapéu no chão e o pisoteava.

Às nove horas, quando deixava seu quarto para começar a trabalhar, Napoleão pegava com Constant um lenço borrifado com água de colônia, que ele colocava no bolso direito, e uma caixa de rapé, que ele colocava no bolso esquerdo. A caixa de rapé continha tabaco grosseiro de somente 3 francos a libra. Às vezes Napoleão tirava uma pitada e a aspirava, mas sem tragar. Cheirar tabaco e chupar pedaços de alcaçuz com sabor de anis, carregada em uma *bombonnière*, eram as duas maneiras como Napoleão acalmava os nervos.

Napoleão fazia duas refeições por dia: almoço às onze, que ele comia sozinho em uma pequena mesa de mogno de pedestal, e o jantar por volta das sete e meia, que ele comia com Joséphine e amigos. Ele não era exigente com comida, mas tinha gostos e desgostos definidos. Ele gostava de lentilhas, feijão branco e batata. Não gostava de carne malpassada e de alho. Entre seus pratos de carne prediletos estavam *vol-au-vent* e *bouchée à la reine*. Ele também gostava de frango: *sauté*, à provençal (sem o alho), ou no chamado estilo Marengo. Depois da batalha com esse nome, na qual pela segunda vez Napoleão expulsara os austríacos do norte da Itália, um grupo de catadores voltou com uma estranha miscelânea: ovos, tomates, lagostim e um frango pequeno. A partir daí, o chefe de cozinha de Napoleão, Dunan, elaborou um prato do qual Napoleão gostava e que costumava ser servido no palácio das Tulherias.

Napoleão gostava de comida simples. Mas Dunan, que servira ao exigente duque de Bourbon, se orgulhava dos seus pratos ricos e complicados. Formou-se um conflito de vontades. Depois de uma refeição particularmente suculenta, Napoleão repreendeu Dunan. "Você está me fazendo comer demais. Não é bom para mim. No futuro, não mais que dois pratos." Um dia, Napoleão perguntou a Dunan por que ele nunca servia *crépinettes* de porco, uma espécie de linguiça. Dunan respondeu com tato que elas davam indigestão: na verdade, ele as considerava plebeias. Mas, alguns dias depois, ele serviu *crépinettes* complicadíssimas de perdiz. Apesar de tudo, Napoleão gostou delas. No mês seguinte, teve *crépinettes* de perdiz novamente. Dessa vez Napoleão perdeu a paciência, empurrou a mesa e saiu batendo os pés. Dunan, profundamente ofendido, pediu demissão. Usando tato, o mordomo acalmou os ânimos de ambos os lados. Dunan serviu um frango assado simples, e Napoleão expressou sua satisfação dando a Dunan um tapinha amigável no rosto.

Napoleão sempre bebia vinho tinto barato da Borgonha com suas refeições. Ele consumia cerca de meia garrafa por dia, sempre diluída em água. Ele nunca teve uma adega, e pedia vinho do mercado local de acordo com a necessidade. Normalmente era Chambertin; às vezes, Clos-Vougeot ou Château-Lafite. Dessa forma, ele satisfazia tanto sua frugalidade quanto seu gosto pela simplicidade.

Os parisienses faziam piadas sobre os hábitos simples de Napoleão à mesa, em contraste com os de Cambacérès. O segundo-cônsul dava jantares que duravam duas horas, nos quais ele servia patê de trufas, suflê de baunilha e perdizes assadas de um lado, grelhadas de outro. Eram eventos gastronômicos sérios, e, portanto, conduzidos em silêncio. Um dia, um convidado se distraiu e começou uma conversa. "Shh!", disse Cambacérès rigidamente, servindo-se de mais patê, "não conseguimos nos concentrar."

Napoleão comia rápido e em quantias moderadas. Às vezes usava sua mão esquerda para empurrar comida para seu garfo. A refeição inteira, incluindo café puro, terminava em vinte minutos. Uma vez, quando durou mais tempo, ele disse brincando: "O poder está começando a me corromper". Se houvesse convidados, alguns deles, entre eles Eugène, certificavam-se de jantar bem antes. Napoleão costumava dizer, "Para comer rapidamente, jante comigo. Para comer bem, com o segundo-cônsul, e para comer mal, com o terceiro".

Napoleão tratava seus empregados com consideração. Sempre que passava por um cômodo, ele cumprimentava os criados de serviço, e sempre que um criado lhe fazia algo, por mais trivial que fosse, ele lhe agradecia. Quando trabalhava com seu secretário Méneval noite adentro, pedia cremes e *sorbets*, e escolhia os sabores preferidos de Méneval. Se ele via Méneval se cansar, interrompia os ditados e lhe dizia para tomar um banho, e ele mesmo dava ordens para que enchessem a banheira. Dizem que nenhum homem é herói para seu criado; Napoleão conseguiu conquistar não somente a estima, mas também a afeição de dois criados: primeiro Constant, e posteriormente Marchand.

Constant aprendeu a reconhecer os humores de seu mestre. Quando feliz; Napoleão cantarolava ou cantava uma música sentimental da época. Embora fosse conhecedor de música, invariavelmente cantava desafinado, e alto. Uma de suas favoritas era:

Ah! c'en est fait, je me marie;

E outra:

Non, non, z'il est impossible
D'avoir un plus aimable enfant.

Ele sempre cantava "z'il" em vez de "cela", um raro italianismo que perdurava. Quando estava de bom humor, Napoleão puxava os lóbulos das orelhas de Constant ou lhe dava um tapinha no rosto.

Por outro lado, se ele estava de mau humor, em vez de bradar um alegre "Ohé! Oh! Oh!", Napoleão convocava Constant com um curto *"Monsieur! Monsieur* Constant!" Ele ia até a lareira, pegava o atiçador e cutucava repetidamente o carvão ou a lenha. Ou chutava a madeira, um hábito que lhe custou vários pares de sapatos queimados. Depois de 1808, outro sinal de descontentamento viria a se tornar aparente: sua panturrilha esquerda – a que foi ferida por um pique inglês – se movia em espasmos para cima e para baixo.

Napoleão, assim como muitos homens sensíveis, tinha pavio curto. Com sua firmeza, normalmente conseguia se controlar, mas nem sempre. Ele estourava se algum empregado fizesse mal o seu trabalho, ou senão um de seus generais. Mais de uma vez, em campo de batalha, perdeu a paciência e socou um general no rosto. Certamente era o pior defeito pessoal de Napoleão, um que lhe valeu inimigos. Muitas vezes uma trivialidade o fazia estourar. Uma vez, por exemplo, uma cerda de sua escova de dentes ficou presa entre seus dentes e ele não conseguia tirá-la. Ele ficou furioso, batia seus pés, chamou o médico, e somente quando este removeu a ofensiva cerda ele recuperou seu costumeiro bom humor.

Quando seu dia de trabalho terminava, Napoleão gostava de ir ao teatro. Mas ele raramente ficava para mais de um ato: era suficiente para ele sentir o todo, especialmente um clássico que ele já conhecesse. Se ele e Joséphine tinham convidados, por volta das onze da noite ele dava o sinal para eles irem embora dizendo, "Vamos para a cama". Uma vez no quarto de Joséphine, Napoleão se despia rapidamente, colocava uma camisola e, por cima do cabelo, um lenço de Madras, que ele amarrava na frente, e entrava na cama, que no inverno era aquecida por uma chapa quente. Ele fazia questão de que todas as velas fossem sopradas não somente no quarto, mas também na passagem ao lado, pois não gostava de nenhuma claridade.

Napoleão dormia por sete a oito horas. Ele conseguia ocasionalmente pular uma noite de sono sem maiores consequências. Se, durante viagens ou em campanhas, ele precisasse mais do que isso, compensava com um ou mais cochilos curtos, pois era capaz de dormir quando quisesse mesmo com canhões retumbando a alguns metros de distância. Essa capacidade de dormir quando quisesse era uma das coisas mais reveladoras a respeito de Napoleão. Ela pressupunha uma grande tranquilidade. Embora seus sentidos fossem aguçados, e ele sentia as coisas intensamente, Napoleão raramente se preocupava e dificilmente ficava seriamente irritado. "Se algum dia eu subisse no topo da catedral de Milão", ele alegou uma vez, "e alguém me empurrasse, de cabeça para baixo, no ato da queda eu olharia à minha volta bem calmamente". Mas a calma indispensável ao sono não pode vir só pela vontade; ela deve provir de um nível mais profundo, de um inconsciente em paz consigo mesmo e seus arredores. Se Napoleão era capaz de dormir em qualquer circunstância, a razão é que ele se sentia em harmonia com seus próprios instintos mais profundos e com as pessoas em torno dele.

Dessas, a mais importante era Joséphine, com quem Napoleão estabeleceu um período de uma feliz vida de casado, depois que voltou do Egito. Não somente ele ainda estava apaixonado por essa lânguida *creòle*, como passou a apreciar seu caráter. Joséphine cuidava admiravelmente bem dos filhos; ela fazia muitas boas ações para seus amigos; presenteava os parentes pobres ou artistas desempregados com dinheiro. "Eu só conquisto batalhas", dizia Napoleão. "Joséphine, com sua bondade, conquista o coração das pessoas."

Joséphine, por sua vez, agora estava apaixonada por seu marido e o entendia melhor do que ninguém, segundo ele. Ele era bruto, e quando entrava no vestíbulo dela para arrumar as flores em seu cabelo, ele as torcia até que lágrimas escorressem dos olhos dela. Era impossível dar um jantar civilizado no palácio das Tulherias. Ele trabalhava demais, e nunca pediu conselhos a ela. Mas, no dia

18 de outubro de 1801, ela escreveu para sua mãe: "Bonaparte... faz sua filha muito feliz. Ele é bom, amável, em uma palavra, um homem encantador".

Joséphine havia ajudado a realçar esse lado da personalidade de Napoleão e seu desejo secreto de cinco anos atrás agora se tornara realidade: "Clisson já não era mais melancólico e triste... A fama no exército o tornara orgulhoso e às vezes duro, mas o amor de Eugénie o deixou mais indulgente e flexível."

Um sinal disso era que Napoleão começou a se interessar pelas roupas de sua esposa: se ele tivesse feito isso antes, talvez não houvesse Hippolyte Charles. No começo do Consulado, Joséphine e suas amigas usavam vestidos transparentes de renda e decotados. Napoleão não gostava deles, e uma noite mandou que um criado empilhasse lenha na lareira do vestíbulo até que o cômodo ficasse como um forno. "Eu queria me certificar de que houvesse um fogo forte", ele explicou, "pois está extremamente frio e essas senhoras estão quase nuas." Joséphine entendeu a indireta e em 1801 começou a usar tecidos opacos, cortados de um certo modo original, que logo se tornaria moda: cintura alta, mangas bufantes curtas, saia reta, moldando o corpo sem acentuá-lo, e no lugar de sapatos, borzeguins finos. Com isso ela usava seu cabelo curto, adornado com fitas, joias ou flores.

O principal defeito de Joséphine era a extravagância. Gastava dinheiro em um ritmo assombroso, basicamente com roupas e joias. Enquanto Napoleão estava no Egito, ela comprou 38 chapéus de penas de garça a 1.800 francos cada um, e suas dívidas no começo do Consulado chegavam a 1,2 milhão de francos. Ia contra o coração mole de Joséphine recusar itens enviados a ela, por mais caros que fossem: uma fraqueza que modelistas inescrupulosas aprenderam a explorar. A parcimônia de Napoleão se revoltou com a extravagância de Joséphine; ele, que nunca carregava dinheiro nos bolsos, pagou as dívidas dela em 1800, mas a cada ano depois disso ele precisava pagar somas cada vez mais altas. Era o único ponto pelo qual ele a repreendia constantemente.

Napoleão e Joséphine se viam com mais frequência durante a pausa de um dia e meio no final de cada *décade*, a semana republicana de dez dias. Era então que eles iam até Malmaison, a 13 km de Paris, onde compraram uma pequena casa de três andares com telhado de ardósia. Joséphine decorou a Malmaison com seu bom gosto costumeiro, e administrava a casa com a simplicidade que tanto ela quanto Napoleão apreciavam. À noite, costurava ou às vezes tocava alguma música simples em sua harpa. Ela ficava feliz em escapar das festas formais que precisavam ser dadas nas Tulherias. "Fui feita", ela dizia, "para ser a esposa de um lavrador".

Joséphine organizou o jardim em Malmaison no que se chamava de estilo chinês. Caminhos sinuosos passavam por entre arbustos e árvores levando a diversos pontos focais: uma estátua de Netuno feita por Puget, o Cupido em um templo, São Francisco de Assis em uma gruta, uma imitação de túmulo embaixo de um cipreste, uma pequena ponte sobre um riacho decorada com dois obeliscos de granito vermelho, uma lembrança da campanha egípcia.

Joséphine adorava flores, e ela, que havia sido criada em uma ilha de flores, as introduziu em Malmaison, e de lá para a França, espécies até então desconhecidas, incluindo variedades de magnólia, hibiscos, camélias, flox e o jasmim da Martinica. Ela convenceu Napoleão a mandar trazer plantas raras da Austrália e, apesar da guerra, contrabandear mudas de Kew.

Joséphine criou um interesse particular pela flor cujo nome ela usara quando garota. Na época, rosas eram menos populares que tulipas, jacintos e cravos, pela excelente razão de que, embora tivessem cores vivas, eram pequenas, frágeis e só abriam por um dia ou dois: por isso os poetas usavam a rosa para simbolizar a juventude passageira. Joséphine plantou 200 variedades de rosas e a partir delas tentou cultivar uma rosa que florescesse por mais tempo. Com a ajuda de Aimé Bonpland ela finalmente cruzou as centifólias com a rosa da China, notável por sua força, para produzir a híbrida rosa-chá. A rosa-chá tinha florescimentos fracos e suas cores não eram muito vívidas, mas era mais resistente e, acima de tudo, permanecia aberta por semanas, e não dias. Posteriormente, a partir da rosa-chá veio a híbrida perpétua, de forma que a maior parte das rosas de jardim de hoje teve origem nas de Malmaison. Joséphine encomendou gravuras de todas as suas rosas a Pierre Joseph Redouté, que combinava uma exatidão meticulosa em detalhe com a sensibilidade de um artista pela cor e forma. Por meio das famosas paletas de Redouté, as rosas de Joséphine, de certa maneira, ainda estão florescentes.

Joséphine buscava em seu jardim o que lhe era negado na vida real. Um dia, em seu apartamento em Plombières, quando Napoleão navegava para o Egito, Joséphine estava alinhavando lenços quando uma amiga na sacada notou um cão bonito na rua e chamou Joséphine para vê-lo. Joséphine correu para fora junto com duas outras amigas: de repente a sacada quebrou e Joséphine caiu de uma altura de quase 5 metros, sofrendo ferimentos internos, e como resultado os médicos temiam que ela não pudesse mais ter filhos.

Joséphine continuou indo a Plombières todo verão, na esperança de que as termas renovassem sua fertilidade, e ela tendia a se tornar hipocondríaca. Tinha misteriosas dores de cabeça e pedia ao médico de Napoleão, Corvisart, pílulas que as curassem: ele lhe dava bolinhas de pão embrulhadas em papel alumínio, e ela declarava que estas funcionavam maravilhosamente. Ela as preferia à única cura de Napoleão para dores de cabeça: ar fresco. Ele dizia: "saia para dar um longo passeio em sua carruagem".

Napoleão sentia falta de não ter filhos seus, e compensava o fato convidando para a Malmaison sobrinhos, sobrinhas e outros parentes jovens. Ele gostava especialmente do filho mais novo de sua irmã Caroline, que se casara com Murat. "Tio Bibiche" levava seu sobrinho para ver as gazelas. Primeiro ele deixava o menino montar em uma das gazelas; depois, atiçava os animais dando-lhes rapé; então, com os chifres para baixo, as gazelas atacavam, enquanto Tio Bibiche e o menino saíam correndo. Outros jogos que Napoleão jogava com as crianças eram cabra-cega e barra-manteiga, no qual ele corria rápido com suas meias abaixadas até o tornozelo: *"Napoleone di mezza calzetta"*! Normalmente ele se dava bem com eles, e os fazia rir mostrando caretas. Mas com a filha de Elisa, Napoléone, uma afetada menina de 5 anos, ele não se entendia tão bem. Uma manhã, ele disse zombeteiramente: "Que belezas tem aprontado, hein, *Mademoiselle*. Parece que você urinou na cama noite passada". Em sua pequena poltrona Napoléone enrijeceu. "Tio, se você só consegue dizer tolices, vou sair da sala."

Napoleão também recebia em Malmaison membros adultos de sua família. Joseph aparecia com frequência, assim como Eugène, agora um bonito e jovem coronel nos Chasseurs, e a Hortense de olhos azuis, que se casara com o irmão de Napoleão, Louis, em 1802. Enquanto Joséphine praticamente nunca abria um livro, Hortense compartilhava dos gostos literários de Napoleão, e uma das obras que ela leu em voz alta para ele foi *Génie de Christianisme*, de Chateaubriand, quando publicada em 1802. Todos eles gostavam de encenações amadoras. Napoleão assistia a elas, mas não atuava. Ele contribuía para o divertimento geral contando histórias de terror.

Napoleão mandava cobrir as velas da sala de estar com gaze antes de começar algum conto corso sobre os mortos chegando em longos mantos brancos com capuzes pontudos e espectrais buracos para os olhos, colocando-se em torno do ataúde de alguém recém-falecido, para levantá-lo e silenciosamente carregá-lo embora. Às vezes esses fantasmas encapuzados iam até a beira de sua cama, o chamavam pelo nome, gemendo, gemendo tão tristemente – "Oh, Maria – Oh, José!" – e ,embora seu coração estivesse cheio de dor, você não deveria responder-lhes. Se respondesse, morreria.

Uma das histórias de terror de Napoleão dizia respeito a uma pessoa importante na corte de Luís XIV. Esse homem estava na galeria em Versalhes quando o rei leu a seus cortesãos um despacho que acabara de receber descrevendo a vitória de Villars sobre os germânicos em Friedlingen. De repente, na outra ponta da galeria, o cortesão viu o fantasma de seu filho, que estava servindo sob comando de Villars. "Meu filho está morto!", ele exclamou. Um momento depois o rei leu o nome do filho na lista de oficiais mortos em combate.

A explicação de Napoleão era que "existe um fluido magnético entre as pessoas que se amam". Ele via esse fluido como uma forma de eletricidade, um assunto pelo qual tinha muito interesse; tendo assistido à palestra de Volta no Institut sobre "a identidade do Fluido Elétrico com o Fluido Galvânico", ou seja, da eletricidade estática e corrente, e oferendo um prêmio de 60 mil francos a qualquer um que fizesse tantos avanços na ciência da eletricidade quanto Franklin e Volta haviam feito. Napoleão também passou a se interessar por anatomia, até o dia em que dr. Corvisart, a pedido seu, quis demonstrar o funcionamento do estômago. Corvisart abriu um lenço no qual trouxera embrulhado o estômago de um defunto. Depois de dar uma olhada no objeto nauseante, Napoleão correu para o banheiro e esvaziou o conteúdo de seu próprio estômago.

É uma das idiossincrasias da personalidade de Napoleão que ele quase invariavelmente trapaceasse no jogo. No barra-manteiga, ele voltava para a base sem dar o grito de aviso "Barra!"; no xadrez, ele discretamente recolocava no tabuleiro uma peça perdida. Napoleão trapaceava em parte porque ele gostava muito de vencer. Quando criança, queria ficar no lado vencedor e fazia Joseph trocar de lugar com ele. Mas era mais do que isso, pois se ele estivesse jogando a dinheiro, no final ele confessava e devolvia o que tivesse lucrado; e se ele era pego, longe de ficar irritado, era o primeiro a rir. "Vicente de Paulo era um bom trapaceiro", ele dizia, em alusão ao hábito do santo de trapacear em jogos contra ricos para alimentar os pobres. Napoleão trapaceava porque trapacear acrescentava emoção: dava-lhe dois objetivos no lugar de um – vencer e não ser pego. Também na guerra, é claro, generais de mente convencional sentiam que Napoleão trapaceava – ele não observava as regras!

Em suma, era essa a vida privada do primeiro-cônsul. Era, acima de tudo, uma vida satisfatória. Napoleão ficava satisfeito no sentido de que agora poderia dar livre vazão a seus talentos, e ele tinha uma vida familiar e social agradável. O sinal externo de sua serenidade era que seu rosto e corpo, antes espantosamente magros, começaram a engordar.

As características que marcam a vida privada de Napoleão transbordavam para sua vida pública. Ele elevava a notável moderação discernível em seus hábitos a um princípio político essencial. "Moderação é a base da moralidade e a mais importante virtude do homem", ele disse em 1800, "... sem ela, uma facção pode existir, mas nunca um governo nacional". Na vida pública, a limpeza se tornava incorruptibilidade, tão simplificada de forma que não há nenhum registro de exemplo de qualquer francês que tenha sequer tentado subornar o primeiro-cônsul. Veremos que a parcimônia viria a se tornar a base da política econômica. Por fim, havia seu conservadorismo. É notável o fato de que Napoleão continuasse a beber o mesmo vinho, cantando as mesmas músicas, dançando as danças de quando era jovem. Gostava de roupas velhas, não novas. Ele se apegava facilmente a pessoas e coisas. A novidade não o atraía pessoalmente. Essa característica, Napoleão carregou consigo para a vida pública. Disse a Roederer no final de 1800: "Quero que meus dez anos de ofício passem sem demitir um único ministro, um único general ou um único conselheiro de Estado".

Se os princípios de Napoleão podem ser resumidos na palavra moderação, a vontade por trás deles era totalmente desmedida. Sua vontade tirava sua extraordinária força de dois elementos que ele nunca, por nenhum momento, questionou: o amor pela honra e o amor pela República Francesa. O primeiro era seu direito de nascença como nobre, fortalecido pela educação e pela sua função no Exército: o último vinha de uma intensa convicção pessoal. Qualquer um dos dois, sozinho, teria sido uma grande força; juntos, eles formaram a força de vontade mais irredutível da história.

O trabalho era a força de vontade de Napoleão em ação, e o principal cenário de trabalho era seu escritório, com vista para o jardim das Tulherias e para o Sena, um cômodo ao qual somente ele e seu secretário tinham acesso. No centro havia uma grande escrivaninha de mogno, mas Napoleão a usava basicamente quando assinava cartas. Normalmente andava de um lado para outro no escritório, e se ele se sentasse, era em um canapé de tafetá verde perto da lareira. Seu secretário se sentava em uma escrivaninha menor junto à janela, com as costas para o jardim.

Napoleão trabalhava em voz alta; ou seja, normalmente ele ditava. Suas palavras vinham rápidas, e muitas vezes iam além da mão de seu secretário. Quando ele terminava de ditar, seu secretário lhe dava uma transcrição, que ele corrigia à tinta. Ele raramente escrevia qualquer coisa com suas próprias mãos porque, como ele disse, seus pensamentos iam além da pena. Além disso, exceto quando ele se esforçava muito, sua letra ficava difícil de ler – embora os números sempre estivessem nítidos e claros – e sua ortografia, idiossincrática. Ele errava o nome até de sua esposa, escrevendo Tachère em vez de Tascher.

Esse costume de falar, em vez de escrever ordens, cartas, relatórios e assim por diante pressupõe um pensamento rápido e claro. Também era uma técnica pela qual Napoleão impunha sua vontade em cada detalhe e a captava para referência futura. Como Roederer observava, "Palavras que escrevemos nós mesmos até certo ponto nos mantêm sob seu domínio; ademais, projetos que adquirem forma na escrita geralmente são vagos e incoerentes... Mas o ditado é outra questão. Recitamos em voz alta o que queremos aprender de cor, um sobrenome ou um número que precisamos lembrar". Aqui está a explicação da memória muito retentiva de Napoleão.

Napoleão pronunciava errado muitas palavras, e continuava a pronunciá-las errado mesmo tendo ouvido sua pronúncia correta centenas de vezes. Ele dizia *"rentes voyagères"* em vez de *"rentes viagères"*, *"armistice"* no lugar de *"amnistie"*, *"point fulminant"* em vez de *"point culminant"*; ele era particularmente ruim com nomes de lugares: chamando as Filipinas de "Philippiques"; Zeitz, de "Siss"; Hochkirsch de "Oghirsch", e Conlouga de "Caligula".

Quando Napoleão ditava uma carta ele se concentrava tanto que "era como se estivesse conversando em voz alta com seu correspondente ali mesmo". Dois dos homens que melhor o conheciam, um deles um civil e o outro um general, afirmam de forma independente que a concentração era o dom mental mais distintivo de Napoleão. "Nunca o vi distraído do assunto em questão para pensar sobre o que ele acabara de lidar ou com o que ele lidaria em seguida", diz Roederer. Napoleão argumentava com seu costumeiro vigor: Quando eu agarro uma ideia eu a pego "pelo pescoço, pelo traseiro, pelos pés, pelas mãos, pela cabeça" até que eu a esgote.

Sozinho em seu escritório, com seu secretário, Napoleão respondia cartas, emitia ordens, fazia minutas sobre relatórios de ministros, verificava orçamentos, instruía embaixadores, levantava tropas, movimentava exércitos e fazia os mil e um outros deveres que caíam na cabeça do governo, sempre totalmente imerso na tarefa diante de si, sempre completando-a antes de passar para a próxima. E isso ele fez durante os quatro anos e meio do Consulado, em uma média de oito a dez horas por dia.

Mas isso era somente dois terços do dia de trabalho de Napoleão. O terço restante era gasto na grande Câmara do Conselho das Tulherias. Ali o Conselho de Estado se encontrava, durante os primeiros meses do Consulado todos os dias, e a partir de então por vários dias por semana. Napoleão se sentava em uma cadeira com braços, ladeado por Cambacérès e Lebrun, em uma plataforma elevada acima e diante dos conselheiros, que se sentavam em uma mesa em formato de ferradura coberta de tecido verde. Os conselheiros eram civis em sua maior parte, cada um especialista em um campo de escolha. Dois 29 originais, somente quatro eram oficiais e, embora a tarefa do Conselho fosse esboçar leis e decretos, somente dez eram advogados. Eles haviam sido escolhidos por Napoleão de todas as partes da França e de todos os meios, baseando-se puramente na capacidade de cada um.

A mais importante característica do Conselho era que membros falavam sentados. "Um novo membro", diz o conselheiro Pelet, "que fizera seu nome nas Assembleias, tentou se levantar e falar como um orador; ele foi zombado e teve de adotar um estilo comum de discurso. No Conselho era impossível disfarçar falta de ideias por baixo de floreios eloquentes."

Quando uma questão aparecia perante o Conselho, Napoleão deixava os membros falarem livremente, e dava sua própria opinião somente quando a discussão estava bem avançada. Se ele não sabia nada sobre o assunto, dizia e pedia a um especialista que definisse termos técnicos. As duas perguntas que ele fazia com mais frequência eram "É justo?" e "É útil?". Ele também perguntava "É completo? Considera todas as circunstâncias? Como era no passado? Em Roma, na França? Como é em outros países?". Se ele considerava um projeto ruim, o descrevia como "singular" ou "extraordinário", o que significava algo sem precedentes, pois, como ele contava ao conselheiro Mollien, "Não tenho medo de procurar exemplos e regras no passado; pretendo manter as inovações úteis da Revolução, mas não abandonar as boas instituições que ela destruiu erroneamente".

"A partir do fato de o primeiro-cônsul sempre presidir sobre o Conselho do Estado", diz o conde de Plancy, "certas pessoas têm inferido que ele era servil e o obedeciam em tudo. Pelo contrário, só posso afirmar que os homens mais esclarecidos da França... deliberavam ali em completa liberdade e que nada jamais acorrentava suas discussões. Bonaparte estava muito mais preocupado em aproveitar algo da sabedoria deles do que escrutinar suas opiniões políticas."

Os conselheiros votavam em cada questão erguendo as mãos. Napoleão, com raras exceções, concordava com o voto da maioria, embora de acordo com a constituição ele não fosse obrigado a isso. Cambacérès, na verdade, achava Napoleão circunspecto demais em relação ao Conselho, e reclamava que era difícil conseguir com que ele assinasse decretos puramente administrativos sem primeiro submetê-los à votação do Conselho.

O Conselho normalmente se reunia às dez da manhã. Na ausência de Napoleão, Cambacérès presidia e membros sabiam que a reunião terminaria até a hora do almoço. Não quando Napoleão presidia. Às vezes ele entrava inesperadamente, com sua chegada anunciada por tambores antes da saudação geral nas escadas, sentava-se e ouvia. Novos membros poderiam achar que ele estava dormindo ou sonhando acordado, mas de repente ele intervinha com uma pergunta pertinente ou resumia com extrema clareza os argumentos que aca-

O PRIMEIRO-CÔNSUL

bara de ouvir, muitas vezes acrescentando uma comparação de referência matemática. Se ele discordasse das opiniões exprimidas, propunha demoradamente sua própria opinião, às vezes falando por uma hora inteira sem hesitar nem uma palavra.

Quando Napoleão presidia, normalmente as sessões duravam sete horas, com um intervalo de vinte minutos. À medida que o número de questões a serem discutidas aumentava – em 1800, havia 911; em 1804, 3.365 – Napoleão tinha de realizar sessões que varavam a noite, das 22h às 5h. Enquanto as longas horas passavam, ele tirava um canivete e cortava lascas de madeira de sua cadeira ou tiras da toalha de mesa. Rabiscava uma frase repetidas vezes em seu formulário de ordens. Em um papel ele escreveu dez vezes, "Meu Deus, como te amo", em outros, oito vezes, "Vocês são todos ladinos". Mas ele sempre permanecia atento à discussão. Uma vez, em uma sessão noturna, os conselheiros começaram a cair no sono. "Vamos nos manter despertos, cidadãos", dizia Napoleão incisivamente. "São só duas horas. Precisamos merecer nossos salários."

Não era somente trabalho pelo trabalho, mas trabalho que precisava ser feito. A França sofrera com o caos por dez anos. Somente o trabalho poderia restaurar a ordem. E somente o trabalho poderia colocar em ação as muitas excelentes ideias que haviam sido abandonadas nesses dez anos.

Não somente Napoleão e seu Conselho trabalhavam por muitas horas do dia e às vezes da noite; também trabalhavam por toda a semana republicana. Ainda que sessões que duravam a noite toda não estivessem incluídas, o primeiro-cônsul e seus conselheiros trabalhavam vinte dias a mais por ano do que a monarquia jamais trabalhou.

Muitas vezes Napoleão acordava no quarto azul e se lembrava de alguma tarefa urgente. Embora tivesse trabalhado dezesseis horas no dia, se levantava, chamava Méneval e, no palácio em silêncio e no escuro, enquanto toda a Paris e toda a França dormiam, a nítida voz de Napoleão podia ser ouvida ditando. Depois de algumas horas pedia *sorbets*; ele e Méneval matavam a sede, e continuavam o trabalho. Quando seu médico lhe disse que ele estava exagerando, Napoleão respondeu, "O touro foi atrelado; agora ele precisa arar". E ele arou, persistentemente, toda a terra da França. Por aqueles em sua administração, esse esforço aparentemente sobre-humano foi aplaudido; pelos monarquistas no exterior, ridicularizado. La Chaise observou, com um toque de adulação, "Deus fez Bonaparte e então descansou". A isso, o exilado conde de Narbonne retorquiu: "Deus devia ter descansado um pouco antes".

13

Reconstruindo a França

Quando se tornou primeiro-cônsul, Napoleão encontrou no erário exatos 167 mil francos em dinheiro, e dívidas que chegavam a 474 milhões. O país estava inundado de cédulas quase sem valor nenhum. Servidores públicos não recebiam pagamento havia dez meses. Querendo saber a exata força do Exército, Napoleão perguntou a um oficial veterano. O homem não sabia. "Mas você pode descobrir a partir das folhas de pagamento", disse Napoleão. "Não pagamos o exército." "Bem, então das listas de ração." "Não o alimentamos." "Das listas de roupas." "Não o vestimos." A mesma situação valia para toda a França, até em orfanatos, onde no ano anterior, por falta de fundos, centenas de *enfants de la patrie* haviam morrido de fome.

Claramente, o mais essencial era dinheiro. Napoleão levantou 2 milhões de francos em Gênova, 3 milhões dos banqueiros franceses e 9 milhões de uma loteria. Com isso ele evitava a falência em seus primeiros meses de mandato, enquanto providenciava a obtenção de verbas regulares. Teoricamente, o imposto de renda deveria gerar o suficiente para suas necessidades; o problema era que os homens responsáveis por arrecadá-lo só o faziam como trabalho de meio-período. Um dos primeiros atos de Napoleão como cônsul foi criar um corpo especial de 840 oficiais, oito por departamento, cujo único trabalho era a cobrança e a arrecadação de impostos. De cada oficial ele pedia, antecipadamente, 5% da receita anual esperada. Isso dava a Napoleão o suficiente para dez dias à frente; quando chegou o ano IX, dez dias haviam se tornado um mês. Ao mesmo tempo, ele prometeu batizar a mais bela praça de Paris com o nome do departamento que primeiro pagasse seus impostos integralmente; essa praça veio a se tornar a Place des Vosges.

O novo sistema de arrecadação de impostos funcionou. Durante o Consulado, Napoleão obteve anualmente 660 milhões de imposto de renda e propriedades públicas, 185 milhões a mais do que o Antigo Regime obtinha de dezenas de diferentes impostos em 1788. À medida que o tempo foi passando, em vez de elevar o imposto de renda, Napoleão introduziu impostos indiretos: em 1805, sobre o vinho, o jogo de cartas e as carruagens; em 1806, sobre o sal, em 1811, sobre o tabaco, que ele tornou monopólio do Estado.

Quando o dinheiro começou a entrar, Napoleão teve o cuidado de não gastar demais. "Ninguém", declarou ele, "deveria sancionar seus dispêndios ou atribuir dinheiro a si mesmo", e agindo sobre esse princípio ele criou dois corpos, o Ministério das Finanças e o Tesouro, onde antes havia um. "Meu orçamento", ele explicou, "serve para manter o Ministério das Finanças em um estado constante de guerra com o Tesouro. Um diz para mim: 'Prometi tanto, e devo tanto'; o outro diz: 'Foi arrecadado tanto'. Colocando-os em oposição, consigo segurança."

"Você sabe o que estão tentando me cobrar por me instalar nas Tulherias?" Napoleão exclamou para Roederer. "Dois milhões!... Isso deve ser cortado para 800 mil. Estou cercado por um bando de pilantras." Essa parcimônia nata andava acompanhada de uma desconfiança interiorana de empréstimos: "eles sacrificam até o presente momento a possessão mais estimada do homem: o bem-estar de seus filhos". Então, todos os anos em que ele esteve na função Napoleão equilibrava seu orçamento. Ele se recusou a aumentar empréstimos públicos, tirou de circulação cédulas de papel, e limitou a dívida pública à pequena cifra de 80 milhões.

Quando ele se tornou cônsul, nas primeiras semanas teve de aceitar empréstimos temporários de banqueiros privados a 16%, embora considerasse usurária uma taxa acima de 6%. Insatisfeito com esse acordo, no dia 13 de fevereiro de 1800 ele criou o Banco da França, com um capital inicial de 30 milhões de francos, para emprestar essa quantia em dinheiro e, por conveniência, dentro da região de Paris, emitir notas no tamanho de suas reservas de ouro. Napoleão limitou o dividendo anual do banco a 6%, e todos os lucros excedentes deveriam passar para a reserva.

O próprio Napoleão verificava o orçamento de todos seus Ministérios, e nada escapava de seu olho prudente. Em uma ocasião, em um orçamento de vários milhares de francos, ele apontou um erro de 1,45 francos. Em 1807 ele criou um Escritório de Auditoria para verificar cada centavo de gasto público. Em todos os campos, de selas do exército até figurinos da *Comédie Française*, Napoleão, em geral pessoalmente, insistia em boa relação custo-benefício, o que significava na verdade que o dinheiro permanecia relacionado a valores reais. Napoleão nunca teve de desvalorizar sua moeda, e o custo de vida permaneceu estável a partir do ano em que ele assumiu. Títulos da dívida pública, que custavam 12 francos no dia em que ele ascendeu ao poder, subiram para 44 em 1800 e para 94,40 em 1807. Em vez dos sacos de cédulas sem valor que ele encontrou quando assumiu, Napoleão colocou nos bolsos franceses moedas de ouro tilintantes; na verdade, a maior delas, durante o Império, a moeda de 20 francos, veio a carregar sua efígie e foi chamada de napoleão.

Depois de colocar as finanças da França em ordem, Napoleão passou para a lei e a justiça. Por sua ancestralidade jurídica, Napoleão gostava desses assuntos. Mas o problema aqui era fundamental demais para ser resolvido nomeando oficiais ou com trabalho pessoal árduo. Na verdade, não havia algo como uma legislação francesa; somente vários códigos regionais e centenas de tribunais autônomos: por exemplo, dentro de Paris, o almirantado, a guarda montada, a Caça e a Falcoaria, o bailiado da artilharia, o Armazém de Sal e outros. Os casos eram jogados de um tribunal para outro, beneficiando somente os advogados. Desde 1789, a Justiça se complicara ainda mais, com 14.400 decretos, e muitos deles contradizendo leis anteriores. Com muita razão, Napoleão escreveu para Tallyerand dois anos antes de se tornar primeiro-cônsul: somos "uma nação com 300 livros de leis, mas sem leis".

Napoleão queria combinar os direitos humanos com tudo que havia de melhor na antiga legislação francesa, e a última era de dois tipos distintos: o direito consuetudinário, praticado no norte, e o direito romano no sul. Procurando por especialistas para fazer o trabalho preparatório, Napoleão escolheu dois para cada região: Tronchet e Bigot de Préameneu do norte, Portalis e Malleville do sul. Tronchet e Portalis fizeram seus nomes defendendo os azarões: o primeiro, Luís XVI com sua vida em jogo; o último, padres não juramentados. Por saber que advogados eram lentos e que Tronchet tinha 74 anos, Napoleão disse: "Dou-lhes seis meses para elaborar um Código Civil para mim", pelo qual ele queria dizer um esboço com as linhas gerais. Isso foi debatido então, ponto a ponto, no Conselho do Estado, com Napoleão presidindo em 57 sessões, mais da metade do total.

Ele se viu em uníssono com os advogados na maior parte dos pontos essenciais: igualdade de todos perante a lei, fim dos direitos e deveres feudais, inviolabilidade da propriedade, casamento civil e não ato religioso, liberdade de opinião, liberdade para escolher o próprio trabalho, e esses princípios foram codificados. Mas às vezes Napoleão discordava dos advogados, particularmente quanto à importância da família. A Revolução havia elevado o poder do Estado em detrimento da família. Napoleão queria acertar o equilíbrio fortalecendo-a, particularmente seu chefe, e isso porque ele considerava a família como a melhor proteção dos fracos e oprimidos. Foi Napoleão que inseriu um artigo declarando que pais deveriam alimentar seus filhos, se fossem pobres, mesmo depois de crescidos: ele chamou isso de "marmita paterna". Napoleão também queria obrigar os pais a prover dotes a suas filhas; ele acreditava que isso evitaria que as garotas se casassem – ou fossem impedidas de se casar – contra sua vontade; e daria aos avós o direito de proteger netos de maus-tratos por parte dos pais. Sobre essa e várias outras questões importantes, Napoleão não conseguiu o que queria.

Em alguns momentos a Revolução foi um nivelador opressivo. Por exemplo, nos interesses do igualitarismo, um decreto de 1794 estabelecia que um chefe de família com três filhos não poderia deixar a qualquer um dos filhos mais do que 25% a mais do que deixou a qualquer um dos outros dois. Napoleão pensou que um testamenteiro deveria poder deixar até metade de sua propriedade para um filho, garantindo assim que a casa da família pelo menos pudesse ser legada a gerações. A única exceção seria para propriedades acima de 100 mil francos. Tronchet argumentou: como saberemos que a propriedade excede ou não os 100 mil francos? Teriam de chamar especialistas, seria caro, demorado e questão de disputa legal. Mais uma vez, Napoleão viu sua proposta mais liberal ser rejeitada.

Alguns criminosos, em especial criminosos políticos, eram considerados mortos pela legislação francesa. Tais pessoas não poderiam entrar com uma ação, por exemplo, ou fazer um testamento. Como o casamento agora era considerado um ato civil, os juristas concluíram que quando um homem era declarado legalmente morto, seu casamento também terminava, e, portanto, sua esposa era legalmente viúva. "Seria mais misericordioso matar o marido", Napoleão protestava. "Assim pelo menos sua esposa poderia erguer um altar para ele em seu jardim e ir até lá para chorar." Ele convidou os juristas para verem as consequências da lógica deles a partir do ponto de vista da esposa, mas novamente ele não conseguiu o que queria. Somente em 1854 o conceito de "morte legal" seria removido da legislação francesa.

Napoleão concordava com o princípio revolucionário de que o casamento era um ato civil, mas ele queria que os jovens ingressassem nele de maneira responsável. "O escrivão", disse Napoleão, provavelmente recordando seu próprio casamento, "une um casal sem nenhuma solenidade. É seco demais. Precisamos de algumas palavras edificantes. Veja os padres, com seus sermões. Talvez o marido e a esposa não prestem atenção a isso, mas seus amigos prestarão." Infelizmente, mas não surpreendentemente, nem Napoleão nem seu Conselho conseguiram pensar em palavras edificantes não religiosas que fossem adequadas. Napoleão teve mais sucesso quando deteve uma proposta para que garotas se casassem aos 13 anos e os meninos aos 15. "Você não permite que crianças de 15 anos entrem em contratos legais; como então você pode permitir que elas façam o contrato mais solene de todos? É desejável que homens não possam se casar antes dos 20 anos, e mulheres antes dos 18. Do contrário, a linhagem decairá."

Napoleão fora criado segundo a lei romana, segundo a qual uma esposa é submissa a seu marido. Ao esboçar as cláusulas sobre o casamento, Napoleão defendia fortemente esse princípio. A certidão de matrimônio, disse ele, "deve conter uma promessa de obediência e de fidelidade da esposa. Ela deve entender que, ao deixar a guarda de sua família, está passando a guarda para seu marido... O anjo falou com Adão e Eva sobre obediência; isso costumava fazer parte da cerimônia de casamento, mas era em latim e a noiva não entendia. Precisamos da noção de obediência especialmente em Paris, onde as mulheres acham que têm direito de fazer o que bem entendem. Não digo que isso terá um efeito sobre todas elas, só sobre algumas". Napoleão convenceu o Conselho, e o artigo 213 do Código declara devidamente: "A esposa deve obediência a seu marido".

No esboço do Código Civil, o principal conflito se deu quanto ao divórcio. Portalis, um católico devoto, era contra o divórcio, e muitos Conselheiros o consideravam uma ameaça à estabilidade social: em Paris, de 1799 a 1800, um em cada cinco casamentos havia terminado em divórcio. Napoleão, com sua estima pela família, não gostava do divórcio, e até então ele não pensara que um dia seria obrigado a se divorciar de Joséphine. Mas nesse ponto também ele assumiu uma posição liberal, defendendo o divórcio com base no fato de que às vezes dificuldades pessoais o tornavam necessário, e conseguiu que o divórcio fosse admitido no Código Civil.

"Com o divórcio sendo admitido", disse Napoleão, "pode ele ser concedido por incompatibilidade? Haveria uma séria desvantagem: ao contrair matrimônio, uma pessoa poderia já estar pensando que ele poderia ser dissolvido. Seria como dizer 'Vou me casar até que os sentimentos mudem'". Napoleão e seus conselheiros decidiram que a incompatibilidade por si só não era motivo para divórcio. Permitiram o divórcio de consenso mútuo por razões graves, tais como abandono; mas o casal também precisa obter aprovação de seus pais – "Entendo que um casal propenso ao divórcio esteja sujeito à paixão, e requer aconselhamento" – e o divórcio poderia ocorrer somente após dois anos e antes de vinte anos de vida em conjunto. Interessante que o espírito da época fosse se provar uma força muito mais importante do que a letra da lei: em Paris, sob comando de Napoleão, em média somente 60 casais se divorciaram por ano.

Napoleão e o Conselho do Estado esboçaram os 2.281 artigos do Código Civil entre julho e dezembro de 1800. Mas Napoleão descobriu que a oposição não terminava ali. O Tribunado levantou objeções mesquinhas aos primeiros capítulos vitais que defendiam direitos civis, e somente em 1804; quando o mandato de muitos no Tribunado expirou, Napoleão conseguiu que o Código fosse aprovado. Ele o publicou no dia 21 de março de 1804.

Os homens que tiveram a maior participação na elaboração do Código foram Tronchet e Portalis. Napoleão reconheceu isso colocando estátuas dos dois advogados em sua Câmara de Conselho. Mas o próprio Napoleão teve uma participação muito importante. Foi ele que instaurou ordem na França – o pré-requisito indispensável para legislar; foi ele quem conseguiu que o Código fosse esboçado tão rapidamente; ele que fez com que fosse redigido, não no jargão legal costumeiro, mas em um estilo claro e inteligível para o homem comum. Stendhal o admirava tanto que lia vários capítulos por dia para formar seu estilo. Foi Napoleão quem impôs dois dos princípios mais importantes: uma família forte e o direito ao divórcio. Por fim, foi Napoleão que trouxe um espírito liberal para abordar – nem sempre com sucesso – um grande número de artigos: por exemplo, foi ele quem determinou que um nascimento deveria ser registrado não dentro de 24 horas, como antigamente, mas sim dentro de três dias.

Nesse sentido, o Código Civil é justificavelmente conhecido como o Código Napoleônico, o nome dado a ele em 1807, data em que ele foi impresso na Europa Ocidental. Napoleão sempre achou que ele iria durar, e durou. Ainda está em vigor na França, embora certas seções tenham sido flexibilizadas: um marido, por exemplo, não pode mais ser multado com o valor que na época corresponderia a 300 francos por ter uma amante. Também continua sendo a lei da Bélgica e de Luxemburgo. Foi a lei do distrito do Reno da Alemanha até o final do século XIX; deixou uma marca duradoura nas leis civis da Holanda, da Suíça, da Itália e da Alemanha; foi levado para outros continentes, deixando sua marca de igualdade política e família forte em países tão diferentes quanto a Bolívia e o Japão.

Para implementar o Código Civil, Napoleão instituiu um novo oficial, um em cada departamento, a quem ele deu o nome de "préfet". O *préfet* tinha menos poder que o *intendant* do Antigo Regime, mas mais que o comissário do Diretório. Era ele quem, nas palavras de Chaptal, "transmitia a lei e as ordens do governo para as extremidades da sociedade com a velocidade do recém-inventado telégrafo de Chappe: o meio técnico para a unidade que Napoleão dava à França. O próprio Napoleão escolhia os *préfets*, mas ele tinha de escolher da "lista de notáveis" elaborada pelo eleitorado. Ele escolheu 65 dos primeiros 98 a conselho de Lucien, seu ministro do Interior, e dos 98, 57 haviam pertencido às Assembleias durante a Revolução. Depois de nomeá-los, Napoleão deu carta branca aos *préfets*. Ao *préfet* dos Baixos Pirineus, uma vez ele disse: "Castellane, você é um paxá aqui. A uma centena de léguas de Paris um *préfet* tem mais poder que eu." Isso era verdade, no sentido de que Napoleão raramente interferia na gestão de um *préfet* em seu departamento. Em duas raras ocasiões, Napoleão chegou a interferir por carta, criticando a ação de um *préfet*: quando o *préfet* dos Alpes Marítimos proibiu que uma certa arieta fosse cantada na ópera local porque ele a considerava politicamente controversa – "É meu desejo", escreveu Napoleão, "que a França deva desfrutar do máximo de liberdade possível" – e quando o *préfet* do Baixo Reno forçou as pessoas a serem vacinadas.

Além de instituir o Código Civil e de fazer com que os *préfets* o aplicassem, Napoleão deu à França um novo código criminal e os juízes para administrá-lo. Napoleão nomeou juízes pela virtude do direito Constitucional, e a Constituição aqui concordava com o pensamento liberal atual, inclusive o de Madame de Staël. Napoleão, que nomeou *préfets* somente para departamentos onde eles não tinham conexões familiares, seguiu o mesmo princípio no campo da justiça. Embora uma ampla maioria do Conselho do Estado se opusesse a ele, em 1804 estabeleceu juízes de circuito seguindo o modelo inglês, observando: "Antigamente os parlamentos costumavam controlar os juízes; agora os juízes controlam seus tribunais".

O sistema de júri foi introduzido durante a Revolução – outra importação da Inglaterra. Napoleão o considerava bom, mas o Conselho do Estado não. No dia 30 de outubro de 1804, ele se pronunciou contra uma medida para suprimi-lo: "Precisamos confiar as decisões que dizem respeito a propriedades a juízes civis, porque tais questões exigem conhecimento técnico; mas, para emitir julgamentos sobre escrituras, a única coisa necessária é um sexto sentido, chamado consciência. Então, para casos criminais, pode-se convocar indivíduos tirados da plateia. Os cidadãos têm então uma garantia de que sua honra e vida não estão sendo abandonadas aos juízes que já decidem sobre sua propriedade".

Foram denunciadas tantas decisões ineptas por júris – nesse período, em metade das comunas da França até oficiais municipais não sabiam nem ler nem escrever – que o Conselho do Estado insistiu em restringir o sistema de júri. Em 1808, contra os desejos expressos de Napoleão, o Conselho suprimiu o júri que decide se há ou não um caso contra os acusados e o substituiu com uma câmara de acusação, uma para cada corte de apelação.

Poderia haver a expectativa de que Napoleão desse ao exército uma posição privilegiada dentro da França. Dois exemplos, dentre muitos, mostram o que de fato aconteceu. O general Cervoni, comandando a 8ª divisão, ordenou que "qualquer um que fosse encontrado carregando armas seria preso no Fort St. Jean em Marselha"; no dia 7 de março de 1807, Napoleão o censurou: "Um general não tem função civil a não ser que seja especialmente investido de uma, *ad hoc*. Quando ele não tem missão, não pode exercer nenhuma influência nos tribunais, na municipalidade ou na polícia. Considero seu comportamento uma loucura". Quando cadetes na escola de artilharia de Metz se revoltaram e insultaram o povo da cidade, Napoleão os repreendeu: "O exército prussiano costumava insultar e maltratar os burgueses, que mais tarde se deleitaram quando ele foi derrotado. Aquele exército, quando foi esmagado, desapareceu e nada o substituiu, porque não tinha o apoio da nação. O exército francês é excelente assim só porque está unido com a nação." Napoleão costumava enfatizar o argumento de que um francês é em primeiro lugar um cidadão, e em segundo um soldado, e que cada delito cometido por um soldado em tempos de paz deve primeiro ser submetido às autoridades civis. Como ele observou em 1808: "Existem somente duas forças no mundo: a espada e o espírito; por espírito quero dizer as instituições civis e religiosas; em longo prazo, a espada sempre é derrotada pelo espírito".

Tal foi o trabalho de Napoleão no campo da lei. Mas leis só poderiam ser eficientes se os cidadãos viessem a respeitá-las. A contrapartida das reformas legais de Napoleão, portanto, foi sua reforma do sistema de ensino da França.

Durante a monarquia, padres ensinavam a crianças francesas cobrando remuneração. A Revolução tirou as escolas dos padres, declarou o direito de todas as crianças a uma educação secular gratuita, mas não tinha o dinheiro e a mão de obra necessária para colocar essa ideia em prática. Quando Napoleão se tornou primeiro-cônsul, praticamente não encontrou escolas primárias, algumas boas escolas secundárias estatais, chamadas *écoles centrales*, e algumas particulares; quanto às universidades, elas haviam sido fechadas.

Napoleão reabriu as escolas primárias, com padres como professores, mas deu sua atenção principal às escolas secundárias. Dessas, ele abriu mais de 300, e mudou sua grade curricular para permitir uma especialização precoce. Com 15 anos, um menino escolhia estudar ou matemática e história da ciência ou clássicas e filosofia. Aos 17, ele fazia o exame do *baccalauréat*. Se ele passasse, se tornava elegível para o ensino superior: em Paris, na Sorbonne, que Napoleão reabriu juntamente com as universidades do interior.

Napoleão não gostava das *écoles centrales* porque elas ensinavam *idéologie*, em especial que atitudes éticas são totalmente relativas e devem variar de acordo com a idade: Napoleão acreditava que isso sabotava a moralidade e o respeito à lei. Ele fechou as *écoles centrales* e as substituiu pelos *lycées*. Como a França estava em guerra na época, ele deu aos *lycées* um toque militar. Os alunos, em sua maior parte filhos de oficiais, usavam uniformes azuis e aprendiam os exercícios e o manejo de mosquetes. Napoleão prescrevia instrução religiosa de duas horas por semana e uma aula de filosofia com base em Descartes, Malebranche e o discípulo de Locke, Condillac; designada para combater a *idéologie*. Ele especificamente vetou uma proposta para ensinar redação criativa: "Corneille e Racine não eram melhores do que um bom aluno em uma aula de retórica; gosto e genialidade não podem ser ensinados". Ele determinou o latim e a matemática como sustentáculo da base curricular.

Como um ex-aluno de Brienne, Napoleão se interessou pessoalmente pelos seus *lycées*. Mas essas academias quase militares eram apenas uma parte de sua contribuição ao ensino francês. Enquanto Napoleão estava no poder, a França tinha 39 *lycées*, mas mais de 300 outras escolas secundárias estatais. Ademais, Napoleão permitiu que o número de escolas secundárias particulares aumentasse: em 1806 elas eram 377, contra 370 escolas públicas.

As escolas secundárias públicas eram somente para garotos: nenhum francês em 1800 teria desejado algo diferente. No Conselho, no dia 1º de março de 1806, Napoleão disse: "Não acredito que precisamos nos incomodar com qualquer plano de instrução para jovens meninas: elas não têm como ser mais bem criadas do que por suas mães. O ensino público não é adequado para elas, porque elas nunca são convocadas para atuar em público". No entanto, no ano seguinte Napoleão escreveu o currículo para filhas órfãs de Legionários da Honra em uma escola em Ecouen. Elas deveriam aprender a ler, escrever e calcular, um pouco de história e de geografia, um tanto de botânica, mas nada de latim. Elas precisavam aprender a fazer meias e camisas, além de bordar, dançar e cantar, e os rudimentos de enfermagem. "Praticamente todo o conhecimento exato ensinado ali deveria ser o do Evangelho. Quero que o lugar produza não mulheres de charme, mas sim mulheres de virtude: elas devem ser atraentes porque têm princípios elevados e corações quentes, não porque são espirituosas ou divertidas."

No campo do ensino superior, Napoleão criou 12 escolas de direito em Paris e nas províncias, e, para formar professores, a *École normale supérieure*, que até hoje preserva uma reputação invejável. Ele planejou, mas nunca pôs em prática, uma escola de estudos avançados em história: talvez, lembrando-se de suas próprias perplexidades em Valença, ele quis que ela publicasse uma lista dos melhores livros: "um jovem não precisa mais gastar meses no estudo enganoso de autoridades inadequadas ou indignas de confiança". Outra das boas ideias de Napoleão que nunca foram executadas era uma faculdade com 30 professores abrangendo todos os campos de conhecimento, onde qualquer um poderia entrar para obter informações sobre questões específicas.

Era um princípio da Revolução que ninguém devesse ser independente do Estado; isso explica, por exemplo, a abolição dos sindicatos; e todos os componentes do Estado deveriam ser padronizados: daí, por exemplo, a uniformidade dos pesos e das medidas. Napoleão colocou esse princípio em prática quando estabeleceu, em 1808, uma corporação, a ser conhecida como Universidade, responsável por assegurar que qualquer ensino, inclusive o particular, "tendia a tornar cidadãos apegados à sua religião, seu governante, sua *patrie* e sua família". Todos os professores tinham de jurar obedecer às regras da Universidade, e essa promessa Napoleão quis que fosse uma ocasião muito solene: professores "deveriam se casar, por assim dizer, com a causa da educação, assim como seus antecessores eram casados com a Igreja, com a diferença de que seu casamento não precisava ser nem tão sagrado, nem tão indissolúvel".

Napoleão pretendia que sua Universidade produzisse cidadãos obedientes à lei. Mas essa meta não começou com ele; era um aspecto da época. O pensador liberal Turgot havia defendido um sistema abrangente bem parecido com o de Napoleão "para formar cidadãos"; e foi Jeanbon Saint-André, um ex-membro do Comitê da Segurança Pública, que quis que as crianças francesas aprendessem um código moral uniforme, tornando-se assim "um povo obediente à lei". Quando Napoleão chegou ao poder, dez anos de caos moral e político haviam tornado urgente a necessidade de conservadorismo político e, portanto, intelectual. Se Napoleão tornou esse o principal aspecto de seu programa educacional, pode-se argumentar que ele não tinha alternativa.

Dentro dessa estrutura, no entanto, houve oportunidade para inovação, e pareceria que Napoleão não conseguiu aproveitá-la. Levou seu conservadorismo natural longe demais quando tornou o latim e a matemática as bases para o ensino secundário. Não somente ele não conseguiu incentivar o ensino de ciência observacional e experimental – particularmente estranho, considerando a expedição egípcia – como o espírito do conformismo intelectual militava contra a inventividade. A carência de ensino de ciência experimental em escolas secundárias viria a ter, como veremos mais tarde, sérias repercussões. A falha de Napoleão aqui é ainda mais curiosa pelo fato de que ele gastou grandes quantias, às vezes tiradas de seu próprio bolso, subsidiando cientistas adultos e tentando estimular novas invenções: ele ofereceu um prêmio de 1 milhão de francos por uma máquina para fazer tecidos, recompensou Jacquard, o inventor de um tear de seda aperfeiçoado, com uma pensão anual de 3 mil francos, e Fouques, que conseguiu extrair açúcar de uvas, com uma recompensa de 40 mil francos.

Com essa ressalva, pode-se dizer que Napoleão fez muito para melhorar o ensino francês. Ele gastou mais dinheiro com isso do que com qualquer outro item: e isso durante uma década de guerra. Ele abriu velhas escolas, estabeleceu novas e encontrou a equipe para tocá-las. Apesar da oposição, permitiu que o ensino particular continuasse. Na França, antes de Napoleão, as escolas estavam vazias; com Napoleão, elas ficaram cheias. Talvez com seus dias em Brienne em mente, ele insistiu que não deveria haver diferença entre alunos subsidiados pelo Estado e os que pagavam: "A igualdade deve ser o primeiro elemento na educação". O exame do *baccalauréat*, o *lycée*, a *École normale supérieure*, e a estrutura do ensino público, todas criações dele, duram até hoje.

A igualdade é o princípio subjacente ao sistema tributário de Napoleão, seu código de leis e suas reformas educacionais. Mas Napoleão acreditava que a igualdade em si era insuficiente para despertar o melhor nas pessoas. Ele estava ciente de que em qualquer sociedade a energia é gerada por incentivos. Em uma sociedade comercial, o incentivo é dinheiro. No entanto, Napoleão nunca se interessara por dinheiro. Se ele se sacrificava imensamente por uma tarefa ou arriscava sua vida sob fogo inimigo, ele o fazia por um sentimento de honra. Concluiu que a França era como ele nesse sentido. O que os franceses valorizavam era a glória, uma reputação pela honra. Bem, então que fosse esse o incentivo.

O Antigo Regime possuía várias ordens honoríficas, que variavam desde a de St. Michel, criada em 1469 para cavalheiros, até o *Mérite Militaire*, criado em 1759 para oficiais suíços ou estrangeiros de fé protestante. A Convenção havia jogado todos eles no fogo em 1793 e os substituiu, como recompensa por atos cívicos, por espadas gravadas e coroas de carvalho, acompanhados de um certificado em pergaminho. Napoleão ampliou o repertório para incluir mosquetes, machados, granadas de ouro, baquetas e clarins de prata: quase 2 mil desses foram presentados nos primeiros dois anos e meio de Consulado.

Mas Napoleão não estava satisfeito com esses suvenires puramente militares. Em 1802, ele propôs ao Conselho de Estado uma ordem honorífica aberta a todos os franceses. Um Conselheiro protestou contra tais "quinquilharias". "Quinquilharias?", respondeu Napoleão, talvez recordando sua apresentação de bandeiras de regimentos na Itália. "É com quinquilharias que os homens são conduzidos... Voltaire descrevia soldados como Alexandres a cinco *sous* por dia. Ele estava certo. Você imagina que um exército inimigo é derrotado por argumentação? Nunca. Em uma república", continuou ele, "soldados efetuavam grandes façanhas em grande parte por um sentimento de honra. Era o mesmo com Luís XIV... Não afirmo que uma ordem honorífica salvará a República, mas ajudará."

Napoleão chamou sua ordem de Legião de Honra. "Legião" era uma referência moderna à República Romana; "Honra", de acordo com o Dicionário de 1762, era "o amor pela glória em busca da virtude". O conselheiro Mathieu Dumas insistiu que o prêmio deveria ir somente para soldados: isso fortaleceria o sentimento marcial. "Se fizermos uma distinção entre honras militares e civis", Napoleão respondeu, "devemos instituir duas ordens, ao passo que a nação é uma. Se concedermos honras somente a soldados, isso será ainda pior, pois então a nação deixará de existir". Oficiais de alto escalão queriam uma distinção entre prêmios para oficiais e prêmios para soldados, mas Napoleão insistiu que o mesmo prêmio fosse aberto a todos.

Napoleão criou a Legião de Honra em 1802. Ele a dividiu em 15 coortes, cada uma composta de 350 legionários, 30 oficiais, 20 comandantes e sete grandes oficiais. O recipiente prestava um juramento "para se dedicar ao serviço da república, mantendo seu território íntegro e inteiro, a salvaguardar suas leis e propriedades nacionais... e fazer tudo em seu poder para manter a liberdade e a igualdade". Ele então recebeu uma estrela de cinco pontas de esmalte azul, decorada com carvalho e louros, que ele usava pendurada na lapela, pregada a uma fita de *moiré* vermelha. O presenteado também recebia um pequeno prêmio em dinheiro: 250 francos por ano, chegando a cinco mil francos para grandes oficiais.

A Legião de Honra, assim como a maior parte dos atos construtivos de Napoleão, sofreu uma ferrenha oposição. Igualitários doutrinários a condenaram. Rochambeau e La Fayette recusaram o prêmio: ambos haviam morado nos Estados Unidos e passaram a partilhar do desgosto dos americanos por ordens honoríficas. O General Moreau a ridicularizou condecorando seu cozinheiro com uma panela de honra. Mas a Legião de Honra cumpriu seu propósito. A estrela esmaltada de cinco pontas passou a ser cobiçada por quase todos os franceses, e há poucas dúvidas de que ela gerava imenso esforço e energia. No total, Napoleão deu o prêmio a 30 mil homens, a maior parte por bravura em campo. Até hoje a Legião de Honra continua a cumprir seu papel. Os franceses consideram uma vida de altruísmo incompleta sem o prêmio, que é usado como uma fita discreta e muito estreita na lapela.

Refletindo no começo do Consulado sobre o povo francês, Napoleão os achou espalhados, dispersos, como "grãos de areia". Ele disse que queria uni-los, trabalhar pela coesão deles. Todos os seus atos construtivos podem ser vistos como passos na direção desse fim, sendo o maior deles a declaração do dia 26 de abril de 1802. Naquele dia, Napoleão concedeu uma anistia – ou um armistício, como ele insistia em pronunciar – a franceses que viviam no exterior. Declarando aquela facção encerrada, e que franceses, independentemente de suas opiniões, deveriam ser reconciliados, ele convidou todos os exilados, exceto aqueles que foram servir aos inimigos da França, a voltarem para seu país. Quarenta mil aceitaram o convite de Napoleão, voltaram para sua cidade natal, e incharam as fileiras oficiais e de classes profissionais. Um deles era um velho amigo de Napoleão, Alexandre des Mazis. Supondo que ele estivesse sem um tostão, Napoleão lhe enviou uma nota do tesouro por 10 mil francos e uma mensagem escrita por ele mesmo: "Des Mazis, você me emprestou dinheiro um dia, agora é minha vez".

Quando os cofres cheios do Tesouro lhe permitiam construir, era característico que Napoleão escolhesse trabalhar por coesão melhorando as comunicações. Na verdade, construiu três grandes canais, três grandes portos e três grandes estradas. Os canais são o Saint-Quentin; o canal de Nantes para Brest, uma distância de 250 km; e o canal que ligava o Ródano ao Reno. Através deles, Napoleão podia enviar mercadorias de Amsterdã para Marselha, de Lyon para Brest, sem expô-las aos canhões navais ingleses. Os portos eram Cherbourg, Brest e Antuérpia; as estradas, três rotas atravessando os Alpes. Como Napoleão sabia por experiência própria, uma vez nos Alpes as carruagens precisavam ser desmontadas e amarradas em mulas, e no inverno era comum ter de esperar duas semanas até que pesadas pilhas de neve derretessem. Napoleão dinamitou estradas através do Grande São Bernardo, do Pequeno São Bernardo e do *Col de Tende*, usando explosivos para arrebentar o lado da montanha, deixando profundas fundações de granito que nenhuma geada poderia mover; e construindo estradas com dezenas de curvas acentuadas, mas ainda assim com uma inclinação tão suave que qualquer veículo sobre rodas conseguia subi-las. Nessas estradas, mesmo sob neve, tornou-se possível circular livremente entre a França, a Suíça e a Itália.

Dentro da França, entre 1804 e 1813, Napoleão gastou 277 milhões em estradas, e para garantir que elas seriam protegidas do sol, em 1811 ele iniciou uma lei declarando que "deveriam ser plantadas árvores em todas as estradas não arborizadas, sempre que isso fosse possível". Mais do que qualquer decreto real, ou palácio real, essa simples lei veio a mudar o visual da França.

Onde quer que visse uma oportunidade para obras públicas, contanto que não fossem caras demais, Napoleão a aproveitava. Foi ele que, em 1802, ordenou que fosse feita a primeira calçada em Paris, ao longo da rue du Mont Blanc, hoje Chaussée d'Antin. Em 1810 ele fundou a primeira brigada de incêndio profissional de Paris. Para proteger rios e florestas, ele criou o painel conhecido como *Administration des Eaux et Fôrets*. Esta funciona até hoje, assim como a *Bourse*, outra das criações de Napoleão.

Havia ouro no tesouro e um orçamento em equilíbrio pela primeira vez desde 1738; um novo código de leis administrado de forma justa, no geral; um sistema de ensino que abria todas as carreiras aos talentos; homenagens àqueles que demonstrassem um esforço excepcional; obras públicas realmente úteis – esses eram os chamados "maciços de granito", para usar a frase de Napoleão, sobre os quais ele construiu uma nova e próspera França. Isso porque a França comandada por Napoleão, apesar das guerras, desfrutava de uma prosperidade que não via há 130 anos. Essa prosperidade pode ser avaliada porque Napoleão, o matemático, fundou em 1801 a primeira agência de estatísticas da França, e essa agência emitia relatórios anuais.

A França era basicamente uma terra de pequenos fazendeiros, e a agricultura e a pecuária prosperaram durante o governo de Napoleão. Antes da Revolução, a França tinha de importar manteiga, queijo e óleo vegetal; em 1812, estava exportando os três. Durante o governo de Napoleão, os fazendeiros franceses produziram mais milho e mais carne. Na Normandia, por exemplo, as pessoas que comiam carne uma vez por semana em 1799 passaram a comê-la três vezes por semana em 1805. Ao importar da Espanha 12 mil carneiros merinos, Napoleão melhorou os ovinos da França. Ao abrir seis haras nacionais e 30 *dépôts d'étalons*, ele deu à criação de cavalos uma importância que permanece até os dias de hoje.

A indústria também prosperou. Em 1789, a França exportava tecidos de seda no valor de 26 milhões; em 1812, a cifra subira para 64 milhões; em 1789, ela importava algodão no valor de 24 milhões; em 1812, ela exportou 17 milhões. Em anos difíceis o próprio Napoleão subsidiava a indústria. Durante a crise do inverno de 1806-1807, ele gastou dois milhões de sua renda pessoal para comprar seda de Lyon, e um milhão para comprar tecido do distrito de Rouen; em 1811, ele adiantou, secretamente, dinheiro suficiente para que os tecelões de Amiens em dificuldade pagassem seus empregados.

Foi um princípio da Revolução que o exército francês no exterior, fosse libertando um povo do feudalismo, fosse os protegendo da invasão por Estados contrarrevolucionários, tivesse o direito a seu sustento. Napoleão continuou a aplicar esse princípio, e seu grande exército custava muito pouco ao contribuinte francês. Isso era um fator importante em seu sucesso em casa, mas não deveria ser superestimado. Desde 1792, os governos franceses desfrutaram da mesma vantagem sem trazer os benefícios que Napoleão trouxe à França: pleno emprego, preços estáveis e um melhor equilíbrio da balança comercial: as exportações cresceram de 365 milhões em 1788 para 383 milhões em 1812; as importações caíram de 290 milhões para 257 milhões. Enquanto isso, a população da França também aumentou: em Seine Inférieure, por exemplo, de 609.743 no ano VIII, para 630 mil cinco anos depois.

O mais importante é que havia ocorrido uma mudança que fugia das estatísticas. Um oficial do Governo de Seine Inférieure havia escrito na véspera do brumário: "Crime com impunidade, deserção encorajada, republicanismo corrompido, leis como letras vazias, bandidos protegidos", e continuou descrevendo como a diligência Le Havre-Rouen era parada e saqueada regularmente. Em 1805, o *préfet* Beugnot, um homem ponderado, foi capaz de pintar um retrato bem diferente. O povo pagava seus impostos; a lei era aplicada, as crianças frequentavam a escola, não se ouvia falar em roubos em estradas, fazendeiros estavam aplicando métodos novos, as pessoas tinham dinheiro de verdade para gastar. "Quinze anos atrás, havia somente um teatro em Rouen aberto três vezes por semana, agora há dois, abertos diariamente... Uma peça de Molière atrai multidões maiores em Rouen do que em Paris." Em suma, as engrenagens estavam girando, a máquina funcionava. E os franceses – até onde suas faculdades críticas lhe permitiam – estavam gratos. Em 1799 havia "desgosto com o governo"; em 1805, Beugnot encontrou "um excelente senso cívico".

14

Abrindo as Igrejas

Uma história que circulou durante o Antigo Regime conta como um certo marquês chegou em casa e encontrou sua esposa na cama com um bispo. O marquês deu de ombros, abriu a janela e, inclinando-se na direção de transeuntes na rua, fez um espalhafatoso sinal da cruz. "O que está fazendo?", perguntou o bispo. "Você está fazendo meu serviço", respondeu o marquês, "então estou fazendo o seu".

A história representa o desgosto com um alto clero que recebia enormes salários – o arcebispo Dillon de Narbonne tinha uma renda de um milhão de francos, que ele costumava gastar além da conta –, desperdiçava seu tempo com jogo e prostituição em Paris, e muitas vezes dizia não acreditar em Deus. Só esse desgosto pode explicar a violência da Revolução contra a Igreja. Mesmo antes da Revolução muitos padres católicos, escandalizados pela imoralidade cínica de uma "classe de oficiais" ausente, alegavam que eles tinham seus poderes espirituais diretamente de Cristo, não de seu bispo, que eles também eram depositários da fé, e que eles tinham um direito de atuar em Conselhos da Igreja.

Na época a França tinha seus *sans-culottes* espirituais, e foram eles que esboçaram e em 1790 juraram obediência à Constituição Civil do Clero. Isso requeria que curados fossem escolhidos por paroquianos, e bispos, assim como qualquer outro magistrado, pelo eleitorado. Cerca de 55% do clero jurou obediência, entre eles o tio de Napoleão, Giuseppe Fesch, que acreditava que isso devolvia à Cristandade sua "pureza original".

Nem tanto os não juramentados. *Monsieur* Emery, um padre virtuoso que parecia um polichinelo e dirigia o seminário de Saint-Sulpice, recusou-se a jurar obediência à nova lei porque acreditava que ela tornava a Igreja subserviente ao Estado: em especial, o corpo que elegia um bispo poderia incluir protestantes ou até ateus. Dos 160 bispos da França, todos com exceção de sete se recusaram a prestar juramento e emigraram. Mas, dentre os sete estava o inteligentíssimo e manco bispo de Autun, Charles de Talleyrand.

Os revolucionários moderados estavam contentes em reformar a Igreja e mantê-la fora da política. Mas os extremistas queriam extirpá-la de vez. Um panfleteiro, Pierre Colar, contou todos os homens mortos por "fanatismo" religioso e chegou ao total de 16.419.200 vítimas. Dupuis, um membro dos Quinhentos, escreveu um livro com a intenção de mostrar que a religião é na verdade astronomia distorcida, que o nome "cordeiro de Deus" foi dado a Cristo porque na Páscoa o sol entra no signo de Áries. Dupuis concluiu, um tanto impulsivamente, que Cristo era uma personificação do sol, e que os cristãos eram adoradores do sol, assim como os peruanos cujas gargantas eles cortaram. Um dos diretores, La Revellière, foi ainda mais longe: tentou impor à França a teofilantropia, um mesclado de protestantismo, *philosophes* e maçonaria, cujo celebrante, um "homem de família" vestido de toga azul, faixa vermelha e túnica branca, invocava o Pai da Natureza com textos que iam desde Rousseau até o Corão e hinos zoroástricos.

La Revellière e seus colegas diretores, fracos em todo o resto, lançaram uma campanha implacável contra padres não juramentados. Só no ano de 1799, prenderam e deportaram mais de 9 mil. Os poucos remanescentes levavam uma vida miserável se escondendo, em desacordo com os Constitucionais. Enquanto Napoleão estava no Egito, os diretores fizeram o que Napoleão havia evitado fazer: estabeleceram uma República em Roma — ela durou somente treze meses — e levaram o Papa Pio VI como prisioneiro em Valença, onde ele morreu em agosto de 1799. Eles, assim como muitos franceses, acreditavam que o último dos papas havia morrido, e que o papado agora desapareceria.

Essa era a posição quando Napoleão se tornou primeiro-cônsul pela primeira vez. O domingo havia sido apagado do calendário; os anos não eram mais numerados a partir do nascimento de Cristo; era ilegal até mesmo colocar cruz em túmulos; quase todas as igrejas foram fechadas; algumas foram transformadas em depósitos de munição.

Napoleão, como vimos, perdera sua fé católica em Brienne. Ele acreditava firmemente em Deus, mas considerava Cristo meramente um homem. No entanto, mantinha um acentuado apego sentimental ao catolicismo. Ele se emocionava com o som dos sinos das igrejas. Às vezes sua mãe se lembrava das luzes e da cantoria e do incenso durante a missa solene em Ajaccio, e Napoleão admitia ficar comovido. "Se eu sinto isso", ele perguntava, "o que os fiéis devem sentir?" Sua própria mãe, por exemplo, que acreditava tão profundamente, e que Napoleão amava e admirava.

ABRINDO AS IGREJAS

No nível intelectual, Napoleão pensava que em cada civilização conhecida a religião havia garantido os princípios que tornaram a ação conjunta possível, e por isso sua observação: "Vejo na religião não o mistério da Encarnação, mas o mistério da ordem na sociedade". Ele também pensava que somente a religião podia responder à sede do homem por justiça perfeita. "Quando um homem está morrendo de fome ao lado de outro empanturrado de comida, ele só consegue aceitar a diferença se alguma autoridade lhe diz, 'Assim é a vontade de Deus; neste mundo deve haver pobres e ricos, mas no próximo mundo, e por toda a eternidade, uma divisão diferente será feita'."

Napoleão, então, considerava a religião útil para o homem. Mas as pessoas que ele encontrava, com quem ele conversava todos os dias, discordavam. Os generais de Napoleão eram ateus, seus conselheiros eram em sua maior parte voltaireanos, e Talleyrand era um gozador que fazia piada sobre sua passagem pelos Estados Unidos: "Os americanos têm 36 religiões, mas na mesa somente um molho, infelizmente". Quanto aos principais intelectuais, eles eram *idéologues*, que acreditavam que o homem havia superado a religião e qualquer forma de imperativo categórico, e que uma "nova moralidade" deveria ser fundada sobre certos elementos meramente humanos, sobretudo o sentido de solidariedade do homem.

Quando chegou a hora de Napoleão decidir uma política religiosa, não agiu segundo seus sentimentos pessoais ou os de suas relações imediatas. Não era assim que ele agia. Em Milão, no ano de 1800, disse a uma assembleia de padres: "O povo é soberano; se ele quer religião, respeitem a vontade dele", e para seu próprio Conselho de Estado ele disse: "Minha política é governar os homens como a maioria deseja. Isso, creio eu, é a maneira de reconhecer a soberania do povo. Foi me tornando muçulmano que conquistei um controle sobre o Egito, foi me tornando ultramontano que conquistei o povo na Itália. Se eu estivesse governando judeus, eu reconstruiria o templo de Salomão".

Napoleão começou a descobrir o que a maioria queria. Estudou relatórios no Ministério do Interior, consultou os livros mais recentes, enviou homens por toda a França para fazer sondagens de opinião. As descobertas foram muito diferentes daquilo que os diretores ou que os *idéologues* gostariam. Um comissário no norte relatou que, tão rápido quanto ele removia as cruzes dos cemitérios, "elas brotavam novamente como cogumelos. Fiz vários recolhimentos". De acordo com Madame Danjou, em julho de 1800, "A descrença já passou. Foi uma moda e passou. Hoje há mais escritos publicados em defesa da religião do que a favor da descrença". Fourcroy, um químico que Napoleão enviara em uma viagem pela França e não era fã do clero, relatou em dezembro de 1800 que o domingo estava sendo observado em toda parte: "A massa de franceses quer voltar a seus velhos hábitos, e já passou o tempo de resistir a essa tendência de espectro nacional".

Napoleão reconheceu que a maioria dos franceses queria voltar a praticar a fé católica. Mas sob que forma? Havia duas Igrejas na França, cada uma com seus bispos, padres e locais de culto – às vezes clandestinos – uma odiando a outra. Napoleão tivera experiências pessoais daquele ódio. Passando por Valença em sua volta do Egito, encontrou o corpo de Pio VI não enterrado depois de seis semanas porque o clero constitucional se recusava a realizar os últimos ritos para alguém que descrevera como "sacrilégio" a venda das terras da Igreja. "Um pouco demais", foi o comentário de Napoleão.

O próprio Napoleão havia começado a Revolução favorecendo a Igreja Constitucional. Esse foi o corpo que emergiu do cadinho da Revolução, e foi em nome do clero constitucional que ele passou três dias brigando nas ruas de Ajaccio. Ele tinha motivos para suspeitar dos não juramentados, devendo obediência como eles deviam a bispos que haviam emigrado e se alinharam com os Bourbon, devendo obediência também ao papado antirrepublicano. Diante disso, a Igreja Constitucional parecia a mais adequada às necessidades da França, e Napoleão pode muito bem ter decidido apoiá-la somente por um importante e inelutável fato: o oeste da França. O povo do sul da Normandia, da Bretanha e de Vendée vinha há sete anos lutando obstinadamente pelo direito de praticar a fé de seus pais.

Em fevereiro de 1800, um padre robusto de rosto redondo e castigado veio ao palácio das Tulherias para contar a Napoleão sobre o povo do oeste. Seu nome era Étienne Bernier, e ele tinha 38 anos de idade. Filho de um tecelão de Mayenne, fez um brilhante doutorado em teologia, recusou obediência ao juramento Constitucional e se juntou às guerrilhas de Vendée, compartilhando de sua arriscada vida em matagais e brejos. Bernier descreveu incidentes de guerra a Napoleão: soldados ajoelhados em calvários de pedra antes de entrar em batalha cantando a *Vexilla Regis*; 20 mulheres de Chanzeaux, levadas pelo seu pároco, protegendo-se na torre da igreja e lutando até que todas morreram; o amado general guardador de caça Stofflet morrendo com o grito "Vida longa à religião!". Então, as represálias pelos Azuis: os aldeões de Les Lucs se reuniram em sua igreja, que foi então incendiada; vendeenses que se recusavam a demolir uma cruz, crucificados; duas camponesas, acusadas de colocar flores num altar, mortas cantando a Salve Rainha. Por sete tristes anos, Bernier disse a Napoleão, o oeste veio executando tais atos de heroísmo. Napoleão ouviu profundamente impressionado, como sempre, por histórias de bravura pessoal. Ele sabia que Bernier estava certo em seus fatos, pois o Ministério do Interior havia lhe dito

ABRINDO AS IGREJAS

que as tropas do Governo não conseguiram extirpar o catolicismo em Vendée. "Eu teria orgulho de ser vendeense", ele disse a Bernier. "... certamente algo deve ser feito para as pessoas que fizeram tais sacrifícios".

Teoricamente, teria sido possível deixar as questões como estavam e permitir que não juramentados e constitucionais frequentassem suas próprias igrejas. Mas na França de 1800, essa não era uma solução factível. Teria saído de sintonia com toda a noção revolucionária de uma República indivisível, fora de sintonia com a nota mais forte da história da França: centralização. Além disso, teria sido desordenado, e desordem não tinha lugar na vida de Napoleão.

Em um banquete dado na igreja secularizada de Saint-Sulpice quatro dias antes do Consulado, convidados proeminentes propuseram brindes. Lucien bebeu aos exércitos franceses em terra e mar, outro à República, e assim por diante. O brinde de Napoleão foi "à união de todos os franceses!". Ao assumir o poder, Napoleão queria acima de tudo reconciliar as diferenças. Então agora, em matéria de religião. Em vez de favorecer um lado, Napoleão decidiu – e sua decisão lembrava muito a de Henrique IV – curar a ruptura entre as duas Igrejas.

A tarefa não seria fácil. Os padres não juramentados se recusavam a reconhecer a autoridade do Estado em questões religiosas, e aceitariam diretivas somente do Papa. Os padres constitucionais também reconheciam o Papa, embora eles mesmos não fossem reconhecidos: de fato, haviam sido excomungados por Pio VI. Portanto, Napoleão se viu obrigado não a combater o Papa, como os diretores haviam feito, mas sim trabalhar com ele.

O novo Papa Pio VII, eleito em março de 1800, era um nobre, um maníaco--depressivo, beneditino e historiador. Ele ainda era relativamente jovem – 58 anos – e o estudo da história lhe dera uma amplitude de visão incomum nos detentores mais recentes do ofício papal. Quando Napoleão invadiu a Itália, Pio era o bispo de Imola, e mostrou sua simpatia pelos ideais franceses ao escrever no cabeçalho de suas cartas "Liberdade e Igualdade" e concordando em remover o "altivo" baldaquim sobre seu trono. Em uma homilia cristã ele disse a seu rebanho: "Sejam bons cristãos, e vocês serão bons democratas. Os primeiros cristãos eram cheios do espírito da democracia". Ele era o tipo de prelado místico por quem Napoleão sentia respeito, e quando François Cacault, o enviado da França para Roma, lhe perguntou como ele devia tratar o Papa, Napoleão respondeu: "Como se ele tivesse 200 mil homens".

Napoleão disse a Pio que estava disposto a reabrir as igrejas da França, mas que em troca ele queria que Pio curasse a divisão entre constitucionais e não juramentados. Tudo deveria ser arrumado e incorporado em uma nova Concordata, para substituir a de 1515, que os revolucionários haviam abandonado unilateralmente em 1790.

As discussões começaram em Paris em novembro de 1800. O enviado de Pio era o cardeal Spina, um advogado tímido, lerdo e desconfiado. Napoleão escolheu como seu representante o severo ex-guerrilheiro Étienne Bernier. Quando um oficial papal perguntou se era realmente verdade que Bernier costumava rezar a missa em um altar composto de republicanos mortos, Napoleão respondia, "É bem possível", divertindo-se com a preocupação do outro.

Napoleão disse a Bernier para insistir em duas coisas: o Estado deveria reter toda a propriedade nacionalizada da Igreja, e Pio deveria obrigar todos os bispos a renunciar, de maneira que pudessem começar do zero. Spina foi instruído a aceitar o primeiro ponto *de facto*, embora não *de jure*. Havia muita oposição ao segundo: o cardeal Consalvi, Secretário de Estado, escreveu para Spina, horrorizado: "Não podemos simplesmente massacrar cem bispos". No entanto, Pio anulou a oposição, contanto que o governo francês declarasse o catolicismo "a religião do Estado", ou seja, a religião oficial da França. Spina e Bernier prepararam um esboço para a Concordata nesses termos, e dezenove dias depois do início das conversas, Napoleão a aprovou.

Mas então Talleyrand interveio. Em 1790, o ex-bispo havia assumido a liderança no desestabelecimento da Igreja Francesa, e ele desaprovava o restabelecimento dela por Napoleão. Ademais, estava vivendo com uma certa Madame Grand – uma linda mulher, embora tão estúpida quanto Talleyrand era astuto – e ele queria se casar com ela. Ele disse a Napoleão que a versão preliminar da Concordata infringia os princípios republicanos e escreveu uma nova versão, na qual ele descrevia o catolicismo como "a religião da maioria" e acrescentou o que veio a ser chamado de "a cláusula de Madame Grand" – padres casados voltariam a ser leigos.

Spina rejeitou a versão de Talleyrand. Ele rejeitou uma terceira versão, e uma quarta. Então o próprio Napoleão ditou uma quinta versão, que descrevia o catolicismo como "a religião da maioria", mas omitia "a cláusula de Madame Grand". Para lograr o desconfiado Spina, ele a enviou diretamente a Roma com uma mensagem caracteristicamente impaciente: a menos que Pio a ratificasse dentro de cinco dias, ele retiraria seu enviado. "Estamos preparados para ir aos portões do Inferno – mas não além", suspirou Pio, e fez uma contraproposta: o governo francês deveria declarar que "protegeria a pureza do dogma católico". Enquanto isso os cinco dias se passaram, e Cacault deixou Roma, mas levando consigo o enérgico cardeal Consalvi, de 43 anos, que, acreditava ele, poderia obter melhores resultados com Spina.

Napoleão recebeu Consalvi no palácio das Tulherias e lhe fez um discurso de meia hora, "mas sem raiva ou palavras duras", diz o cardeal. Napoleão gostava de Consalvi, que era aberto, sensível e complacente. Enquanto Talleyrand, prevendo a derrota, partiu para se banhar nas termas de Bourbon l'Archambault, Napoleão providenciou, de forma otimista, um jantar para o Dia da Bastilha, quase um mês antes, no qual um acordo seria anunciado.

No Dia da Bastilha, Consalvi e Bernier mostraram a Napoleão o texto com o qual haviam concordado. Napoleão não gostou dele. Jogando-o furiosamente na fogueira, ditou uma nova versão, a nona, e disse a Consalvi que a aceitasse ou voltasse para Roma. Consalvi concordou com todos os artigos, exceto o número um, que requeria a prática pública da religião "em conformidade com regulamentos da política". Isso parecia subordinar a Igreja ao Estado.

Napoleão novamente ficou bravo, e no jantar do Dia da Bastilha disse a Consalvi: "Não preciso do Papa. Henrique VIII não tinha um vinte avos de meu poder, e ainda assim conseguiu mudar a religião de seu país. Posso fazer o mesmo... Quando vai embora?" "Depois do jantar, general." Mas depois do jantar Cobenzl, o embaixador austríaco, implorou a Napoleão que aceitasse uma modificação do artigo um "para dar paz à Europa". Napoleão concordou relutantemente, Bernier e Consalvi tiveram uma discussão de doze horas e por fim produziram a seguinte fórmula: "em conformidade com quaisquer regras policiais que possam ser necessárias à ordem pública". Napoleão a aprovou e no dia 15 de julho de 1801, nas Tulherias, assinou a Concordata.

Esse documento começa com um preâmbulo descrevendo o catolicismo romano como "a religião da grande maioria do povo francês" e a religião professada pelos cônsules. O culto deveria ser livre e público. O Papa, em acordo com o governo, deveria remapear as dioceses de forma a reduzir o número delas em 50% a 60%. Os detentores de bispados deveriam renunciar e se eles se recusassem a fazer isso, seriam substituídos pelo Papa. O primeiro-cônsul deveria nomear novos bispos; o Papa deveria empossá-los. O governo deveria colocar à disposição dos bispos todas as igrejas não nacionalizadas necessárias para o culto, e pagar a bispos e párocos um salário adequado.

A Concordata era uma versão atualizada da antiga Concordata, que havia regulado a Igreja na França por quase 300 anos. No entanto, era menos gálica, ou seja, dava à hierarquia francesa menos autonomia. Napoleão concedeu ao Papa não somente o poder de empossar bispos, algo que ele sempre apreciou, mas o direito, em certas circunstâncias, de depô-los, o que era algo novo. Napoleão fez isso para conseguir efetuar uma limpeza de bispos.

Napoleão não discutiu a Concordata de antemão com seu Conselho de Estado. Quando ele a mostrou, eles a criticaram por ser insuficientemente gálica. Previam que as assembleias nunca a tornariam lei a menos que fossem feitos certos aditamentos. Por fim, 70 "artigos orgânicos" foram elaborados e adicionados à Concordata. Por exemplo, todos os touros de Roma seriam sujeitos à *placet* do Governo, e teólogos seminaristas deveriam ensinar os artigos gálicos de 1682, e um deles afirmava que o Papa deveria acatar as decisões de um conselho ecumênico. Mesmo com os artigos orgânicos como um paliativo, Napoleão conseguiu que o Tribunado aprovasse sua Concordata por somente sete votos.

Em abril de 1802, Napoleão reabriu as igrejas da França. Os sinos da Igreja que estavam silenciosos havia uma década soaram por todo o país, dos pastos da Normandia até os vales das montanhas do Jura. Em Clermont Ferrand, o novo bispo, Dampierre, foi instalado solenemente. "Não conseguimos entender hoje em dia", diz um oficial que fazia parte da guarnição lá, "quão estranhas as cerimônias religiosas e as honras concedidas a um bispo pareciam naquele tempo. Na catedral, o capitão da banda ordenava que as músicas mais ridículas fossem tocadas: por exemplo, quando o bispo entrava e na elevação da Hóstia, *"Ah! le bel oiseau, maman"*. No entanto, Napoleão havia adivinhado corretamente o humor do povo, e nenhum ato de seu governo se provou mais popular. Para um viajante inglês na estrada Calais-Paris, uma senhora com lágrimas nos olhos falou sobre sua gratidão pelo primeiro-cônsul "por nos devolver o domingo".

Depois de reabrir as igrejas, Napoleão enfrentou a tarefa sem precedentes de escolher nada menos que 60 bispos. Ele queria cristãos fiéis de hábitos decentes que atuassem como conciliadores. Encontrou 16 entre ex-bispos não juramentados, 12 entre ex-bispos constitucionais, e 32 que nunca haviam tido uma sé antes. Até seus críticos em Roma tiveram de admitir que Napoleão havia feito uma excelente escolha. Em vez de janotas como o cardeal de Rohan, que havia cortejado Maria Antonieta com um colar de diamantes não pago, ele deu à França frugais pastores de almas. Eles tampouco eram escolhas óbvias. O tio Fesch de Napoleão não celebrava a missa havia nove anos; ele dividia seu tempo entre sua galeria de pinturas, jogos, bailes e teatro, mas Napoleão o nomeou arcebispo de Lyon. A partir daí ele levou uma vida exemplar e fez mais do que qualquer outro francês pela educação dos padres. "Coloque meu tio em um alambique", brincou Napoleão um dia, "e você terá seminários".

"Nada de monges!", era uma das ordens de Napoleão. "Dê-me bons bispos e bons párocos – nada mais". E, mais uma vez, "Humilhação monástica destrói qualquer virtude, qualquer energia, qualquer gerenciamento". Esse era um preconceito revolucionário característico contra homens que "não são úteis". Napoleão não permitiria nenhum franciscano, nenhum dominicano e somente 30 casas beneditinas: houve somente 1.500 durante o Antigo Regime. Monges "úteis" eram outra questão. Atravessando os Alpes em sua segunda campanha italiana, Napoleão observou com aprovação o trabalho feito pelos cartusianos, que resgatavam viajantes presos na neve com a ajuda de cães São Bernardo carregando pequenos barris de conhaque. Em 1801 ele instalou trapistas no passe de Mont-Cenis para fazer um trabalho parecido de resgate. Aconteceu de quatro anos mais tarde Napoleão ter ficado preso em uma tempestade de neve enquanto atravessava esse mesmo passe. Ele se refugiou na casa trapista, onde bem em tempo o prior cortou suas botas de couro e esfregou seus pés meio congelados até que a circulação voltasse.

Napoleão também incentivou ordens de freiras "úteis". Em 1805, nomeou sua mãe como padroeira das Irmãs da Caridade: três anos depois elas tinham 260 casas. No mesmo ano, a ordem de ensino das ursulinas tinha 500 casas. E foi no governo de Napoleão que Santa Sofia Barat fundou sua Dames du Sacré Coeur, para ensinar meninas de classe alta; até hoje elas têm um dos melhores ensinos da França.

Napoleão, em geral, tinha uma atitude de mente aberta em relação à religião. Quando o pároco de Saint-Roch se recusou a conduzir o funeral de Marie Adrienne Chameroi argumentando que ela fora uma atriz; Napoleão enviou o pároco de volta ao seminário por alguns meses para aprender que "práticas supersticiosas preservadas em certos livros de ritual que... degradavam a religião com suas bobagens, foram proibidas pela Concordata". Quando párocos pediram que nenhum tipo de trabalho fosse feito aos domingos, Napoleão os rejeitou. "A sociedade", disse ele, "não é uma Ordem de contemplativos... As leis essenciais da Igreja são, 'Não machucarás a sociedade', 'Não prejudicarás teu próximo', e 'Não farás uso impróprio de tua liberdade'".

Para solucionar os problemas do dia a dia da Igreja, Napoleão nomeou como ministro das Religiões um dos autores do Código Civil: Jean Portalis. Filho do Professor da Lei Canônica na Universidade de Aix, Portalis nasceu no vilarejo provençal de Le Bausset, em 1746. Quando criança, subia na mesa e fazia sermões de meia hora para seus pais; aos 17, ele publicou uma crítica perspicaz ao *Emile* de Rousseau: "Irreligião reduzida a um sistema"; aos 24 ele defendeu a validade dos casamentos protestantes mudando a importante teoria do casamento civil que Napoleão havia incorporado ao Código Civil. Portalis era um homem de hábitos simples, devoto à sua esposa, filha de um professor em Aix, à sua casa e à vida provinciana. Muito trabalhador, apesar de ser quase cego por conta de uma catarata, ele era um dos ministros mais estimados de Napoleão, e os vereditos que ele dava eram consistentemente liberais. Quando párocos, por exemplo, se recusavam a aceitar como padrinhos qualquer um que não frequentasse a igreja regularmente, Portalis os repreendia. Ele determinou que ser padrinho era simplesmente um ato de amizade, e que frequentar a igreja não deveria ser uma condição para tal ato, pois "ninguém deveria ser arbitrariamente e sem provas excluído de participar de cerimônias religiosas".

Como os dízimos haviam sido suspensos, Napoleão estabeleceu o salário dos párocos em 500 francos. Embora complementado por coletas de domingo, isso não era muito. Napoleão quis assim; ele queria que os candidatos ao sacerdócio se apresentassem por terem uma vocação, não por quererem uma vida fácil. No governo de Napoleão o número de ordenações, embora pequeno, mostrou um crescimento: 344 em 1807; 907 em 1812. Napoleão observou com interesse que as regiões montanhosas da França forneciam a maior parte das vocações.

Como sempre acontece em tempos de guerra, a religião e o patriotismo se misturaram. Bernier organizou em sua diocese de Orléans um banquete comemorando a entrega da cidade aos ingleses por Joana d'Arc; em seus sermões, ele comparava a Inglaterra à Tiro do Velho Testamento e discorria sobre as vitórias francesas, o Código Civil, o exército, Napoleão, "o restaurador da genialidade": não restava muita adulação para Deus. Mas Bernier abriu exceção ao se candidatar para o papel de um novo Bossuet, e os bispos certamente não fizeram estardalhaço. Em Gand, monsenhor de Broglie negou que lessem no púlpito uma circular sobre serviço militar obrigatório e, quando convidado a celebrar o nascimento próximo do filho de Napoleão, só pediu ao bom Senhor que conduzisse Napoleão "a corrigir os defeitos de seu caráter". Quando Napoleão furiosamente admoestou – "Eu fiz de você um bispo! Fiz de você meu capelão! Sem mim, o que seria de você?" –, Broglie, que tinha sangue real nas veias, endireitou-se. "Senhor, eu seria um príncipe."

Te Deums eram um aspecto da época, assim como foram de Luís XIV, mas longe de carregá-los de elogios servis, Napoleão os moderou. Quando ele aceitou o Consulado para o resto da vida, Napoleão estudou o *Te Deum* proposto e de próprio punho riscou certas frases, aqui colocadas entre colchetes: "Ele, que o Senhor destinou a reconstruir Seu templo sagrado e a reunir suas tribos espalhadas, [o herói que abençoamos e que nos governa] nasceu no dia indicado nos decretos de Deus para ser no futuro, por assim dizer o dia de um novo acordo [entre a França e seu Cristo, entre o céu e a terra. O herói da França corre para a batalha, consegue vitória, derruba reis; ele carrega armas até os confins da terra]".

ABRINDO AS IGREJAS

Embora detestasse adulações pararreligiosas, Napoleão certamente tentou alistar a religião cristã como uma aliada na manutenção da ordem. Quando chegou a hora de publicar um novo catecismo em 1806, Napoleão decidiu baseá-lo no catecismo de Bossuet, e ampliar a seção de Bossuet no quarto mandamento. Na versão de 1806, um cristão deveria a seu governante amor, respeito, obediência, fidelidade, serviço militar, impostos e preces fervorosas por sua saúde, bem como pelo bem-estar espiritual e temporal do Estado.

Mas mesmo enquanto buscava o apoio da Igreja, Napoleão se manteve firme em seu princípio de que o temporal e o espiritual eram dois domínios separados, e deveriam ser mantidos separados na França. Ele poderia ter facilmente usado sua crescente autoridade para subordinar a Igreja ao Estado, mas embora ocasionalmente ficasse tentado a isso, logo recuou. Em 1805, por exemplo, ele decidiu que boletins do *front* deveriam ser lidos em púlpitos, mas caberia ao bispo emitir a diretiva se ele quisesse, e a conselho de Portalis Napoleão logo abandonou todo o esquema. Napoleão ordenou que cartas pastorais fossem aprovadas pelo Ministro das Religiões, mas ele também abandonou isso após 1810. Igualmente, Napoleão evitou subordinar o Estado à Igreja. Quando os bispos pediram que fechasse todas as lojas e cabarés aos domingos de forma que os fiéis não ficassem tentados a faltar à missa, Napoleão respondeu: "O poder do pároco reside nas exortações do púlpito e no confessionário; espiões de polícia e prisões são formas ruins de tentar restaurar as práticas religiosas".

Foi uma das tragédias da vida de Napoleão o fato de que ele e Pio, que fizeram a Concordata, logo ficassem atados em uma dolorosa discórdia. A briga de Napoleão com Pio muitas vezes foi representada como o esmagamento do espiritual pelo temporal. Vejamos o que de fato aconteceu.

Na medida em que a guerra com a Inglaterra continuava e se alastrava, tornou-se uma necessidade estratégica para Napoleão fechar todos os portos continentais aos navios ingleses. A menos que ele o fizesse, não poderia nunca esperar o fim da guerra. Até um Estado neutro, ao chegar e distribuir mercadorias inglesas, poderia arruinar um embargo que teria de ser tudo ou nada. O Papa, aconselhado por seus cardeais, muitos dos quais eram simpatizantes da aliada da Inglaterra, a Áustria, recusou-se a fechar seus portos. Em maio de 1809, como o único meio de impor o embargo, Napoleão ocupou Roma e os Estados Papais. Ele tirou Pio de sua posição como governante, mas, como compensação por sua renda perdida, deu-lhe 2 milhões de francos por ano. Em uma circular aos bispos franceses, Napoleão explicou que "Nosso Senhor Jesus Cristo, embora descendente de Davi, não queria um reino terrestre".

Pio excomungou Napoleão por se apoderar de Roma e dos Estados Papais. Para Napoleão isso parecia uma confusão ilógica e também injusta dos poderes temporais e espirituais. "O Papa", disse ele, "é um perigoso saqueador, que deve ser calado". Ele mandou Pio ser transferido para o palácio do bispo em Savona. Ali Pio mais uma vez efetuou sanções espirituais contra uma injustiça temporal, recusando-se a empossar os indicados de Napoleão para as sés da França à medida que elas vagavam.

Quando chegou 1811, nada menos que 27 sés da França estavam sem bispos. Quando Napoleão pediu a Pio que empossasse seus indicados, respondeu que não poderia empossar homens nomeados por um excomungado. Em março de 1811, Napoleão convocou uma comissão de clérigos eminentes para discutir o que deveria ser feito. A maioria concordou que Pio estava faltando com suas obrigações para com a França por motivos mundanos, mas *monsieur* Emery, o diretor sagrado de Saint-Sulpice, agora em seu octagésimo ano, via as coisas de uma maneira diferente. Ele lembrou Napoleão de que Deus havia dado ao Papa um poder espiritual sobre todos os cristãos. "Mas nenhum poder temporal", protestou Napoleão. "Carlos Magno lhe deu isso, e eu, como sucessor dele, quis aliviá-lo disso. O que acha, *monsieur* Emery?" "Senhor, exatamente o que Bossuet pensava. Em sua *Declaration du clergé de France* ele diz que parabeniza não somente a Igreja Romana, mas também a Igreja Universal pela soberania temporal do Papa porque, sendo independente, ele pode exercer com mais facilidade suas funções como pai de todos os fiéis." Napoleão respondeu que o que era verdade na época de Bossuet não se aplicava a 1811; quando a Europa Ocidental era governada por um homem, não disputada por vários.

A Comissão elaborou um requerimento pedindo a Pio que autorizasse os metropolitanos a empossar bispos nessas sés que estavam vagas havia seis meses. Napoleão virou para Emery. "Você acha que o Papa concederá isso?" "Acho que não, senhor, pois reduziria a nada seu direito de empossamento." Quando encerrou a reunião, prelados veteranos conciliatórios pediram desculpas pelo comportamento difícil de Emery: ele era velho, eles disseram, e levemente caduco. "Vocês estão enganados, senhores", respondeu Napoleão. "Não estou nem um pouco irritado com *monsieur* Emery. Ele falou como um especialista, e é isso que me agrada." Quando Emery morreu no mês seguinte, Napoleão lamentou a perda de um "sábio" e propôs que ele fosse enterrado "com os grandes servidores do Estado" no Panteão.

Pio, ainda em Savona, recebeu o pedido da Comissão, que havia sido formalmente aprovado por um Conselho de 80 bispos, a maior parte de franceses. Pio fez o que Emery acreditava que ele não faria: assinou um documento autorizando os metropolitanos a empossar os indicados de Napoleão. Mas o Papa era um homem extremamente volúvel e alguns dias depois ele se arrependeu do que havia feito. Então ele escreveu um novo Informe, excluindo bispados dos antigos Estados Papais dos acordos de empossamento. Napoleão se recusou a aceitar esse Informe.

Em maio de 1812, a marinha inglesa apareceu na costa de Savona e por segurança Napoleão ordenou que Pio fosse transferido para Fontainebleau. Ele deveria se vestir como um simples pároco e, como de costume, a mudança teria de ser feita o mais rápido possível. Pio não conseguia achar sandálias pretas que lhe servissem confortavelmente, então ele mandou tingir suas brancas para combinar com sua batina preta emprestada. Em suas sandálias tingidas, à noite, o Papa disfarçado tomou uma estrada que seu antecessor havia tomado durante o Diretório, entrou na França e se instalou no palácio construído pelo criador da primeira Concordata, Francisco I.

Napoleão, que estava ocupado em campanha, só conseguiu chegar a Fontainebleau em janeiro de 1813. Ele abraçou Pio, beijou seu rosto e começou as conversas. Estas foram cordiais, e ao final de cinco dias Pio assinou um acordo autorizando os metropolitanos a empossar bispos, inclusive bispos nos antigos Estados Papais, se ele não conseguisse empossá-los seis meses após a nomeação. Pio acrescentou sua assinatura em uma onda de otimismo e ao fazer isso mergulhou em uma espiral de desalento. Passou noites de insônia, se revirando na cama longe de Roma, convencido de que havia concedido demais e queimaria na chama eterna.

Napoleão, em sinal de gratidão a Pio por ter assinado o acordo, permitiu que dois de seus cardeais se juntassem ao Papa em Fontainebleau. Um deles era Consalvi, que acreditava firmemente no poder temporal, e o outro era Pacca, um francófobo determinado que Napoleão vinha mantendo na prisão de Fenestrelle desde 1809. Consalvi e Pacca se aproveitaram dos temores de Pio pelo Inferno e persuadiram o volúvel Papa a voltar atrás em sua assinatura. Em uma carta a Napoleão no dia 24 de março de 1813, Pio retirou cada palavra do acordo que ele havia assinado recentemente. "É o fim da infalibilidade papal", murmurou Napoleão. Mas a essa altura os acontecimentos militares haviam dominado todo o resto, e o máximo que ele sentiu foi uma ponta de decepção. Em janeiro de 1814, permitiu que Pio voltasse para a Itália.

Foi essa a briga entre Napoleão e o Papa. Napoleão era sempre bem preciso quanto à espada e o espírito serem duas coisas separadas; e o espírito era a maior delas. Acreditava que, ao ocupar Roma, ele não estava de maneira alguma infringindo a autoridade espiritual do Papa; na verdade ele teria permitido que Pio permanecesse em Roma, se não se apegasse a seu poder temporal. Pio, por sua vez, sempre falava de Napoleão com afeição. "O filho é um tanto rebelde", ele observou, "mas continua sendo o filho". Napoleão teria rejeitado essa censura implícita. Ele acreditava que a autoridade espiritual de qualquer homem de Deus, fosse ele um Papa ou um pároco de vilarejo, era inversamente proporcional ao número de seus bens mundanos. Essa crença, não a da Cúria, era a que deveria ser substanciada por acontecimentos futuros. Nunca a autoridade espiritual do Papa fora tão grande desde 1870, quando o Governo italiano tirou o vigário de Cristo de seu reino mundano.

Napoleão sentiu pessoalmente muita angústia e muita raiva durante sua querela com Pio, que, comparativamente, prejudicou mais Napoleão ao se recusar a empossar seus indicados do que Napoleão prejudicou Pio anexando seus Estados. Mas no quadro mais amplo da vida religiosa na França, a briga foi relativamente insignificante. O fato realmente importante é que Napoleão tomou as igrejas da França, que haviam sido dadas a bacanais e paródias anticristãs, e as abriu novamente para o culto a Deus. Ele acabou com a guerra civil religiosa na França. Nomeou o melhor episcopado que a França teve desde o século XIII, e deu-lhe carta branca para questões espirituais. Se a Igreja, assim como em todas as épocas, reforçou o patriotismo – valia mais morrer por uma bandeira tricolor cheirando a incenso do que somente pela bandeira tricolor – Napoleão tratou isso como um benvindo fato incidental, mas ele não fez nada de especial para encorajá-lo. Acima de tudo, ao fazer a Concordata, obteve uma façanha corajosa e duradoura: ela permaneceu em vigor até 1905, e durante o século XIX se tornou o modelo para 30 tratados semelhantes entre Roma e governos estrangeiros. Nesse sentido, Napoleão deu uma importante contribuição para a autoridade espiritual do Papa, e foi o próprio Pio quem disse, "A Concordata foi um ato de cura, cristão e heroico".

15

Paz ou guerra?

George III, rei da Inglaterra e autoproclamado rei da França, tinha 62 anos de idade em 1800, e havia governado seu povo escrupulosamente por quarenta anos. A ascendência do norte da Alemanha marcava a aparência e personalidade do rei. Era um homem alto com um rosto arredondado, fronte baixa, cabelos muito claros, olhos azuis proeminentes sob sobrancelhas pálidas, quase invisíveis, lábios cheios, sem muito queixo. Ele se movia vagarosamente, pensava vagarosamente e escrevia com um estilo rebuscado, usando 20 palavras onde outros utilizariam dez. Gostava muito de música, especialmente de Handel. Tinha seu papel de rei muito em alta conta, e buscava promover o bem-estar de seus súditos. Sofria de uma falha de metabolismo, que se revelava intermitentemente em sintomas parecidos com os da loucura. Nestas tristes ocasiões – a primeira ocorrida em 1788 – ele precisava ser confinado por seus cortesãos em uma camisa de força.

O primeiro-ministro do rei, William Pitt, de 41 anos, era um homem tímido, rígido e arrogante, o que mesmo seus companheiros mais próximos admitiam. Era solteiro, extremamente competente, e por dezesseis anos havia sido chefe do governo. O ministro do Exterior de Pitt era seu primo, William Grenville, que se casara com outra Pitt, Anne, irmã de lorde Camelford. William Grenville era um nobre muito inteligente de 41 anos, sem filhos, com reputação de ser difícil. Como todos os Grenville, ele se considerava o sal da terra, e tinha como missão na vida repreender e ralhar. O irmão de Grenville, o marquês de Buckingham, era útil tanto a Pitt quanto para William Grenville, pois controlava muitas cadeiras no parlamento. Outro membro proeminente do grupo de Pitt era William Windham, conhecido em Eton como "Windham Lutador", e que acreditava firmemente nas virtudes da provocação. Os discursos belicosos de Windham não agradavam aos seus constituintes, mas quando perdeu sua cadeira na Câmara dos Comuns em Norwich, Buckingham rapidamente encontrou-lhe outra, na Cornuália: "O único princípio que seus eleitores de St. Mawes irão lhe exigir é acreditar que a sardinha é o melhor peixe que existe".

Por trás da postura e do bom humor, um fato pesava sobre estes homens bem-nascidos, seus amigos e seu rei: a derrota da Inglaterra em 1783 para os colonos americanos, e a subsequente perda dos 13 Estados. Aquela derrota fora um golpe pessoalmente doloroso para o rei, um golpe doloroso sobre o orgulho inglês, o tesoureiro do fisco inglês e o comércio inglês. A derrota endureceu a opinião política, tanto em Windsor como nas casas da elite governante. E agora aparecia uma segunda república emergente que acabara de derrubar a monarquia. A Inglaterra havia cedido uma vez, mas de modo algum se curvaria novamente.

Enquanto George III fazia alianças com seus camaradas reis, os conservadores ingleses davam as boas vindas a hordas de suas contrapartes francesas, incluindo o conde d'Artois, forneciam dinheiro a eles e os equipavam para lutar contra seus compatriotas franceses. Quando a França, em guerra com a Áustria, invadiu a Bélgica, que era uma possessão austríaca, tanto os oligarcas como os comerciantes ingleses ficaram alarmados, porque Antuérpia e o estuário Scheldt eram a porta de entrada do comércio inglês para a Europa. Em 31 de janeiro de 1793, William Pitt anunciou na Câmara dos Comuns que a Inglaterra estava em guerra com a França, e que seria uma "guerra de extermínio".

A visão inglesa sobre Napoleão Bonaparte surgiu da guerra e do ódio à Revolução. O primeiro esboço oficial, por Lorde Malmesbury em novembro de 1796, descrevia Napoleão como "um jacobino esperto e desesperado, até terrorista". A caricatura inglesa mais antiga, de 14 de abril de 1797, é intitulada "O Bicho-Papão Francês Assustando os Comandantes Reais": um Napoleão de aspecto horrível sentado nas costas de um demônio que vomita exércitos e canhões. Em 1799, um caricaturista inglês retratou Napoleão fugindo do Egito com todo o ouro. Em janeiro de 1800, o marquês de Buckingham encontrou um novo nome para o cônsul que tinha sangue vermelho nas veias em vez de azul, e que ousara suplantar quatorze séculos de reis: *"Sa Majesté très Corse"*★. O nome pegou.

Quando Napoleão se tornou primeiro-cônsul, a França havia conquistado "fronteiras naturais" pela força das armas e, para salvaguardar seus flancos vulneráveis, estabeleceu repúblicas-irmãs na Holanda e na Suíça. No entanto, após sete anos e meio de hostilidades, o país estava cansado de guerra. Napoleão sa-

---

★ "Sua Majestade muito corsa." (N.T.)

bia disso. "Franceses", declarou ele, "vocês querem paz; seu governo a quer mais ainda". Ele então enviou uma mensagem de Natal para o rei George III, propondo a paz. "Por que as duas nações mais iluminadas da Europa deveriam continuar sacrificando seus negócios, sua prosperidade e sua felicidade doméstica em função de ideias falsas de grandeza?"

O primeiro ato do rei da Inglaterra, no primeiro dia do novo século, foi sentar-se à sua mesa no Castelo de Windsor às sete horas e oito minutos da manhã e escrever a Grenville sobre o que ele chamou de "a carta do tirano corso". Era, ele disse, "impossível tratar com uma aristocracia nova, ímpia e autocriada", e ele não se dignaria a responder pessoalmente. Grenville deveria responder com uma comunicação em papel, "não uma carta", e a Talleyrand, não ao tirano. Grenville então entregou pessoalmente uma reprimenda caracteristicamente arrogante e sem tato, exigindo a restauração dos Bourbon e o retorno às fronteiras de 1789.

Nem George III nem seu governo queriam a paz. Em agosto de 1800, William Wickham expressou a opinião do grupo de Pitt em uma carta a Grenville: "Não posso deixar de considerar que manter a França ocupada com uma guerra continental seja o único meio *certo* de segurança para nós, e uma medida a ser causada por nós quase *per fas et nefas*, se é que empurrar alguém pela prancha para nos salvarmos de um afogamento pode ser, de alguma maneira, considerado criminoso".

Por que George III e o partido de Pitt queriam continuar uma guerra que já custara à Inglaterra 400 milhões de libras e a afastado do padrão-ouro? Primeiro, eles não estavam preparados para passar por outra Yorktown – consideravam que a paz com uma França enormemente expandida seria equivalente a isso. Segundo, eles agora estavam proximamente ligados por uma rede de amizades com famílias francesas no exílio. Windham em particular, como Secretário da Guerra, havia prometido lhes recuperar as propriedades e privilégios. E depois havia a perda de Antuérpia e seu efeito adverso no comércio, um ponto que pesou fortemente com Pitt. E por último, mas talvez o mais importante, foi o fato de que trazendo ordem e justiça à França, Napoleão tornara a Revolução atraente para os povos fora da França. Se Napoleão também trouxesse paz à Europa, por onde as doutrinas revolucionárias não se se espalhariam? Como Burke havia escrito a Grenville: "não é a inimizade, mas a amizade da França algo realmente terrível. Suas relações, seu exemplo, a disseminação de suas doutrinas são as mais terríveis das armas".

Tendo recebido uma rejeição da Inglaterra, Napoleão se pôs a fazer a paz com os outros inimigos da França. De um em um, levou a Rússia, a Turquia, os

Estados Unidos e a Áustria à mesa de negociação. Embora Pitt tenha incitado a Áustria a continuar a guerra e enviado a ela 2 milhões e meio de libras para pagar novas tropas, Cobenzl e o irmão de Napoleão, Joseph, assinaram a paz em Lunéville em fevereiro de 1801.

A guerra, nunca popular entre o povo inglês, se tornou cada vez mais impopular à medida que a Europa fazia as pazes, e Fox não foi o único a descrever isto como uma interferência injusta nos assuntos internos da França. Em fevereiro de 1801, George III e Pitt tiveram um desentendimento sobre as concessões aos católicos, o que Pitt acabou transformando em um pretexto para renunciar. Ele foi sucedido por Addington, filho de um médico, moderado e sem ambições, que se posicionava fora do círculo de oligarcas ricos, o que originou o epíteto: "Como Londres para Paddington, Pitt está para Addington". Respondendo à demanda popular por paz, Addington enviou Lorde Cornwallis a Amiens, onde ele assinou um tratado de paz com Joseph Bonaparte em março de 1802. A Inglaterra deveria devolver todas as conquistas coloniais, exceto Trinidad e o Ceilão; dentro de seis meses também deveria devolver Alexandria à Turquia, e Malta, uma conquista recente, à França. A França, por sua vez, deveria devolver Taranto ao rei de Nápoles. Era uma paz favorável aos franceses. Nada se disse sobre o continente; de fato, George III, discretamente, deixara de usar o título antigo de seus predecessores de "rei da França".

Napoleão estava feliz com a paz. Anunciando-a ao mesmo tempo em que a Concordata, ele assistiu a um solene *Te Deum* na Notre Dame e falou da "grande família europeia". Para Jackson, o ministro inglês, ele gracejou: "se você mantiver a paz tão bem como declara a guerra, ela durará". Ele aboliu o Ministério da Polícia e colocou em sua penteadeira bustos de Nelson e de Charles James Fox, líder do partido da paz inglês. Em setembro de 1802, Napoleão convidou Fox para jantar, e o inglês, ao descrever a ocasião, disse que "não duvidou de sua sinceridade sobre a manutenção da paz". Napoleão, de fato, agora olhando para além da Europa, "falou bastante sobre a possibilidade de eliminar todas as diferenças entre os habitantes dos dois mundos – misturar o preto e o branco, e ter a paz universal".

O povo inglês também estava feliz com a paz. Os londrinos desatrelaram os cavalos da carruagem do General Lauriston, o francês que trouxera as notícias, e eles mesmos a puxaram pelas ruas Bond e St. James até Whitehall, aos gritos de "Vida longa a Bonaparte!"; uma "multidão repugnante" de 4 mil pessoas, como a chamou Cobbett, colega de Windham. O comércio esquentou, com Bremen e Hamburgo agora no lugar de Antuérpia, e 1802 se mostrou um ano de fartura, com a Inglaterra pela primeira vez alcançando um excedente, exportando bens no valor de 45,9 milhões de libras, comparado aos 32,2 milhões em 1788. Em 1803, a França abaixou os impostos em muitos artigos, embora tenha aumentado a taxa do algodão para proteger suas próprias fábricas mecanizadas.

No Parlamento, alguns oradores aprovaram a paz. O filho de George III, o duque de Clarence, considerava a Nova França e a Grã-Bretanha complementares, uma delas uma potência militar, e a outra, naval. Castlereagh argumentou que a paz seria um teste para a França, e era justo dar-lhe uma chance. No entanto, muitos oradores temiam as consequências da paz. Grey tinha medo de que a França isolasse a Inglaterra da África e tornasse os Estados Unidos dependentes; William Eliott temia que a França tomasse o Brasil e o Peru.

William Windham, na Câmara dos Comuns, declarou que os franceses haviam abolido o casamento e transformado o país inteiro em "um bordel universal"; agora eles usariam a paz para fazer o mesmo na Inglaterra. Bonaparte nunca manteria a paz: isto seria repugnante para a natureza geral da ambição, para a natureza da ambição francesa, para a natureza da ambição revolucionária francesa. O discurso de Windham lhe custou sua cadeira em Norwich. Apesar de outros como esse, o Parlamento ratificou o Tratado de Amiens: na Câmara dos Lordes, a votação foi 122 a favor, 16 contra; na dos Comuns, 276 a 20.

O partido da guerra, tendo fracassado no Parlamento, deu início a uma campanha de sussurros nos corredores do poder. Grenville descreveu o primeiro-cônsul como "um tigre solto para devorar a humanidade", e seu governo, "um bando de ladrões e assassinos". Windham pesquisou e expôs a amigos um relatório de 47 páginas feito por um *émigré* francês, Charles de Tinseau, "Sobre a necessidade, objetivos e métodos de uma nova coalizão contra a França". Pitt, que havia apoiado publicamente a paz, na vida privada denunciava Napoleão como um déspota militar. Os metodistas se juntaram a eles, dizendo que Napoleão incorporava o espírito da irreligião incitando os cristãos a abandonarem suas posições dadas por Deus. Mary Berry, que conhecia a França em primeira mão, falou sobre o abuso que era vomitado diariamente, em todos os jornais ministeriais e os que se diziam imparciais, contra Bonaparte e esta nova ordem das coisas. Antigamente eles diziam, "estávamos lutando e ajudando o outro lado porque era impossível fazer a paz com um governo absolutamente democrático; agora que um governo absolutamente aristocrático foi estabelecido, que diferença nos faz se é Luís Capeto ou Louis Bonaparte quem está no comando?"

Uma chance para melhorar as relações veio em novembro de 1802, quando a Inglaterra e a França fizeram uma troca de embaixadores. Mas enquanto Napoleão enviou Andréossy, um homem conciliador com boa disposição em relação à Inglaterra, Addington, para acalmar Grenville e o partido da guerra, de cujo apoio ele necessitava para que seu ministério sobrevivesse, indicou lorde Whitworth, um dos principais oponentes ao Tratado de Amiens e um amigo próximo de Grenville. Whitworth chegou a Paris em novembro, com sua arrogante nova esposa, a antiga duquesa de Dorset, que recebia 13.000 libras por ano: de acordo com uma testemunha inglesa, adotaram uma maneira arrogante e demostravam cada desagrado em seu poder ao governo consular.

Antes mesmo de ver o primeiro-cônsul, Whitworth já estava escrevendo a Londres sobre o rancor e a indignação de Napoleão; sua inveja e ódio. Diante de todas as evidências exceto a conversa fiada no Faubourg Saint-Germain, Whitworth declarou que "a conduta do primeiro-cônsul é fortemente reprovada por nove entre dez pessoas sem conexão imediata com o governo deste país, assim como na Inglaterra". Alguns dias depois de sua chegada, novamente baseado em rumores, Whitworth previu que Napoleão logo tentaria tomar o Egito. Com estas e outras cartas similares diante dos olhos do primeiro-ministro, Grenville e seus amigos conseguiram persuadir Addington a adiar a aplicação do Tratado de Amiens. A Inglaterra havia se comprometido a deixar Malta até setembro de 1802. Em dezembro, suas tropas ainda se encontravam ali, embora Napoleão tivesse cumprido a cláusula paralela retirando suas tropas de Taranto.

À medida que as semanas se passavam e a Inglaterra não mostrava sinais de que cumpriria os termos de paz, Napoleão começou a ficar preocupado. O governo consular ainda não tinha nem três anos; cada semana de atraso dava novas esperanças aos monarquistas, jacobinos e outros que se opunham ao seu governo moderado. As cortes de Viena, Berlim, São Petersburgo, Roma e Nápoles eram ninhos de propaganda contrária à França, e só esperavam uma ação da Inglaterra para desprovê-la de seus ganhos recentes. Apesar da proclamação ousada que publicara, Napoleão se sentia inseguro. Sabia que a França estava em uma posição longe de ser forte, e precisamente por este motivo, quando um perigo se apresentava, ele agia com força ou demonstração de força.

O primeiro perigo durante aquele outono e inverno tensos foi o Piemonte. Tendo conquistado aquele país pela segunda vez em 1800, Napoleão convidou o rei Charles Emmanuel, que havia fugido para Roma, a retornar ao seu trono. Charles Emmanuel, extremamente fraco e controlado por padres, recusou. Napoleão considerou perigoso deixar um vácuo entre a França e a República Cisalpina, que os austríacos poderiam preencher a qualquer momento. Como nada havia sido dito sobre sua posição em Lunéville ou Amiens, Napoleão anexou o Piemonte, uma ação bem recebida pelos piemonteses, porque lhes dava um governo democrático e tolerância religiosa. Dois anos antes, a Inglaterra havia unido a Irlanda à coroa contra os desejos do povo irlandês, e ali, bem como em casa,

PAZ OU GUERRA?

excluiu os católicos não apenas do governo, mas do direito de voto. E mesmo assim, o governo inglês hipocritamente denunciava esta nova prova de imperialismo francês.

A segunda área de perigo era o Egito. Em janeiro de 1803, o governo inglês ainda não havia retirado as tropas de Alexandria, embora tivessem prometido fazê-lo até setembro. Além disso, em 18 de janeiro de 1803, o *The Times*, um jornal intimamente ligado ao Ministério, fez uma resenha favorável, com longas citações, do *History of the British Expedition to Egypt*, por *sir* Robert Wilson, que derramava escárnio sobre a campanha de Napoleão e veneno sobre seu líder: "um homem de princípios tão maquiavélicos", exultante em derramamento de sangue, que em uma overdose de ópio assassinara 580 de suas tropas enfermas em Jaffa.

Napoleão ficou muito enfurecido com essa difamação, que atingia seu senso de honra e enfraquecia o Consulado. Decidiu responder às calúnias com as armas francesas, e ao mesmo tempo pressionar a Inglaterra a cumprir seus compromissos no Egito, publicando no *Le Moniteur* de 30 janeiro um relatório de um coronel francês, Sébastiani, que acabara de voltar de uma missão no Oriente Médio. Primeiro, Napoleão moderou as passagens que pudessem irritar o governo inglês, e excluiu outras: por exemplo, a opinião no Cairo de que em duas semanas os franceses estariam de volta. Mas Napoleão deixou intacto o teor principal de Sébastiani e seu tom de jactação: se os ingleses não cumprissem suas obrigações do tratado, a França interviria, e "6 mil homens seriam suficientes para reconquistar o Egito."

A publicação do relato de Sébastiani por Napoleão foi um daqueles erros psicológicos cometidos tão frequentemente pelos continentais ao lidar com os ingleses. O que uma nação latina teria considerado um aviso foi interpretado como uma ameaça pela Inglaterra. As opiniões começaram a se endurecer contra a França, e o partido da paz perdeu terreno. O relatório causou preocupação também na Rússia, que apoiava a linha cada vez mais firme do governo inglês.

A terceira área de perigo para a França era a Suíça. Antes de 1798, os 13 cantões haviam sido governados por uma classe rica privilegiada, que mantinha seu dinheiro em bancos ingleses, mas naquele ano, o Diretório enviou tropas para ajudar um movimento popular e estabelecer a República Helvética. Em 1799, a Inglaterra, a Áustria e a Rússia buscaram reestabelecer o governo aristocrático, a Inglaterra mandando Wickham com uma reserva farta de guinéus, e os outros dois países enviando tropas. Wickham achou o trabalho difícil, e em 20 de julho de 1799 escreveu do cantão de Schweitz: "Os magistrados e famílias antigas... não apenas perderam completamente a confiança e a estima do povo, mas se tornaram um objeto de tanto ódio para a plebe que, se não fosse pela presença dos austríacos, acredito que muitos deles teriam sido transformados em sacrifício imediato para a fúria popular". Quanto ao povo de Zurique, "eles se contentarão apenas com uma república formada seguindo o exemplo da França".

Massena derrotou o exército austro-russo, e em maio de 1801, Napoleão confirmou a República Helvética, embora em novo formato, como uma federação de cantões. A federação se mostrou insatisfatória, porque os grandes cantões ricos se alimentavam dos pequenos. Em 1802, Napoleão substituiu sua formação original por uma nova, mais centralizada e com proteções para os cantões menores. Ao mesmo tempo, ele retirou as tropas francesas.

O governo inglês enviou Wickham para Constance com mais guinéus e ordens de atiçar os aristocratas contra a Constituição de Napoleão. Wickham distribuiu seus guinéus e logo os suíços estavam se engalfinhando. Para a França, esta era uma situação intolerável, já que a Inglaterra vinha usando a Suíça há tempos, nas palavras de Napoleão, "como uma segunda Jersey de onde encorajar agitação". Napoleão enviou tropas francesas para acabar com a guerra civil, chamou os cidadãos suíços importantes a Paris, e com eles desenvolveu mais uma constituição. Esta dava uma dose maior de autonomia a cada cantão do que a anterior, e manteve os tradicionais *Landsgemeinden*, ou conselhos executivos. Mas os cantões teriam uma moeda comum e comércio interno livre. A neutralidade suíça tradicional seria mantida, mas um tratado defensivo de cinquenta anos foi assinado com a França.

Os suíços receberam bem o Ato de Mediação, como foi chamada a constituição de Napoleão, e a conservam até hoje como a base de sua Federação. Mas isto não convinha nem um pouco à Inglaterra. Moore, um subsecretário de Estado, foi enviado para "encorajar e estimular o partido oligárquico", mas ele chegou tarde demais, e encontrou a fronteira fechada. Enquanto as forças continentais aceitavam o ato de Napoleão pelo que era, um acordo democrático amigável de uma situação perigosa que não ultrapassou as políticas francesas anteriores desde 1789, o governo inglês e os círculos banqueiros ingleses, seriamente sem fundos, o criticaram. Um orador no Parlamento condenou a França por "audaciosamente interferir para destituir a galante Suíça do direito de estabelecer suas liberdades".

George III e os oligarcas nunca aceitaram Amiens. Planejavam romper a paz segurando Malta antes, e não depois, que Napoleão erguesse um dedo para estender a influência francesa na Europa. O Piemonte e o Egito tinham sido atos de provocação, mas foi a ação de Napoleão na Suíça que eles aproveitaram como o pretexto de que precisavam para endurecer a linha do governo. Desse ponto em diante, atribuíam tudo a Napoleão pessoalmente. Whitworth podia falar sobre a "carreira ambiciosa" de Napoleão; ele "ambicionava um império universal e convencer o mundo de que tudo deveria se dobrar à sua vontade". O *Morning Post* de 1º de fevereiro de 1803 descrevia o primeiro-cônsul como "um ser inclassificável, meio africano, meio europeu, um mulato mediterrâneo". Tornou-se tão comum os cartunistas ingleses desenharem um pigmeu de pele amarela com um nariz enorme que, quando o capelão da embaixada britânica chegou a Paris, ficou atônito ao encontrar um Napoleão "bem-proporcionado e bonito". Outros jornais, encabeçados pelo *L'Ambigu* e pelo *Courier de Londres*, escritos em francês e publicados em Londres, levantavam histórias maliciosas sobre Joséphine e Barras, a infertilidade dela e seu desagrado consequente a respeito dos "defeitos da constituição consular", defeitos ocasionados pelo fato de que Napoleão preferia dormir com Hortense, filha de Joséphine. Os artigos, que até Whitworth concordava serem abomináveis, eram mais do que ataques pessoais. Tinham por objetivo enfraquecer o governo francês, e Napoleão os considerou atos de grande inimizade.

Em 21 de fevereiro de 1803, Napoleão convocou Whitworth. "Ele disse que era um desapontamento infinito que o Tratado de Amiens, em vez de ser seguido por conciliação e amizade... tivesse produzido apenas inveja e desconfiança contínuas e crescentes." Ele então apontou para o fato de que as tropas ainda não tinham sido retiradas de Malta e Alexandria. "Eu ia dar como exemplo," Whitworth continuou, "a aquisição de território e influência que a França ganhou desde o tratado, quando ele me interrompeu dizendo, 'Suponho que você se refira ao Piemonte e à Suíça; *ce sont de bagatelles**'" Whitworth observa que a expressão usada realmente por Napoleão "era trivial e vulgar demais para caber em um informe ou qualquer outro lugar, a não ser a boca de um cocheiro de aluguel". O comentário hipócrita de Whitworth representa o estágio final da caracterização de Napoleão pela classe dominante britânica. Esse corso, esse jacobino, esse conquistador ambicioso não era um cavalheiro. E, portanto, não merecia confiança.

Quanto à Suíça e o Piemonte, Napoleão disse a Whitworth que as fronteiras da Europa deveriam ter sido discutidas antes do Tratado de Amiens, e não depois: "Você não tem direito de falar delas a esta altura". Ele então explicou energicamente o ponto de vista francês. Seu objetivo, diz Whitworth, era "assustar e intimidar. Eu não preciso observar que esta conduta na vida privada seria um grande sinal de fraqueza. Acredito que o mesmo vale na política". Whit-

---

*   Em francês, "são bagatelas". (N.T.)

worth interpretou corretamente a exibição de Napoleão como um sintoma de fraqueza. Mas a fraqueza não era, como Whitworth acreditava, medo de que a Inglaterra restringisse suas ambições pessoais. Ela vinha do fato desconfortável de que os princípios republicanos e os direitos do homem estavam estabelecidos de forma insegura, tanto em casa quanto entre os vizinhos da França, e que a menos que a Inglaterra honrasse a paz, toda essa construção tênue poderia desabar.

Durante o debate sobre Amiens, Pitt disse: "não seria um mau raciocínio se uma potência dissesse à outra: você é forte demais para nós, não temos meios de reduzir esse poder à força, portanto você deve nos ceder uma porção de seus territórios, para nos deixar iguais". E mesmo assim, de Bath, onde ele fazia tratamentos nas termas, Pitt enviou uma mensagem para seus amigos em Londres dizendo que a Inglaterra deveria ficar com Malta. Em fevereiro de 1803, esta se tornou a linha do governo inglês.

Enquanto isso, nos bastidores, George III influenciava o Gabinete. "Eu tenho motivos para *ter certeza*", Buckingham escreveu a Grenville no mês seguinte, "de que a linguagem do rei foi, desde os primeiros momentos deste alarme, *extremamente favorável* à guerra." Em 8 de março, em seu discurso do trono, George III recomendou que as milícias fossem convocadas e que 10.000 homens adicionais fossem recrutados para a Marinha. Isso era um reconhecido passo preliminar para a guerra, e o rei o justificou se referindo a "preparações militares muito consideráveis... nos portos da França e da Holanda". Na verdade, tais preparações não existiam. Até 17 de março, Whitworth repetia uma declaração que já havia feito várias vezes: "Posso dizer com absoluta certeza que não há armamentos de consequência nos portos franceses". Quanto à Holanda, todos sabiam que as duas fragatas ali estavam sendo equipadas para abafar um levante em Santo Domingo.

Em 13 de março, Napoleão convidou Whitworth e outros embaixadores para uma recepção nas Tulherias. Napoleão, que havia recebido notícias irritantes de Talleyrand, chegou de mau humor. Dirigindo-se a Whitworth, criticou o discurso do trono. "Estivemos em guerra por quinze anos; parece que uma tempestade está se formando em Londres, e que vocês querem guerra por mais quinze anos". Furiosamente despejou seus ressentimentos à vista de 200 convidados. Ele então se virou para o embaixador russo, Markoff: "Os ingleses não respeitam tratados. No futuro, devem ser cobertos com crepe preto".* Ele então mar-

---

*   Tecido usado para vestimentas funerárias. (N.T.)

chou tão rapidamente para fora da sala que não houve tempo para que lhe abrissem as portas duplas.

Após a recepção, Joseph disse a Napoleão: "Você fez todo mundo tremer. As pessoas vão dizer que você é mau-caráter". "Sim", admitiu Napoleão. "Eu agi errado". Ele estava de mau humor, explicou, e não estava com vontade de ir. Quando reencontrou Whitworth, fez questão de ser civilizado, e quatro dias mais tarde, o embaixador inglês escreveu: "É certo que o primeiro-cônsul não deseja entrar em guerra".

Em 22 de março, Grenville disse a Buckingham: "Nosso governo forçou tanto a situação que será difícil que Bonaparte recue, mesmo que queira... Se ele se sujeitar a ser intimidado por nossos arranjos, perderá toda consideração, tanto em casa quanto no exterior." Hawkesbury, o ministro do Exterior, que considerava Napoleão "realmente louco... e que sua popularidade não passava de perfeito ódio", adotou como sua política fazer franceses "razoáveis" voltarem-se contra seu "louco" primeiro-cônsul. Para isso, autorizou Whitworth a gastar 100.000 libras em subornos quando começou as negociações em 3 de abril com Talleyrand e Joseph Bonaparte.

Os negociadores franceses não queriam os guinéus de Whitworth. Concordavam com Napoleão quando ele disse: "Nesse tratado vejo apenas dois nomes: Taranto, de onde retirei as minhas tropas, e Malta, de onde vocês não retiraram as suas". Eles se mantiveram firmes quanto a Malta, mas como a Inglaterra queria uma base mediterrânea, ofereceram Creta ou Corfu, que possuía um excelente porto.

Whitworth retrucou com toda uma nova série de exigências. A França deveria entregar Malta à Inglaterra por dez anos, e também evacuar a Holanda e a Suíça. Whitworth apresentou estes termos verbalmente a Talleyrand, os descreveu como um "ultimato" e anunciou que partiria de Paris se uma convenção não fosse assinada em sete dias. Ele se recusou a colocar as exigências no papel, mesmo sem assinatura. Como Talleyrand observou: "Aqui temos, sem dúvida, o primeiro ultimato verbal na história das negociações modernas."

Sete dias se passaram: Whitworth pediu seu passaporte. E então Napoleão interveio. Embora fosse seu ponto de honra manter o território francês intacto como lhe havia sido confiado no 19º dia do brumário, em nome da paz ele se propôs a renunciar a Malta; a Inglaterra poderia conservar a ilha por três ou quatro anos, e depois seria passada para uma das três potências que garantiam o tratado: Rússia, Prússia ou Áustria. A Hawkesbury, Whitworth descreveu o plano como "... uma proposta com natureza de admitir um ajuste honorável e vantajoso das diferenças correntes". Mas o ministro inglês que, de acordo com Andréossy, já havia "negociado com o partido de Grenville", rejeitou a proposta. Napoleão então conseguiu que a Rússia se oferecesse como mediadora, e embora aquele país tivesse relações amigáveis com a Inglaterra, isto também foi rejeitado pelo governo inglês. Em 4 de maio, Whitworth, sem perceber a ironia, escreveu para casa: "Estou certo de que o primeiro-cônsul está determinado a evitar uma ruptura se possível; mas ele é tão completamente governado por seu temperamento que não há possibilidade de responder por ele".

Em 11 de maio, em Saint-Cloud, Napoleão convocou os sete membros da seção de assuntos exteriores do Conselho de Estado para discutir a última forma do ultimato inglês: a Inglaterra ficaria com Malta por dez anos e com a ilha de Lampedusa permanentemente; a França deveria evacuar a Holanda em um mês. Em relação à Holanda, Napoleão tinha toda a intenção de retirar suas tropas, mas essa era uma questão continental, e não dizia respeito à Inglaterra, a seu ver. Sobre Lampedusa, Napoleão considerava que em quatro anos ela poderia se tornar tão forte quanto Malta, portanto daria à Inglaterra, com uma marinha de tamanho dobrado desde 1792, uma hegemonia política e comercial permanente do Mediterrâneo. Napoleão achava que a Inglaterra já tinha vantagens comerciais suficientes no exterior, e que "estava ambicionando demais ao cobiçar algo que não lhe pertencia nem por geografia, nem pela natureza". O termo "ultimato" também irritava Napoleão: sugeria "um superior negociando com um inferior". "Se o primeiro-cônsul", disse Napoleão, "fosse covarde o bastante para fazer uma paz tão remendada com a Inglaterra, seria repudiado pela nação."

O Conselho, pelo voto da maioria, insistiu na assinatura dos termos em Amiens. Enquanto Whitworth recolhia seu passaporte e deixava Paris durante a noite de 12 para 13 de maio, Napoleão, por sua própria responsabilidade, decidiu fazer uma última oferta para evitar a guerra. Enviou a Whitworth um relato por telégrafo ótico dizendo que ele cedia quanto a Malta: a Inglaterra poderia ficar com a ilha durante dez anos, se a França pudesse reocupar Taranto. Whitworth, que recebeu a mensagem de Napoleão em Chantilly, seguiu para Calais e Londres sem responder. Foi Addington que rejeitou a oferta, dando como motivo as obrigações da Inglaterra para com o rei de Nápoles, embora o monarca estivesse mais ocupado com caçadas a javalis e bilhar do que com prestígio político, e há dez anos era uma marionete da Inglaterra. Em 16 de maio, George III convocou um Conselho em que autorizações de saque seriam emitidas. No dia 18, na Baía de Audierne, duas fragatas inglesas capturaram dois mercadores franceses: era o modo reconhecido de declarar guerra.

Por que a Inglaterra foi à guerra? Não, como ela afirmou, porque Napoleão "ambicionava um império universal", mas porque ela temia a paz. Em tempos de paz, a Inglaterra não tinha meios imediatos de pressão sobre a França na Europa, enquanto que na guerra, todos os poderes continentais eram membros potenciais de uma coalizão. E sobre o porquê de ela ter medo da paz, Andréossy dá a resposta: "Não são fatos em particular, mas a totalidade deles em relação à *gloire* do primeiro-cônsul e a grandeza da França que assusta [os ingleses]."

As cortes da Europa consideraram a Inglaterra moral e tecnicamente responsável pela ruptura de Amiens. Hardenberg da Prússia, por exemplo, apesar de não ser favorável à França, escreveu, "Teria sido desejável que a Inglaterra tivesse demonstrado tanta disposição para a paz quanto Bonaparte". Um agente Bourbon em Paris relatou: "Parece certo que Bonaparte se decidiu pela guerra com extrema relutância". Mesmo em casa, Fox condenou a ruptura no que é considerado seu melhor discurso, enquanto William Wilberforce sustentava que Malta foi adquirida com custo por uma violação da fé pública, a possessão mais preciosa de uma nação.

Napoleão, como todos os franceses, lamentava a guerra. Em vez de continuar a erguer a França e a indústria francesa, ele se viu obrigado a continuar uma luta que já durava sete anos. Considerava – com boa razão – estar lutando uma guerra defensiva. Todas as guerras que Napoleão precisou lutar posteriormente foram também guerras defensivas, no sentido de que foram consequências da guerra com a Inglaterra. Pelos próximos doze anos, a Europa teria o cheiro acre de pólvora. As guerras acabariam influenciando a maioria dos atos futuros de Napoleão, e imporiam um selo militar em seu governo. Isto é o que Napoleão tinha em mente quando escreveu mais tarde: "Eu nunca fui realmente meu próprio mestre; sempre fui governado pelas circunstâncias".

16

O imperador dos franceses

Em 17 de dezembro de 1800, um homem atarracado com barba clara e uma cicatriz no cenho entrou na loja do cerealista Lamballe, na Rua Meslée de Paris. Ele era, segundo disse, um vendedor ambulante. Havia comprado um estoque de açúcar mascavo, o qual desejava levar até Laval, na Bretanha, onde trocaria o açúcar por tecidos. Para isto, gostaria de comprar a carroça e a pequena égua de Lamballe. A égua era um velho animal castanho, de crina gasta e cauda caída, e Lamballe estava disposto a vendê-la. Ele pediu 200 francos pela carroça e pela égua. O ambulante concordou, pagou a soma e tomou posse de sua compra. Ele então levou a carroça até um galpão que ele alugara no número 19 da Rua Paradis, próximo a Saint-Lazare.

Nos dias seguintes, o ambulante e dois amigos, vestindo sobretudos e camisas largas, foram ao galpão e colocaram dez aros fortes de ferro em torno de um grande barril de vinho de Mâcon. Chegavam ao galpão e partiam furtivamente; conversavam aos sussurros, e para as pessoas de bem da Rua Paradis, pareciam ser contrabandistas de conhaque.

Na verdade, os três eram oficiais do exército clandestino que trabalhava sob ordens de Londres para a restauração de Luís XVIII ao trono da França. O "ambulante" era um parisiense chamado François Carbon. Seus amigos eram senhores com pouco mais de 30 anos, ambos da Bretanha, e por uma causa possuíam a lealdade "matar ou morrer", característica dos bretões. Um deles se chamava Limoëlan, filho de um monarquista guilhotinado; o outro, Saint-Réjant. No ano anterior, quando Napoleão concedeu anistia a todas as pessoas do oeste da França que depusessem suas armas, Saint-Réjant rasgou a carta de anistia em pedacinhos. Nunca, ele declarou, iria parar de lutar contra o governo. Ele e Limoëlan até agora haviam limitado suas atividades a assaltar carruagens, mas agora, se-

O IMPERADOR DOS FRANCESES

guindo as ordens de seu líder e conterrâneo bretão, Georges Cadoudal, planejavam algo maior.

Na véspera de Natal, François Carbon atrelou a égua à carroça e, acompanhado por Limoëlan, transportou o grande barril de vinho de Mâcon até a Porta Saint-Denis, na periferia norte de Paris. Ali descarregaram o barril e o rola-
ram até um edifício deserto. Meia hora mais tarde retornaram com o barril,
agora cheio e evidentemente pesado, pois o transportaram dentro de um carrinho de mão. Com a ajuda de Saint-Réjant e outro homem, após várias tentativas conseguiram colocar o barril de volta na carroça.

Limoëlan, Saint-Réjant e Carbon conduziram a carroça até a rue Saint-Nicaise, ao norte do Palácio das Tulherias. Já estava escuro, e começava a chover.
Pararam a carroça e inclinaram o barril como se para verificar seu conteúdo. Na
verdade, eles inseriam um pavio de seis segundos no barril, que estava lotado de
pólvora e pedras quebradas.

Limoëlan atravessou até a esquina da Praça do Carrossel, de onde, no momento certo, ele poderia fazer o sinal para que Saint-Réjant acendesse o pavio.
Saint-Réjant encostou a carroça em uma posição na qual ela iria mais devagar,
mas sem impedir completamente os veículos que entrassem na rue Saint-Nicaise. Ao ver uma garota de 14 anos, chamada Pensol, cuja mãe tentava ganhar a
vida vendendo pãezinhos frescos na rue du Bac, Saint-Réjant a chamou e lhe ofereceu 12 *sous* para segurar a égua por alguns minutos. A garota aceitou, e Saint-
-Réjant entregou-lhe as rédeas da égua. Ele então se preparou para tirar faísca
de uma pedra. Calculou que, após acender o pavio, teria tempo suficiente apenas para virar a esquina para se proteger.

Enquanto isso, no Palácio das Tulherias, Napoleão havia terminado seu jantar de vinte minutos e dormitava na sala de estar junto ao fogo. Aquela noite,
na casa de ópera, a *Criação* de Haydn seria apresentada pela primeira vez na França. Joséphine e Hortense estavam entusiasmadas para ir, e haviam colocado vestidos de noite. Napoleão, que como sempre tinha tido um dia cansativo, relutava em acompanhá-las. "Vamos", disse Joséphine persuasivamente. "Isso irá
distraí-lo". Napoleão fechou os olhos, sonolento, e após uma pausa disse: "Vocês vão. Eu ficarei aqui". Joséphine respondeu que não iria sozinha, e se sentou
para fazer companhia a ele. Como ela previu, Napoleão não estava disposto a
lhe negar uma noite festiva; ele ordenou que as carruagens fossem preparadas
imediatamente. Já eram oito horas.

Napoleão entrou primeiro em sua carruagem e partiu. Joséphine, que sentiu frio, envolveu os ombros em um lindo xale quente que ela tinha acabado de
receber de Constantinopla. O xale chamou a atenção de Jean Rapp, assistente

de Napoleão, nascido na Alsácia e um veterano do Egito. Rapp sugeriu que o xale ficaria ainda mais elegante se ela o usasse em estilo egípcio e, a pedido de Joséphine, dobrou o xale e o arrumou sobre os cachos castanhos dela. Enquanto isso, Caroline ouvia a carruagem de Napoleão se afastar. "Depressa, irmã", ela disse a Joséphine. A esposa do primeiro-cônsul tropeçou saindo da sala de visitas, desceu as escadas e entrou na segunda carruagem, acompanhada por Hortense, Caroline e Rapp. Por conta do episódio do xale, a carruagem deles estava três minutos atrás da de Napoleão.

Aquela noite, talvez porque fosse véspera de Natal, o cocheiro de Napoleão, César, estava levemente embriagado. Chicoteou os cavalos e fez a carruagem, que era precedida por uma tropa de granadeiros montados, atravessar voando a Praça do Carrossel. No lado de dentro, Napoleão adormecia novamente e começava a sonhar. Era um pesadelo. Nele, parecia reviver um incidente na campanha italiana, quando insistira em atravessar o Tagliamento em sua carruagem, sem ter noção de quão profundo era o rio. Seus cavalos perderam o equilíbrio e ele escapou por pouco de se afogar.

Na esquina da rue Saint-Nicaise, Limoëlan esperava ansiosamente. Mas quando viu a carruagem e o séquito, sua coragem falhou. Em vez de dar o sinal para Saint-Réjant, ele não fez nada. Os primeiros granadeiros passaram estrepitosamente por ele e viraram a esquina, cerca de 25 metros à frente da carruagem. Assim que avistou os granadeiros, Saint-Réjant bateu a pedra do isqueiro, acendeu o estopim do presente de Natal de Napoleão e saiu correndo.

César viu a égua e a carroça que bloqueavam parcialmente a rua. Sóbrio, teria reduzido a velocidade, mas em seu estado de empolgação, ele atravessou correndo a abertura estreita a toda velocidade e virou na via seguinte, rue de la Loi. Naquele momento, com um estrondo de cem canhões, o barril explodiu.

A explosão foi tão violenta que quase atirou os granadeiros para fora de suas selas, mas Napoleão não se feriu. Se a segunda carruagem estivesse imediatamente atrás, a pólvora a teria explodido em pedaços, mas graças ao atraso, apenas suas janelas foram destruídas. Os cavalos dispararam; Joséphine desmaiou, Hortense recebeu um corte na mão, Caroline, grávida de nove meses, ficou severamente abalada, e seu bebê nasceria epiléptico. Mas foi a rue Saint-Nicaise que mais sofreu. A explosão derrubou casas inteiras e pulverizou a égua, a carroça e a garotinha Pensol que segurava a égua. Uma mulher que estava à porta de sua loja para saudar Napoleão teve seus seios arrancados; outra ficou cega. No total, nove pessoas inocentes morreram, e 26 ficaram feridas.

Napoleão ficou profundamente chocado e furioso. Ele disse ao Conselho de Estado que tiraria a punição das cortes e a tomaria nas próprias mãos. "Para um

O IMPERADOR DOS FRANCESES

crime tão atroz, devemos ter vingança como um trovão; o sangue deve correr; devemos atirar nos culpados em um número igual ao de vítimas." Depois, ele se acalmou e mudou de ideia. Foi a corte que julgou e sentenciou à morte Limoëlan e Carbon. Saint-Réjant fugiu para os Estados Unidos e – o mínimo que o aspirante a assassino poderia fazer – tornou-se padre.

Mas a corte não conseguia chegar aos mestres da trama, pois estavam todos seguros na Inglaterra: o conde d'Artois, seus amigos íntimos, os irmãos Polignac, e especialmente Georges Cadoudal, um bretão ruivo e atarracado imensamente forte – os amigos chamavam-lhe de Golias – com um pescoço de touro, nariz quebrado, costeletas ruivas e um olho cinza maior que o outro. Solteiro, dedicado de corpo e alma aos Bourbon, Cadoudal dirigia um campo de treinamento para conspiradores e guerrilheiros em Romsey. Quando a Inglaterra declarou guerra em maio de 1803, o dinheiro inglês financiou o campo de Romsey, chegando a Cadoudal por meio de William Windham.

Georges Cadoudal não conseguira explodir a carruagem de Napoleão, mas não era o tipo que seria detido por um fracasso. Decidiu ir ele mesmo até a França matar Napoleão. Em conjunto com generais descontentes do exército francês, ele então restauraria Luís XVIII. Através de Windham e do conde d'Artois, o plano foi comunicado ao governo inglês, que secretamente passou detalhes para os seus agentes no exterior e forneceu a Cadoudal letras de câmbio no valor de 1 milhão de francos.

Na segunda semana de agosto de 1803, Cadoudal e quatro amigos embarcaram no brigue espanhol *El Vancejo* em Hastings, e atravessaram o Canal. Na noite do dia 20, o inglês no comando do brigue, capitão Wright, os colocou em um bote a remo, no qual seguiram para uma parte selvagem e deserta da costa normanda, próximo a Biville. Um agente havia prendido uma corda com nós às falésias de 30 metros, e nelas escalaram até a França. Viajando à noite e sendo abrigados por agentes monarquistas – dos quais existia toda uma rede – eles chegaram a Paris, onde Cadoudal se escondeu sob o nome falso de Couturier. Por duas vezes, voltou às falésias de Biville para trazer à margem outros conspiradores. Um deles era o General Charles Pichegru, de 42 anos, que em 1797 havia tramado para restaurar o rei e acabou exilado na Guiana Francesa pelos diretores. O trabalho de Pichegru era convencer os generais descontentes.

Como Napoleão bem sabia, havia vários oficiais veteranos que, por inveja, patriotismo ou outros motivos, detestavam o Consulado e queriam derrubá-lo. Um deles era Bernadotte, o marido de Désirée Clary. Em maio de 1802, o chefe de equipe de Bernadotte no exército do Ocidente, o general Simon, começou a distribuir panfletos contra o Consulado e contra a paz concluída por Napoleão.

"Soldados! Vocês não possuem mais uma *patrie*, a República morreu... Ergam uma federação militar! Que seus generais deem um passo à frente! Façam com que a glória deles e a glória de seus exércitos comandem respeito! Nossas baionetas estão prontas para infligir nossa vingança." Napoleão mandou prender e dispensar Simon, mas o descontentamento crescia. As esperanças começaram a se concentrar na figura de Jean Victor Moreau, outro bretão. Um general corajoso de 40 anos, Moreau, como muitos de seu tipo, incluindo Murat, tinha um caráter fraco, comandado pela sua esposa e pela mãe dela. Moreau encorajava a oposição, mas quando chegou o momento de se comprometer, ele continuava a recuar. Uma das tarefas de Pichegru seria fazer Moreau agir.

Cadoudal, ainda escondido em Paris, deu os toques finais em seu plano, que agora contava com 60 conspiradores. Mandou fazer uniformes de hussardos, e quando chegasse o sinal do conde d'Artois, os homens selecionados se vestiriam de hussardos e participariam da próxima parada na Praça do Carrossel. Quando Napoleão inspecionasse as tropas, um deles lhe apresentaria uma petição, enquanto o resto puxaria suas adagas e atacaria.

Pouco depois das sete da manhã de 14 de fevereiro de 1804, Napoleão, vestindo seu roupão de plumas de cisne, se barbeava em seu vestiário. Enquanto Constant segurava o espelho, ele movimentava sua lâmina com cabo de madrepérola com destreza, em movimentos de cima para baixo. Subitamente, a porta se abriu e um serviçal anunciou Réal, o chefe da polícia. Ele estava obviamente agitado, e Napoleão fez sinal para que falasse. "Algo novo aconteceu, algo fantástico..." Réal olhou com desconfiança para o criado. "Continue", disse Napoleão, "você pode falar na frente de Constant." Réal continuou. Pichegru, ele anunciou, havia cruzado o Canal saindo de Londres e estava em Paris agora. Não só isso, mas ele tivera uma reunião com o general Moreau, o queridinho dos salões dos descontentes. Napoleão teve um espasmo, quase se cortando com a lâmina, e colocou a mão sobre a boca de Réal. Ele então terminou de se barbear, dispensou Constant e pediu que Réal lesse seu relatório. A polícia, aparentemente, havia prendido o imediato de Cadoudal, Bouvet de Lozier, que abrira a boca. De acordo com Bouvet, Pichegru, Moreau e Cadoudal haviam feito várias reuniões, mas não conseguiam chegar a um acordo. Moreau estaria disposto a liderar um golpe, mas apenas para se instalar como ditador militar. Ele não queria um rei. Pichegru discutiu com ele, mas sem sucesso. Como resultado, Cadoudal e Pichegru estavam aguardando a chegada – esperada para breve – de um príncipe da Casa de Bourbon.

Napoleão analisou o plano com seriedade. Em tempos de paz já seria bastante grave, mas agora a França estava em guerra, e as antigas facções estavam em

O IMPERADOR DOS FRANCESES

fervura. Ele disse a Réal que encontrasse Cadoudal a qualquer custo. Cadoudal estava se escondendo nos fundos de uma frutaria, mas na noite de 9 de março, decidiu mudar de esconderijo. Disfarçado de carregador de mercado e usando um grande chapéu de couro de carregador, emergiu de seu esconderijo e pulou para dentro de um cabriolé em movimento. "Acelere seu cavalo", ele ordenou. "Para onde?", perguntou o condutor. "Para qualquer lugar". Mas um policial atento já havia reparado na figura de pescoço grosso e de 1,60 metros, "com o nariz quebrado e uma cicatriz no topo", como os jornais o descreveram. O policial saltou sobre as molas do cabriolé, e depois outros dois policiais tomaram as rédeas. Cadoudal matou a tiros o primeiro agente e feriu outro, antes de ser dominado. Interrogado, ele declarou: "Eu deveria atacar o primeiro-cônsul apenas quando um príncipe chegasse a Paris. E o príncipe não chegou ainda". Independentemente, um relatório da polícia chegou do oeste, afirmando que os monarquistas bretões acreditavam que o *ci-devant* Duc d'Enghien estaria em breve retornando à França".

Louis Antoine, príncipe da Casa de Bourbon e Duc d'Enghien, era um jovem oficial decente de 31 anos com cabelos castanhos e o famoso nariz aquilino dos Condé. Vivia sozinho na cidade alemã de Ettelheim, dividindo seu tempo entre caçadas a galinholas e viagens secretas a Estrasburgo, onde nos últimos meses, por meio de uma rede de agentes, ele vinha, de uma maneira um tanto desorganizada, planejando uma insurreição no leste da França.

O Duc d'Enghien nasceu e foi criado na França. Podia estar vivendo na Alemanha, mas como francês, estava sujeito à lei francesa. Evidências suficientes já haviam aparecido para provar um caso de *prima facie* contra ele; seus documentos particulares e os interrogatórios poderiam revelar mais. Incitado por Talleyrand, Napoleão decidiu agir. Na noite de 14 para 15 de março, ele mandou o general Ordener atravessar o Reno com três brigadas de guardas e 300 cavaleiros com as ferraduras abafadas por tecido. Em silêncio, cercaram a grande casa fechada em Ettelheim e capturaram o príncipe adormecido. Enquanto seus papéis eram rapidamente enviados a Napoleão, Enghien foi levado ao Château de Vincennes. No caminho, ele afirmou que "havia jurado ódio implacável contra Bonaparte e contra os franceses, e aproveitaria qùalquer ocasião para entrar em guerra contra eles".

Napoleão leu os papéis de Enghien junto com um relato de um oficial francês, o capitão Rosey, que, sob ordens do governo, visitara Francis Drake, o agente inglês em Munique, em 4 de março. Fingindo ser o secretário de um general francês descontente, Rosey entregou a Drake um plano de uma insurreição centrada em Besançon. Drake respondeu que seria melhor centralizar o plano em

Estrasburgo, "onde Moreau tem muitos amigos". Estrasburgo, é claro, era a cidade que Enghien visitava em segredo frequentemente. "É absolutamente necessário que você se livre de Bonaparte", acrescentou Drake. "Este é o meio mais certo de recuperar sua liberdade e dar paz ao mundo." Ele então entregou a Rosey cartas de câmbio no valor de 10.117 libras, 17 xelins e 6 *pence* antigos para ajudar a pagar a insurreição.

Ao ler estes documentos e as declarações dos conspiradores, Napoleão sentiu uma variedade de fortes emoções. A dominante era fúria, misturada com desdém pelas táticas traiçoeiras dos Bourbon. "Que eles liderem toda a Europa armada contra mim, eu me defenderei", disse ele. "Um ataque como esse seria legítimo. Em vez disso, eles tentam me atingir explodindo partes de Paris e matando ou ferindo uma centena de pessoas; e agora enviam 40 bandidos para me assassinar. Por isso, eu os farei chorar lágrimas de sangue. Eu lhes ensinarei que não se pode legalizar o assassinato."

Se estes eram os sentimentos de um corso, Napoleão também sentiu fúria em um nível mais razoável. Tentou fazer as pazes com os monarquistas. Concedeu uma anistia, e readmitiu na França 40.000 *émigrés*. Muitos deles, ele e Joséphine ajudaram com seu próprio dinheiro. Fez tudo que podia para curar feridas antigas. E era assim que os Bourbon lhe retribuíam. Não que ele temesse pela própria pele. Mas temia pela França. Em 1801, após um plano anterior para matá-lo, ele confessou sua angústia a Roederer: "se eu morrer em quatro ou cinco anos, a corda do relógio estará dada, e ele funcionará. Se eu morrer antes disso, eu não sei o que acontecerá..." Ele voltou ao ponto novamente agora. "Estes fanáticos irão acabar me matando e colocarão jacobinos furiosos no poder. Sou eu quem representa a revolução francesa."

Com as evidências e novamente incitado por Talleyrand, Napoleão concluiu que se o golpe de Cadoudal tivesse sido bem-sucedido, o Duc d'Enghien teria invadido a Alsácia, e depois Paris. "O Duc d'Enghien é só mais um conspirador; devemos tratá-lo como tal." Isto é, ele não deveria receber tratamento preferencial simplesmente por ser um Bourbon. Na posição de um francês acusado de conspiração em tempo de guerra, ele estava sujeito a uma corte militar, e foi de acordo com este princípio que Napoleão ordenou que um tribunal de sete coronéis julgasse Enghien.

Interrogado pelos coronéis, Enghien declarou que estivera recebendo 4.200 guinéus por ano da Inglaterra "para combater não a França, mas um governo que o considerava hostil por ter nascido". "Perguntei à Inglaterra se eu poderia servir em seus exércitos, mas ela respondeu que era impossível: eu deveria aguardar no Reno, onde teria um papel a cumprir imediatamente, e eu estava na ver-

O IMPERADOR DOS FRANCESES

dade esperando." Os coronéis foram unânimes em considerar Ehghien culpado em virtude do artigo 2 da lei de 6 de outubro de 1791: "Qualquer conspiração ou plano com o objetivo de perturbar o Estado por guerra civil, e armar os cidadãos uns contra os outros, ou contra a autoridade de lei, será punido com a morte."

Napoleão, a quem Cambacérès implorou que interviesse, respondeu que a morte de Enghien seria considerada "uma retaliação justa". "A Casa dos Bourbon deve aprender que os ataques que direciona contra os outros podem voltar--se contra ela." Para Joséphine, que suplicou pela vida de Enghien, Napoleão disse: "Se ele ficar sem punição, as facções irão se fortalecer novamente e eu terei de perseguir, deportar e condenar incessantemente".

Napoleão poderia agir com misericórdia quando queria. Quando a princesa Hatzfeld veio fazer um apelo por seu marido, que havia sido pego espionando, Napoleão atirou a carta incriminadora ao fogo e anunciou que o marido da princesa era um homem livre. Novamente, quando Georges Cadoudal e seus cúmplices foram levados a julgamento, e 20 receberam a sentença de morte, Napoleão interveio e deu clemência a dez, incluindo o amigo próximo do conde d'Artois, o príncipe Armand de Polignac. Mas nesta ocasião ele não teve misericórdia. Napoleão considerou a morte de Enghien a resolução de uma vingança antiga e um desencorajamento necessário: por estas duas razões, permitiu que a justiça seguisse seu curso, e na manhã do 21 de março, no terreno de Vincennes, Duc d'Enghien foi morto por um esquadrão de fuzilamento.

Esta foi uma das ações mais controversas de Napoleão. Dentro da França, não causou mais que uma marola, mas no exterior, nas cortes, provocou uma tempestade de fúria. Muitos dos que eram a favor de Napoleão ou neutros, agora se voltavam contra ele. Mas Napoleão sempre assumiu responsabilidade total por ter permitido a execução, e continuava a acreditar que, no final das contas, tinha tomado a decisão certa.

As tramas para assassinar Napoleão levantaram um problema fundamental, um que não poderia ser resolvido à bala. Napoleão dizia representar a revolução francesa, e havia muita verdade nessa afirmação. Em 1802, pela iniciativa de Cambacérès, e como um sinal de gratidão por ter dado à França a paz e a Concordata; as Assembleias declararam Napoleão cônsul vitalício, e os franceses aprovaram seu ato com 3,5 milhões de votos contra 8 mil. Napoleão então foi designado o magistrado-chefe da república pelo resto de sua vida. Representava, de uma forma única, não apenas a revolução, mas a república que havia sido elaborada pela revolução. Porém os franceses perguntavam, e se o cocheiro de Napoleão não estivesse embriagado, ou se Moreau tivesse concordado em trabalhar com Cadoudal? Suponha que Napoleão fosse derrotado em batalha ou sucumbisse à adaga de outro assassino? A república então entraria em colapso: seriam os Bourbon, uma ditadura militar, ou os jacobinos e sua guilhotina.

O problema, então, era como tornar a república mais segura, e em particular, como alcançar a continuidade se o fio tênue da vida de um homem fosse cortado. Como o conselheiro Regnault explicou a um amigo: "Querem matar Bonaparte; precisamos defendê-lo e torná-lo imortal".

No começo de 1802, um coronel chamado Bonneville Ayral publicou um livreto intitulado "Minha Opinião sobre a Recompensa Devida a Bonaparte". Nele, pedia ao povo francês que proclamasse Napoleão Bonaparte o primeiro imperador dos gauleses, e estabelecesse o poder hereditário em sua família. Artigos de jornal, discursos e cartas para o governo começaram a expressar um ponto de vista parecido. O desejo de transformar Napoleão em imperador se originou no desejo do povo francês de aclamar o homem que eles consideravam um herói, para erguê-lo cada vez mais alto. O sentimento aumentava a cada trama descoberta. Como um agente monarquista disse sobre Napoleão: "Ele tem apenas sua espada, e apenas cetros devem ser passados adiante".

Após o plano de Cadoudal, Napoleão começou a levar a sério os pedidos de que ele deveria preservar sua magistratura em um título imponente que poderia ser passado adiante em sua família. Analisou o assunto do ponto de vista de um republicano convicto. A palavra "império" já estava sendo usada para designar todas as conquistas francesas fora da França, e não entrava em conflito com a noção de "república": de fato, a famosa canção "Vamos proteger o bem-estar do império" era cantada por republicanos nos primeiros anos da Revolução. E quanto ao termo "imperador", originalmente o imperador romano era o homem que exercia o *imperium* em nome das pessoas da república: portanto, as moedas mostravam a cabeça do imperador em uma das faces, e a palavra *respublica* na outra. Napoleão, portanto, não via nada censurável ao sentimento republicano na palavra "imperador". Era meramente uma mudança de título, que estabeleceria aos olhos do mundo a legalidade e a continuidade da República.

Antes de tudo, Napoleão consultou a opinião pública. Ela era favorável. De acordo com um relatório típico da polícia, datado de 17 de abril de 1804, o povo considerava o título de imperador um "meio seguro de estabelecer a paz e a tranquilidade na França". Isto é, a paz poderia desencorajar os Bourbon e seus aliados. Depois Napoleão consultou seus generais, e também aprovavam. Depois perguntou ao Conselho de Estado. Entre os advogados, bem como entre o povo, havia um sentimento monarquista forte: a França, afinal, havia sido uma monarquia por quatorze séculos. Tronchet, Portalis, Treilhard – todos os conselheiros mais respeitados – aprovavam a ideia.

Joséphine era uma das poucas pessoas que se opunham ao plano de dar a Napoleão o título de imperador. "Ninguém irá entender a necessidade por trás disso; todos o atribuirão à ambição ou ao orgulho." Como um presságio do sentimento geral que viria mais tarde, isto foi notavelmente preciso, mas o motivo real de Joséphine se opor foi ela ainda não ter dado um filho a Napoleão, e ela temia que ele escolhesse este momento para se divorciar dela. Napoleão certamente considerou o divórcio em 1804, e acreditava que seria politicamente prudente que ele se casasse novamente. Mas ele amava Joséphine, e um conflito interno se seguiu, cujo final ele descreveu a Roederer: "Eu disse: dispensar esta boa mulher porque eu estou em ascendência? Se eu tivesse sido atirado à prisão ou exilado, ela teria compartilhado meu destino. Apenas porque eu estar me tornando poderoso, devo mandá-la embora? Não, isto está além de minhas forças. Eu sou um homem, com sentimentos de homem. Não fui parido por uma tigresa".

No Tribunato, a fortaleza do republicanismo, Jean François Curée, um sulista até então famoso por se sentar em silêncio, levantou-se para apresentar uma moção exigindo que Napoleão fosse proclamado imperador dos franceses, e "que a dignidade imperial fosse hereditária em sua família". Carnot foi o único tribuno a se opor. Nas outras assembleias, a moção de Curée também foi aprovada quase unanimemente. Mesmo assim, Napoleão ainda hesitava. Ele declarou aceitar o título, o que seria apenas uma mudança de forma, mas o poder de transmiti-lo a um herdeiro deveria ser dado a ele pelo povo, por plebiscito. A sua monarquia não seria por direito divino, mas uma monarquia pela vontade do povo. O povo expressou sua vontade com ainda mais unanimidade do que quando aprovaram o Consulado. Para a proposta de que "o título imperial deve ser hereditário", mais de 3,5 milhões de franceses votaram a favor, e menos de 3.000 contra.

Então Napoleão se tornaria imperador. "Devemos chamar o Papa?", ele perguntou ao seu Conselho. Portalis disse que a presença do Papa sempre tinha um efeito poderoso, em casa e no exterior. "Mas será lógico", objetou Treilhard, "bem agora quando a nação está proclamando a liberdade de culto?" Regnault levantou ainda outro ponto: "É importante estabelecer que é o povo, e não Deus, quem dá as coroas". A maioria dos conselheiros não queria o Papa, e então, inevitavelmente, alguém mencionou Carlos Magno. "Não foi Carlos Magno", corrigiu Napoleão, "foi Pepino quem foi coroado em Paris pelo Papa Estêvão... Mas o ponto a ser levado em consideração é se uma coroação pelo Papa seria útil para a nação como um todo... Em nenhum lugar se executa cerimônias civis sem religião. Na Inglaterra, por exemplo, eles jejuam antes de uma coroação... Uma vez que são necessários padres, devemos chamar o mais importante, o mais qualificado, o líder – em outras palavras, o Papa." Os conselheiros continuaram em dúvida até que Napoleão encontrou um argumento conclusivo. "Cavalheiros", disse ele, "os senhores estão reunidos em Paris, nas Tulherias. Se vocês estivessem reunidos em Londres, na câmara do gabinete britânico, ministros do rei da Inglaterra, e ouvissem que o Papa estaria neste minuto cruzando os Alpes para consagrar o imperador dos franceses, vocês considerariam isto uma vitória da Inglaterra ou da França?"

A cerimônia seria realizada a céu aberto? Napoleão, como a maioria dos latinos, tinha sempre medo de parecer ridículo. "No Campo de Marte", ele disse, "envolto em todos aqueles roupões, parecerei com um boneco"; os parisienses que frequentam a ópera, ele acrescentou, acostumados a grandes atores como Laïs e Chéron fazendo o papel de reis, simplesmente ririam de sua apresentação. Napoleão queria que a cerimônia acontecesse em um lugar fechado, e como Reims estava associada aos reis da França, ele e seu Conselho finalmente escolheram a Notre Dame em Paris.

Napoleão nomeou uma comissão para escolher um emblema imperial. A comissão recomendou o galo, *gallus*, latim para galo, que tinha a mesma raiz de Gália. "O lugar do galo é na fazenda", bufou Napoleão. "É fraco demais." Ségur sugeriu o leão, destinado a derrotar o leopardo da Inglaterra. Alguém observou que o leão é inimigo do homem, e outro conselheiro propôs o elefante. E então eles voltaram ao galo, mas Napoleão continuava a recusar. "O galo não tem força; não pode ser o emblema de um império como a França. Devemos escolher entre a águia, o elefante e o leão." Finalmente se decidiram pela águia, não a de duas cabeças da Áustria, mas uma águia com uma só cabeça.

Napoleão agora precisava de um emblema pessoal. Queria algo clássico. Estava tentando construir o futuro, mas para isso precisava achar raízes no passado, se possível, anterior a 987, quando os reis capetos começaram a reinar. Um conselheiro, que também era um historiador amador, lembrou que em Tournai, no túmulo de Chilpéric, um rei dos francos do século VI, haviam sido encontradas abelhas de metal. Achava-se que elas tivessem sido presas aos trajes de Chilpéric, embora pesquisas posteriores tenham mostrado que ele não havia sido enterrado com um de seus oficiais – como se pensava – mas com sua rainha, e as abelhas provavelmente pertenciam ao vestido dela, e não ao dele. Qualquer que fosse a origem exata, Napoleão aprovou a abelha e a adotou como seu emblema pessoal.

Quanto à coroação, Napoleão queria enfatizar sua ligação com Carlos Magno. As insígnias de Carlos Magno haviam se dispersado na Revolução, mas uma busca revelou seu cetro, inscrito com *Sanctus Karolus Magnus, Italia, Roma, Germania*, e uma mão da justiça. Para o embaraço de todos; duas espadas apareceram, cada qual com um dono que jurava ter a espada da coroação de Carlos Magno. Napoleão escolheu a que tinha melhores credenciais. Quanto à coroa, ela havia sido perdida. Napoleão ordenou que se fizessem duas coroas: uma igual à que tinha sido perdida, um objeto puramente simbólico, e uma segunda, que ele usaria de fato. Deveria ser diferente das coroas fechadas usadas pelos hereditários – e, segundo Napoleão, degenerados – reis da Europa. Esta coroa devia ser aberta, no formato de uma coroa de louros: exatamente como as que o povo romano dava aos vitoriosos, mas feita de ouro.

Como, em uma república, seria feita a sagração de um monarca? Napoleão procurou o livro apropriado, o *Pontifical*, e enviou uma cópia para Cambacérès: "Quero que você o mande de volta para mim com mudanças que se encaixem em nossos princípios, ferindo a Cúria o menos possível". Os reis franceses eram tradicionalmente ungidos com óleo santo, que se dizia ter sido entregue por uma pomba do céu a St. Rémi; mas o primeiro marido de Joséphine, o general Beauharnais, fizera com que a ampola contendo o óleo fosse levada a Paris, e seu conteúdo solenemente queimado no altar da *patrie*. Napoleão e Cambacérès decidiram se contentar com uma crisma feita de azeite de oliva e bálsamo, e, como um gesto de simplicidade republicana, em vez das nove unções de sempre, haveria apenas duas: na fronte e nas mãos.

Carlos Magno tinha sido coroado pelo Papa na Basílica de São Pedro; os reis franceses normalmente eram coroados pelo arcebispo de Reims. De acordo com os artigos gálicos, o Papa tinha a obrigação de respeitar os costumes da Igreja francesa, portanto teria sido aceitável um eclesiástico francês coroar Napoleão. Mas também poderia ser humilhante para Pio. Não por arrogância, como se disse às vezes, mas "para evitar disputas entre dignitários sobre quem deve entregar a coroa", Napoleão decidiu que ele mesmo colocaria a coroa de louros sobre sua testa.

Sob o Antigo Regime, um francês jurava lealdade a seu rei; nunca, pela lei Sálica, a uma rainha. Os republicanos haviam mudado o gênero do princípio soberano. Desde 1792, um francês devia lealdade à *patrie*, feminina, enquanto a República também era mostrada como uma mulher, como no papel de carta do exército que Napoleão usara durante sua campanha italiana. Havia um eco aqui de uma época anterior, os séculos XIII e XIV, quando cavaleiros realizavam atos de bravura para belas damas, e a Madona era retratada com uma coroa. Napoleão, com seu senso acentuado de honra, respondia particularmente bem a este novo clima, e ele o expressava agora fazendo uma alteração muito importante no cerimonial. Algumas rainhas haviam sido coroadas na Idade Média, mas nenhuma, exceto Maria de Médici, havia sido coroada nos tempos modernos. Querendo honrar sua esposa – na fraseologia da época – como a inspiração de sua glória, Napoleão decidiu que Joséphine compartilharia de sua dignidade imperial, e portanto ela deveria ser ungida e coroada.

Planejar sua própria coroação revelou-se uma tarefa agradável, mas a atitude da família de Napoleão diminuía o seu prazer. Joseph decidiu que queria ser indicado herdeiro de Napoleão, mas como era pai de duas meninas, Napoleão não queria que o título fosse para ele. Filho mais velho, Joseph ficou magoado e não fez por onde esconder. Napoleão preferia Lucien; Lucien, contudo, não queria romper sua união com Madame Jouberthon, um casamento irregular que Napoleão nunca aceitara; os dois irmãos brigavam por isso, e Lucien, irritado, foi viver na Itália. O próximo irmão de Napoleão era Louis, casado com Hortense, mas ele sofria de uma obscura doença do sangue e estava já parcialmente inválido. Napoleão queria adotar o filho de Louis, mas este se opôs fortemente a ser passado para trás e fez um escândalo. Havia tantas objeções que Napoleão acabou adiando todo o assunto do herdeiro.

As irmãs de Napoleão eram tão cansativas quanto. Ele deu o título de "Alteza" às esposas de Joseph e Louis, o que enfureceu suas irmãs Caroline e Elisa. Elas também queriam o título de "Alteza". Caroline especialmente, muito ambiciosa, ressentiu-se com a "afronta" e, durante um jantar dado por Napoleão para marcar a cessão dos novos títulos, "bebeu copos e copos de água" para afogar sua ira. No dia seguinte, ela e Elisa explodiram em reclamações a Napoleão. Ele ficou surpreso e um pouco magoado. "Ouvindo-as, alguém poderia pensar que eu as desprovi da herança do nosso falecido pai, o rei."

Napoleão desistiu e deu às irmãs o título de "Alteza". Elas então fizeram objeção a carregar a cauda do vestido de Joséphine. "Carregá-la", argumentaram elas, seria depreciativo ao novo título. Finalmente as quatro princesas foram persuadidas a "segurar" a cauda, embora mesmo isto fosse demais para a esposa de Joseph, Julie: rechonchuda e tacanha, franzia o cenho para o jeito atrevido de sua bela cunhada, e observou que segurar a cauda do vestido de Joséphine era "muito doloroso para uma mulher virtuosa".

Comparado à sua família, Napoleão achou o líder da Igreja Católica fácil de lidar. Pio foi para Paris no dia 2 de novembro de 1804. Ele viajou lentamente, com um séquito de cem pessoas, e Napoleão lhe escreveu apressando-o: "Ele ficará muito menos cansado se chegar rápido". Napoleão foi receber o Papa no tradicional ponto de encontro, um cruzamento na floresta de Fontainebleau, e o acomodou nas Tulherias, intencionalmente preparando um quarto para que se assemelhasse exatamente ao quarto de Pio no Quirinal. Tudo correu tranquilamente, e Napoleão agradou sua velha babá, Camilla, arranjando-lhe uma au-

O IMPERADOR DOS FRANCESES

diência com Pio. Mas La Revelière, o antigo diretor ateu, zombou de Napoleão por "adotar" o Papa, enquanto um ministro Bourbon ridicularizou Pio: "a venda de ofícios por Alexandre VI é menos revoltante que esta apostasia por parte de seu fraco sucessor".

Napoleão disse a Pio que ele mesmo colocaria a coroa em sua cabeça. Pio não fez objeção. No entanto, se opôs a emprestar sua presença ao juramento imperial, sendo que Napoleão prometeria sustentar "liberdade de culto religioso". Concordou-se que Pio deveria escolher este momento para ir à sacristia tirar as vestes.

O Papa, seus cardeais e teólogos da Cúria haviam discutido a sagração de Napoleão por sete meses. Houve muita discussão sobre precedência e sobre quantos milhões um Napoleão agradecido daria à Igreja. Mas a ninguém ocorreu perguntar se Napoleão e Joséphine eram marido e mulher aos olhos da Igreja: um deslize estranho, considerando que a cerimônia que estava por acontecer era um sacramento. Provavelmente foi Pio quem levantou a questão por acaso, durante uma conversa com Joséphine. "Há quanto tempo vocês estão casados?" ou "Onde vocês se casaram?" – ele pode ter perguntado, e Joséphine respondeu a verdade. Quando ele descobriu que Joséphine e Napoleão não eram casados aos olhos da Igreja, Pio se recusou a fazer a sagração a menos que a união fosse regularizada. Foi uma ação do próprio Pio. Joséphine sabia o quanto seria associada a Napoleão na sagração, e não há motivo para supor que ela quisesse prender Napoleão ainda mais fazendo Pio impor sua vontade. Napoleão, que acreditava que o casamento era um ato civil, não desejava particularmente passar por uma segunda cerimônia, mas confrontado com a atitude determinada de Pio, concordou. Napoleão e Joséphine receberam o sacramento do matrimônio do cardeal Fesch na véspera da coroação, na capela privada das Tulherias.

Na manhã de domingo, 2 de dezembro de 1804, Napoleão se levantou no horário de sempre, mas em vez de seu uniforme costumeiro, vestiu uma camisa, culotes e meias, todos da mais fina seda branca, e sobre os ombros, uma capa curta púrpura forrada com arminho russo e bordada com abelhas douradas. Na cabeça, em vez do chapeuzinho gasto de dois bicos, colocou um chapéu de feltro preto adornado com plumas brancas altas. Então Joseph chegou. Napoleão olhou para os trajes de seu irmão, quase tão elegantes, com fios de seda e ouro, e depois para os seus próprios. Lembrou-se de Carlo o Magnífico, que amava roupas refinadas, e observou com tristeza, "Se o nosso pai pudesse nos ver agora!"

Andando pelo quarto em seus trajes imperiais, Napoleão recordou outra pessoa do seu passado. "Chame Raguideau", ele disse. Raguideau era o tabelião que aconselhara Joséphine a não se casar com Napoleão. Um serviçal foi à casa do tabelião e o homenzinho chegou perplexo com o chamado súbito justamente naquela manhã. Deslumbrante em seda branca e ouro, Napoleão se virou para o notário: "Bem, Monsieur Raguideau, então eu não tenho nada além de minha capa e espada?".

Joséphine estava radiante, seu cabelo em cachos, usando uma faixa de diamantes. Às dez horas, Napoleão tomou seu lugar ao lado dela nas almofadas de veludo brancas de uma carruagem folheada a ouro, conduzida por oito cavalos baios com guias de marroquim vermelho. Em frente a eles, sentavam-se Joseph e Louis. Durante toda aquela manhã clara e revigorante, percorreram lentamente as ruas de Paris, enquanto multidões acenavam, gritavam e os saudavam. Às quinze para o meio-dia, desceram no palácio do arcebispo e colocaram seus mantos longos como pavões, a serem "segurados" por quatro caudatários. O de Napoleão era roxo, bordado com ramos de oliveira, louro e carvalho ao redor da letra N.

Ao meio-dia, Napoleão e Joséphine entraram na Notre Dame e vagarosamente caminharam pela nave, enquanto uma banda militar tocava a marcha da coroação e a congregação gritava "Vida longa ao imperador!" Oito mil pessoas vindas de toda a França estavam reunidas na catedral. Em contraste com a coroação de Luís XVI, quando o público só foi admitido quando o sacramento tinha terminado, Napoleão insistira que a sagração devia ser vista para ser válida. Eles estavam lá desde o amanhecer, e os vendedores estavam fazendo um bom negócio com seus sanduíches de presunto.

Ao redor do altar e dos tronos, Napoleão podia ver sua nova corte: nenhuma pessoa fútil, somente homens como ele mesmo, que haviam provado seu valor. Apenas seus títulos não eram familiares. Cambacérès era o arquichanceler do Império, mas ainda o gourmet a quem Napoleão, como um favor especial, permitia que trufas e presunto pudessem ser entregues pelo correio. Lebrun era o arquitesoureiro, mas ainda o mesmo financista normando teimoso que havia servido bem como terceiro cônsul. Talleyrand, sob suas vestes de grande tesoureiro, ainda era a mesma criatura ofídica com quem, em cada situação, se podia contar para ouvir a palavra mais venenosa; Berthier, Mestre da Caça Real, ainda estava preocupado com uma presa: Madame Visconti. Todos eram rostos familiares, mas agora vestidos nas últimas criações dos estilistas de Paris. Típico era Géraud Duroc, Grande Marechal do Palácio; vestindo uma capa de veludo vermelho bordada em prata e forrada de cetim branco, bordas em brocado com palmeiras brancas, espada com cabo de madrepérola em uma bainha de marfim, bastão do ofício em veludo azul salpicado de águias, e um chapéu com plumas brancas no topo.

A cerimônia começou com a recitação de liturgias. Depois o Papa ungiu Napoleão e Joséphine. Ele recitou a primeira parte da missa – uma missa votiva de

O IMPERADOR DOS FRANCESES

Nossa Senhora foi escolhida, em vez daquela do primeiro domingo do Advento. Após o Gradual, ele abençoou as *regalia* e as entregou a Napoleão: globo, mão da justiça, espada, cetro. Então Napoleão subiu os degraus até o altar, uma figura solitária sob as colunas imensas, tomou a coroa de louros de ouro nas duas mãos e a colocou em sua cabeça. *"Vivat Imperator in Aeternum"*, cantou o coro. Ele tinha 35 anos.

Para muitos, a coroação de Napoleão foi o ponto alto da cerimônia, mas para o próprio Napoleão a ação seguinte era mais importante. Quando Joséphine se aproximou e se ajoelhou ao pé dos degraus do altar, lágrimas de emoção caindo sobre suas mãos postas; Napoleão ergueu alto a coroa dela e, após um momento de pausa, a colocou delicadamente em sua cabeça, arrumando-a com cuidado sobre o cabelo anelado. Quando David, por ordem de Napoleão, chegou para pintar a cerimônia em tela, gravando os eventos do dia muito depois de as memórias terem se esvaído e os relatos de jornal terem amarelado, escolheu retratar este momento, Napoleão prestes a coroar Joséphine, ajoelhada à sua frente. "Muito bem, David", foi o comentário de Napoleão sobre a pintura. "Você adivinhou o que eu tinha em mente: você me retratou como um cavalheiro francês."

Napoleão e Joséphine tomaram seus lugares em seus tronos cerimoniais elevados, enquanto a missa continuava. Havia música de Paesiello, e isto sempre agradava a Napoleão. Mas os atos seguintes – remoção e troca de mitras, incenso nos turíbulos, lavagem de mãos, beijos em anéis e livros e bainhas de roupas – o longo cerimonial que tinha a finalidade de acrescentar reverência protetora à sua vida; isto Napoleão achou meramente tedioso. No final da cerimônia de três horas, foi visto abafando um bocejo.

A missa entrou nos estágios finais. Napoleão não recebeu a comunhão. "Eu era crente demais para querer cometer sacrilégio e crente de menos para querer passar por um rito vazio." O Papa deu sua bênção e partiu para a sacristia. Napoleão fez então o juramento solene, com uma mão sobre o Testamento. "Eu juro apoiar a igualdade de direitos e a liberdade política e civil... eu juro manter a integridade do território da República" – isto é, França, Bélgica, Savoia, a margem esquerda do Reno e o Piemonte. "Eu juro respeitar e fazer com que se respeitem as leis da Concordata e a liberdade de culto... eu juro governar pelos interesses, felicidade e glória do povo da França." Então o arauto anunciou: "O mais glorioso e mais augusto Napoleão, imperador dos franceses, está consagrado e entronado!". A longa cerimônia havia terminado; Napoleão e Joséphine voltaram para as Tulherias.

A coroação cumpriu seu propósito principal: não haveria mais atentados à vida de Napoleão. Ele estava seguro em sua aura. E, embora as formas agora fossem imperiais, a república sobrevivera. A Constituição do ano VIII continuava em vigor, com uma ou duas pequenas modificações. A cunhagem de moedas apresentava o busto de Napoleão – como era durante o Consulado Vitalício – mas levava a inscrição *République*.

Napoleão insistiu que nada essencial havia mudado e, de maneira fundamentada, que ele ainda era o mesmo republicano. Frequentemente se referia às suas origens modestas, e à época em que era um tenente de artilharia e circulava a pé por Paris. Ele se referia ao trono com toda sinceridade como "um pedaço de madeira coberto por veludo". Ele se recusava a se vangloriar. Quando Constant o acordou na manhã após ter recebido o título imperial, e respondeu à sua pergunta habitual sobre a hora e o tempo, enfatizando a primeira palavra, *"Sire, sete horas e ensolarado"*, Napoleão sorriu, puxou sua orelha e o chamou de *"Monsieur le drôle"**. Depois, quando Joséphine escreveu-lhe uma carta cheia de "Suas Majestades", ele lhe pediu que voltasse a usar *"tu"*: "Eu continuo o mesmo. Pessoas do meu tipo nunca mudam".

Um observador próximo, contudo, embora reconhecesse a sinceridade de Napoleão, poderia ter notado um ou dois sinais de perigo. Na noite da coroação, nas Tulherias iluminadas com dezenas de milhares de luzes, Napoleão jantou sozinho com Joséphine. Achava que a coroa "ficava tão bem nela" que a fez usá-la durante o jantar. Os franceses tinham sentimentos similares a respeito da coroa de Napoleão. Ele próprio, quando a usava, não enxergava a faixa leve de ouro, mas os outros a viam; achavam que lhe ficava tão bem, e evidentemente, quando falavam com ele, o faziam como homens não coroados se dirigindo a um homem usando uma coroa. Napoleão estava certo: a coroação não o mudara, mas mudara todo o resto da França.

Napoleão acreditava ser um republicano. Então, ele o era. Mas, como vimos, ele sempre foi algo mais que um republicano. Guiava sua vida por dois princípios: republicanismo e honra. À medida que os franceses atribuíam mais e mais peso aos desejos de Napoleão, a noção de honra ganhou destaque na República Francesa: a honra e seus conceitos irmãos, glória, patriotismo *à outrance* e o cavalheirismo que levara Napoleão a coroar Joséphine. Isto já havia entrado no juramento da coroação. Poucos notaram a mudança, mas ela estava lá, feita por Napoleão. O imperador havia jurado não apenas reinar – como os reis franceses antes dele haviam feito – pelos interesses e felicidade do povo da França, mas também por sua glória.

---

* "Senhor engraçadinho". (N.T.)

Napoleão aos 16 anos.

Napoleão na ponte de Arcola por Gros.

Em 1802, por Thomas Phillips.
Napoleão não tinha tempo de posar e
Phillips fez seus esboços "em segredo,
mas com a conivência de Joséphine".

Em 1806.

Letizia Bonaparte, tímida, valente e virtuosa, foi a influência mais importante na vida de seu filho.

Désirée Clary.
Filha de um rico comerciante; foi o primeiro amor de Napoleão e compartilhou seu gosto pela música. Mais tarde, casou-se com Jean Bernadotte e veio a se tornar a rainha da Suécia.

Joséphine, descrita por Napoleão em uma das primeiras cartas como "tormento, felicidade, esperança e alma da minha vida". Usava rosas nos cabelos, sua flor favorita.

Derrota e Vitória no Egito.
(*Topo*) O auge da ação no Nilo, quando Nelson destruiu 13 navios franceses e isolou Napoleão da Europa.
(*Abaixo*) A Batalha de Abukir, na qual Napoleão desviou os turcos, empurrando-os mar adentro.

Napoleão no 19 de brumário. Seu discurso foi abafado pelos gritos de membros raivosos dos Quinhentos, e granadeiros se preparam para escoltar Napoleão para fora do salão.

Irmãos de Napoleão.
Joseph, "o rei filósofo", governou Nápoles e depois a Espanha; Lucien, uma figura irritadiça cuja eloquência ajudou Napoleão a se tornar primeiro-cônsul; "o bom rei Luís" da Holanda, que foi atormentado pela saúde frágil; Jérôme, "o monarca feliz", que governou a Westfália e lutou com galhardia em Waterloo.

Como imperador da Áustria e chefe da família real mais antiga da Europa, Francisco II considerava Napoleão um arrivista e rejeitou suas tentativas de aproximação.

Marie Louise. Filha do imperador Francisco II, casou-se com Napoleão em 1810, após ele se divorciar de Joséphine.

O rei de Roma. Aos 3 anos de idade, o filho de Napoleão foi levado para Viena por sua mãe, onde morreu de tuberculose aos 21 anos.

A Retirada de Moscou. Duas cenas de acampamento por um oficial alemão da Grande Armée.
(*Topo*) 15 de novembro de 1812.
(*Abaixo*) 11 de dezembro de 1812, quando a temperatura caiu abaixo de -20°C.

(*Esquerda*) *Sir* Hudson Lowe.
(*Direita*) Embora pintado muito tempo depois, o retrato de James Sant captura o espírito do prisioneiro em Santa Helena.
(*Abaixo*) Longwood. À esquerda, a varanda e a porta da frente, que levava a uma antecâmara com janelas fechadas que continha uma mesa de bilhar; o aposento seguinte é o salão de visitas, onde Napoleão veio a falecer.

17

O Império de Napoleão

Nos cinco anos após sua coroação, Napoleão criou um Império Europeu, o mais extenso desde os dias de Roma. O que era exatamente esse Império? Onde estavam suas fronteiras? Quantas pessoas o formavam? Quem o governava? Qual era a proposta por trás dele? E, antes de tudo, como aconteceu?

A situação da qual o Império emergiu começou a tomar forma durante a infância de Napoleão. Em uma época na qual os franceses flertavam com suas amantes em *fêtes champêtres** e bailes de máscaras, dois governantes notáveis, Catarina, a Grande, da Rússia, e Frederico, o Grande, da Prússia, buscavam uma política severa de conquistas. Em 1772, em aliança com a Áustria, eles conquistaram e desmembraram a Polônia; um reino mais antigo que a Prússia ou a Rússia, e que por muito tempo servira à França como um Estado-tampão. Em 1795, a Polônia desapareceu completamente do mapa. Isso foi um evento profundamente importante: deslocou o centro da gravidade política na Europa para muito além a oeste, e colocou a Rússia e a Prússia, ambas em plena expansão, em conflito potencial com a França.

Este foi um fato que Napoleão constatou ao chegar ao poder; o outro foi a hostilidade das cortes da Europa. Os nobres destas cortes, e mais ainda suas esposas, detestavam a Revolução que havia guilhotinado ou arruinado suas contrapartes na França e, como Crabb Robinson escreveu de Jena em 1805: "A corte aqui é abertamente o que todas as cortes são em privado – o inimigo de Bonaparte". Eram as famílias da corte que, quase sem exceção, controlavam a política exterior em São Petersburgo e Berlim, em Viena e Londres, em Copenhague e Estocolmo, em Nápoles e Madri.

---

* Festas campestres, em francês. (N.T.)

Em 1801, Alexandre, o jovem neto de Catarina, a Grande, se tornou czar da Rússia. Foi ela quem escolheu seu nome, quem o educou e quem lhe ensinou que um dia ele deveria ser um novo Alexandre e conquistar mais terras para a Rússia. Além do exemplo e ensinamentos de Catarina e da influência da corte; havia três razões pelas quais Alexandre entraria em breve em conflito com a França. Primeiro, seu ministro do Exterior, Czartoryski, príncipe polonês por nascimento, sonhava em fundar um grande Estado pan-eslávico, no qual a Rússia controlaria toda a Europa Central. Segundo, quase todo o comércio da Rússia estava nas mãos de 4.000 mercadores ingleses em São Petersburgo, e eles naturalmente usavam sua influência contra a França. Finalmente, havia o exemplo das vitórias espetaculares de Napoleão. Por que, perguntava o jovem Alexandre, eu também não deveria conquistar a glória por feitos militares?

Em 1804, Czartoryski foi secretamente informado por d'Antraigues, espião monarquista francês, de que Napoleão planejava invadir a Grécia e a Albânia. Este plano não existia fora da mente fértil de d'Antraigues, mas Czartorysky acreditou, e convenceu Alexandre a acreditar também. Começaram a sondar a Inglaterra, que já estava em guerra com a França, visando a uma ação conjunta contra a França. Pitt, que havia retornado ao poder, financiou mais da metade do que Czartoryski precisava com uma oferta de 1 milhão e 250 mil libras para cada 100.000 soldados que a Rússia colocasse em batalha. A Terceira Coalizão começava a tomar forma. A Áustria se juntou a eles em julho de 1804, e dois meses mais tarde atacou o aliado mais recente de Napoleão, a Bavária.

Os exércitos de Napoleão foram reunidos contra a Inglaterra na costa do Canal. Em menos de um mês, Napoleão os fez marchar 650 km através da França, atravessando o Reno até a Bavária. Ali, em uma campanha de quatorze dias, derrotou completamente um exército austríaco sob o comando do general Mack, capturando 49 mil prisioneiros. Em outro golpe veloz, percorreu mais 560 km para o leste, ocupou a capital austríaca, e, em Austerlitz, a 110 km ao nordeste de Viena, partiu o exército austro-russo em dois. Com um número de homens que equivalia à metade dos exércitos inimigos, Napoleão matou, feriu ou capturou 27 mil homens e tomou 180 canhões, tendo perdido apenas 8 mil homens. Foi a vitória mais esmagadora dos tempos modernos; Alexandre depois se sentou entre os mortos russos e chorou.

Napoleão entrou em batalha contra a Áustria três vezes desde a primeira vez que assumiu o comando de um exército em 1796, e três vezes a derrotou. Estava determinado a não permitir que ela atacasse a França pela quarta vez. Pelo Tratado de Pressburgo, Napoleão adicionou Veneza à República Cisalpina – que ele havia renomeado como reino da Itália – enquanto anexou à França as outras possessões aus-

O IMPÉRIO DE NAPOLEÃO

tríacas no Adriático, a Ístria e a Dalmácia, deu a Suábia a seu aliado, Württemberg, e o Tirol a outro aliado, a Bavária. Depois, em 1806, como tampão contra a Áustria e Rússia, ele agrupou 16 pequenos Estados alemães em uma única entidade, que tinha ele mesmo como seu protetor. A Confederação do Reno, como Napoleão chamou este grupo, se tornou um Estado dentro do Império francês.

Frederick William, rei da Prússia, era um homem triste, vacilante, a quem Napoleão, com justiça, descreveu como um idiota. Ele oscilava entre o desejo de emular seu tio-avô, Frederico, o Grande, aliando-se ao czar Alexandre, e um desejo de expandir o território pacificamente, em aliança com a França. Ele tinha dois ministros do Exterior em vez de um, como seria habitual, e dependendo do conselho deles, fechava acordos ora com a Rússia, ora com a França. Entre 1803 e 1806, ele mudou de lado nada menos que seis vezes.

Napoleão garantiu a Frederick William que a Confederação do Reno não era dirigida contra a Prússia, mas a Inglaterra e a Rússia davam alertas contrários ao rei. O mesmo fazia sua esposa Louise, uma mulher forte, que periodicamente vestia uniforme e inspecionava o exército prussiano. Finalmente, no verão de 1806, Frederick William se uniu à Quarta Coalizão, que era composta por Inglaterra, Saxônia, Rússia e Suécia, e em 7 de outubro emitiu um ultimato: Napoleão deveria retirar suas tropas imediatamente da Confederação do Reno, ou a Prússia entraria em guerra. A resposta de Napoleão foi uma campanha de seis dias, na qual aniquilou o exército da Prússia nas batalhas de Jena e Auerstadt. Como na guerra da Terceira Coalizão, ele em seguida enfrentou os russos. Outra vitória esmagadora em Friedland repetiu a lição de Austerlitz, e Alexandre não teve outra escolha a não ser pedir a paz.

Pelo Tratado de Tilsit, Napoleão enfraqueceu a Prússia, assim como pelo Tratado de Pressburgo ele havia enfraquecido a Áustria. Tomou o território da Prússia entre o Oder e o Niemen, e o transformou em um novo estado, o Grão--Ducado de Varsóvia, também parte do Império francês.

Enquanto isso, no sul, duas rainhas decididas com maridos Bourbon degenerados tramavam contra Napoleão. Maria Carolina, a neurótica rainha de Nápoles e irmã de Maria Antonieta, uniu-se à coalizão anglo-russa contra a França. Era a quarta vez que esta "mulher criminosa", como Napoleão a chamava, havia quebrado um voto solene de neutralidade. Decidido a "arrancá-la do trono", Napoleão enviou tropas francesas, o que fez com que a rainha fugisse com seu marido para Palermo. Em 1806, Napoleão transformou Nápoles em um reino dentro do Império francês.

A outra rainha era Maria Luísa, esposa do demente Carlos IV e a verdadeira governante da Espanha, por meio de seu amante e ministro Godoy. Em 1806, quando invadiu Berlim, Napoleão encontrou uma carta entre os documentos secretos do governo prussiano, na qual Godoy prometia atacar a França em conjunto com a Prússia: apenas a vitória de Napoleão em Jena o fizera desistir. Naquele momento, Napoleão resolveu encerrar a dinastia Bourbon espanhola, que por sangue e princípio era contra a nova França. Sua oportunidade chegou em 1808, quando uma revolta popular contra Godoy fez a família real correr para o exílio na França. Napoleão aceitou a abdicação de Charles em 1808 e tornou a Espanha um reino dentro do Império francês.

Foi assim que o império surgiu. Napoleão o construiu quase totalmente dos ganhos obtidos durante duas guerras defensivas, as da Terceira e da Quarta Coalizões. Ele venceu exércitos superiores em número por pura habilidade militar, a mesma que lhe havia trazido tantas vitórias na Itália. Tendo conquistado estes ganhos, Napoleão tinha a intenção de conservá-los como o meio mais seguro, e talvez o único, de manter seus inimigos afastados. Para isso, organizou cada componente com cuidado e pensando no todo.

No começo de 1808, o ano do zênite do Império, Napoleão podia abrir um atlas e verificar que governava metade da Europa. Seu Império se estendia do Oceano Atlântico à Branca Rússia, do Báltico congelado ao azul Mar Jônico. Do Cabo de São Vicente em Portugal a Grodno, no Grão-Ducado de Varsóvia, ele alcançava quase 3.500 km. De Hamburgo, ao norte, até Reggio di Calabria, no sul, 1.900 km. Sua população, incluindo os habitantes da França, era de 70 milhões.

Os territórios governados por Napoleão eram de três tipos. Primeiro havia a França, da qual ele tornou a Bélgica, a Savoia, a margem esquerda do Reno e a Córsega partes integrais; e às quais anexou o Piemonte, Gênova, Toscana, Roma, Ístria e Dalmácia. Em 1808, esta França expandida consistia em cerca de 120 *départements*. Segundo, havia o reino da Itália, a antiga República Cisalpina aumentada com Veneza e parte dos Estados Papais. Napoleão convidara Joseph para ser rei da Itália, mas este, ainda com esperança de ser o herdeiro de Napoleão, recusou, e Napoleão então tomou para si mesmo a coroa de ferro dos Lombardos. Governou a Itália por meio de um vice-rei, seu enteado Eugênio. O terceiro tipo de território era o Estado vassalo: apesar de conceder-lhe certa autonomia, Napoleão sozinho controlava a política externa e estabelecia os princípios de administração e finanças.

Os Estados vassalos de Napoleão em 1808 eram Portugal, ocupado por um exército francês; o reino da Espanha; o reino da Holanda; o reino de Nápoles; vários principados pequenos como Benevento; e a Confederação do Reno, de cujos estados Napoleão elevou a reino três, Bavária, Württemberg e Saxônia, e criou como reino um quarto, a Vestfália. Portanto, no total, Napoleão governava sete reis vassalos, bem como vários duques, eleitores e príncipes.

O IMPÉRIO DE NAPOLEÃO

Napoleão, que havia conquistado estas terras no campo de batalha com mosquete, baioneta e canhão, as governava de seu escritório por carta, lei e decreto. Ele se sentia tão à vontade com o cheiro de pólvora nas narinas como com o cheiro de pergaminho e tinta: um general por três meses, e nos três meses seguintes, entregava-se à criação de leis, política e diplomacia. Como Napoleão, que raramente analisava seu próprio caráter, observou uma vez a um novo conhecido: "Você sabe, sou excepcional por poder ter tanto uma vida ativa quanto uma sedentária".

Em nenhum lugar Napoleão demonstrou este dom excepcional com mais bravura do que governando seu Império. A base desse governo era a potência militar. Por isso, em todos os Estados vassalos, Napoleão mantinha algumas tropas francesas. Elas tinham a função de manter a ordem, prevenir invasões e garantir que os impostos fossem pagos. Elas viviam da terra, no sentido de que o povo do Império pagava o custo total da ocupação, e Napoleão acompanhava de perto cada unidade: em fevereiro de 1806 ele disse a Joseph: "Meus registros de soldados são minha leitura favorita". Ele gostava de registros muito longos, com 50 colunas de nomes.

O argumento era de que o Império tinha de pagar pelos benefícios recebidos, e os benefícios eram os direitos do homem. Napoleão levara a cada canto do Império a igualdade e a justiça como representadas no Código Civil. Ele desejava libertar os povos da Europa e os treinar para o autogoverno. Ele ainda não os achava politicamente maduros. Eles não podiam se considerar plenamente iguais à França, que havia desenvolvido os direitos do homem, tanto quanto um recruta inexperiente poderia esperar se igualar a um general com cicatrizes de guerra. Neste sentido, Napoleão seguia uma política de "primeiro a França". Mas também olhava além. Trouxe para seu Conselho de Estado representantes em treinamento do Império: Corvetto de Gênova, Corsini de Florença, Appelius da Holanda. Um dia, com a experiência adequada e, se a guerra continuasse, lutando lado a lado com seus camaradas franceses, o povo do Império alcançaria a plena maturidade política.

Era Napoleão que governava os 70 milhões de pessoas do Império. Em suas mãos capazes, reis e prefeitos se tornaram igualmente instrumentos, algumas vezes voluntariamente, às vezes não. Foi ele quem concebeu os princípios importantes, e frequentemente quem lidava com os detalhes. Napoleão como imperador, de seu escritório nas Tulherias e de sua cadeira dobrável de acampamento ao lado da fogueira, escrevia centenas e centenas de cartas iniciando melhorias, cortando gastos, comandando reformas e embelezamentos. Para pegar apenas um exemplo entre dezenas: a cidade de Roma. Foi Napoleão quem ordenou que se construísse um jardim no Pincio, foi Napoleão quem criou a Piazza del Popolo, foi Napoleão quem mandou retirar os pedregulhos do Fórum e do Palatino. Napoleão foi quem restaurou o Panteão – sem colocar uma placa dizendo que havia sido ele. Foi Napoleão que fechou aquela horrível prisão aberta, o gueto judeu. Foi Napoleão quem colocou para-raios na Catedral de São Pedro, foi Napoleão – talvez levado pelo medo juvenil – quem proibiu a castração de jovens cantores promissores.

Detalhes e mais detalhes: nunca era o suficiente para Napoleão. Frequentemente, era quando viajava que ele olhava com mais atenção para a França. Enquanto preparava a manobra que esmagaria a Prússia em 1806, Napoleão escreveu a Paris: "Pergunte a Monsieur Denon (diretor do Louvre) se é verdade que o Museu abriu tarde ontem, e o público teve de esperar". Para Fouché ele escreveu em 17 de julho de 1805, dizendo-lhe para investigar um capitão no Conselho Florestal de Compiègne, há muito tempo endividado e passando necessidades, que acabara de comprar uma casa por 30.000 francos. "Ele a comprou com os fundos destinados à floresta?"

Napoleão regia seu Império ao som de tiros. Durante cada dia da duração do Império, viu-se preso em uma guerra de vida ou morte com a Inglaterra, e frequentemente também com um ou mais aliados dela. Então, quando introduzia benefícios prometidos, tinha de ser cuidadoso e pensar na segurança da França. Este foi um motivo pelo qual, embora encorajasse o movimento em direção ao autogoverno, ele mantinha a estrutura básica de reinos, ducados e assim por diante. Ele confiava a seus irmãos os de maior importância. Napoleão não gostava de métodos monarquistas passados, mas adorava seus irmãos, sempre tentando fazê-los aparecer, e ele acreditava que seriam bons governantes. Ele poderia contar com a lealdade deles, enquanto o laço de sangue com ele como imperador seria o perfeito exemplo da unidade espiritual que ele desejava estabelecer entre os países do Império. Observando cada um destes reinos familiares de cada vez, começando com Nápoles, poderemos avaliar a realização imperial de Napoleão.

Até 1806, Nápoles era governada pelo rei Bourbon Ferdinando I. Conhecido como Nasone por causa do seu grande nariz, ele lia com dificuldade, mal sabia escrever, cobria-se de relíquias e, durante tempestades, andava balançando um sininho emprestado da Casa Santa de Loreto. "Dê-lhe um javali para esfaquear, um pombo para atirar, uma raquete ou uma vara de pescar", escreveu William Beckford, "ele ficará mais contente que Salomão em toda sua glória." As funções reais de Ferdinando não eram as de Salomão, contudo. Ele preferia que lhe servissem macarrão em seu camarote na ópera, e o engolia com caretas e ma-

O IMPÉRIO DE NAPOLEÃO

caquices diante de um público convulsionando de tanto rir. Após quase cinquenta anos deste tipo de governo, os 5 milhões de habitantes do reino de Nápoles estavam entre os mais pobres e maltratados na Europa. Trinta e um mil nobres e 82.000 clérigos possuíam dois terços da terra. Um abade em Basilicata tinha 700 servos, a quem ele proibia de construir casas, e toda noite agrupava em um edifício várias famílias em um mesmo quarto, onde viviam como gado. O rei havia ordenado que os livros de Voltaire fossem queimados publicamente, e um professor de física, explicando a teoria da bateria elétrica, foi considerado suspeito de atacar S. Elmo.

Napoleão enviou seu irmão Joseph a Nápoles com ordens de abolir o feudalismo, introduzir os direitos do homem e proteger sua costa contra a marinha inglesa. Joseph foi uma boa escolha porque falava italiano. Como sua fisionomia pequena e ordenada sugeria, ele não tinha a vontade e a determinação de Napoleão; mas trabalhava duro, tinha a mente aberta e era conhecido entre os amigos como o "rei filósofo".

Joseph não perdeu tempo para colocar em prática as ordens do seu irmão. Em 2 de agosto de 1806, aboliu todas as jurisdições baroniais, todos os direitos a serviços pessoais, e todos os direitos sobre a água. Um mês mais tarde, dividiu todos os Estados feudais entre os pequenos fazendeiros que neles trabalhavam. Ele viajou pelas províncias – Ferdinando conhecia apenas a região de Nápoles – e em cada uma delas, estabeleceu um Conselho como um primeiro passo para um governo parlamentar: do ponto de vista dos napolitanos liberais, este foi o maior avanço para o qual o país estava preparado. Ele gradualmente introduziu o Código Napoleônico, cópias do qual haviam sido queimadas em público pelos Bourbon.

Joseph encontrou dívidas de 130 milhões de ducados, sete vezes a da França. Ele a liquidou completamente, vendendo 213 imóveis monásticos e aposentando os monges com 265 a 530 francos anuais. Ele manteve três grandes abadias, incluindo Monte Cassino, com 100 monges "secularizados" para trabalhar nos arquivos e na biblioteca, e depois limitou o número de clérigos para cinco, em vez de 60, a cada mil habitantes. O sistema de impostos foi reformado completamente por Joseph para favorecer os pobres, substituindo 23 impostos diretos, acima de certo nível, e, para avaliar o imposto, fez uma pesquisa cadastral. Os impostos em Nápoles alcançavam em média 12 francos por cabeça, comparados com os 27 francos da França.

Lucien Bonaparte, quando embaixador em Madri, gravou seus cartões de visitas com cabeças coroadas com louros de Homero, Rafael e Gluck. Sem chegar a tanto, Joseph fez muito para encorajar as artes em Nápoles. Ergueu uma estátua para Tasso, cujo *"Gerusalemme liberata"* ele amava; Napoleão preferia o mais viril Ariosto. Ele comprou o terreno que cobria a arruinada Pompeia e financiou escavações. Providenciou que peças francesas fossem montadas "para fazer os napolitanos perceberem nossa superioridade em relação aos ingleses e russos!". Convocou o dinâmico Jean Baptiste Wicar de Lille, um dos pupilos de David, para reforçar a decadente Academia de Artes. Se cozinhar é uma arte, Joseph a promoveu também, através de seu grande *chef*, Méot de Paris. Méot era uma figura. Ele pomposamente ostentava como cabeçalho em seus papéis de carta: *"Contrôleur de la bouche de Sa Majesté"*; ficava de pé ao lado de uma perna de cervo que assava, com a espada no quadril, e para ver se estava pronta, desembainhava a espada e a enterrava na carne. Quando solicitava favores para sua família, ele dizia a Joseph: "Senhor, preciso cuidar da minha dinastia".

Napoleão observava Joseph constantemente. Quando seu irmão assistiu à liquefação do sangue em Nápoles, Napoleão escreveu secamente: "Parabenizo-lhe por fazer as pazes com São Januário, mas presumo que você também tenha reforçado as fortificações". Quando Joseph pensou em reviver a Ordem do Crescente, fundada por René de Anjou no século XV, Napoleão o impediu: achava antiquada e turca demais. Joseph aceitou a sugestão e mudou a condecoração para a Ordem Real das Duas Sicílias, com o lema *Patria renovata*. Esta "renascença nacional" não era uma ostentação inútil: o sul da Itália não era tão bem administrado desde os tempos romanos, e quando Joseph partiu em 1808, seu sucessor, Murat, que costumava menosprezar seu cunhado, se sentiu na obrigação de relatar que Maria Carolina expressara sua fúria pelos napolitanos terem expressado um pesar tão obviamente genuíno pela partida dele.

Napoleão deslocou Joseph da baía opala de Nápoles para o platô irregular da Espanha. Novamente, Joseph fez tudo que era correto: deu à Espanha sua primeira Constituição, com uma legislatura de duas Câmaras compostas por 24 senadores indicados por ele, e uma Câmara de 162 deputados representando os três Estados. Ele se levantava ao alvorecer para a missa, assistia a touradas, jantava pratos de oleoso arroz valenciano, que não apreciava, e depois organizava leituras de Racine e Voltaire, Cervantes e Calderón. Ele eliminou casebres feios que obstruíam o palácio e, por toda Madri, criou praças com jardins, ganhando o nome de *"rey de las plazuelas"*. A fórmula foi praticamente a mesma usada em Nápoles; a única diferença é que ela fracassou.

Napoleão não precisava estender seu governo à Espanha. Ele invadiu o país com um espírito quixotesco, pois abominava o governo inquisitorial dos Bourbon e de Godoy. Pela primeira vez ignorando a lição da História, ele achou que fosse conquistar a Espanha em alguns meses: Roma levara duzentos anos. Além

O IMPÉRIO DE NAPOLEÃO

disso, calculou muito mal a oposição religiosa. Napoleão considerava o clero em termos de Rousseau, enfraquecido e antissocial. Na Espanha, descobriu que ele era forte e patriótico.

O clero espanhol odiava a Revolução Francesa. Na chegada do irmão de Napoleão, os bispos previam o confisco de suas propriedades, e o clero comum, o fim de sua influência como professores e guias espirituais. De 20.000 púlpitos e tantos outros confessionários, eles lançaram uma ofensiva tão mortal quanto à de qualquer exército. Napoleão foi estigmatizado por eles como o Anticristo. Joseph foi "vilipendiado como um ateu, enviado de Satã, e até retratado como o mais vil bêbado, ele que bebia apenas água". Em 23 de maio de 1808, Canon Llano Ponte convocou a província de Oviedo a erguer as armas e formou uma junta que declarou guerra a Napoleão. Em Valência, Canon Calbo assumiu o controle da cidade e, na noite de 5 de junho, conduziu o massacre de 338 franceses.

Por três meses, o próprio Napoleão iniciou o ataque contra os espanhóis, vencendo quatro batalhas. Depois teve de retornar à Áustria e deixou Joseph sozinho no comando. Joseph se considerava um soldado, mas lhe faltavam energia e dureza. Ele cometeu erros. A cada erro, Napoleão lhe escrevia uma carta devastadora. Finalmente a situação se deteriorou a tal ponto que, em fevereiro de 1810, Napoleão colocou as províncias ao norte do Ebro sob um governo militar autônomo. Joseph ficou magoado, e fez questão de que Napoleão soubesse disso, e propôs abdicar. Napoleão ficou magoado por Joseph desejar abandoná-lo. Joseph continuou, mas por três anos, devastado por uma guerra de desgaste. O sentimento entre os dois irmãos ficou amargo.

Joseph governou a Espanha até 1813, quando a invasão renovada de Wellington a partir de Portugal transformou o país inteiro em um campo de batalha. Ele governou como o bom liberal que era, e embora ele não gostasse de seu período ali, seu governo rendeu frutos. Pois em 1812 as Cortes clandestinas leais a Ferdinando, filho de Carlos IV, emitiram uma Constituição, que permaneceu até o século presente uma referência das liberdades espanholas, e esta constituição reproduzia a de Joseph em quase todos os pontos, da proibição da tortura ao fim do feudalismo. A única diferença era no Artigo Dois. Enquanto Joseph proclamava liberdade de culto e consciência, a Constituição das Cortes proibia a prática de qualquer religião que não fosse a fé católica "que é e sempre será a religião do povo espanhol". Este artigo é o ponto central da diferença entre os irmãos Bonaparte e os espanhóis.

Se Nápoles foi um triunfo e a Espanha, um desastre, a Holanda emergiria como um sucesso parcial. Napoleão convidou seu irmão favorito para governar o país. Louis sofria de acidez do sangue, que paralisava parcialmente suas mãos.

Ele precisava escrever com uma caneta amarrada a seu pulso por uma fita e, quando destrancava uma porta, tinha de colocar os dedos através do corpo da chave e virá-la. Sempre modesto e inseguro; Louis hesitou sobre a oferta de Napoleão: o clima holandês, ele dizia, seria ruim para sua saúde. Bobagem, respondeu Napoleão: melhor morrer no trono que viver como um príncipe. Ele então resumiu os deveres de Louis: "Proteja a liberdade do povo, suas leis, sua religião; mas nunca deixe de ser francês".

Louis chegou a Haia em 23 de junho de 1806. Escrupuloso em tudo, ele começou imediatamente a ter aulas de holandês com Bilderdijk, o dramaturgo. Ele introduziu um código criminal mais humano, e ele mesmo revia cada sentença de morte, abrandando-a quando possível. Organizou uma exposição anual para encorajar a indústria holandesa. Quando uma barca carregada com 16 toneladas de pólvora explodiu em Leiden, ele trabalhou a noite inteira resgatando vítimas. Persuadiu Napoleão a retirar as tropas francesas, de manutenção tão cara, e reduziu os gastos anuais de 78 para 55 milhões de florins. Ele também convenceu Napoleão a dispensar os holandeses do serviço militar obrigatório, alegando que eles eram um povo de manufatura e comércio. Não surpreendentemente, ele logo ficou conhecido como o "bom rei Louis".

Napoleão considerava Louis um pouco benigno demais:

Um príncipe [escrito em 4 de abril de 1807] que ganha a reputação de ter boa índole no primeiro ano de seu reinado será ridicularizado no segundo. O amor que os reis inspiram deve ser viril – parte respeito apreensivo e parte sede de reputação. Quando se diz que um rei é uma boa pessoa, seu reinado é um fracasso. Como uma boa pessoa – ou um bom pai, se preferir assim – pode sustentar os fardos da realeza, manter os descontentes em ordem, e silenciar as paixões políticas, ou convocá-las sob sua própria bandeira?

Como Napoleão temia, o adoecido Louis se tornou mais e mais obediente às exigências holandesas. Quando quiseram uma nobreza, Louis criou uma – Napoleão teve de intervir e fazê-lo voltar atrás. Quando os holandeses protestaram que o embargo continental de Napoleão os estaria arruinando, Louis fingiu não vê-los importar bens da Inglaterra. Napoleão acusou Louis de desobedecer àquele primeiro mandamento, "nunca deixar de ser francês". Ele havia se tornado, segundo Napoleão, "um holandês, um negociante de queijos", ao que Louis respondeu que era isso o que um rei da Holanda devia ser. Louis era escrupuloso demais para fazer concessões; uma situação militar que piorava tornou impossível para Napoleão fazer concessões tampouco, então em 1810 ele anexou a Ho-

O IMPÉRIO DE NAPOLEÃO

landa à França. Mas até hoje os holandeses veem seu adoentado e bondoso comerciante de queijos como o "bom rei Louis".

Bem diferente de Louis era o irmão mais novo de Napoleão, Jérôme. Um pouco mimado, bonito, alegre, explodindo de energia, não muito inteligente, mas extremamente convencido; como guarda-marinha, Jérôme desertara seu navio nos Estados Unidos para se casar com Elizabeth Patterson, uma garota de Baltimore de origem irlandesa. O jovem casal foi para a Europa, Elizabeth convencida de que conquistaria Napoleão "pelo encantamento de minha beleza". Mas ela nunca teve a oportunidade de mostrar a Napoleão seu nariz grego e belos cachos. O imperador se recusou a admitir que o casamento fosse válido – já que Jérôme era menor de idade – criticou seu irmão por desertar as cores, chamou-o de "filho pródigo" e pediu a ele que se arrependesse. Jérôme, que temia bastante seu irmão mais velho, fez o que lhe foi dito. Enquanto a senhorita Patterson foi despachada para Camberwell, onde deu à luz um filho e depois voltou para Baltimore, mais rica 60.000 francos por ano pela lista civil do imperador, Napoleão casou Jérôme com Catherine, a tímida e doce filha do rei de Württemberg – casamentos eram um aspecto chave de sua política imperial – e o colocou no recém-criado trono da Vestfália.

"Os benefícios do Código Napoleônico", Napoleão escreveu a Jérôme em 15 de novembro de 1807, "julgamento público, e a introdução de júris, serão os aspectos principais de seu governo. E para dizer-lhe a verdade, conto mais com os efeitos deles na extensão e consolidação do seu governo do que nas vitórias mais ressoantes. Quero que seus súditos desfrutem de um grau de liberdade, igualdade e prosperidade até agora desconhecidos do povo alemão."

Com a ajuda de dois ministros franceses, o solene Siméon e o afiado Beugnot, Jérôme começou a trabalhar. Ofereceu vacinação gratuita a 30.000 pessoas. Liberalizou o comércio, reduzindo de 1.682 para 10 o número de artigos sujeitos a imposto. Aboliu os impostos especiais para os judeus, que pela primeira vez receberam igualdade cívica e política. Encorajou as artes e, embora não fosse um leitor voraz – em seis anos, ele pegou apenas um livro da Biblioteca de Wilhelmshöhe, uma biografia da Madame du Barry – ele empregou como bibliotecário real o jovem Jacob von Grimm, mais tarde famoso por seus *Contos de Fadas*, tratando-o, como Grimm se recorda, "de maneira amigável e decente".

Joseph era filosófico sobre seu reinado, e Louis, escrupuloso, mas Jérôme realmente gostava do seu. Uma das poucas palavras em alemão que ele aprendeu era *lustig*, que significa alegre. Ele frequentemente a usava, e ficou conhecido como "o Monarca Feliz". Alegria para Jérôme significava gastar com extravagância. Em seu estábulo, ele mantinha 92 carruagens e 200 cavalos. Em seu palácio, tinha 14 criados e os vestia de vermelho e dourado (o que fosse prateado em Paris tornava-se dourado em Kassel). Aos seus generais ele deu cavalos puros-sangues, às amantes diamantes, a todos que encontrava 25 *jérômes*, a moeda que levava sua imagem. Como ele explicou uma vez a seus ministros, ele não via nada em ser rei, a não ser o prazer em dar.

Napoleão deu a Jérôme uma mesada de 5 milhões de francos. Isso devia ser mais que o suficiente, uma vez que a lista civil do rei da Prússia era de 3 milhões, e a do imperador austríaco, de 2,5 milhões. No entanto, isso acabou sendo insuficiente para as festas, teatros particulares, presentes de diamantes e salários vastos de Jérôme – cada um de seus embaixadores ganhava 80.000 francos. Em seu primeiro ano, o Monarca Feliz fez 2 milhões de francos em dívidas. De maneira irritada, Napoleão escreveu: "Venda seus móveis, seus cavalos, seus cacarecos... a honra vem antes de tudo". Não antes da diversão, pensou Jérôme, que continuou a gastar abundantemente: era a única sombra em um reino geralmente iluminado. Napoleão precisava repreendê-lo continuamente. Em uma carta, ele protestava, como sempre, contra a tendência do irmão para o exibicionismo, contra sua falta de discrição. Mas no final ele abrandava, acrescentando em caligrafia própria: "Meu menino querido, eu o amo, mas você ainda é tão terrivelmente jovem".

As três irmãs de Napoleão eram tão diferentes em personalidade como seus quatro irmãos. Pauline, a favorita de Napoleão, tinha o coração mole, era encantadora e tola; Caroline, a única de tez clara, era sofisticada, avarenta e ambiciosa; Elisa era mais masculina que as outras duas: não muito bonita, era excelente administradora e, como Napoleão, extremamente admiradora das artes. Seu marido, Felix Bacciochi, era uma pessoa suave e comum – tendo deixado o exército, ele se dedicou ao violino – e mais e mais o homem na vida de Elisa se tornou Napoleão. Ela pediu a ele um posto no governo imperial, e em 1805, junto com seu marido, ganhou o principado de Lucca, um belo território de colinas com ciprestes, oliveiras e 150.000 pessoas.

Aplicando a ordem e método aprendidos em seus sete anos em Saint-Cyr, Elisa dobrou a produção de seda e trouxe especialistas de Gênova e Lyon para melhorar a qualidade dela. Ela levou os curtumes, refinarias e fábricas de sabão de Lucca de volta à rentabilidade. Agindo sob as ordens de Napoleão para apoiar os produtos franceses, ela comprava e usava a última moda de Leroy de Paris – ela compartilhava com Napoleão o gosto pelo branco. Ela fundou duas grandes bibliotecas, uma faculdade de medicina e o Instituto Elisa para garotas de famílias de alta estirpe. Ela tornou Lucca um centro musical, com Paganini como o

O IMPÉRIO DE NAPOLEÃO

virtuoso da corte; e foi para Elisa que seu amigo Spontini dedicou o que talvez seja sua melhor ópera, *La Vestale*.

O maior sucesso de Elisa foi com as pedreiras de Carrara, do mármore branco como a neve. Entre 1790 e 1802, 2 mil *carrarese* e 300 escultores emigraram por falta de trabalho, e quando as pedreiras passaram para as mãos de Elisa, em março de 1806, elas estavam praticamente estagnadas. Elisa fundou um pequeno banco para financiar a extração de mármore e reabriu a Academia, a qual abrigou no palácio ducal. Aqui, por volta de 1810, cinco professores treinavam 29 estudantes em desenho, 33 escultores e 34 arquitetos. Elisa pediu a Napoleão que indicasse um diretor, e ele escolheu Bartolini Laurent, filho de um ferreiro do Prato, que havia provado seu valor na Batalha de Austerlitz pela Coluna de Vendôme. Bartolini permaneceu sete anos e atraiu para Carrara os alemães Tieck e Rauch, o dinamarquês Thorwaldsen, e Canova. Uma grande indústria de exportação foi construída com túmulos, chaminés, pedestais, vasos, relógios e até uma mesquita inteira, feita para Túnis, com cem colunas de 5 metros. Mas a exigência mais constante – e que mais devia agradar a Elisa – era de bustos de Napoleão, e réplicas da estátua colossal de Canova. Os pedidos vinham de toda a Europa; o preço em Paris era de 448 francos. Em setembro de 1808, nada menos que 500 bustos embalados de Napoleão estavam esperando em barcas na entrada do Canal de Briare.

Em 1808, Napoleão promoveu Elisa a grã-duquesa dos *Départements* da Toscana. Ela se mudou para o Palácio Pitti em Florença, o remobiliou completamente, e lá, ao som dos solos de harpa tocados por Rose de Blair, ela lia seu favorito Bolingbroke. Ela recebia com frequência e pedia informações de etiqueta à velha Madame de Genlis, "uma Mãe da Igreja", que se lembrava de Versalhes no governo de Luís XV. A venerável dama aconselhou Elisa a evitar o cumprimento *"Je vous salue"*, a dizer *"vin de Bordeaux"*, e nunca *"bordeaux"*, e *"un présent"*, nunca *"un cadeau"*. Elisa também gastou 60 mil francos de seu próprio bolso estabelecendo um grupo de atores franceses, para que os toscanos pudessem melhorar seu francês. Napoleão, em contrapartida, preferia que os toscanos aperfeiçoassem sua língua nativa. Foi ele quem instituiu um prêmio anual de 500 napoleões para a melhor obra em italiano por um autor toscano, e quem convidou a Academia Crusca, que Elisa havia refundado, a revisar o dicionário italiano. Assim, em gestos pequenos, Napoleão e sua irmã tentaram retribuir sua dívida para com uma terra que havia abrigado os Bonaparte.

Elisa começou a assinar como E, como seu irmão assinava N. Mas Napoleão logo a lembrou de que as leis do Império eram mais fortes que o laço de sangue ou sua assinatura quase real. A condessa de Albany, nascida na Alemanha, viúva turbulenta de Bonnie Prince Charlie e por algum tempo amante de Alfieri, começou a causar problemas em Florença, e um ministro francês ordenou sua retirada para Parma. Elisa disse a seus oficiais que ignorassem a ordem. Napoleão imediatamente escreveu a Elisa, dizendo que ela poderia recorrer contra a ordem, mas que ela não tinha o direito de revogá-la, pois diferentemente de seus irmãos reais, apesar de seus títulos, ela era apenas uma administradora de *départements* tecnicamente franceses. "Sob estas circunstâncias, suas instruções são criminosas e estritamente falando, a tornariam sujeita a processo... Você é uma súdita e, como todo homem e mulher franceses, está obrigada a obedecer aos ministros."

Para Lucca e a Toscana, o imperador Napoleão levou refinamentos; para regiões mais atrasadas, fundamentos. A Dalmácia é um bom exemplo. Aqui, Napoleão teve de pôr um fim a castigos desumanos, como o bastinado e a marcação a ferro. Ele conseguiu aplicar algumas partes do Código, mas não o registro de nascimentos porque em muitas aldeias ninguém sabia escrever. Ele descobriu que a Dalmácia era uma terra com trilhas de bodes, mas sem estradas adequadas. Então Napoleão primeiro colocou o general Marmont no comando. Marmont construiu as primeiras estradas de verdade da Dalmácia. Ele construiu uma de Knin a Split – 96 km – em apenas seis semanas. Os habitantes locais brincavam dizendo que onde os austríacos haviam apenas mencionado uma estrada, Marmont saltara sobre seu cavalo, cavalgara, e quando desmontara, a estrada havia sido construída.

É uma das características do Império de Napoleão que se fizessem imensos esforços para ajudar os oprimidos. Em Paris, Napoleão remediou a condição deplorável dos hospitais, onde os doentes eram agrupados sem considerar idade, sexo ou a natureza de suas doenças. Ele também pôs um fim à prática de manter os lunáticos amarrados pelas mãos e pés às suas camas; ele fundou dois lares para os incuráveis e outro para treinar os surdos-mudos. Também na Dalmácia, Napoleão apoiou os princípios humanos escolhendo como governador o improvável Vincenzo Dandolo, um veneziano de origem humilde e ideias humanistas que nunca havia gerenciado nada maior que sua farmácia. Dandolo se mostrou uma escolha inspirada, e trouxe a uma terra severa cinco anos de misericórdia. Para melhorar as péssimas condições das prisões, ele nomeou um "protetor de prisioneiros", que cuidaria da alimentação deles, anotaria reclamações e asseguraria a soltura dos homens cuja pena tivesse acabado. Novamente, Dandolo pôs um fim ao escândalo do lar de crianças abandonadas de Split, um gueto sem janelas onde havia apenas uma ama de leite para cada cinco ou seis bebês macilentos, e no qual, nos dez anos do final de 1806, apenas quatro de 603 bebês abandonados sobreviveram. Dandolo construiu uma nova residência em um convento abandonado e forneceu uma equipe adequada. Em 1808, o índice de sobrevivência aumentara para mais de 50%.

À medida que as esperanças de uma paz negociada com a Inglaterra desapareciam, Napoleão refletia sobre a possibilidade de tornar aquela terra também parte de seu Império. No começo, ele esperava conquistar a Inglaterra por invasão; depois de Trafalgar, ele acreditava que a Inglaterra afundaria economicamente, sob o peso de seu próprio débito nacional. Napoleão tinha ideias bem claras a respeito do que ele faria se e quando chegasse a Londres. Ele se colocaria na liderança do "partido do povo" contra os oligarcas. Ele conservaria a Câmara dos Comuns, mas introduziria o voto universal. Ele descartaria o Ato de Navegação, no qual a Inglaterra forçava outras nações a utilizar seus navios. Daria independência à Irlanda. Em outros assuntos, ele funcionaria como um sistema adequado à personalidade inglesa. Em um discurso para o Conselho de Estado ele disse:

> O francês vive sob um céu claro, bebe um vinho fresco e alegre, e gosta de alimentos que mantêm seus sentidos em constante atividade. Seu inglês, por outro lado, vive em um solo úmido, sob um sol quase sempre frio, bebe cerveja e come muita manteiga e queijo. Com elementos diferentes em seu sangue, suas personalidades são naturalmente diferentes. O francês é vaidoso, frívolo, ousado e, acima de tudo na terra, amante da igualdade... o inglês, por outro lado, é mais orgulhoso que vaidoso...está mais preocupado em manter seus próprios direitos que invadir os dos outros...que bobagem então sonhar em dar as mesmas instituições a dois povos tão diferentes!

Este discurso foi feito sobre o assunto de uma Câmara Superior hereditária. Napoleão acreditava que tal organização não fosse adequada à França, mas sim para a Inglaterra. Se ele invadisse Londres, portanto, Napoleão provavelmente teria preservado, de alguma forma modificada, uma Casa dos Lordes hereditária. Napoleão era um homem de princípios fixos. Mas fora desses princípios, ele era notavelmente aberto. Embora nem sempre agisse assim, ele certamente acreditava no conselho que deu a Pauline quando ela partiu para Roma em novembro de 1803: "Conforme-se aos costumes do país; nunca destrua nada; ache tudo esplêndido, e não diga 'isto é melhor em Paris'".

A proposta diretriz de Napoleão no império era a de exportar liberdade, igualdade, justiça e soberania do povo, e, como estas eram ideias francesas, indiretamente contribuir para a glória da França. Ele teve sucesso nesta proposta, mas menos do que se os anos do império tivessem sido pacíficos. Como os canhões sempre ecoavam ao fundo, Napoleão foi obrigado a impor impostos pesados e, na Alemanha, o serviço militar obrigatório. Ele teve de cortar importações de produtos do exterior, principalmente açúcar, café e maquinário inglês. Estes sacrifícios foram naturalmente mal recebidos. O que era frequentemente esquecido pelos alemães, holandeses e italianos eram os benefícios materiais correspondentes: a liberalização do comércio e as comunicações melhoradas; além da notável troca de ideias e conhecimento científico entre as Academias do Império e o Institut de France, comandado pelo amigo de Napoleão, Georges Cuvier.

É verdade que havia manchas no retrato imperial. Frequentemente Napoleão agia de maneira brusca, enquanto Jérôme gastava demais com seus servos vestidos de vermelho e suas muitas amantes. Mas no total, a administração era honesta e eficiente. Embora muitos dentro do Império detestassem o sistema todo, não era a maioria. Nem no total a minoria pensante. Eles gostavam da ordem e da justiça e dos melhoramentos, e foi símbolo de toda uma atitude quando, em 23 de julho de 1808, os professores da Universidade de Leipzig decidiram que, no futuro, dentro da universidade, as estrelas do cinturão e espada de Orion seriam conhecidas como Estrelas de Napoleão. Goethe, que como ministro sabia do que estava falando, considerava o trabalho produtivo de Napoleão genial. "Sim, sim, meu amigo," ele disse a Eckermann, "não é necessário escrever poemas e peças para ser produtivo; há também uma produtividade de ações, que muitas vezes têm um grau mais alto".

O Império duraria apenas dez anos, mas as ideias por trás dele sobreviveriam até o presente. O Código Napoleônico e o princípio do autogoverno se tornaram parte do que constituía a Europa continental e, exceto na Espanha, nenhum rei ousou restaurar os privilégios feudais que Napoleão aboliu. Em Portugal, foi Napoleão que pavimentou o caminho para a constituição liberal de 1821; mesmo na Espanha, seu princípio de liberdade religiosa agiria como um estimulante liberal: foi introduzido temporariamente em 1869 durante a regência iluminada de Francisco Serrano, e, algo modificada, se tornou lei em 1966. Mas foi no hemisfério oeste que a derrubada das dinastias portuguesas e espanholas por Napoleão produziu os resultados mais importantes. Durante a vida de Napoleão e grandemente influenciados pelos princípios que ele aplicara em seu império, o México, a Colômbia, o Equador, a Argentina, o Peru e o Chile alcançariam a independência. Finalmente, embora ele não tenha vivido para vê-los, por ter encorajado a unidade nacional e o governo representativo, o imperador Napoleão foi o que mais contribuiu para criar os Estados modernos da Alemanha e Itália.

18

Amigos e inimigos

Napoleão criou o império com a ajuda de amigos, e com a ajuda deles o governou. Não apenas poucos íntimos, mas muitos e muitos amigos de todas as classes e quilates. Ele os conquistou e manteve a lealdade deles, pois ele próprio era um bom amigo. Como a maioria dos segundos filhos, não era tímido, misturava-se e lidava bem com as pessoas. Além disso, era um soldado. Dos 8 aos 27 anos de idade, ele viveu em uma sociedade masculina que valorizava a amizade acima de tudo.

Napoleão descobriu que suas amizades com homens frequentemente começavam com atração física, e isto tomava uma forma curiosa. "Ele me contou", disse Caulaincourt, "... que para ele, o coração não era o órgão do sentimento; que ele sentia emoções apenas onde a maioria dos homens tinha sensações de outro tipo: nada no coração, tudo na pélvis e outro lugar, que deixarei sem nome." Napoleão descrevia o sentimento como "uma espécie de pulsação dolorosa, uma irritabilidade nervosa... o ranger de uma serra às vezes me dá a mesma sensação".

Napoleão nunca foi acusado de manter relações homossexuais, exceto talvez pela imprensa inglesa. De fato, ele desaprovava a homossexualidade, como a maioria dos franceses na época e ainda hoje. Na *École Militaire* ele rompera com Laugier de Bellecour por esse motivo. No entanto, na vida pública ele não transformava seu desagrado em preconceito. Ele escolheu Cambacérès como segundo-cônsul, e depois arquicônsul, mesmo ele sendo homossexual, e apenas uma vez o provocou por seus gostos.

Com a atração física como base, a amizade para Napoleão tinha de ser construída sobre a honestidade. Ele sempre gostou de homens que diziam a verdade, até mesmo o velho *monsieur* Emery, que defendia o Papa. Em seus amigos soldados, a qualidade que ele mais valorizava era a coragem. Com coragem, lutava-se contra a morte; era a virtude através da qual dois homens se tornavam irmãos de sangue. Nenhuma experiência poderia se comparar em intensidade ao sentimento de amigos marchando lado a lado para a batalha, um confiando na coragem do outro, cada um deles preparado para derramar seu sangue pelo outro. É por isso que tantos dos amigos mais próximos de Napoleão eram soldados.

Um deles era Géraud Duroc. Proveniente de uma antiga família empobrecida da Lorena; era três anos mais novo que Napoleão, magro e com estatura acima da média, cabelo escuro e olhos escuros proeminentes. Depois da academia militar, ele se uniu a Napoleão como auxiliar na primeira campanha italiana. Napoleão ficou impressionado com a natureza excepcionalmente doce de Duroc, seus excelentes modos e a paciência que faltava a ele mesmo. Ele então empregou seu amigo como diplomata e, quando se tornou imperador, o escolheu para dirigir a casa e a corte. Como um garoto que precisou contar cada centavo, Duroc se inseriu completamente nos modos frugais de Napoleão. De uma verba de trinta milhões, ele ajudou a economizar treze milhões por ano.

Duroc era o melhor tipo de soldado-cortesão: leal e esforçado. Mas ele estava bem ocupado garantindo que o merceeiro não cobrasse a mais pelo Chambertin, já que Napoleão repararia certamente, e, à medida que Napoleão engordava, com tato persuadia o alfaiate imperial a não fazer roupas novas, mas afrouxar as velhas em alguns centímetros. Ele também tinha de fazer as pazes quando Napoleão perdia as estribeiras: virando a mesa, por exemplo, quando via *crépinettes* de faisão. Ele o fazia admiravelmente, porque era devotado a Napoleão. Mais de uma vez, quando o imperador magoava um visitante com palavras ásperas, Duroc murmuraria à saída: "Esqueça. Ele diz o que sente, não o que pensa, e não o que ele fará amanhã".

Duroc casou-se com Maria de Hervas, filha de um investidor espanhol, tornou-se um especialista em assuntos espanhóis e foi contratado para lidar com a abdicação de Carlos IV. Por este e outros serviços, Napoleão o tornou duque de Frioul e deu a ele uma renda anual de 200 mil francos. Sovina com gastos pessoais, Napoleão era generoso com os amigos. Em sua mesa mantinha um livro encapado em couro intitulado *Dotations*, no qual ele listava, alfabeticamente, presentes em dinheiro a amigos e outros servidores públicos. Era um livro grosso, e no final do Império, quase completamente preenchido.

Duroc não queria ser um mero cortesão. Ele vivia pedindo para retornar ao campo de batalha. Napoleão, por fim, permitiu. Em 1813, Duroc deveria participar da Batalha de Bautzen contra os russos-prussianos, mas uma bala de canhão russa perdida arrancou parte de seu abdome inferior. Oficiais o carregaram para

AMIGOS E INIMIGOS

uma casa de fazenda, onde ele foi examinado pelos dois melhores cirurgiões, Larrey e Yvan. Mas Duroc sabia que era seu fim e, para evitar o prolongamento de sua agonia, não permitiu nem que cuidassem de sua ferida.

Napoleão, profundamente abalado, correu para a casa da fazenda. Duroc pegou a mão de Napoleão, beijou-a e pediu ópio. "Entreguei toda minha vida a seu serviço. Eu ainda poderia ter-lhe sido útil. É o único motivo pelo qual sinto morrer." "Há outra vida, Duroc", disse Napoleão. "Você esperará por mim nela, e um dia estaremos juntos." "Sim, senhor. Mas não pelos próximos trinta anos, quando você tiver derrotado seus inimigos e realizado todas as esperanças de nosso país..." Ele deixava uma filha, lembrou, e Napoleão prometeu cuidar dela.

Por quinze minutos Napoleão permaneceu ao lado da cama de Duroc, segurando a mão do homem que morria. "Adeus, meu amigo", ele disse finalmente. Ao deixar a casa de fazenda, lágrimas corriam do seu rosto até seu uniforme. Um assistente teve de apoiá-lo enquanto ele caminhava em silêncio de volta à sua tenda.

Dos irmãos de sangue, um havia morrido. Já havia acontecido antes: em Essling, por exemplo, onde Jean Lannes, outro dos amigos íntimos de Napoleão, teve as duas pernas estraçalhadas por uma bala de canhão austríaca; aconteceria novamente. No coração da cena na casa de fazenda da Saxônia, apesar de todo o horror da carne mutilada, estava algo de valor, talvez de supremo valor: "Não há amor maior..." Napoleão sabia disto, e ele pagava a seus amigos mortos o tributo de uma lembrança duradoura. Para a fragata que o levara do Egito para casa, ele deu o nome Muiron, o amigo que morrera para salvá-lo em Arcola; mantinha o coração de Caffarelli nas Tulherias; e após alguns dias da morte de Duroc, Napoleão comprou a casa de fazenda e deixou dinheiro para um monumento, onde deveria ser inscrito "Aqui o general Duroc, duque de Frioul, grande marechal do palácio do imperador Napoleão, ferido por uma bala de canhão, morreu nos braços de seu imperador e amigo".

A qualidade que Andoche Junot compartilhava com Duroc era a coragem. Em outros aspectos, estes dois amigos soldados de Napoleão eram polos opostos. Junot vinha de uma família humilde, o pai era um pequeno negociante de madeira na Borgonha. Ele tinha uma cabeça grosseira, um nariz aquilino, cabelo claro e olhos azuis faiscantes. Era extremamente louco e impulsivo, sempre apressado, e quando conheceu Napoleão, como sargento em Toulon, foi apelidado de "A Tempestade". Ele e Napoleão simpatizaram um com o outro e assim ele se uniu à equipe do imperador. Durante os dias negros de 1795, quando o pai de Junot queria saber algo sobre o general desempregado a quem seu filho havia se unido, Junot respondera: "até onde posso julgar, ele é um daqueles homens que a Natureza joga no planeta uma vez a cada cem anos". Navegou na expedição ao Egito, onde ele ouviu um oficial criticar Napoleão. Junot desafiou o oficial para um duelo, e assim obteve um corte de 20 centímetros na barriga. Isto não evitou que ele tivesse um caso com uma garota abissínia chamada Xraxarane, e quando a beldade morena lhe deu um filho, Junot, que tinha gostos literários, chamou o menino de Othello.

Napoleão premiou a coragem e lealdade de Junot como era de seu costume. Ele o tornou governador de Paris aos 29 anos, encorajando-o a se casar com Laure Permon, que com sua irmã havia chamado o segundo-tenente Bonaparte de Gato de Botas, e deu-lhe um presente de casamento de 100 mil francos. Quando sua primeira filha nasceu, Junot prestou tributo à esposa de Napoleão, dando a ela o nome de Joséphine. Napoleão pegou a deixa e deu a Junot uma casa nos Champs-Elysées, mais 100 mil francos para a mobília. Junot gostava da boa mesa. Ele contratou um *chef* famoso, Richaud, que fazia um excelente *brochet à la chambord*, e mesmo durante o embargo continental, ele e sua mulher conseguiam luxos importados. Napoleão, que notava tudo, escreveu severamente a Junot: "As senhoras em sua casa devem beber chá suíço; é tão bom quanto o indiano, e chicória é tão saudável quanto café árabe". Saudável talvez; de qualquer forma, na Vestfália eles tinham de beber sementes de aspargos torradas.

O outro prazer na vida de Junot eram as boas edições. Ele construiu uma coleção principalmente de obras em papel velino por Didot de Paris e Bodoni de Parma. Tinha a edição de Didot de Horácio e de La Fontaine, ambas com ilustrações originais de Percier, e uma *Ilíada* de três volumes, a bíblia dos generais napoleônicos, produzida por Bodoni – e não era uma ostentação inútil – para "presentear o imperador com o espécime mais perfeito possível da arte da impressão".

Em 1805 Napoleão enviou Junot a Portugal como embaixador, mas cedeu ao pedido de seu amigo de ser chamado "assim que Sua Majestade pensasse ter ouvido o estrondo dos canhões". Naquele mês de novembro, Junot correu 3.200 km, do Tejo à Morávia, alcançando Napoleão bem a tempo de lutar ao lado dele em Austerlitz. Dois anos mais tarde, Napoleão enviou Junot rapidamente para cruzar a Europa, desta vez para capturar Portugal sem aviso, com um exército minúsculo. Junot invadiu Lisboa no dia especificado por Napoleão com 1.500 homens famintos e em farrapos, enquanto a família real fazia as malas, a velha rainha louca mostrando um último vislumbre de dignidade. "Não tão depressa", disse ela ao cocheiro no caminho para o porto, "as pessoas vão achar que estamos fugindo". Os Bragança navegaram para o Brasil, as águias da França substituíram os *quinas*, e Napoleão transformou seu general tempestuoso no Duc

AMIGOS E INIMIGOS

d'Abrantès. O velho Junot, o madeireiro da Borgonha, começou a assinar suas cartas como "pai do Duc d'Abrantès".

Junot comandou novamente na Espanha e também na Rússia, mas era impetuoso demais para ser um grande general. Em Smolensk, ele agiu com um torpor atípico e Napoleão ficou furioso com ele. Porém, logo descobriu a razão. Junot estava acabado; seu corpo, rígido com reumatismo; sua cabeça, tão amassada com golpes de sabre que mais parecia uma tábua de cortar, e seu poder de julgamento estava prejudicado. Napoleão aposentou este bravo cavalo de guerra, tornando-o governador das províncias ilírias, um cargo de honra, mas com poucas responsabilidades, que Junot manteve por pouco tempo, morrendo de apoplexia em 1813. Até o fim, ele continuava esperando se juntar a Napoleão. "Pobre Junot", disse Duroc. "Ele é como eu. Nossa amizade pelo imperador é nossa vida."

Alguns dos marechais de Napoleão podiam se identificar com aquele sentimento: Oudinot, o simples filho do cervejeiro de Bar-le-Duc, ferido 34 vezes; ocupação favorita: apagar velas a tiros após o jantar. Macdonald, filho de um membro de um clã escocês que vinha da ilha de South Uist; ocupações favoritas: colecionar vasos etruscos e tocar violino; Ney, nascido em Saarlouis, sua língua nativa era a alemã, um herói ruivo que mascava tabaco, a quem Napoleão avaliava em 300 milhões de francos; Lefèbvre, o antigo sargento-major a quem na véspera do brumário Napoleão deu seu sabre, e depois o ducado de Danzig. Foi Lefèbvre quem melhor defendeu os presentes generosos com que Napoleão cobria seus marechais. Para um amigo invejoso de sua prosperidade, título e estilo de vida, o velho soldado grisalho observou: "Bem, você pode ficar com tudo, mas por um preço. Vamos descer até o jardim: eu vou atirar em você sessenta vezes e, se você não morrer, tudo será seu."

Napoleão também era amigo dos soldados nas fileiras. Ele se lembrava de seus nomes e se dirigia a eles com o amigável "*tu*". Ele demonstrava como se sentia em relação a eles compartilhando de suas provações e perigos. "Você deveria ter visto nosso imperador, querida *Maman*", escreveu o membro da infantaria ligeira Deflambard após a Batalha de Jena, "sempre no meio de tudo, encorajando suas tropas. Vimos vários coronéis e generais tombarem ao seu lado; vimos até ele sair com um grupo de atiradores em plena vista do inimigo. O marechal Bessières e o príncipe Murat observaram que ele estava se expondo excessivamente, ao que ele se respondeu calmamente a eles: 'Quem vocês acham que eu sou – um bispo?'"

Entre os civis Napoleão também tinha muitos amigos, e embora estas amizades não fossem tão intensas como as outras, não eram menos próximas. Típico deste grupo é Pierre Louis Roederer, um economista de Metz que também era o maior jornalista republicano da França. Roederer era quinze anos mais velho que Napoleão e uma aparência totalmente contrastante, com um rosto ossudo e angular e um nariz aquilino. Ele era mordaz, difícil, severo consigo mesmo e com os outros. Os dois homens se conheceram à mesa de jantar de Talleyrand, em 13 de março de 1798. Roederer havia criticado Napoleão na imprensa por enviar ouro da Itália diretamente aos diretores, e não aos Conselhos. "É um prazer conhecê-lo", começou Napoleão. "Admirei seu talento dois anos atrás, quando li seu artigo me atacando." Isto era característico de Napoleão: ele gostava de homens sinceros. Ele acabou gostando muito de Roederer, e construiu uma amizade que se alimentava, estranhamente, das diferenças constantes.

Um dia, Bénézech, superintendente das Tulherias, proibiu que os operários caminhassem pelos jardins das Tulherias em roupas de trabalho. Napoleão achou a medida excessivamente dura e rescindiu o veto. Roederer achou que Napoleão estava errado: "roupas de trabalho são para trabalhar, e não passear". Quando Napoleão quis poetas e outros literatos no Tribunato, Roederer discordou: poetas, ele argumentou, estão preocupados apenas com que se fale deles. Quando Napoleão propôs criar um *lycée* em cada cidade com mais de 10 mil habitantes, Roederer retrucou – corretamente – que ele nunca encontraria homens qualificados suficientes. "Claro que conseguirei", Napoleão respondeu. "Você encontra dificuldades demais. Você é como Jardin: como eu tenho o melhor cavalariço da França, nunca tenho um cavalo bom o bastante para montar; com qualquer outra pessoa, eu teria 60."

Quando um amigo agia estupidamente, indignamente ou contra a sua vontade em um assunto importante, Napoleão se inflamava e despejava sobre ele várias verdades desagradáveis. Era sua maior falha nas relações humanas. "Ele ficava bravo, embora sem perder a cabeça. Em um primeiro impulso, usava palavras que causavam as mais cruéis feridas que não paravam de sangrar. Ele frequentemente tinha consciência de ter magoado alguém, e quando percebia a dor que causara, tentava imediatamente curá-la. Nem sempre ele conseguia." Um exemplo foi a ocasião em que Napoleão disse a Joseph que ele era um soldado irremediável. O outro aconteceu com Roederer. Ao se tornar imperador, Napoleão queria dar a Joseph o título de príncipe. Joseph inicialmente recusou o título, e Napoleão descobriu que tinha sido sob o conselho de Roederer. Napoleão ficou furioso. "Achei que você fosse meu amigo", ele gritou. "Você deveria ser, mas não é nada mais que um encrenqueiro." Ele então estapeou o rosto de Roederer.

Uma cena lamentável. Contudo, os dois homens logo se reconciliaram, e Roederer, diferentemente de outros a quem Napoleão havia ofendido, era no-

AMIGOS E INIMIGOS

bre o bastante para esquecer o incidente. Embora ele tivesse preferido ficar em casa e escrever, Roederer trabalhou para Napoleão ajudando a governar o Império: ele se tornou o conselheiro financeiro de Joseph, e depois de Murat no reino de Nápoles; e Napoleão, como sempre, cobriu de presentes seu amigo. Em 1803, ele deu a Roederer a *sénatorerie* de Caen, que valia 25 mil francos por ano, e em 1807, o nomeou grande oficial da Legião de Honra.

Um homem a quem Napoleão tratava como amigo, mas de fato nunca o foi, era Charles Maurice de Talleyrand-Périgord. O segredo do caráter de Talleyrand é que, quando criança, ele foi negligenciado por seus pais e criado sem afeto, tendo crescido incapaz de amar. Indolente, hedonista e cínico, mesmo depois de 1789 ele vivia uma vida do Antigo Regime, com a melhor mesa da França e dois cabeleireiros que enrolavam seu cabelo toda manhã. Possuía um charme aveludado que as mulheres achavam irresistível e um divertido jeito de se expressar. Ele havia descrito os três cônsules como *"Hic, haec, hoc"*. Sobre uma dama muito magra, com um vestido muito decotado, ele observou: "Impossível mostrar mais e revelar menos". Quando o czar Paulo I foi assassinado, o governo russo anunciou que ele sucumbira a um ataque de apoplexia, uma doença que havia servido ao mesmo propósito diplomático na ocasião do assassinato do pai de Paulo, Pedro III. "Sinceramente", Talleyrand observou, "o governo russo vai ter de inventar outra doença".

Napoleão valorizava a inteligência de Talleyrand, e quando ele se tornou cônsul, o manteve como ministro do Exterior. Mas Talleyrand reagiu como os homens corruptos frequentemente reagem aos homens de princípios, e na política serviu de Iago para o Otelo de Napoleão. Já o tendo abandonado durante a campanha egípcia, foi ele quem sugeriu abduzir o Duc d'Enghien em solo alemão, e foi ele quem incitou a desastrosa invasão da Espanha. Como ele não podia levar sua vida do Antigo Regime com um salário do novo regime, logo ele começou a vender segredos aos reis da Baviera e de Württemberg. Em 1807, Napoleão o demitiu do cargo de ministro do Exterior. Mas o manteve como vice-grão eleitor e continuou a tratá-lo como amigo.

Por que Napoleão fez isto? Por que ele não exilou de Paris uma figura tão perigosa? A resposta está no caráter peculiar de Talleyrand. Ele não era um traidor comum; era um traidor que tinha sido bispo. E ainda conseguia agir como bispo. "Mesmo ele sendo imprestável", disse um amigo próximo, "ele tinha, estranhamente, horror a prejudicar os outros. Se o ouvissem sem conhecê-lo, achariam-no um homem virtuoso". Napoleão sempre era conquistado pelo lado virtuoso de Talleyrand; e isto explica sua explosão em 1811: "Você é um demônio, não um homem. Não consigo parar de contar-lhe sobre o que faço, nem consigo parar de gostar de você." O "diabo" continuou a repassar os assuntos de Napoleão – por um preço – aos inimigos da França.

À medida que começou a conhecer melhor os homens e suas complexidades, Napoleão rejeitou sua crença juvenil na teoria de Lavater de que o rosto é a chave do caráter. "Há apenas uma maneira", disse ele, "de julgar um homem: pelo que ele faz."

Assim como a maioria dos homens mais próximos de Napoleão eram muito masculinos, as mulheres eram muito femininas. Ele não suportava mulheres mandonas e intrometidas. Joséphine era um modelo ideal nisto. Napoleão a amava profundamente, e nenhuma outra mulher o influenciou tanto. Mas Napoleão tinha casos com outras mulheres, sete no total. Eram elas: Pauline Fourès, sua amante no Cairo; duas atrizes: *Mademoiselle* George e a contralto Giuseppina Grassini; duas damas da corte, Madame Duchâtel e Madame Dénuelle; uma jovem dama de Lyon chamada Emilie Pellapra; e uma condessa polonesa, Marie Walewska. A maioria delas tinha o mesmo tipo: jovem, inteligente, com sentimentos fortes, até mesmo passionais.

Joséphine Weimer – conhecida no palco como *Mademoiselle* George – estava no final da adolescência quando Napoleão a conheceu, uma grande e robusta garota com ardentes olhos escuros. Napoleão a considerava a melhor atriz de Paris – "*Mademoiselle* Duchesnois toca meu coração; *Mademoiselle* George agita meus sentimentos de orgulho" – e um dia após ela ter feito uma apresentação excepcionalmente excelente como Clitemnestra, ele enviou seu criado para convidá-la a Saint-Cloud no dia seguinte. Ela foi, e ficou a noite toda. Napoleão, como sempre, criou um nome novo para sua nova amiga – Georgina – e também um novo tipo de cinta-liga, feita de elástico, em vez das ligas com fivelas que ela usava, que Napoleão achava desajeitadas para desatar e atar. Na véspera de partir para o acampamento da invasão em Boulogne, ele recebeu Georgina na biblioteca e lhe deu um presente de 40 mil francos – deslizando o pacote de notas entre seus seios. Eles se sentaram sobre o tapete porque, lembra-se a atriz, Napoleão "estava bem-humorado, brincalhão, e me fez correr atrás dele. Para não ser pego, ele subiu a escada, e, como esta era leve e tinha rodas, eu a empurrei por toda a extensão da biblioteca. Ele ria e gritava 'Você vai se machucar. Pare ou vou ficar bravo'."

Napoleão era *gauche* em sua abordagem às mulheres. Quando ele sucumbiu ao charme de Marie Antoinette Duchâtel, uma dama de companhia que possuía belos olhos azul-escuro com cílios longos e sedosos, o melhor que ele conseguiu fazer foi se inclinar sobre seu ombro em uma ceia em buffet e dizer "Você não deveria comer azeitonas à noite, elas não fazem bem". Depois, dirigindo-se à vi-

AMIGOS E INIMIGOS

zinha da beldade: "E a senhora, Madame Junot, não está comendo azeitonas? Está certa. E duplamente certa em não imitar Madame Duchâtel, que é inimitável."

O caso de Napoleão com Madame Duchâtel aborreceu grandemente Joséphine. Ela chorou, implorou, fez com que seus filhos implorassem a Napoleão que ele abandonasse a mulher mais jovem. No começo, Napoleão ficou bravo, mas depois, quando seu entusiasmo inicial diminuiu, ele começou a ver o quanto estava magoando a esposa. Após alguns meses, ele disse a Joséphine que a paixão terminara, e até a convidou a ajudá-lo a romper o relacionamento.

A menos bonita, mas a mais sensível, leal e apaixonada das amantes de Napoleão foi Marie Walewska. Seu pai era um corajoso nobre polonês, que morreu quando Maria era criança de ferimentos recebidos em Maciejowice, a batalha na qual os poloneses, armados com foices e machados, tentaram em vão evitar a aniquilação nacional. Maria, quando menina, vivia com a mãe, cinco irmãos e irmãs em Kiernozia, uma "mansão sombria cheia de morcegos" situada entre propriedades hipotecadas. Após ter aulas em casa com Nicholas Chopin, pai de Frederick, ela foi para a escola-convento e expulsa por sua "obsessão por política". Logo ela recebeu uma oferta de casamento do conde Anastase Walewski, um governador regional muito rico. Incitada pela mãe a aceitar, como o único jeito de salvar a família da ruína, Maria sacrificou seus sonhos de amor – ela já era uma grande sonhadora – e se casou com um homem 49 anos mais velho.

Em sua lua-de-mel, Marie ficou profundamente tocada por uma apresentação na Capela Sistina do *Miserere* de Gregorio Allegri. "Você sabia", ela escreveu para uma amiga, "que até recentemente, a obra podia ser ouvida apenas na Igreja de São Pedro e no Vaticano? Havia alguma ordem que proibia que ela fosse transcrita, sob pena de excomunhão. Mas Mozart não teve medo. Ele a transcreveu; e outros o seguiram. Então é graças a ele que você pode ouvi-la agora em Varsóvia ou Viena." "Mozart não teve medo" – esta frase resume o caráter de Marie.

No Dia de Ano Novo de 1807, Napoleão passou por perto de Kiernozia no caminho para Varsóvia. Marie já tinha retratos de Napoleão nas paredes, entre seus heróis poloneses, porque ele estava lutando contra os destruidores da Polônia: Rússia e Prússia. Ela foi vê-lo, vestida em estilo camponês, e quando sua carruagem passou, entregou a ele um ramo de flores. "Bem-vindo, senhor, mil vezes bem-vindo à nossa terra... toda a Polônia está emocionada por sentir seu passo em seu solo". Quando o cocheiro chicoteou os cavalos, Napoleão se virou para Duroc. "Esta criança é encantadora – belíssima."

Napoleão encontrou a menina novamente em um baile em Varsóvia. Ele tinha 27 anos. Marie, vinte. Napoleão foi atraído por seus cabelos cacheados claros, seus olhos azuis afastados, seu fogo juvenil. Após o baile, ele lhe enviou um recado: "Eu vi apenas você, admirei apenas você, desejo apenas você". Os líderes poloneses, ansiosos por associar Napoleão a seu país, observaram com aprovação e até encorajaram Marie. Ela receberia um curioso documento assinado pelos membros do governo provisório em Varsóvia, que citava Fénelon a respeito do benéfico poder feminino na vida pública, e pedia a Marie que imitasse Ester, que se deu a Ahasuerus.

O palco estava montado; Marie foi até o palácio. De acordo com suas memórias, escritas no pleno vigor do Romantismo, Napoleão fez um escândalo terrível, e com um "olhar enlouquecido" atirou seu relógio violentamente no chão, gritando, "se você continuar a recusar a me dar seu amor, moerei seu povo a pó, como este relógio sob meu calcanhar!". Apenas então, e porque ela estava "quase desmaiando", Marie cedeu. Talvez tenha sido assim, já que Napoleão podia ser tão impaciente no amor como em tudo o mais, mas é duvidoso que ele tenha ameaçado o povo polonês, uma vez que já tinha decidido restabelecê-los. E Marie decidiu seguir, pela segunda vez, o caminho da bravura.

Napoleão amou Marie não apenas como um homem de meia-idade ama uma garota, mas também como um libertador ama um bravo patriota. "Pequena patriota", como Napoleão chamava Marie, e sua primeira carta depois que ele volta a Paris começa assim: "Você, que ama tanto seu país". Napoleão parece ter visto a si próprio quando era um jovem corso nesta garota de vinte anos que sonhava com a liberdade da Polônia. Enquanto Marie contava a ele sobre os heróis poloneses – Mieszko, que esmagara os alemães, e Jagiello, a quem o próprio Napoleão admirava – ele falava com ela sobre como aprovava o ensaio de Rousseau, "Considerações sobre o Governo da Polônia", no qual o autor do *Contrato Social* advogava uma Constituição baseada nos direitos do homem. Os poloneses, Napoleão disse a Marie, haviam cometido seu erro fatal em 1764: "Em vez de escolher um rei engenhoso e corajoso, como um rei deve ser, eles aceitaram Stanislas Auguste, aquele cachorrinho indolente, o rabiscador elegante, das mãos de Catarina da Rússia, de quem havia sido amante". Mas não era tarde demais para consertar a situação. Embora advertido por Talleyrand de que a Polônia não valia uma única gota de sangue francês, Napoleão prometeu a Marie que seu país renasceria. Ele manteve sua palavra em Tilsit em julho de 1807, quando criou o Grão-Ducado de Varsóvia.

Napoleão não conseguia esquecer Marie. Honra e republicanismo haviam se misturado com paixão para fazer deste um dos relacionamentos importantes de sua vida. De volta a Paris, escreveu: "Seu pensamento está sempre em meu coração, e seu nome frequentemente em meus lábios". Em 1810, Marie lhe deu um filho, Alexandre, e levou o menino a Paris para uma visita. Napoleão, feliz

AMIGOS E INIMIGOS

por enfim ser pai, fez um estardalhaço em torno de seu filho e insistia que ele fosse levado para passear todo dia, com sol ou com chuva. Ele continuou a visitar Marie quando os eventos o levavam próximo a Varsóvia; e Marie continuou fiel a Napoleão mesmo na adversidade.

Além destes amigos íntimos, homens e mulheres, Napoleão tinha uma relação amigável com um grande número de pessoas, tanto nas cortes estrangeiras quanto na sua própria. Entre seus colegas reis, o favorito de Napoleão era o rei da Saxônia, um homem de princípios a quem Napoleão escolheu para governar o Grão-Ducado de Varsóvia. Diferentemente de Francisco da Áustria, o rei da Saxônia não era nem um pouco rígido ou formal. Um dia Napoleão chegou a Bautzen após viajar a noite toda, e se viu no meio de uma recepção completa no palácio. O rei da Saxônia discretamente conduziu Napoleão a uma antessala onde havia um penico, dizendo "Frequentemente descobri que grandes homens, como qualquer pessoa, às vezes precisam ficar sozinhos". Napoleão encontrava-se exatamente nessa posição, e sempre ficou grato ao rei por essa demonstração de consideração.

A própria corte de Napoleão era composta pela nobreza antiga e os novos homens cujos talentos lhes haviam conquistado posições altas. Ele cumpria sua obrigação quanto a ela, mas não gostava de fazer sala e seu coração nunca estava realmente nas recepções dominicais que ele dava nas Tulherias. Ele, que dificilmente esquecia o rosto de um soldado, raramente lembrava o de um convidado. Ele passava pela mesma pessoa mês após mês e perguntava: "Qual o seu nome?". André Grétry, o famoso compositor, então na casa dos sessenta anos, finalmente se cansou de responder à mesma pergunta. Um domingo, quando Napoleão perguntou como sempre "Qual o seu nome?", ele respondeu: "Senhor, continuo sendo Grétry".

Napoleão geralmente fazia mais duas perguntas: "De que parte da França você vem?", e "Qual a sua idade?". Quando a duquesa de Brissac foi apresentada à corte, por ser levemente surda, ela memorizou respostas adequadas, já que temia não conseguir ouvir as palavras de Napoleão. No grande dia, a duquesa chegou de chapéu de plumas e um reluzente vestido de cauda dourada, foi devidamente anunciada e fez suas três reverências. E pela primeira vez Napoleão variou sua fórmula. "Seu marido deve ser o irmão do duque de Brissac massacrado em Versalhes. Você herdou sua propriedade?"

"*Seine et Oise*, Senhor", disse a duquesa. Napoleão, prestes a passar para a pessoa seguinte, parou, surpreso. "Você tem filhos?" ele perguntou, e ela, ainda com o mesmo sorriso gracioso: "Cinquenta e dois, senhor".

Napoleão fazia questão de ser caloroso com as esposas e filhas de seus marechais. A esposa do marechal Lefèbvre era uma alegre mulher do povo, com a fama de ter sido lavadeira. Uma noite, ela apareceu na corte carregada de diamantes, pérolas, flores e joias em ouro e prata porque, como ela explicou, em matéria de ornamentos pessoais, ela queria "o serviço completo". O camareiro em serviço, o meticuloso *monsieur* de Beaumont, anunciou com apenas um toque de desdém: "*madame la maréchale* Lefèbvre". Napoleão aproximou-se para recebê-la. "Como vai, *madame la maréchale*, duquesa de Danzig?" (um título que Beaumont omitira). Ela se virou rapidamente para o camareiro: "Essa foi no olho pra você, meu rapaz". Napoleão foi o primeiro a se divertir com esta alfinetada.

Napoleão convidou para a sua corte a velha nobreza, mas frequentemente havia uma certa frieza entre eles. Quando a duquesa de Fleury voltou para a França sob a anistia, Napoleão, que sabia que ela era promíscua, disse de forma algo brusca: "Bem, madame, ainda gosta de homens?". "Sim, senhor, quando eles são educados." Em outra ocasião, a Madame de Chevreuse chegou às Tulherias coberta de diamantes. "Que esplêndida coleção de joias!" disse Napoleão, e depois perguntou inocentemente: "São todas verdadeiras?" "Céus, senhor, eu realmente não sei. Mas de qualquer forma, são boas o bastante para serem usadas aqui." Novamente, no outono de 1809, Napoleão recebeu na corte o *marchese* Camillo Massimo, que estivera causando problemas em Roma, e tinha sido trazido a Paris em férias forçadas. Após a troca usual de gentilezas, Napoleão perguntou a Camillo se era verdade que os Massimi descendiam do grande general romano Fabius Maximus. Com apenas um traço de escárnio pelo imperador ascendente, Camillo respondeu: "Eu não poderia provar, senhor. A história tem sido contada em nossa família há apenas 1.200 anos".

Estas pessoas não eram inimigos em um sentido restrito: eram apenas algo como membros descontentes de uma antiga sociedade que preferiria ter seus privilégios restaurados. Mas Napoleão tinha inimigos. Eles eram uma minoria muito pequena, mas ainda assim eram inimigos, e lhe causavam muitos problemas. Antes de ver quem eram, é válido perguntar o que Napoleão fizera para ganhar sua inimizade.

Napoleão, por criação e convicção, era um republicano liberal. Mas se tornou o primeiro-cônsul após oito anos sangrentos e próximos da anarquia. Tudo havia sido questionado: nada mais era sagrado. Percebeu que se ele precisava salvar os princípios mais importantes que se desenvolveram durante a Revolução – igualdade, liberdade e justiça – ele devia, acima de tudo, evitar que os antigos ódios e os conflitos do partido ressurgissem.

Estes logo apareceram no Tribunato. Independentemente do assunto em debate, algumas tribunas questionavam toda a Constituição e a filosofia que a sus-

AMIGOS E INIMIGOS

tentava. Em 1801, o Tribunato jogou fora as primeiras e fundamentais seções de seu Código Civil. Depois eles se opuseram à Concordata e à Legião de Honra. Napoleão decidiu que não poderia mais governar sob estas condições. Sem um código de leis, a França seria novamente terra de ninguém. Para manter as liberdades essenciais, seria necessário restringir outras; para manter o liberalismo, ele precisaria limitar um dos órgãos liberais do governo.

A Constituição especificava que, em 1802, um quinto do Tribunato deveria ser substituído, mas não estipulou como isto deveria ser feito. Napoleão, aconselhado por Cambacérès, decidiu ele mesmo substituir os vinte membros. Ele então removeu a principal oposição, incluindo Benjamin Constant, e tornou lei o Código Civil. Em agosto de 1802, ele reduziu o tamanho do Tribunato de cem para cinquenta membros, e, em 1804, fez com que ele se reunisse em três seções separadas, portanto com menos influência. Ao mesmo tempo, ele aumentou os poderes do Senado, um órgão mais conservador.

Não surpreendentemente, em 1807 o Tribunato não criticava mais Napoleão; havia completado um ciclo e agora o admirava. Os discursos das tribunas eram exercícios aduladores e entediantes de retórica, e causavam o descrédito de todo o governo. Napoleão detestava adulação quase tanto quanto odiava insultos, e como o Tribunato se tornara adulador, Napoleão finalmente o aboliu em 1807, transferindo seus membros para o Corpo Legislativo. Mas mesmo aquela assembleia começou a ser preterida por Napoleão em favor do governo pelo Senado. Ele poderia ter certeza de que o Corpo Legislativo aprovaria seus atos e o orçamento, mas cada vez mais ele se recusava a observar até mesmo estas instituições. Em alguns anos, ele nem chegou a convocar o Corpo Legislativo, e, violando a Constituição, fez o orçamento ser passado pelo Senado.

Não há dúvida de que a grande maioria dos franceses aprovava estas mudanças, embora isto, é claro, não significasse necessariamente que eles estivessem corretos em fazê-lo, e que as mudanças fossem boas. Os franceses queriam um governo que funcionasse, um governo que executasse os princípios da Revolução; não tinham predileção particular sobre os detalhes do funcionamento. No entanto, alguns franceses, alguns da mais alta integridade, se importavam. Achavam que Napoleão havia ido longe demais em direção a um governo pessoal. É provável que a questão nunca possa ser concluída de uma forma ou outra, já que se sabe o que teria acontecido se o Tribunato original tivesse tido a permissão de, a cada passo, bloquear legislações cruciais e levantar ódios antigos. Parece bem claro, contudo, que tanto Napoleão como seus críticos franceses foram perfeitamente sinceros no que disseram e fizeram.

Três homens se destacavam na oposição. Lazare Carnot, que havia votado pela morte de Luís XVI, como tribuno consistentemente votava contra as medidas para fortalecer os poderes de Napoleão. Carnot gostava de Napoleão pessoalmente, mas os outros dois opositores políticos, não. Jean Bernadotte achava Napoleão dominador demais; ele se recusou a participar do *coup d'état* no 19º de brumário, e permaneceu um crítico do Império até 1810, quando foi adotado pelo rei Carlos XIII e deixou a França para treinar como o futuro rei da Suécia. Népomucène Lemercier, um dramaturgo com um braço direito atrofiado, detestava o lado militar de Napoleão, e no Tribunato falava bravamente contra o estabelecimento de um Império. Napoleão não fez nada a Lemercier pessoalmente, e na verdade ainda esperava conquistar o dramaturgo. Um dia, em uma recepção nas Tulherias, ele o cumprimentou efusivamente. "Ah, *monsieur* Lemercier, quando vai escrever outra tragédia para nós?" "Senhor, estou esperando", respondeu o outro tranquilamente. Isto foi no começo de 1812.

Napoleão achava que a oposição estava errada em sua análise das necessidades da França, mas respeitava a sinceridade deles. Ele permitia que se reunissem nos salões de Paris e expressassem suas opiniões. Mas não permitia mais que isso. Ele os mantinha sob rédea curta. "Eu tenho de ser severo, até duro!", ele uma vez observou a Caulaincourt. "Quanto mais, melhor! Me salva de ter de sê-lo! Minha firmeza passa por insensibilidade... Você realmente acredita que eu não goste de agradar as pessoas? Faz-me bem ver um rosto feliz, mas sou compelido a me defender contra esta disposição natural, para que não tirem proveito disso."

Bastante diferente dos oponentes estáveis e cheios de princípios de Napoleão era a dama que dizia expressar os pontos de vista deles, mas na verdade expressava os próprios. Germaine de Staël não era francesa, mas suíça. Ela era mandona; seus países favoritos eram a Inglaterra e a Alemanha; ela se casou com um sueco; sua alma, como ela nunca se cansava de dizer, era envolta nas brumas de melancolia do norte. Um pouco da melancolia vinha do fato de que ela tinha um rosto redondo, nariz grosso e lábios cheios. Estes eram parcialmente aliviados por olhos escuros relampejantes e belas mãos, nas quais ela torcia um galho de cipreste sem parar. Sua moral privada era tão frouxa quanto a de Talleyrand, que era o pai de seu primeiro filho. Quando, em *Delphine*, Germaine retratou o ex-bispo no personagem de Madame de Vernon, Talleyrand murmurou: "Eu entendo que Madame de Staël, em seu romance, tenha disfarçado tanto a si mesma como a mim como mulheres".

Germaine de Staël entrou na vida de Napoleão escrevendo-lhe cartas durante a primeira campanha italiana. Ela o chamava de "Cipião e Tancredo, unindo as virtudes simples de um aos feitos brilhantes do outro". "Que pena", ela acrescentou, que um gênio fosse casado com uma insignificante pequena *créole*, incapaz de apreciar ou entendê-lo. Napoleão riu da ideia desta literata se comparan-

AMIGOS E INIMIGOS

do a Joséphine, e não respondeu. Mas Germaine foi persistente, e de volta a Paris, visitou-o inesperadamente. Napoleão, que estava no banho, enviou uma mensagem dizendo que não estava vestido: um detalhe que Germaine desprezou: "Gênios não têm sexo". Depois na casa de Talleyrand, ela caçou o conquistador e lhe ofereceu um galho de louros. Esperando um tributo comparável em retribuição, a autora perguntou: "Quem é a mulher que o senhor mais respeita?". Napoleão respondeu: "A que governa melhor sua casa". "Sim, eu entendo o seu ponto. Mas quem, para o senhor, seria a maior das mulheres?" "A que tiver mais filhos, madame."

Germaine defendia o republicanismo em alto e bom som, mas há de se questionar com quanta sinceridade. Em 1798, a Suíça ainda era pacífica, mas os Vaudois, com a ajuda dos franceses, estavam preparando uma revolução democrática, e Germaine temia pela renda de sua família. "Que eles fiquem com o que quiserem", ela escreveu a uma amiga, "exceto a supressão dos direitos feudais." Ela tentou fazer com que Napoleão se opusesse à revolução que acabaria com sua renda privada, pintando um retrato lírico da felicidade, tranquilidade e beleza natural da Suíça. "Sim, sem dúvida", interrompeu Napoleão, "mas os homens precisam de direitos políticos; sim, direitos políticos."

Os diretores haviam exilado Madame de Staël de Paris por atividades subversivas, mas quando se tornou primeiro-cônsul, Napoleão permitiu que ela retornasse. Ele também indicou ao Tribunato o amante de Germaine, Benjamin Constant. Constant era suíço também, um romancista genial, mas um homem atormentado pela insegurança, tímido como um camundongo, e lutando em vão para romper o que ele chamava de "a corrente" que o ligava a Germaine. Ele também era um republicano em teoria, mas seu diário não revela nenhum amor pelo povo comum – uma anotação declara: "A nação não é nada mais que uma pilha de muco".

Constant era um grande teorista. Como Germaine de Staël, ele queria que a França se parecesse com a Inglaterra, a Alemanha, a Suíça – qualquer país, menos a França. Ele expressava estes pontos de vista no Tribunato, consistentemente transformando em uma questão filosófica qualquer tentativa de reforma prática. Ele até se opunha à Concordata, porque Germaine queria que a França se tornasse protestante: ela mesma era protestante. Em 1802, quando Napoleão substituiu vinte tribunos, um dos eliminados foi Benjamin Constant.

Germaine de Staël, não tendo conseguido se tornar amante ou parceira de Napoleão, já tinha decidido que ele seria seu inimigo até a morte, "uma vez que ela não poderia permanecer indiferente a tal homem". Interpretou a dispensa de Constant como um insulto a ela mesma e decidiu revidar. Ela persuadiu seu pai a publicar um livreto demolindo a Constituição Francesa. Napoleão, acreditando – corretamente – que Germaine estaria por trás do livreto, ordenou que ela deixasse Paris. Ela poderia viver na França, mas não em Paris.

Germaine, que adorava drama, escreveu exultante a um amigo: "Ele tem medo de mim. Essa é minha alegria, meu orgulho e meu terror." Napoleão, na verdade, não a temia, mas a achava um tormento. Germaine deixou a França apressadamente, e pelos doze anos seguintes viajou pela Europa, denunciando seu "opressor". Na Alemanha, Goethe ficou impressionado pelo fato de que "ela não tinha ideia do significado de dever"; na Inglaterra, Byron reparou como ela "discursou, ralhou e pregou política inglesa ao primeiro de nossos políticos Whig, no dia após sua chegada à Inglaterra; e pregou política também aos nossos políticos conservadores no dia seguinte. Nem mesmo o Soberano, se não estou enganado, escapou deste fluxo de eloquência".

Associando-se aos inimigos da França em tempos de guerra, Germaine se arriscava a ser presa, mas Napoleão a deixou em paz. Por outro lado, quando Junot pediu-lhe que permitisse que ela voltasse a Paris, Napoleão recusou. "Eu sei como ela funciona. *Passato il pericolo, gabbato il santo*. Quando o perigo passa, ridiculariza-se o santo." Ele finalmente fez as pazes com Benjamin Constant, mas nunca com Germaine. Talvez a observação mais perspicaz sobre a engenhosa dama seja de Talleyrand: "Ela é uma amiga tão boa que atiraria todos seus conhecidos na água pelo simples prazer de pescá-los de volta." Napoleão não era do tipo a se deixar ser atirado n'água por qualquer um, muito menos por uma mulher.

19

O estilo do Império

As artes, particularmente a música e a tragédia, tinham um papel importante na vida de Napoleão, e ele, como os outros governantes da França, fez muito para estimulá-las, aproximando-se de escritores, pintores e músicos, e gastando generosamente no teatro e no balé. Mas o imperador era diferente de seus predecessores reis. Napoleão influenciou as artes não apenas através de seu gosto pessoal, mas através de suas ações, já que suas vitórias no campo de batalha estampariam uma cadeira de salão da mesma forma que os temas de grandes óperas. A combinação do gosto de Napoleão com artistas inspirados por suas vitórias é o que traduz o estilo do Império.

Napoleão, embora não gostasse particularmente dos parisienses, queria tornar Paris a melhor cidade da Europa, "a capital das capitais", e foi ali que ele concentrou suas obras públicas e construções. Ele começou construindo uma rota triunfal, cortando a cidade de leste a oeste. Ele instruiu seus arquitetos favoritos, Percier e Fontaine, a produzir algo simétrico e regular; talvez ele tenha mencionado Vicenza de Palladio, que ele tinha visto pessoalmente. O resultado foi a longa, reta e arqueada rue de Rivoli. Napoleão queria que fosse uma rua sóbria, e não permitiu letreiros de lojas, nada de ruído de martelos, padeiros, açougueiros. Ao norte dela, construiu outra rua reta, a rue de Castiglione, que, na outra extremidade da Place Vendôme, se torna a rue de la Paix. Ao construir estas ruas, tão diferentes da rede de becos ao redor, Napoleão instilou uma nova atmosfera, descrita assim por Victor Hugo:

Le Vieux Paris n'est plus qu'une rue éternelle
Qui s'étire élégante et droite comme un I
*En disant, Rivoli, Rivoli, Rivoli.**

Napoleão introduziu a iluminação a gás em Paris, e, por volta de 1814, a cidade tinha 4.500 postes de luz a gás. Ele também desenvolveu uma nova numeração das ruas. A Revolução havia introduzido a numeração por distritos, como em Veneza, tornando como consequência os números muito altos difíceis de localizar. O *préfet*, Frochot, queria que os números descessem de um lado de uma rua, atravessassem e subissem pelo outro lado. Este era um problema matemático que interessou Napoleão. Foi ele quem decidiu que cada rua deveria ter números pares de um lado e ímpares do outro; nas ruas paralelas ao Sena, a numeração seguiria o fluxo do rio; nas outras ruas, ela começaria a partir da extremidade mais próxima do rio. O sistema de Napoleão dura até hoje. Para tornar as coisas ainda mais claras, Napoleão fez com que os números de ruas paralelas ao Sena fossem pintados em um fundo vermelho, e os outros em fundo preto.

Napoleão era assombrado por dois temores da monarquia: amantes e Versalhes, e assim como ele jurou nunca ser influenciado por mulheres, ele também jurou jamais construir com extravagância. Para seu próprio uso, tudo que construiu foram dois pequenos teatros, um nas Tulherias, o outro em Saint-Cloud; em Paris ele construiu mais extensamente, mas sempre de olho na conta.

A construção mais original de Napoleão é o templo em homenagem à Grande Armée. Este foi sua própria ideia. Ele se decidiu por ele em 1806, organizou um concurso e escolheu um projeto de Vignon inspirado no Parthenon. Do lado de dentro, nomes de todos os soldados que lutaram na Áustria e Alemanha seriam gravados em placas de mármore. A única decoração seriam alguns tapetes, almofadas e estátuas, mas, segundo Napoleão, "não do tipo que se encontra nas salas de jantar de banqueiros".

A questão então surgiu: onde ficaria o templo? Napoleão conseguia posicionar uma bateria de canhões em cinco segundos, mas para situar uma construção ele hesitou, uma vez que neste campo ele não tinha nem princípios nem o talento para isso. Por meses ele oscilou entre vários lugares, incluindo a colina de Montmartre. Finalmente, com a ajuda de seus urbanistas, ele escolheu um

---

* A Velha Paris não é mais que uma rua eterna / Que se estende elegante e reta como um "i" / Dizendo Rivoli, Rivoli, Rivoli. (N.T.)

O ESTILO DO IMPÉRIO

291

lugar ao norte da Place de la Concorde. A construção começou imediatamente, e em 1814 já estava bem avançada.

As outras construções que Napoleão planejou para Paris são a *Bourse*, modelada no Templo de Vespasiano em Roma, mas completada apenas após o reinado de Napoleão, e uma nova ala para unir o Louvre às Tulherias. Napoleão exibiu uma maquete disto ao público para que comentassem, para escárnio de seu conselheiro Fontanes, que não confiava no gosto popular. Como parte da reconstrução do Louvre, Napoleão encomendou a Percier e Fontaine uma fonte em um dos pátios. Eles apresentaram um grupo meio barroco de náiades jorrando água de seus seios. Napoleão deu uma única olhada. "Tirem essas amas-de-leite. As náiades eram virgens."

Napoleão queria construir quatro arcos triunfais em Paris, celebrando Marengo, Austerlitz, a paz e a religião. "Minha ideia é utilizá-los para subsidiar a arquitetura francesa por dez anos, por 200 mil francos... e a escultura francesa por vinte anos." Na verdade, ele construiu apenas dois arcos. O menor, celebrando Austerlitz, está no que era a entrada das Tulherias; é uma construção graciosa, com quatro colunas de mármore vermelho em cada lado. Porém, Napoleão não gostava dela, achava que era "mais um pavilhão que uma porta". Cavalos de bronze, originalmente feitos para o Templo do Sol em Corinto e capturados pelos franceses em Veneza, foram colocados em cima do arco e, durante uma das ausências do imperador, Denon acrescentou uma carruagem e uma estátua de Napoleão. Napoleão fez com que a estátua fosse removida imediatamente: ele disse que o arco havia sido projetado não para glorificá-lo, mas sim "o exército que tenho a honra de comandar". Similarmente, Napoleão vetou o plano de Champagny para renomear a Place de la Concorde como Place Napoleon. "Devemos manter o nome atual. A concórdia é o que torna a França invencível."

O outro arco de Napoleão é o Arc de Triomphe de l'Etoile. Embora mantendo o estilo neoclássico, Napoleão esperava ir além: "um monumento dedicado à Grande Armée deve ser grande, simples, majestoso e não tomar nada da antiguidade". Ele aprovou o projeto de Chalgrin, que fugia do clássico por apresentar um arco sem colunas. Novamente, Napoleão não sabia onde colocá-lo. Primeiro ele pensou na arruinada Bastilha, tradicional ponto de retorno dos exércitos franceses, e depois na Place de la Concorde, e finalmente aprovou o plano de Chalgrin de colocar o arco ao noroeste de Paris, uma ferradura gigantesca no cruzamento de duas estreitas estradas rurais.

Napoleão, como sabemos, gostava de água, do elemento em si e de seus poderes de limpeza, e muito do que ele fez em Paris tinha relação com a água. Ele contornou o Sena com 4 km de *quais* de pedra e o seccionou com três pontes, incluindo uma de ferro fundido, uma invenção bastante recente. Ele melhorou o fornecimento de água potável, pagando pela obra com um imposto sobre o vinho, planejou lagos para remo nos Champs-Elysées e concebeu duas fontes gigantescas. Embora nunca tenham sido construídas, as fontes merecem atenção porque elas mostram o gosto de Napoleão em matéria de estátuas:

> "Vejo pelos jornais [Napoleão escreveu de Madri em 21 de dezembro de 1808 ao seu ministro do Interior] que o senhor colocou a pedra fundamental da fonte na Bastilha. Eu suponho que o elefante ficará no centro de uma grande bacia cheia de água, e que será um belo animal, grande o bastante para que as pessoas possam entrar na carruagem em suas costas. Quero mostrar como os antigos afixavam estas carruagens, e para quê os elefantes eram usados. Envie-me o projeto desta fonte.
>
> Também esboce planos para outra fonte, representando uma bela galé com três fileiras de remos, como a de Demétrio, com as mesmas dimensões de um trirreme clássico. Poderia ser colocada no meio de uma praça pública, ou lugar parecido, com jatos de água brincando à sua volta, para acrescentar à beleza da capital."

A Revolução havia rachado os velhos moldes artísticos, e, quando se tornou imperador, Napoleão encontrou uma grande variedade nas pinturas francesas. Joséphine, por exemplo, pendurava em suas paredes cenas bucólicas de vacas ruminando tranquilamente; Louis Bonaparte comprou o Belisarius Implorando de Gérard: um velho cego, forçado a carregar a criança à beira da morte que havia sido seu guia, tateia seu caminho através de uma planície sob a luz triste do entardecer. Nenhum destes temas teria agradado a Napoleão. O imperador gostava de retratos de homens alcançando realizações. Sobre as Termópilas de David, ele disse: "não é um tema adequado para pintura. Leônidas perdeu". Da mesma forma, ao analisar uma lista de temas históricos para adornar pratos de Sèvres, Napoleão parou subitamente no seguinte: "São Luís, prisioneiro na África, escolhido como juiz pelos homens que o derrotaram." Ele o riscou com um golpe de caneta.

Em relação a estilo, Napoleão não gostava da tendência neoclássica de retratar contemporâneos nus ou em trajes antigos, e detestava alegorias. Ele gostava de cores, movimento e, acima de tudo, exatidão histórica. Em um recado a Denon, ele diz: "Mande fazer um grande quadro sobre o Ato de Mediação, com muitos delegados, dezenove em traje completo". Dezenove exatamente.

Quem cumpria melhor as exigências de Napoleão, entre seus contemporâneos, era Jean Antoine Gros, que Joséphine havia originalmente levado para Milão. Gros começou como pupilo de David, mas reagiu contra a paleta sóbria do mestre: "a

O ESTILO DO IMPÉRIO

pintura espartana é uma contradição em termos". Ele mesmo gostava de colocar muitas cores, especialmente verde-garrafa e vermelho. Mais ainda, ele gostava de transmitir movimento. Isto era essencial para as cenas de batalha encomendadas por Napoleão. De fato, as mudanças que Napoleão introduziu na guerra, Gros introduziu à pintura, pois foi o primeiro a conseguir representar em tela o movimento poderoso de grupos, como colunas de infantaria e esquadrões de cavalaria. As maiores cenas de batalha de Gros, notavelmente Abukir e Eylau, não são apenas escrupulosamente exatas, mas, como obras de arte, imbatíveis em seu gênero.

Alguns dos equipamentos militares retratados pelos pintores acabaram em casas como temas de decoração. Tamboretes e cortinas que pareciam barracas eram populares. Camas que na época de Luís XV eram, assim por dizer, parquinhos de diversão cortinados, se tornaram lugares para dormir: perderam suas quatro colunas; frequentemente tinham cabeceiras e pés baixos, uma almofada combinando em cada extremidade, e acima, um dossel de seda leve. Cadeiras e bancos perderam suas curvas rebuscadas: seus encostos se tornaram retos, para que soldados de costas retas se sentassem nelas. Os tapetes Savonnerie ostentavam emblemas imperiais: águias, cornucópias, vitórias. As paredes eram decoradas com ricas sedas de Lyon. Em contraponto com as linhas severas, havia muito ouro ou dourado: não só em relógios e vasos, mas em cristaleiras, baús e cadeiras. Para isto há três razões. Primeiro, ouro ou folheados eram o equivalente decorativo aos galões e às dragonas; segundo, havia, após um longo período de escassez, muito ouro na França, e seu uso era mais do que simples exibicionismo: terceiro, Napoleão encorajava decorações ricas como um modo de ajudar os fabricantes: uma de suas razões para restaurar a corte, disse ele, era fornecer um mercado para os muitos artesãos de luxo da França. É um paradoxo que entre as mais belas obras-primas do reinado do econômico Napoleão estejam os trabalhos luxuosos em ouro de Auguste, Biennais e Odiot.

Como muitos homens com uma mente matemática, Napoleão amava música. Ele frequentemente cantava sozinho, e quando cantarolava *"Ah! C'en est fait, je me marie"*, este era o momento de abordá-lo com algum pedido. Ele geralmente era desafinado, mas de acordo com o violinista Blangini, "ele certamente tinha um bom ouvido". Seu instrumento favorito era a voz humana, e sua música favorita, a de Giovanni Paisiello, que era chamado o Correggio da música. Sobre a ária *"Già il sol"* na pastoral de Paisiello, *"Nina"*, ele dizia que poderia escutá-la todas as noites de sua vida.

Napoleão assistia em média a dez apresentações de ópera italiana por ano, oito de ópera bufa e apenas duas ou três de ópera francesa. Música francesa, ele uma vez se queixou a Etienne Méhul, não tinha graça ou melodia. Méhul, irritado, trancou-se em seu quarto, compôs uma ópera em estilo italiano, deu-lhe o título de "*L'Irato*" e a apresentou, dizendo ser uma obra de um italiano desconhecido. Napoleão foi à primeira noite, gostou das melodias, aplaudiu e ficou fazendo observações a Méhul, que se sentara ao seu lado: "Nada chega perto da música italiana". As últimas notas soaram, os cantores fizeram as três reverências de praxe, e o nome do compositor foi anunciado: Etienne Méhul. Napoleão foi pego completamente de surpresa, mas depois ele disse a Méhul: "Por favor, engane-me novamente".

"A Ópera", disse Napoleão, "é a verdadeira alma de Paris, como Paris é a alma da França". Ele fez muito para melhorar seus padrões. Ele especificou que deveria haver oito novas produções por ano, e estipulou o número de ensaios para cada uma. Compositores e cantores deveriam receber mais, e para ajudar a cobrir o custo, ele cessou a prática de camarotes gratuitos para os oficiais do governo e deu o exemplo, pagando 20 mil francos anuais por seu próprio camarote. Para criar uma reserva de cantores, ele estabeleceu dezoito vagas gratuitas para alunos no Conservatoire, e providenciou para que um compositor promissor se juntasse aos estudantes de arte – entre os quais estava Ingres – que possuíam bolsas de estudos na Villa Médicis.

O Império foi um grande período para a ópera. Lesueur, o filho de um camponês normando, criou sua *Ossian ou les Bardes* em 1804, e três anos depois *Le Triomphe de Trajan*, no qual ele transpôs para a época romana o ato de clemência de Napoleão, ao perdoar o príncipe Hatzfeld. Outra ópera importante foi *La Vestale* de Spontini: um soldado romano e uma virgem vestal se apaixonam; a virgem negligentemente deixa que a chama sagrada se apague e é condenada à morte, quando o oficial a resgata com suas tropas para se casar com ela. A Academia de Música reprovou a ópera, mas Joséphine gostou tanto dela que Napoleão fez com que ela fosse apresentada. Ela se mostrou um grande sucesso, e nos anos seguintes teve 200 apresentações. O tema de outra ópera, a *Fernand Cortez* de Spontini, foi sugerido por Napoleão. Ela levou ao palco, pela primeira vez, 14 cavaleiros; um jornalista sugeriu que se pusesse um cartaz na porta do teatro: "Ópera apresentada a pé e a cavalo".

Napoleão, pessoalmente, fez muito pelos músicos. Lesueur estava arruinado e reduzido ao desespero pelo poderoso Conservatoire, quando Napoleão o resgatou, deu-lhe um lugar para morar, encontrou um palco para suas óperas e encomendou missas para sua capela. Para o seu cantor favorito, Girolamo Crescenti, Napoleão deu a Coroa de Ferro. Como a Coroa normalmente era reservada à bravura no campo de batalha, os críticos começaram a murmurar, até serem silenciados pela observação sagaz de Giuseppina Grassini: "Crescenti foi

O ESTILO DO IMPÉRIO

ferido" – ele era um *castrato*. Napoleão também gostava de Garat, que podia cantar como baixo, barítono, tenor ou soprano. Garat, um homem gordo e afetado, normalmente enfeitado com grandes gravatas e casacas bordadas; tinha como ponto de honra estar sempre atrasado. Isto fez com que Cherubini chegasse duas horas atrasado ao funeral de Garat, observando: "Conheço Garat; quando ele diz meio-dia, quer dizer duas".

Generais romanos, conquistadores, chefes celtas – armados até os dentes, eles avançavam no palco do Império. Mas se a ópera começou a se assemelhar à batalha, a batalha devia muito à ópera. É um fato notável que quando as tropas francesas marchavam contra o inimigo, elas o faziam ao som de música de ópera. *"Veillons au salut de l'Empire"*, que no Império substituiu *"La Marseillaise"*, vinha de uma ópera de Dalayrac. Outra favorita das tropas, *"Où peut-on être mieux qu'au sein de sa famille?"* vinha do famoso dueto na Lucile de Grétry, enquanto *"La victoire est à nous"* vem da obra La Caravane du Caire, do mesmo compositor. Estas e outras músicas similares eram tocadas por bandas militares durante uma batalha. Embora uma comparação objetiva seja evidentemente impossível, a maioria há de concordar que a música militar francesa era provavelmente muito mais emocionante que a de qualquer outro exército da época; então não seria exagero afirmar que um pequeno número de músicas cativantes e fáceis de lembrar, tocadas em pífanos e tambor, ajudou Napoleão a conquistar suas vitórias. O próprio Napoleão tinha consciência da importância delas. Em 29 de novembro de 1803, ele escreveu ao seu ministro do Interior: "Quero que você providencie que uma canção seja composta para se encaixar na melodia de 'Chant du départ', para a invasão da Inglaterra. E aproveitando, faça também algumas outras canções sobre o mesmo assunto, para se encaixarem em diferentes melodias".

Se Napoleão gostava de música contagiante, também gostava de livros estimulantes. Sua leitura favorita era História narrativa – "História é para homens" – e sua biblioteca portátil em mogno continha livros de História sobre quase todos os países e épocas. Em 1806, ele estava lendo Gregório de Tours e outros cronistas do final do Império Romano; em 1812, em Moscou, a *História de Carlos XII* de Voltaire. Quando conhecia um historiador, Napoleão lhe perguntava qual a época mais feliz da História; o escritor liberal suíço Johannes von Müller disse que haviam sido os Antoninos; Wieland achava que não havia época mais feliz: a História acontecia em ciclos, uma resposta que Napoleão aprovou.

Napoleão amava a *Ilíada*, e achava que a *Odisseia* era uma obra muito inferior. Antes de navegar para o Egito, ele ouviu seu amigo Arnault ler a cena que descrevia o retorno de Odisseu, ao encontrar os pretendentes de Penélope vivendo da riqueza de seu reino. "Larápios, sórdidos – não são reis de forma alguma", Napoleão gritou furioso, e pegando uma tradução francesa encadernada em couro da interpretação livre de Ossian por Macpherson, começou a declamar o que ele considerava a verdadeira poesia heroica. A história favorita de Napoleão em Ossian era "Darthula". O cenário é a Irlanda, onde três irmãos lutam em uma guerra perdida contra Cairbar, o usurpador; Nathos, um dos irmãos, apaixona-se por Darthula, e no final todos os três irmãos e Darthula são assassinados. "Ela tombou sobre o caído Nathos, como uma guirlanda de neve! Seu cabelo se espalha pelo rosto dele. O sangue deles se mistura!"

Quando ainda não tinha trinta anos de idade, Napoleão gostava muito de Ossian, e quando retornou do Egito, ele deu o nome de Oscar – filho de Ossian – a seu afilhado. Mas os poemas eram simples demais para manter sua afeição por muito tempo. Começou a preferir romances, especialmente aqueles com uma grande história de amor. Depois de História, sua leitura favorita era romance. Ele não gostava dos romances em estilo inglês, nos quais a virtude é premiada e o vício punido; ele gostava de um final trágico, como no *Comte de Comminges* de Madame de Tencin, onde tanto o herói como a heroína morrem. Ele não gostava de suicídios como final. Em *Os sofrimentos do jovem Werther*, ele achou ruim o modo como Werther, por ambição e amores fracassados, é levado a tirar sua própria vida. "Não é natural", ele disse a Goethe, "o leitor formou a ideia de que Werther sente amor sem limites por Charlotte, e o suicídio enfraquece isto."

Napoleão tinha um senso de humor saudável e direto. Ele não o demonstrava muito porque a França e a época não estavam no espírito, mas ele existia, e pode ser deduzido pelo seu livro humorístico favorito: o poema pseudo-heroico de Louis Gresset, *Vert-Vert*. Vert-Vert é um papagaio que vive em um convento – "Não conhece nada além de palavras sagradas de cor, muitos cânticos, Ave Jesu". Ele é mimado pelas freiras, e visitantes vêm de longe para admirá-lo. Um convento irmão implora para hospedar Vert-Vert por duas semanas, e ele é enviado de barco pelo Loire. Amantes se abraçam, soldados falam de estupro, saque e matança, e quando chega ao destino, Vert-Vert pragueja como um soldado. "Assobiando em escárnio, batendo suas asinhas, 'Estou danado', ele gritava, 'mas como as freiras são bobinhas'". As freiras correm, fazendo o sinal da cruz, e rapidamente o enviam de volta. Após ser mandado para um recolhimento, Vert-Vert se regenera e finalmente morre de um excesso de frutas secas.

Este poema encantador é do meio do século XVIII, e tem uma linguagem muito leve. Pode parecer surpreendente que Napoleão, que encomendava fontes elefantinas, apreciasse um toque tão leve, mas ele gostava. Ele também gostava disso em Joséphine, cujo humor seguia a mesma linha. Um dia, ela passeava no parque em Malmaison com um príncipe estrangeiro, um homem muito

O ESTILO DO IMPÉRIO 297

honesto. Ele acreditava que tudo à vista havia sido erguido especialmente – como era a moda então – para realçar a vista. Após indagar sobre as grutas e as imitações de templos, sincero como sempre, ele finalmente apontou à distância para o aqueduto de Marly, construído a um alto custo para trazer água para as fontes de Versalhes. "Aquilo?" disse Joséphine, "apenas uma coisinha que Luís XIV fez para mim."

De todas as artes, a favorita de Napoleão era o drama trágico. Ele gostava disso, sabemos, porque exaltava a honra e a coragem. Ele assistiu a 177 apresentações de tragédias, ou seja, mais do que a óperas italianas, e conhecia muitas das cenas de cor. Após Marengo, que foi transformada de derrota em vitória por um ataque de Desaix, Napoleão recitou a um auxiliar frases de *La Mort de César* de Voltaire:

> *J'ai servi, commandé, vaincu quarante années,*
> *Du monde entre mes mains j'ai vu les destinées,*
> *Et j'ai toujours connu qu'en tout événement*
> *Le destin des états dépendait d'un moment.**

Após a Batalha de Baylen, seu primeiro revés, Napoleão falou longamente ao seu Conselho de Estado, com lágrimas nos olhos, sobre os recursos que o General Dupont deveria ter encontrado no desespero de sua posição. "O Velho Horácio no *Horace* de Corneille estava certo. Após dizer, *'Qu'il mourût'***, ele acrescentou, *'Ou qu'un beau désespoir alors le secourût'****. Os críticos ignoram a psicologia quando culpam Corneille por gratuitamente enfraquecer o efeito de *'Qu'il mourût'* na segunda frase".

Quando jovem, Napoleão gostava que as tragédias terminassem em sangue. "O herói deve morrer", ele disse a Arnault, ao aconselhar seu amigo a reescrever o último ato de *Les Vénitiens*. Mas à medida que envelhecia; essa queda para o derramamento de sangue se dissipava, e há um final feliz na sua peça favorita de todos os tempos, a *Cinna* de Corneille, que Napoleão viu doze vezes, duas vezes mais que a *Phèdre* e a *Iphigénie* de Racine. O herói de *Cinna* é Augusto, um dos três romanos antigos que Napoleão mais admirava, os outros sendo Pompeu e Júlio César. Em uma visita à Gália, Augusto descobre que seu melhor ami-

---

* "Eu servi, comandei, venci quarenta anos / Vi a sorte do mundo entre minhas mãos / E eu sempre soube que, em qualquer evento, / O destino dos países depende de um momento." (N.T.)

** "Que ele morreu." (N.T.)

*** "Que um belo desespero então o socorreu." (N.T.)

go, Cinna, estivera planejando matá-lo; após uma longa hesitação e seguindo o conselho de sua esposa Lívia, ele perdoa o culpado, oferece-lhe sua amizade e lhe dá o consulado.

Cinna é um drama de misericórdia. Sua predileção por ele revela um aspecto do caráter de Napoleão, e o fato de ele o ter assistido uma dúzia de vezes sem dúvida dá fibra ao sentimento. Em pelo menos duas ocasiões, Napoleão perdoou homens culpados ao pedido de misericórdia de uma mulher: uma vez após o plano de Cadoudal, e uma vez após o príncipe Hatzfeld espionar para o inimigo.

Napoleão tinha ideias bem definidas sobre como uma tragédia deveria ser. Primeiro, "o herói, para ser interessante, não pode ser nem completamente culpado, nem completamente inocente". O herói nunca deve comer em cena – Benjamin Constant era um imbecil por dizer o contrário – e também jamais deve se sentar – "quando as pessoas se sentam, a tragédia se torna comédia" – talvez uma razão pela qual Napoleão raramente se sentava. E, como nas pinturas, deve haver muita cor local autêntica – Napoleão criticava os dramas orientais de Voltaire neste aspecto. Por último, não deve haver deuses jogando os dados contra os heróis: nada de "destino". "O que temos a ver com o destino agora!", ele observou a Goethe. "Política é destino." É uma observação profunda. Napoleão acreditava que a política de jogar um homem contra o outro fornecia os elementos da tragédia, que é um conflito entre o que o homem propõe e o que é de fato possível. Mais e mais, à medida que os anos do Império passavam, Napoleão viu-se envolvido com este tipo de tragédia. A literatura entrara em seu sangue e, como veremos, ele começou a ver sua própria trágica situação nos termos de seu autor favorito, Corneille: o herói deve, até os limites da resistência e além, mostrar uma vontade forte como o aço de Toledo.

Napoleão, como governante da França, queria incentivar a literatura, mas via as dificuldades envolvidas. Ele não acreditava em "historiadores oficiais" ou "poetas laureados". "De maneira geral, nenhuma forma de criação que seja meramente uma questão de gosto, e que todo o mundo pode tentar realizar, precisa de encorajamento oficial". Mas Napoleão acreditava em erguer o status da literatura, reformando o *Institut* para que a língua e literatura francesas acabassem por formar uma divisão separada – a Academia Francesa – e tentando atrair os melhores escritores eleitos para ela. Um exemplo é Chateaubriand. Na política, Chateaubriand era um típico monarquista bretão, e Napoleão o achava problemático. Parado diante do retrato do autor feito por Girodet no Salão de 1809, Napoleão observou longamente o rosto pálido, o cabelo bagunçado pela tempestade, e a mão sob a lapela do casaco: "Ele parece um conspirador que acabou de descer da chaminé". Mas Chateaubriand, o escritor, era outro assunto.

O ESTILO DO IMPÉRIO

Napoleão tinha em alta consideração o *Le Génie de Christianisme,* e queria que Chateaubriand fosse eleito para a Academia. Lemercier, contudo, se opunha a Chateaubriand: uma obra tão imperfeita como *Le Génie,* declarou ele, não poderia, "sem um quê de ridículo", tomar o tempo da Academia na distribuição de prêmios.

Em 1811, o dramaturgo Marie-Joseph Chénier morreu, e em grande parte graças ao apoio de Napoleão, a Academia elegeu Chateaubriand para ocupar o assento vago. De acordo com o costume, Chateaubriand deveria fazer um discurso elogiando seu predecessor: algo constrangedor para um monarquista, porque Chénier havia votado a favor da morte de Luís XVI. Fontanes, o conselheiro de Napoleão em questões literárias, sugeriu a Chateaubriand que ele meramente mencionasse Chénier de passagem e continuasse exaltando Napoleão – "Eu sei que você pode fazê-lo com toda sinceridade". Chateaubriand escreveu seu discurso. Ele de fato louvou Napoleão, mas, determinado a expressar seu ponto de vista político, em seguida amaldiçoou o levantar de cabeças sacrílegas contra as dinastias, e Chénier em particular. Quando viu o discurso, Napoleão esbravejou para Ségur: "Como a Academia ousa falar de regicidas, quando eu, que fui coroado e deveria ter mais motivos para odiá-los, faço refeições em sua companhia!". Ele vetou o trecho ofensivo, mas Chateaubriand se recusou a alterá-lo, e então ele nunca tomou posse de seu assento oficialmente. Uma tempestade em um copo d'água, mas ilustra bem a atitude de Napoleão em relação à literatura; a reconciliação e uma trégua geral devem vir antes de qualquer coisa. O incidente ganha destaque pelo fato de que Napoleão havia ajudado Chénier na miséria e lhe dado um trabalho, embora durante anos Chénier tivesse escrito contra ele e o atacado no Tribunato. Por exemplo, em dezembro de 1801, Chénier fez objeção ao termo "súdito" no artigo 3 do tratado de paz com a Rússia. Não sem exagero poético, Chénier alegou que cinco milhões de franceses haviam morrido para deixar de ser súditos, e que a palavra "súdito" deveria permanecer enterrada sob as ruínas da Bastilha. Napoleão precisou abrir o dicionário e mostrar que no uso diplomático, "súdito" poderia se referir tanto a cidadãos de uma república quanto aos de uma monarquia.

Diz-se às vezes que Napoleão lançou uma praga sobre a literatura e a escrita em geral, reintroduzindo a censura. Vamos olhar para os fatos em seu contexto histórico. Havia censura antes de 1789, e a liberdade de publicação nunca foi um assunto central durante a Revolução. A mais completa afirmação dos princípios revolucionários, a Constituição de 1791, toca no assunto apenas no Capítulo V, seção 17. "Ninguém pode ser preso ou julgado por imprimir ou publicar escritos de qualquer natureza, a menos que incite deliberadamente a desobediência da lei ou a vilipendiação do governo..." Em outras palavras, alguma medida de controle governamental estava pressuposta, e na verdade cada governo entre 1791 e 1799 descobriu que só poderia sobreviver com a censura da imprensa, do teatro e dos livros.

Vamos considerar primeiro a imprensa. Quando Napoleão se tornou primeiro-cônsul, Paris tinha 73 jornais. A maioria pertencia a monarquistas que, para colocar Luís XVIII no trono, estavam dispostos a imprimir qualquer escândalo, boato ou mentira. Em 16 de janeiro de 1800, quando a França estava à beira da bancarrota, alguns destes jornais anunciaram que tropas anglo-russas haviam chegado à Bretanha e capturado 3.000 prisioneiros. Isso era uma invenção completa, mas causou pânico, fez despencar a Bolsa e certamente levou o povo a "vilipendiar o Governo". Napoleão herdara do Diretório uma lei que dava poderes à polícia para reprimir jornais, e no dia seguinte ele a usou para decretar a supressão de todos eles, exceto 13. Estes continuaram até 1811, quando a situação militar piorou; então Napoleão os reduziu a quatro, e introduziu a censura.

Em 1804, Napoleão discutiu todo o assunto com Lemercier, que observou que a Inglaterra gozava de liberdade de imprensa – embora ele pudesse ter acrescentado que ela tinha sido obrigada a suspender o *Habeas Corpus*. "O governo inglês está estabelecido há muito tempo, o nosso é novo", respondeu Napoleão. "Na Inglaterra, há uma aristocracia poderosa; aqui, nenhuma... As elites na Inglaterra não prestam muita atenção a ataques vindos de jornais, e cidadãos privados que pertençam a famílias poderosas, ou desfrutam de sua proteção, tampouco têm muito a temer; mas aqui, onde os vários grupos sociais ainda não estão estabelecidos, onde o homem comum na rua é vulnerável, onde o governo ainda é frágil, jornalistas golpeariam até a morte instituições, indivíduos e o próprio Estado." "Haveria leis protetoras", retrucou Lemercier, "e cortes para defender indivíduos e servidores públicos." "Neste caso, você não tem liberdade de imprensa; porque se você tenta impedir que a imprensa tome liberdades, você causa a morte de sua liberdade."

Há ainda outro aspecto do controle da imprensa que Napoleão não mencionou a Lemercier. Se Napoleão realmente quisesse uma imprensa florescente – da mesma forma que ele queria uma Igreja próspera – ele provavelmente teria tido o poder de fazê-lo acontecer. Mas não o fez. Como ele confessou a Roederer uma vez: "Se o povo francês vê em mim algumas vantagens, eles terão de aguentar meus defeitos. E meu defeito é que eu não tolero insultos". Napoleão reagira mal ao seu tratamento pela imprensa inglesa e, embora ele sempre tenha encorajado críticas honestas, ele não conseguiu suportar a mesquinhez dos jornais franceses como eles eram na época, e os insultos que eles empilharam sobre ele e o gover-

O ESTILO DO IMPÉRIO   301

no. Estes continuaram, evidentemente, mesmo depois de ele ter eliminado o mais irresponsável: o *Journal des Hommes Libres* de 10 de julho de 1800 atacou Napoleão por usar as palavras "França" e "franceses" em vez de *"patrie"* e *"citoyens"*.

A retenção da censura era uma marca de fraqueza, tanto política como pessoal. Napoleão teria sido mais atraente se tivesse sido capaz de se manter acima dessa fraqueza. Mas, no seu ponto de vista no começo do século XIX, a liberdade de publicação era uma das liberdades menores, e tinha de ser sacrificada para preservar as maiores. Praticamente todos os franceses concordavam, à exceção de um punhado. A liberdade de publicação se tornaria um assunto grande apenas muito adiante no século XIX.

Embora saibamos como a censura política pode ser odiosa, deve-se observar que Napoleão foi muito mais liberal que seus predecessores. Ele revogou o banimento de peças como *Tartuffo, Polyeucte, Athalie* e *Cinna* – que o Diretório havia banido por causa da frase *"Le pire des Etats, c'est l'Etat populaire"* – e embora ele encorajasse os dramaturgos a celebrar os sucessos franceses, ele não usava o palco como propaganda, como a Convenção o fizera.

"Devemos dar o máximo de latitude aos cidadãos", ele disse a Pelet de la Lozère. "É tudo menos bondade demonstrar-lhes solicitude demais, já que nada é mais tirânico que um governo que finge ser paternal."

O teatro, na verdade, florescia sob o Império, e nenhuma peça com algum valor literário sofreu o lápis azul da censura. As tragédias eram neoclássicas e heroicas, as melhores sendo *Les Templiers* de Raynouard, *Hector* de Luce de Lancival, *Don Sanche* de Brifaut e *Tippo-Saïb* de Jouy. No teatro, como na ópera e na pintura, o estilo do Império era despudoramente heroico. Não era, porém, de forma alguma monolítico. A comédia se destacou, embora fosse um gênero que havia fenecido durante a Revolução e seria escarnecida pelos Românticos. Da época do Consulado e do Império, é agradável encontrar várias peças cômicas excelentes, como *La petite ville* de Louis Benoît Picard, um retrato divertido da vida provinciana, *e Edouard en Ecosse* de Alexandre Duval.

Quando falamos de literatura, descobrimos que Napoleão estabeleceu a censura de livros em 1810, como parte de uma tentativa generalizada de proteger os primeiros princípios. Napoleão achou os censores muito rígidos, e em dezembro de 1811 ordenou que eles banissem apenas as obras positivamente difamatórias; eles deviam "deixar os escritores falar livremente sobre todo o resto". Como resultado os censores, que em 1811 haviam rejeitado 12% dos manuscritos, em 1812 rejeitaram apenas 4%. Mas eles ainda ultrapassavam o critério estabelecido por Napoleão. O tipo de livro que eles baniam pode ser aferido por três exemplos: uma biografia do general Monk, porque apenas um apoiador dos

Bourbon desejaria chamar atenção para o restaurador dos Stuart, uma obra teológica aplaudindo a doutrina da Imaculada Conceição, porque "estes truques do século XIV" deveriam ser relegados à época que os produziu e, por último, o *Souvenirs continuels de l'Éternité*, de um tal Lasausse, a quem os censores descreveram como "uma espécie de missionário impetuoso", porque seu propósito principal era o de aterrorizar os leitores.

A literatura em si não foi afetada pela censura, exatamente como na época de Luís XIV, e se o Império não foi um dos grandes períodos da literatura francesa, a culpa certamente não é de Napoleão. A causa parece ser dupla. Primeiro, o antigo público altamente civilizado desaparecera, e o novo público de classe média ainda tinha de estabelecer seus valores literários; segundo, a literatura é normalmente feita de dúvidas, hesitações, conflitos internos e pesares por um passado mais feliz. Agora o Império era um período de convicção positiva, e carregado com um forte senso de progresso e de missão. Estes não se inserem facilmente na literatura, e é interessante descobrir que o melhor dos poetas napoleônicos, Jean Pierre de Béranger, escreveu seus versos exatamente quando o Império estava sendo ameaçado ou sucumbindo, e ele lembrava com pesar dos antigos dias de glória.

Embora não tenha sido um grande período para a literatura, o Império se compara favoravelmente com as décadas imediatamente anterior e posterior. O estilo e valores predominantes eram novamente clássicos. Louis de Bonald publicou vários livros sobre o tema de o Cristianismo ser o grande cimento moral da sociedade, enquanto Pierre Simon Ballanche, "o Sócrates de Lyon", fez uma tentativa brilhante de reconciliar a fé cristã com ideias modernas de progresso em *Du sentiment considéré dans son rapport avec la littérature et les beaux-arts*. Muitas obras excelentes de História foram publicadas, e uma das poucas obras encomendadas por Napoleão foi um histórico de Marlborough e suas batalhas de Dutems. Chateaubriand publicou seus romances *Atala* e *René* e sua *Viagem de Paris a Jerusalém*. A esta lista ainda se deve acrescentar algumas das proclamações e cartas do próprio Napoleão, uma vez que ele usava a língua francesa com rara economia e vigor.

O estilo do Império acredita em regras e põe a sociedade – a *res publica* – acima do indivíduo. Na arquitetura, decoração, ópera, teatro e literatura, há um sentimento palpável de honra, patriotismo e concórdia; uma celebração da coragem e autoabnegação, da amizade e da família. As cores são o escarlate para o sangue e o ouro para a glória. As realizações, exceto na arquitetura, decoração e ópera, não são exatamente de primeira classe, mas tampouco são fracas, nem podem ser desprezadas como o trabalho inferior que se espera de uma monarquia que empregava a censura. Isso seria dar ouvidos sem discernimento aos comentários irritados daqueles que, como Chateaubriand e Madame de Staël, queriam uma participação nos Conselhos internos de Napoleão e não a obtiveram.

Durante o Império, alguns livros, que punham o indivíduo acima da sociedade e dispensavam as regras, começaram a aparecer; isto é, os precursores do Romantismo. Napoleão, cujos valores literários eram totalmente clássicos, achava que estes livros não eram de seu gosto, e disse o seguinte sobre o *Corinne* de Germaine de Staël, publicado em 1807: "Todas as vezes que um autor se põe como um personagem em um livro, o livro não tem valor". Esta observação é uma extrapolação para a literatura do axioma revolucionário de que na vida política deve-se confiar nos princípios e não nas personalidades.

Napoleão não apreciava e talvez temesse o Romantismo, e mesmo assim, paradoxalmente, um aspecto de sua carreira – a ascensão espetacular de segundo-tenente provinciano a imperador – inspiraria os românticos com sua crença central: de que nada é impossível para o ser humano. Além disso, a biografia de Napoleão seria escrita por vários autores românticos como se ele, tão humilde e discreto na maioria dos seus atos, tivesse sido guiado por uma imaginação egocêntrica e febril. O homem que criara o estilo do Império seria, por mais de cem anos, travestido como um arquirromântico.

20

A estrada para Moscou

Arcos do triunfo, uma sala do trono em ouro e violeta, direitos do homem dados à Europa, tudo isto era de certo modo tão tênue como a última produção na Ópera. Napoleão via bem claramente que estas e suas outras realizações permaneceriam apenas se ele conseguisse estabelecer a paz duradoura na Europa. No entanto, a paz se mostrava difícil de alcançar. Ele era odiado pelas cortes, e principalmente pelos ingleses, que riam de seu título de imperador e juraram separar o império.

Napoleão reconhecia que a Inglaterra poderia apenas ser derrotada no mar, e, ao chegar ao poder, ele começou um programa intensivo de construção naval, especialmente de grandes navios armados com enormes canhões de 36 libras. Mas ele não conseguia alcançar os números da Inglaterra. Em abril de 1804, a França tinha 225 embarcações navais, enquanto a Inglaterra, apenas em mares europeus, tinha 402.

Napoleão, que quando menino queria entrar para a Marinha, gostava de navios e de navegar. Aprendeu sozinho o nome de cada parte de um navio e os pontos mais importantes da guerra naval, mas nunca entendeu como controlar sua Marinha, nunca a tornou um instrumento formidável. Um motivo era que ele pensava demais em armamentos – daí os canhões de 36 libras de longo alcance – e muito pouco em capitães ousados. Ele teve o azar de perder seu melhor marinheiro, Latouche-Tréville, que morreu em terra em agosto de 1804, mas cometeu um erro mantendo Villeneuve, que embora corajoso, era um pessimista nato e nunca dera aos seus homens o sentimento de que eles venceriam.

Em 20 de outubro de 1805, Villeneuve navegou de Cádis com uma frota franco-espanhola de 33 navios, e no dia seguinte lutou contra Nelson com 27. Nelson quebrou todas as regras, praticamente como Napoleão havia feito na pri-

A ESTRADA PARA MOSCOU

meira campanha italiana: atacou em duas colunas e cortou a frota de Villeneuve em três. A última mensagem transmitida de Nelson do *Victory* foi "Atraia o inimigo para mais perto", e para este tipo de luta interna, os grandes canhões franceses se mostraram inúteis. Dezessete dos navios de Villeneuve foram capturados, um explodiu e Villeneuve, na agonia do remorso, suicidou-se em seguida.

A derrota de Napoleão em Trafalgar marca uma virada, tanto na situação militar como em sua busca pela paz. Ele foi obrigado a abandonar permanentemente seus planos de invasão, e a partir daí usar sua Marinha para manter os navios ingleses fora dos portos continentais. No mar, ele partiu para a defensiva, enquanto a Inglaterra, livre do medo de ser invadida, pôde ter um papel mais ativo em terra, reforçando os inimigos continentais de Napoleão com guinéus, pólvora e granadeiros. De fato, a batalha naval na costa da Espanha teve sua participação nos fatos que levaram Napoleão ao coração da Rússia.

No continente, Napoleão viu que ele podia manter a paz apenas se tivesse um aliado firme. Ele via este aliado, em termos corsos, como um amigo do peito para toda a vida. Primeiro, ele tentou ser amigo do imperador Francisco da Áustria, apenas para ser rejeitado; depois com Frederick William da Prússia, para descobrir depois que ele era inconstante como areia movediça. Duas vezes Frederick William declarou guerra a ele e, no verão de 1807, Napoleão estava a 1.500 km de Paris, levando a segunda guerra a uma conclusão triunfante. Ele havia conquistado a Prússia, derrotado decisivamente o aliado da Prússia, a Rússia, e na tarde de 25 de junho de 1807, ele estava sendo levado a uma jangada de troncos no meio do fronteiriço Rio Niemen, em Tilsit, para encontrar pela primeira vez Alexandre, imperador de todas as Rússias.

Alexandre era um belo jovem de olhos azuis e cabelos encaracolados em um uniforme da Guarda; 30 anos de idade, tímido, pueril, um tanto suave, por ter sido mimado desde a infância por sua avó, Catarina, a Grande, e sua bela mãe. Ele tinha pontos de vista liberais e gostaria de ter libertado os servos. Napoleão o achou fisicamente bonito – "Se Alexandre fosse uma mulher, acho que eu teria me apaixonado loucamente por ele" – e decidiu que ali estava o tão desejado amigo do peito.

Napoleão se pôs a encantar Alexandre. "Qual seria o rendimento anual da Rússia em peles?", perguntou ele educadamente. "Quanto entrava do imposto sobre o açúcar?" Ele levava o soldado florescente para caminhadas, respondia a suas perguntas interessadas e elementares sobre estratégia, e fez-lhe uma promessa: "Se eu alguma vez tiver de lutar contra a Áustria novamente, você liderará um exército de 30 mil homens sob minhas ordens. Assim você aprenderá a arte da guerra".

No jantar, Napoleão falou de suas campanhas e contou o segredo do suces-so: "O essencial é que o medo deve ser o último dos sentimentos". Percebendo em Alexandre um senso do sobrenatural, ele até falou de sua boa sorte. No Egi-to, ele recordou, ele havia adormecido encostado a um muro antigo, que subi-tamente desabou. Mas ele acordou intocado, e em sua mão, o que parecia ser uma pedra, acabou se revelando um belíssimo camafeu de Augusto.

"Por que não o conheci antes?..." Alexandre declarou entusiasmado a um di-plomata francês. "O véu se rasgou e o tempo do erro passou." Ele convidou Na-poleão aos seus aposentos para tomar seu chá chinês favorito, e os dois come-çaram a redigir um tratado de paz, sozinhos. "Eu serei seu secretário", disse Napoleão, "e você será o meu."

No mapa aberto, Napoleão viu três Estados que repetidamente entraram em guerra com a França: Áustria, Prússia e Rússia. Contra a Áustria e a Prússia, ele já criara um estado-tampão – a Confederação do Reno. Agora ele decidiu criar outro. Separando as conquistas da Prússia na Polônia desde 1772, Napoleão as juntou no Grão-Ducado de Varsóvia, para ser um estado-tampão entre o Impé-rio e a Rússia. Mas do derrotado Alexandre ele não pediu nem dinheiro nem ter-ritório; de fato, ele não tinha objeções a que ele anexasse a Finlândia. Surpreso e encantado, Alexandre exclamou para sua irmã: "Deus nos salvou! Em vez de sacrifícios, emergimos da guerra com um pouco de lustro."

Napoleão havia sido generoso de propósito. Ele contava com sua amizade com Alexandre para dar à Europa um longo período de paz. De volta a Paris, ele co-briu Alexandre de cartas e presentes afetuosos, incluindo um serviço de jantar Sèvres, ao qual Alexandre retribuiu com um presente de peles, modestamente cha-mando a si mesmo de "seu peleteiro". Napoleão pagou 1 milhão de francos pela casa de Murat como residência para o novo embaixador russo em Paris, e para a amante de Alexandre, Marie Antonovna; uma bela polonesa que adotava a pose da Vênus de Médici, cabeça levemente inclinada para baixo, braço direito curva-do em frente aos seios, ele enviou os vestidos da última moda. "Eu os escolhi pes-soalmente", Napoleão informou ao seu mensageiro, "você sabe que tenho um bom conhecimento de moda".

Napoleão observou com prazer que Alexandre tomou como conselheiro Spe-ransky, filho de um padre e um homem pacífico que desejava reformar a Rússia na mesma linha da França napoleônica; também que Alexandre havia fechado os portos russos para os navios ingleses. Por outro lado, Napoleão estava preo-cupado com Viena, onde o partido da guerra, liderado pelo irmão de Francisco, o arquiduque Carlos, estava ganhando poder e e tropas estavam sendo mobilizadas. Ele decidiu encontrar Alexandre novamente e garantir seu apoio no caso de um ataque pela Áustria.

Napoleão e Alexandre se encontraram pela segunda vez em Erfurt, no leste da Alemanha, em 1808. Napoleão chamou três reis e 35 príncipes para acrescentar pompa, e a Comédie Française para apresentar tragédias. Como Alexandre não ouvia bem de um ouvido, Napoleão fez com que os tronos imperiais fossem movidos à frente para uma plataforma acima da orquestra. Na sexta noite, quando Édipo recitou a frase:

"A amizade de um homem forte é um presente dos deuses", Alexandre se levantou e afetuosamente apertou a mão de Napoleão.

Napoleão perguntou se poderia contar com a ajuda de Alexandre se a Áustria declarasse guerra. Para sua surpresa, Alexandre relutou muito antes de dizer sim. Contudo, ele disse sim, e concordou com um plano de ação conjunta. Como preço da aliança, Napoleão concordou que Alexandre, que já havia anexado a Finlândia, ficasse também com as antigas províncias turcas de Walachia e Moldávia: um ganho territorial muito grande. Alexandre estava impressionado com as distâncias que Napoleão estava disposto a percorrer para garantir a paz na Europa. "Ninguém compreende o caráter do homem...", ele confidenciou a Talleyrand. "Ninguém percebe o quanto ele é bom." Mas Napoleão não compartilhava da satisfação do czar. Ele sentiu que Alexandre em Erfurt não estava sendo sincero, e não apresentara o compromisso fraternal total que, para alguém nascido na Córsega, era a marca da amizade. Ele disse a Talleyrand, "Não vou conseguir progressos com ele."

Em abril de 1809, como Napoleão havia previsto, a Áustria declarou guerra à França. Napoleão havia oferecido colocar Alexandre na liderança de um exército, mas o czar não parecia querer lembrá-lo da oferta agora. Na verdade, ele mostrou pouca vontade de ajudar Napoleão. As tropas russas prometidas para atacar a província austríaca da Galícia não apareceram, e na campanha posterior, o exército auxiliar russo lançou apenas um par de ataques sem muito entusiasmo. No mais feroz deles dois homens foram mortos e dois feridos. Como se viu depois, Napoleão não precisava da ajuda da Rússia – ele esmagou a Áustria com uma só mão, e após a vitória em dois dias de Wagram, assinou uma paz satisfatória.

Napoleão, para quem a amizade era tudo ou nada, não conseguia entender por que Alexandre o decepcionara. O que aconteceu foi o seguinte. Desde Tilsit, Alexandre enfrentava forte pressão da família, da corte e dos nobres para abandonar sua aliança com Napoleão. Após Tilsit, um russo escreveu em seu diário: "O amor pelo czar transformou-se em algo pior que ódio, um tipo de desgosto."

Sua influente mãe recomendara que Alexandre não fosse a Erfurt, a fortaleza de um "tirano manchado de sangue". Seus generais imploraram que ele dominasse a Polônia por conta própria. Correto demais para voltar atrás em sua palavra, e não forte o bastante para bater de frente com Napoleão, Alexandre tomou um fraco caminho do meio. Mas este tipo de comportamento era incompreensível para Napoleão. Qualquer governante de valor se manteria ao lado de seus amigos e de seus princípios. O que era Alexandre então? Um maquinador, um "Grego Bizantino".

Napoleão sentiu um grande desapontamento pessoal, bem como frustração política. Mas não haveria alguma outra ligação, mais forte e mais duradoura que a amizade? Havia, e tinha sido usada por gerações de governantes franceses. O casamento poderia cimentar uma aliança. O casamento poderia unir duas pessoas; o casamento poderia dar a ele um filho e herdeiro. Napoleão havia começado a desejar um herdeiro, porque na Batalha de Regensburg em 1809 ele havia sido ferido no pé por uma bala de mosquete, e logo após, um estudante saxão, Frederick Staps, havia tentado matá-lo; interrogado, Staps admitiu que ele teria tentado matar Francisco da Áustria também, "mas Francisco tinha filhos que poderiam sucedê-lo".

Napoleão ainda era apaixonado por Joséphine. Ele continuava a reclamar de sua extravagância – em 1809, 524 pares de sapatos e 3.599 francos em ruge para avivar suas faces preocupadas –, mas quando ela ficou doente durante o verão de 1808, ele se levantava às vezes quatro vezes por noite para ver como ela estava. Em outubro de 1809, contudo, Napoleão decidiu que ele deveria sacrificar seus sentimentos por Joséphine e os dela por ele. A situação agora era tão grave que ele deveria se casar novamente como o único caminho para a paz. Antes de retornar da Áustria para a França, ele mandou que a porta comunicante entre seu apartamento e o de Joséphine fosse selada.

Em 30 de novembro de 1809, nas Tulherias, Napoleão disse a Joséphine que mandaria anular o casamento deles "Eu ainda a amo", ele disse, "mas na política não há coração, apenas cabeça." Joséphine desmaiou, depois chorou e implorou, sem sucesso. A Corte Diocesana Eclesiástica de Paris cedeu uma anulação de seu casamento religioso feito às pressas na véspera da coroação, porque havia sido celebrado na ausência do padre da paróquia e de qualquer testemunha. Eles o fizeram não apenas para agradar a Napoleão, mas porque, de acordo com a lei canônica da época, o casamento era inválido, o que até o velho Monsieur Emery de Saint-Sulpice admitiu.

Em 15 de dezembro, após quatorze anos, Joséphine saiu da vida de Napoleão. Ela partiu para a perfumada Malmaison, levando consigo um par de mini-wolf-

A ESTRADA PARA MOSCOU

hounds alemães e uma cesta de filhotes recém-nascidos. Napoleão chamou Eugè-ne de Milão para confortá-la. Seja forte, seja forte, ele pedia em suas cartas, como se falasse a um personagem de Corneille. Um mês após a separação ele escreveu: "Eu quero muito vê-la, mas tenho de ter certeza de que você está forte e não fra-ca. Eu estou um pouco fraco também, e isto me deixa terrivelmente infeliz."

Napoleão, enquanto isso, pediu ao seu embaixador em São Petersburgo que lhe enviasse um relatório sobre a irmã de Alexandre, Anna. "Parta do princípio de que precisamos de filhos". "Informe-me... quando ela puder se tornar mãe, já que nas circunstâncias atuais até uma questão de seis meses conta". Caulain-court respondeu que a família imperial era fisicamente precoce, e que Anna, com quase 16 anos, já era núbil. Em 22 de novembro, Napoleão mandou Cailan-court pedir a mão de Anna ao czar. Ele pretendia que seu casamento fosse a pe-dra fundamental do império e uma garantia de paz. Mesmo os parisienses blasés ficaram entusiasmados com a perspectiva união de Roma e Bizâncio, de Carlos Magno e Irene.

Alexandre disse a Caulaincourt que se a decisão dependesse dele, ele daria seu consentimento imediatamente, mas por um decreto do falecido czar, o fu-turo de Anna estava nas mãos da Imperatriz Mãe. Ela, quando consultada, con-sultou sua filha casada Catarina, Duquesa de Oldenburg. Catarina disse que apro-vava. Mas então a Imperatriz Mãe começou a colocar barreiras. Anna seria feliz? Ela era tão submissa, e Napoleão tão dominador. E será que em Paris ela pode-ria praticar a religião ortodoxa? Napoleão seria capaz de lhe dar filhos? No final das contas, ela precisava de tempo para refletir.

Napoleão contava com uma aceitação rápida. Quando as cartas de Caulain-court chegavam, com a observação sinistra de que Alexandre não tinha a força de vontade para se impor sobre sua mãe, Napoleão começou a ter certeza de que a corte russa estava preparando uma recusa, o que de fato chegou alguns dias de-pois: a discussão do casamento de Anna deveria esperar dois anos, até que ela com-pletasse 18 anos. A polidez não enganou Napoleão: esta era uma recusa clara.

Napoleão ficou ofendido e, como governante da França, desapontado. A re-cusa atrapalhava completamente seu plano mestre. Mas talvez ainda fosse pos-sível construir a paz com um casamento. O princípio de Napoleão era de que ele precisava ter um aliado certo entre as potências continentais. Já que Alexan-dre renunciara à amizade, que o amigo fosse Francisco da Áustria. Em 6 de fe-vereiro de 1810, Napoleão enviou Eugène ao embaixador austríaco para pedir a mão da filha de dezoito anos do imperador Francisco. O pedido foi bem recebi-do. Francisco havia perdido várias províncias após a última guerra fatal, e ele es-perava que uma aliança matrimonial estimulasse Napoleão a devolver algumas delas. Era uma pena que Napoleão fosse um emergente, mas Francisco deu seu consentimento, aliviando sua consciência declarando que o imperador francês era um descendente direto dos duques da Toscana.

Napoleão ficou encantado. Ele planejou um itinerário pelo qual Marie Louise chegaria na data mais próxima possível, 27 de março de 1810. Ele encomendou um traje novo de um alfaiate da moda, Léger. Com tato, ordenou que os quadros sobre suas vitórias na Áustria fossem removidos de todas as paredes do palácio. Ele havia parado de dançar no ano anterior – "afinal, 40 anos são 40 anos", – mas agora ele começou a tomar aulas de valsa para agradar sua jovem noiva. O mestre de cerimônias de Napoleão redigiu dez páginas de fólio para o cerimonial da chegada de Sua Alteza, mas elas se mostraram um desperdício de papel, uma vez que Napoleão, em sua impaciência para ter um filho, interceptou Marie Louise e a carregou para a cama em Compiègne.

Marie Louise era clara, com olhos azuis puxados, pele rosada, mãos e pés pequenos. Ela gostava de comidas gordas, especialmente de creme azedo, lagosta, chocolate, e era mais sensual que Joséphine. Em sua noite de núpcias, encantada com a capacidade de fazer amor de Napoleão, o convidou para "fazer de novo". Mas a diferença principal entre as mulheres era a personalidade e educação. Joséphine era corajosa e livre; Marie Louise era medrosa e havia sido criada em uma corte servil por um pai rígido. Ela chegara à França cheia de medos. Tinha medo até de fantasmas, e não conseguia dormir sem pelo menos meia dúzia de velas acesas. Napoleão, como sabemos, gostava do escuro total, e por isso voltava para o seu próprio quarto após o sexo.

Esta mulher nervosa, tola e sensual não era a pessoa mais fácil de se conquistar. Muitos na corte a julgavam severamente; Napoleão, contudo, se concentrava em suas boas qualidades, o que ele chamava de seu frescor de botão de rosa e sua sinceridade. Sabendo que ela era estrangeira e medrosa, gastou muito de seu tempo precioso com ela, e estimulou o gosto dela por pintura. Com esta força encorajadora, sua energia que atraía as mulheres, e com gentileza, em algumas semanas ele a havia conquistado.

Em julho, Marie Louise ficou grávida, e à medida que os meses passavam, a França inteira esperava com ansiedade as salvas: para uma menina, 21; para um menino, 101. Em 20 de março de 1811, Marie Louise entrou em trabalho de parto. O ginecologista previu um parto difícil, e Napoleão lhe disse que se fosse uma questão de escolher entre a vida da mãe ou da criança, ele deveria salvar a mãe: uma ordem que Marie Louise sempre se lembraria com gratidão. Fórceps tiveram de ser usados, mas a criança nasceu viva. Ao ouvir a salva de 101 tiros, os olhos de Napoleão se encheram com lágrimas de alívio e alegria. Finalmente ele tinha um herdeiro. Para Joséphine, que havia mandado seus parabéns, ele escreveu: "Meu filho é robusto e saudável... ele tem meu peito, minha boca e meus olhos".

Este novo Napoleão, seu pai acreditava, reconciliaria os povos e os reis. Com sangue francês e austríaco nas veias, ele era um europeu em um novo sentido. Ele também era um símbolo de continuidade, do Império como se tornaria amanhã. Por último, e mais importante, ele era o símbolo vivo da aliança entre a França e a Áustria, que parecia manter a Europa como estava. Com razão, Napoleão declarou "Estou no topo da minha felicidade."

E quanto ao czar Alexandre, enquanto isso? Ele ainda tinha uma boa disposição em relação a Napoleão, mas ainda não reinava na plena acepção da palavra. Os nobres e a corte o fizeram baixar um plano para introduzir o governo parlamentar e o imposto de renda; eles o fizeram até exilar seu conselheiro liberal Speransky: "foi como cortar meu braço direito fora", disse Alexandre. Acima de tudo, eles viam com alarme a introdução do Código Civil por Napoleão ao Grã-Ducado de Varsóvia. Ali, em plena fronteira com a Santa Rússia, os judeus recebiam direitos políticos e os servos, sua liberdade. Se estes princípios igualitários se espalhassem, seus próprios servos – os milhões de camponeses desnutridos e atados perpetuamente ao solo, que trocavam de dono, mil por vez, como sacos de diamantes, nas mesas de jogo em São Petersburgo – logo estariam exigindo liberdade e terras.

Os nobres imploraram a Alexandre que verificasse estes princípios "hostis" reestabelecendo a Polônia, com ele como rei. No começo Alexandre resistiu à ideia, já que ainda se apegava à sua amizade com Napoleão. Mas os nobres o acusaram de ser pró-França e um traidor. Como Nicolas Tolstoy disse: "Senhor, se não mudar seus princípios, acabará como seu pai – estrangulado!"

Alexandre lentamente cedeu. Ele fez aberturas para um tratado com a Inglaterra e planejou um ataque em Varsóvia. Napoleão o frustrou enviando Davout com tropas francesas. Alexandre então pediu a Napoleão que lhe desse um grande pedaço do Grão-Ducado de Varsóvia, com meio milhão de súditos. Napoleão já lhe havia dado parte da província austríaca da Galícia em 1809, um prêmio generoso pela ajuda insignificante da Rússia contra a Áustria, e ficou furioso com essa nova exigência. Em 15 de agosto de 1811, nas Tulherias, ele vociferou para Kurakin, o embaixador russo, como ele vociferara uma vez ao inglês Whitworth. "Mesmo que os exércitos de vocês fossem acampar nas alturas de Montmartre, eu não deveria ceder um centímetro de Varsóvia... nem uma aldeia, nem um moinho... Você sabe que eu tenho 800 mil soldados! Vocês estão contando com os aliados? Onde estão eles? Vocês me olham como lebres que levaram um tiro na cabeça e ficam olhando surpresos em volta, sem saber para onde correr."

Como Napoleão percebeu, Alexandre havia virado a casaca. Ele agora estava comprometido com a antiga política expansionista de Catarina, pretendendo, na verdade, fazer jus ao nome. Tendo feito uma aliança com Carlos XIII da Suécia, onde o inimigo de Napoleão, Bernadotte, estava trabalhando, Alexandre se sentiu forte o bastante em abril de 1812 para emitir um ultimato: Napoleão deveria retirar suas tropas da Prússia e do Grão-Ducado como uma preliminar para um novo acordo das fronteiras da Europa.

Napoleão se via agora face a uma escolha cruel. Ele havia dado uma constituição aos poloneses e sua palavra de que manteria o Grão-Ducado existindo. Os poloneses mesmo queriam permanecer em seu Império. Mas, além disso, ele considerava o Grão-Ducado essencial para uma paz duradoura na Europa. Se ele retirasse suas tropas, a Rússia tomaria o Ducado e depois, se a história fosse referência, iria avançar sobre a Prússia e a Áustria. Eles por sua vez procurariam compensação na Confederação do Reno e na Itália. O Império chegaria ao fim, e a França, de volta às suas fronteiras vulneráveis pré-Revolução.

Napoleão relutava em declarar guerra à Rússia. Ele havia dito em 1808: "Não há um exemplo na história de povos do sul terem invadido o norte; foram os povos do norte que devastaram o sul". Ele não ansiava ir contra a história. Mas digamos que ele declarasse a guerra? Ele agora tinha um aliado seguro na Áustria. Causando uma derrota decisiva nos exércitos do czar, uma derrota como Austerlitz ou Friedland, ele salvaria o Grão-Ducado de Varsóvia – e com ele, toda a Europa Ocidental – da invasão russa, e daria a si mesmo digamos, cinco anos de paz para terminar a luta com a Inglaterra, na qual os sinais de desgaste eram evidentes: o desemprego estava alto e, como Napoleão colocou a situação: "Eles estão cheios de pimentas, mas não têm pão." Ponderando, Napoleão concluiu que uma guerra imediata era a melhor das hipóteses.

Em 24 de junho de 1812, em Kovno, Napoleão observou os regimentos principais do Grande Exército cruzarem o Rio Niemen, onde cinco anos antes, em uma jangada coberta, ele havia abraçado Alexandre pela primeira vez. Por oito dias, suas tropas, dessincronizando o passo, marcharam através de três pontes. Havia italianos, seus uniformes bordados *"Gli uomini liberi sono fratelli"*. Havia muitos poloneses, sua cavalaria carregando bandeiras com as cores nacionais, vermelho e branco. Havia dois regimentos portugueses em uniformes marrom-claro e forro contrastante em vermelho. Havia bávaros, croatas, dálmatas, dinamarqueses, holandeses, napolitanos, alemães do norte, saxões e suíços, cada contingente nacional com seu uniforme e canções. Juntos eram vinte nações, 530.000 homens. Nunca um exército tão grande foi visto desde que Xerxes fez marchar às nações da Ásia através do Helesponto.

A ESTRADA PARA MOSCOU

Franceses compunham um terço do total. Napoleão conseguia ver cada regimento precedido pelo estandarte que ele lhe havia dado. Sob uma águia de bronze com asas abertas flutuava uma bandeira quadrada de cetim branco rodeado em três lados por uma franja dourada, e bordada em grandes letras douradas: por exemplo, "O imperador para o seu Segundo Regimento de Couraçeiros", e do outro lado as batalhas nas quais o regimento lutara; o resto do cetim era decorado com abelhas douradas com 2,5 cm de comprimento.

A Guarda Imperial de Napoleão formava uma elite fechada de 45.000 homens, divididos em Velha Guarda, que eram os veteranos, e a Jovem Guarda, que eram a nata dos alistados. Os granadeiros da Guarda tinham pelo menos 1,80 metros de altura, usavam uniformes azuis, culotes brancos e chapéus de pele de 30 centímetros, decorados do lado esquerdo com um penacho de três cores e uma pluma vermelha. Eles tinham o direito de cultivar costeletas e bigodes espessos. Um granadeiro simples tinha a posição e o soldo de um sargento de qualquer outra unidade, e podia tomar meia garrafa de vinho com seu jantar. A cavalaria da Guarda montava apenas cavalos negros, usava culotes bege e jaquetas verde-escuro decoradas com cinco fileiras de botões de latão e trança amarela. Os melhores deles – 22 cavaleiros – formavam a guarda pessoal de Napoleão.

Cada divisão era seguida por uma coluna de dez quilômetros de suprimentos, consistindo em gado vivo, carroças de trigo, pedreiros para construir fornos e padeiros para transformar o trigo em pão. Havia 28 milhões de garrafas de vinho e 2 milhões de garrafas de conhaque. Havia 1.000 armas e várias vezes esse número de carroças de munição. Havia ambulâncias, macas e curativos, havia equipamento para construir pontes e forjas portáteis. Cada oficial veterano tinha sua própria carruagem e até mesmo uma ou duas carroças para levar roupa de cama, livros, mapas e assim por diante. Carroças e carrinhos chegavam a 30.000; cavalos, incluindo a cavalaria, 150.000.

O moral desta imensa força era extremamente alto. A "segunda guerra polonesa", como Napoleão a chamava, a primeira tendo sido a guerra de 1806-1807, não era de forma alguma um risco imprudente, e o diplomata mais pragmático da Europa, Metternich, acreditava em seu sucesso. Alguns oficiais acreditavam que acabariam na Índia, e já se viam voltando com sedas e rubis.

Napoleão viajou em uma carruagem coberta verde de quatro rodas, puxada por seis cavalos Limousin. De gavetas trancadas ele tirava mapas e relatórios, os estudava no caminho, e ditava respostas a Berthier, que viajava com ele na carruagem. Todos os dias ele recebia uma bolsa de couro trancada com uma placa de metal inscrita "Os Relatos do Imperador", acompanhada por um livreto no qual, de acordo com um sistema criado por Napoleão, cada cavaleiro anotava o horário exato em que ele recebia a bolsa e quando ele a entregava. Napoleão tinha uma chave; Lavalette, seu ministro do Correio em Paris, a outra. Usando a chave de Napoleão, Caulaincourt, Mestre de Cavalaria, destrancava a bolsa e entregava seu conteúdo através da janela da carruagem a Napoleão. Logo uma quantidade de documentos que Napoleão não tinha interesse em guardar podia ser vista sendo passada dos dois lados da carruagem. Uma lanterna permitia a Napoleão trabalhar até tarde da noite, e podia até dormir em uma cama improvisada dentro da carruagem, enquanto ela corria em velocidade perigosa, tão rápido de fato que, nos revezamentos, quando os cavalos que espumavam eram trocados, baldes de água tinham de ser jogados nas rodas fumegantes.

À medida que se aproximava dos russos, Napoleão viajava com a Guarda, montando seu cavalo negro Marengo. Se precisava desmontar para satisfazer alguma necessidade física, quatro cavaleiros também desmontavam, formavam um quadrado em volta de Napoleão, voltados para fora, e com baionetas fixas apresentando armas. Ao crepúsculo, Napoleão ia para o alojamento ou acampava em uma barraca listrada de azul e branco. Ordenanças removiam de seu estojo de couro preto uma cama de ferro dobrável, inventada especialmente sobre rodinhas, pesando apenas 18 kg. Eles montavam a cama, arrumavam sua cobertura verde e colocavam ao lado o tapete da carruagem de viagem. Na outra metade da barraca, eles preparavam uma mesa e cadeira de madeira de faia; sobre a mesa, invariavelmente, era aberto o mapa especialmente gravado da Rússia. Era tão grande que o general Delaborde da Guarda, ao fazer sua cópia, teve de usar vinte e quatro guardanapos de linho.

Napoleão geralmente se levantava às seis horas e bebia uma xícara de chá ou uma infusão de flores de laranjeira. Ele depois inspecionava um regimento ou outro, demonstrando preocupação especial com os serviços médicos. Em Vitebsk, avaliando um batalhão da Velha Guarda, ele se virou para o quartel-mestre general e perguntou quantos curativos havia na cidade. O quartel-mestre disse a quantidade; Napoleão achou muito pouco. "Na média", ele disse, ríspido, "um homem ferido precisa de 33 curativos". Depois ele se voltou para os granadeiros. "Estes homens corajosos vão enfrentar a morte por mim, e vai-lhes faltar cuidado médico básico. Onde estão os quartel-mestres da Guarda?" Ele ouviu que um estava com o exército, os outros dois em Paris e em Vilna. "O quê? E não em seus postos? Eles estão dispensados. Dispensados... Um homem de honra deveria estar dormindo na lama, e não entre lençóis brancos."

Este era o velho Napoleão da Itália e Egito, mas havia um novo Napoleão também, sua Majestade o Imperador, isolado por sua aura e fama. Um dia, avaliando a Guarda, Napoleão parou em frente a um recruta novo, capitão Fantin

A ESTRADA PARA MOSCOU

des Odoards. "De onde você vem?" ele perguntou, usando o amigável "tu". "De Embrun, senhor". "Baixos Alpes?" "Não, senhor, Altos Alpes". "Sim, claro". Após a inspeção, diz o capitão Fantin, "meus superiores, que haviam escutado, me disseram que fiz mal em, por assim dizer, contrariar o imperador". Evidentemente eles não sabiam que Napoleão gostava que os homens falassem o que pensavam; era um sinal perigoso.

Então a marcha do dia começaria, através de campos planos e secos onde as vilas consistiam em cabanas com chão de barro, as rachaduras em suas paredes de troncos erguidas rusticamente recheadas de musgo, onde humanos viviam em um aposento junto com meia dúzia de gansos, patos, galinhas, porquinhos, um bode, um novilho e uma vaca. Fazia muito calor, os homens eram picados por insetos e os veteranos recordavam as condições no Egito. O principal exército russo, uns 120.000 homens com 600 canhões, era comandado por um general vagaroso de ascendência escocesa, Barclay de Tolly. Napoleão esperava enfrentar Barclay em Vilna, 80 km após a fronteira russa. Mas Barclay havia abandonado Vilna. Ele agia sob ordens do czar, que, caracteristicamente, havia decidido evitar um combate direto.

Napoleão perseguiu Barclay até Vitebsk no Duna, mas Barclay escapou e se juntou ao Segundo Exército do príncipe Bagration no Dnieper. Marchando pelo vale do Dnieper, Napoleão esperava lutar com os dois exércitos separadamente em Smolensk, uma das maiores cidades da Rússia. Mas novamente os russos evadiram-se, sacrificando sua retaguarda e colocando entre eles e os franceses uma barreira de fogo: eles incendiaram Smolensk. Isto foi em 17 de agosto.

Napoleão estava marchando havia sete semanas, e tudo que ele havia conquistado foi espaço vazio. Quanto mais ele se embrenhava na Rússia, mais ele e seus homens percebiam o espaço vazio e o silêncio. Quando eles chegaram ao que no mapa era uma vila, encontraram-na queimada, e seus alimentos enterrados. Todos os habitantes haviam fugido. Nada restara, a não ser espaço. Mesmo o céu russo não tinha pássaros. Como Madame de Staël observara, "Os espaços fazem tudo desaparecer, exceto o espaço em si, que assombra a imaginação de uma pessoa como certas ideias metafísicas das quais a mente não consegue se libertar, uma vez presa."

Confrontado por este vazio, Napoleão no meio de agosto tinha uma escolha a fazer. Ele poderia atacar, como ele colocara, na cabeça, nos pés ou no coração. A cabeça era São Petersburgo, onde o czar governava, mas quase uma cidade escandinava remota, em relação à Rússia em si. Os pés eram Kiev, a grande cidade do sul. O coração era Moscou, a antiga capital, a maior cidade e a mais bem posicionada estrategicamente. Moscou estava bastante distante, 12 marchas a partir de Smolensk, 2.500 km em linha reta de Paris. Por uma semana Napoleão esperou, avaliando a situação, tentando ler a mente de Alexandre. Então ele deu a ordem para que marchassem para Moscou.

Muitas unidades tiveram de ser deixadas para trás para guardar as comunicações, então uma fila muito reduzida de carroças, cavalos e tropas poliglotas continuou seu avanço pela terra vazia. Vilas ainda eram sistematicamente queimadas, forragem era impossível de obter, e milhares de cavalos franceses morreram. Mas Napoleão se sentia razoavelmente confiante. Um dia, relaxando em uma campina com seus oficiais, ele começou, como fazia às vezes durante períodos de inatividade, a filosofar. "Tenho um bom trabalho, governando o Império. Eu poderia estar em Paris, me divertindo, não fazendo nada... em vez disso, aqui estou com vocês, acampando; e em ação como todo mundo, posso ser acertado por uma bala... estou tentando me superar. Cada um em sua própria estação deve fazer o mesmo. Isto é o que significa grandeza."

Enquanto isso, Alexandre havia sido forçado pelos seus ministros e opinião da corte a suspender a retirada. A todo custo, eles disseram, ele deveria lutar para salvar Moscou. Então o czar substituiu Barclay pelo general Kutuzov, um nobre esperto de 68 anos que havia perdido seu olho direito para uma bala turca, era extremamente gordo, incapaz de montar um cavalo, e fazia as campanhas a bordo de uma carruagem. "O viúvo deitado", como Napoleão o chamava, havia sido derrotado em Austerlitz e tinha jurado se vingar. Ele levou seu exército para o sul da vila de Borodino, em um espinhaço cortado por ravinas, e atrás do Kolotcha, um tributário do Moskowa, o rio que atravessava Moscou, a 115 km para o leste.

Napoleão chegou às encostas de frente para os russos em 6 de setembro. Ele se sentia muito mal. Uma velha queixa, disúria, havia voltado, o que fazia com que urinar fosse muito doloroso, e ele havia pegado um resfriado febril grave. Ele saiu à tarde para avaliar as linhas russas e foi visto parando e resfriando sua testa quente na roda de um canhão. Contudo, ele se animou quando uma caixa chegou de Paris, contendo o retrato feito por Gérard de seu filho pequeno, deitado em uma almofada de veludo verde e brincando com um cetro de marfim. Ele chamou seus oficiais e generais para compartilhar seu prazer. "Cavalheiros, se meu filho tivesse quinze anos, acreditem, estaria aqui pessoalmente!" "Uma pintura admirável", ele decidiu, e mandou que a colocassem em uma cadeira fora de sua barraca, onde poderia ser vista pela Guarda.

Napoleão ficou acordado até tarde aquela noite, ditando ordens. Ele foi para a cama à uma da manhã, e se levantou novamente às três. Os russos tinham se retirado novamente? Não, do outro lado do vale ele via suas fogueiras acesas.

Uma chuva fina e gelada caía, e um vento agudo ondulava as laterais de sua barraca. Ele pediu uma bebida quente, e depois, montado em seu cavalo, começou o reconhecimento. Esta era a batalha que ele queria, mas o campo de batalha não era o que ele teria escolhido. O país era florestado – pelo menos metade do solo consistia em arbustos e árvores crescidas – e portanto inadequado para cavalaria, e aos brilhantes movimentos laterais com os quais Napoleão estava acostumado a envolver o inimigo. Segundo, os russos ganharam tempo para se firmar em terreno inclinado: suas baterias principais estavam protegidas por barreiras de turfa, e seriam difíceis de capturar.

As linhas inimigas se estendiam para o norte e o sul por quatro quilômetros de Borodino para o terreno elevado ao lado da vila de Utitza, na antiga estrada de Smolensk-Moscou. À direita russa, Barclay com 75 mil homens estavam na elevação protegida por terra, conhecida pelos franceses como a Grande Barreira, e depois vinha uma queda; depois da queda mais barreiras – as Três Setas – guardadas por 30 mil homens sob o príncipe Bagration, um ousado georgiano a quem Napoleão respeitava, e finalmente o campo de florestas sobre Utitza guardado por Tuchkov. A força total da Rússia, incluindo reservas, era de 120 mil e 640 canhões; a dos franceses, 133 mil e 587 canhões.

Napoleão se decidiu por um plano simples. Seu enteado Eugène atacaria a vila de Borodino, como se o ataque principal francês fosse vir pela direita da Rússia. Na verdade, ela viria pelo centro e esquerda. Dali, Davout atacaria o príncipe Bagration, enquanto a cavalaria do príncipe Poniatowski, usando a velha estrada Smolensk-Moscou, tentaria dar a volta por trás de Bagration.

Enquanto Napoleão concluía seu reconhecimento, seus oficiais se preparavam para o grande dia. Os mais velhos entre eles haviam lutado por toda a Europa, do Tejo ao Elba, dos bancos de neve de S. Bernard às colinas ensolaradas da Calábria. Muitos traziam marcas destas campanhas; Rapp, o assistente de Napoleão, que havia arrumado o xale de Joséphine na véspera do plano de assassinato, tinha 21 feridas. Mas eles ainda estavam ansiosos para mostrar coragem e conquistar novas glórias. Se eles fossem corajosos o suficiente hoje, Napoleão os promoveria – coronel, general, marechal, até talvez rei, como Murat, o filho do hospedeiro. E por isso eles vestiram seus uniformes completos. Em tranças de ouro, túnicas azuis ou escarlates e culotes brancos eles se tornavam alvos mais fáceis, mas seus atos de bravura seriam vistos mais facilmente.

Eles leram para as tropas a proclamação que Napoleão havia escrito na noite anterior. Aqui finalmente estava a batalha pela qual eles esperavam: que eles lutassem bem e conquistassem a vitória que lhes garantiria bons alojamentos de inverno e uma volta rápida a casa. Do outro lado do vale, os russos em seus uniformes verdes beijavam o ícone da Virgem de Smolensk e ouviam a proclamação de seu comandante. Napoleão, disse Kutuzov, era o Anticristo e inimigo de Deus, nomes dados ao imperador francês pela hierarquia russa porque ele havia reestabelecido o Sanhedrin judaico.

Napoleão ainda não se sentia bem. Tendo instruído seus generais, ele assumiu uma posição à frente da guarda em terreno elevado a um quilômetro e meio das barreiras russas ao sul. Dali ele podia ver o terço central do campo de batalha, e os outros dois terços estavam escondidos pela floresta. Imediatamente à sua frente estavam as baterias francesas principais. Às cinco e meia da manhã, Napoleão ordenou que abrissem fogo. Os canhões russos responderam imediatamente. Eles eram tecnicamente excelentes, ligeiramente maiores e com um alcance mais longo, mas seus atiradores eram menos habilidosos e seus disparos menos precisos. Mais de mil canhões explodiram, fazendo a terra tremer.

O príncipe Eugênio liderou atacando Borodino. Depois Davout e Ney atiraram a infantaria contra as posições de armas escavadas chamadas as Três Setas. À medida que os russos disparavam chumbo nas tropas que avançavam, o cavalo de Davout foi morto sob ele, e Davout foi atirado longe, inconsciente. Napoleão enviou Rapp para comandar, mas ele também tombou; Napoleão então enviou Dessaix para substituir Rapp, mas ele também foi alvejado. Enquanto isso, Ney tomava o posicionamento de armas mais ao sul e o defendeu contra três contra-ataques russos. Napoleão enviou Murat para liderar a cavalaria para ajudá-lo.

Napoleão ficou surpreso com a tenacidade com a qual os russos se agarraram a uma posição condenada. Enquanto os austríacos ou prussianos, em menor número, finalmente se renderam, os russos escolheram morrer. A razão era que eles estavam acostumados a lutar contra os turcos, e os turcos matavam quem capturavam. Isto complicou a tarefa de Napoleão enormemente. Sobre a infantaria russa, ele disse: "Eles são cidadelas que precisam ser derrubadas com canhões."

Por volta das dez horas, o plano original de Napoleão havia sido dominado pelos eventos. Eugênio havia se saído melhor que o esperado; ele capturara Borodino, levara armas e estava atacando a Grande Barreira. Mas Poniatowski havia conseguido menos do que se esperava. Embora ele tivesse atingido a direita da Rússia – o general Tuchkov estava morto e Bagration morrendo por ferimentos – ele havia encontrado uma resistência forte nos campos cerrados elevados, e não seria capaz de tomar as Três Setas por trás. Ficou claro então que a batalha iria consistir em duelos de armas, ataques frontais e lutas corpo-a-corpo. Três Setas era o setor mais promissor. Logo após as dez horas, Napoleão recebeu um recado de Ney implorando que ele ordenasse o avanço imediato contra as Três

A ESTRADA PARA MOSCOU   319

Setas com todas suas reservas, isto é, da Guarda. Apenas isto, disse Ney, transformaria uma oportunidade limitada em vitória.

Chupando pastilhas para a garganta por causa do resfriado e espiando através da fumaça das armas, Napoleão ponderou sobre o pedido de Ney. Ele em si
era razoável; Ney e Murat haviam demonstrado uma coragem suprema por horas a fio, e estavam bastante exaustos. Mas enquanto Napoleão refletia, um mensageiro chegou da esquerda. Kutuzov havia utilizado sua cavalaria reserva de
cossacos, forçando Eugênio a tomar a defensiva. Agora Napoleão considerava a
esquerda vital porque cobria sua única linha de comunicação, a estrada principal para Smolensk. A ação mais ousada seria apostar tudo em uma oportunidade nas Três Setas; a prudente seria segurar a Guarda. Como o marechal Bessières, comandando a Guarda, colocou: "Você arriscaria suas últimas reservas a
1.300 quilômetros de Paris?" Napoleão podia ser ousado quando queria, mas quase sempre dentro do contexto mais amplo da prudência. "Não," ele respondeu.
"Suponha que haja outra batalha amanhã."

Napoleão deu a Ney apenas ajuda limitada. Ele levou mais canhões, até que
400 estivessem explodindo as Três Setas, e lhe enviou uma divisão nova sob o
general Friant. Ney conseguiu se segurar, mas não afirmar sua vantagem.

Ao meio-dia, recusando a costeleta que fora preparada para ele, Napoleão
comeu um pedaço de pão e bebeu um copo de Chambertin, e depois continuou
a chupar suas pastilhas para a garganta, percorrer o campo com sua luneta, receber relatórios do *front*, enviar ordens e mover canhões. O centro da ação estava se deslocando para a Grande Barreira, uma posição fortificada de vinte e sete
canhões russos. A luta estava tão feroz que, de acordo com uma testemunha,
"os acessos, valas e interior todos desapareceram sob uma pilha de mortos e moribundos, em média seis a oito homens amontoados um sobre o outro."

O capitão François da 1ª Divisão foi um dos que atacaram a Barreira. "Quando alcançamos a crista da ravina, fomos bombardeados com chumbo desta bateria e das outras ao seu lado. Mas nada nos parou. Apesar do ferimento em minha perna, consegui saltar para longe dos tiros da mesma forma que meus
voltigueurs, enquanto eles ricocheteavam entre nossas fileiras. Filas inteiras, me-
tades de pelotões até, tombaram sob o fogo do inimigo, e deixaram grandes buracos. O general Bonnamy, liderando o 30º, nos parou no meio da saraivada. Ele
nos reuniu e atacamos novamente. Uma linha russa tentou nos parar, mas a uma
distância de quase 30 metros atiramos um voleio e atravessamos. Depois corre-
mos em direção à barreira e escalamos através dos sulcos... Os atiradores russos
nos receberam com barras e soquetes-martelo, e lutamos com eles à mão livre."

Os russos expulsaram o capitão François da Barreira. "Meu chapéu foi levado pelos tiros; a cauda do meu casaco permaneceu em mãos russas... eu estava todo machucado, o ferimento em minha perna esquerda doía horrivelmente, e após vários minutos de descanso em terra plana, quando atacamos novamente, desmaiei pela perda de sangue. Alguns *voltigeurs* me reavivaram e me carregaram para a ambulância de campo." Aqui, os ferimentos foram lavados com uma mistura de malvaísco e envoltos em compressas de vinho. Um braço ou perna gravemente estilhaçado tinha de ser amputado, ou a gangrena se instalaria. Durante a batalha e as doze horas que se seguiram, Larrey, o cirurgião principal, um homem dedicado de quem Napoleão gostava muito, serrou duzentos membros. Ele considerava essencial a amputação em 24 horas, "enquanto a natureza ainda está calma". Os únicos auxílios eram um guardanapo para se morder, às vezes um gole rápido de aguardente.

No final da tarde, o príncipe Eugênio pelo norte, Ney e Murat pelo sul, lançaram um ataque combinado na Grande Barreira. Desta vez, conseguiram capturá-la. Eles então viraram as armas e atiraram nos russos que batiam em retirada. Napoleão, precavido novamente, não permitiu que suas tropas os perseguissem. Quando a noite caiu, os russos estavam batendo em retirada em direção a Moscou como deviam.

Em Borodino, as perdas russas em mortos e feridos foram de 44 mil – apenas 2 mil haviam sido feitos prisioneiros; as baixas francesas foram de 33 mil. Aritmeticamente, e considerando que a estrada para Moscou agora estava aberta, Borodino foi uma vitória francesa, mas não foi uma vitória esmagadora como a que Napoleão estava esperando. Sem dúvida, havia custado a Napoleão um grande número de oficiais veteranos, incluindo quarenta e três generais. Foi, ele considerou, a batalha mais terrível que ele já lutara.

Napoleão geralmente visitava o campo imediatamente para ver se todos os feridos haviam sido resgatados. Mas após Borodino, exausto fisicamente pela febre e mentalmente pela tenacidade da resistência russa, ele se atirou em sua cama de campanha e dormiu um sono intranquilo. Ao amanhecer do dia seguinte, ele cavalgou pelo campo de batalha em silêncio, contabilizando os mortos, delegando oficiais para trazer este ou aquele ferido. Durante esta procissão triste, o cavalo de um de seus ajudantes tropeçou em um corpo prostrado. Napoleão, ouvindo um grito de dor, mandou que, seja quem fosse, que o colocassem em uma maca. "É apenas um russo," murmurou um dos ajudantes, ao que Napoleão respondeu rispidamente: "Após uma vitória não há inimigos, apenas humanos". Observou-se que os russos não se queixavam e eram descomunalmente pios: muitos dos feridos pressionavam aos lábios um ícone ou medalha de São Nicolau.

A ESTRADA PARA MOSCOU

Napoleão continuou a avançar. Ele ainda sofria de um resfriado severo, e por dois dias perdeu a voz completamente. Ele não encontrou mais resistência. Foi em uma tarde ensolarada, o 13 de setembro – quase três meses depois de invadir a Rússia – que o corpo principal da Grande Armée alcançou a periferia de Moscou e escalou as colinas ocidentais para observar finalmente, após tantas centenas de quilômetros de espaços vazios e ruínas incendiadas, uma cidade sólida de casas, palácios e quase 300 igrejas. "O sol se refletia," diz o sargento Bourgogne da Velha Guarda, "em todas as cúpulas, espiras e palácios dourados. Muitas capitais eu vi, como Paris, Berlim, Varsóvia, Viena e Madri; elas produziram apenas uma impressão comum em mim. Mas isto era bem diferente; o efeito em mim – na verdade, em todo mundo – foi mágico. Diante daquela visão, os problemas, perigos, cansaço e privações, tudo foi esquecido, e o prazer de entrar em Moscou absorveu todas nossas mentes." Napoleão cavalgou ao lado de seus homens para observar a maior cidade da Rússia. "Lá está, enfim!", disse ele. "Já era hora."

21

Retirada

Napoleão chegou a Moscou em 15 de setembro de 1812. Como de costume, vestia o uniforme simples verde escuro de um coronel dos Chasseur. Em contraste, Murat, que havia lutado bravamente o tempo todo, achou adequado trajar culotes de montaria rosa-claro e botas de couro amarelo-vivo – elas apareciam vividamente contra a manta de sela azul-celeste – e adicionou às quatro penas de avestruz em seu chapéu um tufo de plumas de garça. Ele ficou desapontado – como os franceses ficavam geralmente – que nenhum russo tenha se curvado, oferecendo as chaves da cidade em uma almofada de veludo, e por não haver multidões pelas ruas a gritar vivas. Logo ficou evidente que a maioria dos moscovitas havia recebido ordens do governador, Rostopchin, para que deixassem a cidade. Dos 250 mil habitantes, apenas 15 mil permaneceram, a maior parte deles estrangeiros, mendigos esfarrapados e criminosos libertados das prisões da cidade. Em Moscou também havia espaço e silêncio.

Napoleão alojou-se em um palácio em estilo italiano no Kremlin, que tinha uma característica curiosa, uma escadaria elaborada em mármore branco do lado de fora. Ele pendurou o retrato de seu bebê feito por Gérard sobre a lareira e se pôs a trabalhar – alojando suas tropas, garantindo forragem e, o mais importante, preparando-se para iniciar conversas de paz com Alexandre. Ele tinha certeza de que o czar faria a paz após sua derrota em Borodino, como tinha feito após Austerlitz e Friedland.

Naquela noite, incêndios esporádicos aconteceram em Moscou. Os franceses não conseguiam encontrar mangueiras ou bombas – elas haviam sido removidas por ordem de Rostopchin – e tiveram de combatê-los com baldes de água. No dia seguinte, mais casas pegaram fogo e os franceses começaram a suspeitar. Com razão, pois Rostopchin havia armado mil prisioneiros com pavios e

RETIRADA

pólvora e ordenara a eles que colocassem fogo em Moscou. Os franceses não conseguiam controlar o fogo com seus baldes d'água, e no dia 16, sopradas por um vento do norte, as chamas se espalharam até a margem do Kremlin.

Napoleão no início recusou-se a se mover. Mas as carroças com a artilharia e munições da Guarda estavam no Kremlin, e à medida que as chamas se aproximavam, ele ordenou que todos partissem, e seu grupo encontrou uma saída de emergência conveniente na escadaria de mármore externa. Como um deles se recorda, "Caminhamos por sobre uma terra em chamas, sob um céu em chamas, entre paredes em chamas", antes de cortar para o Moskowa, e de lá para o palácio Petrovsky, de tijolos, a seguros 10 km ao norte. De lá Napoleão observou as chamas, que consumiram 8.500 casas nos quatro dias que se seguiram, quatro quintos de uma bela cidade. Fez um oficial pensar em uma viúva indiana cometendo *suttee*.* Mas Napoleão disse, "Citianos!"

Napoleão retornou no dia 18 aos seus aposentos no Kremlin, um dos poucos distritos ainda intactos. A cidade era uma imagem deprimente, escurecida e chamuscada, outra Herculano ou Pompeia, mas pior, pois emanava um odor terrível de matéria queimada. Contudo, a quinta parte remanescente forneceu abrigo para suas tropas e muita comida foi encontrada nos porões, então Napoleão prosseguiu com seu plano original de tentar abrir conversas de paz. No dia 20 ele escreveu a Alexandre nesta linha. O czar estava em São Petersburgo, então sua resposta não chegaria em menos de duas semanas.

Duas semanas se passaram e Napoleão não recebeu resposta. Para um observador imparcial, a evidência sugeria que Alexandre não tinha nenhum desejo de discutir a paz. Havia as ruínas escurecidas de Moscou; Caulaincourt, que o conhecia bem, disse que o czar nunca buscaria a paz; e havia a pressão dos nobres, ansiosos em voltar a vender milho, madeira e cânhamo para a Inglaterra. Napoleão, contudo, estava convencido de que ele e Alexandre poderiam ser amigos próximos novamente, e enviou um representante ao czar, repetindo sua oferta de paz. Ele também enviou Lauriston para tentar negociar diretamente com Kutuzov. Quando ambos os emissários foram recusados sem nem chegar aos seus destinos, Napoleão ficou desorientado e caiu em depressão, algumas vezes passando horas inteiras sem dizer palavra.

Napoleão tinha certa insensibilidade nas relações humanas, a qual aparece em suas observações ásperas e seu hábito de torcer as orelhas de Joséphine. Ele não conseguia lidar com uma reação inesperada, como a recusa dos soldados russos

---

* Costume indiano no qual a viúva comete suicídio por autoimolação após a morte do marido. (N.T.)

em se render. E agora ele não conseguia lidar com Alexandre. Ele nunca realmente entendera a reviravolta de Alexandre, tampouco teria entendido, se ele tivesse chegado a tomar conhecimento dela, a promessa que Alexandre fez a seu povo de não buscar a paz enquanto um único soldado inimigo permanecesse em solo russo: ele preferiria deixar sua barba crescer e comer batatas com os servos.

O que Napoleão deveria fazer? Seu plano original era de passar o inverno em Moscou: antes de Borodino ele havia dito a seus soldados que a vitória lhes daria "bons alojamentos de inverno". Em Moscou eles estavam confortáveis; tinham bastante comida e bebida, incluindo champanhe e aguardente dos porões dos nobres. Napoleão organizou peças encenadas por uma trupe francesa que estava em Moscou por acaso, começando com *Le Jeu de l'amour et du hasard* de Marivaux, e fez uma lista de atores da Comédie Française que ele esperava que viessem a Moscou. Certamente passar o inverno em Moscou era o caminho mais razoável. Quanto aos perigos de não passar o inverno ali, Napoleão estava bem consciente. Ele havia começado a ler a *História de Carlos XII* de Voltaire, na qual o rei sueco, isolado da Polônia e cercado por inimigos, resolve desafiar os rigores de um inverno russo. Primeiro seus cavalos morrem na neve, e sem cavalos para puxá-los, torna-se necessário atirar a maioria dos seus canhões em pântanos e rios. Depois seus soldados morrem. Em uma de suas marchas, Carlos vê 2.000 de seus homens morrerem de frio.

Com esta lição literalmente diante dos olhos, por que Napoleão voltou atrás no plano original de passar o inverno em Moscou? A resposta está nas profundezas de seu caráter. Este homem repleto de energia, que agia muito mais rápido que seus semelhantes, tinha a fraqueza de sua qualidade principal: era impaciente. No quarto de Joséphine, onde ela se vestia para o jantar: "Não está pronta ainda?"; para Joséphine tomando banho: "Estou muito impaciente para vê-la novamente"; sobre o Papa viajando para Paris: "Ele precisa se apressar". A impaciência de Napoleão se expressava de uma forma especial: ele relutava, em qualquer situação, em assumir um papel passivo. Era sempre ele quem tinha de controlar os eventos, mesmo na corte. No outono de 1807, por exemplo, Napoleão se queixou a Talleyrand: "Convidei muitas pessoas a Fontainebleau. Eu queria que elas se divertissem. Organizei todas as diversões; e todos tinham expressões descontentes e pareciam cansados e tristes". A resposta de Talleyrand marca a diferença entre o Napoleão estadista e o diplomata: "Isto é porque o prazer não pode ter o ritmo marcado por tambores, e aqui, exatamente como no exército, o senhor parece estar sempre dizendo a cada um de nós, 'Agora, damas e cavalheiros, em frente – marchem!'".

A impaciência do imperador era maior que a do primeiro-cônsul Bonaparte, mas ainda era moderada pelo tato de Joséphine. Quando Joséphine saiu de sua vida, a característica se tornou mais pronunciada. E por isso, ao encontrar Marie Louise, ele não pôde suportar esperar pelas formalidades preparadas, e a carregou para Compiègne. Em Moscou também, a impaciência começou a perturbá-lo como uma mosca oestrus.

A primeira ideia de Napoleão era marchar até São Petersburgo. Ele propôs isto a seu Conselho de Guerra, que incluía Davout, Murat e Berthier. Seu Conselho ressaltou o grave perigo de ir para o norte com a possibilidade de Kutuzov cortar suas linhas de comunicação. Napoleão abandonou a ideia, e propôs no lugar uma retirada para o oeste. "Não repetiremos o erro de Carlos XII... quando o exército estiver descansado, enquanto o tempo ainda estiver temperado, retornaremos via Smolensk para passar o inverno na Lituânia e na Polônia."

Os marechais aceitaram este plano. Eles também ficariam felizes de sair da cidade queimada, e não examinaram o plano objetivamente. Não se discutiu se uma retirada no inverno seria sábia, mas sim problemas menores, como que rota deveria ser tomada. Napoleão queria seguir a estrada do sul através de Kiev, mais moderada. Mas descobrindo que o Dnieper em outubro às vezes inundava por uma extensão de até dez quilômetros em direção a Kiev, abandonou o plano. No final das contas, o outono de 1812 foi seco, e o Dnieper não transbordou. A rota por Kiev teria sido a melhor, mas Napoleão decidiu seguir uma estrada levemente ao sul da rota do norte, pela qual havia chegado.

Em que data ele deveria partir? Napoleão consultou os almanaques russos dos últimos 25 anos e descobriu que geadas severas chegavam à latitude de Moscou normalmente até o fim de novembro. A viagem de ida havia levado quase doze semanas e presumia-se que a de volta levaria o mesmo tempo. Então era necessário partir imediatamente. Cada dia contava. Mas Napoleão não encarava assim. Evidentemente ele esperava poder apressar a viagem de volta, além disso, com um otimismo quase incrível, ele ainda estava tateando por sinais de paz.

Em 15 de outubro, 7 cm de neve caíram sobre as ruínas negras de Moscou. Era um mau sinal, mas em vez de partir imediatamente, Napoleão se demorou, ainda esperando uma palavra de Alexandre. Então, em 18 de outubro, Murat foi atacado pelas tropas de Kutuzov perto de Moscou; sua cavalaria de batedores foi pega durante o sono e ele perdeu 2.500 homens. Esta derrota tirou Napoleão de seu otimismo. A impaciência para partir, para agir, para ser mestre dos seus próprios movimentos se tornou decisiva, e Napoleão deu a ordem de deixar Moscou. Naquela noite sua equipe notou que ele estava atipicamente agitado.

Às duas da tarde do dia 19 de outubro, as primeiras unidades da Grande Armée, após uma estadia de 35 dias, começaram a sair de Moscou. Muitos soldados vestiam jaquetas de pele de ovelha, chapéus de pele e botas forradas de pele; eles carregavam nas mochilas açúcar, aguardente e ícones decorados com joias, enquanto em suas carroças havia seda chinesa, peles de marta, lingotes de ouro, armaduras, e até a cuspideira incrustada de joias de um príncipe. No total eles eram 90 mil de infantaria, 15 mil de cavalaria, 569 canhões e 10 mil carroças contendo comida para vinte dias, mas forragem para cavalos para menos de uma semana. Os cavalos, na verdade, eram o elo fraco nesta corrente de aço e músculo. Enquanto na primavera eles poderiam desfrutar de grama abundante no caminho, agora eles dependeriam do que seus cavaleiros conseguissem achar.

Napoleão confiou os feridos à sua Jovem Guarda, que deveria liderar a retaguarda. Napoleão deu ordens ao marechal Mortier para que os feridos fossem tratados com a mais extrema humanidade, e o lembrou de que os romanos davam coroas cívicas aos que salvavam vidas humanas. "Ponham os feridos em seus próprios cavalos. É o que fizemos em St. Jean d'Acre."

Napoleão deixou Moscou no dia 19. Após sua noite de empolgação, ele voltara à sua calma habitual. No começo as coisas aconteceram de acordo com o plano. A marcha foi em ordem, mas vagarosa em razão dos muitos veículos com rodas em uma estrada lamacenta. Murat estava particularmente em boa forma; ao atacar os cossacos ele desdenhou usar seu sabre, mas apenas brandiu o chicote: isso, e sua massa de tranças douradas fizeram os cossacos fugirem.

No sexto dia fora de Moscou, às 7h30 da manhã, Napoleão saiu da cabana com telhado de palha na qual ele passara a noite, subiu em seu cavalo e, como Caulaincourt, Berthier e Rapp, partiu para visitar o campo de batalha de Malo-Jaroslawitz, onde o príncipe Eugênio havia carregado uma posição fortemente defendida. Subitamente, de uma floresta distante à direita, apareceu um grupo de cavaleiros a galope. Vestindo túnicas azuis e avançando rapidamente, eles pareciam ser cavaleiros franceses. Quando se aproximaram, Caulaincourt gritou: "Cossacos!". "Impossível!" disse Napoleão. Mas Caulaincourt estava certo, e havia 5 mil deles.

Os cossacos já haviam causado problemas. Vestindo jaquetas justas azul-escuro, calças folgadas e bonés altos de pele de ovelha preta, eles montavam cavalos pequenos e fortes selados com algo parecido com um travesseiro dobrado; suas armas eram uma lança de 2,5 m, pistolas e algumas vezes arco e flechas. Eles emergiram da paisagem "com um grito lúgubre e vagaroso como o vento nos pinheiros": "Hurra, hurra", e caíam sem dó sobre os retardatários.

RETIRADA

Então eles atacavam agora: "Hurra, hurra!" Napoleão gritou ordens, desembainhou sua espada e se preparou para lutar. Rapp liderou a guarda pessoal de Napoleão contra os cossacos à frente, mas tombou quando seu cavalo foi atingido por uma lança cossaca. Outro oficial lutou até sua espada ser arrancada de sua mão; ele então se atirou sobre um cossaco, empurrando-o para fora de seu cavalo e a luta continuou na grama, entre o estrondo dos cascos. Mas em vez de tentar capturar Napoleão, os líderes dos cossacos subitamente viram algumas carroças francesas sem defesa. Eles nunca conseguiram resistir à pilhagem, e desviaram em direção às carroças. Então dois esquadrões de cavalaria francesa, ouvindo os gritos, correram para lá e os dispersaram.

Napoleão ficou de muito bom humor após esta fuga, especialmente porque Rapp voltou ileso. Mas nos dias seguintes, tudo deu errado. Ele encontrou Kutuzov bloqueando a rota que ele havia planejado tomar, e teve de virar para o norte. Perto de Borodino, ele voltou para a estrada pela qual havia marchado para Moscou, a estrada onde a maioria das vilas havia sido incendiada e todos os alimentos removidos. Em 29 de outubro nevou, na noite seguinte veio a primeira geada severa, e no dia 31 um vento cruel cuspia neve até onde a vista alcançava. Os cavalos tiveram de comer a casca de pinheiros; enfraquecidos, eles não conseguiam levar os canhões subindo as encostas geladas, e as armas começaram a ser abandonadas, exatamente como aconteceu com Carlos XII. O exército estava agora a 320 quilômetros de Smolensk, o ponto mais próximo para abrigo e alimento.

Murat liderou a coluna como chefe da cavalaria; Napoleão e a Guarda vinham depois; o príncipe Eugênio marchava no centro, enquanto o marechal Ney comandava a retaguarda. O próprio Napoleão marchava longas distâncias, em parte para encorajar seus homens, em parte para combater o frio que piorava. Seus homens do sul, que haviam se saído tão bem durante o verão na campanha italiana, estavam sofrendo com a temperatura congelante e Napoleão, que nunca vacilou nem no calor do Sinai, começou a tremer de frio como se tivesse febre.

Em 6 de novembro, as coisas começaram a ficar graves. Aquela noite fazia 22°C negativos. "A neve caía em flocos enormes: não conseguíamos enxergar o céu e os homens à nossa frente." Embora envoltos em peles e casacos forrados, os homens não tinham proteção no rosto. Seus lábios racharam; os narizes, congelados; os olhos, ofuscados pela neve, algumas vezes permanentemente. Eram constantemente assediados pelos cossacos, e embora a rota fosse horrível, não compensava sair dela. Os camponeses russos tradicionalmente faziam o que os mestres ou donos lhes ordenavam, e eles haviam recebido instruções. Eles deviam receber qualquer soldado francês com reverências, dar-lhes muito conhaque, fazê-los dormir embriagados, e quando estivessem adormecidos, cortar suas gargantas e enterrar seus corpos no chiqueiro. Estas instruções foram seguidas, algumas vezes com variações: um observador inglês com Kutuzov viu "60 homens nus morrendo, com os pescoços sobre uma árvore caída, enquanto homens e mulheres russos com grandes ramadas de galhos, cantando em coro e saltitando, com golpes repetidos lhes acertavam os cérebros".

Para muitos, a luta para se alimentar e conseguir abrigo se tornou a única coisa que importava. Ao anoitecer, os homens tiravam as entranhas de cavalos que haviam morrido por comer neve, e entravam nas carcaças para se manter aquecidos; outros comiam sangue coagulado de cavalos mortos. Quando alguém morria, fosse por ferimentos ou por congelamento, seus camaradas lhe retiravam as botas e qualquer alimento em sua mochila, e o deixavam sem enterrar para os lobos. "A piedade chegou ao fundo de nossos corações pelo frio, como mercúrio em um termômetro."

Mesmo assim, muitas ações altruístas se destacaram, como botões lustrados em uma túnica rasgada. O dragão Melet da Guarda tinha um cavalo chamado Cadet, o qual ele havia montado em uma dúzia de grandes batalhas. Ele era tão devotado ao animal que mais de uma vez ele ousadamente entrou no acampamento russo para roubar feno suficiente para manter Cadet vivo. "Se eu salvar meu cavalo", observou, "ele irá me salvar de volta." Ambos, Melet e Cadet, conseguiriam voltar para a França. Em Polotsk, no flanco norte, o tenente-coronel Bretchel, que tinha uma perna de madeira que havia sido estraçalhada duas vezes na campanha atual, foi desmontado do cavalo em um ataque de cavalaria; levantando-se, com o sabre na mão, ele entrou mancando em ação contra dois russos robustos. Quando o regimento da 18ª linha teve de abandonar a carroça que carregava fundos do regimento – 120 mil francos em ouro – cada oficial, suboficial e recruta foi encarregado de cuidar de uma parte do ouro, contando com sua honra para entregá-lo a um camarada se fosse ferido mortalmente; nem um franco foi desviado. Em relação ao objeto mais precioso de todos; o estandarte regimental, o homem mais corajoso de cada unidade o amarrava em torno da cintura; se ele fosse morto, os médicos desatariam o quadrado de seda branca e eles mesmos o carregavam.

Napoleão chegou a Smolensk em 9 de novembro. Até então seu exército tivera de lutar contra o frio e a fome, agora teria de enfrentar os russos. Dois exércitos novos estavam avançando para o ataque, Wittgentsein pelo norte e o almirante Tchitchagov pelo sul. Eram como as duas mandíbulas de uma armadilha para ursos, em posição para esmagar Napoleão antes que ele conseguisse atravessar o próximo grande obstáculo, o rio Beresina.

Napoleão partiu de Smolensk em 14 de novembro, marchando com Murat, a cavalaria e a Guarda. Ele foi a pé, carregando um bastão de bétula, e vestindo um capuz de veludo vermelho coberto com um gorro de pele de marta. Ele era seguido a intervalos curtos pelo príncipe Eugênio, comandando o 4º batalhão, Davout comandando o 1º batalhão, e Ney comandando a retaguarda. Um batalhão sob o comando de Victor estava mais ao norte, contendo Wittgenstein, enquanto outro comandado por Oudinot fora enviado por Napoleão para o sul para evitar que Tchitchagov tomasse a essencial ponte no Beresina em Borissov.

No dia 22, na vila de Lesznetza, Napoleão ouviu dizer que Tchitchagov havia queimado a ponte em Borissov. Isto era muito grave. "Parece que não cometemos nada além de erros", ele comentou. Tchitchagov, sabendo que havia isolado a Grande Armée, emitiu até uma descrição de Napoleão, que ele tinha certeza de que tomaria como prisioneiro agora: "Ele é baixo, pálido, tem um pescoço grosso e cabelos pretos".

Nas fileiras da Grande Armée havia rumores de que havia chegado a hora de capitular. Napoleão, na verdade, tinha uma visão tão grave da situação que queimou todos seus documentos pessoais. Mas depois ele fez um discurso para suas tropas, garantindo-lhes sua determinação de lutar para abrir um caminho para a fronteira. "Foi um momento esplêndido", disse o sargento Bourgogne, "e por algum tempo nos fez esquecer nossas misérias".

Na tarde do dia 25, após uma tempestade de neve, Napoleão chegou ao Rio Beresina. Normalmente congelado no final de novembro, um degelo recente o havia tornado uma torrente furiosa. Ele tinha 270 metros de largura, sua ponte queimada em três pontos diferentes, e por causa do tiroteio pesado da Rússia na margem oposta, irreparável. Napoleão tinha 49 mil homens ainda capazes de lutar e 250 armas. Wittgenstein, com 30 mil homens, vinha a toda pelo norte; Tchitchagov, com 34 mil homens, guardava a margem oposta, pronto para impedir qualquer travessia, enquanto Kutuzov, com 80 mil homens, se movia pela retaguarda. Em desvantagem por três a um, de alguma forma ele precisava conter esta massa de russos, construir a ponte sobre o rio e fazer com que o grosso de seu exército chegasse a um lugar seguro.

Uma boa nova chegou a Napoleão. Um oficial de cavalaria chamado Corbineau havia cruzado o Beresina a partir do oeste dois dias antes, tendo descoberto através de um camponês que um riacho, que não estava no mapa, ficava perto da vila de Studienka, 15 metros rio acima. Ali a largura era de 90 metros, e a maior profundidade, de 1,80 m. Napoleão decidiu atravessar ali. Ele ainda tinha duas forjas portáteis, duas carroças de carvão, e seis de ferramentas e equipamento para pontes; casas na aldeia poderiam ser demolidas para fornecer madeira. Para encobrir esta operação, Napoleão enviou um destacamento comandado por Oudinot 10 km rio abaixo para derrubar árvores ruidosamente, como se para construir uma ponte, e acender grandes fogueiras. Napoleão então foi para a cama e dormiu até as onze horas da noite.

Ao amanhecer do dia seguinte, Napoleão estabeleceu seu quartel-general em um moinho de farinha em Studienka. Ele teve um momento de júbilo quando viu Tchitchagov deslocar todas as suas tropas para o sul: "Enganei o almirante". Vestindo um sobretudo cinza, observou 400 pontoneiros com água gelada até as axilas construindo duas pontes, uma leve para a infantaria, e uma mais pesada, 180 metros rio abaixo, para as carroças e canhões. Primeiro eles conduziam pilares para dentro da lama; a estas eles parafusavam as estruturas, e finalmente sobre as estruturas, as tábuas. Eles trabalharam heroicamente por 24 horas e apenas breves descansos, quando Napoleão distribuiu vinho entre eles.

À uma hora, a ponte da infantaria estava completa, e Napoleão decidiu enviar Oudinot para cruzá-la primeiro. Oudinot era o simples e vigoroso filho do cervejeiro, cujo passatempo favorito era apagar velas com pistolas após o jantar; sua inclinação natural era esgueirar-se até a linha de frente e liderar um ataque ou outro, daí os trinta ferimentos em seu corpo. Agora ele liderava 11 mil homens pela frágil ponte de madeira. Lá pelas quatro horas, a ponte maior também estava pronta, e Napoleão imediatamente mandou atravessarem as armas, carroças e cavalaria. Àquela altura, Tchitchagov já percebera seu erro e atacava Oudinot com 30 mil homens. Oudinot foi alvejado e derrubado da sela, e Ney, assumindo seu lugar, continuou uma ação de retenção que está entre as mais corajosas da campanha.

Napoleão cruzou o Beresina com a Guarda na tarde do dia 27. Durante o dia inteiro e a noite, homens cansados e material degastado cruzaram o rio. No dia 28, Wittgentstein chegou perto o bastante para bombardear as pontes. As tropas que restaram na margem oposta se apressaram para cruzar o rio, mas para isso tiveram de escalar centenas de cavalos mortos e carroças destruídas. A disciplina se rompeu e as tropas, em massas densas, lutavam para chegar ao rio. "Não era possível dar um único passo em falso porque, se você caísse, o homem atrás de você pisaria em sua barriga e logo você aumentaria o número de mortos."

Pela manhã do dia 29, Napoleão estava com todas as tropas prontas para lutar do outro lado das pontes; sobravam apenas 25 mil avulsos e refugiados de Moscou. Encolhidos ao redor de fogueiras, enfraquecidos pela fome e exposição ao frio, eles estavam tão dominados pela apatia que nem ameaças ou apelos os poderiam fazer atravessar. Apenas quando o general Eblé começou a destruir as pontes, alguns deles fizeram uma última tentativa desgovernada de atra-

RETIRADA 331

vessar. Oito mil ficaram na margem leste, para serem derrubados ou capturados pelos cossacos de Wittgenstein que avançavam.

A travessia do Beresina é um dos feitos mais notáveis da história das guerras. Enfrentando chances severamente contrárias, em um momento em que até o normalmente alegre Murat pensava que o jogo tinha terminado, Napoleão seguiu em frente friamente e pensou em um truque simples que funcionou. Em condições horrendas, ele pessoalmente conseguiu inspirar os pontoneiros com heroísmo; a maioria destes corajosos 400 homens morreria como resultado das 24 horas no gelo. Graças à cabeça fria de Napoleão, ao heroísmo dos pontoneiros e à coragem de Oudinot e Ney ao guardar a entrada da ponte, mais de 40 mil homens e todos os canhões, à exceção de 25, conseguiram atravessar o Beresina, enquanto as batalhas dos dois lados do rio infligiram pelo menos 20 mil baixas aos russos.

Antes e durante a travessia, Napoleão guardara para si uma má notícia. Na noite de 22 de outubro, o general Malet, que já havia se envolvido em planos contra o governo, escapara da prisão na França, e com documentos falsos anunciando a morte de Napoleão sob as muralhas de Moscou, tomou o comando de 1.200 Guardas Nacionais, prendeu o *prefét* de Polícia e chegou a um fio de formar um governo provisório. "E meu filho?", Napoleão perguntou. "Ninguém pensou nele?" Não houve gritos de "O imperador está morto... Vida longa ao imperador!". O quase sucesso do plano de Malet revelou a Napoleão o quão frágil a dinastia imperial era, mas quando soube da notícia no começo de novembro, Napoleão escolheu ficar com seu exército até que ele estivesse em segurança do outro lado do Beresina. Cinco dias após a travessia, quando o exército estava a apenas 64 km de Vilna, que estava repleta de comida, Napoleão convocou um Conselho de Guerra. Ele informou seus generais do golpe de Malet, falou sobre seus efeitos provavelmente adversos na Áustria e na Prússia, e disse, como ele havia escrito ao seu ministro do Exterior seis dias antes: "Acho que pode ser necessário para a França, o Império e até para o exército que eu deva estar em Paris". Seus generais viram quão vital era que Napoleão estivesse no centro de tudo quando as notícias da retirada chegassem, e em unanimidade o aconselharam a partir. Napoleão entregou o comando a Murat.

Às dez da noite do dia 5 de dezembro, Napoleão deixou Smorgoni em um trenó. Caulaincourt estava sentado a seu lado. Em outros dois trenós, seguiam Duroc, o intérprete de polonês de Napoleão, três criados, dois auxiliares e Rustam, seu guarda-costas mameluco. Caulaincourt não "conseguia se lembrar de um frio tão grande como o que sofreram entre Vilna e Kovno (a 100 km). O termômetro marcava 25°C negativos. Embora o imperador estivesse vestido com lã espessa e coberto com um bom tapete, suas pernas em botas de pele e ainda um saco feito de pele de urso, ele ainda se queixava do frio de tal maneira que tive de cobri-lo com metade de minha própria pele de urso. A respiração se congelava nos lábios, formando pequenas estalactites sob o nariz, nas sobrancelhas, e ao redor das pálpebras. Toda a cobertura da carruagem, particularmente o teto, para onde nossa respiração subia, estava dura e branca de gelo".

No dia seguinte, quando atravessaram o Niemen para entrar no Grão-Ducado de Varsóvia, o humor de Napoleão se elevou. Ele nunca conseguia permanecer sem fazer nada, e como em seu trenó não havia o que ele pudesse fazer, ele falou até chegarem a Paris. Primeiro principalmente sobre o exército, que ele acreditava que Murat poderia reunir em Vilna. Ele demonstrou ansiedade apenas a respeito do impacto do revés em Viena e Berlim. Mas assim que estivesse em Paris, ele poderia combinar algo, porque toda a Europa, ele disse, tinha no "colosso da Rússia" um inimigo. Ele então se voltou para os eventos recentes. "O incêndio das cidades russas, queimar Moscou, foram meramente estúpidos. Por que usar fogo, se ele (Alexandre) contava tanto com o inverno? A retirada de Kutuzov é pura inaptidão. Foi o inverno a nossa ruína. Somos vítimas do clima."

Ele tentou se justificar, talvez ensaiando com Caulaincourt o que ele diria em Paris. Ele havia, segundo ele, cometido dois erros. O primeiro foi em julho, quando ele "pensou que obteria em um ano o que poderia ser conquistado apenas em duas campanhas". "Eu deveria ter ficado em Vitebsk. A esta altura, Alexandre estaria de joelhos diante de mim. A divisão do exército russo após a travessia do Niemen me deixou atônito. Como os russos não haviam conseguido nos derrotar, e como o czar havia sido forçado a colocar Kutuzov no lugar de Barclay, que era um soldado melhor, imaginei que um povo que permitisse que um mau general lhes fosse imposto certamente pediria um acordo."

Seu segundo erro, disse Napoleão, foi que, tendo ido para Moscou, ele permaneceu duas semanas a mais do que devia. "Achei que eu deveria conseguir fazer a paz, e que os russos estivessem ansiosos por ela. Eu fui enganado e me enganei." Novamente, "O bom tempo me enganou. Se eu tivesse partido duas semanas antes, meu exército estaria em Vitebsk". É interessante que Napoleão culpou a si próprio apenas por não ter agido rápido o bastante. Ele não disse nada a Caulaincourt sobre sua decisão de não passar o inverno em Moscou: a impaciência estava tão entranhada no tecido de sua personalidade que ele não a notava.

Tendo culpado a si mesmo, ele também culpou os ingleses: eram eles que o haviam forçado a tomar cada passo que tomara. "Se os ingleses deixassem, eu viveria em paz... eu não sou um Dom Quixote, com sede de aventuras. Eu sou

RETIRADA

um ser razoável, que não faz mais do que ele acha que deve." Então, ele imaginou os prazeres da paz geral, os canais e estradas que ele construiria, o progresso no comércio e na indústria.

Após quatro dias e cinco noites de dezesseis horas no trenó, Napoleão chegou a Varsóvia. Era uma manhã clara, e após atravessar a Ponte de Praga, Napoleão saiu para esticar as pernas. Ele começou a caminhar pelo Boulevard Cracóvia. Uma vez ele havia organizado uma grande parada ali, e imaginou se seria reconhecido. Mas as pessoas estavam ocupadas com seus afazeres e compras; ninguém reconheceu a figura solitária em uma capa de veludo verde forrada de pele, com trança de ouro e um grande chapéu. Enquanto isso, Caulaincourt havia ido ver o embaixador francês, o Abbé de Pradt, para informá-lo de que sua presença era solicitada no Hôtel d'Angleterre, onde o Imperador estaria esperando.

"Por que ele não fica no palácio?", indagou o atônito Pradt.

"Ele não quer ser reconhecido".

Pradt havia visto Napoleão pela última vez sete meses antes em Dresden, recebendo a admiração de um grupo de reis; ele percebeu que uma catástrofe havia acontecido. Napoleão também estava ficando cada vez mais consciente da mesma coisa, enquanto esperava em um miserável quartinho de hotel de teto baixo, congelando, com as persianas parcialmente fechadas para evitar que ele fosse reconhecido, com uma criada de joelhos ao lado da chaminé, tentando sem sucesso obter chamas de um fogo de madeira verde. Até então ele estivera com o leal e cuidadoso Caulaincourt; agora ele iria encontrar, na pessoa de Pradt e dois ministros poloneses, o mundo exterior, aquele mundo volúvel que valoriza apenas o sucesso atual.

Napoleão recebeu seus visitantes parafraseando uma frase da peça escolar de Brienne, *La Mort de César* de Voltaire. "Do sublime ao ridículo é um passo apenas! Como estão, *monsieur* Stanislas e *monsieur le ministre des Finances*?" Muito bem, eles responderam, e felizes em ver Sua Majestade segura após tantos perigos.

"Perigos! Nenhum, realmente. Eu floresço quando abalado; quanto mais preocupações tenho, melhor fica minha saúde. Reis preguiçosos engordam nos palácios. Mas eu engordo sobre um cavalo e sob a lona. Do sublime ao ridículo é apenas um passo."

"Esta não é a primeira vez", ele continuou aos solavancos, "Em Marengo fui golpeado até as seis horas da noite; no dia seguinte, eu era o mestre da Itália. Em Essling... eu não pude evitar que o Danúbio subisse cinco metros em uma noite. Por isso, a monarquia austríaca estava acabada; mas estava escrito nos céus que eu me casaria com uma arquiduquesa. O mesmo na Rússia. Não pude evitar que ela congelasse. A cada manhã eles vinham me contar que durante a noite eu perdera dez mil cavalos; ah, bem! Viagem agradável". Esta última sentença ele repetiu cinco ou seis vezes.

"Nossos cavalos normandos são menos resistentes que os russos. Nove graus negativos e eles morrem. O mesmo com os homens. Vejam os bávaros: nenhum deles partiu. Talvez digam que eu tenha ficado tempo demais em Moscou. Pode ser; mas o tempo estava bom... eu esperava fazer a paz... Vamos conquistar Vilna. Deixei o rei de Nápoles lá. Ah! É um grande drama político: se você não arriscar nada, não conquistará nada. Do sublime ao ridículo é só um passo."

"Eles queriam que eu libertasse os servos. Eu recusei. Eles teriam massacrado a todos; teria sido assustador. Eu fiz a guerra contra o czar Alexandre de acordo com as regras; quem pensaria que eles incendiariam Moscou?" Apenas de Napoleão poderia se esperar o inesperado, de ninguém mais!

Ele então prosseguiu para as questões práticas, exortando a convocação de uma cavalaria de 10 mil poloneses, perguntou se havia sido reconhecido, disse que não importava, e repetiu mais duas vezes: "do sublime ao ridículo, é apenas um passo". Por três horas ele continuou desta maneira atravancada e repetitiva. Ao final desse período, ele já havia recuperado completamente sua autoconfiança. Napoleão, supostamente derrotado, é quem agora dizia aos ministros que não desanimassem, que tomassem nova coragem: ele os protegeria, ele prometeu. E com isso, ele saiu veloz em seu trenó pela noite polonesa.

Em Posen, onde ele chegou na manhã de 11 de dezembro, Napoleão reencontrou a linha de comunicação entre a França e o exército, e encontrou o primeiro correio desde Vilna. "A impaciência do imperador era tanta que ele teria rasgado as caixas se ele tivesse uma faca à mão. Dormentes de frio, meus dedos não eram rápidos o bastante para ele ao abrir os cadeados com combinação. Finalmente entreguei-lhe a carta da imperatriz e uma de Madame de Montesquiou com seu relato sobre o rei de Roma." Durante toda a campanha, Napoleão acompanhara ansiosamente o progresso de seu filho, especialmente o nascer dos dentes; agora ele estava tão feliz de encontrar duas cartas que ele as leu para Caulaincourt, concluindo alegremente: "Eu não tenho mesmo uma esposa excelente?".

Quando ele entrou na Prússia, Napoleão ficou preocupado novamente. Os cartunistas políticos estavam preparando para as prensas aquelas horríveis caricaturas que seriam vistas pela Guarda que retornava: uma fila de tropas esfarrapadas como fantasmas avançando pela neve sem armas, e, no céu sobrevoando, em vez da águia imperial, um urubu faminto. Napoleão sabia que havia planos iminentes para atacá-lo de surpresa. Os prussianos, disse ele, o entregariam aos

RETIRADA 335

ingleses e evidentemente alguma cena de história medieval passou diante de seus olhos. "Você consegue se imaginar, Caulaincourt, como ficaria em uma gaiola de ferro, na praça principal de Londres?"

Caulaincourt, um cortesão nato, retrucou: "Se significasse compartilhar de seu destino, senhor, eu não reclamaria."

"Não é uma questão de se queixar, mas algo que pode acontecer a qualquer momento, e como você ficaria naquela gaiola, calado como um miserável negro abandonado para ser devorado pelas moscas após ser lambuzado com mel."

Diante desta imagem horrenda, Napoleão tremeu com o que parecia ser uma risada histérica. Por plenos quinze minutos ele se dobrou em risadas. Depois, consciente novamente do perigo real que ele corria, se acalmou e arrumou suas pistolas. A "gaiola de ferro" reapareceria mais tarde, em 1815.

Dia após dia, noite após noite, a viagem apressada sobre a neve continuava. Eles paravam apenas por uma hora a cada 24. No dia 14, eles saíram da neve, e os trenós quebraram. Napoleão mudou para uma *calèche*, depois para um landau. Neste, conseguiram correr com rapidez. O Reno eles atravessaram de barco, e no dia 16 desembarcaram em Mainz. Napoleão ficou exultante em pisar novamente em solo francês. Caulaincourt não se lembrava de tê-lo visto tão alegre.

Naquele dia, o 29º boletim de Napoleão apareceu no *Moniteur*. Nele, Napoleão não escondeu nada de suas perdas terríveis, embora ele tenha culpado o inverno antecipado. Ele esperou ansiosamente para ver como seria recebido. Os franceses, acostumados por quatorze anos de vitórias, pelo menos em terra, ficaram atônitos e chocados. Muitos já lamentavam a perda de um filho, um pai, um marido. Eles perceberam que Napoleão não era infalível ou invencível, afinal. Sua fé nele estava abalada. Mas este foi o limite de sua consternação. Ele ainda era o imperador deles, ainda seu herói, e de alguma forma ele cuidaria deles.

Com os inimigos de Napoleão foi diferente. Talleyrand observou, "é o princípio do fim". Na Cúria, nas sacristias da Itália, nos salões de Viena, sorrisos cúmplices eram trocados, e Lucien Bonaparte falou por muitos intolerantes quando disse sobre Napoleão: "Ele não deve ser amaldiçoado, porque vejo juntando-se sobre sua cabeça as nuvens da ira dos céus, de onde relâmpagos irão atingi-lo inevitavelmente se ele continuar com suas iniquidades".

Já na França, Napoleão não podia esperar por estar de volta em Paris: ver a esposa e o filho, e retomar as rédeas do governo. Pelo brilho de uma vela ele calculava cada estágio, cada quarto de um estágio, cada quarto de hora, cada minuto. Cada parada ele reduzia a um mínimo. A velocidade deles era tanta que, no dia 18, o eixo frontal do landau quebrou, e eles tiveram de viajar em um cabriolé aberto até Meaux, onde o chefe do correio lhes emprestou sua própria carruagem de duas rodas, vagarosa e pesada. Nela, eles galoparam através do Arc de Triomphe du Carrousel – um privilégio reservado a Napoleão – antes que qualquer das sentinelas tivesse tempo de pará-los. Quando o relógio bateu o último quarto de hora antes da meia-noite no dia 18, a viagem de treze dias chegou ao fim, e Napoleão desceu na entrada central das Tulherias.

As sentinelas acharam que fossem oficiais trazendo relatos, e os deixaram passar. Caulaincourt bateu à porta dos apartamentos da imperatriz no térreo, e o porteiro suíço veio até a janela em sua camisola de dormir. Ele não gostou da aparência daquelas figuras cabeludas em casacos de pele, um, alto e magro com uma barba de duas semanas; o outro, baixo, de olhos inchados e vestindo um chapéu de pele. Ele chamou sua esposa, que colocou uma lamparina sob o nariz de Caulaincourt, o reconheceu e os deixou entrar. Mas ninguém havia ainda identificado o homem mais baixo. Napoleão, na verdade, era como um intruso em seu próprio palácio. Ele abriu a porta da sala de estar de Marie Louise; e quando o fez, a dama de companhia de plantão, percebendo duas figuras cabeludas, gritou e correu para barrar a entrada do quarto. Então o porteiro suíço chegou e servos se juntaram em torno das figuras vestidas de peles, observando o menor da cabeça aos pés. Subitamente um deles gritou: "É o imperador!". Sua alegria era indescritível, disse Caulaincourt. "Eles não conseguiam conter a felicidade."

Então Napoleão retornou da Rússia para casa. Hortense foi uma das primeiras a correr para as Tulherias. Ela lhe perguntou, como todos seus outros amigos próximos, se o desastre da debandada de Moscou tinha sido tão ruim como anunciada nas páginas do *Moniteur*. Napoleão respondeu tristemente, "Tudo que eu disse foi verdade". "Mas," exclamou Hortense, "não fomos os únicos a sofrer, e nossos inimigos também devem ter tido grandes perdas também?" "Sem dúvida", disse Napoleão, "mas isso não me consola".

22

Colapso

Napoleão começou a engordar com 34 anos de idade, e quando se casou com Marie Louise, começou uma dieta mais rica e farta. Por volta de 1812, ele era um homem bastante gordo, com bochechas cheias e uma barriga rechonchuda, quase saliente. Esta mudança no físico afetou sua personalidade. Seu otimismo cresceu; tendia mais ainda que antes a ver o lado bom das coisas. A gordura, contudo, não diminuiu sua energia. No dia seguinte ao retorno de Moscou, ele trabalhou durante quinze horas, e em uma semana, havia renovado seu controle sobre eventos de Madri a Dresden. A combinação de otimismo e trabalho produtivo explica a notável confiança de Napoleão diante do desastre que acabara de viver. Se ele tivesse vacilado naquele inverno em uma cerimônia pública, ou mesmo aparentasse estar desconfortável, a *Bourse* teria tropeçado. Mas Napoleão não fez nem um nem outro. Ele mostrou uma confiança plena, e isto criou confiança nos outros. Esquecendo o 29º boletim, os parisienses falavam apenas da viagem veloz do imperador. De Dresden em quatro dias – extraordinário! Realmente o homem era extraordinário. De alguma forma, ele resolveria tudo.

De sua parte, Napoleão tinha a intenção firme de resolver tudo. De seu estúdio nas Tulherias veio uma torrente de cartas e ordens, notáveis pela atenção aos detalhes em uma grande variedade de assuntos. Ele demitiu o *Préfét* de Paris por negligência no caso do general Malet; estipulou o orçamento para 1813, que como sempre cuidava das viúvas e órfãos, e acrescentou 1 milhão e meio de francos para os refugiados lituanos e poloneses; mandou Joseph a Valladolid; disse a Jérôme que observasse de perto os documentos da Vestfália; Caroline devia enviar quatro esquadrões de cavalaria napolitana a Verona. Ele reorganizou a marinha de Brest a Veneza em uma carta, referindo-se a 46 navios pelo nome; mandou construir uma torre no Bidassoa para vigiar a fronteira com a Espanha; enviou 20 mil homens a Danzig, 600 mil rações de farinha a Palmanova no norte da Itália. Além de mil e um atos administrativos como estes, Napoleão levantou todo um novo exército para repor as perdas na Rússia: ele convocou 100 mil homens, comprou uniformes, botas, mosquetes e armas novos, e construiu carroças de um novo tipo, desenvolvido por ele: "Setecentos quilos é pesado demais, prefiro 400 kg com uma capacidade de 900 kg puxados por quatro cavalos".

Quando ele deixou a Grande Armée próximo a Vilna em 5 de dezembro, Napoleão esperava firmemente que os russos parassem em sua fronteira. Mas Alexandre, que começara a sentir inclinações místicas – anunciou que Deus o havia destinado a ser o "libertador da Europa" –, atravessou o Niemen em direção ao Grão-Ducado. Em 30 de dezembro, o exército prussiano do general Yorck desertou da Grande Armée em direção aos russos, obrigando os franceses a recuarem para o Vístula. O rei prussiano decidiu trabalhar com Alexandre para recuperar o território tomado dele por Napoleão, e em 17 de março de 1813, declarou guerra à França.

"Melhor um inimigo declarado que um aliado duvidoso", Napoleão observou filosoficamente. Ele estava confiante de que, com este novo exército de 226 mil homens, ele poderia lidar com os prussiano-russos. Mas ele considerava absolutamente vital evitar que a Áustria seguisse o exemplo da Prússia de se unir aos russos. A base da política externa de Napoleão desde 1810 era a aliança com a Áustria. Agora mais que nunca se tornou imperativo reforçá-la, e Napoleão dedicou suas energias principais a esta tarefa.

Napoleão havia visto o imperador Francisco pela última vez em Dresden, em maio de 1812. Ele o achou um homem frio, duro e tímido com dois passatempos: jardinagem e produzir sua própria cera de lacre. Napoleão conseguiu encantá-lo, como havia encantado a Alexandre em Tilsit, e Francisco mais de uma vez foi ouvido murmurando em admiração: *Das ist ein ganzer Kerl!*" – "Este é um bom sujeito". Como Napoleão, Francisco temia a expansão russa, em particular que Alexandre, como chefe da Igreja Ortodoxa, atraísse seus súditos romenos. Mas Francisco também era um absolutista completo, que se contorcia quando se mencionavam direitos do povo, então ele e Napoleão não tinham nada ideologicamente em comum. Além disso, a segunda esposa de Francisco, Maria Ludovica de Modena, vinha de uma parte da Itália antigamente austríaca, mas agora ocupada por Napoleão. Maria Ludovica naturalmente não gostava de Napoleão, queria que a Áustria recuperasse Modena, e em dezembro de 1812 entrara para a sociedade vienense anti-francesa, *Amis de la vertu*" – "Amigos da virtude".

Se Maria Ludovica era um dos obstáculos entre Napoleão e Francisco, o elo principal era obviamente Marie Louise. A mais velha dos filhos de Francisco agora tinha 21 anos, mas jovem para sua idade, ainda mais tímida que seu pai e ainda mais hipocondríaca que Joséphine – em viagens ela convidava completos desconhecidos a sentir seu pulso, perguntando ansiosamente: "Estou com febre?". Por outro lado, ela era sincera. "Não consigo suportar estas bajulações descaradas", ela escreveu em seu diário após uma gala em Cherbourg, "especialmente quando elas não são verdadeiras, e particularmente quando eles dizem como eu sou bonita! Eu gosto de apenas um tipo de elogio, que é quando o imperador ou meus amigos me dizem 'Estou satisfeito com você'."

Napoleão podia lhe dizer isto com bastante frequência. Ele considerava Marie Louise uma excelente esposa e – seu elogio maior – uma pessoa de princípios. Embora ele não tivesse esquecido Joséphine absolutamente – ele foi a Malmaison após voltar de Moscou – ele se apaixonou por Marie Louise logo após o casamento e permaneceu apaixonado por ela. Ele compreendia o fato de que ela era 22 anos mais nova que ele, e a encorajava a ir a bailes e festas, mesmo sem ele. Mas ele estava consciente do lado sensual dela, e em outros aspectos era ainda mais rígido no estilo corso do que havia sido com Joséphine. Nenhum homem, exceto por dois secretários de extrema confiança, poderia entrar nos aposentos da imperatriz sem uma permissão especial assinada por ele mesmo, e uma dama de companhia deveria sempre estar presente em suas aulas de música e desenho: "Ele não queria que homem algum, qualquer que fosse sua posição, pudesse ter o orgulho de ter sido deixado por dois segundos sozinho com a imperatriz". Napoleão teve de escrever a ela em uma ocasião, expressando seu profundo desgosto por ela ter recebido o arquichanceler deitada na cama: "Este foi um ato muito impróprio para qualquer mulher com menos de trinta anos".

O filho de Napoleão tinha um ano e meio quando Napoleão retornou de Moscou. Era uma criança muito bonita, vivaz e avançada para a idade. Como uma dama de companhia observou, Marie Louise "tinha tanto medo de machucá-lo que não ousava segurá-lo ou acariciá-lo". Mas Napoleão, que se sentia à vontade com crianças, balançava o menino, o sentava em seu joelho, fazia caretas para fazê-lo rir, e mostrou-lhe o livro de figuras da Bíblia de Royaumont, dos seus favoritos de infância. Ele estava muito consciente de que o jovem Napoleão era algo que ele mesmo nunca poderia ser: um rei legítimo. Um dia, quando Talma, o ator, foi jantar com eles, sua babá trouxe o garoto, mas em vez de um abraço, Napoleão o virou sobre os joelhos e lhe deu tapinhas brincalhões. "Talma", ele disse, "diga-me o que estou fazendo... Não adivinha? Ora, estou batendo em um rei!" E se o menino mostrasse sinais de medo, Napoleão dizia: "O que é isso? Um rei não pode ter medo".

Para seu filho, o rei, Napoleão mandou folhear em prata todos os móveis do quarto, até o penico. Quando o menino estava aprendendo a andar, ele mandou acolchoar seus quartos até a altura de 1 metro, para o caso de ele cair e bater a cabeça na parede. Ele encomendou uma biblioteca especialmente impressa de 4.000 volumes, "as melhores obras em todos os ramos do conhecimento", e um conjunto de pratos de Sèvres com imagens empolgantes: as cataratas do Niágara, a Batalha das Pirâmides, o Etna em erupção. E finalmente, para seu filho, Napoleão planejou um palácio. Ele decidiu mandar construí-lo na colina de Chaillot, de frente para a École Militaire sobre o Sena, um imenso palácio com uma fachada de 365 metros de extensão, dois terços da de Versailles. Ele começou comprando o terreno. Um toneleiro chamado Gaignier tinha uma casinha apertada em parte da colina, pela qual ele pedia um preço cada vez maior. Napoleão se recusou a pagar. Ele então foi aconselhado a desapropriar a casa alegando utilidade pública. "Deixe-a onde está", Napoleão ordenou, "como um monumento ao meu respeito pela propriedade privada". Então, exceto pelo casebre do artesão, Chaillot foi limpa e preparada para o grande palácio.

Quatro dias depois de voltar de Moscou, Napoleão instruiu um Conselheiro a procurar por "todos os livros, editos, brochuras, manuscritos ou crônicas lidando com o procedimento desde a época de Carlos Magno para coroar o herdeiro do trono". Identificando o neto de Francisco com a coroa francesa, Napoleão esperava reforçar ainda mais sua amizade, e sabendo como Francisco era um católico fervoroso, Napoleão decidiu pedir ao Papa que coroasse o menino. Ele devidamente chegou a um acordo geral com Pio, e em 25 de janeiro escreveu a Francisco: "Irmão e caro sogro, tendo encontrado o Papa em Fontainebleau, e tendo conversado várias vezes com Sua Santidade, chegamos a um acordo em assuntos da Igreja. O Papa parece querer residir em Avignon. Estou enviando a Sua Majestade a Concordata que acabei de assinar com ele...". Há algo quase inocente sobre a pressa com que Napoleão escreveu a Francisco, como se dissesse: "Tudo está regularizado agora, vamos ser amigos próximos".

Dois meses depois, sob a influência francófila do cardeal Pacca, Pio revogou a nova Concordata, e Napoleão teve de abandonar seu plano de uma coroação papal. Mas logo ele teve uma ideia ainda melhor. Quando chegou a hora de retomar as campanhas, ele nomearia Marie Louise regente da França. Um *senatus consulte* foi emitido para este efeito, e em uma cerimônia simples no Elysée, Marie Louise jurou governar pelos interesses da França. Ela presidiria o Conselho de Estado e o Senado; aos domingos, ela concederia audiências. Napoleão es-

COLAPSO 341

creveu a Francisco: "A imperatriz agora é meu primeiro-ministro", e Francisco respondeu que "ficara comovido com esta nova prova de confiança por seu augusto genro".

Durante todo o inverno, Napoleão fez Marie Louise escrever ao *papa François* detalhes sobre os progressos de seu neto, e sentenças amigáveis nesta linha: "O imperador demonstra muita afeição pelo senhor; nem um dia se passa sem ele me dizer como gosta do senhor, especialmente após vê-lo em Dresden." No Ano Novo, Napoleão enviou a Francisco um conjunto de jantar de Sèvres decorado com imagens de Fontainebleau e seus outros palácios, enquanto todo mês Marie Louise enviava mil francos em roupas da última moda à sua madrasta difícil. Quando a primavera chegou, as esperanças de Napoleão floresceram junto com as árvores no jardim das Tulherias. Ele tinha uma visão otimista de Marie Louise ("Ela é mais inteligente que todos os meus ministros."), do rei de Roma ("Ele é a mais bela criança da França."), de Francisco ("Eu sempre terei a maior confiança no sentimento familiar de meu sogro."). Em abril, oito dias antes de partir para o *front*, Napoleão informou o arquitesoureiro Lebrun: "Quanto à Áustria, não há motivo para ansiedade. Há uma relação muito íntima entre as duas cortes".

No final de abril, Napoleão se juntou a seu exército na planície de Leipzig, onde campos de centeio e aveia encontram pomares, então em flor. Em 2 de maio, próximo à aldeia de Lützen, Napoleão com 110 mil homens atacou um exército prussiano-russo de 73 mil. Em vinte anos no campo, ele nunca se expusera tanto quanto ele o fez naquele dia, liderando ele mesmo um ataque contra Blücher, com a espada em riste à frente de dezesseis batalhões da Jovem Guarda. Ele conquistou uma vitória em Lützen, expulsou o inimigo para além do Elba, seguiu-o, ganhou uma vitória ainda maior em Bautzen, e o levou para além do Oder. Apenas a falta de cavalaria evitou que ele destruísse o exército desconjuntado completamente. Mas em três semanas ele havia feito o que se propusera a fazer: enviou os prussianos de volta à terra deles e livrou a Alemanha do invasor.

Napoleão esperava que Francisco honrasse sua aliança, enviando um exército contra os prussiano-russos, mas Francisco não enviou tropa alguma; todas haviam sido perdidas, segundo ele, na retirada de Moscou. Segundo ele, contudo, ele estava criando um exército porque gostaria de ser um mediador entre Napoleão e seus inimigos, e "a voz de um mediador forte terá mais peso do que a de um fraco". Napoleão previu problemas e propôs que ele e Francisco se encontrassem. Mas Francisco não demonstrou vontade de uma conversa de homem para homem ou de honrar suas obrigações do tratado. Em vez disso, ele entregou tudo a seu ministro do Exterior, o conde Clemens Metternich.

Os Metternich eram uma família da baixa nobreza de Coblenz, na Renânia: alemães, não austríacos. Em 1794, a França havia ocupado a margem esquerda do Reno, tomado as grandes propriedades dos Metternich, incluindo o famoso vinhedo de Johannisberg, e libertado seus 6 mil camponeses "atados". Aquela perda pessoal foi o fato básico na política de Clemens Metternich. Como nobre, ele identificava a expansão francesa com o jacobinismo: "Robespierre declarando guerra às casas dos nobres, Napoleão declarando guerra na Europa... é o mesmo perigo em uma escala maior", e como um defensor firme da raça teutônica, ele pretendia fazer Napoleão devolver todas suas conquistas na Europa – incluindo as propriedades Metternich – ao velho Império Teutônico.

Quando Napoleão descobriu que Francisco havia decidido se esconder atrás de Metternich, percebeu que seu inverno de atenções ao imperador austríaco tinha sido em vão. Mesmo assim, as lições de sua própria vida estavam ali para avisar Napoleão. Ele havia tornado Alexandre um amigo próximo, mas isso não havia evitado que Alexandre cedesse à imperatriz mãe, aos nobres e à corte; havia se tornado amigo de Pio e assinado uma nova Concordata, mas isso não havia evitado que Pio cedesse ao cardeal Pacca. Agora, pela terceira vez, esperava demais da amizade com um homem fraco. Napoleão simplesmente não era cínico o suficiente – ou um psicólogo. Ele acreditava que na Europa do século XIX, como na Córsega e no teatro clássico, a amizade pessoal, a relação humana entre homens, que ele tanto valorizava, fosse uma base segura para política.

Metternich, o mediador, começou propondo um armistício entre a França e a Prússia. Napoleão concordou com o armistício, que poderia lhe dar tempo para reforçar sua cavalaria. Ele mesmo tentou negociar a paz com a Prússia e a Rússia, mas Metternich já havia garantido promessas de Frederick William e Alexandre de que todas as comunicações deveriam ser através dele como mediador. Metternich então informou a Napoleão que ele não poderia mediar livremente a menos que fosse completamente independente. Não seria uma boa ideia que a "aliança fosse – não rompida – mas suspensa"? Napoleão não gostou destas sutilezas. "Metternich quer romper. Bem, que o faça. Não queremos que nossa aliança seja um fardo para nossos amigos."

Então agora a Áustria era neutra, mas empenhada em formar um exército de 200 mil homens. Napoleão deveria mantê-la neutra a todo custo. Ele ofereceu a Ilíria a Metternich em troca pela neutralidade contínua, mas não recebeu resposta. Durante junho, Napoleão continuou pressionando por conversas, mas Metternich estava ocupado demais nos bastidores para concordar com uma data. Finalmente, uma reunião foi organizada para 26 de junho. Napoleão decidiu que ela deveria acontecer em Dresden, a mais tranquila e bela das cidades da Saxônia, recentemente louvada por Herder como a Florença alemã.

Napoleão recebeu o ministro do Exterior austríaco na galeria do barroco Palácio Marcolini, na margem esquerda do Elba. Quatro anos mais novo que Napoleão, Metternich era um homem de estatura média, com cabelos claros cacheados, nariz aquilino e boca grande: ele falava de um modo arrastado e nasal, e tinha um brilho na pele que fazia as pessoas o compararem com uma figura em porcelana. Napoleão sabia que ele era tão atraente para as mulheres como Talleyrand – Caroline, sua própria irmã, havia sido uma das amantes de Metternich – e o diplomata mais esperto da Europa, alguém que, como lorde Liverpool observou, tratava política como "finesse e truques".

"Aí está você, Metternich! Bem-vindo. Mas se você quer paz, por que tão tarde? Já perdemos um mês, e sua atividade como mediador está me prejudicando."

Os dois homens andaram para lá e para cá na galeria: Napoleão, mestre mais uma vez do Império, e Metternich, mediador entre Napoleão e seus inimigos. Metternich começou com generalidades. Seu mestre, o imperador, sendo um homem moderado, imaginava que tudo que a Áustria queria era "estabelecer um equilíbrio de poder, no qual a paz será garantida por um grupo de Estados independentes".

"Fale mais claramente", disse Napoleão, "e vamos direto ao ponto. Mas não se esqueça de que eu sou um soldado, melhor em quebrar do que em curvar. Ofereci-lhe a Ilíria em troca de você permanecer neutro; será o suficiente? Meu exército pode lidar com os russos e os prussianos; tudo que lhe peço é sua neutralidade."

"Senhor, por que sua Majestade desejaria lutar contra eles sozinho? Por que não dobrar seus números? O senhor pode: está em seu poder dispor completamente de nosso exército. Sim, chegou o ponto em que não podemos mais permanecer neutros; devemos lutar ou a favor ou contra o senhor."

Napoleão conduziu Metternich à sala de mapas e ali, em frente a um mapa da Europa, o ministro do Exterior austríaco especificou suas exigências. A Áustria receberia não só a Ilíria, mas o norte da Itália, a Rússia teria a Polônia, a Prússia teria de volta a margem esquerda do Elba, a Confederação do Reno seria dissolvida. Napoleão mal podia acreditar em seus ouvidos. "Esses são os seus termos moderados!" ele explodiu, atirando seu chapéu para o outro lado da sala. "A paz é apenas seu pretexto para desmembrar o Império francês!... eu deveria humildemente evacuar a Europa... quando minhas bandeiras estão flutuando no Vístula e no Oder... Sem desferir um golpe, sem mesmo desembainhar uma espada, a Áustria imagina que eu aceitarei tais condições!... E pensar que meu sogro o enviou aqui com tais propostas... Ele está estranhamente enganado se ele acredita que na França um trono mutilado poderá abrigar sua filha e neto!"

Napoleão começou a discutir os termos com mais calma. Como estavam, ele disse, eram inaceitáveis; era tarefa de Metternich o mediador unir os dois lados. Mas logo ficou claro que Metternich não tinha intenção de fazê-lo; ele não havia vindo como mediador, mas sim como porta-voz dos inimigos de Napoleão. E mais, ele não estava preparado para negociar. Ele estava exigindo em efeito que, no dia seguinte a duas vitórias, Napoleão deveria ceder três quartos dos ganhos que havia conquistado desde 1800. E ele dizia que se Napoleão decidisse não ceder, a Áustria se uniria à Prússia e à Rússia na guerra contra a França.

Napoleão estava bem consciente da gravidade da decisão diante dele. Se a Áustria declarasse guerra, ele teria que lutar contra três grandes potências continentais. No passado, ele sempre conseguira manter as chances de dois para um. Três para um tornariam realmente as coisas muito difíceis. Além disso, a guerra – se viesse a acontecer – aconteceria no momento em que a campanha espanhola, por muito tempo sombria, tornava-se catastrófica. Os ingleses estavam inundando a Espanha com tropas, e em 21 de junho de 1813, o duque de Wellington vencera a batalha de Vitória e expulsara o marechal Soult de volta para a França.

Napoleão, contudo, olhava para além da situação militar. Ele via o Império, uma nova ordem representando os direitos humanos, desafiado pela velha ordem, representando o privilégio e glórias passadas: Francisco, "um esqueleto que o valor dos antepassados havia colocado no trono"; Metternich, antigo proprietário de quase escravos, determinado a atrasar o desenvolvimento social e político da Europa. Napoleão via o Império também como a representação da glória da França. Ideias francesas, vidas francesas, trabalho francês haviam construído o Império. Portanto, havia se tornado uma questão de honra para a França e para ele mesmo, o governante eleito da França, defender o Império. Ele via a Europa ocidental como um patrimônio sob sua guarda, ao qual nenhum homem tinha direito de dispersar. Então, embora ele precisasse da paz, Napoleão acreditava que seria errado fazer a paz a qualquer preço.

Assim, em vez de aceitar os termos de Metternich, Napoleão tentou negociar. Ele daria a Ilíria à Áustria, o que havia prometido como recompensa pela ajuda austríaca contra a Rússia em 1812, e algo mais além. Ele daria à Rússia parte da Polônia, mas não toda. Mas era tudo. Ceder mais seria uma desonra.

Metternich disse que as propostas de Napoleão eram inaceitáveis. Acreditando que Metternich não tinha o direito de falar pela Rússia e pela Prússia, assim como por seu próprio país, Napoleão propôs que as conversas fossem mantidas pelas quatro potências para discutir um acordo. Metternich concordou com isto. Eles organizariam um congresso e conversariam. Quando Metternich deixou o Palácio Marcolini, Napoleão disse: "Devemos manter a porta aberta para a paz".

Napoleão subestimou a força com que Metternich conseguira segurar Alexandre e Frederick William. No dia seguinte, a Áustria assinou um tratado com a Prússia e a Rússia, conhecido como o Tratado de Reichenbach. As três potências reafirmaram os termos que Metternich apresentou a Napoleão no Palácio Marcolini e anunciaram que se até 10 de julho (depois estendido até 10 de agosto) ele não as houvesse aceitado, a Áustria declararia guerra.

Apesar do tratado, Napoleão enviou Caulaincourt como seu representante ao congresso, que se reuniu em Praga. Ele ainda esperava fazer acordos separados e menos desvantajosos com cada um de seus inimigos. Mas novamente Metternich demonstrou uma capacidade diplomática brilhante. Ele evitou que Caulaincourt falasse com os representantes da Prússia e da Rússia, impedindo assim qualquer modificação dos termos originais. Napoleão recusou-se a aceitá-los, e em 12 de agosto de 1813, a Áustria declarou guerra à França.

Isto era exatamente o que Metternich no Palácio Marcolini esperava. Longe de querer mediar, elevou tanto as exigências que ele acreditava que Napoleão certamente as rejeitaria. Ele então poderia unir a frouxa Coalizão marcando Napoleão diante da Europa como um homem ambicioso. Metternich declarou que Napoleão estava consumido pela ambição, e em vez de ceder sua glória duramente conquistada, ele preferia derrubar o mundo inteiro em torno das ruínas de seu trono. Esta acusação foi repetida por todos os estadistas da Coalizão, e a ambição se tornou o tema de sua propaganda. De um lado, diziam eles, estava o povo francês, que amava a paz, e do outro, Napoleão com seus sonhos de conquista. Era contra o ambicioso Napoleão que lutavam; não contra o povo francês.

Esta acusação seria verdade? Joséphine achava que não, e ela era a pessoa que, na opinião de Napoleão, melhor o entendia. Joséphine declarou que Napoleão não tinha ambição pessoal. Ele mesmo havia discutido o assunto com Roederer em março de 1804. Falava sobre os Bonaparte e apontou que nenhum de seus irmãos almejava posições de importância. "Joseph recusa qualquer responsabilidade; Lucien se casa... Louis é um bom sujeito: ele pegará a primeira oportunidade de morrer em serviço. Quanto a mim, eu não tenho ambição...ou, se tenho, é tão parte da minha natureza, tão inata que é como o sangue correndo em minhas veias, como o ar que respiro...eu nunca tenho que lutar para incitar a ambição ou controlá-la. Ela nunca me apressa; ela marcha junto com as circunstâncias e minhas ideias como um todo."

O que quis dizer Napoleão? Ele estava negando que tinha ambição pessoal no sentido normal do termo. "Eu, ambicioso?", ele uma vez disse a Rapp. "Um homem ambicioso teria uma barriga destas?" e bateu no estômago com ambas as mãos. Mas Napoleão admitiu outra coisa, uma combinação de qualidades físicas e suas "ideias como um todo". Por qualidades físicas ele quis dizer que a energia que o capacitava a trabalhar com velocidade e o deixava sempre pronto para novas tarefas, o que Talleyrand tinha em mente quando descreveu Napoleão como "um cometa"; aparece novamente na resposta de Napoleão à provocação de Duroc: "Se o posto estivesse livre, você se colocaria como Deus Pai", ao que Napoleão respondeu: "Não, é um caminho sem saída."

Quanto ao que Napoleão chama de suas "ideias como um todo", estas, sabemos, eram os princípios da Revolução. Aqui chegamos ao coração da questão. Quando Metternich e os outros inimigos de Napoleão, incluindo os ingleses como Grenville, acusavam Napoleão com ambição pessoal, eles invariavelmente ligavam isso à sua vontade inflexível. Todos haviam sido afetados por este elemento na personalidade de Napoleão, e eles achavam tal vontade tão difícil de explicar que recorriam a adjetivos que na verdade não conseguem explicar, como "sobre-humano", "sem precedentes", "monstruosa". A vontade de Napoleão não era nenhuma destas coisas, nem poderia ter sido. Não era sua determinação que levava o supostamente pacífico povo francês em frente, pois nenhum homem na história conseguiu liderar um povo, a menos que marchasse exatamente no mesmo passo que ele. A inflexibilidade de Napoleão nunca poderia ter vindo de algo tão frágil quanto ambição pessoal; ela tinha raízes nos princípios da Revolução. A conclusão é que Napoleão não era, mais do que a maioria dos homens, ambicioso por si; mas ele era muito ambicioso pela França e ele representava as ambições de trinta milhões de franceses.

A segunda acusação de Metternich, quando Napoleão rejeitou seus termos para a paz, era de que o imperador francês amava a guerra. Como Napoleão não havia nascido rei, argumentou Metternich, estava continuamente sendo obrigado a conquistar seus súditos vacilantes fazendo a guerra. Esta acusação, como a primeira, pressupõe uma dicotomia entre Napoleão e o povo francês que na verdade não existia. É verdade que o povo francês em 1813 gostaria da paz, mas eles queriam a paz, como relata Roederer, porque eles temiam que Napoleão fosse morto em batalha. Ele também queria a paz. Quando Savary, chefe do partido da paz em Paris, escreveu a Napoleão exortando-o a fazer um acordo, Napoleão respondeu a Cambacérès, em 18 de junho de 1813, que a carta de Savary o havia magoado, "porque supõe que eu não quero a paz. Eu quero a paz... eu não sou um aventureiro lunático, a guerra não é meu trabalho na vida, e ninguém valoriza mais a paz do que eu, mas a paz deve ser um acordo solene; deve ser duradoura; e deve ser relacionada a circunstâncias do meu império como um todo".

Parece que Napoleão genuinamente queria a paz, mas não sob quaisquer circunstâncias. O que ele queria era uma paz duradoura com honra. Honra, não ambição ou guerra, era o que Napoleão valorizava mais que tudo no mundo. Honra para ele era como a lâmina de uma espada, e o amor à honra, como um beijo no aço nu.

Como ele agora era imperador, e os franceses estavam tão maravilhados por sua importância que lhes incomodava discutir os primeiros princípios com ele, Napoleão estava livre para buscar seu amor à honra. Ele o buscou sem restrições durante aquele verão de 1813, e via apenas as cores do arco-íris da tricolor. Contudo, do outro lado do horizonte, tudo era negro. Tanto a Prússia como a Áustria, aprendendo com os franceses, haviam melhorado seus exércitos: os austríacos, por exemplo, haviam deixado de usar suas perneiras desajeitadas e marchavam mais rápido; enquanto a Prússia estava impulsionada por um novo patriotismo, simbolizado no equivalente de Ardnt à *Marseillaise, Was ist das Deutschen Vaterland*? Quanto aos russos, eles ansiavam se vingar da devastação que Napoleão lhes obrigara a infligir a seu país. Tudo isto Napoleão deveria ter levado em consideração quando refletiu sobre os termos de paz de Metternich, reconhecidamente humilhantes.

Ele deveria ter visto que mesmo se ele obtivesse outra grande vitória, ela por si não garantiria as fronteiras de seu Império. O peso da velha ordem era forte demais contra ele. A hora era de concessões. Mas concessão era uma noção incompatível com honra, e então naquele dia de junho em Dresden, Napoleão pôs a honra da França acima dos interesses da França, e comprometeu seu povo a uma renovação da guerra que já durava vinte anos.

Durante a maior parte daquele verão, Napoleão viveu em Dresden. Com a intenção de tornar a cidade um pivô para operações futuras, ele explorava a cavalo cada uma das colinas, rios, ravinas e matas. Convocou de volta cavaleiros da Espanha e construiu uma cavalaria adequada. Aumentou suas armas de 350 para 1.300. Ele agora tinha um em cada três franceses sadios uniformizados, e para pagar por mosquetes e munições, enviou a Paris a chave de sua fortuna pessoal: 75 milhões de francos de ouro e prata, depositados nos porões das Tulherias em barris. Ele também chamou a Comédie Française a Dresden. "Isto criará uma boa impressão em Londres e na Espanha: eles pensarão que estamos nos divertindo." Napoleão foi assistir a apresentações no jardim de inverno do Marcolini. Mas agora que ele estava profundamente envolvido em uma situação trágica, ele não queria mais ver tragédias. Pela primeira vez em sua vida, ele mandou que se apresentassem comédias leves, como *Secret du ménage* de Creuzé de Lesser.

"Pelo menos sabemos onde estamos", disse Napoleão, quando a Áustria declarou guerra em 12 de agosto. Os franceses enfrentavam três exércitos separados: 230 mil austríacos sob Schwarzenberg na Boêmia; 100 mil prussianos-russos sob Blücher na Silésia; 100 mil suecos-russos comandados por Bernadotte, príncipe real da Suécia, dentro e ao redor de Berlim. Com apenas 300 mil homens contra 430 mil, Napoleão decidiu atacar cada exército separadamente. Enviando Oudinot contra Bernadotte, ele mesmo partiu de Dresden em 15 de agosto, seu aniversário de 44 anos, para a Silésia. Dali ele fez Blücher recuar atravessando o Rio Katzbach. Subitamente chegaram notícias de que Schwarzenberg havia descido com um exército forte das montanhas da Boêmia. Deixando Macdonald lidar com Blücher, Napoleão correu de volta a Dresden, e lá em 26 e 27 de agosto lutou uma batalha de dois dias. Ele fez bom uso de seu conhecimento detalhado do terreno. Pelo segundo dia inteiro ele dirigiu operações sob uma chuva torrencial; à noite, de acordo com seu valete, "ele parecia como se tivesse sido dragado do rio". Ficar molhado agravou a diarreia, que ele havia contraído comendo um cozido de carneiro com alho demais, e em vez de perseguir os austríacos para dentro das ravinas do Elba, Napoleão teve de ficar na cama por um dia. Mesmo assim, Dresden foi uma vitória importante: com 120 mil homens, ele havia derrotado um exército aliado de 170 mil: "Capturei 25 mil prisioneiros", escreveu a Marie Louise, "trinta bandeiras e muitos armamentos. Eu os enviarei a você...".

Mas seus generais, em vez de capturar bandeiras, perderam-nas. Oudinot foi derrotado em Gros-Beeren, Macdonald por Blücher no Katzbach, Vandamme em Kulm. Napoleão correu atrás de Blücher, mas, como ele escreveu ao seu ministro do Exterior: "Quando o inimigo descobriu que eu estava com o exército, ele fugiu o mais rápido que podia em todas as direções. Não havia jeito de alcançá-lo: mal consegui dar um ou dois tiros". Pela maior parte de setembro, Napoleão percorreu suas longas fileiras de cima para baixo, juntando, ralhando, encorajando seus marechais, sempre tendo que mandar uma divisão fazer o trabalho de duas ou três. As chances estavam constantemente aumentando contra ele. Seus últimos recrutas haviam sofrido de desnutrição durante a infância, quando o pão era escasso, e agora eles começavam a adoecer aos milhares. Quando Napoleão repreendeu Augereau por não demonstrar o vigor que ele havia mostrado dezessete anos atrás em Castiglione, o marechal de 56 anos respondeu: "Senhor, eu serei o Augereau que estava em Castiglione quando o senhor me der os soldados que eu tinha na época".

COLAPSO

349

Napoleão, que sempre detestou guerras defensivas, desenvolveu um novo plano no começo de outubro. Ele marcharia até Berlim, a capturaria, e depois invadiria a Polônia, isolando assim os russos. Quando ele propôs isto aos seus marechais, Ney, Murat, Berthier e Macdonald se opuseram fortemente, e, quando Napoleão insistiu no assunto, caíram em um silêncio sinistro. De fato, naquelas circunstâncias, era um plano louco e irresponsável que, se falhasse, colocaria em perigo todo o exército. Napoleão, cujo quartel-general era então em Düben, ficou sentado por dois miseráveis dias em um sofá, alheio aos documentos que se empilhavam em sua mesa, ocupado em rabiscar distraidamente letras maiúsculas em folhas de papel, em uma prostração de dúvida se deveria ceder à revolta muda de seus marechais contra a marcha para Berlim. Finalmente, em 14 de outubro, ele decidiu não levar o plano adiante. Uma vez que os aliados agora estavam se aproximando dele, Blücher pelo norte, Schwarzenberg no sul, com a intenção de cercar Dresden, Napoleão ordenou a suas tropas que recuassem cem quilômetros para noroeste, em direção a Leipzig. Lá ele ficaria e lutaria; o que estava em jogo era nada menos que seu império.

Napoleão chegou a Leipzig em 14 de outubro. Quando os novos recrutas chegaram, solenemente Napoleão entregou-lhes suas águias. "Soldados! Ali está o inimigo. Vocês juram que preferirão morrer a deixar a França ser insultada?" Palavras simples, disse um jovem oficial, mas por causa da voz vibrante, olhar penetrante e braço estendido de Napoleão, indescritivelmente emocionantes. De volta veio o grito entusiasmado: "Sim, juramos!"

Napoleão estabeleceu sua sede a sudeste da cidade, em uma leve inclinação chamada Galgenberg, ou Colina da Forca. Uma mesa de tamanho médio, retirada de uma casa de fazenda, foi colocada no campo áspero, com uma cadeira atrás dela. Uma grande fogueira queimava ali perto. O tempo estava tempestuoso, então seu mapa, com os alfinetes de cores diversas, foi pregado à mesa. Napoleão se sentou apenas para olhar para o mapa ou sublinhar algo, mas nunca por mais de dois minutos. O resto do tempo ele andava para cima e para baixo, brincando incessantemente com seu lenço, caixa de rapé ou telescópio. Berthier estava sempre ao seu lado. "Auxiliares e ordenanças corriam de todas as direções, e eram apresentados instantaneamente ao imperador. Ele recebia seus papéis, os lia como um raio; rabiscava algumas palavras ou respondia verbalmente na hora, a maior parte do tempo a Berthier, que então, parecia, explicava a decisão rápida de Napoleão aos mensageiros com mais detalhes. Algumas vezes o imperador fazia sinal para que se aproximassem, fazia perguntas e depois os dispensava pessoalmente, mas a maior parte do tempo ele apenas balançava a cabeça com um "Bom" baixo ou mandava-os embora com um gesto.

Napoleão havia conquistado seus primeiros louros nas montanhas da Itália. Em Abukir ele usou o mar como aliado. Depois, conquistou suas vitórias decisivas, como Austerlitz e Jena, em terrenos montanhosos ou pelo menos inclinados, onde ele poderia fintar, voltar, surpreender e cercar por trás. Mas o terreno em volta de Leipzig não oferecia tal vantagem topográfica. Era um campo plano, onde cada movimento poderia ser visto, e não haveria espaço para sutileza.

Tirando proveito de uma leve inclinação, Napoleão organizou seu centro em Galgenberg, com sua ala esquerda no rio Parthe, ao norte de Leipzig, e sua direita no rio Pleiss, ao sul. Ele tinha 177 mil homens contra os 257 mil dos aliados. Ele planejava atacar primeiro o exército austríaco de Schwarzenberg ao sul, depois os prussiano-austríacos de Blücher ao norte.

A batalha começou na manhã de 16 de outubro, com 2 mil armas disparando no maior duelo de artilharia já visto. Nos últimos seis anos, Napoleão havia desenvolvido uma técnica mortal de colocar os canhões no alcance mais próximo possível para explodir um vão para a cavalaria e infantaria. Agora, ele via as armas dos aliados se posicionando em longas linhas para fazer exatamente o mesmo; e exclamou: "Finalmente eles aprenderam algo!". Quando os canhões explodiram as linhas francesas, Schwarzenberg atacou em quatro colunas. Napoleão fez o que ele havia recusado fazer em Borodino, enviou a Velha Guarda, mas na luta feroz, nem eles conseguiram romper a linha austríaca.

Enquanto isso, Napoleão viu Blücher chegar ao norte, antes do que ele havia calculado, e começou a atacar sua esquerda sob Ney e Marmont. Agora, todas as forças de Napoleão estavam em campo de uma só vez, e lutaram com a coragem de sempre. O general Poniatowski, comandando os lanceiros poloneses, conquistou um bastão de marechal. O general de Latour-Maubourg, comandando a cavalaria da Velha Guarda, teve uma perna explodida, e quando seu criado o consolava, ele interrompeu o rapaz: "De agora em diante você terá apenas uma bota para polir".

Mas coragem não era o suficiente. Neste terreno plano, uma batalha se tornava o equivalente a uma briga de camponeses, na qual peso e número contavam mais que habilidade ou heroísmo individual. Quando a noite caiu, Napoleão contou suas perdas: 26 mil homens mortos ou feridos.

No dia seguinte, domingo dia 17, os dois exércitos estavam tão exaustos que se contentaram com disparar contra as fileiras um do outro. Depois, no final da tarde, Napoleão teve um choque imenso: viu ao longe, no horizonte, longas fileiras de tropas marchando. Ao sul, o general russo Bennigsen liderando 50 mil homens; ao norte, Bernadotte com mais 60 mil.

COLAPSO 351

Na manhã de segunda-feira, enquanto ainda estava escuro, Napoleão deslocou sua base mais para o norte, para um moinho de tabaco em terreno elevado, de onde ele poderia observar os movimentos destas tropas novas. Bernadotte atacou primeiro, e no meio da luta, 3 mil saxões servindo com Napoleão, menos leais que seu rei, desertaram para o inimigo. Novamente Napoleão enviou a Velha Guarda, e ele mesmo conduziu 5 mil da cavalaria contra os suecos e os saxões vira-casacas, que ele teve a satisfação de desbandar. A luta foi ainda mais feroz aquele dia do que no dia 16, mas os franceses estavam cansados, e seus inimigos repousados. Ao chegar à noite, Napoleão havia perdido mais 20 mil homens e estava ficando sem munição. Ali ficou claro: pela primeira vez em sua vida, lutando em pessoa, ele não havia conseguido vencer uma batalha.

Napoleão relutantemente decidiu bater em retirada. Ele foi para Leipzig naquela noite e começou a dirigir as tropas para cruzar a ponte que sobrara. Naquela noite inteira e na manhã seguinte, soldados franceses exaustos cruzaram o rio Elster, enquanto uma retaguarda na antiga muralha da cidade segurava o inimigo. Quando a maior parte do exército havia atravessado em segurança, Napoleão, que ficara acordado a noite toda e estava esgotado, dormiu um pouco em um moinho na margem esquerda. Antes disso, ele ordenou ao coronel Montfort dos engenheiros que explodisse a ponte assim que o inimigo aparecesse. Por algum motivo nunca explicado, Montfort abandonou seu posto e um de seus subordinados, talvez confundindo os lanceiros poloneses de Poniatowski com cossacos, acendeu o pavio cedo demais, explodindo a ponte. Vinte mil franceses ainda estavam na margem direita. Alguns nadaram no Elster; muitos mais, incluindo Poniatowski, se afogaram, e cerca de 15 mil foram presos. No total, a batalha de Leipzig, a mais longa que Napoleão já lutara, já que durara quatro dias, custou aos franceses 73 mil mortos e feridos, e aos aliados, 54 mil.

Napoleão começou a recuar até a próxima grande barreira fluvial, o Reno, e ordenou que as guarnições francesas na Alemanha também se retirassem. Ele havia perdido uma batalha, mas não pareciam haver razões sóldas para temer pelo Império. Contudo, isto foi exatamente o que começou a acontecer. À medida que o exército francês se retirava de Erfurt, Hanau e Mainz, Napoleão ouvia atrás dele o ruído que precede o colapso.

Por que os povos do Império se aproveitaram da derrota de Napoleão em Leipzig para afirmar sua independência? Afinal, eles haviam recebido dele um excelente Código de Leis, justiça social e princípios de autogoverno. Há três razões principais. Primeiro, eles não gostavam da ocupação militar. Segundo, em um período de dez anos eles aprenderam patriotismo, e o aprenderam com os adeptos, os franceses. Eles acreditavam que um governo mau que seja seu é melhor do que um bom de outrem. Mas os Bonaparte nunca entenderiam isto. Eles haviam se tornado franceses com prazer porque a França oferecera vantagens à Córsega, e como a Córsega sempre havia sido governada externamente, eles meramente trocaram uma soberania por outra.

A terceira razão é econômica. A França sempre se proclamava "a primeira nação da Europa", e de muitas maneiras ela era mesmo a líder da Europa. Mas não tecnologicamente. Nesse aspecto ela estava muito atrás da Inglaterra. Enquanto a França sob Napoleão foi excelente na ciência pura – Monge, Fourier, Geoffroy Saint-Hilaire, Cuvier, Lamarck e Laplace são alguns dos grandes nomes –, a Inglaterra era excelente na aplicação prática da ciência. Foi um inglês, Humphrey Davy, que em 1807 ganhou a medalha de ouro de Napoleão por isolar por eletrólise os metais alcalinos, sódio e potássio. Foi William Cockerill, um engenheiro de Lancashire, que construiu equipamento têxtil para os franceses em Verviers e Liége. Foi um escocês, Tennant de Glasgow, que utilizou pela primeira vez na indústria a descoberta de Berthollet das propriedades alvejantes do cloro. Em 1801, William Radcliffe estava dando trabalho a mais de mil tecelões, para que na indústria inglesa, os avanços tecnológicos fossem acompanhados por produção em larga escala, portanto barata. John Wilkinson, mestre ferreiro, que havia construído as fornalhas de ferro em Le Creusot, as quais Napoleão havia inspecionado quando segundo-tenente e agora produziam armamentos para a Grande Armée, tinha tantas forjarias e altos-fornos na Inglaterra que ele já possuía uma espécie de Estado industrial dentro de um Estado, mais rico que muitos principados italianos ou alemães. As usinas de aço de Birmingham eram as maiores e melhores do mundo, e Napoleão podia apreciar o fato a cada manhã, quando ele se barbeava com sua navalha com cabo de madrepérola. A Inglaterra estava até desenvolvendo prensas a vapor, e em 1814, a impressão do *The Times* seria movida a vapor. Neste e em tantos outros campos de indústria os ingleses estavam décadas à frente do resto do mundo.

Napoleão, na esperança de derrotar a Inglaterra, havia imposto em 1806 um embargo severo sobre bens ingleses ou bens transportados por navios ingleses. Desta forma, ele evitou que alemães, italianos, holandeses e suíços comprassem não apenas café e açúcar, mas todos os muitos excelentes e baratos produtos ingleses: lãs, algodões, tesouras, talheres e maquinário de todo tipo. Mas ele próprio não poderia suprir o que ele evitava que os ingleses fornecessem. A "primeira nação da Europa" não conseguiu dar conta.

Napoleão tentou consertar a situação subsidiando e encorajando a indústria francesa, mas o atraso tecnológico era muito grande e havia durado muito tempo – era aparente mesmo durante a Guerra dos Cem Anos – para ser corrigido aos poucos. Apenas muito mais ensino de ciência nas escolas poderia ter corrigido o equilíbrio, e isto foi uma mudança que nunca ocorreu a Napoleão fazer. Quanto ao descontentamento dentro do Império, Napoleão fez pouco dele. Ele considerava sacrifícios econômicos um preço pequeno a se pagar por igualdade e direitos humanos. Ele pensava em termos de honra, e achava que os outros também deveriam pensar nesses termos. Não era verdade. O povo comum do Império pensava em seus confortos e nas novidades atraentes nas lojas. Novamente, Napoleão não soube lidar com a reação inesperada. Ele colocou a situação toda em uma de suas frases mais retóricas. "Quando eu penso que, por uma xícara de café com mais ou menos açúcar, eles pararam a mão que libertaria o mundo!"

O novo patriotismo e descontentamento econômico tiveram seu efeito. Um por um, os estados da Confederação desertaram Napoleão: Baden, Bavária, Berg, Frankfurt, Hesse, Vestfália e Württemberg. Amsterdã se ergueu em revolta, e logo toda a Holanda se atirou nos braços do príncipe de Orange. Fouché foi obrigado a deixar a Ilíria; a Itália ao norte do Adige foi perdida para os austríacos, e Caroline Murat já havia persuadido seu marido a aceitar a proposta de Metternich de desertar um Napoleão condenado e esculpir para si próprio um reino italiano independente. Se as repúblicas irmãs tivessem se mantido, Napoleão ainda estaria em uma posição forte. Mas após Leipzig, elas tombaram súbita e inesperadamente. Quando ele retornou pelo Reno a Paris, Napoleão se viu um imperador sem um Império.

O ano que havia começado tão auspiciosamente chegara a um fim triste. Os inimigos de Napoleão exultavam. Eles viam a mão de Deus em toda parte. Chegando à Renânia, Metternich confidenciou a um correspondente: "Vim para Frankfurt como o Messias para libertar os pecadores; tornei-me uma espécie de força moral na Alemanha e talvez mesmo na Europa". Em Paris, o companheiro e cúmplice pago de Metternich, Talleyrand, informou a Madame de La Tour du Pin que Napoleão estava acabado. "Como assim, acabado?", a dama perguntou. "Ele não tem mais nada com que lutar", Talleyrand disse. "Está exausto. Ele irá se esgueirar para debaixo da cama e se esconder."

23

Abdicação

Napoleão voltou a Saint-Cloud em 10 de novembro, e imediatamente pediu 300 mil homens à legislatura. Um membro se opôs à frase "fronteiras invadidas" no preâmbulo ao *senatus consulte*, porque poderia causar alarme. "É melhor neste caso dizer a verdade", Napoleão respondeu. "Não é verdade que Wellington invadiu o sul, e os russos, o norte? Não estão os austríacos nos ameaçando ao leste?" De agora em diante, a guerra seria lutada em território francês: o que Napoleão chamava de "terra santa".

Justamente quando ele precisava de todo o apoio que pudesse conseguir, Napoleão teve problemas com seus irmãos. Jérôme cedeu a Vestfália sem uma única luta, e depois comprou um esplêndido *château* na França. "Mande cancelar a compra", Napoleão disse a Cambacérès. "Estou chocado que quando todos os cidadãos privados estão se sacrificando pela defesa de seu país, um rei que esteja perdendo seu trono seja tão sem tato a ponto de escolher tal momento para comprar uma propriedade." Louis também causou problemas a Napoleão. Em 1810, o "bom rei Luís", aborrecido por ter sido removido por Napoleão do trono holandês, escreveu ao imperador Francisco pedindo ajuda para restaurar seu reino. A Áustria viria a publicar as cartas petulantes de Louis, e o próprio entrou na França pela Suíça vestindo um uniforme holandês e clamando ser o rei da Holanda de direito. "Pare de reclamar", disse Napoleão a seu irmão. "Coloque-se à frente de 100 mil homens e conquiste de volta seu reino." Mas Louis, como Jérôme, preferia alimentar seus ressentimentos.

Napoleão tinha um terceiro rei desempregado em suas mãos: Joseph. Quando ele pediu a Joseph que concordasse com sua decisão de restaurar a dinastia Bourbon à Espanha, como o meio mais seguro de deter os ingleses, Joseph recusou: "Apenas eu – ou um príncipe de nosso sangue – posso fazer a Espanha feliz". Joseph planejava pedir a seu cunhado, o príncipe Bernadotte da Suécia, agora em guerra com a França, que interviesse para que a Europa "respeitasse seus direitos". Dissuadido disto por Napoleão, Joseph solenemente propôs que seu "ministro do Exterior" negociasse um tratado entre ele próprio, o novo rei da Espanha e o imperador dos franceses sobre "compensações". Napoleão fez Joseph perceber a irrealidade dessas exigências, o conquistou e finalmente o persuadiu a servir como tenente-general da França, responsável por defender Paris.

Em outros pontos em casa Napoleão encontrou problemas. Uma parte do Corpo Legislativo culpava Napoleão por não buscar a paz, primeiro em Praga, e novamente em novembro em Frankfurt, quando os aliados ofereceram as fronteiras da França de 1792. Napoleão respondeu entregando os dossiês relevantes. Estes mostravam que os Aliados haviam recusado dar a Napoleão a garantia que ele pedira de que a França não seria invadida. Mas Joseph Lainé, que chefiava a comissão que examinava os dossiês e já estava em correspondência traiçoeira com o príncipe regente, emitiu um comunicado atacando os impostos altos, o alistamento obrigatório e a miséria inenarrável. "Uma guerra bárbara e inútil periodicamente engolia homens jovens, arrancados de seus estudos, da agricultura, dos negócios e das artes." O imperador, disse Lainé, deveria buscar a paz sob quaisquer termos que conseguisse.

Napoleão ficou furioso com o discurso de Lainé. Ele sabia que a vasta maioria dos franceses apoiava sua decisão de defender a *patrie* – na convocação do outono de 1813, ele pedira por 160 mil recrutas, e 184 mil se apresentaram –, então, ele declarou encerrada a sessão do Corpo Legislativo. Quando os membros vieram lhe apresentar seus desejos de Ano Novo, Napoleão falou-lhes com severidade. "Eu ordenei que seu comunicado não fosse publicado: era inflamatório..." Ele lhes lembrou de que eles eram delegados dos *départements*, enquanto ele havia sido eleito pela nação inteira – quatro milhões de votos. "Sou eu quem pode salvar a França, e não vocês... Sua comissão me humilhou mais do que meus inimigos. Acrescenta ironia ao insulto. Afirma que a adversidade é o verdadeiro conciliador dos reis. Pode ser, mas aplicá-lo a mim nas circunstâncias atuais é um ato de covardia."

Naquele mesmo dia de Ano Novo de 1814, o exército de Blücher atravessou o Reno em Mannheim e Coblenz, precedido por proclamações de que os aliados haviam vindo como libertadores, seu único inimigo sendo Napoleão. "Isto nos prejudica mais do que suas armas", escreveu Caulaincourt.

A resposta de Napoleão foi mandar tocar a encorajadora *Marseillaise* novamente por bandas regimentais – por anos ele havia abandonado a prática, agitando velhos ódios. Ele redobrou seus esforços para obter cavalos e transformou mais e mais de seu próprio ouro em balas e cartuchos. Sabendo que poderia nunca mais vê-los novamente, ele passava cada hora de lazer com a mulher e o filho. Marie Louise não estava bem – ela tinha uma tosse severa e às vezes cuspia sangue – mas o jovem Napoleão era vivaz como sempre, manobrando seus soldados de brinquedo, atacando em seu cavalo de balanço e orgulhosamente colecionando os rolos de papel trazidos para as Tulherias quando alguém tinha uma petição a fazer; estes, ele entregava a seu pai todas as manhãs no almoço. Napoleão dizia a ele: "Vamos bater no *papa François*". De acordo com Hortense: "A criança repetia esta frase tão frequentemente e tão distintamente que o imperador ficava encantado e ria". Mas a rapidez de seu filho preocupava a tímida Marie Louise: "Crianças que são tão precoces não vivem por muito tempo".

No domingo, 23 de janeiro, Napoleão encomendou uma parada de oficiais da Guarda Nacional do lado de fora das Tulherias. Talvez se lembrando de algum romance sentimental, Napoleão saiu acompanhado por Marie Louise e seu filho vestido em um uniforme da Guarda Nacional em miniatura. Ele avisou aos oficiais de sua partida iminente e disse: "Eu confio a imperatriz e o rei de Roma à coragem da Guarda Nacional." Então ele ergueu o jovem Napoleão e, carregando-o nos braços, andou pelas fileiras, orgulhosamente exibindo seu filho, e de vez em quando beijando-lhe a bochecha.

Naquela noite, Napoleão levou Marie Louise e Hortense ao seu escritório, um aposento no qual elas normalmente nunca entravam. O tempo estava frio, e enquanto as senhoras se aqueciam em frente ao fogo, Napoleão deu uma olhada em seus papéis, removendo os que causariam dano à França se fossem capturados, e os queimou. Ele partiria em dois dias para o *front*, e cada vez que ia de sua escrivaninha até o fogo, Napoleão beijava sua mulher. "Não fique tão triste; confie em mim. Não sei mais fazer meu trabalho?" Finalmente ele a abraçou. "Eu vou derrotar *papa François* novamente. Não chore. Eu voltarei logo."

Napoleão estabeleceu sua base em Châlons no Marne, no leste de Champagne. Este é um terreno plano, calcáreo, que servia de pasto de ovelhas, e no meio do inverno, congelado e duro como ferro. Como em sua primeira campanha italiana, Napoleão tinha apenas um exército pequeno e mal equipado. Muitos eram recrutas novos, jovens magros e rosados conhecidos como Maries Louises, porque haviam sido convocados por uma lei aprovada sob a Regência. À chegada, receberam uniformes de uma carroça, que eles vestiram ao ar livre, e foram apressadamente ensinados a carregar e apontar um mosquete. Mas havia veteranos também, homens como o tenente Bouvier-Destouches, que havia perdido todos os dez dedos da mão no inverno russo. Quando Napoleão convocou voluntários, Bouvier-Destouches abandonou um emprego administrativo em Rennes e se registrou na cavalaria. Ele segurava as rédeas com um gancho de ferro; sua espada, com uma tira de couro. Logo ele estaria se engalfinhando com os cossacos.

Napoleão tinha 50 mil homens; os Aliados, 220 mil, então a situação militar era a pior possível. Franceses são facilmente otimistas quando as coisas vão bem, mas facilmente desanimados na adversidade. Napoleão era diferente dos outros franceses nisso, porque quando as coisas pareciam mais negras, ele tinha uma visão otimista. Seus ancestrais corsos eram um povo de movimentos de resistência e acostumados a lutar de costas para a parede: em nada, a não ser sua confiança calma nas planícies congeladas da Champagne, Napoleão demonstrava ser corso.

A primeira batalha aconteceu em Brienne, onde Napoleão havia sido um estudante trinta anos antes. Blücher, com seu exército prussiano-russo, ocupara o *château,* dominando a cidade. Napoleão o atacou em 29 de janeiro, e após uma feroz luta de casa-a-casa, na qual Ney se distinguiu, forçou Blücher a bater em retirada. Em La Rothière, a oito quilômetros de Brienne, Schwarzenberg e seu exército austríaco vieram se juntar a Blücher. Em 1º de fevereiro, Napoleão lutou por oito horas em uma tempestade de neve contra os exércitos combinados, em desvantagem de quatro para um. As perdas foram de 6 mil de cada lado, mas os aliados podiam arcar com elas, os franceses não. Aquela noite Napoleão começou uma retirada, primeiro para Troyes, depois para Nogent, no total uma distância de cem quilômetros. "Quando vamos parar?", resmungavam as tropas desapontadas, a quem Napoleão havia prometido vitória.

Os eventos alcançaram um ponto crítico na noite de 7 para 8 de fevereiro. Foi uma das piores noites de Napoleão. Ele estava abrigado em uma casa particular em frente à igreja de Nogent. Suas tropas estavam não apenas desmoralizadas, mas sem comida. Os aliados estavam marchando velozmente em direção a Paris. E agora, além de tudo, ele recebeu uma sucessão de relatórios tristes. Murat, seu amigo por vinte anos, a quem ele tornara rei de Nápoles, o desertara, assinara um tratado com os aliados e declarara guerra à França. Napoleão ficou profundamente magoado. "Espero viver tempo o bastante", ele disse a Fouché, "para vingar a mim e à França uma ingratidão tão assustadora". Mas a traição de Murat também afetou a Batalha da França. Napoleão esperava que o príncipe Eugênio pudesse atravessar vindo da Itália para atacar a retaguarda do inimigo. Agora isto estava fora de questão.

Um segundo relatório falava de alarme em Paris. Os fundos haviam caído cinco pontos, para 47,75. As senhoras ricas, dizendo-se tão aterrorizadas pela ideia de serem estupradas por cossacos, corriam para suas casas de campo com diamantes costurados dentro de seus espartilhos. As ordens de Napoleão para reforçar as defesas estavam sendo ignoradas. Em vez disso, o cardeal Maury estava mandando rezar orações especiais. Napoleão escreveu a Joseph: "Dê um fim a estas orações de quarenta horas e *Misereres*. Se eles começarem com seus truques, nós é que devemos ter medo da morte. O velho ditado é verdade: 'Os padres e médicos fazem a morte ser horrível'".

O próprio Napoleão foi assombrado pela morte naquela noite. Ele informou a Joseph que Marie Louise estava "morrendo de tuberculose" e pediu-lhe que a mantivesse animada. Ele previu sua própria morte, ou no melhor dos casos, outra batalha perdida. Neste evento, Marie Louise deveria deixar Paris com o rei de Roma. A qualquer custo, o rei de Roma não poderia ser capturado. "Eu preferiria que eles cortassem a garganta de meu filho a vê-lo ser criado em Viena como um príncipe austríaco, e eu tenho uma opinião boa o bastante da imperatriz para ter certeza de que ela tem a mesma opinião; como mulher e mãe... Toda vez que vejo *Andromaque* sinto pena de Astíanax (um prisioneiro dos gregos) e o considero afortunado por não ter vivido após seu pai ser morto."

Em desvantagem de quatro para um, Napoleão não via saída. "É possível", escreveu ele a Joseph, "que eu busque a paz em breve". Naquela noite ele instruiu Maret e Berthier a redigir uma carta autorizando Caulaincourt, que estava em contato com os aliados, a assinar um tratado de paz nos melhores termos que conseguisse. E então ele foi para a cama. Mas ele ficou acordado, virando-se na cama. Ele chamou seu valete meia dúzia de vezes para acender velas, depois para apagá-las, depois para reacendê-las. Ele estava na agonia da dúvida, dividido entre seu senso de honra e o que seria humanamente possível. Tendo pensado em Racine, talvez agora ele pensasse em Corneille. Onde terminava a honra e começava o impossível? "Cada homem tem seu próprio limite de impossibilidade", Napoleão disse a Molé uma vez. "Para o tímido, "o impossível" é um fantasma, para o covarde um refúgio. Na boca do poder, acredite em mim, essa palavra é apenas uma declaração de impotência."

Enquanto Napoleão ainda refletia se mandava ou não a carta a Caulaincourt, outra mensagem chegou. Napoleão a abriu rasgando o envelope. Era de Marmont, na linha de frente, e desta vez continha notícias encorajadoras. "Meus mapas," gritou Napoleão. Ele os abriu no chão e começou a espetar alfinetes para marcar as novas posições do inimigo, como anunciado por Marmont. Acreditando que a retirada de Napoleão a cem quilômetros fosse um sinal de que toda resistência tivesse terminado, Blücher e Schwarzenberg partiram, o primeiro marchando pelo Vale do Marne em Paris, o segundo seguindo o Sena. Divididos assim, eles estavam vulneráveis. Quando Maret chegou com a carta para

ABDICAÇÃO

Caulaincourt, Napoleão, ainda debruçado sobre seus mapas, olhou impaciente-mente. "Ah, aí está você! Os planos mudaram totalmente. Neste exato momen-to estou prestes a derrotar Blücher. Eu o derrotarei amanhã; eu o derrotarei no dia seguinte... a paz pode esperar."

Napoleão cumpriu sua palavra. Dois dias depois, ele atacou uma unidade russa do exército de Blücher e em Champaubert, quase a destruiu completa-mente. Às sete horas daquela noite ele escreveu: "Minha querida Louise, Vitó-ria! Destruí 12 regimentos russos, tomei 6 mil prisioneiros, 40 canhões, 200 car-roças de munição, capturei o comandante chefe, todos os seus generais e 7 coronéis, não perdi nem 200 homens. Mande soltar uma salva nos Invalides e publicar as notícias em cada lugar de entretenimento. Estou seguindo Sacken, que está em La Ferté-sous-Jouarre. Espero chegar a Montmirail à meia noite, em seus calcanhares. Nap.".

Napoleão enviou a Marie Louise a espada do comandante russo e, sabendo que ela não estava acostumada à etiqueta francesa nestes casos, foi cuidadoso para escrever a ela no dia seguinte: "Minha querida, espero que você tenha dado 3 mil *livres* ao mensageiro que lhe entregou a espada do general russo. Você deve ser generosa. Quando mensageiros lhe trazem boas novas, você deve dar-lhes dinheiro, e quando são oficiais, diamantes."

No dia seguinte Napoleão conseguiu outra vitória em Montmirail. No dia 12 ele lutou em Château-Thierry, no dia 14 ele venceu a Batalha de Vauchamps. En-tão ele voltou sua atenção para os austríacos, a quem ele derrotara no dia 18 em Montereau. No total, Napoleão lutou seis batalhas em nove dias. Nunca ele ou seu exército haviam demonstrado tanta energia. Ao meio-dia do dia 19, ele es-creveu para Marie Louise: "Eu estava tão cansado a noite passada que dormi oito horas seguidas".

O cansaço deixou Napoleão ainda mais nervoso que o usual. Em um encon-tro noturno, a cavalaria da Guarda deixou que dois canhões caíssem em mãos inimigas. Perda de armas sempre enfurecia Napoleão, o artilheiro. Ele ouviu a notícia enquanto se aquecia em uma fogueira entre Montmirail e Meaux; de olhos vermelhos de cansaço e espumando de raiva, ele chamou o general Guyot.

"*Sacré nom de Dieu*, você merece ser rebaixado", Napoleão gritava, atirando o chapéu ao chão e despejando na cabeça do general uma chuva de "*malditos*" e "*diabos*". "Foi você o responsável por perder a Batalha de Brienne – isto é, se é que a perdi. Você abandonou a artilharia do pobre Marin e a deixou ser captu-rada. Você comanda a cavalaria pesada da Velha Guarda. Dia e noite, ela deve estar ao meu lado. Mas nunca está lá quando preciso. Envio um oficial para pro-curá-la e ele me diz 'estão comendo'." Napoleão abriu bem a boca, pronunciando desdenhosamente: "Estão comendo". Enquanto isso estou na linha de frente. No outro dia em Champaubert eu estava cercado por cossacos, e onde está a cavalaria – está comendo... *Sacré nom de Dieu*! Que minha artilharia seja capturada! *Foutre!* Você não comandará mais minha cavalaria!". Ele então substituiu imediatamente Guyot pelo general Exelmans. No dia seguinte, contudo, como frequentemente acontecia após um acesso de fúria, Napoleão se lembrava das excelentes qualidades de Guyot, pensava que havia sido injusto, e lhe dava uma função igual em honra à antiga: comando dos quatro esquadrões da guarda pessoal imperial.

Como resultado de suas quatro vitórias em nove dias, Napoleão reentrou em Troyes em 24 de fevereiro. Os aliados estavam tão desencorajados que pediram um armistício. Napoleão, que queria mantê-los fugindo, não o concedeu, mas em vez disso escreveu ao imperador Francisco, oferecendo a paz na base das "fronteiras naturais" da França: os Alpes e o Reno, incluindo a Bélgica.

Enquanto esperava pela resposta dos Aliados, Napoleão voltou sua atenção para o moral francês. Em Montereau ele mandara atirar centenas de quepes altos capturados no Sena, para que eles flutuassem rio abaixo e fossem vistos pelos parisienses. Ele escolhia cada palavra em seus boletins cuidadosamente para levantar o moral, e informou a Savary que os jornais estavam fazendo a França parecer ridícula. "Primeiro frases pomposas, depois eles dizem que estamos carregando pistolas, depois que estamos bem armados, depois que 100 homens alcançaram o *front*... Quando há apenas 100 homens, por que especificar o número?" Quanto a Marie Louise, Napoleão escrevia carta atrás de carta para animá-la, e ela também tinha suas vitórias a relatar: o rei de Roma "me pediu para contar que ele comeu todo o espinafre – aí vai uma notícia chocante para você!" e enviou uma caixa de doces com o retrato do menino, rezando de joelhos.

Napoleão gostou do retrato e viu que também poderia levantar os ânimos. "Quero que você mande gravar nele a frase 'Rezo a Deus para salvar meu pai e a França'." Quando Marie Louise disse que a gravação levaria dois meses, Napoleão respondeu que isso poderia ser feito em 36 horas, e "uma cópia bem acabada pode ser feita em dois minutos. Dê ordens para que seja feito e vendido em Paris dentro de 48 horas". Denon fez a gravação à mão, mas considerando a palavra "salvar" inoportuna, escreveu: "Deus cuide de meu pai e da França". Napoleão não ficou satisfeito: embora ele houvesse revogado os *Misereres* e uma procissão dos ossos de Santa Genoveva, ele agora queria a palavra "rezar", e mudou a frase novamente para: "Eu rezo a Deus por meu pai e pela França". A gravação apareceu devidamente com a frase e, como Napoleão previu, se mostrou imensamente popular; milhares de famílias francesas compraram cópias para

ABDICAÇÃO   361

pendurar na parede; e Napoleão até mandou uma para o quartel-general austríaco, onde ele esperava que fosse visto pelo *papa François*. "Escreva ao seu pai,"
ele disse a Marie Louise, "e peça a ele para ficar um pouco de nosso lado, e não
ouvir somente os russos e os ingleses."

Mas Francisco ouvia seus Aliados, especialmente os ingleses, que insistiam
em uma Bélgica independente. Ele disse a Napoleão que a paz não poderia ser
feita com base em "fronteiras naturais": a França deveria renunciar à Bélgica.

Napoleão agora enfrentava um novo dilema. Se desistisse da Bélgica, ele poderia fazer a paz e poderia manter seu trono. Mas a Bélgica desde 1795 havia sido
parte integral do território francês. Tanto quanto Touraine ou Dordogne era
"terreno sagrado". Em sua coroação, Napoleão havia feito um juramento solene de manter intacto todo o território francês. Quebrar esse juramento solene,
Napoleão acreditava, seria injusto e desonrado. Napoleão disse a Caulaincourt:
"É melhor fracassar gloriosamente do que se sujeitar a termos que o Diretório
não teria aceitado".

Os aliados recomeçaram seu avanço. Blücher vinha pelo Vale do Marne, e
em 28 de fevereiro atravessou o Sena em La Ferté-sous-Jouarre, a apenas 64 km
de Paris. Deixando 40 mil homens sob o comando de Macdonald para segurar
os austríacos, Napoleão correu de volta para salvar Paris. Ele caiu sobre a lateral e a retaguarda de Blücher, e embora tivesse apenas 35 mil homens contra 84
mil, forçou o general prussiano para o norte, em direção ao Aisne. Em Craon-
ne e em Laon, batalhas sangrentas, mas inconclusivas foram lutadas. Napoleão
então teve uma pequena vitória capturando Reims de uma corporação russa, e
recebeu dos habitantes boas-vindas tumultuosas. Mas por mais que tentasse, ele
não conseguia destruir o exército de Blücher. Enquanto suas próprias tropas estavam recuando, como sangue de uma artéria rompida, Napoleão escreveu a
Marie Louise, instruindo-a a dizer o seguinte ao Duc de Cadore: "que mande fazer uma lista de todos os pallets, colchões de palha, lençóis, colchões e cobrerto-
res que tenho em Fontainebleau, Compiègne, Rambouillet e em minhas várias
mansões, e que não estão sendo necessárias em casa – deve haver pelo menos
mil deles – para entregá-los aos hospitais militares".

Como Atlas, Napoleão carregava todo o peso da França em seus ombros.
Movimentos das tropas, cuidados com os feridos, o maquinário do governo –
tudo dependia dele. Por oito semanas, ele carregou este peso. Então, no meio
de março, isto se tornou demais para ele. Subitamente, ele não era mais que um
homem cansado, de olhos vermelhos em um sobretudo cinza, encolhido para
afastar o frio intenso, com tropas em número insuficiente para deter uma maré

de invasores. Foi então que Napoleão resolveu morrer se pudesse. Ele desejava apenas uma coisa, morrer em batalha, e garantir o trono ao filho.

Em uma luta feroz de dois dias com os austríacos em Arcis-sur-Aube, Napoleão se expôs quando o fogo era mais intenso. Quando uma bala de ação retardada aterrissou em frente a uma companhia de tropas, fazendo que eles corressem para se proteger, Napoleão friamente fez seu cavalo seguir em frente. A bala explodiu, matando seu cavalo e atirando Napoleão ao chão em uma nuvem de poeira e fumaça. Mas ele se levantou ileso, montou outro cavalo e continuou a percorrer as fileiras. Fragmentos de balas e chumbo fizeram buracos em seu uniforme, mas seu corpo permaneceu intacto. "A bala que há de me matar ainda não foi forjada", Napoleão teria se gabado certa vez, e agora isto parecia ser fato.

A energia de Napoleão chamava a energia de seu povo. Enquanto o alarme soava pelo leste e nordeste, bandos de "macacões azuis" atacavam os comboios inimigos e tocaiavam destacamentos isolados. Nos Vosges, estes bandos de fazendeiros destruíram quase completamente dois regimentos russos. Em Epernay, os aldeões, comandados por seu prefeito Jean Moët, abriram as adegas de champanhe, festejaram Napoleão e suas tropas com grandes garrafas de champanhe, depois lutaram ombro a ombro com eles, usando como armas apenas forquilhas e foices.

Em Paris foi uma história bem diferente. Paris sempre fora o centro frágil. Os parisienses compraram mais isenções que qualquer outro grupo, e em 1806 apenas um homem em 38 servia à bandeira. Eles achavam adequado fazer piadas sobre as preparações de Napoleão para invadir a Inglaterra, chamando-o de "Dom Quixote de la Mancha". Particularmente hostil era a velha nobreza, vivendo no Faubourg Saint-Germain. Napoleão não havia apenas encerrado o exílio deles; ele havia lhes devolvido suas propriedades – uma ação que incidentalmente ele agora considerava um de seus maiores erros. Os nobres provocavam Napoleão: lendo sobre sua vitória mais recente, eles bebiam à "sua última vitória", e faziam circular uma caricatura de um cossaco entregando a Napoleão o cartão de visitas do czar. O visconde de Chateaubriand, em um panfleto dando as boas-vindas aos invasores da França, acusava Napoleão de não ser um rei nato: "Sob a máscara de César e de Alexandre está um homem do nada, filho de ninguém". Talleyrand todas as noites mancava entrando nas Tulherias para jogar cartas com Marie Louise; e também para observar qualquer sinal de fratura. Estes sinais ele repassava, através de agentes, ao Alto Comando Aliado, mas sempre cuidadosamente. Como seu camarada conspirador Dalberg observou: "Todas as castanhas iam ser dele, mas ele não ia se arriscar a queimar nem a ponta de sua pata".

Joseph ouvia as conversas no Faubourg Saint-Germain e, aquiescente como sempre, concordou em recomendar a Napoleão o desejo dos nobres: que a paz fosse feita a qualquer custo. A carta de Joseph causou um golpe no sentimento familiar sensível de Napoleão. "Todos me traíram", ele respondeu. "Será meu destino ser traído também pelo rei?... Preciso ser confortado pelos membros de minha família, mas nunca recebo nada a não ser frustração deste lado. De sua parte, contudo, seria tanto inesperado, e insuportável". Mais e mais Napoleão recorria a Marie Louise, que lhe escrevia cartas com confiança e afeição; nelas, ele lhe dizia que reconhecia a "bela alma" dela.

Na noite de 28 de março, nas Tulherias, Marie Louise presidiu uma reunião de emergência dos 23 membros do Conselho de Estado. Os Aliados se aproximavam de Paris, que estava sendo defendida por 40 mil soldados e Guardas Nacionais. Joseph leu uma carta de Napoleão datada de 16 de março, dando ordens para que, em caso de perigo, sua esposa e filho fossem mandados para o Loire. Marie Louise queria permanecer em Paris, mas o Conselho votou que as ordens de Napoleão deveriam ser cumpridas, enquanto Joseph e outros membros do governo ficariam para defender a cidade.

O jovem Napoleão, como sua mãe, queria ficar. Instintivamente ele sentia que era errado abandonar a cidade em perigo. Ele se agarrava às cortinas, tapeçarias e, finalmente, aos corrimões. "Não vou deixar minha casa", ele choramingava. "Não vou embora. *Papa* não está aqui, então eu estou no comando." Ele teve de ser meio arrastado, meio carregado para sua carruagem. Às onze horas do dia 29 de março, o comboio imperial, que incluía a carruagem da coroação, seu dourado e vidro camuflados por lona, pegaram a estrada para Rambouillet, escoltados por 1.200 soldados da Velha Guarda. Partiram no momento exato. Cossacos a atacaram, e Marie Louise teve de percorrer os últimos 5 km a pé.

Napoleão confiara a defesa de Paris a dois de seus marechais mais corajosos, Marmont e Mortier. Se seus 40 mil soldados e Guardas Nacionais recebessem apoio do parisiense comum, elas conseguiriam segurar as fortes defesas externas e as ruas estreitas, facilmente defendidas. Mas, infelizmente, os parisienses mostraram pouca disposição. Em vez de se oferecer para construir barreiras, eles levaram os móveis valiosos para o campo. Em vez de contribuir com dinheiro, eles enterraram seus napoleões no jardim. Desde Joana d'Arc, nunca um exército inimigo havia chegado tão perto de suas espiras, e o sentimento dominante não era patriotismo, mas de medo.

Em 28 de março, Napoleão se encontrava 200 km ao leste de Paris. Em um golpe final de energia, e ajudado por grupos da resistência, vinha destroçando as linhas de comunicação do inimigo. Mais duas ou três semanas assim, contanto que Paris aguentasse, e o inimigo estaria completamente isolado. Mas então, no dia 28, após não receber notícias por seis dias, Napoleão recebeu uma mensagem em código de Paris, na qual Lavalette descrevia o derrotismo entre os parisienses e as intrigas por parte dos nobres. "A presença do imperador é necessária se ele desejar evitar que sua capital seja entregue ao inimigo. Não há um minuto a perder."

Napoleão viu a urgência da situação. Ele ordenou que seu exército marchasse para Paris e enviou um mensageiro para dizer a Joseph que ele estava a caminho. Chegando a Troyes, seu exército precisava descansar. Mas Napoleão decidiu seguir sozinho, primeiro com seu guarda-costas até Villeneuve-sur-Vanne, a 112 km de Paris, e de lá, sem escolta, em um cabriolé leve. A todo galope ele correu através da escuridão, esperando contra toda a esperança chegar em Paris a tempo.

Às onze da noite de 30 de março, Napoleão chegou a La Cour de France, um ponto de repouso a 22 km de Paris. Ali ele avistou uma tropa de cavalaria e mandou que seu condutor parasse. O oficial que comandava a cavalaria, general Belliard, reconheceu a voz do imperador e desmontou do cavalo. Napoleão o afastou e, caminhando depressa pela estrada, disparou perguntas. "Como vocês estão aqui?... Onde está o inimigo?... E Paris?... A imperatriz?... O rei de Roma?" Belliard descreveu os eventos do dia: o heroísmo das tropas, o número superior do inimigo – 100 mil contra 40 mil, Montmartre com poucas armas e munição. Após dez horas de resistência, às quatro da tarde, sob ordens de Joseph, Marmont abriu conversas com o czar Alexandre. Um armistício havia sido organizado. Agora as tropas francesas estavam evacuando Paris como um prelúdio à capitulação.

"Eles perderam a cabeça", Napoleão exclamou. Ele estava certo de que Paris poderia ter se mantida, e estava furioso com seu irmão, bem como com os parisienses. Finalmente ele se virou para seu grupo. "Cavalheiros, os senhores ouviram o que disse Belliard. Em frente para Paris! Sempre que estou ausente, erros estúpidos acontecem." Belliard observou que era tarde demais, que no momento a capitulação já deveria estar assinada. Napoleão se recusou a ouvir. Ele falou em mandar tocar todos os sinos de igreja, e capturar Montmartre liderando a Guarda Nacional. Finalmente ele concordou em enviar Caulaincourt a Paris para obter notícias definitivas. O mensageiro de Caulaincourt voltou ao mesmo tempo em que uma carta de Marmont, confirmando os temores de todos. A capitulação havia sido assinada, as chaves de Paris estavam nas mãos do czar Alexandre.

Napoleão ficou profundamente abalado. Ele havia perdido seu Império, e agora sua capital. Em silêncio sombrio, ele seguiu para Fontainebleau, onde chegou às seis da manhã. Não sendo esperado, ele encontrou todos os aposentos principais no térreo fechados: novamente ele era um intruso em seu próprio palácio. Ele foi para seu estúdio no primeiro andar, com suas paredes de seda verde listrada, estantes de mogno e mesas pesadas, com pernas no formato de colunas clássicas encimadas por cabeças de esfinge. Ali ele se sentou e esperou. Ele ainda tinha uma esperança: que os Aliados, mesmo que houvessem capturado Paris, seriam obrigados a negociar com ele mesmo como imperador.

Em uma carta a Joseph, Napoleão havia especificado que, se a defesa se mostrasse impossível, todos os altos dignitários do Império sem exceção deveriam deixar Paris. Ele tinha a intenção de não deixar ninguém com autoridade para negociar com o inimigo, e ele estava pensando em particular no vice-grande eleitor, Talleyrand. Em vez de executar estas ordens pessoalmente, Joseph as deixou para Savary, ministro de Polícia. Savary devidamente ordenou que Talleyrand deixasse Paris. Talleyrand respondeu que não desejava partir, mas quando o ministro insistiu, ele voltou para casa e fez alguns arranjos.

Às cinco horas da tarde de 31 de março, Talleyrand atravessou Paris em direção ao portão para Rambouillet. Ele conduziu muito vagarosamente, para que as pessoas notassem sua carruagem e para que um certo mensageiro pudesse alcançar o portão antes dele. Na Barrière de l'Enfer o capitão da Guarda Nacional era *monsieur* de Rémusat, cuja esposa era uma amiga próxima do ex-bispo. Rémusat parou a carruagem de Talleyrand e fez o que sua esposa lhe havia pedido: exigiu ver o passaporte do ocupante. Talleyrand respondeu que não o tinha consigo. Neste caso, disse Rémusat, ele não poderia deixar Paris. Em vez de apresentar sua insígnia de vice-grande eleitor, que valeria por doze passaportes, Talleyrand com um ar de resignação triste, deu meia-volta e voltou para casa.

No dia seguinte os aliados invadiram Paris, conduzidos pelo czar Alexandre, o rei Frederick William da Prússia e o príncipe Schwarzenberg representando o imperador Francis. Para Talleyrand, que havia estado em contato frequente com Nesselrode, o chanceler russo, não foi surpresa descobrir que o czar havia decidido lhe dar a honra de hospedar-se em sua casa. Alexandre chegou lá àquela noite. Foi conveniente para ele e os outros líderes aliados encontrar um dignitário de patente alta, e Talleyrand não teve dificuldade em persuadi-los a tratá-lo como porta-voz da França. Desta forma, ele obstruiu a última esperança de Napoleão.

Alexandre, como líder dos aliados, disse que havia três caminhos abertos: eles poderiam fazer a paz com Napoleão, eles poderiam estabelecer Marie Louise como regente em nome de seu filho, ou eles poderiam restaurar os Bourbon. Ele queria considerar os desejos da França; o que achava Talleyrand? Este era o momento pelo qual o ex-bispo estivera trabalhando por tanto tempo. Napoleão deve partir, disse Talleyrand firmemente. Uma regência talvez teria sido possível se Napoleão tivesse tombado em luta, mas como o imperador continuava vivo, seria ele a reinar em nome da esposa. Então restava a terceira opção de Alexandre. Essa, Talleyrand aprovava. "Nós precisamos de um princípio, e vejo apenas um: Luís XVIII, nosso rei legítimo."

Alexandre parecia duvidar. Ele só havia, disse, encontrado horror aos Bourbon; e lembrou de um incidente recente que havia comovido profundamente: trezentos Guardas Nacionais próximos a Fère Champenoise jubilantemente gritando *"Vive l'Empereur!"* e tombando até o último homem. Talleyrand, contudo, insistiu, e para concluir o assunto, apresentou um documento pronto para ser assinado pelo czar: "Os soberanos proclamam que nunca negociarão com Napoleão Bonaparte nem com qualquer membro de sua família... eles convidam o Senado a imediatamente indicar um governo provisório". Quando Talleyrand disse que poderia responder pelo Senado, tudo foi tornado tão fácil para Alexandre que ele engoliu suas dúvidas e assinou. Em virtude deste documento, Talleyrand convocou o Senado na tarde de 1º de abril. De 140 senadores, apenas 64 apareceram. Obedientemente concordando com as sugestões de Talleyrand, eles declararam Napoleão Bonaparte deposto e convidaram para o trono um cavalheiro idoso que residia em Hatfield, Luís Stanislas Xavier de Bourbon.

Napoleão ouviu isto de Caulaincourt na noite de 2 de abril. Não é pouca coisa ser deposto do trono do maior Império dos tempos modernos, mas Napoleão manteve como questão de honra não demonstrar seus sentimentos. Caulaincourt não conseguia detectar no rosto do imperador nenhuma emoção, nenhum movimento. "Poderia se pensar que todos estes acontecimentos, esta traição e perigo, não o preocupavam de forma alguma."

"O trono não significa nada para mim", Napoleão disse, com uma mistura de verdade e estoicismo. "Eu nasci soldado: posso voltar à vida comum sem me queixar. Eu desejava ver a França grande e poderosa, mas antes de tudo, desejava que ela fosse feliz. Eu preferiria deixar o trono a assinar uma paz vergonhosa... os oligarcas me detestam porque sou o rei do povo. Não é do interesse da Áustria entregar a Europa ao governo da Rússia... Meu sogro talvez moderará o andar das coisas."

O que mais preocupava Napoleão era a humilhação da França e a terrível situação de seu exército. Foi sobre isto que ele conversou com Caulaincourt no dia seguinte: "Ele mal mencionou seus interesses pessoais." Mas ele desabafou seus sentimentos sobre Talleyrand, agora presidente do governo provisório. "Disfarçando a desgraça de me ter traído com as recompensas daqueles que ele destronou vinte anos atrás!... Talleyrand é como um gato – sempre consegue cair em pé. A história, contudo, encontrará o veredito adequado."

Ignorando o governo provisório de Talleyrand e sua própria deposição por uma minoria do Senado, Napoleão resolveu continuar lutando. Ele ainda tinha um exército muito forte de 60 mil homens. Ao meio-dia de 3 de abril, ele fez uma vistoria da Velha Guarda e algumas outras unidades. Ele lhes disse que em alguns dias pretendia atacar Paris. Os homens aplaudiram e trovejaram de volta: "A Paris!".

Muitos dos marechais desaprovavam a ideia, contudo. Eles eram homens com propriedades, casas ricas em Paris, e alguns também tinham mulheres e filhos vivendo ali. Se um retorno dos Bourbon seria um desastre para eles também, um ataque a Paris também o seria, de forma diferente. Naquela tarde, quando Napoleão trabalhava em seu escritório, um grupo de marechais e generais veio vê-lo. Havia Moncey, de 60 anos, que tinha lutado bravamente nos subúrbios de Paris, e o velho Lefèbvre, a quem Napoleão havia dado sua espada na véspera do Brumário. Havia homens mais jovens também: Macdonald e o ruivo Ney, o mais corajoso dos corajosos. Macdonald falou primeiro. Ele disse que eles estavam ansiosos com os planos de Napoleão: eles não queriam que Paris tivesse o mesmo destino de Moscou. Napoleão tentou reconfortá-los e explicou suas intenções. Então o esquentado Ney explodiu e disse que o exército se recusaria a marchar. "O exército me obedecerá", disse Napoleão, levantando a voz. "Senhor", disse Ney, "o exército obedece aos seus generais".

Não era assim, como Napoleão bem sabia. O exército obedeceria seu imperador e, se necessário, ele poderia rapidamente substituir comandantes como Ney. Mas estes homens eram seus camaradas, com quem ele havia compartilhado glória e sofrimento. De todos os franceses, eles eram os mais próximos a ele. Ele disse baixinho: "O que vocês querem que eu faça?". Eles lhe disseram: "Abdique em favor de seu filho".

Napoleão sempre respeitara a opinião de seus marechais. Quando eles o aconselharam a não marchar de Moscou a São Petersburgo, ele cedeu ao ponto de vista deles. Quando eles se opuseram em 1813 à ideia de invadir Berlim, ele considerara suas dúvidas. Ele sabia que eles eram inteiramente franceses, e tratava os pontos de vista deles como, de certa forma, a visão da França. Se Napoleão tivesse sido motivado por ambição pessoal, agora seria o momento em que ele teria passado por cima de seus marechais e buscado uma última medida de glória, independentemente do que custasse à França. Mas ele sempre havia visto a si mesmo como um representante do povo francês, e foi assim no estúdio verde em Fontainebleau.

"Muito bem, senhores, já que deve ser assim, eu abdicarei. Tentei trazer felicidade à França e não consegui. Não desejo aumentar nosso sofrimento..."

No dia seguinte, Napoleão pegou a pena com a qual havia assinado milhares de decretos e dirigido as vidas de 70 milhões de pessoas; mergulhando-a no tinteiro encimado pela águia imperial, ele escreveu: "Como as potências aliadas proclamaram o imperador Napoleão o único obstáculo ao reestabelecimento da paz na Europa; o imperador Napoleão, fiel ao seu juramento, afirma que está pronto para renunciar ao trono, deixar a França e até desistir de sua vida pelo bem do país, que é inseparável dos direitos de seu filho, daqueles da regência da imperatriz, e da manutenção das leis do Império". Chamando seus marechais, ele leu a declaração para eles, depois ordenou a Macdonald, Ney e Caulaincourt que a entregassem aos soberanos aliados.

Alexandre no começo recebeu de bom grado a abdicação condicional. Apesar da segurança de Talleyrand, ele ainda tinha uma mente aberta sobre que governo a França deveria ter. Ele não havia visto sinais do povo clamando pelos Bourbons; pelo contrário, os Guardas Nacionais se recusavam a usar o penacho branco. E agora chegavam Caulaincourt, Macdonald e Ney insistindo que o exército e a França queriam uma regência. Enquanto isso, contudo, o marechal Marmont, comandante do 6º Corpo, a parte mais importante do exército de Napoleão, sofria pressões dos monarquistas. Talleyrand havia bajulado Marmont por "salvar Paris" e o estimulava a desertar. O decreto do Senado que depôs Napoleão havia dado a Marmont o pretexto que procurava e ele decidiu fazer o papel de Monge. Ao raiar do dia, Alexandre descobriu que Marmont havia marchado o 6º Corpo, composto de 12 mil homens, até as linhas austríacas. O exército, ao que parecia, não estar apoiando solidamente os Bonaparte, afinal; e Alexandre rejeitava a ideia de uma regência. "Napoleão deveria abdicar incondicionalmente", disse ele.

Napoleão soube disto à uma da manhã de 6 de abril. Ele havia feito mais por Marmont que por qualquer outro marechal, e ficou tão profundamente magoado por sua deserção como a de Murat. "Quase todo mundo perdeu a cabeça. Os homens não correspondem às circunstâncias." Embora ele não percebesse, esta observação continha uma crítica implícita a seu próprio comportamento. Ele não conseguiu ver que a massa de pessoas, fossem parisienses, ou os homens e mulheres do Império, ou soldados como Marmont, eram diferentes, no final das contas, do papel heroico que ele lhes havia atribuído. Napoleão realmente não entendia a natureza humana.

Napoleão alterou seu documento de abdicação, tornando-a incondicional – "Se os Bourbon forem sábios", observou ele, "eles mudarão apenas os lençóis

ABDICAÇÃO

de minha cama". Então ele começou a considerar seu futuro. Alexandre sugeriu que Napoleão pudesse residir em Elba, porque tinha um clima ameno e o
povo falava italiano. Napoleão no começo não gostou da ideia de uma ilha, já
que a Inglaterra governava os mares, mas depois se resignou com Elba. Para Marie Louise ele queria algo melhor. Ele pediu a Caulaincourt que conseguisse a
Toscana para ela.

No dia seguinte, enquanto Caulaincourt estava em Paris lendo o tratado de
abdicação, Napoleão se arrependeu de ceder seu trono. Subitamente ele se sentiu aprisionado e visualizou os Aliados maliciosamente esperando pela dissolu-
ção gradual de seu exército para capturá-lo e prendê-lo. Como durante a sua
noite agonizante em Nogent, ele se repreendeu por ter sido fraco demais. Ele
enviou mensageiro após mensageiro para pedir de volta a Caulaincourt sua declaração de abdicação. Estas mensagens foram ignoradas por Caulaincourt, conhecendo por experiência a reação da mente de Napoleão quando ele achava
que havia concedido demais.

O mundo de Napoleão havia perdido a base, e com ele, seus princípios que
o guiavam. Então, uma coisa rara para ele, ele começou a hesitar. Ora ele pensava em fazer um esforço desesperado pelo Loire, ora em correr para a Itália e
se colocar à frente do exército de Eugênio. Ele pensou em levar a esposa e o filho para viver em segredo na Inglaterra: nenhum país exceto a França, ele dizia,
tinha tanto a oferecer em termos de arte, ciência e acima de tudo boa conversa.
Mas, principalmente, ele pensou em dar um fim em tudo, e falou muito de gregos e romanos que, quando acuados, haviam tirado suas próprias vidas.

Mas ele tinha que pensar também em Marie Louise. De Blois, ela escrevera
tristemente dizendo que Joseph e Jérôme estavam tentando forçá-la a se render
ao primeiro batalhão austríaco que ela pudesse encontrar, "porque esta seria a
única esperança deles de segurança". Com um esforço de vontade que lhe custou muito, porque ela havia sido criada para obedecer passivamente, Marie Louise resistiu e finalmente os irmãos abandonaram seu plano egoísta.

Napoleão havia visto sua mulher pela última vez em 25 de janeiro. Ele era
então imperador dos franceses; encurralado, mas ainda uma das cabeças coroadas da Europa. Agora estava derrotado e aos olhos da maioria das pessoas, era
meramente Napoleão Bonaparte, um usurpador caído. "Eu fracassei", ele continuava a dizer a Caulaincourt. Mas Marie Louise não havia sido arrastada com
ele. Ela ainda era uma princesa em seu direito: de certa forma, ela havia ganhado, porque ela era a filha de um dos monarcas aliados vitoriosos. Ele havia passado seu quadragésimo quarto aniversário; ela ainda não tinha completado vinte e três. Antigamente, ele havia sido capaz de preencher essa distância com sua

glória, mas não agora. Será que Marie Louise, descendente de tudo que era mais importante no Santo Império Romano, realmente queria seguir no exílio um homem que havia fracassado, um homem mais velho que, como ele dizia, alguma hora iria aborrecê-la às vezes?

"Você tem de enviar alguém para me dizer o que devo fazer", Marie Louise escreveu a Napoleão em 8 de abril. Napoleão não enviou ninguém. Nem mandou instruções escritas. Ele sabia como ela era facilmente influenciável, e que uma palavra a traria a Fontainebleau. Ele estava sozinho e precisava dela desesperadamente. Mas com grande delicadeza ele se deteve de falar isso, ou de tentar influenciá-la. Marie Louise deveria decidir de acordo com seus sentimentos mais profundos.

O que Napoleão fez foi tornar o exílio provável o mais atraente possível para Marie Louise. Ele não poderia esperar que ela vivesse seus dias em uma ilha remota e inculta, longe de amigos e sociedade. Mas se ela tivesse a Toscana, a vida poderia ser bastante agradável. Ela poderia desfrutar das rodas sociais em Florença e atravessar para passar parte do ano com ele em Elba. Foi por isso que Napoleão colocou tanta importância na Toscana. Projetando seus próprios sentimentos carinhosos paternais sobre seu sogro, ele tinha certeza de que o imperador Francisco daria à filha aquele antigo Estado austríaco, e assim aliviaria um pouco suas dificuldades. Então, também, como disse a Caulaincourt, "os escrúpulos religiosos de seu sogro prevaleceriam sobre os esquemas políticos do Gabinete".

Caulaincourt viu Metternich em 12 de abril e descobriu que ele se opunha a dar indenizações à "família de Napoleão" à custa da Áustria. Mas Napoleão ainda contava com Francisco, que era esperado em Paris em 15 de abril. Embora Caulaincourt expressasse seu desespero quando via Sua Majestade se enganar quanto a sua própria confiança nos sentimentos de seu sogro, Napoleão obstinadamente se agarrou ao encontro próximo entre pai e filha, quando o coração do imperador seria tocado, e, como no *Cinna* de Corneille, ele escolheria ser misericordioso. Marie Louise estava agora em Orléans, em custódia de mensageiros do czar e do governo provisório. Napoleão a incentivou a pedir a Toscana a Francisco assim que ele chegasse. Em 11 de abril ele novamente tomou cuidado para não influenciá-la indevidamente, escrevendo: "Minha saúde está bem, minha coragem intocada, especialmente se você estará contente com minha má sorte, e se você achar que ainda pode ser feliz compartilhando-a comigo". Em resposta ele recebeu uma carta de Marie Louise, escrita na noite do mesmo dia, que era tudo que ele poderia esperar: "Eu ficaria perfeitamente contente em morrer", disse Marie Louise, "Mas eu quero viver para tentar trazer-lhe um pouco de consolo e lhe ser útil".

ABDICAÇÃO

No dia seguinte, o 12, foi o dia de crise de Napoleão. À tarde ele recebeu de Caulaincourt o tratado assinado contendo os termos da abdicação: o melhor que Caulaincourt havia conseguido garantir dos ministros do Exterior Aliados. Marie Louise receberia apenas Parma (com Piacenza e Guastalla). Metternich havia recusado dar a Toscana, embora ninguém soubesse se isso tinha sido sob ordens expressas do imperador.

Napoleão ficou profundamente aborrecido sobre a Toscana. Ele vasculhou todo o tratado e não encontrou uma única palavra sobre Marie Louise estar livre para se juntar a ele; e nenhuma palavra tampouco sobre acesso livre de Parma, um estado cercado por terra, ao mar e a Elba. Por que a Toscana havia sido negada? Evidentemente para separá-lo de sua mulher e filho, pois os três juntos ainda eram uma força a ser considerada. Napoleão agora decidira que seria um passo tolo esperar Marie Louise ver seu pai. O importante, o urgente era trazer Marie Louise a Fontainebleau. Napoleão não tinha mais escrúpulos sobre forçar a decisão de Marie Louise, porque ele deduziu da carta dela do dia anterior que ela queria ligar seu futuro ao dele. Então ele fez um último esforço por sua mulher. Na tarde do dia 12, ele enviou Cambronne com uma tropa de cavalaria de guardas para trazer Marie Louise a Fontainebleau. Cambronne chegou a Orléans na mesma noite, mas ela já tinha partido.

Metternich havia sido rápido demais para Napoleão. Ele havia escrito a Marie Louise dando-lhe instruções para que fosse a Rambouillet, onde ela se encontraria com seu pai. Marie Louise partira às oito aquela noite. Ela parou em Angerville, onde entrou no setor russo, e sua guarda francesa foi substituída por cossacos. Lá, a apenas 56 km de Napoleão, ela escreveu este bilhete:

Estou enviando-lhe algumas linhas por um oficial polonês que acabou de me trazer seu bilhete a Angerville; você já deve saber que eles me fizeram deixar Orléans e que ordens foram dadas para evitar que eu me encontre com você; e mesmo recorrer à força se necessário. Fique em guarda, meu querido, estamos sendo enganados, estou extremamente ansiosa por você, mas serei firme com meu pai.

Em Fontainebleau, Napoleão esperava animado por sua esposa e filho, de quem agora ele estava separado há onze semanas. Ele entrava e saía dos quartos preparados para eles, assobiando uma música dançante. Então, em vez de Marie Louise, o bilhete chegou, com seu aviso: "Estamos sendo enganados". Para um homem já terrivelmente humilhado, foi um golpe esmagador. Napoleão releu o tratado, e particularmente os artigos referentes a sua mulher. Ele tinha quase certeza de que os aliados estavam determinados a separá-lo de Marie

Louise e do jovem Napoleão. Mais que nunca, tudo parecia a ele uma armadilha. Marie Louise e seu filho haviam sido finalmente colocados na órbita austríaca. Em algumas horas eles estariam seguros em Rambouillet. Ali eles seriam reunidos com o *papa François*, que cuidaria deles. Eles não precisariam mais dele. Mas para si mesmo, Napoleão estava convencido, indignidades de toda espécie o aguardavam. "Estamos sendo enganados". Os aliados, ele acreditava, certamente tentariam assassiná-lo, ou pelo menos insultá-lo, e isto ele considerava tão vergonhoso que seria pior que a morte.

Eram agora três horas da manhã e a data, 13 de abril, um sinal que Napoleão certamente notou, porque ele a anotou no cabeçalho de uma carta breve para Marie Louise, na qual ele escreveu que a amava mais que tudo no mundo. Ele não a assinara "Nap" como nas cartas anteriores, mas "Napoleão". Ele colocou a carta sob o travesseiro de sua cama, depois foi até sua frasqueira e retirou uma trouxinha de papel de uma bolsa. Ela continha uma mistura esbranquiçada que ele havia pedido a seu cirurgião, Yvan, que preparasse durante a campanha russa. Seus ingredientes eram ópio, beladona e heléboro branco.

Napoleão havia considerado várias formas de se matar. Ele havia acariciado suas pistolas; ele havia pensado em colocar um balde de carvões em brasa em sua banheira coberta e se asfixiar. Finalmente ele se decidiu pelo que parecia o método limpo preferido pelos gregos e romanos. Desenroscando o papel, ele virou o pó em um pouco de água e bebeu a mistura. Em seguida, chamou Caulaincourt e se deitou na cama.

O quarto de Napoleão era fracamente iluminado por um abajur. Nos painéis em volta das paredes estavam as cabeças de grandes homens. Sua cama com quatro colunas era decorada com veludo verde de Lyon, enfeitado com rosas pintadas, e terminava com uma franja dourada de trinta centímetros. Era encimada por elmos com plumas de avestruz e uma águia dourada agarrada a louros.

"Venha aqui e sente-se", disse Napoleão quando Caulaincourt entrou. Era excepcional sentar-se no quarto do imperador, mas Caulaincourt obedeceu. "Eles vão tirar a imperatriz e meu filho de mim." Napoleão guardara todas as cartas de Marie Louise em uma pasta de couro vermelho, a qual ele confiou a Caulaincourt. "Dê-me sua mão. Abrace-me. Quero que você seja feliz, meu caro Caulaincourt. Você merece." Seu amigo adivinhou o que Napoleão havia feito. Lágrimas desceram-lhe pelo rosto, caindo nas faces e mãos de Napoleão. Napoleão deu-lhe algumas últimas instruções. Então ele sentiu dores agudas em seu estômago e começou a soluçar violentamente.

Napoleão não queria permitir que Caulaincourt chamasse o médico. Quando seu amigo tentou partir, Napoleão o segurou pelo colarinho e paletó, e tal era sua

ABDICAÇÃO

força, mesmo agora, que o outro teve de ficar. O corpo de Napoleão ficou muito frio, depois queimando. Seus membros ficaram rígidos; seu peito e estômago se contraíam, mas ele cerrou os dentes, tentando não vomitar. Durante um dos espasmos, quando sua mão se relaxou por um momento, Caulaincourt saiu correndo e pediu ajuda. Quando voltou, Napoleão começou a vomitar espasmodicamente, e Caulaincourt notou traços de algo cinza. O que acontecera foi o seguinte: Napoleão havia dito a Yvan que lhe preparasse uma dose forte, "mais que suficiente para matar dois homens", como se ele não pudesse ser abatido pelos meios usuais, e a dose violenta que ele engoliu se mostrou demasiada para ser assimilada pelo seu corpo. O toque de bravata o salvara.

O grande marechal Bertrand entrou correndo, seguido por Yvan. Napoleão pediu ao cirurgião que lhe administrasse outro veneno, que de algum jeito acabasse com ele. Yvan recusou e alarmado deixou o palácio. Napoleão continuou com fortes dores, implorando a Caulaincourt que o ajudasse a pôr um fim em tudo. Ele sofria intensamente de sede, e seu rosto estava ressecado.

Às sete da manhã Napoleão começou a sentir menos dor. À tarde ele recebeu uma carta que Marie Louise havia escrito 24 horas antes:

Por favor, querido, não fique zangado comigo [por ir a Rambouillet]; realmente não pude evitar, eu o amo tanto que parte meu coração em dois; tenho tanto medo que você ache que seja um plano que eu e meu pai tenhamos formado contra você... espero compartilhar de seu infortúnio, espero cuidar de você, confortá-lo, ser-lhe um pouco útil, e afastar suas preocupações com carinho... seu filho é o único feliz aqui, ele não tem ideia da extensão da sua desgraça, pobre pequena alma; apenas você e ele fazem minha vida ser suportável...

Quando leu esta carta, uma das mais afetuosas que ele já recebera, Napoleão começou a sentir um desejo renovado de vida. Ele havia tentado morrer, e fracassara. Então que seja. O incidente estava encerrado agora.

Enquanto isso, em Rambouillet, o filho de Napoleão repetia sobre o imperador Francisco: "Ele é inimigo de papai, e eu não o verei". Ele se referia ao encontro entre sua mãe e seu avô. Isto aconteceu três dias depois de Napoleão tentar o suicídio. Extremamente agitada, falando em alemão, Marie Louise repreendeu seu pai por tentar afastá-la de seu marido e, com olhos marejados de lágrimas, colocou o jovem Napoleão nos braços dele.

Os gestos e palavras estavam corretos, mas não conseguiram produzir a mágica da misericórdia. Assim Marie Louise descreveu a cena a Napoleão: "Ele foi muito gentil e afetuoso comigo, mas tudo foi anulado pelo golpe mais horrível que ele poderia ter me dado; ele me proíbe de me encontrar com você, ou de vê-lo, ele não me permitirá nem acompanhá-lo em sua viagem. Em vão observei que era meu dever seguir você; ele declarou que não queria..."

Napoleão em parte esperava tal recusa. Mas a realidade, no estado fragilizado em que estava, veio como um grande choque. Ele já havia perdido a França, e agora estava perdendo sua mulher e seu filho também. Isto ficou completamente aparente em uma carta que ele recebeu de Francisco: "Eu decidi sugerir a ela (Marie Louise) que viesse a Viena por alguns meses, descansar em meio à família..." A carta, exceto pela assinatura, estava na letra de Metternich.

Sozinho em Fontainebleau, Napoleão passou uma semana dolorosa esperando pelos oficiais aliados que o escoltariam até Elba. Seus marechais, ele deixou livres para que servissem a França como achassem melhor: a maioria continuaria sendo soldados sob os Bourbon. Ele passou muito de seu tempo no pequeno jardim em estilo inglês. Ali um dia, ao lado de uma fonte de mármore circular decorada com uma estátua de Diana, ele se sentou sozinho por três horas e, como em exasperação pelo túmulo que ele não conseguira encontrar, escavou um buraco de trinta centímetros de profundidade com seu calcanhar, no chão de cascalho.

Tantos de seus guardas queriam acompanhar Napoleão no exílio que os comissários permitiram que o número, fixado pelo tratado em 400, fosse aumentado para 600. Mesmo assim tantos se ofereceram que a escolha se tornou difícil, e finalmente mil tomariam a estrada para Elba. Quando estas e outras questões práticas relacionadas à sua partida foram acomodadas, Napoleão ordenou que a Velha Guarda, os que não poderiam segui-lo, se reunisse em frente ao palácio. Ali, em 20 de abril, ele os deixaria.

Era um dia frio. Os guardas estavam alinhados em duas fileiras em frente ao palácio de tijolos. Eles vestiam uniformes azul-escuro com forro escarlate, tiras brancas, quepes de pele pretos com pompons vermelhos. Com os dois lances de escadas de Ducerceau atrás dele, como os dois fluxos – honra e a República – que haviam alimentado sua vida, Napoleão encarou as fileiras meticulosamente retas. Ele havia esperado deixar o mundo com eles; em vez disso, estava deixando a França e seus amigos. Ele estava emocionado com esta despedida de uma vez de tantos amigos, homens com quem havia compartilhado as experiências mais profundas que um homem pode compartilhar com outros. Sua emoção passou para suas palavras, e apareceu em sua voz.

"Soldados da minha Velha Guarda, eu lhes dou adeus. Por vinte anos eu os encontrei ininterruptamente no caminho da honra e da glória. Ultimamente, da mesma forma que quando as coisas estavam bem vocês foram continuamente modelos de coragem e lealdade. Com homeńs como vocês nossa causa não foi perdida; mas a guerra não pôde ser terminada: teria sido uma guerra civil, e isso só teria trazido à França mais desgraça. Então sacrifiquei nossos interesses aos da *patrie*. Estou partindo; vocês, meus amigos, continuarão servindo a França. A felicidade do país foi meu único pensamento e será sempre o que eu desejo para a maioria. Não sintam por mim; se escolhi seguir vivendo, eu o fiz para continuar servindo sua glória. Quero escrever sobre as grandes coisas que fizemos juntos!... Adeus, meus filhos! Eu gostaria de apertá-los todos junto ao meu coração; pelo menos beijarei sua bandeira!..."

Quando o alferes marchou avante, carregando a águia e a bandeira, aqueles guerreiros grisalhos, conta Caulaincourt, que mais de uma vez observaram sem mover um músculo enquanto o sangue corria de seus ferimentos, não conseguiam segurar as lágrimas agora. Eles choravam abertamente. Lágrimas também vieram aos olhos dos comissários britânicos, austríacos e prussianos; apenas os russos pareciam indiferentes. Enquanto os guardas apresentavam armas, Napoleão pegou o quadrado de seda, bordado em ouro: Marengo, Austerlitz, Jena, Eylau, Friedland, Wagram, Viena, Berlim, Madri, Moskowa – como os franceses chamavam Borodino – Moscou. Ele o abraçou por meio minuto. Então ele levantou sua mão esquerda e disse: "*Adieu*! Guardem-me em sua memória!". Ele se virou, entrou em sua carruagem que havia sido trazida para perto, e foi levado a galope.

24

Soberano de Elba

Na manhã de 4 maio, a fragata inglesa *Undaunted* ancorou na baía de Portoferraio. No convés estava Napoleão, e seu título agora era "imperador e soberano da Ilha de Elba". Durante a viagem de cinco dias ele criou uma bandeira para seu novo reino. Caracteristicamente, ele não desenhou uma bandeira totalmente nova; ele pegou a antiga bandeira dos Médici, uma diagonal vermelha sobre um fundo prateado; e acrescentou três abelhas douradas ao vermelho. O alfaiate do *Undaunted* fez várias versões disto; elas foram desembarcadas e agora flutuavam dos fortes de Portoferraio.

Ao meio-dia, Napoleão, vestindo um uniforme verde de Chasseur e culotes brancos, foi levado à cidade em um barco a remo. Da fragata, no sol ofuscante, Portoferraio parecia até bonita. Mas quando desembarcou, Napoleão viu como ela era pobre, uma cidadezinha amarela, suja, sórdida, muitas de suas ruas nada mais que escadarias. Sua expressão demonstrou a decepção, mas um momento depois ele recuperou a compostura e seguiu em frente sorrindo para receber as chaves da cidade do prefeito Traditi. Elas eram, na verdade, as chaves do porão de Traditi, douradas para a ocasião, porque as chaves da cidade haviam sido perdidas, portanto havia uma disposição especial na resposta formal de Napoleão: "Eu as confio ao senhor, *monsieur* le Maire, e eu não faria melhor".

Os elbanos, vestidos com suas melhores roupas de domingo, gritaram: "*Evviva il Imperatore!*". Ninguém havia ouvido falar de sua ilha antes, mas agora ela seria famosa, e claro que eles estavam felizes. Após um *Te Deum* e bênçãos na igreja da paróquia, grandiosamente conhecida como o Duomo, Napoleão organizou uma recepção em seus alojamentos na câmara municipal. Ele agradou aos elbanos por saber os nomes e alturas dos picos da ilha, que ele havia memorizado de um livro, e por reconhecer um elbano a quem ele havia dado a Legião de Honra no campo de Eylau.

SOBERANO DE ELBA

Na manhã seguinte, às quatro horas, Napoleão saiu a cavalo para conhecer seu novo reino. Ele o achou pequeno – apenas 29 km por 19 km –, montanhoso e terrivelmente pobre. Os 12 mil habitantes pescavam atum e anchova, cultivavam videiras e trabalhavam nas minas de ferro abertas que cobriam a parte oriental de Elba com um pó avermelhado. Havia pouca agricultura. Em resumo, Elba era um lugarzinho pobre e dilapidado.

Para um homem que havia governado um Império de 120 *départements* e agora se encontrava restrito à subprefeitura de um *département* várias atitudes possíveis estavam abertas. Enrolar-se em um manto de orgulho ferido e ficar amuado até o final. Ou ele poderia tratar o episódio todo como uma piada: rir dos elbanos e de si próprio como um rei de opereta. Ou, como Napoleão havia planejado durante a viagem, ele poderia ter uma vida acadêmica tranquila: estudar matemática e escrever a história de suas vitórias imperiais. Mas, na verdade, Napoleão não fez nada disso. Ele viu que os elbanos eram pobres e decidiu ajudá-los a ter uma vida melhor.

Ele começou imediatamente. Já que o primeiro ponto essencial era tornar Elba autossuficiente, Napoleão iniciou uma campanha pelo cultivo de batatas, alfaces, couve-flor, cebolas e rabanetes. Ele plantou azeitonas importadas da Córsega entre as videiras para substituir o onipresente figo, que dificultava o amadurecimento adequado das uvas. Plantou castanheiras jovens nas encostas das montanhas para deter a erosão. Para obter melhores terras, ele até colonizou! Ele havia lido que nos tempos romanos, a ilha de Pianosa, 24 km ao sul de Elba, havia produzido trigo, então em 20 de maio Napoleão navegou no *Caroline*, um navio de um canhão da sua nova marinha de quatro navios, para tomar posse desta até então esquecida dependência. Ele deixou tropas em terra para construir um forte e alojamentos contra possíveis piratas, fez planos para cem famílias se instalarem ali e cultivar trigo. Enquanto isso, colocou carneiros para pastar nas encostas verdes.

O próprio Napoleão deu o exemplo. Ele cavou seu próprio jardim, tentou ará-lo com bois, embora seus sulcos ficassem muito aquém do desejado, saiu com os pescadores e arpoou atuns. Ele se levantava às cinco horas todos os dias, trabalhava no calor do dia até as três da tarde, depois saía a cavalo por três horas, como ele contou ao comissário britânico, *"pour se défatiguer"*.

Napoleão em seguida voltou sua atenção a Portoferraio. Antigamente, o lixo era deixado para apodrecer nas ruas. Napoleão deu ordens para que coletores de lixo com grandes cestas de vime nas costas atravessassem a cidade soprando trombetas, momento em que as donas de casa deveriam esvaziar suas lixeiras nas cestas. Isto acabou com as moscas. Ele também determinou que nenhuma família deveria acomodar mais que cinco pessoas em uma cama. Ele pavimentou as ruas, colocou luminárias a cada 10 m, colocou margens de grama do lado de fora dos alojamentos, colocou bancos ao longo dos cais. Ele plantou árvores nas ruas e estradas de Elba. "Plantem apenas amoreiras, que são úteis em um país sem prados, e depois poderão fornecer alimento para bichos da seda." Ele encontrou em Poggio uma fonte de água naturalmente gasosa, que aliviou sua disúria, e ajudou os elbanos a explorá-la comercialmente como *Acqua minerale antiurica*. Todas estas foram verdadeiras melhorias, mas deram aos ilhéus muito trabalho, ao que não estavam habituados. Pelos primeiros meses Napoleão deixou todos esgotados, enquanto continuava a observar: "Que ilha relaxante!".

Ele escolheu viver em Portoferraio ao lado dos fortes, em uma casa chamada *I Mulini*, ou Os Moinhos. Acrescentou um andar, orientando ele mesmo os construtores, obviamente, e aprimorou o jardim, que tinha vista para o mar trinta metros abaixo. Ele gostava de passear no jardim à noite, à luz suave das lâmpadas colocadas em dois vasos de alabastro. Para o verão ele construiu uma pequena casa nas colinas, em San Martino. Ele mandou pintar o salão de estar de forma que parecesse um templo egípcio com desenhos *trompe l'oeil* copiados do *Description of Egypt*. Benjamin Haudon, o pintor histórico inglês, estava usando o mesmo livro em Paris naquele mesmo momento, copiando trajes antigos egípcios. "A expedição francesa ao Egito", Haydon anotou em seu diário, "se mostrou um grande serviço aos estudiosos, revelando templos que nenhum viajante alcançou antes".

Nada disto era muito grandioso. A cama de Napoleão em *I Mulini* era sua própria cama de campanha, o papel de parede descolorido, o tapete esgarçado, o tecido amarelo desbotado nas cadeiras e sofás. Mas Napoleão era um soberano, e *I Mulini* seu palácio. Então, embora a escala fosse a de um lenço de bolso, ele mantinha a corte nos mínimos detalhes, como nas Tulherias. Ele montou uma equipe doméstica militar, sete oficiais em uniforme azul-céu com bordas prateadas, e uma equipe civil, que consistia em dois secretários e quatro criados, incluindo o prefeito Traditi, cujas maneiras eram decididamente menos polidas que as de um parisiense. Um dia, Napoleão, com seu otimismo típico, anunciou que iria semear 500 sacas de trigo em seus campos em San Martino, ao que Traditi, que sabia que o terreno acomodaria apenas 100 sacas, exclamou: *"O questa, si, che è grossa!* – Essa é das grandes!", uma observação que fez Napoleão dar risada.

Em vez do melhor médico da França, Napoleão agora só tinha o antigo cirurgião dos Estábulos Imperiais, "Purge" Fourreau. Uma manhã, Napoleão estava em sua banheira com água do mar quente quando Fourreau apareceu com uma tigela de caldo quente. "Excelente para os intestinos, Sua Majestade." Enquanto esperava o caldo esfriar, Napoleão inalou o vapor aromático. "Não, não!", exclamou Fourreau, muito aborrecido. "Em nome de Aristóteles e Hipócrates, eu protesto!" Inalar o vapor, ele avisou, causaria cólica. "Doutor", disse Napoleão com firmeza, "o que quer que Aristóteles e os outros possam dizer, na minha idade eu já sei como beber".

Napoleão estava certo de que Marie Louise e seu filho se juntariam a ele logo. Ele havia separado quartos para eles em I Mulini, e em San Martino ele mandara pintar pombas em um dos tetos, separadas por nuvens, mas unidas por uma fita com um nó que ficava mais apertado à medida que se distanciavam. Representava a fidelidade conjugal.

Se Napoleão pensava muito em Marie Louise, ele também pensava em Joséphine. Sua corrente do relógio, quando ele usava relógio, era feita com mechas do cabelo de Joséphine. Durante sua tentativa de suicídio, ele dissera a Caulaincourt: "Você deve dizer a Joséphine que ela esteve muito em meus pensamentos", e em 16 de abril ele pediu que ela lhe escrevesse em Elba, dizendo que ele nunca a havia esquecido e nunca a esqueceria. Embora ela não tenha escrito – ela continuou até o fim uma péssima missivista –, estes eram exatamente os sentimentos de Joséphine por Napoleão. Ela recusara uma proposta de casamento de um jovem nobre qualificado, Frederick Louis de Mecklenburg-Schwerin, e em Malmaison manteve os apartamentos de Napoleão exatamente como ele os deixara: um livro de história aberto na página em que ele parara de ler, roupas prontas para serem vestidas. Ela esperava de alguma forma que Napoleão entrasse de novo em sua vida, assim como Napoleão esperava que Marie Louise voltasse à dele.

Um dia Joséphine recebeu uma visita da Madame de Staël. Joséphine a achou dolorosa, porque a novelista parecia estar tentando analisar seu estado mental em face deste grande infortúnio... será que ela, que nunca deixou de amar o imperador quando as coisas estavam bem, seria capaz de esfriar em relação a ele hoje? Evidentemente ela não esfriou, nem naquele dia, nem no outro. Em vez disso, outro tipo de desastre aconteceu. Três semanas depois que Napoleão desembarcou em Elba, Joséphine, em Malmaison, ficou doente. Sua garganta doía e ela tossia, e tinha dificuldades para falar. Ela ficou de cama, mas no começo ninguém ficou alarmado porque ela tinha apenas cinquenta anos. Contudo, em 27 de maio a febre estava muito alta, especialistas foram chamados, e diagnosticaram difteria. Ao meio-dia no dia de Pentecostes, 29 de maio de 1814, na presença de Hortense e Eugène, Joséphine morreu.

Napoleão recebeu a notícia em uma carta de Caulaincourt para Madame Bertrand, a esposa do grande marechal. "Pobre Joséphine", murmurou ele. "Ela está feliz agora." Ele ficou tão abalado que por dois dias não saiu de casa. Sem dúvida, ele pensava na lealdade de Joséphine a ele e em sua bondade: na véspera de sua morte ela havia sussurrado roucamente – e foi uma afirmação modesta demais: "A primeira esposa de Napoleão nunca causou uma lágrima sequer." Talvez também Napoleão ponderasse que em nome da águia ele havia abandonado Joséphine, e em nome de outra águia, esta de duas cabeças, Marie Louise agora estava sendo pressionada por Francisco e Metternich a deixá-lo.

Napoleão pensava às vezes em outra mulher, a que lhe havia dado um medalhão de ouro com uma abertura secreta, onde estava uma mecha de seu cabelo louro, com a inscrição "Quando você deixar de me amar, não esqueça de que eu ainda o amarei". Naquele verão, Napoleão recebeu uma carta da doadora do medalhão, Marie Walewska, perguntando se ela poderia visitá-lo. Seu marido havia morrido, e ela deu como pretexto a necessidade de organizar seu futuro e o do filho. Napoleão concordou. Mas a visita dela deveria ser secreta.

Na noite de 1º de setembro, um brigue fretado em Nápoles deixou quatro passageiros na extremidade da Baía de Portoferraio. Eles foram recebidos pelo general Bertrand e conduzidos na carruagem de Napoleão para a parte mais selvagem de Elba, as montanhas do oeste. Eles tiveram de mudar para cavalos selados e escalar caminhos íngremes; finalmente alcançaram um retiro remoto de quatro quartos em um dos picos mais altos, Monte Giove. "Bem-vindos ao meu palácio", disse Napoleão. Marie, agora com 27 anos, usava um véu de tule. Com ela estava Alexandre, de 4 anos, vestindo um uniforme miniatura, a irmã e o irmão de Marie, o coronel Theodor Laczinski.

Napoleão e os poloneses dormiram no retiro, ele e Marie em quartos separados. Na manhã seguinte, Napoleão saiu para caminhar com Marie nas encostas cobertas de pinheiros. Ele segurou a mão dela e carregou Alexandre em seus ombros. Marie lhe contou as novidades. Após a abdicação, ela fora a Fontainebleau; por que ele não permitira que ela o visse? Napoleão pôs um dedo na própria testa. "Eu tinha tantas coisas aqui."

Napoleão estava encantado com Alexandre. Ele tinha cabelos claros e encaracolados, e se parecia com o rei de Roma. Napoleão brincou de esconde-esconde e rolou na grama com ele. Ele gostava de provocar crianças e também, sabe-se, acreditava firmemente que o céu era movido pela inocência delas. Então, ele disse ao menino: "Um passarinho me disse que você nunca menciona meu nome em suas orações". "É verdade", respondeu Alexandre. "Eu não digo Napoleão, eu digo *Papa Empereur*." Napoleão riu e disse a Marie: "Ele vai ser um sucesso na sociedade. Ele tem espírito".

SOBERANO DE ELBA

Naquela noite eles foram felizes. O irmão e a irmã de Marie cantaram canções polonesas e começaram a dançar uma *krakoviak*. Marie puxou Napoleão para a roda, e todos eles riram juntos enquanto ele tentava pegar o jeito da dança rápida e intrincada.

Marie, que agora estava livre, queria ficar em Elba. "Deixe-me pegar uma casinha em algum lugar", ela pediu. "Fora da cidade, longe de você, mas para que eu possa vir imediatamente quando você precisar de mim."

Nos dias do Império, Napoleão podia manter uma amante. Mas agora, ele lhe disse, era impossível. Não porque Marie Louise estivesse chegando – ele não tinha tido notícias dela em meses – mas porque "esta ilha não é mais que uma grande aldeia". Napoleão distinguia rigidamente entre uma relação que não feriria ninguém e um romance público que escandalizaria "suas crianças", como ele chamava os elbanos.

O idílio nas nuvens foi breve. Na noite do segundo dia, Napoleão enviou Marie de volta, tão secretamente como ela chegara. Depois que se despediram na encosta, uma tempestade soprou. O vento uivava, árvores tombaram. Napoleão, alarmado, enviou um mensageiro para chamar Marie de volta, mas era tarde demais. Em Porto Longone as ondas estavam tão altas que as autoridades portuárias disseram que ela não deveria tentar embarcar. Eles não conheciam o temperamento da garota polonesa. Nos dentes da tempestade, ela voltou a seu brigue e partiu para Nápoles, onde Napoleão havia separado propriedades para seu filho. Quanto aos elbanos, alguns haviam visto uma senhora loira de olhos azuis e seu filho de uniforme: obviamente seu soberano havia recebido uma visita preparatória da imperatriz e do rei de Roma, que deveriam se juntar a ele permanentemente.

Outra mulher que permanecia leal a Napoleão era sua mãe. Consciente de que seu filho estava solitário em Elba, ela embarcou naquele verão em Livorno no brigue inglês *Grasshopper*, sob o nome de Madame Dupont. Ela portava bem os seus 64 anos. Quando os marinheiros avistaram I Mulini, ela deixou seu sofá e, para ter uma visão melhor, subiu com agilidade em um canhão montado. Napoleão ficou emocionado com seu ato de lealdade; havia lágrimas em seus olhos quando ele a abraçou e a acompanhou até a casa próxima à sua, que ele havia alugado para ela. Elba é parte da mesma massa de terra da Córsega; de certa forma, o relógio havia voltado 22 anos.

Todo domingo, Napoleão fazia todos os oficiais apresentarem seus respeitos à sua mãe, e à noite a convidava para jantar, seguido por jogos de *écarté* ou reversi. Durante os anos estonteantes de triunfo, Letizia havia mantido os pés no chão e investira muito de sua renda em propriedades e joias. *"Pourvou que cela* *doure*",* ela dizia duvidosamente. Napoleão ainda gostava de trapacear no jogo, e quando Letizia o pegava, ela interrompia severamente a partida. "Napoleão, você está trapaceando!" "Madame", ele respondia, "a senhora é rica, e pode se dar ao luxo de perder, mas eu sou pobre e preciso ganhar." Eles então trocavam pitadas de rapé e recomeçavam o jogo. Quanto a Letizia, ela não trapaceava, mas convenientemente se esquecia de pagar. Então era a vez de Napoleão protestar. "Acerte suas dívidas, Madame".

Outra pessoa que se juntou a Napoleão foi sua irmã Pauline. Ela tinha 34 anos, ainda extremamente bela, mas infeliz porque, como as outras irmãs de Napoleão, nunca encontrara um homem que a dominasse. Contudo, ela amava Napoleão e gostou de ter a oportunidade de cuidar dele. Ela ocupou o andar superior de I Mulini, organizava festas e flertava com os oficiais da Guarda mais bonitos. Ela havia mantido a beleza através de um uso judicioso de cosméticos, e achando sua mãe pálida demais, aconselhou-lhe também a usar cosméticos. Madame *Mère* ocasionalmente o fazia, mas só conseguia exagerar no ruge.

Napoleão gostava muito de Pauline, e estava feliz por tê-la em Elba. O único problema era sua natureza volúvel. Alguns dias, como quando era criança, "ela ria de tudo e de nada". Outros dias ela saía reclamando que estava doente – inconscientemente, queria atenção. Napoleão se recusava a estimular suas doenças, que ele dizia serem imaginárias.

Pauline queria organizar bailes. Napoleão gostou da ideia, mas tomou precauções. Sua irmã gostava de esbanjar, e Napoleão sabia que isto poderia não apenas humilhar os elbanos, mas os tornar descontentes. Então, pensando nisto, ele disse que cada baile deveria custar menos de mil francos. Pauline deu seis, três deles de máscaras. Ela também encenou teatro amador no Teatro do Palácio – uma edícula de I Mulini convertida às pressas – atuando ela mesma em comédias leves como *Les Fausses Infidélités* e *Les Folies Amoureuses*.

Logo o povo de Portoferraio quis um teatro também. Napoleão aprovou. A igreja secularizada de São Francisco vinha sendo usada como depósito militar desde 1801. Napoleão a reconstruiu como um teatro, levantando fundos com a venda de camarotes e cabines antes de começar as obras. Ele presidiu a noite de abertura, acompanhado por sua mãe e Pauline, a quem ele havia nomeado "Organizadora de Apresentações Teatrais na Ilha de Elba". Vinte Guardas formavam a orquestra; a cortina, em alusão ao seu estímulo à agricultura, mostrava Apolo, banido dos céus, cuidando dos rebanhos e ensinando alegremente aos pastores. As peças eram um *vaudeville* italiano e uma comédia francesa. Estas fo-

---

* "Contanto que isso dure".

SOBERANO DE ELBA

ram representadas bem mal. Napoleão, contudo, puxou os aplausos, anotando mentalmente que deveria contratar uma boa companhia de ópera.

Entre os homens em Elba, um dos favoritos de Napoleão era o comissário britânico, encarregado de vigiá-lo, chamado Neil Campbell – Napoleão pronunciava "Combell". A ele, o imperador explicou a razão de ter perdido a Batalha da França. "Eu deveria ter deixado meus marechais desempregados", ele disse – porque eles estavam cansados da guerra – "e tê-los substituído por homens mais jovens, até coronéis". Mas Napoleão não levou esta análise muito adiante. Ele não a ligou à sua predileção por rostos familiares, a necessidade que ele tinha de ter velhos amigos ao seu redor. E, claro, ele não conseguiu ver que esta é uma falha inerente em governos de um homem só.

Campbell não era o único inglês a conversar com Napoleão em Elba. Ao todo, 61 turistas ingleses vieram ver ou conversar com o imperador caído. Cada um formou sua própria opinião sobre a aparência de Napoleão; um achou que ele parecia "um padre esperto e ardiloso". Outro achou suas coxas descomunalmente grandes e fora de proporção; mas quase todos concordaram sobre suas maneiras: "o mais familiar e de boa índole possível", disse o major Vivian, com quem lorde John Russel concorda: "extremamente de boa índole".

Enquanto isso, o que se passava com Marie Louise? A caminho de Viena ela escreveu em seu diário, "Sinto-me culpada por não tê-lo seguido... ah, meu Deus! O que ele vai pensar de mim? Mas eu irei me juntar a ele..." Em Schönbrunn, "Como sou fraca e impotente neste redemoinho de planos e traições". Um membro de sua família a incitou para que fosse ao encontro de Napoleão – curiosamente, foi a formidável velha inimiga dele, a ex-rainha Maria Carolina de Nápoles. "O casamento é para a vida toda", ela disse a sua neta. "Se eu estivesse no seu lugar, eu amarraria meus lençóis a uma janela e iria embora".

Napoleão escreveu a Marie Louise, pedindo notícias dela e de seu filho. Como sua correspondência era aberta pelos espiões de Talleyrand, ele sugeriu que ela se dirigisse a ele como *monsieur* Senno – Senno comandava o pesqueiro de atum de Elba. Mas nenhuma carta chegava para *monsieur* Senno. Em setembro, Napoleão se tornou mais explícito: ele pediu diretamente a Marie Louise que viesse para Elba. Tudo estava pronto; ele havia até pedido ao seu seleiro que fizesse rédeas de seda azul para combinar com os olhos azuis dela, quando ela quisesse cavalgar seu cavalo castanho, Córdoba. Mas ele não recebeu resposta.

Catherine de Württemberg ficara do lado do irmão de Napoleão, Jérôme, apesar da oposição dos pais, e Augusta da Baviera não desertara o príncipe Eugênio. Mas Marie Louise não tinha a determinação dessas duas, nem a de Marie Walewska. Ela havia sido mandada para Aix para tomar banhos medicinais, e com ela foi seu novo auxiliar, o general conde Neipperg. Antes de partirem, Metternich deu a Neipperg ordens de insidiosamente dissuadir Marie Louise "da ideia de ir para Elba". Neipperg era meio francês e meio austríaco. Ele havia perdido um olho em batalha, e com um tapa-olho de seda preta sobre a cicatriz, parecia um pirata. Mas ele também tinha maneiras encantadoras e uma boa voz para cantar. Ele já havia atraído uma mulher casada para longe do marido, e em setembro se preparou para fazê-lo pela segunda vez. Ele começou elogiando Napoleão, de quem, disse ele, era um grande admirador, depois seguiu elogiando Marie Louise. Ela, fraca e sensual, sucumbiu à experiência dele. Eles fizeram uma viagem para a Oberlândia suíça, e ali Marie Louise se tornou amante de Neipperg. Em outubro, ela voltou para Schönbrunn. Exceto por uma carta formal de saudações de ano novo em janeiro de 1815, Napoleão nunca mais teve notícias dela novamente.

Foi em setembro que Napoleão percebeu que Marie Louise não viria a seu encontro. Ele ficou profundamente abalado e enormemente entristecido. Ele não culpava a esposa. Para ele, ela era ainda uma criatura doce e boa. Ele culpava o pai dela. Francisco havia aceitado o casamento com ele quando era grande e poderoso, e o repudiou quando ele havia caído. Como ele disse amargamente a Campbell, ele havia invadido Viena duas vezes como conquistador, mas nunca exercera uma conduta tão pouco generosa em relação ao imperador.

Napoleão subitamente começou a achar a vida monótona. Em 20 de setembro, Campbell observou: "ele ocasionalmente cai em um estado de inatividade nunca visto antes, e ultimamente tem se recolhido ao quarto para repouso durante várias horas do dia. Se ele se exercita, é sobre uma carruagem, e não a cavalo como antes". Ele tentou se estimular com pequenos prazeres: seu banho de água salgada de uma hora e meia, pitadas de rapé de uma caixa com o retrato do rei de Roma, comer seu alcaçuz com sabor de anis. Ele criou o hábito de comer biscoitos molhados em muito vinho de Málaga. Ele lia velhos favoritos como Plutarco, Corneille, Racine e Voltaire, a biografia de Carlos V, o imperador que havia abdicado e entrado para um mosteiro, e também *Le Cabinet des Fées*, quarenta volumes de histórias e lendas, das *Mil e Uma Noites* a Perrault.

Napoleão gostava muito de seus cavalos. Estes, mais do que cachorros, eram os animais de que mais gostava. Ele havia trazido seus cavalos para Elba, junto com o andaluz castanho Córdoba, que Marie Louise nunca mais cavalgaria, e em sua solidão, ele começou a visitá-los. Nos estábulos, com seu cheiro de couro e feno, ele acariciava seus narizes e dava palmadinhas nos traseiros marcados com um N e a coroa. Havia Tauris, um persa cinza-prateado, dado a ele pelo czar Alexandre, e que o havia transportado na campanha russa. Havia Intendant, um puro branco da Normandia, montado em paradas, e conhecido pelos seus homens como "Coco". Havia Roitelet, nascido de um garanhão inglês e uma égua Limousin, que havia disparado durante uma parada em Schönbrunn, quase o derrubando; depois, em Lützen, uma bala lhe arrancara um pedaço dos pelos e pele do tornozelo. Napoleão acariciava o tornozelo, onde o pelo nunca mais crescera novamente. Ele gostava especialmente de Wagram, um árabe cinza que ele havia montado na batalha do mesmo nome. Ele dava ao cinza um torrão de açúcar e o beijava, dizendo: *Te voilà, mon cousin.*"

Apesar de tais prazeres, Napoleão via os dias se arrastarem. Ele era um homem de família: sem Marie Louise e seu filho, ele não conseguia se sentir completo. Como eles não vieram a seu encontro, ele se tornou mais sensível a qualquer coisa que o lembrasse do quanto ele havia decaído. Ele sempre detestara a cor preta, considerando-a uma cor de má sorte, mas agora ela lhe era repugnante. Uma noite, quando Pauline deslizou em um baile usando um vestido de veludo preto, que ela tivera o cuidado de decorar com babados cor-de-rosa, sabendo que seu irmão gostava de rosa, Napoleão imediatamente a fez deixar o salão e trocar de roupa. Exceto pelas noites de baile, ele ia cedo para a cama. Às nove ele se levantava e ia até o piano, onde tocava com um dedo as quatorze notas iniciais da *Sinfonia Surpresa* de Haydn; depois dizia boa-noite e ia para o quarto.

No dia em que Napoleão chegou a Elba, Luís XVIII, sofrendo de gota, com o cabelo em rabo-de-cavalo e muito gordo, vestindo calças prussianas abotoadas e um casaco da Marinha britânica, recebeu na porta de Saint-Denis as chaves de Paris, e entrou na cidade "no décimo nono ano de meu reinado". Aconselhado por Talleyrand, ele enviou um enxame de espiões para observar Napoleão. Quase todo navio trazia agentes secretos disfarçados de freis, marinheiros ou viajantes comerciais; eles se infiltravam entre os cavalariços e lacaios, tantos que às vezes eles seguiam uns aos outros por engano. E retornavam seus relatórios, para serem impressos em jornais dos Bourbon. Napoleão, devorado por doenças inomináveis, era o amante incestuoso de Pauline. Ele marchava e contramarchava seu exército de brinquedo pela ilha e tornou almirante de sua frota o invariavelmente mareado tenente Taillade. Ele estava "no mesmo nível do rei do Haiti, que reina sobre macacos e negros". Uma torrente de sangue se levantava em ondas sobre ele, este Átila moderno arrastava sua cama de ferro de lugar em lugar pela ilha em uma busca vã por repouso.

Embora publicasse estas histórias, Talleyrand não acreditava nelas. Ele ainda temia Napoleão. Na reunião do congresso em Viena – que agora tomara o lugar de Paris como capital política da Europa –, Talleyrand declarou que Napoleão vivendo em Elba era um perigo à paz da Europa. Ele exigia que Napoleão fosse deportado para os Açores. Outros sugeriram as Índias Ocidentais ou até Santa Helena. Os governos da Inglaterra e Prússia aprovaram a proposta de deslocar Napoleão; o czar Alexandre não disse nada. Napoleão recebeu estas notícias em novembro. O empenho de Talleyrand em capturá-lo nesta ilha bem fortificada também ficou claro nesta época.

O Tratado de Fontainebleau declarava que Napoleão receberia uma anuidade de 2 milhões de francos, e os outros membros de sua família, somas menores: Madame *Mère*, por exemplo, e Pauline, 300 mil francos cada. Nem um centavo destas somas havia sido pago, e ficou cada vez mais claro que o governo francês não tinha intenção de fazê-lo. Isto era um golpe sério em Napoleão. Sua renda das minas de ferro somava 300 mil francos por ano, do pesqueiro de atum e do sal, 50 mil. Mas suas despesas eram quatro vezes este valor. Sua casa engolia 479.987 francos em 1814, enquanto o pagamento de seu exército de mil pessoas custava um milhão. Ele havia trazido 3 milhões e 800 mil francos de Fontainebleau, mas isto era tratado como sua reserva, "para ser tocada apenas quando absolutamente necessário". Graças a sua mãe, que havia vendido seus diamantes, ele conseguiu cobrir as despesas correntes. Mas logo ele seria obrigado a reduzir o número das suas tropas, o que o deixaria indefeso contra uma tentativa de deportá-lo. Esta seria a razão principal, pensou Napoleão, para a recusa do governo francês em pagar sua anuidade.

Napoleão sempre fora muito meticuloso em questões financeiras. Antes de sua tentativa de suicídio, ele havia se gabado de uma coisa a Caulaincourt: que ele havia deixado a França no azul. Agora ele se via, como na sua juventude corsa, profundamente no vermelho por causa da recusa do governo de honrar uma promessa. "Estou mais pobre que Jó", ele declarou. Ele vendeu oito cavalos de carruagem, reduzindo assim em 1.912 francos por mês os custos de forragem e estábulo. Em 1º de novembro ele fechou o refeitório dos oficiais. Mas logo teria de fazer mais cortes dolorosos. Quando ele ouvia à noite os seus Guardas cantando *"Auprès de ma blonde"* e observava os lanceiros poloneses dançando a *krakoviak* em volta da fogueira, ao som de flauta e violão, ele pensava amargamente que logo teria de mandar muitos destes homens embora. Um dia, enquanto lia Racine, ele marcou a frase onde Mitrídates exclama: *"Ma funeste amitié pèse à tous mes amis."**

Aquele inverno Napoleão estava infeliz. Ele havia conhecido a infelicidade antes e não a temia. Ele possuía recursos internos suficientes para evitar uma depressão intensa, e quanto às suas desgraças, ele acreditava ser capaz de suportá-las, contanto que elas ajudassem a fazer a França feliz. Mas quão feliz estava a França? Seu rei, confinado pela gota a uma cadeira de rodas, sexualmen-

---

*　"Minha amizade fatal pesa a todos os meus amigos." (N.T.)

te impotente, lento para assinar o próprio nome, detestava trabalhar e não inspirava nos franceses nem afeto nem confiança. Sua sobrinha, a duquesa d'Angoulême, que mantinha corte nas Tulherias, era feia e desajeitada; seu horrível chapéu inglês estimulava o escárnio dos parisienses; ela havia sido proposta como um anjo da paz, mas como Napoleão observou, para este papel faz-se necessário cérebro ou beleza.

A família toda estava empenhada em fazer voltar o tempo. A tricolor foi substituída pela bandeira branca, a imagem de Napoleão removida da Legião de Honra, o velho Batalhão da Casa ressuscitado, milhares de oficiais regulares dispensados a meio soldo, enquanto empregos dos sonhos eram dados aos *émigrés* retornados em perucas empoadas. A presunção destes homens não conhecia limites. Um dia, o ministro da Marinha recebeu um pedido de um *émigré* para ser indicado a contra-almirante. Ele não tinha experiência naval, mas havia sido cadete naval em 1789 e àquela altura, se não fosse pela Revolução, ele teria subido ao posto de contra-almirante, o que ele solicitava como uma questão de justiça do rei. "O que devo fazer?", suspirou o ministro. Por sorte, ele tinha um conselheiro que pensava rápido, Vitrolles, que respondeu: "Admita a lógica de seu pedido. Mas aponte – que pena – que ele perdeu sua vida em Trafalgar".

A nova constituição restringia o eleitorado, mas nobres e padres, que eram favorecidos por Luís, exigiam um retorno total ao Antigo Regime. De três a quatro milhões de donos de terras nacionais temiam perdê-las a qualquer momento. Enquanto admitia que Luís estava cheio de boas intenções, Napoleão estava convencido de que ele e seus conselheiros eram incapazes de governar a França por não terem vivido a Revolução Francesa. O mesmo pensavam muitos franceses comuns. Sobre Luís XVIII eles cantavam:

Pouvait-il régner sur la France
Ce Roi, qui parmi les Français
Osa dire avec assurance:
– Je dois ma couronne aux Anglais?*

Estes homens, que esperavam pela volta de Napoleão, tomaram como símbolo a violeta. As damas usavam vestidos cor de violeta, os homens portavam

---

*   Poderia ele reinar sobre a França / Este rei, que entre os franceses / Ousa dizer com segurança /
– Devo minha coroa aos ingleses? (N.T.)

388   NAPOLEÃO – UMA VIDA

correntes de relógio dessa cor. *"Aimez-vous la violette?"* * era uma pergunta frequente, à qual se respondia *"Il reviendra au printemps"*.**

Os franceses estavam humilhados e infelizes; eles o queriam de volta. Napoleão estava humilhado e infeliz; além disso, ele corria um perigo real de ser removido para alguma ilha-prisão remota. O interesse da França e o seu próprio
novamente coincidiam, e isto, para Napoleão, sempre fora motivo para ação.
Durante as primeiras semanas de 1815 ele começou a pensar seriamente em retornar à França. Ele nunca gostava de ir contra a História, e não conseguia encontrar um exemplo no passado de um retorno bem-sucedido. Mas isto não o
deteve, especialmente após 15 de fevereiro, quando ele recebeu uma visita surpresa de um homem disfarçado de marinheiro, que dizia se chamar Pietro St.
Ernest, mas era na verdade um antigo subprefeito de Reims, Fleury de Chaboulon. Fleury levou uma mensagem de Maret, o antigo ministro do Exterior de
Napoleão, dizendo que a opinião pública clamava pela volta de Napoleão. Como
Maret era um homem sensato, Napoleão considerou ainda mais importante esta
mensagem. Ele decidiu aproveitar a primeira ocasião para deixar Elba.

Por acaso, no dia seguinte, Neil Campbell, o único estrangeiro inteligente na
ilha e que já suspeitava das intenções de Napoleão, partiu para Florença a fim
de consultar um médico a respeito de uma surdez incipiente. Ele ficaria fora,
disse ele, por dez dias. Napoleão viu sua chance e agiu. Seu grande mapa da
França foi aberto no chão. Foi dito ao general Drouot, seu governador militar e
leitor da Bíblia, que o brigue *Inconstant* deveria ser ancorado, recobreado e estar
pronto para o mar em nove dias. Ele deveria ser repintado como um brigue inglês; armado com 26 canhões e estocado com biscoito, arroz, vegetais, queijo,
conhaque, vinho e água para 120 homens por três meses. Drout, naturalmente,
concluiu que ele deveria partir para os Estados Unidos. Para confundir os espiões ainda mais, Napoleão ordenou que dois berlins e um landau, bem como
vários caixotes da sua prata, fossem carregados em outro navio com destino a
Nápoles.

No dia 21, Napoleão fez seus quartéis-mestres prepararem uniformes completos e dois pares de botas para cada soldado. Na noite do dia 22, ele tinha o *Inconstant*, agora de volta ao mar, e o pequeno barco de três mastros, *L'Étoile*, carregados com caixas de cartuchos e provisões. Durante o dia ele colocou seus
granadeiros para plantar canteiros de flores e árvores. Apesar destas precauções,
no dia 23, o espião-chefe do governo francês em Elba, um homem conhecido

---

*   "Ama a violeta?" (N.T.)
**   "Ela voltará na primavera" (N.T.)

como "o vendedor de azeite", descobriu que a França era o destino real e decidiu partir em um barco pesqueiro no dia seguinte com as notícias.

Na noite do dia 23 para o dia 24 de março, um evento inesperado aconteceu. O brigue inglês *Partridge*, que Campbell estava acostumado a usar, chegou a Portoferraio. Napoleão achou que Campbell tivesse retornado dois dias antes, e preparou para colocá-lo sob guarda. Ele também mandou que o *Inconstant* fosse para o mar antes do amanhecer, para que sua pintura inglesa não fosse notada. Às nove da manhã, o capitão Adye, comandando o *Partridge*, desembarcou. Ele estava, como disse a Bertrand, apenas em viagem de rotina; ele estaria embarcando Campbell no dia 26 como planejado. Ele observou os granadeiros trabalhando no jardim e não notou nada de suspeito. O vendedor de azeite, que poderia tê-lo informado, havia se convencido, com um raciocínio tortuoso de espião, de que os ingleses estavam trabalhando contra o governo francês e conspirando para a fuga de Napoleão. Então ele não disse nada, e Adye navegou no mesmo dia sem saber de nada. Quando o vendedor de azeite tentou partir em um barco pesqueiro, Napoleão havia colocado um embargo na ilha.

Napoleão apressou o carregamento de um navio grande e de seis pequenos. Ele tinha 800 mil francos em ouro embalados em baús. Para evitar perguntas inconvenientes, ele não apareceu durante o dia 25. À noite, jogou cartas com Pauline e sua mãe. Ele apresentava um bom humor incomum. Subitamente, ele parou e foi para o jardim. Após um tempo sua mãe o seguiu. À luz da lua, ela o viu com a cabeça apoiada contra uma figueira. Ela foi até ele e perguntou o que havia. "Estou partindo de Elba", ele disse. Mas ela não devia contar a ninguém, nem mesmo a Pauline. Ele ia para Paris. "Paris! *Per San Cristino!*", exclamou sua mãe, instintivamente invocando o patrono de Elba. Com um beijo, Napoleão perguntou o que ela achava. Ela fechou os olhos por um momento, tentando esquecer que era mãe dele. "Você está fazendo o certo", ela disse enfim. "Melhor morrer com a espada na mão do que em uma aposentadoria indigna."

Na manhã seguinte, um domingo, quando as eminências chegavam como sempre a I Mulini, Napoleão lhes disse que estaria partindo aquela noite. Às quatro horas, foi servida uma sopa para suas tropas, e às cinco começou o embarque. A força principal tinha cerca de 650 oficiais e homens da Velha Guarda. Os únicos outros veteranos eram 108 lanceiros poloneses, com suas selas, mas sem seus cavalos. De menor valor havia 300 voluntários corsos e elbanos, e cinquenta *gendarmes*. Membros da equipe imperial, esposas e crianças incharam os números para 1.150, divididos entre a frota de sete.

Ao amanhecer, Napoleão deixou sua mãe e irmã. Ambas sabiam que Napoleão estava saindo para a mais perigosa de todas as suas expedições, e Pauline enxugava as lágrimas com um lenço de renda. Napoleão sentiu sua tristeza habitual em partidas. Após alguns minutos, ele disse: "Devo ir agora, ou nunca irei." Então, seguindo para o porto na carruagem de pôneis de Pauline, ele embarcou no *Inconstant*.

Às 8 da manhã do dia 27, o *Inconstant* estava próximo à ilha de Capraia, enquanto o *Partridge*, com Campbell a bordo, estava a quatro horas de Livorno. "Em caso de Napoleão abandonar Elba", Campbell decidira, "e qualquer de seus navios ser descoberto com tropas a bordo, solicitarei que o capitão Adye o intercepte, e caso ofereçam a menor resistência, os destrua". Se o vento tivesse mudado para a direção mais costumeira de nordeste, o *Partridge* teria encontrado o *Inconstant*; mas o vento sul o segurou, e embora os franceses tivessem avistado o *Partridge* à distância, o inglês não viu o *Inconstant*.

Mas havia mais perigo adiante. Após dobrar Capraia, o *Inconstant* se separou dos navios acompanhantes mais lentos. Depois, naquela tarde, ele encontrou um brigue francês, o *Zéphyr*, que navegava a partir da França. Napoleão apressou seus granadeiros para abaixo do convés. Taillade conhecia o *Zéphyr* e seu capitão, Andrieux. Mas Andrieux não reconheceu inicialmente o disfarçado *Inconstant*, e manobrou até uma distância comunicável. Napoleão disse a Taillade para responder dando o nome do navio: "O *Inconstant*. Para onde você se dirige?" "Livorno. E você?" Ainda orientado por Napoleão, Taillade respondeu: "Gênova. Você tem alguma encomenda para mim ali?" "Não, obrigado. E como está o grande homem?" Napoleão lhe disse para gritar de volta: "Maravilhosamente bem". Então os dois navios se afastaram. Napoleão sempre tivera sorte navegando no Mediterrâneo, e sua sorte se manteve até o final.

Na manhã do dia 28, Napoleão avistou os Alpes italianos além de Savona. Ele estava tomando esta rota indireta para permitir que seus navios mais lentos chegassem ao ponto de encontro, Golfe Juan. A Peyrusse, que estava mareado, ele disse: "um copo de água do Sena irá revigorá-lo, *M. le Trésorier*. Devemos estar em Paris no aniversário do rei de Roma". Isto seria dia 20 de março: parecia uma previsão incrivelmente otimista. À noite, a frota se juntou à nave mãe, e ao amanhecer do dia seguinte, 1º de março, o cabo de Antibes foi avistado. Napoleão ordenou que a tricolor fosse hasteada em lugar de sua bandeira elbana, e estendeu seu chapéu pela escotilha para que seu valete retirasse o penacho branco e prata de Elba. Ele então colocou seu chapéu, agora decorado com o famoso penacho vermelho, branco e azul. Este simples gesto causou tantos vivas e expressões de lealdade que Napoleão, que pretendia fazer um curto discurso, não encontrou palavras. À uma da tarde, o desembarque começou: mil homens contra a França inteira.

25

Cento e trinta e seis dias

O desembarque começou com um imprevisto. Napoleão enviara 25 granadeiros, comandados pelo capitão Lamouret, para tomar Antibes. Eles invadiram a cidade, mas se esqueceram de vigiar o portão. O coronel que comandava a guarnição de Antibes, ao descobrir sua chegada, trancou o portão da cidade e tornou os granadeiros prisioneiros. Alguns de sua equipe imploraram a Napoleão para que fosse resgatá-los, mas Napoleão não iria. "Tudo depende", disse ele, "de marchar à frente das notícias de nossa chegada".

O próprio Napoleão desembarcou às cinco da tarde, acampou entre oliveiras próximas à praia, abriu seus mapas e deu ordens. Ele tinha más recordações da Provença. Na viagem a Fréjus, onde ele embarcara para Elba, multidões furiosas jogando pedras haviam esmagado a janela de sua carruagem, e em Orgon enforcaram e atiraram em sua efígie, simbolicamente. Temendo pelo seu pescoço, ele se disfarçou com uma capa russa e cavalgou bem à frente de suas carruagens; nas pousadas ele se apresentava como coronel Campbell. Agora, após onze meses, ele estava de volta, confiante que o humor do povo havia mudado.

O destino de Napoleão era Paris, a toda a velocidade possível. "A águia, com as cores nacionais, voará de torre em torre até as torres de Notre Dame"– sua proclamação, por acaso, era poética em mais de um sentido, já que o batalhão elbano não tinha uma águia; e só pôde improvisar esse item essencial apenas três dias depois, com parte de uma cama com quatro colunas. Então, em vez de tomar o caminho fácil, mas vagaroso pelo vale do Ródano, Napoleão optou por ir direto, atravessando os Alpes.

Ele começou à meia-noite. O primeiro vilarejo era Cannes. Aqui o povo achou que as salvas celebrando a chegada de Napoleão fossem tiros de navios piratas argelinos, um problema comum, e ficou tanto aliviado como surpreso ao ver os chapéus de pele dos granadeiros; alguns até abriram suas lojas. Na manhã seguinte, os batedores chegaram a Grasse; Napoleão ficou do lado de fora, no platô chamado Roccavignon, onde ele se sentou sobre uma pilha de sacas em uma eira, e comeu parte de uma galinha assada. Dois camponeses idosos se aproximaram e lhe entregaram um ramo de violetas. Enquanto isso, seu quartel-mestre comprara cavalos e mulas, mas ainda não em número suficiente para todos os lanceiros poloneses.

Em Grasse, a estrada chegava ao final, e Napoleão teve de deixar sua carruagem e quatro canhões. Às vezes a pé, às vezes cavalgando Tauris, tomou uma trilha na montanha através de neve e gelo. Às duas da manhã, ele parou no povoado de Séranon, tendo coberto cem quilômetros nas primeiras 24 horas.

Após três horas de sono, Napoleão partiu novamente. Ao encontrar um camponês a cavalo, ele perguntou quanto ele queria por seu cavalo. O camponês, que não fazia ideia de quem era o homem de sobretudo cinza, pediu mil francos. Napoleão tinha apenas 800 mil francos em ouro para as necessidades de toda a expedição. "Mais do que posso pagar, meu amigo", e ele continuou pela trilha íngreme montanha acima. Após uma marcha de dois dias através de uma nevasca forte, e escalando até mil metros, Napoleão chegou no dia 4 a Digne. Ali, ele foi recebido com entusiasmo e mandou imprimir suas proclamações, nas quais convocava o exército francês a se juntar a ele. Ele estava avançando rapidamente, e em dois dias, quando chegou a Grenoble, ele saberia qual a sua posição. "Se o povo e o exército não me quiserem, no primeiro encontro trinta ou quarenta de meus homens serão mortos, o resto abaixará seus mosquetes, eu estarei acabado e a França ficará tranquila. Se o povo e o exército me quiserem – e eu espero que eles queiram –, o primeiro batalhão que eu encontrar se atirará em meus braços. O resto seguirá."

Em 5 de março, enquanto Napoleão almoçava pato assado e azeitonas em uma pousada no vilarejo montanhês de Sisteron, Luís XVIII, nas Tulherias, recebeu um telegrama. Com os dedos meio paralisados pela gota, ele teve dificuldades para abrir o lacre. Ele trazia a notícia quase inacreditável da chegada de Napoleão, enviada por mensageiro para Lyon, e de lá por telégrafo de semáforo. O rei passou vários minutos com a cabeça entre as mãos, e depois, caracteristicamente, mandou a mensagem para Soult, seu ministro da Guerra: "Ele saberá o que fazer". Soult decidiu deter Napoleão em Lyon, e telegrafou para que armas fossem enviadas rapidamente para aquela cidade a partir de Grenoble. O *Moniteur* não deu muita importância à notícia: "Um ato de loucura que pode ser controlado com alguns policiais rurais".

CENTO E TRINTA E SEIS DIAS 393

De fato, muitos no caminho de Napoleão pensaram o mesmo. No vilarejo de Saint-Bonnet, onde eles chegaram no dia 6, o povo estava tão desconcertado com o pequeno número de acompanhantes de Napoleão que eles propuseram soar o alarme: isto traria uma multidão de voluntários. "Não", disse Napoleão com firmeza. "Eu desejo chegar sozinho; deposito minha confiança nos sentimentos do povo francês." Contudo, ele acabou alistando um novo recruta naquele dia. Um granadeiro, passando por sua cidade natal nos Baixos Alpes, trouxe seu irmão mais novo e seu pai idoso para conhecer Napoleão. Foi um momento emocionante: o granadeiro reunido com sua família após anos de serviço no exterior e onze meses no exílio, o irmão mais jovem prestes a se juntar a ele na Guarda, o pai que havia nascido no ano em que Luís XV se casou com a esposa polonesa, agora com noventa anos e cego. Napoleão achou que a cena daria um belo quadro. Ele passou algum tempo conversando com o velho senhor, e deu-lhe metade do que ele havia se recusado a pagar pelo cavalo: 25 napoleões.

Duas manhãs depois, Napoleão foi acordado na aldeia de Caps com notícias de Cambronne, que comandava seus batedores, de que um batalhão do 5º regimento de linha estava mantendo uma posição fortificada em um desfiladeiro a alguns quilômetros ao norte. Napoleão se dirigiu para lá em uma carruagem leve de quatro rodas. Após observar as posições do regimento através de uma luneta, ele mandou alguém de sua equipe chamar o comandante do batalhão. "Vocês pretendem atirar em nós?" E veio a resposta do major Delessart. "Eu cumprirei meu dever".

Napoleão tinha 1.100 homens contra cerca de 700. Mas ele não queria derramar sangue. A repulsa à guerra civil que ele havia sentido vinte anos antes na Provença continuava tão forte quanto antes, e ao desembarcar, ele havia dado a Cambronne ordens estritas de que nenhum tiro fosse dado. O que ele fez então foi mandar que seus cem lanceiros poloneses avançassem lentamente. Em resposta a isto, Delessart retirou seus homens devidamente para novas posições. Os lanceiros poloneses foram comandados a dar meia-volta e retornar.

Napoleão fez com que a tricolor fosse aberta, e disse para a banda dos Guardas tocar a *Marseillaise*, que ele havia descrito em Elba como "o maior general da Revolução". Proibida desde o retorno dos Bourbon, a música emocionante teve o efeito, disse um observador, de "eletrizar" os soldados de Grenoble. Napoleão começou a cavalgar em direção aos homens no dia 5. À distância do alcance das pistolas, ele desmontou do cavalo e andou na direção dos 700 mosquetes carregados. Ele vestia seu sobretudo cinza de campanha, familiar a todos os franceses. O capitão Randon, com vinte anos de idade, de Grenoble, chamou os seus homens: "Ali está ele! Fogo!" Após alguns passos, Napoleão parou e abriu as lapelas de seu casaco, expondo sua casaca branca. "Se vocês querem matar seu imperador", ele clamou em voz alta, "aqui estou".

Em retorno, veio um tremendo grito de "Vida longa ao imperador!". Os homens do 5º, brandindo seus quepes nas pontas das baionetas, vieram correndo em direção a ele, saudando-o. "Veja só se queremos matá-lo", gritou um soldado, chacoalhando a vara para cima e para baixo no barril de seu mosquete vazio. Em questão de minutos, os soldados haviam sacado de suas bolsas as velhas fitas tricolores, que eles haviam sido obrigados a retirar onze meses antes, e as prenderam em seus chapéus, enquanto os penachos brancos tombavam sobre a grama. Enquanto os soldados de linha fraternizavam com a Guarda, Napoleão expressou seu alívio em um curto discurso. "Os Bourbon", acrescentou ele, "não têm direito legal ao trono, porque não lhes foi dado pela nação como um todo... Não é verdade que vocês têm sido ameaçados com dízimos, privilégios, direitos feudais e todos os outros abusos que vocês lutaram para eliminar?" "Sim, Senhor!" disse em coro o 5º. "Eles estão ameaçando tudo isso. Os curas estão construindo estábulos."

Eles pegaram a estrada novamente. Às sete da noite, o major Jerzmanowski e quatro lanceiros galoparam até Napoleão. Eles haviam avistado uma densa coluna de tropas marchando para o sul em formação de batalha. Napoleão colocou seus homens em posições de defesa. Logo ele ouviu o barulho de botas e o tilintar das baionetas: tudo aconteceria novamente? "Quem vem lá?" gritou alguém de sua equipe quando as primeiras tropas apareceram. "Sétimo regimento de linha." O coronel em comando, precedido por um tambor, marchou em frente. Imediatamente, Napoleão o reconheceu: Charles de Labédoyère, um bravo nobre de 29 anos, antigo ajudante do marechal Lannes. Ele marchou até Napoleão, estourou o tambor como sinal de rendição e entregou a ele as cores regimentais. Napoleão deu um grande suspiro de alívio, beijou as faces do jovem coronel, e as duas colunas confraternizaram.

Até ali, muito bem. Com o dobro de homens, ao agregar o regimento de 1.800 homens de Labédoyère, Napoleão continuou até Grenoble, a cidade-chave aos pés dos Alpes, onde ele chegou às nove horas daquela noite. O centro de Grenoble estava protegido por muros fortes e portões guardados por 2 mil soldados e muitos canhões. Mas sob as muralhas marchavam cerca de 2 mil, armados com forquilhas e segurando tochas de palha acesas, cantando em júbilo, "Vida longa ao imperador!" Seu entusiasmo contaminou os soldados, alguns dos quais desceram das muralhas. Napoleão chamou o oficial em comando para abrir os portões. Mas ele se recusou. Então, carroceiros de um dos subúrbios es-

CENTO E TRINTA E SEIS DIAS

traçalharam o portão de Bonne com machados, e Napoleão entrou em Grenoble. Na pousada Trois Dauphins, os cidadãos, delirantes, carregaram-no para o andar de cima em seus ombros e o colocaram no melhor quarto, completamente sem fôlego. Após a ceia, em lugar das chaves da cidade, eles lhe entregaram os painéis esmagados do portão Bonne.

O irmão de Luís XVIII, o conde d'Artois, havia ido organizar a defesa de Lyon. Alto, magro e bonito, com o perfil, como seus amigos lhe diziam, de um antigo cavaleiro, ele acreditava poder salvar a França do usurpador. Napoleão marchara tão rápido que o telegrama de Soult ordenando artilharia para Lyon ainda não havia sido cumprido, e Artois encontrou apenas dois canhões. Contudo, ele tinha três regimentos, 1.500 Guardas Nacionais e um comandante hábil, o marechal Macdonald. Desfilando as tropas na Place Bellecour, Macdonald fez um discurso exaltado e os convidou a mostrar sua lealdade aos Bourbon gritando "Vida longa ao rei!". Houve um silêncio mortal. Então Artois percorreu as fileiras debaixo de uma chuva torrencial e falou de maneira gentil a um dragão veterano. Ele convidou o dragão para tomar a frente gritando: "Vida longa ao rei!". Novamente, silêncio mortal. Artois deixou a parada, subiu em sua carruagem e pegou a estrada para Paris. Naquela noite o povo de Lyon deu as boas-vindas a Napoleão.

Nenhum tiro foi dado. O sobretudo cinza, o chapéu de dois bicos preto surrado e a *Marseillaise* foram suficientes. Em vez de tiros hostis, de Grenoble em diante havia canções como esta:

Roule ta boule
Roi cotillon
Rends la couronne à Napoléon...

Bon! Bon!
Napoléon
Va rentrer dans sa maison!★

Mais de 3 mil destas canções foram compostas em honra do imperador e seu filho: como Napoleão observou, as letras e melodias não eram especialmente notáveis, mas o sentimento por trás delas, sim. Assim como a sua quantidade e

---

★ "Role a bola / Rei fanfarrão / Dê a coroa a Napoleão... / Bom! Bom! / Napoleão / Vai voltar a sua mansão!" (N.T.)

espontaneidade. Nesta onda de canções, Napoleão partiu através dos vinhedos de Borgonha. Apenas um perigo aguardava adiante: o marechal Ney.

Alguns dos oficiais veteranos de Napoleão, como Davout, haviam partido para uma vida tranquila na aposentadoria. Outros, como Soult, Macdonald e Ney, acreditavam estar servindo à França ao servir aos Bourbon. Ney havia prometido a Luís trazer de volta Napoleão em uma jaula de ferro. Napoleão sabia desta promessa. Mas antes de deixar Elba, ele fez uma declaração política sobre tais deslocamentos de lealdade: "Não punirei ninguém. Quero esquecer todos estes incidentes". E agora ele perdoara Ney. Ele pediu a Bertrand que escrevesse convidando o marechal a se reunir a ele em Chalon: ele seria recebido "como no dia seguinte a Borodino".

Ney havia dado sua promessa ao rei. Contudo, via que ela seria difícil cumprí-la. O moral de seus 4 mil soldados estava baixo. O melhor jeito de erguê-lo; pensou Ney, seria se Luís fosse carregado com eles para a batalha em uma liteira. Mas o rei não demonstrou sinais de querer fazê-lo. De fato, Ney viu seu pedido de reforços ignorado, e detectou hesitação em Paris.

Neste momento, o convite de Napoleão chegou. Ney se viu dividido entre duas lealdades. Mas, curiosamente, foi uma terceira lealdade que resolveu seu dilema. Uma imagem piscava na mente bastante simples de Ney: o desprezo que sua esposa teve de sofrer dos *émigrés* retornados na corte de Luís; porque Madame Ney, uma mulher excelente, era por acaso a filha de uma criada de quarto. Ney dissera a um amigo: "estou farto de ver minha esposa chegar em casa em lágrimas após ser esnobada o dia todo. Claramente o rei não nos quer; apenas com Bonaparte seremos respeitados". Dominado por este sentimento, Ney se apressou para se encontrar com Napoleão em Auxerre.

Em 16 de março, Luís XVIII seguiu debaixo de chuva para uma reunião das duas Assembleias. As tropas ao longo de sua rota diligentemente gritavam "Vida longa ao rei!", mas acrescentavam, em um sussurro, "de Roma".

Dentro da carruagem, Luís ensaiava o discurso: "O homem que veio se infiltrar entre nós para atiçar os horrores da guerra civil..." Alguém criticou a metáfora confusa. "Certo", disse Luís, e escreveu "as tochas da guerra civil". Seu discurso foi bom, e as Assembleias juraram lealdade eterna. Então chegou a notícia da deserção de Ney, e a corte tremeu. Vitrolles propôs que o arcebispo de Paris, carregando o Santo Sacramento, devesse encontrar Napoleão "como São Martim amaciando o rei dos visigodos". Blacas, um favorito, sugeriu que o monarca andasse em uma carruagem aberta, seguido por todos os nobres e delegados a cavalo, para perguntar a Bonaparte o que ele pretendia fazer, ao que, "envergonhado sobre o que responder, Bonaparte daria meia-volta e iria embora".

Foi o rei quem foi embora. Na noite do dia 19 de março, sem informar seus ministros, Luís fugiu para a Bélgica. No caminho, uma de suas valises foi roubada. "O que sinto mais ter perdido", confessou o rei a Macdonald, "são meus chinelos de quarto. Eles já tinham tomado a forma dos meus pés".

Napoleão se aproximava a toda, vindo de Borgonha. Ele havia prometido que estaria em Paris no dia do aniversário do rei de Roma. Já neste dia, 20 de março, comerciantes de rua estavam vendendo medalhas de lata com a cabeça de Napoleão e a data. As tropas esconderam seus penachos brancos colocando capas sobre seus chapéus de pele, embora não estivesse chovendo. Nas Tulherias, abandonadas pelos cortesãos de Luís, os antigos criados de Napoleão preparavam sua cama, e na sala do trono, as damas passaram meia hora de joelhos arrancando os lírios que haviam sido costurados sobre as abelhas no carpete.

Napoleão entrou em Paris às nove da noite do dia 20 de março. Nem toda a cidade estava com boa disposição em relação a ele, os lojistas de luxo em particular, que lucraram bastante com a corte dos Bourbon. Mesmo assim, havia 20 mil parisienses o saudando loucamente do lado de fora das Tulherias. Eles se apertavam em torno de sua carruagem, todos tentando tocá-lo. "Minhas crianças", disse ele, tentando sair, "vocês estão me sufocando". Oficiais abriram caminho até a escadaria, e com Lavalette à frente para segurar os espectadores, Napoleão lentamente subiu as escadas. "Seus olhos estavam fechados, suas mãos estendidas para a frente como as de um cego, sua felicidade transparecendo apenas em um sorriso." Lá, como após um baile de máscaras, estavam os rostos familiares, os empregados em uniformes verdes, os porteiros, os criados de quarto. No salão, ele encontrou a melhor de todas as ligações com o passado, Hortense. Ela vestia preto, em luto por Joséphine, mas Napoleão a abraçou afetuosamente.

Napoleão havia percorrido uma viagem de quarenta dias em apenas vinte. Mas a velocidade foi apenas um fator para seu sucesso. O vital foi o espírito do povo, e isto Napoleão havia adivinhado corretamente. Foram eles que expressaram sua vontade e carregaram ele e seu pequeno bando, como um bastão de revezamento, em direção a Paris. De certa forma, após a marcha pela montanha até Digne, ele havia sido quase passivo, e expressou este sentimento a seus homens: "O que acabamos de conquistar foi graças ao povo e a vocês; tudo que fiz foi entender e dar-lhes valor". Agora finalmente ele estava em casa, e novamente era imperador dos franceses.

Retirando os missais e livros de orações do rei de seu escritório, Napoleão abriu seus mapas e relatórios. A primeira necessidade básica era dinheiro, e isto ele encontrou em uma fonte um tanto improvável. Os bancos de Amsterdã, alguns com ligações com os ingleses, colocaram à sua disposição 100 milhões de francos, com juros entre 7 e 8%. A próxima necessidade básica era dar à França um novo sistema de governo. Ele encontrou um país e um estado bem diferente do de 1814. Ideias inglesas haviam se espalhado, colocando a velha constituição imperial em dúvida. Os liberais agora eram uma força política importante e exigiam novas proteções de uma monarquia, até mesmo da dele. Onze meses de Luís XVIII haviam feito a França retroceder a 1792, e Napoleão descobriu que novamente precisaria agir como reconciliador, desta vez entre seu próprio partido e os liberais. Como o povo não queria a antiga Constituição do Império e nem a Constituição Bourbon, com seu pequeno eleitorado privilegiado, ele deveria dar à França uma nova. Ela manteria tudo que tinha sido melhor sob o Império, mas forneceria as garantias que os liberais buscavam.

O mais articulado dos liberais era Benjamin Constant. Agora com 47 anos de idade, Constant era um solteirão alto e curvado de óculos e com um tique, que vestia um traje imundo de um amarelo curioso que destacava seu cabelo vermelho. Hesitante por natureza, ele havia se apaixonado nos últimos dias, platonicamente, pela bela Madame Récamier, e o amor, para Constant, era uma forma de escravidão torturante. Com a mão monarquista de Madame Récamier firmemente por trás dele, ele apareceu contra Napoleão no *Journal des Débats* no dia em que Luís fazia as malas. "Ele reapareceu", escreveu Benjamin Constant, "este homem tingido com nosso sangue! Ele é outro Átila, outro Genghis Khan, mas mais terrível e odioso porque tem à sua disposição os recursos da civilização". Constant então fugiu para Nantes porque, como ele explicou no mesmo artigo, "Não sou vira-casaca. Eu não me arrastarei de um governo para o outro, não disfarçarei a vergonha em sofismas nem gaguejarei palavras ímpias para salvar uma vida manchada com desonra".

Napoleão, que respeitava um oponente sincero, convidou Benjamin Constant às Tulherias. Constant veio como um cordeiro. Napoleão lhe explicou suas intenções. Ele precisava da França o apoiando firmemente, e a França em troca exigiria certas liberdades, em especial a liberdade de imprensa, que havia sido concedida e depois retirada pelos Bourbon. "Ela as terá", declarou Napoleão. Ele então convidou Constant a redigir uma nova Constituição. Constant, surpreso e encantado, concordou. Ele redigiu uma Constituição para um governo de duas câmaras, com os colégios eleitorais, meros 15 mil no tempo dos Bourbon, a serem aumentados para 100 mil, como durante o Império. As Assembleias se reuniriam em público e teriam o direito de fazer emendas a leis propostas pelo governo. Outras garantias seriam o julgamento com júri e a total liberdade de expressão. Napoleão não gostou particularmente da constituição, que tornaria o governo difícil, mas deu-lhe sua aprovação. O mesmo fez o Conselho de

Estado. Ela foi promulgada em 22 de abril e aprovada pelo povo em um plebiscito, com 1.305.206 votos a favor e 4.206 contra.

O *Acte additionel,* como a nova constituição foi chamada, já que Napoleão não queria que ela substituísse, mas sim modificasse os grandes dias do Império, foi uma tentativa sincera de Napoleão de se adaptar ao novo clima político. Aquelas medidas democráticas, explicou Constant em um panfleto justificando sua colaboração, foram tomadas pelo imperador "quando em posse da ditadura; e quando, se ele desejasse o despotismo, ele poderia ter tentado conservá-lo. Pode-se dizer que seu interesse se opôs a tal esforço – sem dúvida, mas não é como dizer que seu interesse vai de acordo com a liberdade pública? E isso não seria uma razão para confiança?".

Embora o grande historiador liberal suíço Sismondi o tivesse elogiado no *Moniteur,* o *Acte additionel* foi recebido pela imprensa com desapontamento. Porque representava uma política moderada, não satisfazia nem bonapartistas radicais nem liberais radicais. Mais que isso, durante o ano passado toda a noção de o que um governo deveria tentar fazer havia sido colocada em dúvida, e como nos primeiros dias da Revolução, literalmente centenas de constituições diferentes haviam sido proferidas pela imprensa. Todas estas bolhas utópicas foram estouradas, e o sabão caiu nos olhos das pessoas.

Havia outra diferença entre 1815 e, digamos, 1813. A França não era mais a amante, como Napoleão a chamava às vezes. Ultimamente ela havia circulado por outras camas, e então não considerava o imperador mais seu mestre destinado, mas um homem entre muitos. O próprio Napoleão sentiu isto depois que o entusiasmo após sua chegada esfriou. Ele notou um novo espírito crítico, que ele chamou de "frieza". Para derretê-la, ele devia dar à França confiança e prosperidade. Para isso ele precisava de paz.

A reunião do congresso em Viena rapidamente se dividiu em duas facções. A Prússia e a Rússia, ambas dinâmicas e em expansão, exigiam mais do que a Inglaterra e a Áustria gostariam de conceder, e em janeiro, em autodefesa, a Inglaterra, a Áustria e a França assinaram uma aliança. Como governante *de facto* da França, Napoleão tinha algum direito de contar com essa aliança. Em 12 de março ele disse a seu irmão Joseph, então em Zurique, que informasse aos ministros russo e austríaco na Suíça a sua decisão de manter as fronteiras acordadas em 1814. À Inglaterra em particular ele pediu uma audiência justa, e muitos ali teriam gostado de lhe fornecer uma. Em Portsmouth, por exemplo, os oficiais do 51º Regimento beberam ao sucesso do velho Nap, após sua fuga. "Bonaparte foi recebido de volta à França como um libertador", disse um membro do Parlamento. "Os Bourbon perderam o trono por conta de seus próprios erros. Seria monstruoso declarar guerra a um povo para impor um governo que eles não querem."

Em Viena, Metternich estava dando um baile quando as notícias da chegada de Napoleão chegaram. Entre os convidados estavam Wellington, o czar Alexandre e Talleyrand. Subitamente, no meio de uma valsa, a orquestra deixou cair os violinos, os estadistas correram para confabular. Novamente Talleyrand tomou a liderança para uni-los contra Napoleão. Foi ele quem inspirou uma declaração conjunta na qual os Aliados descreviam o retorno de Napoleão como um ato sem precedentes nos anais da ambição. Era "um ultraje criminoso à ordem social". Bonaparte havia se colocado na posição de fora-da-lei, e "como inimigo e perturbador da paz do mundo", foi entregue à vingança da Europa. Inglaterra, Rússia, Áustria e Prússia se uniram para colocar no campo 150 mil homens cada, e mantê-los armados "até que Bonaparte seja absolutamente incapacitado de causar mais problemas". Mas, perguntava o *Morning Chronicle*, estariam as potências agindo contra Bonaparte ou contra o espírito de democracia?

Napoleão ainda estava tentando a paz. Ele mandou um enviado especial, Montrond, a Metternich, e escreveu de próprio punho uma carta para o príncipe regente; o enviado foi recebido com uma recusa completa, a carta foi devolvida sem ser aberta. Napoleão, portanto, nunca teve uma chance de provar suas intenções. Praticamente após retomar o trono, ele se viu rodeado por armas.

Napoleão assumiu de Luís XVIII um exército de 200 mil homens. Sem recorrer ao alistamento obrigatório, ele aumentou este número para 300 mil. Todos eram franceses, a maioria veteranos, e seu moral era mais alto que o de qualquer exército desde pelo menos 1809. As tropas estavam determinadas a apagar a vergonha de sua deserção no ano anterior, e os espiões aliados relataram o entusiasmo quase frenético pelo imperador. Para defender as cidades e vilas principais da França, Napoleão tinha 200 mil Guardas Nacionais. Desta vez ele tomou o cuidado de fortificar Paris. Ele mesmo fez os planos, todas as fortalezas, *couronnes* e *lunettes*, em meia hora.

Napoleão escreveu a Francisco pedindo-lhe que permitisse que Marie Louise e o jovem Napoleão se juntassem a ele. Através de Caulaincourt, ele informou que isto seria do interesse da Áustria, porque se as circunstâncias o compelissem novamente a abdicar, seu filho reinaria sob a regência da arquiduquesa. Ele havia mandado redecorar os apartamentos deles. Em 4 de abril, ele escreveu: "Tudo que falta agora, minha boa Louise, é você e meu filho. Então venha ao meu encontro via Estrasburgo". Ele não recebeu resposta: esta e outras cartas foram interceptadas. Quatro semanas após seu retorno, ele foi informado por Méneval de que Marie Louise havia declarado que não tinha intenção de ir a Paris. Ela esta-

CENTO E TRINTA E SEIS DIAS 401

va completamente subserviente a Neipperg, e ele a Metternich, que já estava preparando planos para manter o jovem Napoleão permanentemente em Viena, separado de sua mãe. Achando as Tulherias insuportavelmente solitárias sem a esposa e o filho, Napoleão foi viver no Elysée, que era menor.

Ele teve um prazer inesperado. Lucien havia deixado a França em 1804, quando Napoleão quis que ele fizesse um casamento político, e desde então criticava o Império. Mas agora, estarrecido pela reação dos Bourbon e sentindo novamente o espírito de 1799, ele ofereceu sua mão. Napoleão recebeu Lucien afetuosamente, o condecorou com a Legião de Honra e lhe deu uma cadeira no Senado. Joseph já havia retornado. Luís recusara-se a voltar, já que ele temia colocar em perigo uma reivindicação quase absurda, a do direito de seu filho ao trono da Holanda. Mas Jérôme voltou, porque, como ele disse alegremente, Napoleão precisaria de um homem para comandar seus exércitos na guerra que se aproximava.

Quase todo dia, Napoleão entrava em seu estúdio às seis e saía somente ao entardecer. Seus médicos lhe imploraram para que descansasse ou se exercitasse, mas ele disse que não tinha tempo. Duas vezes ele fez uma breve pausa. Com Hortense ele passou uma tarde sentimental em Malmaison, e uma noite ele foi à Comédie Française, da qual ele sentira uma imensa falta em Elba. Talma estava apresentando *Hector*, cujo tema Napoleão agora achava emocionantemente adequado. Ele falou com o grande ator. "Então, Talma, Chateaubriand diz que você me deu aulas de como fazer o papel de imperador; tomo esta insinuação como um elogio, pois mostra que ao menos devo ter desempenhado bem meu papel."

A hora de Napoleão assumir um novo papel se aproximava rapidamente – o de general no campo contra os ingleses. Ao perder a Bélgica, a França havia perdido sua fronteira do Reno ao norte, e a rota de invasão com séculos de idade novamente estava completamente aberta. Aqui, no começo de junho, os ingleses e prussianos começaram a se juntar; os austríacos e russos ainda não haviam se mobilizado completamente. Napoleão, como sempre, decidiu atacar primeiro.

Após um jantar de despedida com sua mãe, irmãos e Hortense, Napoleão saiu de Paris cedo na segunda-feira 12 de junho, em sua carruagem azul e dourada. Ele estava em boa saúde e excelente estado de espírito, confiante em seus planos para derrotar Blücher e Wellington separadamente. Entre suas provisões estava uma garrafa embalada em couro contendo o vinho de Málaga que ele passara a apreciar. No dia 13, em Avesnes, ele se juntou a seu exército de 125 mil homens. Ao entardecer do dia 15, surpreendendo os prussianos, ele capturou Charleroi e usou suas pontes para cruzar o Sambre. No dia seguinte os prussianos se prepararam para defender Ligny, enquanto Wellington começou a trazer seu exército até uma encruzilhada 11 km ao noroeste de Ligny: Quatre Bras. Napoleão ordenou que Ney, que comandava a esquerda, atacasse Quatre Bras de manhã, e depois seguisse para chegar cedo a Bruxelas no dia 17. Ney vacilou, evidentemente temendo que os ingleses já estivessem adiante dele em força, escondidos entre as árvores. À uma hora, Napoleão teve de mandar uma segunda ordem para Ney: "Estou surpreso com sua longa demora em executar meus comandos. Não há tempo a perder. Ataque com a maior impetuosidade tudo que estiver em sua frente...". Ney começou a batalha às 2 da tarde, mas a essa altura, Wellington havia trazido reforços e conseguiu conter a esquerda francesa. Enquanto isso, Napoleão teve uma vitória em Ligny, derrotando um exército prussiano superior ao atacar com a Guarda ao cair da noite, e quase capturando Blücher, que caiu de seu cavalo. Mas por causa do atraso de Ney, ele não pôde aproveitar a vitória para seguir naquela noite para Bruxelas.

Napoleão dormiu no château próximo de Fleurus. Na manhã seguinte, ele visitou Ligny e os vilarejos vizinhos, onde ele falou com os prussianos feridos, deu-lhes aguardente e ordenou que fossem tratados exatamente como se fossem franceses. Depois, destacando 30 mil homens comandados por Grouchy para seguir os prussianos em retirada, ele e Ney, sob uma tempestade, por estradas enlameadas, perseguiram os ingleses, que batiam em retirada em direção a Bruxelas. Seis quilômetros ao norte, em Genappe, Napoleão perdeu um canhão e sua equipe para a novíssima arma inglesa, foguetes Congreve que espalhavam chamas. Dez quilômetros adiante, Napoleão descobriu que Wellington havia tomado posições fortes em um terreno alto, chamado Mont Saint-Jean, perto do vilarejo de Waterloo. Ainda na chuva torrencial, ele parou suas tropas a sul do Mont, perto de uma fazenda chamada La Belle Alliance.

Napoleão estabeleceu sua sede em Le Caillou, uma casa de fazenda rosa e branca. Ali ele tirou suas roupas ensopadas e deitou-se em um monte de palha enquanto elas secavam diante do fogo. Durante a noite, ele saiu três vezes na chuva forte para fazer o reconhecimento da planície. Quando as sentinelas o desafiavam, ele dava as senhas para aquela noite: Biron, Brest, Bonté.

Às seis, Napoleão tomava o café da manhã com seus generais, incluindo seu irmão Jérôme. Jérôme havia dormido na pousada Roi d'Espagne em Genappe, onde um garçom lhe contou que havia escutado um dos auxiliares de Wellington durante o jantar, explicando como o exército prussiano marcharia de Wavre para se juntar aos ingleses. Jérôme passou esta informação a Napoleão. "Estupidez!", disse Napoleão. "Após uma batalha como Ligny, é impossível que eles unam forças." Ele ficou aliviado em ver que a chuva havia parado, o que significava que, quando o chão secasse, ele poderia manobrar seus canhões. Ainda em excelente estado de espírito, ele disse aos seus generais: "Temos 90 chances em nosso favor, e menos de dez contra".

Montando sua égua branca Désirée, Napoleão inspecionou suas tropas, enquanto a banda tocava *"Veillons au salut de l'Empire"*. Então os generais conduziram suas unidades para suas posições em um *front* muito curto, de quatro quilômetros. Napoleão decidiu dar tempo para que o chão secasse um pouco mais. "Agora são dez horas", ele disse a Jérôme. "Dormirei até as onze. Tenho certeza que acordarei, mas caso eu não acorde, você deve me chamar".

Às onze, Napoleão, agora bem refeito, assumiu uma posição em terreno elevado perto da fazenda de Rossomme, com palha sob os pés para evitar que ele escorregasse. Dali, ele dirigiria a batalha. Ele tinha 72 mil homens e 246 canhões, e Wellington 68 mil, dos quais apenas 24 mil eram britânicos, e 156 canhões. Napoleão propôs atacar pela centro-esquerda do inimigo e tomar a estrada principal. Dez divisões de artilharia abririam caminho, e depois d'Erlon lançaria o ataque principal.

Às 11h25, Napoleão deu o sinal para sua artilharia abrir fogo. Enquanto isso, ele mandou Jérôme contra o inimigo à direita, no Château d'Hourgoumont. Ele pretendia apenas criar uma distração para tirar as tropas do centro de Wellington. Jérôme, porém, lutou tão bravamente que uma diversão menor se tornou uma batalha feroz até a morte.

Após uma hora e meia golpeando, Napoleão achou que era o momento certo de atacar. Ele enviou o 1º Batalhão de d'Erlon, quatro divisões de infantaria, cada uma delas em um front de 150 metros. Os homens estavam em plena forma, cantavam, e suas bandas tocavam a marcha do *Triunfo de Trajano* de Lesueur.

Wellington conhecia por experiência o estrago que os canhões franceses poderiam causar, e tomou precauções. Sua infantaria e cavalaria ficaram bem para trás nas encostas reversas, onde elas sofreram apenas pequenas perdas dos canhões franceses. Quando as tropas de d'Erlon subiram as encostas com baionetas fixas, a infantaria de Wellington chegou ao topo das montanhas e abriu fogo rapidamente e com precisão. Os franceses hesitaram e não conseguiram se posicionar. Então os Scots Greys caíram estrondosamente sobre eles. Mil e duzentos cavaleiros perseguiram os franceses pelo vale até o outro lado. Napoleão viu que eles estavam no ponto de capturar o pivô de suas linhas, o platô de La Belle Alliance. Em sua égua branca, ele galopou pelo campo de batalha e atirou os 6º e 9º couraçeiros do general Farine contra os Scots Greys. Os couraçeiros, ajudados pelos Lanceiros, destruíram os bravos escoceses, mas para Napoleão isto foi um consolo pequeno, porque 5 mil franceses haviam tombado ou sido capturados. Ele havia perdido a primeira rodada.

À 1h30, Napoleão deslocou sua sede 1,5 km adiante para La Belle Alliance. De lá, ele observou uma forte coluna de tropas se aproximar de seu lado direito. Eles se revelaram os batedores de Blücher. Napoleão errou ao pensar que sua derrota em Ligny havia tirado o espírito de luta dos prussianos. Aqui estavam eles, provavelmente seguidos por outros. Napoleão teve de destacar 10 mil homens da infantaria de reserva para detê-los, e pelo resto do dia ele lutaria duas batalhas, a principal contra Wellington, e uma menor do seu lado direito, contra os prussianos.

A batalha principal agora tomava a forma de ataques de cavalaria sem apoio contra o centro aliado. Ney, sem chapéu, comandava ataque após ataque contra os casacos vermelhos, e teve vários cavalos baleados sob ele. Napoleão deixou Ney golpeando, e às quatro horas liberou sua cavalaria de reserva para tirar Ney de uma posição difícil.

Às 6h30, Ney capturou a fazenda-chave de La Haye Sainte, e Napoleão decidiu apostar tudo em um último esforço contra Wellington, antes que mais prussianos tivessem tempo de chegar. Ele enviaria a Guarda, a invencível Guarda, pelas encostas nuas do Mont Saint-Jean. Uma hora mais tarde, com tambores rufando e a banda dos granadeiros tocando a *Marche des Bonnets à poil* de Gebauer, Napoleão comandou cinco batalhões de Guardas para a base da encosta. Ali, Ney assumiu o comando, liderando-os colina acima em fileiras de sessenta homens lado a lado. Eles foram recebidos por fogo rápido e certeiro. Muitos caíram, mas o resto prosseguiu. Por vinte minutos a batalha ficou equilibrada.

Uma segunda corporação prussiana, sob o comando de Ziethen, chegou em cena e ameaçava a direita de Napoleão. Informado disto, Wellington acenou com o chapéu três vezes em direção aos franceses. Três regimentos de hussardos desceram a colina. Eles romperam um quadrado da Guarda. A cavalaria de Ziethen também atacou do lado direito. Do outro lado do campo de batalha correram as notícias aterrorizantes: "A Guarda está batendo em retirada!". Tal coisa nunca havia acontecido antes. Quando escureceu, os franceses se separaram e se espalharam.

Napoleão ordenou que os granadeiros fossem sondados, e com o general Petit conseguiu reunir os Guardas que haviam sido pegos na torrente das tropas que se retiraram. Ele viu que a batalha estava perdida e desejava apenas se retirar devidamente em direção ao sul com sua Guarda. À distância se ouviam as tropas de Blücher cantando o hino luterano *"Herr Gott, Dich loben wir"*, e as bandas inglesas tocando "Deus salve o rei".

Napoleão chegou a Genappe no centro de uma das duas formações em quadrado das Guardas. Ele entrou em sua carruagem de campanha, que havia sido

CENTO E TRINTA E SEIS DIAS   405

encontrada no meio de uma coleção de veículos abandonados. Subitamente a cavalaria prussiana foi avistada, perseguindo os franceses em retirada. Napoleão saltou para fora e para cima de sua égua; então, com uma pequena escolta de lanceiros, seguiu para Charleroi. Ele havia perdido 25 mil homens, feridos e mortos, bem como 16 mil prisioneiros; Wellington, cerca de 15 mil; os prussianos, 7 mil.

No dia seguinte, Wellington declarou que Waterloo fora "uma disputa apertada vencida por muito pouco". O que pensava Napoleão dela?

Francamente, ele estava confuso. Ele nunca conseguiu entender o que dera errado. Ele estava em forma; a história das hemorroidas é um mito, e a única ordem de próprio punho que restou está escrita claramente: Napoleão demonstrou todo o tempo bem-estar físico e moral. O que leva à questão: por que Napoleão foi derrotado? A resposta está menos no campo de Waterloo, onde, uma vez que as armas começaram a ser disparadas, havia pouco que Napoleão pudesse ter feito para alterar o desfecho, do que em três erros cometidos antes da batalha começar.

Na manhã do dia 17, Napoleão teve uma oportunidade única de esmagar Wellington com chances muito grandes, enquanto os prussianos estavam em retirada total. Em vez de aproveitá-la, ele gastou a manhã visitando os feridos e, por meio do confuso trabalho de equipe pelo qual Napoleão deve ser responsabilizado, falhou em dar ordens a Ney para atacar. Aquele Napoleão não se comportou como um grande general, mas como um soldado aposentado que havia acabado de ser reconvocado à bandeira e ainda estava se ajustando à guerra. Ao fazer isto, ele "perdeu o momento favorável que decide tudo na guerra".

O segundo erro de Napoleão foi ter julgado mal os ingleses: não apenas os soldados comuns, que para sua surpresa se mantiveram frios e com pensamento rápido sob fogo, mas também Wellington. As táticas de Napoleão continuaram as mesmas, mas Wellington havia aprendido a contorná-las, particularmente usando as encostas reversas.

O terceiro erro de Napoleão foi o excesso de confiança. No começo do dia 18 ele deveria ter agido com a informação de Jérôme sobre os prussianos. Ele deveria ter adiado a batalha, ou pelo menos precavidamente ordenado que Grouchy seguisse para Wahain; assim, no máximo uma única corporação do exército de Blücher teria conseguido intervir em Waterloo. Mas Napoleão estava confiante. Ligny havia tirado todo o espírito de luta dos prussianos. Essa confiança – que, quando bem-sucedida é chamada de ousadia, e quando fracassa, de excesso de confiança – sempre tinha sido uma marca dele. Estava presente em 1793, quando ele bombardeou a cidadela de Ajaccio a partir do mar, acreditando que seus conterrâneos correriam para os franceses. Estava ali em Elba: semeando

500 sacas de trigo em uma terra que normalmente suportaria 100; esperando, mês após mês, por Marie Louise e o rei de Roma. Ela havia sido reforçada pelo estupendo "voo da águia". E na manhã de 18 de junho, o levou à queda militar.

O primeiro instinto de Napoleão após Waterloo foi juntar suas tropas em Charleroi e continuar a lutar. "Meu lugar é aqui", ele declarou. Mas seus conselheiros avisaram que a Assembleia, que estava em sessão, poderia entrar em pânico e se render pelas suas costas. Percebendo a força deste argumento, Napoleão correu para Paris. Ele chegou às sete da manhã do dia 21 de junho. Ele se sentia horrível. Não apenas ele havia passado três noites sem dormir, mas como resultado da tensão nervosa ele tinha dores de estômago e uma sensação de estar sendo sufocado. A Caulaincourt, sua pele parecia amarelada e pálida como cera.

Napoleão afundou em um banho quente e lá recebeu seu ministro da Guerra. "Ah, Davout!" Napoleão ergueu os braços para recebê-lo, e depois, nervoso, deixou-os cair novamente na água do banho, molhando o uniforme do marechal. Davout revelou que a Assembleia estava em um humor hostil. "Ela paralisará o patriotismo do povo. Sua Majestade deve dissolver a Assembleia". Napoleão saiu do banho e se reuniu com seu Conselho de Estado. Ali Lucien também lhe implorou para que dissolvesse a Assembleia. Mas Napoleão não podia acreditar que os delegados agiriam contra ele. Ele decidiu, em vez disso, pedir a eles poderes plenos.

Enquanto as multidões se aglomeravam em volta do Elysée gritando "Vida longa ao imperador!", os representantes do povo debatiam o pedido de Napoleão. Um pensamento se sobrepunha em suas mentes: a paz; e os aliados se recusavam a fazer a paz enquanto Napoleão permanecesse no poder. Napoleão então deveria partir. Um conselheiro levou a mensagem deles a Napoleão: abdique ou seja deposto. Ele teria uma hora para decidir.

Napoleão se inflamou, como sempre fazia diante de um ultimato. "Eu devia ter denunciado a Assembleia e a dispersado." Lucien implorou-lhe para que o fizesse agora: reencenar o 19º brumário. Mas Napoleão viu a impossibilidade disto: os tempos haviam mudado radicalmente demais. Regnault apontou para o fato de que ao abdicar, Napoleão salvaria o trono para seu filho. "Para os Bourbon, você quer dizer. Eles ao menos não são prisioneiros em Viena." Mas a posição constitucional era clara, e Napoleão sempre teve o mais profundo respeito pelas formas constitucionais. "Eu não posso fazer nada sozinho", ele murmurou. Finalmente, ele tomou sua decisão. "Príncipe Lucien, escreva o seguinte: "Franceses, quando comecei a guerra para preservar a independência de nosso país, eu contava com um esforço unido, uma vontade unida, e com a ajuda de todos no poder...

CENTO E TRINTA E SEIS DIAS 407

As circunstâncias parecem ter mudado. Estou me sacrificando ao ódio dos inimigos da França...minha vida política chegou ao fim, e eu proclamo meu filho Napoleão II imperador dos franceses".

Três dias depois, Napoleão se recolheu em Malmaison. Ele ainda esperava que a Assembleia mostrasse um pouco de coragem, e se ofereceu para se colocar como um general comum à frente um dos exércitos franceses. Sua oferta foi recusada por Fouché, presidente do governo provisório, que já havia escrito a Luís XVIII, dizendo que estava trabalhando para seu retorno. Então, no dia 30 de junho, Wellington chegou à periferia de Paris: na ausência do czar, era o vencedor de Waterloo que decidiria o tom político. Wellington informou à Assembleia que uma mudança de dinastia seria um ato revolucionário envolvendo o desmembramento da França. A Assembleia entendeu o que ele quis implicar, e não se ouviu mais falar de Napoleão II.

Em Malmaison, Napoleão perguntou-se aonde ele iria em seguida? Os prussianos estavam avançando rapidamente, esmagando a átomos, observou um dragão inglês desaprovador, cada artigo de mobília, "dos caros espelhos-cais até as xícaras de café comuns"; e Blücher havia dito que, se capturasse Bonaparte, mandaria atirar nele. Napoleão decidiu pedir asilo nos Estados Unidos. Como os ingleses estavam bloqueando o canal, ele navegaria de um porto da Baía de Biscaia.

Napoleão passou cinco dias em Malmaison. Marie Walewska veio com seu filho dizer adeus, e implorou que ele permitisse que ela o seguisse no exílio. "Veremos," disse Napoleão a ela. Ele não queria piorar uma situação já complicada. Um enviado de Lucien também chegou, mas por uma razão diferente: Lucien queria dinheiro. Napoleão não tinha muito, mas ele deu a Lucien 200 mil francos em dinheiro e obrigações das florestas estaduais.

Na tarde de 29 de junho, ao som dos canhões prussianos, Napoleão disse adeus pela última vez a sua mãe e a Hortense. Às cinco horas ele deixou Malmaison. Ele pegou a estrada para a costa de Biscaia por Vendôme, Niort e Poitiers. O tempo estava quente; ele parou uma vez para comprar alguns quilos de cerejas, que comeu durante a viagem. Em 3 de julho, ele chegou a Rochefort, apenas para descobrir que ela estava bloqueada por um navio de guerra inglês, o *Bellerophon*, e dois navios menores. Era Acre em uma nova forma. Sempre os ingleses, "onde houvesse água para fazer flutuar um navio".

Napoleão estava frente a um dilema. Deveria ele tentar furar o bloqueio, talvez escondido no cargueiro de um navio neutro, e fugir para a América? Ele não gostava da ideia; parecia demais com uma fuga. O outro curso seria aceitar a nova situação e se render ao capitão inglês do *Bellerophon*. O *Vidas de Plutarco* forneceu um precedente em Temístocles: tendo sido afastado de Atenas, ele colocou sua vida nas mãos do rei dos Persas, do qual ele tinha sido um dia o maior inimigo.

Como os ingleses o receberiam? O segundo-tenente Bonaparte havia lido na *História da Inglaterra* de Barrow: "Outra virtude que fez de nossos ancestrais ilustres foi a hospitalidade. Um estranho entre eles era um objeto sagrado e inviolável; ele receberia qualquer ajuda possível durante o tempo em que permanecesse na ilha." Talvez estas palavras houvessem deixado sua marca; de qualquer forma, homens próximos a Napoleão, como Lucien e o conde Las Cases falavam favoravelmente de suas próprias experiências como exilados na Inglaterra.

O general de Montholon, por outro lado, observou que por dez anos o gabinete inglês havia se enchido de ódio por Napoleão: "Eles o tratarão como um troféu de Waterloo." Por muitos dias, Napoleão permaneceu indeciso. Para o general Gourgaud, um jovem oficial de artilharia que o aconselhara a se render, ele disse: "Eu não consigo aceitar a ideia de viver no meio de meus inimigos". Naquele momento, um pássaro entrou pela janela. "Um sinal de boa sorte", disse Gourgaud, que apanhou o pássaro. "Há infelicidade suficiente", observou Napoleão. "Solte-o." Gourgaud obedeceu. Como profetas, eles observaram para ver que direção a ave tomaria: ela voou em direção aos navios ingleses.

Napoleão acabou tomando o ponto de vista esperançoso. Ele instruiu seus oficiais a entrarem em contato com o capitão Maitland do *Bellerophon* e em 13 de julho escreveu uma carta ao príncipe regente: "Eu venho, como Temístocles, atirar-me à hospitalidade do povo britânico. Coloco-me sob a proteção de suas leis".

O *Bellerophon*, com 74 canhões, havia lutado na Baía de Abukir e Trafalgar, e era conhecido afetuosamente como "Billy Rufião". Sua tripulação estava em ótimo humor na manhã de 15 de julho, porque todo inglês estivera esperando "pegar o Nap". Manning, o barbudo contramestre, estava colocando toda a importância no passadiço. O aspirante Bruce foi até ele e segurou sua barba. "Manning", ele anunciou com pompa exagerada: "Este é o dia mais orgulhoso da sua vida. Hoje você fará as honras ao lado do maior homem que o mundo já produziu ou irá produzir algum dia. E junto com o grande Napoleão, o nome de Manning, o mestre de navio do *Bellerophon*, irá junto para... a posteridade; e, como relíquia do grande homem, permita-me, caro Manning, guardar uma mecha de seu cabelo." Com isso, Bruce arrancou um tufo do bigode do contramestre e correu para baixo, enquanto Manning com uma profanidade atirou seu chapéu nele. O capitão Maitland se apressou para parar a brincadeira. Ele também estava empolgado e um pouco preocupado. Ele tinha ordens simplesmente de evitar que Napoleão escapasse, e foi apenas em busca deste final que ele havia concordado em levar Napoleão para a Inglaterra.

Às sete horas Napoleão chegou, vestindo seu uniforme verde de Chasseur. Ele ergueu levemente seu chapéu inclinado, curvou-se e disse a Maitland em francês: "Senhor, venho a bordo, e clamo pela proteção de seu príncipe e de suas leis." Ele foi levado para baixo, e depois de cinco minutos pediu para conhecer os oficiais do navio. Quando eles estavam prestes a sair de sua cabine, ele disse: "Bem, cavalheiros, vocês têm a honra de pertencer à nação mais corajosa e afortunada do mundo".

No dia seguinte, o *Bellerophon* içou as velas. Napoleão prestou atenção em cada parte do navio, estudou a tripulação enquanto eles enrolavam cordas e escalavam as traves dos mastros, e ficou impressionado com sua eficiência silenciosa. De tempos em tempos, ele olhava com tristeza para a costa da França que se distanciava. Mas sobre o seu próprio futuro ele continuou esperançoso, estando firmemente convencido de que ele era um convidado do governo inglês. Esta visão foi encorajada pelo fato de que Maitland havia dado sua própria cabine a ele, e no jantar na noite anterior, o almirante inglês visitante lhe cedeu o assento de honra. Mas o governo inglês já havia tomado uma decisão totalmente diferente das esperanças de Napoleão: o antigo imperador dos franceses era um prisioneiro do Estado; ele nunca colocaria os pés em solo inglês; em vez disso, ele deveria ser deportado para uma ilha tão remota que fugir, mesmo para ele, seria praticamente impossível.

26

A última batalha

Santa Helena: um ponto no mapa, uma boia perdida no Atlântico Sul, castigada pelo vento e pela chuva. À medida que seu navio-prisão se aproximava, Napoleão olhava para os penhascos íngremes da ilhota através de seus binóculos de campanha. "Não é um lugar bonito. Eu deveria ter ficado no Egito."

Santa Helena é uma ilha tropical montanhosa, pouco maior que Elba, mas com menos habitantes em 1815: cerca de 2 mil nativos e 180 soldados britânicos. Era uma parada regular na rota do Cabo, e às vezes até cinquenta navios ancoravam em Jamestown, levando vegetais e frutas. Mas mesmo assim, Santa Helena ainda era terrivelmente remota: a terra firme mais próxima, a costa ocidental da África, fica a 1.800 quilômetros de distância, e a França, a 8.000 quilômetros. "Esta é uma ilha desgraçada. É uma prisão", disse Napoleão quando desembarcou, acrescentando que para suportar a vida em tal lugar "necessitarei de muita força e coragem".

Após uma curta estadia em uma casa particular, sob ordens das autoridades inglesas, Napoleão se mudou para Longwood, uma casa de fazenda convertida situada a 480 metros no alto de um platô exposto, sem sombra exceto por algumas poucas árvores de eucalipto, úmido e castigado pelo vento. Esta seria o lar de Napoleão pelos últimos cinco anos e meio de sua vida. Sua suíte em Longwood consistia em um estúdio, um salão, uma sala de jantar pouco iluminada, uma antecâmara com uma mesa de bilhar, um banheiro e um quarto, onde Napoleão passava a maior parte do seu tempo. Este era um quarto pequeno, voltado para o norte, em direção ao sol, e tinha uma lareira, algo que Napoleão considerava indispensável. Em um canto estava sua cama de campanha em ferro, e em frente a ela um sofá, onde ele se sentava boa parte do dia, de frente para o fogo. Do sofá ele podia ver, sobre a lareira, dois retratos de Marie Louise e sete de seu filho.

A ÚLTIMA BATALHA   411

Napoleão rapidamente desenvolveu uma rotina. Ele era despertado às seis por seu criado, Marchand. Vestindo calças de fustão, um roupão de piquê branco e chinelos de marroquim vermelho, ele tomava uma xícara de chá ou café, depois se barbeava, lavava-se cuidadosamente em uma bacia de prata do Elysée e escovava os dentes. Ele então era friccionado e esfregado com água-de-colônia. Durante os primeiros meses, se o céu estivesse claro, ele saía para dar uma volta. Às dez horas ele almoçava, às vezes no jardim sob uma tenda. O primeiro prato era sopa quente, frequentemente uma sopa de leite com ovos batidos, uma das favoritas de Napoleão. O prato principal era carne grelhada ou assada, seguida de legumes, queijo Roquefort ou Parmesão, e café.

Após o almoço, por três horas Napoleão ditava a história de suas campanhas ou de seus anos como cônsul e imperador. Ele então tomava um banho, geralmente em uma mistura de água do mar e água doce. Enquanto imerso na banheira de cobre por pelo menos uma hora e meia, ele lia ou conversava com um dos quatro amigos que haviam escolhido compartilhar seu exílio: os generais Bertrand, de Montholon e Gourgaud, e o conde Las Cases. Às quatro ele recebia visitas, geralmente encostado na chaminé de pedra preta do salão, chapéu debaixo do braço. No final da tarde, ele saía para um breve passeio. Às vezes ele fazia a carruagem passar pela estrada íngreme em volta do vale Devil's Punchbowl, mandando o cocheiro correr muito depressa, para aterrorizar quem estivesse com ele. Outras vezes, ele iria à casa ocupada por Bertrand e brincava com os filhos do general. Na volta, ele lia e corrigia as páginas ditadas naquele dia.

Durante os primeiros meses, Napoleão tentou aprender inglês com Las Cases. Ele achava muito difícil. Um dia alguém o ouviu repetir uma frase elementar: soava *como "Veech you tink de best town?"* . Em 7 de março de 1816, ele escreveu uma carta breve a seu professor: *"Conde Lascases. Since sixt wek, y learn the english and y do not any progress. Sixt week do fourty and two day. If might have learn fivty word, for day, i could know it two thousands and two hundred…"** Decididamente, Napoleão não tinha jeito para línguas, e em outubro de 1816, após nove meses, ele abandonou sua tentativa de aprender inglês.

Napoleão gostava que as noites em Longwood fossem formais. Cipriani, seu *maître d'hôtel*, entrava às oito, vestindo um uniforme verde bordado em prata, calças de seda preta, meias brancas e sapatos com fivelas para anunciar o jantar. Napoleão e seus quatro amigos eram normalmente acompanhados por Mada-

---

*   "Conde Las Cases. Há seis semanas que estudo o inglês e não fiz progresso algum. Seis semanas são quarenta e dois dias. Se eu tivesse aprendido cinquenta palavras por dia, eu saberia duas mil e duzentas…" (N.T.)

me Bertrand e Madame de Montholon. Velas em candelabros de prata iluminavam a mesa e agora, dispondo de tempo, Napoleão levava toda uma meia hora apreciando o delicioso jantar de cinco pratos. Depois ele servia café em seus pertences mais artísticos: pequenas xícaras azuis decoradas com hieróglifos dourados e imagens do Egito por Vivant Denon. Então Napoleão diria, "Vamos ao teatro. O que será, tragédia ou comédia?".

Vigorosamente, mas sem muita sensação de ritmo, Napoleão lia em voz alta Corneille, Racine ou Molière, de acordo com os desejos dos acompanhantes. Ocasionalmente, ele pausava para comentar uma frase de seu agrado ou interesse. Por volta das onze horas ele dizia boa-noite e ia para a cama. Las Cases ou Montholon liam para ele à meia-luz até que ele adormecesse. Mas frequentemente ele acordava por volta das três da manhã. Se tivesse dificuldade em voltar a dormir, ele ia para uma segunda cama de campanha, em seu estúdio.

Napoleão, seus acompanhantes e seus criados não estavam sozinhos em Longwood. Para começar, havia os ratos, literalmente centenas de ratos marrons. Durante o jantar, eles corriam em volta da mesa. Uma vez, quando Napoleão apanhou seu chapéu do aparador, um grande rato saltou dele e pulou entre suas pernas. Frequentemente os criados capturavam vinte ratos em um dia, mas não conseguiam eliminá-los. Napoleão pessoalmente não se importava com os ratos; o que o incomodava eram as sentinelas. Durante o dia, Longwood era vigiada por nada menos que 125 sentinelas, e à noite, por 72. Nem por um minuto Napoleão poderia esquecer de que era um prisioneiro.

A outra grande provação era o tédio. Mesmo em um dia em que ele passava seis horas ditando suas memórias, o tempo passava terrivelmente devagar. Para um homem tão intensamente ativo, simplesmente não havia o suficiente a fazer. Longos dias de chuva e o vento quase incessante frequentemente deixavam-lhe os nervos em frangalhos, assim como os de seus acompanhantes, o que fazia brigas acontecerem, quase sempre sobre coisas insignificantes; volta e meia, Napoleão precisava pedir: "Vamos viver amigavelmente, como uma família." Ele tinha 1.500 livros, mas nas circunstâncias, dizia ele, sentia que necessitava de uns 60 mil. Se após o jantar ele conseguisse prolongar a leitura de peças até as onze ou mais tarde, ele observava com satisfação: "Outra vitória sobre o tempo".

Fisicamente, Napoleão chegou em excelente forma. Ouviu-se um granadeiro que o viu desembarcar exclamar: "Me disseram que ele estava envelhecendo; ele ainda tem umas boas 40 campanhas em sua barriga, maldito!", o que divertiu Napoleão. O clima se mostrou danoso para alguns, mas não para ele. Durante seus primeiros doze meses, quando ele fazia muito exercício, sua saúde estava bem como sempre havia sido.

A ÚLTIMA BATALHA

Seu moral, nem tanto. Os sentimentos de Napoleão sobre o cativeiro eram complexos. Para começar, houve o mal-entendido entre ele e o governo inglês. Ao mandá-lo para uma rocha no Atlântico em vez de permitir que ele vivesse na Inglaterra como uma pessoa física, Napoleão achava que o governo inglês estava perpetrando uma injustiça, e sabemos como ele se sentia em relação a qualquer ato de injustiça. Contra isto, deve ser mencionado o fato de que Napoleão era adaptável. Ele havia se adaptado notavelmente bem a Elba, e também se adaptaria a Santa Helena. Durante seus primeiros dois meses, quando tinha a permissão de fazer caminhadas e conversar com o povo de Jamestown como um homem livre, Napoleão estava razoavelmente contente. Então veio a mudança para Longwood, e as restrições a seus movimentos. Ele agora estava isolado dos ilhéus e sendo observado dia e noite. Ele, que amava a liberdade tão profundamente que passara a vida toda lutando por ela não era mais um homem livre, mas um prisioneiro.

Nesta situação, dois caminhos principais estavam abertos a Napoleão. Primeiro, ele poderia tentar escapar. Os ingleses mantinham uma vigília extremamente severa: por exemplo, assim que um navio era avistado, normalmente a cem quilômetros de distância, um tiro era dado e dava-se uma piastra ao homem que o avistara primeiro, e 500 canhões eram colocados imediatamente a postos. Seria extremamente difícil disfarçar um de seus amigos como ele mesmo, esgueirar-se até Jamestown e embarcar em um navio para os Estados Unidos. Mas não era absolutamente impossível. Napoleão, contudo, mais ou menos rejeitava a ideia de fugir. Ele considerava as chances de fracasso grandes demais.

A segunda atitude possível de Napoleão era aceitar sua situação em princípio, enquanto chamava atenção para a injustiça dela, e, exercitando seu charme e força de caráter, conseguir para si melhores condições. Alguma hora ele poderia esperar por uma mudança de atitude da Inglaterra e até a sucessão ao trono da princesa Charlotte, que gostava dele. Então haveria uma boa chance de que ele fosse retirado da rocha-prisão.

Foi isso que Napoleão fez durante os primeiros meses. Ele fez o possível para ser agradável com o oficial inglês sênior, o almirante Cockburn, embora em particular o chamasse de "assassino". Gourgaud anotou em seu diário: o imperador "garante ter fascinado o almirante na saída de ontem", e, no dia seguinte, "Sua Majestade nos conta que ele fará o que ele quiser com o almirante". Mas a nomeação de Cockburn era temporária, e tudo teria de ser começado novamente com a chegada do novo governador em abril de 1816.

Hudson Lowe tinha 46 anos, a mesma idade de Napoleão, mas na aparência era quase o oposto do francês, sendo magro e com um rosto anguloso, com sobrancelhas proeminentes e cabelo claro que estava se tornando grisalho. Seu pai havia sido um cirurgião do exército, e sua mãe, uma mulher de Galway, morrera quando ele era criança. A falta de amor maternal havia deixado sua marca habitual: Lowe era uma pessoa insegura. A insegurança se revelava de maneira abrupta e em uma tendência acentuada à preocupação.

Como um oficial regular, mas sem meios privados, Lowe teve de cavar seu caminho no exército. Em 1799 ele formou, e por muitos anos comandou, os Rangers Reais da Córsega, compostos de exilados corsos que se opunham à dominação francesa. Seu registro militar era bom, embora não brilhante, porque em 1807 ele entregou Capri sem muita luta. Suas tropas gostavam dele. Em resumo, Lowe era um oficial decente, sem muita imaginação, mas inseguro e um preocupado nato.

Lowe desembarcou em 14 de abril, precedido por relatos favoráveis. O almirante Cockburn havia recentemente incorrido no desprazer de Napoleão ao determinar que ele deveria ser acompanhado em seus passeios por um oficial britânico, e os prisioneiros de Longwood estavam esperando coisas melhores de Lowe. "Você não me contou", disse Napoleão a um de seu grupo, "que Lowe estava em Champaubert e Montmirail? Provavelmente já atiramos um contra o outro. Comigo, isso sempre contribui para uma relação feliz".

No dia 17 de abril, Lowe marcou uma visita a Longwood, acompanhado pelo almirante Cockburn. A etiqueta exigia que o almirante, que estaria deixando Santa Helena em breve, apresentasse Lowe. Mas isto não convinha a Napoleão. Ele queria receber Lowe sozinho, para um começo amigável, e ao mesmo tempo esnobar Cockburn como um sinal de seu desgosto. Napoleão deu as instruções devidas. O porteiro conduziu Lowe ao salão, mas quando Cockburn tentou segui-lo, fechou a porta com firmeza na cara do almirante. Este pequeno truque causou a Napoleão um prazer de menino de escola, e ele observou depois com um risinho: "Eu não teria perdido o dia de hoje nem por um milhão de francos".

Foi Lowe que começou, corretamente, mas com sua brusquidão usual. *"Je suis venu, Monsieur, pour vous présenter mes devoirs."**

"Vejo que o senhor fala francês", disse Napoleão. "Mas o senhor também fala italiano. O senhor já comandou um regimento de corsos." Lowe assentiu. "Falaremos em italiano então."

O motivo de Napoleão para falar italiano era evidentemente encontrar o máximo possível em comum com Lowe. Mas primeiro ele queria testar o novo go-

---

*   "Vim, senhor, apresentar-me a seu serviço." (N.T.)

vernador. Ele perguntou – em italiano – o que Lowe achava dos corsos. "Eles carregam estiletes: não é um mau povo?"

Lowe percebeu a armadilha e a evitou. "Eles não carregam estiletes. Desistiram deles quando serviram conosco. Eles sempre se comportaram muito bem. Eu gostava muito deles."

Napoleão gostava de respostas firmes e positivas, e evidentemente esta lhe agradou, porque ele começou a falar sobre o Egito, um país de onde ele tinha lembranças felizes, e onde Lowe havia servido. Por meia hora eles conversaram sobre o Egito. Napoleão então se tornou mais pessoal. Voltando para o francês, ele perguntou se era verdade que Lowe havia se casado pouco antes de deixar a Inglaterra? O governador respondeu que sim. "Ah! O senhor tem sua esposa; o senhor é afortunado."

Napoleão então ficou em silêncio. Ele queria que Lowe sentisse uma certa solidariedade por ele – mas não demais. Precisava ficar claro que ele, Napoleão, era o galo do poleiro. Então ele perguntou: "Há quantos anos está no exército?"

"Vinte e oito."

"Então sou um soldado mais antigo que você. Servi por quase quarenta anos."

Lowe cedeu o ponto graciosamente. "Para o historiador", disse ele, "cada um de seus anos de serviço conta como um século". O governador então partiu, satisfeito com a reunião, que ele sentira que fora bem-sucedida.

Napoleão contou suas impressões sobre Lowe ao general Bertrand. O que o impressionou mais foi o rosto feio de Lowe. "Ele não o olha direto nos olhos. Não se deve julgar apressadamente, mas eu espero firmemente que seu caráter seja diferente de sua aparência." Com uma risada, ele acrescentou, "Ele me lembra um policial siciliano."

Lowe causou uma impressão favorável no grupo de Napoleão. Gourgaud achou que, apesar de sua expressão fria e severa, ele não era um mau sujeito. Las Cases concordou. Em uma visita a Lowe ele foi bem recebido, e Lowe colocou sua biblioteca à disposição dos franceses. Las Cases aconselhou Napoleão a permanecer em bons termos com o novo governador.

Napoleão no momento reservava sua opinião. Tudo dependia de se ele conseguiria, por charme e força de caráter, fazer com que Lowe melhorasse suas condições. Em particular, ele queria ter permissão de andar de carruagem e a cavalo fora do terreno de Longwood, que era fechado por um muro de seis quilômetros, sem precisar estar acompanhado por um oficial britânico.

Quando Lowe o visitou novamente em 30 de abril, Napoleão, que estava sofrendo do estômago, o recebeu deitado no sofá de seu quarto. Ele conduziu a conversa até a regra imposta por Cockburn. Disse que ela evitava que ele conseguisse passear devidamente, portanto que se mantivesse em forma e conversasse com o povo de Santa Helena. Pretendia Lowe continuar a executar ou suprimir esta regra?

Lowe respondeu que ela havia sido determinada pelo governo, e portanto devia ser executada.

"Então o senhor não pode fazer nada por mim", disse Napoleão.

"Tudo nesta parte da ilha", continuou Napoleão após uma pausa, "indica tédio mortal. Não há água, árvores, pessoas".

"Iremos construir outra casa para você, e traremos móveis novos..."

Napoleão fez um gesto. "Que me importa se meu sofá está coberto por veludo ou fustão? O senhor e eu somos soldados, e sabemos o quão pouco essas coisas importam..."

Napoleão quis jogar uma insinuação aqui. Ele queria que Lowe visse que ambos, oficiais calejados por batalhas, estavam ligados de uma forma especial, e tinham obrigações um para com o outro. E durante todo o tempo ele estava exercitando o charme que já funcionara nos oficiais do *Bellerophon*, e no almirante Keith, que havia dito a respeito de Napoleão: "Se ele conseguisse uma entrevista com Sua Alteza Real, em meia hora eles teriam se tornado os melhores amigos na Inglaterra". Mas Lowe não fisgou a isca e partiu logo em seguida.

Lowe agora estava revelado como ele era: um homem sem iniciativa, essencialmente tímido, cujos sentimentos humanos, se possuía algum, nunca o convenceriam a relaxar em qualquer assunto importante que seu governo regulava severamente. Napoleão em consequência enfrentava uma nova situação. Ele poderia aceitar Lowe como ele era, manter as boas relações, e até por charme conseguir que pequenas coisas fossem do seu jeito. Esse teria sido o caminho razoável. Mas Napoleão não estava em um espírito razoável. Ele trabalhava sob um grande senso de injustiça. Ele via o governo inglês como uma oligarquia que havia agido opostamente aos desejos do povo: em Plymouth Sound não havia 10 mil ingleses comuns se aglomerando em torno de seu navio, acenando chapéus e dando vivas? Lowe era um agente desse governo. Ele fingia ser amigável, mas não era um amigo. Faltavam-lhe sentimentos humanos. Ele era realmente um homem mau. Ele certamente parecia mau, com aquelas sobrancelhas proeminentes sinistras, e debaixo delas o olho que piscava. Ainda neste humor irracional, Napoleão fixou sua atenção em uma xícara de café que estava na mesa entre eles durante a entrevista. Algum medo sinistro de seu passado corso invadiu Napoleão, e ocorreu a ele que Lowe, com seus olhares sinistros, tivesse envenenado o café, envenenado apenas com o olhar. Ele não beberia aquele café agora por nada no mundo. Chamando seu criado, Napoleão mandou que ele jogasse o café pela janela.

A ÚLTIMA BATALHA 417

Daquele começo irracional cresceu a convicção de que Lowe era um inimigo e, portanto, obviamente tinha de ser combatido. Napoleão começou a prever uma luta corrente com Lowe. Ele poderia demonstrar sua virilidade e isto poderia – quem sabe? – finalmente servir de vantagem. Havia talvez também um desejo inconsciente de se agarrar a qualquer coisa que quebrasse a monotonia dos longos dias vazios.

O encontro seguinte entre Napoleão e Lowe aconteceu em 16 de maio. Lowe estivera fazendo arranjos para construir uma nova casa para Napoleão em um lugar menos exposto que Longwood – uma ação bastante decente – e agora o primeiro carregamento de madeira havia chegado. Ele entrou no salão, claro, sem saber que Napoleão o colocara no papel de inimigo.

Lowe perguntou a Napoleão onde ele gostaria que sua nova casa fosse construída. Napoleão não respondeu. Lowe repetiu a pergunta. "Tenho liberdade para escolher o local?", perguntou Napoleão.

"Sim, a menos que eu veja alguma objeção."

Seguiu-se um silêncio gélido, e então Napoleão, com seu forte senso dramático, atacou. "Desde que você desembarcou, me perseguiu mais do que o almirante Cockburn fez em seis meses. Cockburn pode ser brusco, mas pelo menos ele tem um bom coração. Mas você – se o lorde Castlereagh ordenou a você que nos envenenasse a todos, faça-o assim que possível. Governei em minha época, e eu sei que sempre é possível encontrar homens para missões desonradas.

Lowe ficou completamente chocado. "Senhor, eu não vim aqui para ser insultado, mas para discutir um assunto mais do seu interesse do que do meu"

"Eu não tenho nada a discutir com você... peço apenas para ser deixado em paz."

"Não estou ciente de que eu o tenha perturbado indevidamente."

Seguiu-se outro silêncio. Lowe havia anunciado recentemente sua intenção de perguntar aos criados em Longwood se eles desejavam ficar em Santa Helena até o fim da vida de Napoleão. Era um gesto desagradável, mas não desarrazoado. Napoleão viu de uma forma bastante diferente e decidiu criar caso.

"Você planejou invadir minha casa", ele disse acusadoramente, e apontou para a porta de seu quarto. "Seu poder e o poder de seu governo terminam ali. Você pode, claro, fazer com que os homens do 53º derrubem as portas e entrem sobre o meu cadáver. Seu comportamento, pelo que vejo, trará desgraça a você, a seus filhos e ao povo inglês."

Esta explosão teve o efeito desejado. Lowe ficou bravo, virou as costas e partiu. Para Napoleão, esta era mais uma prova das intenções malignas de Lowe. Depois, ele disse a Bertrand: "Aquele sujeito tem planos sinistros, talvez até mais sinistros do que pensamos". A Las Cases ele disse: "Eles me enviaram mais que um carcereiro. Sir Lowe é um carrasco".

Lowe, por sua vez, observou a Bertrand: "Fui vê-lo determinado a ser conciliador... Ele criou uma Espanha imaginária, uma Polônia imaginária. Agora ele quer criar uma Santa Helena imaginária". Muito verdade. Mas o que o governador não mencionou – porque, naturalmente, não sabia disso – é que Napoleão já havia criado um Hudson Lowe imaginário. Napoleão, embora prisioneiro de Lowe, era incomparavelmente a personalidade mais forte, e ele teve pouca dificuldade em fazer Lowe agir de acordo com o papel que ele lhe havia atribuído: um inimigo astuto, sem coração, de mente pequena.

A batalha agora começava a sério. John Cam Hobhouse, membro do Parlamento, enviou a Napoleão uma cópia de seu novo livro, um relato testemunhal da França em 1815. Ele o dedicou ao *"Imperatori Neapoleoni"*. O governo havia estipulado que o prisioneiro em Santa Helena deveria ser chamado de general Bonaparte e nada mais. Hobhouse não tinha como saber disso, e de qualquer forma, ele estava dedicando um livro, e não se dirigindo a Napoleão. Lowe, contudo, sabia que Hobhouse e seu amigo Byron eram admiradores de Napoleão. Ele apreendeu o livro.

Uma tarde Lowe encontrou um ilhéu, um parse, caminhando em Longwood. Montholon havia contratado o homem como criado de Napoleão, e tecnicamente ele deveria ter informado o governador. Usando isto como pretexto, Lowe prendeu o parse e o demitiu no ato.

Napoleão havia gasto um par de sapatos e pediu a seu criado que mandasse fazer um par novo em Jamestown. Marchand foi, levando um dos sapatos gastos, e pediu ao sapateiro que fizesse um novo par, em tamanho e forma similares. Lowe então interveio. Proibiu o sapateiro de fazer os sapatos. Napoleão, ele dissera, deveria dar seu sapato velho a ele pessoalmente – uma exigência humilhante – e ele arranjaria um novo par. "Você está nos controlando", Napoleão observou, não sem satisfação, acrescentando provocativamente: "Você deseja evitar que escapemos; há apenas um meio, matar-nos".

Enquanto isso, Napoleão se esforçava para agradar o almirante Malcolm, que chegara em junho de 1816 como sucessor de Cockburn. Ele teve longas conversas amigáveis com Malcolm, com assuntos que iam da Batalha de St. Vincent aos poemas de Ossian. Se Malcolm chegasse antes que ele estivesse vestido, Napoleão o convidava a se sentar no sofá do quarto. Ele enviou sua carruagem para *Lady* Malcolm e jogava xadrez com ela (Napoleão, um mau jogador de xadrez, perdeu a primeira partida; daquela vez ele não trapaceou). Ele não o fazia pela beleza dela – Lady Malcolm era "uma coisinha torta, um grotesco pintado em um leque chinês", de acordo com Madame de Montholon – mas porque eles eram aliados potenciais na única coisa que importava agora: a batalha.

Os Malcolm foram seduzidos. Bonaparte, diziam eles, era tão fácil de conviver. Napoleão cuidadosamente nada disse contra Lowe, mas as conclusões inevitáveis foram tiradas; quanto a Lowe, ele ficou intensamente preocupado com que Malcolm pudesse julgá-lo desfavoravelmente. Na sua visita seguinte a Longwood ele levou Malcolm junto, para que o almirante pudesse ver com os próprios olhos como Napoleão se comportava com o governador da ilha. Eles encontraram Napoleão passeando no jardim. Lowe começou a dizer que as despesas em Longwood estavam altas demais e deveriam ser reduzidas; ele tentara discutir a questão com Bertrand, mas Bertrand havia recusado – um gesto desrespeitoso para com ele, o governador. Napoleão continuou a andar pelo jardim, sem nada dizer, e por um momento Lowe achou que ele não falaria. Quando finalmente o fez, dirigiu-se a Malcolm.

"O general Bertrand é um homem que comandou exércitos, e ele o trata como se fosse um oficial subalterno... ele trata a nós todos como desertores do Regimento Corso Real. Ele foi enviado como carrasco. O general Bertrand não deseja vê-lo. Nenhum de nós o deseja. Preferimos passar quatro dias a pão e água."

"Estou perfeitamente indiferente a tudo isto", disse Lowe. "Não procurei este trabalho; ele me foi oferecido e considerei um dever sagrado aceitá-lo."

"Então se você recebesse a ordem de me assassinar, você aceitaria?"

"Não, senhor."

Lowe então anunciou que para economizar dinheiro ele teria que reduzir os suprimentos de comida. Napoleão se virou para ele. "Quem lhe pediu que me alimentasse? Você vê o acampamento ali, onde as tropas estão? Bem, eu irei lá e direi, 'O mais antigo soldado na Europa implora para comer com vocês', e eu compartilharei do jantar deles."

A nação inglesa desejava tratar bem dele, Napoleão continuou, mas os ministros agiam de outro modo: Lowe era um instrumento do ódio cego do Secretário das Colônias, lorde Bathurst.

"O lorde Bathurst, senhor, não sabe o que é ódio cego."

"Eu sou imperador", Napoleão continuou. "Quando a Inglaterra e a Europa não existirem mais, quando seu nome e o de lorde Bathurst forem esquecidos, eu ainda serei o imperador Napoleão." Ele então se virou para Bertrand. "Você não tinha direito de colocá-lo sob prisão domiciliar; você nunca comandou um exército; você não era nada além de um oficial de caserna. Eu tinha imaginado que eu seria bem tratado entre os ingleses, mas você não é um inglês."

"O senhor me faz sorrir."

420   NAPOLEÃO — UMA VIDA

"Como assim, sorrir?"

"Sim, senhor, o senhor me força a sorrir. Seu julgamento errado de meu caráter e a rudeza de suas maneiras desperta minha pena. Desejo-lhe um bom dia."

Lowe então partiu, com o rosto vermelho, acompanhado por seus oficiais. Ele havia falado de "pena", mas na verdade estava seriamente abalado pelo desafio de Napoleão. Ele limitou ainda mais os limites de Longwood e ordenou às sentinelas em serviço noturno que assumissem posições no jardim às seis, em vez de às nove. Isto significava que Napoleão não podia mais fazer sua caminhada favorita à noite sem ver os uniformes vermelhos.

Napoleão e seu grupo mantinham uma boa mesa. Todo dia havia, enviados de Jamestown, a melhor carne, manteiga, patos, perus, garrafas de champanhe. Eles gastavam cerca de 20 mil libras por ano quando Lowe, em agosto de 1816, lhes informou que o governo no futuro pagaria apenas 12 mil libras, e qualquer coisa acima dessa soma deveria ser paga pelos franceses.

Napoleão não podia acreditar que os ingleses chegariam ao absurdo de fazer um prisioneiro pagar por sua própria detenção. Mas ele estava errado. Em 19 de outubro de 1816, Lowe disse a Montholon que os fundos franceses em Jamestown estavam esgotados, e que compras futuras teriam que sair de seus próprios bolsos. Era Elba novamente, em novo formato. Napoleão ficou furioso, mas desenvolveu um meio de devolver o golpe a Lowe. "Faça minha prataria ser quebrada com machados", ele ordenou.

Ele fez Marchand trazer uma cesta de talheres de prata, e disse-lhe para quebrar as peças – usando martelos, não machados – primeiro removendo os brasões e águias para que não servissem como troféus. Vinte e sete quilos de prata foram então levados ao joalheiro de Jamestown, Gideon Solomon, que comprou o lote a 4 xelins e 8 pence a onça. Duas outras vendas se seguiram; com a prata sendo ostentosamente pesada em Jamestown à vista dos oficiais ingleses com destino à Inglaterra. "Como está o imperador?" um deles perguntou a Cipriani. "Até que bem. Como você imaginaria alguém que precisa vender sua prataria para viver." Hudson Lowe caiu sobre Cipriani furiosamente. "Por que você precisa de tanto dinheiro?" "Para comprar comida, Excelência." "O quê! Você não tem o suficiente? Então por que você compra tanta manteiga, ou tantas aves?" Foi Napoleão que encerrou o incidente da prata com uma observação *à la* Lear: "A próxima coisa que deverei vender serão minhas roupas."

Napoleão achava Longwood extremamente úmida: paredes e couro rapidamente ficavam cobertos por uma camada branca esverdeada de mofo. Ele se queixava de que a cota de carvão e madeira não era suficiente. Lowe ordenou que a cota de carvão fosse dobrada, mas a de madeira – escassa em Santa Hele-

A ÚLTIMA BATALHA

na – continuaria a mesma. Novamente Napoleão transformou a contrariedade em vantagem própria. Na ocasião seguinte em que sua madeira acabou, ele mandou quebrar uma cama e algumas prateleiras para fazer fogo. As notícias se espalharam, gerando ainda mais solidariedade pelo prisioneiro.

"De todas minhas privações", disse Napoleão, "a mais dolorosa, a que eu nunca me acostumarei, é ter sido separado de minha mulher e de meu filho". Muitas vezes ele repetiu as falas tristes se referindo ao Astíanax de *Andromaque*:

> *J'allais, Seigneur, pleurer un moment avec lui.*
> *Je ne l'ai point encore embrassé aujourd'hui.* *

A saudade que Napoleão sentia de seu filho ficou conhecida na Europa, e a firma italiana de Beaggini decidiu enviar secretamente a Napoleão um busto do rei de Roma. Eles confiaram o busto ao artilheiro mestre do navio cargueiro *Baring*, com destino a Santa Helena. Mas por azar, o mestre-artilheiro sofreu um ataque apoplético, caiu delirante e em sua crise revelou o segredo. Assim que o *Baring* atracou, o busto foi entregue a Lowe.

Em circunstâncias normais, não haveria motivo para Lowe não entregar o busto a Napoleão. Como seu interino observara, era mármore, e não gesso, e não poderia conter mensagens. Mas pelos últimos meses Napoleão havia tornado a situação tão desagradável que Lowe se sentia continuamente obrigado, seja em autodefesa ou por outra razão, a agir ou parecer agir com maldade. Maldade em relação a seu prisioneiro estava se tornando um hábito. Então agora Lowe decidiu ficar com o busto, esperando ordens de lorde Bathurst.

Napoleão soube disto. Disseram-lhe até que Lowe tinha a intenção de destruir o busto: a imagem de seu filho tão amado. Ele foi acometido por uma fúria terrível e imediatamente começou a ditar um panfleto que, segundo ele, faria com que "os cabelos de todos os ingleses ficassem em pé com horror... um conto para fazer as mães da Inglaterra execrarem Lowe como um monstro em forma humana". O médico irlandês de Napoleão, Barry O'Meara, antigamente do *Bellerophon*, que espionava tanto para Napoleão como para os ingleses, contou a Lowe que Napoleão descobrira sobre a chegada do busto. Lowe percebeu que teria problemas se ele agora detivesse o busto abertamente, e o enviou a Longwood. A alegria de Napoleão com o busto – que ele colocara sobre a lareira do quarto – de forma alguma mitigou sua fúria em relação a Lowe. Admirando-o com afeto, ele

---

* "Fui, Senhor, chorar com ele por um momento. / Eu ainda não o havia abraçado hoje." (N.T.)

observou para o benefício de O'Meara: "O homem que deu ordens de quebrar esta imagem teria – se tivesse o poder – enfiado uma faca no coração do original".

Napoleão não gostava do hábito de Lowe de se dirigir a ele como general Bonaparte: ele dizia ser "um tapa na cara". Ele propôs mudar seu nome para coronel Muiron ou barão Duroc, os dois oficiais de quem ele mais gostara. Bathurst proibiu a mudança, provavelmente porque o direito de um nome fictício seria privilégio de soberanos, e o governo inglês nunca reconhecera Napoleão como imperador. Napoleão retaliou recusando-se a responder a qualquer comunicação na qual ele fosse designado como Bonaparte. Lowe foi quem sofreu no final, porque com os ingleses ele tinha de chamar Napoleão de general Bonaparte, e com os franceses, de "a pessoa que reside em Longwood".

As táticas da "pessoa" começaram a desgastar seu carcereiro. Um vagaroso e dedicado escritor de cartas, Lowe tinha de passar horas lidando com as reclamações ou estratagemas de Napoleão, cobrindo página após página com sua caligrafia grande e nervosa. Seu secretário observou: "Após ter copiado pelo menos trinta vezes as alterações aos limites, ele decidia também e mudava de opinião o mesmo número de vezes. Ele adiava por três semanas e nos preocupava a todos enquanto escrevia seis linhas". Ele reclamava que "não havia uma alma para ajudá-lo. Havia algo no ar do lugar que contaminava a todos". E resmungava entredentes: "Eu vou fazê-lo pagar por isto, que eu seja maldito, mas eu irei! Não vou deixá-lo tomar tantos ares, ser tão importante."

Quando três comissários aliados chegaram, encarregados de ver com seus próprios olhos que Napoleão estava realmente em Santa Helena, as preocupações de Lowe aumentaram. Por exemplo, Montholon fez amizade com o comissário francês, Montchenu, e um dia ofereceu-lhe alguns feijões para serem plantados em seu jardim. Como alguns dos feijões eram brancos e outros verdes, Lowe, que sofria de uma total falta de humor, farejou um plano. "Se os feijões brancos e feijões verdes", ele escreveu a Bathurst, "forem uma referência à bandeira branca dos Bourbon, e ao uniforme verde do próprio general Bonaparte e os uniformes de seus criados em Longwood eu não sei dizer, mas o marquês de Montchenu, me parece, teria agido com mais propriedade se tivesse recusado receber ambos, ou se limitado a exigir apenas os feijões brancos".

Para evitar a humilhação de ser seguido por um oficial inglês, Napoleão não saía mais a cavalo. A falta de exercício e o clima úmido começaram a ter um efeito adverso em sua saúde, e em seu terceiro ano em Santa Helena, Napoleão se via frequentemente indisposto. Nestes dias ele ficava em seu quarto. Mas ele transformava até sua indisposição em uma arma contra Lowe. Um oficial inglês residia no terreno de Longwood, com ordens de ver Napoleão com seus próprios olhos duas vezes por dia. Napoleão se divertia imensamente em se tornar difícil de ser visto pelo oficial. Assim que o uniforme vermelho era avistado no jardim, Napoleão abaixava as persianas. Ele então observava o oficial com seu telescópio ou seus binóculos de Austerlitz através de um buraco nas persianas e retomava sua rotina apenas depois que o oficial partia. Era como uma nova campanha, sem armas, mas com a honra de cada lado em jogo. Um oficial, o capitão Nicholls, começou a usar um telescópio para avistar Napoleão. Outro precisou espiar um dia pela janela enquanto "a pessoa que residia em Longwood" se esticava até o pescoço em sua banheira de cobre. Isto foi demais para Napoleão. Pulando para fora de sua banheira, ele irrompeu pela porta como a natureza o fez e colocou o oficial embaraçado para correr.

Este novo desenvolvimento da batalha dava certo entusiasmo aos dias de Napoleão. Era diferente de ler os jornais, que o deixavam invariavelmente triste. O clímax veio quando ele se manteve escondido por dois meses inteiros. Nenhum oficial conseguia avistá-lo. Finalmente o próprio Lowe foi a Longwood, sem saber se Napoleão estava doente, se fingia estar doente ou mesmo, horror dos horrores, havia escapado. Ele viu Montholon e foi assegurado de que o prisioneiro ainda estava em Longwood. Informado da visita de Lowe, Napoleão observou: "O que o homem quer? Emitir uma convocação a cada manhã como o carcereiro fazia com o filho de Luís XVI: 'Capeto, você está aí?'".

Napoleão, em resumo, gostava de posar de vítima da injustiça, sabendo perfeitamente que ele era o mestre, e Lowe a vítima. Ele agiu tanto sobre a tendência de Lowe à preocupação que o governador finalmente se rebaixou aos truques mais perversos. Ele instruiu seu ordenança que chegasse sorrateiramente perto das janelas à noite, encostasse o ouvido nelas e observasse pelas frestas das persianas. Ele disse a seu secretário que "mandaria furar um buraco no teto, se ele não aparecesse, e colocaria pessoas ali para olhar pelo buraco e observá-lo". Uma vez, quando Napoleão estava deitado na cama, adoecido, o capitão Nicholls, por consideração ao doente, bateu suavemente na porta de Longwood, pelo que Lowe repreendeu Nicholls: ele no futuro deveria bater na porta como bateria em qualquer porta comum.

Em outubro de 1819, a primavera chegou a Santa Helena, e Napoleão começou a sentir vontade de sair. Ele decidiu mudar suas táticas de batalha. Na frente de Longwood, havia um pequeno jardim, que Napoleão anunciou que transformaria em um grande jardim. A regra era que as sentinelas noturnas deveriam estar posicionados nos limites do jardim, no momento a doze metros da casa. Agora, e se estes limites fossem aumentados para 24 metros! Não apenas ele ganharia território, ele também faria recuar os espiões de Lowe.

Napoleão começou a acordar todas as manhãs às cinco e meia. Ele se vestia com uma camisa e calças de algodão leve, chinelos vermelhos e um chapéu de palha de abas largas. Ele jogou um tufo de terra na janela de um de seus criados. "Ali! Ali! Você ainda está dormindo?" Ele então cantava a primeira frase de uma ária famosa: "Você dormirá melhor quando estiver de volta a casa". Ali, piscando, abria a janela, "Vamos lá, preguiçoso", dizia Napoleão. "Não vê o sol?". Em outras manhãs ele variava o ritual e entonava com solenidade fingida: "Ali! Ali!" Oh! Alá! O dia está amanhecendo!"

Logo o pessoal todo da casa estava no jardim. Napoleão distribuía picaretas, ancinhos, enxadas, pás, carrinhos de mão e regadores. Ele mesmo começava a trabalhar com uma enxada, limpando o terreno, preparando-o para ser cultivado e acrescentando adubo. Em Ajaccio, há muito tempo atrás, eram amoras. Agora eram laranjeiras e pessegueiros, que ele empregava grupos de chineses para transplantar. Em alguns dias ele deixava a enxada e dirigia as operações, ainda usando seu chapéu de palha, encostado em uma bengala ou taco de bilhar. Como o ordenança observou em 26 de dezembro de 1819: "Vi o general Bonaparte de roupão esta tarde em um de seus pequenos jardins. Eles não estão fazendo nada além de transplantar árvores. Mesmo hoje, embora seja domingo, eles estão movendo pessegueiros com frutos. Eles estiveram transportando carvalhos jovens totalmente folhados, e as árvores provavelmente sobreviverão, mas as folhas caem como se fosse outono".

Os carvalhos sobreviveram, duas fileiras deles em frente às janelas da biblioteca, 24 no total. Napoleão também fez duas piscinas decorativas, uma contornada com pedras, a outra com madeira, e as encheu de água encanada. Abrindo uma torneira, ele podia fazer as fontes brincarem à vontade. Não eram exatamente as Grandes Eaux de Fontainebleau, mas no terreno rústico de Santa Helena, o jardim aumentado era um feito, e Napoleão o guardava zelosamente, não apenas das sentinelas noturnas, que agora tinham sido recuadas 24 metros, mas de animais errantes. Para com estes, Napoleão não demonstrava misericórdia. Ele atirou em um bode, três galinhas e um boi, que em várias ocasiões entraram em seu querido novo território.

Em seu jardim Napoleão colocou em teste as teorias sobre pesquisas de campo e a profundidade da formação das tropas. Estes eram um assunto favorito de conversas entre ele e Bertrand, e Napoleão se levantava até sete vezes por noite para anotar novas ideias que lhe ocorriam. Um dia ele pensou em um sistema para posicionar as fileiras de homens em terrenos em degrau. Bertrand não achava que funcionaria; ao que Napoleão mandou fazer um declive no jardim e convocou um valete. "Venha cá, Noverraz; você é o mais alto; posicione-se aqui; e vocês outros venham aqui." Tendo arrumado seus criados de acordo com

A ÚLTIMA BATALHA

a altura no declive, ele se posicionou atrás, dizendo, "eu que sou o menor ficarei na última fileira". Ele então levantou um bastão e fez mira sobre as cabeças deles, exclamando triunfantemente para Bertrand: "Bem, agora, não viu que disparei por sobre a cabeça de Noverraz?".

Novamente, Napoleão era o comandante, consciente de seu poder em seu pequeno, mas agora estendido, território próprio, continuamente ocupado na batalha com Lowe que dava razão a sua existência sem sentido. Agora ele se esconderia e deixaria o governador achar que ele estava seriamente doente ou até morrendo, outras vezes, com um brilho triunfante nos olhos, ele enviaria Montholon ou Bertrand com alguma nova repreensão ao "carrasco".

Assim Napoleão conseguiu passar os meses de seu exílio, guardado no meio do oceano por 2.280 soldados, dos quais 500 eram oficiais, por dois brigues continuamente patrulhando a costa irregular, por 500 canhões, com um toque de recolher forçado à noite. No centro desta vasta rede estava Hudson Lowe na Plantation House. De acordo com o comissário russo, "suas responsabilidades o sufocavam, o faziam tremer, ele se assusta com as menores coisas, gasta o cérebro em coisas pequenas". Seu olho continuamente se voltava para o semáforo de Longwood, que hora a hora passava uma série de sinais secretos: o general Bonaparte está bem; o general Bonaparte não está bem; o general Bonaparte saiu, devidamente acompanhado, além do cordão de sentinelas; e assim por diante, até o último sinal, uma bandeira azul, que Lowe continuamente temia ver: o general Bonaparte sumiu.

27

O fim

Durante seus cinco anos e meio em Santa Helena, até sua doença final, Napoleão permaneceu com o ânimo intacto. Ele odiava a ilha batizada em homenagem à mulher que havia encontrado a verdadeira Cruz, mas nunca se entregou ao desespero. Seu corpo podia estar prisioneiro, mas sua alma, ele gostava de dizer, ainda estava livre. Ele certamente tinha arrependimentos – por exemplo, de ter perdido Waterloo e de não ter morrido em algum momento supremo de sua carreira – mas o arrependimento nunca se tornou seu estado de espírito dominante. Seus pensamentos, conforme revelados em conversas, eram claros, incisivos e positivos. Ele ainda conseguia, nessa rocha abandonada, ser ele mesmo. Quando seu uniforme verde escuro de coronel se tornou desbotado pelo sol tropical, ele se recusou a mandar fazer um novo com o único tecido disponível, um verde feio com uma coloração amarelada; em vez disso ele virou do avesso o surrado uniforme velho e o usou orgulhosamente daquela forma.

Sua contínua força moral, que se expressava na batalha com Lowe, era composta parcialmente de esperança. Napoleão continuava esperando que um novo governo chegasse ao poder na Inglaterra e o libertasse. Ele planejava viajar de navio até a América e, naqueles dias entusiastas, via-se comandando a luta pela independência que na época era travada na Venezuela, no Chile e no Peru. "Eu moldarei a América Latina em um grande Império."

O outro elemento na força de Napoleão era a convicção de que suas conquistas na França persistiriam e que seus princípios triunfariam no final. Esta convicção era expressa em seus escritos. Os anos em Santa Helena foram anos criativos. Lá Napoleão ditou livros inteiros sobre suas campanhas; ele também discutiu os principais eventos de sua vida com seus amigos, que registraram tudo; ele leu publicações sobre seu reinado à medida que elas apareceram e cor-

O FIM 427

rigiu erros. Ele considerava importante a tarefa de correção dos erros. Ele lutava uma batalha inglória para preservar os fatos como os via, e suas intenções, como as lembrava. Ele queria entrar para a história sem distorções.

Napoleão escreveu com afeição especial sobre o Egito. Ele se arrependia de ter deixado o país – "a chave geográfica para o mundo" – e abandonado o que, em retrospecto, parecia uma possível carreira como imperador do Oriente. Ele sentia que teria sido mais bem-sucedido nesse papel. Talvez sim, já que ele era excelente em fazer apelos pessoais ao povo; ao mesmo tempo, a importância que atribuía à família e o elemento conservador em seu pensamento teriam encontrado eco no Oriente. Lá ele poderia ter criado um estado que espelhasse o que tinha sido bom no passado e mais imune às mudanças sociais resultantes do progresso tecnológico. Ou, ao menos, ele gostava de pensar assim.

Na Europa os acontecimentos haviam se desenrolado exatamente como Napoleão tinha previsto. A Rússia e a Prússia haviam engolido a Polônia, a Áustria estava de volta ao norte da Itália, os Bourbon em Nápoles. Em Roma, Pio VII tinha restaurado o *Index Librorum Prohibitorum* e a Inquisição. Na Inglaterra, uma multidão reunida para ouvir discursos sobre reforma parlamentar fora cercada pela milícia; onze pessoas tinham sido mortas, mais de quinhentas feridas, e que ironia chamar isso de Peterloo! Os franceses também haviam regredido uma geração, e em 1820 foi aprovada uma lei dando aos eleitores ricos dois votos em vez de um.

A reação de Napoleão foi dupla. Em primeiro lugar ele enfatizou que seu trabalho construtivo permanecia: o Código Civil, as estradas alpinas, as docas em Cherbourg e Antuérpia e muito mais. Quando os Bourbon retornaram a Nápoles, eles se apressaram para ver as melhorias em seus palácios feitas pelos franceses. *"Papa mio"*, teria dito um dos jovens príncipes ao rei, após admirar a elegante vila em Portici. *"Se nós apenas tivéssemos ficado longe por mais dez anos."*

A segunda reação de Napoleão aos obstinados da Europa foi uma confiança silenciosa. Ele tinha certeza de que os direitos do homem acabariam prevalecendo, mesmo em países governados por monarquias absolutistas; e também de que os italianos e os alemães alcançariam a unidade nacional. Ele depositava grandes esperanças em seu filho, a quem acreditava que um dia os franceses elevariam ao trono. Napoleão II, em paz, aplicaria os princípios que seu pai havia conquistado pela espada. Ele queria que Joseph e Lucien ajudassem seu filho. Joseph, que estava vivendo nos Estados Unidos, deveria casar suas filhas com descendentes de Washington ou Jefferson, e em seguida retornar à Europa; Lucien deveria casar seus filhos com as famílias principescas de Roma, na esperança de um dia produzir um cardeal ou papa útil para o jovem Napoleão. Curiosamente, um dos netos de Lucien realmente se tornou cardeal. Mas a principal esperança de Napoleão naufragaria com os problemas de saúde do jovem Napoleão, que havia herdado a tendência de sua mãe à tuberculose e morreria em 1832, aos 21 anos de idade.

Napoleão também era otimista em relação à política mundial. Ele previu que a Índia e todas as colônias inglesas alcançariam a independência. "O sistema colonial está acabado." Em Santa Helena ele se deparou com o problema racial e, enquanto reconhecia suas dificuldades, acreditava que este seria resolvido permitindo que cada homem tivesse duas esposas, desde que fossem de raças diferentes. "Os filhos de ambas, criados sob o mesmo teto e em pé de igualdade, iriam, desde a infância, aprender a se considerarem iguais, e nos laços de relacionamento a esquecer-se da distinção de raça." O único medo de Napoleão continuava sendo a Rússia. "Se a Rússia estruturar a Polônia", ele disse ao lorde Amherst, "ela será imbatível".

Napoleão estava em uma posição singular porque havia acumulado ampla experiência, ainda estava na meia-idade e, portanto, não amargurado, e tinha prazer em expressar suas opiniões sobre muitos assuntos. Sobre a guerra ele tinha algumas poucas conclusões gerais a fazer: "Lutei sessenta batalhas, e lhe asseguro que não aprendi nada em todas elas que não soubesse na primeira". Isso ilustra a questão de que Waterloo foi perdida porque as táticas de Napoleão permaneceram as mesmas e se tornaram conhecidas por seus oponentes. Sobre a Inglaterra ele tinha muito a dizer. Ele considerava os ingleses o povo mais corajoso da Europa e seu parlamento "uma ótima instituição" – "tudo sobreviverá ao atual regime". Mas eles são, disse após ler Hume, "uma raça feroz". "Pense em Henrique VIII se casando com *Lady* Seymour um dia após ter decapitado Ana Bolena. Nunca teríamos feito algo assim na França. Nero nunca cometeu crimes desse tipo. E a rainha Mary!". Sem dúvida ele estava relembrando Barrow e suas primeiras leituras. "Ah! A lei Sálica é um programa excelente." Finalmente, sobre um aspecto do estilo de vida inglês, Napoleão tinha a dizer o seguinte: "Se eu fosse uma mulher inglesa, me sentiria bastante desconcertada ao ser afastada por duas ou três horas enquanto eles se embebedam com seu vinho".

As mulheres apareciam muito nas conversas de Napoleão. Ele falava livremente sobre suas amantes e um dia as contou em seus dedos da mão para Bertrand, todas as sete. Amor e sentimentos monogâmicos, ele dizia, não eram naturais, mas um produto da sociedade, assim como os padrões de casamento: "os judeus e atenienses se casavam com suas irmãs". As mulheres, por natureza, não eram pudicas. Marie Louise, em sua primeira noite na cama com ele, havia dito "faça novamente". Quando Virginie, em *Paul et Virginie*, diz ao naufragar que

O FIM

429

preferia se afogar a tirar o vestido e revelar os seios, aquilo era uma enorme tolice inventada. Ele aprovava o fato de Marie Louise jamais ter lido um romance: romances, especialmente aqueles escritos por mulheres, falsificavam a vida dando muito espaço para o amor.

Napoleão desfrutava da companhia de duas damas francesas em Santa Helena, ambas as esposas de seus oficiais. A mais velha, Albine de Montholon, havia sido casada três vezes; ela tinha um rosto bonito e vivaz, gostava de flertar e agradava Napoleão cantando músicas italianas ao piano. A mais jovem, Fanny Bertrand, era uma mulher da nobreza pertencente à distinta família franco-irlandesa Dillon. Fanny tinha trinta e poucos anos, era mais digna do que bonita, com um rosto longo e grandes olhos escuros. Ela era respeitável, e mais reservada que Albine – o secretário de Lowe a apelidara de "Madame Ombros Encolhidos" – mas ela possuía um bom coração e o dom de remediar brigas. Napoleão gostava de conversar com as duas. Quando elas entravam na sala de visitas, ele sempre se levantava e tirava seu chapéu; quando uma ou a outra ficava doente, ele ia todos os dias ficar ao lado dela. Albine gostaria de ter conquistado Napoleão e um dia ressaltou, com olhos enternecidos, "Alguns homens de 48 anos ainda se comportam como jovens", ao que Napoleão respondeu: "Sim, mas eles não tiveram de suportar tantas tristezas como eu".

Albine foi obrigada a retornar à Europa por problemas de saúde em 1819, e Fanny Bertrand se tornou a única mulher no horizonte de Napoleão. Ela significava muito para ele. Ela falava, e ouvia com compreensão; ela criava seus filhos com a mistura exata de disciplina e amor, algo que Napoleão estimava. Ele gostava de estar com ela e os filhos dela, ensinando a eles os numerais romanos no mostrador de seu relógio, oferecendo uma recompensa por aprenderem o Teorema de Pitágoras. Ele não era apaixonado por Fanny, mas ela era atraente para ele, como uma dama civilizada, como mãe e também uma esposa leal, um lembrete agridoce do que a felicidade conjugal podia ser.

Napoleão também falava com frequência sobre religião. Ele algumas vezes lia a Bíblia em voz alta e acenava com a cabeça em aprovação a cada detalhe topográfico que reconhecia, baseado em sua experiência, ser preciso. Sobre os Evangelhos, ele disse: "Parábolas muito bonitas, excelente ensinamento moral, mas poucos fatos". Eram fatos que sua mente exigia; apenas fatos podiam dar a ele provas. "Jesus não deveria ter realizado seus milagres em partes remotas da Síria, perante alguns poucos cuja fé pode ser questionada, mas em uma cidade como Roma, na frente de toda a população".

Quando estava com esse humor, Napoleão gostava de chocar Gourgaud, que era um bom católico "filhinho da mamãe". "Diga o que quiser", Napoleão afirmou ao jovem oficial, "tudo é matéria, mais ou menos organizada". A alma? Algum tipo de força elétrica ou magnética. E então, exagerando especialmente para Gourgaud, "se eu tivesse que ter uma religião, eu deveria adorar o Sol – a fonte de toda a vida – o verdadeiro Deus da terra". Se Cristo era Deus, o fato deveria ser evidente, como o Sol no céu. Mas ainda assim o materialismo não satisfazia Napoleão. "Apenas um louco declara que vai morrer sem um confessor. Há tanto que não sabemos, que não podemos explicar."

Napoleão queria saber. Nos velhos tempos ele havia tido algumas conversas esclarecedoras com o bispo Fournier sobre duas doutrinas que ele achava difícil engolir: o inferno e a não existência de salvação fora da Igreja. Com a mente atribulada, Napoleão queria ter mais discussões sobre o assunto. Em 22 de março de 1818 ele conseguiu que Bertrand escrevesse ao cardeal Fesch: "Sentimos diariamente a necessidade de um padre. Você é nosso bispo. Desejamos que você nos envie um padre francês ou italiano. Escolha um homem educado, com menos de quarenta anos, fácil de lidar, e sem preconceitos contra os princípios gálicos". Ele também pediu um médico francês com uma boa reputação e um *chef*.

Napoleão teve que esperar um ano e meio até ver os frutos desta carta. Ele estava contando com que Fesch agisse escrupulosamente. Ele, sem dúvidas, imaginava um santo sacerdote da estatura de Fournier ou Emery, um médico tão criterioso quanto Corvisart. Juntos, eles traiam a ele paz de espírito e saúde física. Mas a realidade se mostrou bem diferente. Em 21 de setembro de 1819 foram apresentados a Napoleão dois padres corsos, um com quase setenta anos, trêmulo e, como sequela de um derrame, quase incapaz de falar, o outro um jovem que tinha algum conhecimento em medicina, mas lia e escrevia com dificuldades. Como "médico", Fesch tinha enviado um assistente de autópsias corso de 31 anos chamado Antommarchi, que até então, como explicou, "havia lidado apenas com cadáveres".

Napoleão ficou terrivelmente desapontado. "O velho padre", disse ele a Bertrand, "não é bom para nada além de rezar missas. O jovem é um estudante. É ridículo chamá-lo de doutor. Ele estudou medicina durante quatro anos em Roma; é um estudante de medicina, não um médico. Antommarchi já havia lecionado, mas nunca praticou. Ele pode ser um excelente professor de anatomia, como Cuvier é de história natural e Berthollet de química, e ainda assim ser um péssimo médico" – um diagnóstico que se provaria bastante correto.

O que havia acontecido? Fesch estava vivendo em Roma, cuidando da mãe de Napoleão. À medida que envelhecia, Madame Mère, como todos os seus filhos, com exceção de Napoleão e Pauline, se tornara cada vez mais religiosa. Ela, e em menor grau Fesch, haviam se submetido à influência de uma vidente austríaca que morava em Roma, uma certa Madame Kleinmuller. Essa mulher afirmava ver, diariamente, a Virgem Santíssima. Ela dizia ver outras coisas também. Corriam boatos de que Napoleão fugira de Santa Helena, e um dia Madame Kleinmuller anunciou à mãe dele que em uma visão ela realmente viu Napoleão sendo transportado para fora do exílio por anjos. Madame Mère, cujas faculdades críticas estavam enfraquecidas pela idade, acreditou nas boas novas. Assim como Fesch. O cardeal escreveu a Las Cases, então na Europa, em 31 de julho de 1819: "Embora os jornais e os ingleses continuem fingindo que ele (Napoleão) ainda está em Santa Helena, temos razões para acreditar que ele deixou a ilha. Embora não saibamos onde ele está, nem quando irá se revelar, temos evidências suficientes para persistir em nossa crença... Não há dúvidas de que o carcereiro de Santa Helena força o conde Bertrand a lhe escrever como se Napoleão ainda fosse seu prisioneiro". Fesch havia enviado um grupo de homens de terceira categoria para Santa Helena porque acreditava que havia poucas chances de eles encontrarem Napoleão ao chegarem.

Napoleão fez o melhor que pôde. Ele transformou sua sala de jantar em uma capela e frequentava a missa ali todos os domingos, ressaltando: "espero que o Santo Padre não nos critique. Tornamos-nos cristãos novamente". Mas as conversas proveitosas sobre os fundamentos, estas ele nunca teve. O médico, como veremos, se mostrou um inútil. Apenas o *chef* provou ser uma aquisição valorosa a Longwood. Tinha sido Pauline, caracteristicamente, quem havia insistido em mandar seu próprio *chef*, Chandelier, e ele criou para o imperador exilado sobremesas deliciosas, como bolinhos de banana marinados em rum.

Depois de conversar, ler continuava sendo o maior prazer de Napoleão. Embora os jornais mais recentes o deprimissem, apreciava os jornais velhos com beiras amareladas, a caminho de se tornar história, e muitas vezes mergulhava em um conjunto encadernado do *Moniteur*. Ele gostava de ler sobre suas campanhas, e ainda se empolgava com as batalhas antigas. Ele também lia habitualmente muito sobre história e encontrava no aprisionamento da rainha Mary da Escócia certas analogias a seu próprio infortúnio – "Que falsidade de Elizabeth não tê-la condenado à morte!". A história, dizia Napoleão, deveria explicar os motivos, e ele criticava Tácito por retratar Nero com uma maldade sem motivação. "Não acredito que Nero tenha ateado fogo a Roma. Por que ele teria feito isso? Que prazer isso daria a ele? Roma pegou fogo e, enquanto isso, é possível que Nero inadvertidamente tenha apanhado uma flauta. Mas ele certamente não apanhou a flauta porque se sentiu feliz com o incêndio."

O livro ao qual Napoleão recorria com mais frequência era *Paul et Virginie*, do autor do favorito de sua juventude, *La Chaumière Indienne*. É um romance sobre um garoto e uma menina, filhos de colonos franceses pobres, que crescem nas Ilhas Maurício, se apaixonam e se separam quando a garota vai terminar seus estudos na França, e finalmente são separados para sempre quando, retornando a Maurício, a garota se afoga em um naufrágio. Napoleão havia lido o romance quando era jovem, mas agora ele o lia inteiro ou em partes diversas vezes, e dizia que ele falava à sua alma.

Napoleão enxergava falhas na trama. Ele sabia que essas chamadas crianças da natureza tinham uma pequena propriedade; ele até calculou que a mãe de Virginie devia desfrutar de uma renda anual de três mil francos. Ainda assim Napoleão adorava o romance, e não é difícil enxergar o motivo. Maurício, no oceano Índico, era exuberante, bonita e abençoada com um clima saudável: era tudo que Santa Helena jamais seria. Paul plantando mamões era uma versão mais feliz dele mesmo, que havia plantado amoras em Ajaccio e carvalhos em Longwood. Virginie era Joséphine na Martinica. Todos os personagens principais eram humanos, calorosos, generosos. O amor desempenhava um papel central na vida deles, como havia feito na sua. Mas o amor terminava tragicamente. Napoleão havia escrito sobre o amor com um final exatamente assim 25 anos antes, em *Clisson et Eugénie*; e duas vezes, na vida real, sua história tinha se tornado realidade. Agora, no final, como Paul, ele estava sozinho e angustiado. Porque resumia alguns dos principais temas de sua vida, e os elevava, em uma delicada ilha distante, ao nível de um idílio, *Paul et Virginie* foi o livro favorito de Napoleão em Santa Helena.

A alternância entre chuva e vento seco em sua rocha no Atlântico não combinava com Napoleão. Durante seus dois primeiros anos na ilha ele desfrutou de ótima saúde, mas depois começou a sofrer uma série de pequenas doenças. Por causa das restrições às suas cavalgadas, ele vivia confinado e isso trouxe problemas a seu fígado. Em janeiro de 1819 ele teve um súbito ataque de vertigem e um cirurgião naval, John Stokoe, teve que ser chamado. Stokoe diagnosticou hepatite. "Isso era perigoso?", Napoleão queria saber. Stokoe disse que o fígado poderia supurar. "Se ele estourar na cavidade do estômago, será mortal." Cerrando seu punho, Napoleão disse: "Eu viveria até os oitenta anos se não tivessem me trazido para este lugar indigno".

Lowe ficou insatisfeito com o diagnóstico de Stokoe, que corroborava a alegação de Napoleão de que o clima de Santa Helena não era saudável, e com a atitude solidária do cirurgião para com seu prisioneiro. Ele levou Stokoe à corte marcial e o demitiu do serviço.

Napoleão continuou sem um médico por oito meses, recusando-se, claro, a aceitar qualquer um escolhido por Lowe. Então Antommarchi chegou. "Acredi-

O FIM

to no médico, não na medicina", Napoleão disse certa vez, e desde o início ele não acreditou em Antommarchi. Não apenas o vistoso jovem corso era imensamente convencido, mas ele tinha uma atitude cínica e debochada em relação à vida, algo que Napoleão jamais poderia suportar.

Em julho de 1820 Napoleão adoeceu novamente. Desta vez ele teve severas náuseas e dores em seu lado direito, "como pontadas de um canivete". Embora Bertrand achasse que a doença não tinha conexão com seu antigo problema, Antommarchi despreocupadamente diagnosticou hepatite, receitou muitos exercícios e fez um uso abundante de enemas. Napoleão não respondeu ao tratamento. Na verdade, ele perdeu peso. Não era brincadeira ficar doente em uma ilha remota, a 8.000 km de sua esposa e filho. Napoleão começou a se sentir temerosamente sozinho e temerosamente triste.

Com os filhos de Bertrand crescendo, Fanny decidiu que eles deveriam ter educação europeia. Ela convenceu o marido de que seria uma boa ideia levar ela e as crianças de volta à Europa, e depois retornar para continuar cuidando de Napoleão. Quando soube do plano de Fanny, Napoleão ficou profundamente aborrecido. Suas conversas com ela significavam muito para ele. Ele a havia considerado uma amiga fiel. Mas, na verdade, ela não era. Ela o estava abandonando – em duplo sentido: abandonando como imperador e abandonando como homem. Evidentemente, ele não era bom o bastante para ela. Na atmosfera constrita de Longwood, com sua saúde já desmoronando, Napoleão via a proposta da partida de Fanny como uma afronta à sua masculinidade.

A partir dali Napoleão passou a construir uma fantasia irracional. Fanny, ele decidiu, não era o que parecia. A digna filha da família Dillon era na verdade "uma prostituta, uma mulher baixa que dormiu com todos os oficiais ingleses que passaram por sua casa... a mais degradada das mulheres". A ideia o obcecou tanto que ele chegou ao ponto de falar sobre isso a Bertrand: "Você deveria ter se casado com uma prostituta". Ele acrescentou que ele mesmo tinha planejado dormir com Fanny. Mas agora ela iria partir, e Napoleão deu a entender que já ia tarde.

Tudo isso era fantasia, uma violenta liberação de uma imaginação terrivelmente afligida pela solidão, uma masculinidade esmagadoramente humilhada. A mesma fantasia se manifestou em outras pequenas formas: por exemplo, falando de Désirée Clary, Napoleão se jactou a Bertrand de ter "tomado" a virgindade dela: uma afirmação desmentida por todas as evidências, e em outra ocasião ele declarou que em 1815 deveria ter cortado as cabeças de toda a oposição. Estas eram bravatas insignificantes, ainda que compreensíveis, de um homem de quem se retiravam todas as forças.

Em janeiro de 1821, Napoleão construiu uma gangorra na sala de bilhar, mas essa máquina engenhosa não conseguiu restituir sua saúde. Os vômitos continuaram; a dor piorou: Napoleão agora a comparava a uma lâmina. No começo de fevereiro Napoleão não conseguia manter no estômago sequer os pratos mais leves de Chandelier. Ele comia sopa, araruta, gelatina; e suas bochechas rechonchudas afundaram.

Em 17 de março Napoleão saiu para o que viria a ser seu último passeio de carruagem; ao retornar ele vomitou e foi para a cama. Antommarchi, que gastava a maior parte de seu tempo passeando ou conversando em Jamestown, sempre parecia estar ausente em uma crise. Ao voltar ele examinaria Napoleão, que a essa altura estava um pouco melhor, e anunciaria brilhantemente, "pulsação normal". Mesmo então Montholon não conseguia convencer Antommarchi de que o imperador estava muito doente: com sua má disposição, o dissecador acreditava que Napoleão e Montholon estavam "exagerando" para que o governo inglês os levasse de volta à Europa.

Napoleão continuou a piorar e vomitar, enquanto lutava tenazmente para recuperar a saúde. Em 22 de março, Antommarchi decidiu que a causa podia ser uma gastrite aguda. Ele receitou duas doses de emético tartárico. Este era um medicamento pesado para um homem como Napoleão, que mais tarde comentaria, "meu organismo é como um elefante, você pode conduzi-lo com um fio, não com uma corda". Os eméticos causavam a Napoleão tamanho tormento que ele rolava no chão gemendo.

A partir daquele momento Napoleão perdeu completamente a confiança em Antommarchi e não tomaria mais seus remédios. Ele costumava dizer que os babilônios tinham a ideia certa em relação à medicina. Se alguém adoecesse, eles o colocavam do lado de fora de sua porta da frente, onde cada passante tinha que dar uma opinião, e se ele mesmo tivesse tido a doença ou dor, contar o que tinha funcionado para curá-lo. "Desta forma eles tinham a certeza de evitar remédios que haviam se mostrado fatais".

Enquanto isso, Hudson Lowe rondava. Ele se aproveitou da consternação na comitiva de Napoleão para entrar na casa de Bertrand, onde arrancou um pedaço do tecido de seu sofá, levando-o triunfantemente para sua esposa, "para mostrar a sujeira bestial permitida". Agora que Napoleão estava de cama, o metódico oficial não podia vê-lo, e Lowe declarou que se Napoleão continuasse se recusando a aparecer, a porta teria que ser arrombada. Como a melhor forma de satisfazer Lowe, Bertrand decidiu chamar outro médico. A escolha recaiu sobre o dr. Arnott, um escocês de 49 anos, cirurgião do 20º Regimento.

O FIM

435

Arnott fez exames em 2 de abril e disse a Lowe que a doença, qualquer que fosse, não era séria. Lowe deduziu a partir disso "que era uma doença da mente, não do corpo, o reflexo de sua conduta grosseira ali, e seu comportamento em relação a ele". De acordo com seu ajudante de ordens, Lowe "acrescentou com o sorriso de um tirano: 'se uma pessoa entrasse lá e fizesse um grande clamor, seria bem provável que o reviveria!'".

Napoleão continuou sofrendo da dor cortante na região lateral do ventre. O vômito o convenceu de que havia algo seriamente errado com seu estômago. Ele sempre tinha comido moderadamente, e nunca sofrera do estômago antes. Mas seu pai tinha morrido de câncer no estômago, e ele sabia que câncer podia ser herdado. Ele perguntou discretamente a Arnott se havia algo errado com seu piloro, a abertura do estômago para o duodeno. Arnott respondeu que, uma vez que o piloro fica embaixo do fígado, não havia como saber.

Napoleão, no entanto, se tornou mais e mais convencido de que tinha câncer, e pouca chance de se recuperar. Mas se tornou então uma questão de honra disputar cada centímetro do caminho. "Não tenho medo de morrer", ele disse a Bertrand. "A única coisa que temo é que os ingleses fiquem com meu corpo e o coloquem na Abadia de Westminster." Ele ainda via a vida como uma batalha, sendo seu corpo, consequentemente, um possível troféu homérico.

À medida que a seriedade da doença de Napoleão despontava sobre eles, os prisioneiros de Longwood mergulhavam em depressão. Os serviçais, com quem Napoleão sempre havia sido tão atencioso, se tornaram pálidos e infelizes, enquanto Bertrand e Montholon, em vozes abafadas, discutiam todas as formas que podiam pensar para ajudar aquele que era o amigo mais querido deles.

Apesar de sua dor e dos suadouros que a acompanhavam, os quais às vezes obrigavam que seus lençóis fossem trocados sete vezes por noite, Napoleão mantinha seu interesse pelos fatos, especialmente históricos. Após uma noite ruim em 3 de abril, ele disse que se sentia "como se tivesse a camisa de Dejanira em suas costas", e então pediu a Bertrand para descobrir mais sobre a camisa em um dicionário clássico. Em outra ocasião, quando lhe deram uma bebida com genciana, ele perguntou se a genciana era conhecida na época de Hipócrates.

O dia 9 foi muito ruim. Arnett o examinou novamente e confirmou a suspeita de que o foco da doença era o estômago. Napoleão precisava de alguém com ele durante a noite para trocar seus lençóis e Antommarchi foi consultado. Bertrand perguntou se o corso assumiria um turno ao lado de Montholon, Marchand e ele mesmo para ficar ao lado de Napoleão. Era um pedido razoável, já que Antommarchi estava recebendo nove mil francos por ano. Mas ele disse não. Seria muito cansativo, e o cansaço atrapalharia a precisão de seu julgamento. Ao ouvir isso, Napoleão ficou chocado e furioso. "Estou fazendo meu testamento, e tudo que ele levará serão vinte francos. Ele pode comprar uma corda e se enforcar".

Assim que percebeu que a doença de Napoleão era grave, Madame Bertrand tinha decidido não partir. Mas aos olhos de Napoleão ela ainda era uma desertora, e ele não a deixava entrar em seu quarto. À medida que enfraquecia, e sua memória se embaralhava, se convenceu de que tinha pedido a Fanny que fosse sua amante e que ela se recusara. Ela se tornou um símbolo da vida que fora negada a ele, e do prazer sexual que era uma expressão da vida. Assim como imaginou Fanny dormindo na vala com todos os oficiais ingleses que passavam, ele associou Antommarchi, a outra pessoa que o havia abandonado, à promiscuidade sexual. Antommarchi tinha atendido Fanny Bertrand durante uma recente indisposição e Napoleão vivenciou um pesadelo fantasioso dessas duas criaturas intensamente vívidas tramando contra ele, para tirar sua vida. De Antommarchi ele disse: "Eu nunca o perdoarei por atender uma mulher que se recusou a ser minha amante, e por tê-la encorajado a continuar me recusando".

Em 13 de abril, após estar de cama há quatro semanas, Napoleão começou a fazer seu testamento. Primeiro fez algumas anotações, respingando seus lençóis com gotas de tinta. Depois ditou o testamento a Montholon. Ele fez vários rascunhos em um período de três dias.

Napoleão começou dizendo que havia morrido na religião apostólica romana, no seio da qual havia nascido. Era seu desejo que suas cinzas repousassem nas margens do Sena "em meio ao povo francês, a quem tanto amei". "Cinzas" era uma alusão aos guerreiros de Homero: ele não tinha a intenção de ser cremado. Ele declarava que sempre estivera satisfeito com sua adorável esposa e pedia a ela que cuidasse de seu filho. Seu filho "deverá adotar meu lema – *Tudo pelo povo francês*". Napoleão falou com gratidão de sua "boa e excelente mãe" e outros membros de sua família. Ele perdoou Louis por ter publicado uma história de seu reinado na Holanda "cheia de falsas asserções e documentos forjados". Ele também perdoou os generais e estadistas que haviam traiçoeiramente se rendido em 1814 e 1815. Mas havia um grupo de pessoas que seu sangue corso, mesmo agora, jamais lhe permitiria perdoar. "Morro prematuramente, assassinado pela oligarquia inglesa e seu assassino contratado: a nação inglesa não tardará em me vingar."

Napoleão possuía pouco mais de sete milhões e meio de francos, seguros em um banco francês. Para seu filho ele deixou suas armas, selas, esporas, livros e roupas de cama e mesa – mas, de acordo com a tradição real, nenhum dinheiro. Para Montholon, que durante seis anos havia sido como um filho, ele fez sua

O FIM

maior doação: dois milhões de francos. Bertrand ficou com 500 mil francos, seu criado Marchand 400 mil e, os outros serviçais, somas proporcionais. A maioria de suas outras doações pessoais – 34 no total – foi para generais ou os filhos destes. O testamento no geral impressiona pela quantidade de amigos dos quais Napoleão lembrou nominalmente, voltando aos dias de sua infância.

Napoleão também reivindicou mais de 200 mil francos: o que havia economizado de seu salário do governo e sua propriedade na Itália. Disso, deixou metade para oficiais e soldados que haviam servido entre 1792 e 1815 e metade aos locais na França que haviam sofrido invasões.

Cinco dias depois de fazer o testamento Napoleão finalmente cedeu em relação à Fanny. Ele adicionou uma alteração, deixando um valioso colar de diamantes dividido igualmente entre ela, a filha dela, Madame de Montholon e suas filhas. Mais tarde ele permitiu que Fanny entrasse em seu quarto. Ele continuou acrescentando cláusulas até a noite de 28 para 29 de abril, quando legou ao filho todas as suas propriedades na Córsega. Essa cláusula adicional foi ditada a Marchand que, sem ter papel em mãos, a registrou na semiescuridão em uma carta de baralho.

O pai, a mãe e os irmãos de Napoleão reagiram ao prospecto da morte com uma repentina onda de orações, confissões e rituais religiosos. Mas Napoleão, durante seus últimos dias, continuou a observar o padrão de sua vida como um todo. Ele acreditava em Deus e em vida após a morte; ele não sabia se Cristo era Deus, mas igualmente ele não tinha provas do contrário; nas circunstâncias, então, jogava de acordo com as regras. Da mesma forma metódica como fez seu testamento, ele chamou o padre mais jovem, Vignali – a saúde fraca tinha forçado seu colega mais velho a partir – e pediu a ele, antes de morrer, que lhe desse a Santa Comunhão e a extrema-unção. "Você irá montar um altar na sala ao lado, expor o Sagrado Sacramento e fazer as orações para os que estão morrendo. Eu nasci na religião católica; quero cumprir os deveres que ela impõe e receber o amparo que ela fornece".

Tendo resolvido a respeito de seu espírito, o que seria de seu corpo? Mesmo nisso Napoleão cuidou de cada detalhe. Ele ditou uma carta a Montholon, que este deveria escrever a Lowe quando chegasse a hora:

"Monsieur le Gouverneur,

O imperador Napoleão deu seu último suspiro em........ após uma longa e dolorosa doença. Tenho a honra de comunicar esta informação ao senhor. O imperador me autorizou a comunicar ao senhor, se for de seu desejo, seus últimos pedidos..."

Napoleão disse a Bertrand que gostaria que seu coração, preservado em aguardente, fosse levado a Parma "para minha querida Marie Louise". "Você dirá a ela que eu a amei ternamente e que nunca deixei de amá-la." Metternich sugeriu que Marie Louise deveria consultar seu pai sobre a questão. As reações de Francisco foram, é claro, previsíveis. Por obediência ao seu pai e porque, disse ela, não queria que os restos dele fossem perturbados, a esposa de Napoleão recusaria seu coração. Alguns dizem que foi melhor assim, já que ela não mereceria o presente.

O autodiagnóstico de Napoleão estava correto e ele tinha câncer de estômago. É uma das doenças mais dolorosas. Um intenso tormento estomacal é acompanhado de náusea e vômitos. Analgésicos orais não podem ser ingeridos, e não se conhecia na época nenhuma outra forma para amenizar a dor. A alimentação vai se tornando mais restrita, e por isso o paciente fica gradualmente mais fraco. Um dia Napoleão comeu gelatina e waffles, no outro um pouco de carne picada. Ele pensava muito em sua comida. Se apenas ele conseguisse encontrar algo nutritivo e digerível. Ele estava se tornando dolorosamente magro. Comparando-o agora ao homem roliço que havia conhecido dezenove meses antes, Antommarchi considerava que o peso de seu paciente havia sido reduzido em três quartos. Um dia Napoleão avistou seu rosto consumido em um espelho e exclamou: "Pobre de mim!".

À medida que enfraquecia, ele começou a sentir frio, especialmente em seus pés, e o Sol se tornou importante para ele. Ele agarrou-se à imagem do Sol que fornecia vida e calor. Ele insistia em manter suas janelas abertas e, nos dias em que ainda estava bem o suficiente para se sentar em uma cadeira enquanto arrumavam sua cama, dizia "Bom dia, Sol! Bom dia, Sol, meu amigo!" ou balançava a cabeça em cumprimento.

Na manhã de 26 de abril, antes do amanhecer, ele pensou ter visto Joséphine. "Ela não me abraçou", ele contou a Montholon, "ela desapareceu no momento em que eu iria tomá-la em meus braços... Ela me disse que em breve nos veríamos novamente, para nunca mais nos separarmos; ela me garantiu isso – você a viu?".

Em 27 de abril Napoleão vomitou um fluido escuro que parecia borra de café, o que fez os dois médicos suspeitarem de uma lesão no estômago. Seus pés se tornaram tão frios que precisavam ser repetidamente aquecidos com toalhas quentes. No quarto apertado Napoleão se sentia oprimido – não havia "ar suficiente" – e ele pediu para ser levado para a sala de visitas. A mudança aconteceu no dia seguinte e marca um declínio das forças de Napoleão. Ele agora tinha dificuldades para ouvir o que lhe diziam; mais e mais sua memória se perdia.

O FIM

439

Em 29 de abril ele vomitou oito vezes. Isso o deixou exausto e com muita sede. Foi permitido que ele tomasse água de laranjeira, mas não café. "Lágrimas vieram aos meus olhos", conta Bertrand, "ao ver este homem que havia inspirado tanta reverência, que havia dado ordens tão orgulhosa e positivamente, suplicando agora por uma pequena colher de café, implorando permissão como uma criança, e não sendo atendido, repetindo outras e outras vezes os mesmos pedidos, sempre em vão, e nunca se enfurecendo".

Durante a noite, Napoleão se tornava obcecado por líquidos.

"Qual é melhor", ele perguntava a Bertrand, "limonada ou orchata?" – uma bebida refrescante feita de cevada ou amêndoas e água de laranjeira.

"Orchata é mais pesada e menos refrescante."

"Qual os médicos recomendam?"

"A que o senhor preferir."

"Mas limonada é tão boa quanto?"

"Sim, majestade."

"A orchata é feita de cevada?"

"Não, majestade. De amêndoas."

"Há alguma bebida feita de cerejas?" – a fruta favorita de Napoleão.

"Sim."

"De maçã?"

"Sim."

"De pera?"

"Não."

"Com amêndoas? Ah, sim, orchata. Com nozes?"

"Não."

"Nozes vêm de países frios e amêndoas de países quentes?"

"Sim, majestade."

Então ele começava novamente. "Existe alguma bebida feita com cerejas?"

"Sim, majestade."

Vinte vezes, entre a uma e as três da manhã, Napoleão repetiu as mesmas perguntas a Bertrand.

No dia 3 de maio os médicos viram que seu paciente não poderia viver muito mais tempo. Estava fora de questão receber a Sagrada Comunhão – ele mal conseguia engolir líquidos – mas o abade Vignali ministrou a extrema-unção, ungindo com a crisma as pálpebras, as orelhas, as narinas, a boca, as mãos e os pés brancos, para que os pecados cometidos através de cada um dos cinco sentidos pudessem ser perdoados, e recitando a antiquíssima oração: "Libertai, Senhor, a alma de vosso servo, como libertastes Moisés das mãos do faraó, rei dos egípcios; libertai, Senhor, a alma de vosso servo, como libertastes São Pedro e São Paulo da prisão."

O dia 4 foi de chuva e vento, o que desenraizou o salgueiro sob cuja sombra ele gostava de se sentar. Napoleão se sentia incomodado pelas moscas de outono que zumbiam ao redor de sua cama. Mas na maior parte do dia ele manteve suas mãos cruzadas sobre o peito, com os dedos entrelaçados.

Na noite do 4 para o 5 de maio ele começou a soluçar e entrou em delírio. O fim estava claramente muito perto. Duas vezes ele perguntou, "qual o nome do meu filho?" e Marchand respondeu, "Napoleão". Entre as três e às quatro e meia da manhã ele murmurou uma série de palavras desconexas. Montholon, que estava sentado a seu lado, pensou ter ouvido duas vezes *France – armée* [exército] *– tête d'armée* [comandante do exército] *– Joséphine*". Mais tarde ele foi acometido por um movimento convulsivo e se atirou de lado em direção ao chão. Montholon tentou contê-lo, mas foi atirado ao carpete. Então, como se estivesse lutando contra a própria morte, Napoleão segurou Montholon no chão com tanta força que o homem mais jovem não conseguiu sequer gritar por socorro. Um criado na sala ao lado ouviu o barulho; Bertrand e Antommarchi foram chamados e conseguiram colocar o paciente delirante novamente na cama.

Pouco antes do amanhecer do dia 5, Napoleão se acalmou, e permaneceu assim durante a tarde. Sua respiração se tornou lenta e enfraquecida. Antommarchi, sentado à cabeceira de sua cama, observava a pulsação no pescoço de seu paciente. Montholon ocasionalmente pressionava em seus lábios uma esponja embebida em água adoçada. A respiração se tornou mais e mais difícil. Napoleão permanecia imóvel, deitado de costas, com sua mão direita para fora da cama, e seus olhos fixos, sem qualquer sinal de sofrimento. Às 17h41 o sol se pôs e, à distância, ouviu-se o disparo de um canhão. Seis minutos depois Napoleão emitiu um suspiro. Este foi seguido, em intervalos de um minuto, por mais dois suspiros. Imediatamente após este terceiro suspiro, ele parou de respirar. Antommarchi gentilmente fechou seus olhos e parou o relógio. Eram 17h49 de 5 de maio de 1821 e Napoleão ainda não completara 52 anos.

Lowe foi imediatamente informado por Montholon através de uma carta, a mesma que Napoleão havia ditado uma semana antes. Ele não perdeu tempo e mandou um cirurgião do exército e um naval para se certificarem de que a notícia era verdadeira. Os cirurgiões fizeram isso de maneira simples, colocando suas mãos sobre o coração inerte de Napoleão. Na manhã seguinte o próprio Lowe chegou e foi levado ao quarto. Ele olhou para o prisioneiro que havia preenchido seus pensamentos, mas a quem ele não tinha visto por quatro anos e inclinou sua cabeça em silêncio.

O FIM

Napoleão havia expressado o desejo de uma autópsia, para que, caso o câncer fosse detectado, algum meio pudesse ser encontrado para preservar seu filho da doença. Lowe queria que a autópsia fosse executada imediatamente, mas os oficiais franceses protestaram contra essa pressa indecorosa, e ela foi adiada até à tarde. O corpo de Napoleão foi deitado sobre a mesa de bilhar e Antommarchi então atuou sozinho, habilmente abrindo as cavidades do tórax e do estômago. Ele observou "uma úlcera cancerosa bastante extensa, que ocupava especialmente a parte superior da superfície interna do estômago, e se estendia do orifício da cárdia até a distância de 2,5 cm antes do piloro". Sem dúvidas Napoleão tinha morrido de câncer no estômago. A notícia foi enviada naquela tarde pelo *Heron* à Inglaterra.

"Todos exclamaram quando o rosto foi exposto, 'Que lindo!'", já que todos os presentes concordaram que nunca haviam visto um semblante mais bonito ou harmonioso e plácido "– segundo o cirurgião Henry do 66º Regimento. O corpo de Napoleão havia sido exposto em seu uniforme verde escuro de Chasseur, aquele que tinha desbotado e sido virado ao avesso, e a guarnição e destacamentos ingleses do esquadrão naval, em uniforme completo, mas desarmados, vieram apresentar suas últimas condolências. Eles também ficaram impressionados com o rosto do imperador morto. Eles se ajoelharam, e alguns dos oficiais pediram permissão para beijar uma ponta da capa de campanha de Napoleão, com a qual seus pés estavam cobertos.

No dia seguinte o corpo foi disposto em um caixão de mogno forrado com cetim, tendo ao lado o coração, em um vaso de prata encimado por uma águia, aguardando pela decisão de Marie Louise. Em acordo com os desejos de Napoleão, Montholon colocou ao lado do corpo diversos napoleões franceses e italianos estampados com a imagem do imperador. O caixão foi então disposto na capela, envolto agora por 70 metros daquele tecido preto que sempre fizera Napoleão estremecer.

Napoleão havia expressado o desejo de ser enterrado às margens do Sena, mas Lowe tinha recebido ordens do governo inglês de que seu corpo não deveria deixar Santa Helena. Era preciso escolher uma sepultura adequada. Os amigos de Napoleão se lembraram de que uma vez ele visitara uma pequena nascente à sombra de salgueiros chamada Fonte de Torbett, e admirou sua beleza. Duas vezes ao dia ele recebia água apanhada dali e a usava para diluir seu vinho. Foi decidido enterrá-lo ao lado da nascente. Este não seria um local de descanso final, já que muitos anos mais tarde seu corpo seria levado de volta a Paris e enterrado ao lado do Sena. Mas provisoriamente uma cova foi cavada no solo rico em ferro, a 3,5 metros de profundidade, e revestida com pedras.

Às dez horas da manhã de 9 de maio o abade Vignali celebrou uma missa funerária. Após a missa, o caixão foi colocado em uma carruagem puxada por quatro cavalos e lentamente levado à Fonte de Torbett. Atrás da carruagem foi conduzido o último cavalo que Napoleão cavalgou, um cinza chamado Sheikh. A rota foi ladeada por soldados ingleses, com mosquetes invertidos, e suas bandas tocando uma marcha fúnebre.

Era um belo dia claro. Quando o cortejo chegou um destacamento de infantaria apresentou as armas. Bertrand retirou a espada de Napoleão do caixão, Montholon a capa de campanha, e o caixão foi colocado ao lado da sepultura, à sombra dos salgueiros. O abade Vignali abençoou o túmulo e recitou orações. Hudson Lowe perguntou ao general Bertrand se ele desejava dizer algumas palavras. Bertrand estava muito consternado para responder. Por isso nenhum discurso foi feito e nenhuma inscrição colocada na pedra branca cobrindo o túmulo: Bertrand queria apenas a palavra "Napoleão" inscrita, mas Lowe insistiu em Napoleão Bonaparte, e com isto Bertrand não concordaria.

Era agora meio-dia. A um sinal de Lowe, as cordas foram afrouxadas em preparação para baixar o caixão, enquanto os soldados dispararam três salvas de mosquetaria. Na seca linguagem militar do relato de Montholon: "O caixão foi baixado à sepultura, em meio aos registros de salvas de artilharia das fortalezas e dos navios da esquadra. A cova foi então coberta, e fechada com alvenaria em nossa presença, e ao lado foi disposta uma guarda de honra."

APÊNDICE A
Autores de memórias e Napoleão

A principal fonte a respeito da vida de Napoleão são seus próprios escritos: seus ensaios e notas de leitura quando jovem, suas cartas a Désirée Clary, a Joséphine e Marie Louise, suas cartas à família e os mais de trinta volumes de cartas, a maioria delas ditada, nas quais o vemos governando a França. Também são valiosas as cartas dos contemporâneos de Napoleão, transcrições das reuniões do Conselho de Estado e diários nos quais as palavras e ações de Napoleão foram registradas *sur le vif*. Nenhum destes materiais apresenta problemas especiais. O mesmo não acontece com as memórias daqueles que conheceram bem Napoleão: aqui enormes discrepâncias são encontradas, e surge daí o problema da credibilidade.

Primeiro, precisamos analisar o cenário. De 1815 a 1830, os inimigos de Napoleão governaram a França, e uma severa censura proibia a publicação de memórias favoráveis a ele. Não apenas isso, mas qualquer um que tivesse sido próximo ao imperador e desejasse um bom emprego deveria se curvar aos Bourbon. Seria tão irrealista esperar imparcialidade de memórias escritas nessa época quanto seria esperar, em 1943, imparcialidade de um seguidor do regime de Vichy em relação à De Gaulle. Além disso, temos que lembrar que a França trata seu passado recente de modo diferente dos anglo-saxões: eles têm uma deplorável fraqueza em lutar batalhas atuais ou futuras nos campos de batalha de antigamente, e foi um francês, Flaubert, quem disse: "História é a profecia olhando para trás."

Voltando agora a autores de biografias em particular, devemos tentar avaliar sua credibilidade. **Claire de Rémusat** era dama de companhia de Joséphine, e seu marido, superintendente de teatros. As cartas de Claire ao marido entre 1804 e 1813 resplandecem em afeição a Napoleão. Ela obviamente gostava dele como pessoa, e rezava constantemente por sua segurança. Mas quando escreveu suas memórias em 1818, pintou Napoleão como um homem sem coração ou alma, afirmou que ele era "incapaz de generosidade" e falou de seu "sorriso satânico". Ela lotou seu livro de cenas que, admite, não presenciou, mas que foram relatadas a ela por Talleyrand: em uma delas Napoleão é mostrado confessando a Talleyrand, após Leipzig: "Francamente, eu sou baixo, fundamentalmente baixo".

O que aconteceu? Por que a reviravolta? Após a anulação do casamento de Joséphine, Claire de Rémusat se bandeou para o círculo de Talleyrand e trabalhou para a restauração dos Bourbon. Em 1815, Talleyrand conseguiu com que o marido de Claire arranjasse um emprego de *préfet*. O filho de Claire também queria entrar para a política, mas sua mãe, como ex-dama de companhia da imperatriz arrivista, ainda era suspeita. Primeiro ela precisava se "limpar". Então Claire escreveu suas memórias, auxiliada e instigada por Talleyrand. Ela espalhou o manuscrito entre as pessoas mais importantes de Paris e assim se livrou de sua mácula napoleônica. Mas não as publicou. Ela não precisava e, além disso, tinha todos os motivos para acreditar que elas seriam recebidas com protestos por aqueles que sabiam a verdade sobre o que ela supostamente descrevia. Isso de fato viria a acontecer com as memórias de Bourrienne.

Louis-Antoine Fauvelet de **Bourrienne** tinha a mesma idade de Napoleão, com quem frequentou Brienne e a École Militaire. Em seguida ele deixou o exército para se tornar diplomata. Ele estudou idiomas na Alemanha e se casou com uma jovem alemã. Em 1797, Napoleão o nomeou seu secretário. Mas Bourrienne tinha o que Napoleão chamava de "olho de pega" e começou a desviar dinheiro. Quando Napoleão deu a Hortense uma casa em Paris como presente de casamento, Bourrienne pagou meio milhão de francos pela casa, mas cobrou um milhão de Napoleão. Ele repassava informações sobre os atos de Napoleão aos interessados por 25 mil francos mensais. Napoleão teve que demiti-lo em 1802, mas o enviou a Hamburgo em 1804 como *chargé d'affaires*. Ali Bourrienne manteve um rentável comércio de passaportes forjados e cobranças ilegais. Uma comissão especial de investigação descobriu, em 1810, que Bourrienne havia desviado dois milhões de francos. Napoleão o removeu de seu posto e ordenou que ele devolvesse metade do valor.

Após a queda da França, Bourrienne correu até Talleyrand, que, em 1º de abril de 1814, o nomeou ministro dos Correios, ao mesmo tempo em que o Governo Provisório cancelou a ordem de devolução de um milhão de francos. Mais tarde, Bourrienne se tornaria ministro de Estado. Mas ele continuou a especular, perdeu seu cargo e, para escapar de credores, fugiu para Bruxelas. Um editor chamado Ladvocat o convenceu a escrever suas memórias como uma forma

APÊNDICE A   445

de pagar suas dívidas, trouxe-o de volta a Paris e o instalou em um pequeno quarto. Mas Bourrienne não escreveu coisa alguma. Tudo que ele fez foram algumas anotações sobre as quais, posteriormente, seus dois primeiros volumes foram baseados. Em relação aos outros oito volumes, eles foram escritos pelo *ghost-writer* Maxime de Villemarest, um diplomata fracassado transformado em jornalista, um incansável "autor-fantasma" de memórias – ele inclusive desenvolveu as notas de *Mademoiselle* Avrillon, a arrumadeira de Joséphine – e admirador de Talleyrand, cuja biografia ele também viria a escrever. Em 1834, Bourrienne morreu em um hospício.

Portanto, as memórias que aparecem sob o nome de Bourrienne entre 1828 e 1830, e pelas quais ele recebeu 6 mil francos, dificilmente eram algo além de uma caricatura da vida de Napoleão, inventada para o público leitor de Luís XVIII, com seu tom determinado por um amargo inimigo pessoal, cuja mente já estava se tornando desarticulada. Isso ficou totalmente claro em 1830, quando um grupo de homens liderado pelo conde Boulay de La Meurthe apontou os principais erros factuais em um livro de 720 páginas: *Bourrienne et ses erreurs*. Ele jamais teria passado pelos censores franceses, e foi publicado em Bruxelas.

A mais irônica falsidade nas memórias de Bourrienne é a declaração de que Napoleão não tinha amigos e não dava qualquer importância à amizade. A verdade é que Napoleão sofreu bastante para silenciar o escândalo dos desvios de Bourrienne, e foi precisamente por lealdade a um amigo de infância que ele não desgraçou Bourrienne publicamente, primeiro em 1802, depois em 1810.

Nas memórias de Bourrienne é dito que, quando foi ao Egito, Napoleão já havia decidido se tornar governante da França e estava apenas esperando o momento certo. Isto, claro, se somava à lenda já espalhada pelos Bourbon de que Napoleão era um arrivista movido do início ao fim por sua ambição pelo poder supremo. A afirmação de Bourrienne é desmentida por todas as evidências contemporâneas, mas foi um dos erros que mais atrapalharam a interpretação do caráter de Napoleão.

Antes de morrer em 1829, Paul **Barras** deixou seus registros autobiográficos com Rousselin de Saint-Albin, fundador do jornal *Le Constitutionnel* e um ardoroso apoiador dos Bourbon. Rousselin transformou as anotações em um livro, mas na época em que o concluiu, o Segundo Império havia chegado e o mercado estava fraco para memórias antinapoleônicas. O livro foi finalmente publicado em 1895-1896.

Barras jamais conseguiu perdoar Napoleão por tê-lo removido do alto escalão, e escreveu suas memórias com a intenção de denegrir o homem que tinha ajudado a fortalecer. A ideia central de Barras é de que Napoleão era uma figura boba, um tolo provinciano antes que ele, Barras, o conduzisse e generosamente abrisse o caminho para a fama. É interessante como cada um dos homens que caluniou Napoleão o fez em termos de suas próprias fraquezas particulares. Bourriene, que havia sido tão desleal, afirmou que Napoleão é que era um mau amigo, enquanto Barras, cuja fraqueza eram as mulheres, tenta mostrar que Napoleão estava pronto a sacrificar mulheres por sua carreira. Daí a afirmação de que Napoleão se casou com Joséphine, a amante de quem Barras havia se cansado, para obter o comando italiano. Mas, antes disso, Barras pinta um quadro ainda mais extraordinário. Sabendo que Napoleão estava com dificuldades financeiras, ele sugere que este se case com uma abastada atriz já sem tantos encantos, chamada *Mademoiselle* Montansier; Barras então descreve Napoleão pedindo a atriz em casamento e sendo rejeitado. Quando analisamos os fatos, descobrimos que Napoleão tinha então 26 anos e sua possível noiva não menos de 65. A ideia de Napoleão propondo casamento a uma mulher de 65 anos não apenas é intrinsicamente improvável, mas vai claramente contra o que conhecemos de sua personalidade, e não é comprovada por nenhuma outra evidência. Isso é típico das memórias como um todo, portanto o relato de Barras sobre a ascensão de Napoleão ao poder deve ser tratado com a máxima cautela.

Talleyrand foi demitido por Napoleão em 1807 pelo mesmo motivo pelo qual Bourrienne foi afastado: tendência ao roubo. Depois disso Talleyrand trabalhou pelo retorno dos Bourbon, aceitando enormes subornos tanto do governo austríaco quanto do russo. Ele certa vez disse que o homem ganhou olhos na frente da cabeça, não atrás, e, portanto deveria olhar para a frente, não para trás. E quando escreveu suas memórias entre 1811 e 1816 Talleyrand certamente visava à sua carreira futura. Seu tema central é de que desde a Revolução ele vinha trabalhando para os Bourbon, e seu último editor, Paul Léon, não hesita em chamá-las de "uma manobra política".

O tratamento dado por Talleyrand à execução do duque d'Enghien é um exemplo revelador de como fatos históricos se tornam distorcidos por razões políticas na mitologia das memórias. Talleyrand, sabemos, encorajou Napoleão a capturar o duque, embora ele vivesse em território alemão, e, no dia 8 de março de 1804, escreveu a Napoleão: "Os homens de Frutidor estão tramando com os Vendéens. Um príncipe Bourbon os está instruindo. Eles pretendem assassiná-lo. Você tem o direito de se defender. A justiça precisa infligir punições rigorosas e ninguém deve ser poupado." Em 1814, pouco antes de os Bourbon entrarem em Paris, Talleyrand destruiu todos os documentos que o incriminavam na execução do duque. Em suas memórias ele estava livre, portanto, para perpetuar uma mentira: de que havia fei-

APÊNDICE A

to tudo que podia para dissuadir Napoleão. "Este assassinato", ele escreve, "nunca poderia ser justificado ou perdoado. Ele nunca foi".

Mas essas memórias foram ainda mais distorcidas. Elas foram ampliadas após a morte de Talleyrand, por Bacourt, sob as ordens da sobrinha de Talleyrand, a duquesa de Dino, que estava determinada a apresentar seu tio sob a ótica mais favorável possível. Lacour-Gayet encontrou partes dos manuscritos originais de Talleyrand (a maioria havia desaparecido) e as comparou ao texto de Bacourt, da forma como foi publicado em 1891-1892. A comparação revelou uma série de alterações fundamentais. Por exemplo, Bacourt acrescenta nada menos do que 32 linhas à entrevista em Nantes na qual questões espanholas foram discutidas. Ele apresenta Talleyrand – que havia instado Napoleão a destronar os Bourbon da Espanha – como um defensor do rei espanhol, preocupado em corrigir os erros cometidos contra a dinastia espanhola, e ele é até retratado cobrindo Napoleão de reprimendas ofensivas!

Outro a trair Napoleão foi o marechal **Marmont**. Ao escrever suas memórias, que foram publicadas em 1856, quatro anos após sua morte, Marmont tentou justificar sua traição da única forma que podia: apresentando Napoleão como um déspota, que precisava ser derrotado a qualquer preço. Ele nos dá poucos detalhes novos, apenas insultos generalizados. Por exemplo, sob o ano de 1812 ele descreve Napoleão como "blasé, indiferente a tudo, acreditando nos fatos apenas quando eles concordam com suas paixões, interesses e caprichos, satanicamente orgulhoso e desprezando totalmente todos os homens". Sua visão de Napoleão sempre foi tratada com suspeitas, pois na época em que escreveu suas memórias, o nome de Marmont havia entrado para a língua francesa como um sinônimo de "traidor", tanto quanto o de Quisling na II Guerra Mundial.

Duquesa d'Abrantès. Laure Permon foi vestida como um garoto até os oito anos de idade e durante toda a sua vida demonstrou assertividade masculina. Ela era bem conhecida como uma espirituosa criadora de problemas e uma perdulária que fazia quase qualquer coisa por dinheiro. Ela atraiu a inimizade de Madame *Mère* e Pauline, e se aliou aos monarquistas: Napoleão não permitiria sua presença em uma área a 80 km de Paris. Laure recebeu bem os Bourbon, mas a restauração não colocou um fim aos seus problemas financeiros. Ela se tornou amiga do jovem Balzac, forneceu a ele material para seus romances e em troca foi encorajada a escrever suas memórias. Quando Balzac viu seus rascunhos, ele exclamou *"C'est de l'argent vivant"*.* Ele não estava muito enganado, pois com sua ajuda Laure vendeu seus 18 volumes de memórias pela enorme soma de 70 mil

---

* "Isto é dinheiro vivo." (N.T.)

francos. Ela havia se tornado uma viciada em ópio quando elas foram publicadas em 1835, e as memórias são mais fantasia do que fatos. Laure se especializa em longas conversas íntimas com Napoleão, nas quais o imperador abre seu coração a ela sobre todos os assuntos, de literatura a política internacional – ele que nunca confiou um único segredo sequer a uma mulher. Desacreditadas por historiadores mesmo quando apareceram pela primeira vez, as memórias de Laure tiveram sua apreciação ainda mais reduzida desde a descoberta e publicação, em 1927, de seus sensacionalistas *journal intime* e *cahier rouge*.

Chaptal. Jean Chaptal se tornou o ministro do Interior de Napoleão em 6 de novembro de 1800. Humanitário, fez bem seu trabalho e se especializou em melhorar hospitais. Em 1804 ele renunciou, evidentemente por orgulho ferido, quando soube que Napoleão o havia superado nas preferências de uma atriz da Comédie Française, *Mademoiselle* Bourgoin. Ele recebeu um assento no Senado, mas nunca retornou ao alto escalão como gostaria de ter feito. Quando Napoleão caiu em 1815, Chaptal quis retomar seu papel na política, mas antes, como Claire de Rémusat, tinha que se curvar perante os Bourbon. Em 1817 ele escreveu suas memórias, que circularam nos salões corretos, mas não foram publicadas, e em 1819 recebeu sua recompensa de Luís XVIII na forma de uma cadeira na Câmara dos Pares. Ali Chaptal desempenhou um papel ativo até sua morte em 1832.

Ele é lembrado hoje como o homem que colocava açúcar no vinho para fazê-lo durar, mas em suas memórias ele acrescentou pouca doçura. Publicadas em 1892, elas seguem a linha de que quando ele, Chaptal, serviu como ministro, Napoleão era liberal; mas assim que se tornou imperador se transformou em um déspota. Como Eugène Melchior de Vogüé observou, quando ele as analisou no ano de sua primeira publicação para o *Revue des Deux Mondes*, as memórias de Chaptal são encobertas por uma curiosa animosidade, decorrente talvez do episódio com a atriz. Mais importante para nosso propósito é a contradição entre o comportamento de Chaptal sob o Império com a visão expressa em suas memórias de que Napoleão tinha a essa altura se tornado um déspota ao qual nenhum homem decente poderia servir. Descobrimos que Chaptal fez um discurso entusiasmado em defesa de Napoleão em 1806 e foi recompensado se tornando conde de Chanteloup. Em novembro de 1813 ele conduziu o Senado a conceder permissão a Napoleão para escolher por conta própria o presidente do Corpo Legislativo, e em dezembro aceitou um cargo como encarregado especial na região de Lyon para apoiar a autoridade de Napoleão. Ele se voltou contra Napoleão apenas em 31 de março de 1814. Durante os Cem Dias, no entanto, aceitou o cargo de diretor-geral de Comércio e Indústria, se tornou ministro e em junho fez um discurso elogiando tanto o *Acte additionel* quanto Napoleão,

APÊNDICE A

"héros qui a épuisé toutes les sources de la gloire militaire de chercher à se rivaliser, à se renouveler, à se surpasser par la conquête de la gloire civile". * Prefiro acreditar no que Chaptal disse e fez na época do que naquilo que escreveu para os Bourbon anos mais tarde; por esta razão trato suas memórias com grande cautela.

O Barão **Thiébault** é outro que se uniu aos Bourbons e fez um bom trabalho ao circular um manuscrito no qual insulta não apenas Napoleão, mas todos os homens da Revolução e do Império. A partir das anotações de Thiébault, um jornalista *ghost-writer* chamado Calmettes criou memórias que foram publicadas em 1893-94, meio século após a morte de Thiébault. Sua parcialidade foi reconhecida há muito por historiadores.

Miot de Melito, por outro lado, não serviu aos Bourbon. Ele havia sido um amigo próximo de Joseph, que o empregou em Nápoles e fez dele um conde. Mas as memórias publicadas sob o nome de Miot em 1858 não eram realmente dele. Elas foram inventadas a partir de notas e do diário de seu genro, o general Fleischmann. A essa altura, a lenda dos Bourbon sobre um Napoleão ambicioso, arrivista, sedento desde o início pelo trono, havia ganhado terreno, e foi evidentemente fortalecida pelas memórias de Bourrienne. Ao florear os registros de Miot, Fleischmann levou isso em consideração, e no capítulo VI nos é oferecida uma cena na qual Napoleão, sem qualquer razão aparente, abre seu coração a Miot em Montebello em 1797. *"Croyez-vous que ce soit pour faire la grandeur des avocats du directoire, des Carnot, des Barras, que je triomphe en Italie? Croyez-vous aussi que ce soit pour fonder une republique? Quelle idée... Il faut à la nation un chef, un chef ilustre par la gloire, et non par des théories de gouvernement, des phrases, des discours d'idéologues auxquels les Français n'entendent rien. Qu'on leur donne des hochets, cela leur suffit...***".

Já esta passagem é suspeita por evidências internas. *Hochet*, uma palavra incomum, se popularizou apenas muito tempo depois, quando Napoleão propôs estabelecer a Legião de Honra, e um de seus conselheiros protestou que estas distinções eram *hochets*, ou ninharias. Foi então que Napoleão assumiu a palavra e deu sua famosa resposta: "É por ninharias que os homens são guiados".

---

*   "[...] um herói que conquistara toda espécie de glória militar, buscava rivalizar, se renovar, se superar, por meio da glória civil." (N.T.)

**   "Você acha que é para engrandecer dos advogados do Diretório, de Carnot, de Barras, que eu triunfo na Itália? Acredita, também, que seja para estabelecer uma república? Que ideia... Quem guia a nação é um líder, um líder ilustre pela glória, e não pelas teorias de governo, frases ou discursos de ideológicos que os franceses não entendem nada. Dê-lhes bagatelas, que já é o bastante..." (N.T.)

450 NAPOLEÃO — UMA VIDA

Algumas partes das memórias de Miot são confiáveis, especialmente no período em Nápoles, já que o diário original foi encontrado, mas, por outro lado, passagens como a acima precisam ser descontadas quando se analisa o grosso das provas. É sempre muito tentador interpretar as primeiras sonatas de Beethoven considerando a Nona Sinfonia.

Para um biógrafo de Napoleão os nove autores acima são, acredito, fontes não confiáveis, e tenho os tratado com extrema precaução. Normalmente tenho me baseado neles apenas para declarações às quais eles não teriam razões para distorcer e que são apoiadas por evidências mais imparciais. Felizmente, no entanto, possuímos pelo menos o dobro de memórias que, no todo, são confiáveis.

Entre a família de Napoleão, há a **rainha Hortense**, cujas memórias foram publicadas pelo príncipe Napoleão em 1927. Elas se iniciam no inverno de 1816-17, porque Hortense sentiu a necessidade de responder aos erros e calúnias que circulavam na época. Ela as terminou em 1820. Dez anos mais tarde ela fez revisões e até sua morte, em 1837, gostava de ler passagens a amigos próximos. O texto que temos é completo, exceto por três frases que não dizem respeito à vida íntima de Napoleão. Hortense era uma mulher de integridade e coragem; ela escreveu com bastante correção sobre um homem que havia visto regularmente entre 1795 e 1815, por quem ela não tinha motivos para ter simpatia, já que ele tinha se divorciado de sua mãe e fora ele quem arranjara seu infeliz casamento com Luís. Também confiáveis são as memórias do irmão de Napoleão, **Joseph**; elas são particularmente úteis para os anos na Córsega.

Entre os escritos deixados pelos serviçais de Napoleão, os mais importantes são os de seu criado, Louis **Marchand**. Eles foram compostos dia a dia, evidentemente sem a intenção de publicação; na verdade eles apareceram impressos apenas em 1955.

O secretário de Napoleão, **Méneval**, seguiu Marie Louise até Viena e, em 1843, sete anos antes de sua morte, publicou *Napoléon et Marie Louise, Souvenirs historiques*, um valioso registro da vida caseira de Napoleão. Outro secretário, o barão **Fain**, acompanhou o imperador em todas as suas campanhas até a abdicação de 1814. Ele se recolheu à vida particular sob o reinado dos Bourbon e morreu em 1837. Entre 1823 e 1827 ele publicou três obras, uma para cada um dos anos de 1812, 1813 e 1814, que estão entre nossas melhores fontes.

Outro a trabalhar próximo a Napoleão foi Louis François de **Bausset**, *préfet* do Palácio Imperial. Ele também manteve um diário e publicou em 1827, em vida, o valioso *Mémoires anecdotiques sur l'intérieur du Palais et sur quelques événements de l'Empire, depuis 1805 jusqu'au 1er mai 1814*.

APÊNDICE A

451

Um dos camareiros de Napoleão, A. M. T. de **Thiard**, fez anotações durante seus anos de vida pública e, a partir delas, em 1843, escreveu *Souvenirs diplomatiques et militaires de 1804 a 1806*, publicado, a partir do manuscrito do autor, em 1900. Thiard discutiu com o imperador em 1807 e deixou seu serviço, portanto seu testemunho favorável é ainda mais digno de atenção.

Entre aqueles que mantinham cargos no Império, Stanislas de **Girardin** continuou a atuar como *préfet* sob o comando de Luís XVIII, mas manteve sua independência e opiniões liberais; seu *Journal et Souvenirs* foi publicado em 1828, um ano após sua morte. **Thibaudeau** havia servido ao Conselho de Estado como *préfet*; tendo votado pela morte de Luís XVI, após 1815 ele teve que viver em exílio e lá escreveu o imparcial *Mémoires sur le Consulat et l'Empire de 1799 a 1815*, que publicou em vida. Antoine Marie de **Lavalette**, ministro dos Correios de Napoleão, foi condenado à morte após Waterloo e preso na Conciergerie, da qual escapou na véspera de sua execução trocando de roupas com sua mulher. Suas memórias foram publicadas em 1831, um ano após sua morte.

Dos homens fora do serviço imediato de Napoleão o dramaturgo **Arnault** é uma fonte útil. De forma alguma benevolente em suas opiniões – alguém escreveu debaixo de seu busto "Cuidado, ele morde!" –, Arnault observou bastante Napoleão durante a campanha italiana e compreendeu o que ele estava tentando fazer. Detalhes úteis desses anos podem ser encontrados em seu *Souvenirs d'un sexagénaire*. Importante também como uma das primeiras biografias de Napoleão é *Vie Politique et Militaire de Napoléon* (Paris, 1822-1861), do mesmo autor.

Chegamos agora a três obras de homens honrados: registros diários, que, portanto, têm um alto nível de imediatismo e autenticidade. Elas são o diário do general **Desaix**, com quem Napoleão teve conversas íntimas durante a campanha italiana; o diário de **Roederer**, valioso por todo o período consular, e as memórias de **Caulaincourt**, cujo destino demonstra as vicissitudes do material sobre Napoleão.

Por volta de 1826 Caulaincourt, sofrendo de câncer no estômago, foi se tratar com as águas de Plombières. Lá ele conheceu Charlotte de Sor, pseudônimo de Madame Eillaux, uma romancista. Ela perguntou a ele sobre Napoleão e o convenceu a lhe mostrar algumas páginas de suas memórias manuscritas. Caulaincourt morreu em 1827; dez anos depois Charlotte de Sor publicou *Souvenirs du Duc de Vicenze*, em dois volumes. Eles foram tão bem-sucedidos que ela fez com que mais dois volumes se seguissem, novamente dando a entender que eram baseados nos papéis de Caulaincourt.

As memórias autênticas de Caulaincourt foram publicadas apenas em 1933, admiravelmente editadas por Jean Hanoteau, que foi então capaz de descrever os livros de Sor como uma "coleção de absurdos, inverdades e palavras rancorosas, das quais o valor histórico é nulo". Ainda assim, eles haviam sido usados por biógrafos anteriores de Napoleão! As memórias de Caulaincourt, escritas entre 1822 e 1825, são baseadas em anotações feitas diariamente quando ele estava em contato com Napoleão. Os dois homens discordavam em muitos assuntos, incluindo a personalidade do czar Alexandre, mas Napoleão, em Santa Helena, chamou seu ex-Grande Escudeiro* de "um homem sensível e direito", e suas memórias estão entre as fontes mais valiosas das quais dispomos.

O período de Santa Helena merece considerações à parte. Memórias se tornam abundantes, mas novamente é necessário ter precaução extrema. *Le Mémorial de Saint-Hélène*, de **Las Cases**, publicado em 1822, não está de forma alguma livre de propaganda e fornece uma interpretação imprecisa de muitas políticas de Napoleão: por exemplo, ele diz que Napoleão pretendia estabelecer os Estados Unidos da Europa. Las Cases também tende a interpretar a abertura em termos de um objetivo, e liga o desejo de Napoleão de desempenhar um papel político decisivo à batalha de Lodi. Evidência totalmente contrária é fornecida, por exemplo, na carta de Napoleão ao Diretório em 19 de abril de 1797, oferecendo sua renúncia, *"ayant acquis plus de gloire qu'il n'en faut pour être heureux"*.**

Antommarchi costumava ser a principal fonte para a fase de Santa Helena, mas sabemos que ele é totalmente não confiável. Em seu lugar temos o confiável diário de **Marchand**, os *Récits* de **Montholon**, o diário de **Gourgaud** – usei a cópia não expurgada na Bibliothèque Thiers, com sua linguagem de caserna – e acima de tudo todos os *Cahiers* do general **Bertrand**, que nos fornecem as palavras do próprio Napoleão durante os últimos sete anos de sua vida e muitos comentários sobre eventos anteriores. Boswell havia influenciado o então jovem Napoleão, e é curioso que o *Life of Johnson*, de Boswell, famoso em 1815, provavelmente tenha ajudado a induzir Bertrand a registrar com o máximo de detalhes as conversas de outro homem bastante loquaz.

---

* O grande escudeiro, ou *grand écuyer de France,* era um membro da Casa do Rei durante o Antigo Regime da França. (N.T.)

** "Tendo adquirido mais glória que o necessário para ser feliz". (N.T.)

APÊNDICE B
Clisson e Eugénie

O manuscrito de *Clisson et Eugénie*, a única tentativa contínua de Napoleão de escrever ficção, se dispersou com a morte do cardeal Fesch em 1839. O começo e o fim foram parar na Biblioteca de Varsóvia. A parte do meio reproduzida aqui, por muito tempo desaparecida, pertence ao Sr. Nigel Samuel de Londres. Consiste em 4 fólios, escritos bem juntos em duas colunas, totalmente com a letra de Napoleão. Indiquei espaços no manuscrito com pontos; uma palavra ou mais palavras riscadas, com uma série de Xs. A escrita é difícil de ler, mas onde Napoleão certamente soletrou errado, o erro foi mantido.

La fraîcheur et les yeux d'Amélie meritèrent les attentions de Clisson; il sut faire naître l'occasion de leur parler, de les accompagner jusqu'à leur campagne, où il leur demanda la permission de les y voir quelquesfois.

Son esprit était plein de jolies personnes qu'il venait de connaître; il ne pouvait se lasser de se retracer le portrait d'Amélie, de se rappeler ses paroles; il se laissait déjà entrainer à cette image séduisante, mais l'idée de la silencieuse et modeste Eugénie le gênait; elle exerçait sur son coeur je ne sais quel empire qui troublait le plaisir et souvenir de la belle Amélie.

Les deux jeunes personnes, de leur côté, avaient été affectées bien différemment. Amélie reprochait à Eugènie de ne pas avoir su dissimuler le peu de plaisir que la conversation de l'étranger lui avait fait. Elle le trouvait sombre, mas d'une figure et d'une honnêteté distinguées. Eugénie trouvait qu'Amélie avait été trop franche [prompte?], son coeur murmurait, et elle se trouvait dans ce malaise, qu'elle ne pouvait pas douter qu'elle n'eut une grande aversion pour l'étranger, aversion qu'elle ne pouvait expliquer ni se justifier.

Le lendemain Amélie voulut en vain engager Eugénie à se rendre aux . . . elle insista opiniâtrement; celle-ci se leva un moment après le départ d'Amélie pour écrire à sa soeur et pour se promener dans la campagne.

Clisson avait précédé Amélie, ils se lièrent comme de vieilles connaissances. La liberté du coeur et souvent du séjour bannissent tout cérémonial et toute étiquette.

Ils restèrent plusieurs heures ensembles; ils critiquèrent les amoureuses et l'aimable et belle et gaie Amélie rentra chez elle, remplie d'une très bonne opinion de Clisson, qu'elle trouvait cependant très peu galant quoique aimable. Elle ne parla toute la journée que de Clisson et obtint d'Eugénie qu'elle prendrait les eaux [?] le lendemain. Celle-ci de son côté avait beaucoup pensé à un discours de l'étranger; elle ne savait si elle le devait haïr ou l'estimer.

Clisson reçut un rendez-vous tacite auquel Clisson ne manqua pas. De plus loin qu'il aperçut Amélie il fut fâché de la voir avec son amie. Eugénie de son côté écouta sans parler ou répondit sans intérêt. Elle fixait ses yeux dans ceux de l'étranger qu'elle ne pouvait se lasser de regarder. De quel état est-il? Comme il a l'air sombre pensatif. L'on voit dans ses regards la maturité de la vieillesse et dans sa fisieonomie la langueur de l'adolescence. Et puis elle se fâchait de le voir absorbé par Amélie; elle feignit d'être fatiguée et décida la société à prendre le chemin de la campagne, lorsqu'ils furent recontrés par son médecin qui les voyait quelquefois.

Celui-ci fut étonné de voir Clisson avec Amélie et cru de pouvoir se dispenser de lui en faire compliment. M. Clisson, dit Amélie. Pardonnez, lui dit Eugénie, interrompant, nous avons tant entendu parler de vous, je désire tant de vous connaître. L'accent de cette voix, le jeu de la physionomie parlèrent au coeur de Clisson, qui la fixa mieux. Leurs regards se confondirent et ils...

... le médecin qui se trouva à les aborder. Clisson en se nommant et fit compliment à Amélie de ces hommages. Clisson du coup en ouvrit ses grands yeux et se tut. Celui-ci, de son côté, fixa mieux Eugénie. Leurs regards se rencontraient. Les coeurs se confondirent et ils aperçurent dans peu de jours que leurs coeurs étaient faits pour s'aimer. Voici comme Eugénie appréciait ses qualités adorables, les charmes de sa personne et de son caractère... en faisait... de consentir de lui... parole.

Ce fut l'ouvrage de l'amour le plus ardent et le plus respectueux qui ait agité le coeur d'un homme. Eugénie qui avait voué son coeur à l'amitié, qui s'était cru insensible à l'amour en sentit tout le feu. Clisson ne se plaignit et ne s'occupa plus des hommes, des méchants et de la guerre. Il ne vécut plus que pour Eugénie.

Ils se virent fréquemment. Leurs âmes se confondirent souvent; ils surmontèrent tous les obstacles et ils furent unis pour jamais.

Tout ce que l'amour a de plus louable, le sentiment de plus doux, la volupté de plus exquis inondèrent le coeur de ces trop heureux amants. XXXXXXXXXXXXX épanchement tendre, union des coeurs, des pensées vraiment... jours de leur bonheur.

Clisson oublia la guerre, il méprisa le tems où il vécut sans Eugénie et où il ne respira pas pour elle. Tout à l'amour il renonça à la gloire. Les mois, les ans s'écoulèrent aussi rapidement que les heures. Ils eurent des enfants et furent toujours amants. XXXXXXXXXXXXX Eugénie aima aussi constamment qu'elle était aimée. Ils n'eurent pas une peine, un plaisir, une sollicitude qui ne leur fut commune, l'on eut dit que la nature leur avait donné même coeur, même âme, même sentiment.

La nuit Eugénie ne dormait que la tête appuyée sur l'épaule de son amant, ou dans ses bras, le jour ils le vivaient qu'à côté l'un de l'autre, élevant leurs enfants, cultivant leur jardin, dirigeant leur ménage.

Eugénie avait bien vengé Clisson de l'injustice des hommes XXXXXXXX dont il ne se souvenait plus que comme un songe.

Le monde, le peuple avoient oubliés, vite oublié, ce que Clisson avait été. Vivant très retiré de la mer, de la nature et de la XXXXXXXXX rustique, qui voyaient en eux des fous que les misanthropes, les malheureux seuls les XXXXXXX appréciaient et les bénissaient. Cela les consolait du dépit [?] des sots.

Eugénie avait 22 ans. La société d'un homme d'un aussi grand mérite, la vérité et la sérénité constante de sa vie avait rendu sa physionomie plus gracieuse encore. Ses attraits en étaient accrus jeune [?] amante, tendre mère, protectrice des malheureux, sa vie comme sous de... XXXXXXXX toujours. Quelques pressentiments agitaient depuis quelques jours son âme, ses yeux se mouillaient de larmes, son coeur se suffoquait. Elle serrait, avait saisi et enserrait Clisson dans ses bras; elle ne pouvait plus s'en détacher XXXXXXXX mélancolique le jour émue et tendre la nuit, la bonne Eugénie voyait un avenir incertain et sa raison ne pouvait que s'agiter.

Ao lado do parágrafo acima: *Eugénie avait déjà 22 ans qu'elle croyait être encore à la première année de son mariage. Jamais peut-être l'aspiration des âmes n'avait mieux lié deux coeurs, jamais l'amour n'avait dans ses caprices unis deux caractères si différents.*

La société d'un homme d'un si grand mérite que Clisson avait rendu Eugénie accomplie, son esprit était orné et ses sentiments très tendres et très faibles avaient pris ce caractère de force et d'énergie que devait avoir la mère des enfants de Clisson. Celui-ci n'était plus sombre, plus triste, son caractère [prit] la douceur et l'aménité de celui de son amie. Les honneurs militaires qui l'avaient rendu fier et quelquefois dur, l'amour d'Eugénie le rendit plus compatissant e plus flexible.

Ils voyaient peu de monde, ils étaient peu connus, même de leurs voisins, ils n'avoient conservé de relation avec le peuple qu'en protégeant les malheureux.

TRADUÇÃO*

O frescor e os olhos de Amélie mereceram a atenção de Clisson; ele soube criar a oportunidade para falar com elas, de acompanhá-las até o campo, onde ele lhes pediu a permissão de ir vê-las de vez em quando.

Sua mente estava plena das belas pessoas que acabara de conhecer; ele não se cansava de redesenhar para si mesmo o retrato de Amélie, de relembrar suas palavras; ele já se deixava levar por essa imagem sedutora, mas a ideia da calada e modesta Eugénie o perturbava; ela exercia em seu coração algum tipo de domínio que atrapalhava o prazer e a lembrança da bela Amélie.

As duas jovens, por sua vez, haviam sido afetadas de uma forma bem diferente. Amélie repreendeu Eugénie por esta não ter conseguido disfarçar o pouco prazer que a conversa do estranho lhe havia causado. Ela o achava lúgubre, mas de figura e honestidade notáveis. Eugénie achava que Amélie havia sido sincera demais, seu coração murmurava, e ela se encontrava nesse mal-estar, que não podia duvidar de que tinha uma grande aversão pelo estranho, aversão que não conseguia explicar ou justificar.

No dia seguinte, Amélie quis em vão convencer Eugénie a ir aos .... ela insistiu obstinadamente; esta se levantou um momento depois de Amélie sair para escrever à sua irmã e passear no campo.

Clisson chegara antes de Amélie e os dois se entenderam como dois velhos conhecidos. A liberdade do coração e muitas vezes do lugar acabam com qualquer cerimônia ou etiqueta.

Eles permaneceram várias horas juntos; criticaram os apaixonados e a amável, bela e alegre Amélie voltou para sua casa, tomada por uma excelente opinião sobre Clisson, mas que ela considerava muito pouco galante, ainda que amável. Ela falou o dia inteiro de Clisson e conseguiu convencer Eugénie a ir para as termas no dia seguinte. Esta, por sua vez, havia pensado muito em uma fala do estranho; ela não sabia se devia odiá-lo ou estimá-lo.

Clisson foi convidado para um encontro tácito ao qual não faltou. Quando ele percebeu de longe que Amélie estava com sua amiga, ele se aborreceu. Eugénie, por sua vez, ouvia sem falar ou respondia sem interesse. Ela fixava o olhar no do estranho e nunca se cansava de olhar para ele. Qual era sua história? Como ele parecia sombrio e pensativo! Seu olhar revelava a maturidade da idade e sua fisionomia, a

---

*   N.T.: Na tradução para o português não foi feita uma tentativa de reproduzir os erros ortográficos de Napoleão, nem assinalados pontos de dúvida que no original aparecem entre colchetes; foram mantidas as marcas que assinalam trechos faltantes ou rasurados no original, como explicado pelo autor na abertura do apêndice.

APÊNDICE B 457

languidez da adolescência. E depois ela se aborreceu ao vê-lo absorto por Amélie; ela fingiu estar cansada e decidiu que o grupo deveria ir para o campo, quando encontraram seu médico que as via de vez em quando.

Este se espantou em ver Clisson com Amélie e acreditou que poderia deixar de elogiá-lo. "O sr. Clisson", disse Amélie. "Perdão", disse-lhe Eugénie, interrompendo, "ouvimos tanto falar do senhor, queria tanto conhecê-lo". O tom dessa voz, o jogo da fisionomia falaram ao coração de Clisson, que a olhou melhor. Seus olhares se fundiram e eles...

... o médico que se viu abordando-os. Clisson se apresentou e elogiou Amélie por esses cumprimentos. Logo, Clisson abriu seus grandes olhos e se calou. Este, por sua vez, olhou melhor Eugénie. Seus olhares se cruzaram. Os corações se mesclaram e eles perceberam em poucos dias que seus corações haviam sido feitos para se amar. Eis como Eugénie apreciava suas qualidades adoráveis, os charmes de sua pessoa e de sua personalidade... fazia disso... de lhe consentir... palavra.

Essa foi a obra de amor mais ardente e respeitosa que agitou o coração de um homem. Eugénie, que havia dedicado seu coração à amizade, que se achava insensível ao amor, sentiu todo seu ardor. Clisson não se queixava ou se ocupava mais dos homens, dos maus e da guerra. Ele só vivia para Eugénie.

Eles se viam com frequência. Suas almas muitas vezes se fundiam; eles superaram todos os obstáculos e se uniram para sempre.

Tudo aquilo que o amor tem de mais louvável, o sentimento de mais doce, a voluptuosidade de mais delicioso inundaram o coração desses amantes tão felizes. XXXXXXXXXXXX confiança terna, união de corações, de pensamentos realmente... dias de felicidade para eles.

Clisson se esqueceu da guerra, desprezou o tempo em que viveu sem Eugénie e em que não respirou por ela. Pelo amor, ele renunciou à glória. Os meses e os anos passaram tão rápido quanto horas. Eles tiveram filhos e continuaram apaixonados. XXXXXXXXXXXX Eugénie amou tão constantemente quanto foi amada. Não havia nenhuma tristeza, prazer, ou preocupação que eles não compartilhassem, diziam que a natureza lhes havia dado um só coração, uma só alma, um só sentimento.

À noite Eugénie só dormia com sua cabeça no ombro de seu amado, ou em seus braços, o dia eles passavam juntos, criando seus filhos, cultivando o jardim, mantendo sua casa em ordem.

Eugénie havia vingado Clisson da injustiça dos homens XXXXXXXX que agora só lhes parecia um sonho.

O mundo e as pessoas logo se esqueceram das conquistas de Clisson. A maior parte das pessoas, vivendo longe do mar e da natureza e da XXXXXXXXX rústica...

consideravam ele e Eugénie como loucos, e só os misantropos e os miseráveis os XXXXXXXXXX apreciavam e abençoavam. Isso compensava pelo escárnio dos tolos.

Eugénie tinha 22 anos. A companhia de um homem de tão grande mérito, a verdade e a serenidade constante de sua vida haviam tornado sua fisionomia ainda mais graciosa. Seus atrativos aumentaram jovem amorosa, mãe carinhosa, protetora dos miseráveis, sua vida como XXXXX sempre. Alguns pressentimentos agitavam sua alma havia alguns dias, seus olhos se encharcavam de lágrimas, seu coração se sufocava. Ela apertava Clisson forte em seus braços, não conseguia mais largá-lo XXXXXXXX melancólica durante o dia e carinhosa à noite, a boa Eugénie via um futuro incerto e não conseguia evitar pensamentos inquietantes.

Ao lado do parágrafo acima: Eugénie já tinha 22 anos quando acreditava ainda estar no primeiro ano de seu casamento. Talvez nunca a aspiração das almas tivesse unido melhor dois corações, nunca o amor havia unido, em seus caprichos, duas personalidades tão diferentes.

A companhia de um homem de tão grande mérito quanto Clisson havia tornado Eugénie completa, sua mente foi adornada e seus sentimentos tão ternos e tão frágeis adquiriram esse caráter de força e de energia que a mãe dos filhos de Clisson deveria ter. Este não era mais lúgubre, mais triste, sua personalidade assumiu a doçura e a suavidade de sua amiga. As honrarias militares o haviam deixado orgulhoso e por vezes rígido, e o amor de Eugénie o tornou mais solidário e mais flexível.

Eles viam poucas pessoas, eram pouco conhecidos, até por seus vizinhos, só haviam mantido relações com as pessoas ao proteger os miseráveis.

FONTES E NOTAS

Lista de Abreviações

Bertrand	*Cahiers de Sainte-Hélène*. 3 volumes (1951-1959)
B.M	British Museum – Museu Britânico
B.U.	*Biographie Universelle*
Caulaincourt	*Memoirs*, traduzido por Hamish Miles e George Libaire. 2 volumes (1935-1938)
Corr.	*Correspondance de Napoléon I, suivie des oeuvres de Napoléon à Sainte-Hélène*. 32 volumes (1858-1870)
Lecestre	*Lettres inédites de Napoléon I : 1799-1815* (1897)
P.R.O	Public Record Office (Departamento de Registros Públicos)
Remacle	*Relations secrétes des agents de Louis XVIII à Paris sous le consulat* (1899)
R.I.N.	*Revue de l'Institut Napoléon*
Roederer	*Journal* (1909)

Bibliografias satisfatórias de Napoleão estão disponíveis, por exemplo, na última edição do *Napoléon* de G. Lefebvre (1969). Eu me limitei a listar as fontes, especialmente obras às vezes ignoradas, que se mostraram úteis na preparação da biografia escrita por mim.

A menos que indicado de outra forma, o local de publicação dos livros franceses é Paris, e dos livros ingleses, Londres.

Capítulo 1: Uma infância feliz

1. Genealogia de N e o casamento de seus pais: J. B. Marcaggi, *La Genèse de Napoléon* (1902). Paoli e independência da Córsega: J. Boswell, *An Account of Corsica, the Journal of a Tour to that Island*; e *Memoirs of Pascal Paoli* (1768). Em 24 de agosto de 1768, Boswell escreveu que estava enviando para a Córsega 700 libras em artilharia; em 1769, vestido como um chefe corso, teve uma entrevista com Pitt na qual ele exigia ajuda à Córsega. Mas a Inglaterra não interveio. "Por mais tolos que sejamos", disse Lord Holland, "não podemos ser tão tolos a ponto de entrar em guerra porque o Sr. Boswell esteve na Córsega". Se apoiasse mais Boswell, Napoleão poderia ter nascido inglês.

460 NAPOLEÃO – UMA VIDA

2. Primeiros anos de N: *Letizia's Memoirs*, ditadas em Roma, em H. Larry, *Madame Mère* (1892); A. Chuquet, *La Jeunesse de Napoléon* (1897-1899); M. Mirtil, *Napoléon d'Ajaccio* (1947).
3. Vida na Córsega: Boswell; G. Feydel, *Mœurs et Coutumes des Corses* (1799), que enfatiza a vingança e a frugalidade; "L'emprunt d'um écu n'est guère moins honteux que l'aliénation d'um champ"; R. Benson, *Sketches of Corsica* (1825).
4. O Livro de Despesas de Carlo está nos Arquivos de Ajaccio; extratos são fornecidos por Marcaggi. Carreira de Marbeuf: B.U.
5. A generosidade de N com seus brinquedos e doces: Letizia a A. Pons de l'Hérault, *Souvenirs* (1897).

Capítulo 2: Academias militares

1. A viagem a Autun: Marcaggi. Os três meses de N ali, e seus anos em Brienne: F. Masson et G. Biagi, *Napoléon Inconnu* (1895). C.H.; *Some account of the early years of Buonaparte at the military school of Brienne* (1797). O autor parece ser um certo Cumming de Craigmillar, cujo pai estava a serviço do príncipe Xavier da Saxônia.
2. "Ele morreu com glória..." Carta a Clarke, sobre a morte do sobrinho de Clarke, Elliot, em Arcola, 19 de novembro de 1796, Corr. 1198.
3. Tentativa de N de entrar para a Marinha inglesa: W. Fraser, *Hic et Ubique* (1893) 5-6. *Sir* William Fraser M.P., uma autoridade em Wellington e Waterloo, obteve seus fatos "de alguém que tinha muitos bons meios de saber: ele me disse que a carta de Buonaparte foi enviada e que ainda existe nos arquivos do Almirantado". A coleção de cartas na qual estaria a candidatura de N não está no P.R.O. e parece ter desaparecido, junto com o livro de entrada de correspondência do Almirantado para aquele período. Contudo, os Cadernos de Alexandre des Mazis fornecem novas evidências da determinação de N em ir para o mar; e o incidente é bem coerente com o que conhecemos do jovem N.
4. O gosto de N por Rousseau: Roederer, 165: "*A nova Heloísa*! Eu o li aos nove anos. A leitura mexeu comigo."
5. Carta de N a seu tio: Masson et Biagi I, 79.
6. N na École Militaire: Cadernos de Alexandre des Mazis, em P. Bartel, *La Jeunesse inédite de Napoléon* (1954). Apesar dos deslizes mencionados por R. Laulan em R.I.N. (1956), considero des Mazis uma fonte importante. Las Cases no *Mémorial* nega o episódio do balão, mas neste ponto, des Mazis me parece ter mais chances de estar correto.
7. Masson mostra, em *Napoléon Inconnu* (1895) I, 123 n, que o relatório sobre N na École Militaire como "*capricieux, hautain, extrêment porté a l'égoïsme*" é apócrifo.

Capítulo 3: O jovem reformador

1. Vida de N como subalterno: des Mazis, em Bartel; e o frequentemente ignorado "Lettres de Jeunesse de Bonaparte", *Revue des Deux Mondes* de 15 de dezembro de 1931. As 11 cartas cobrem o período de 1789-92. Em uma delas para seu tio, o arcediago, datada de 28 de março de 1789, N pede-lhe duas vezes que escreva em italiano, e diz que escreverá a sua mãe em italiano. Mas uma carta a sua mãe de Seurre, de abril de 1789, está em francês: N diz que havia sido convidado para a casa de uma família rica para a Páscoa, mas acrescenta: "No entanto, eu preferiria comer o ravioli ou as lasanhas de Ajaccio".
2. O incidente com Belly de Bussy: J. Savant, *Napoléon à Auxonne* (1946).
3. As notas e primeiros escritos de N estão em F. Masson e G. Biagi, *Napoléon: Manuscrits Inédits 1786-91* (1912). Extremamente valioso a respeito do desenvolvimento intelectual de N é F. G. Healey, *The Literary Culture of Napoleon* (Genebra, 1959).

FONTES E NOTAS

4. Os 10 volumes do *History* de Barrow, publicados em 1763 por J. Coote, não tiveram muito impacto na Inglaterra; há uma cópia no Bodleian, mas nenhuma no B.M. A tradução francesa apareceu em 1774. Ver H.F. Hall, *Napoleon's Notes on English History* (1905).
5. N tentou encontrar quem publicasse sua *History of Corsica*; Daclin de Besançon recusou (Masson e Biagi II, 1909)
6. As etapas lentas e pensadas no desenvolvimento intelectual de Napoleão culminaram em sua decisão, aos 20 anos de idade, de adotar a forma moderada da Revolução de Mirabeau. Apenas isto já provaria que é falsa a visão de N como um sonhador romântico que nunca se desenvolveu e confiava no Destino, tão brilhantemente apresentada por Emil Ludwig. A biografia de Ludwig foi bastante lida em países de língua alemã, e é quase certamente sobre o N de Ludwig que Freud escreve, em *Letters of Freud and Zweig* (1970) 85: "Aquele magnífico malandro Napoleão, que permaneceu fixado em suas fantasias da puberdade, foi abençoado com uma boa sorte incrível, inibido por relação alguma exceto sua família, e viveu a vida como um sonâmbulo até ser finalmente abalroado por sua *folie de grandeur*...um absolutamente clássico Anti-Cavalheiro, mas em grande escala". Esta é uma interpretação precisa do Napoleão "romântico" de Ludwig, mas, acredito, não tem relação alguma com o Napoleão histórico.

Capítulo 4: Fracasso na Córsega

1. N passou cinco licenças na Córsega: (1) 15 de setembro de 1786 – 12 de setembro de 1787 (2) 1º de janeiro de 1788 – fim de maio de 1788 (3) setembro de 1789 – fevereiro de 1791 (4) outubro de 1791 – maio de 1792 (5) outubro de 1792 – junho de 1793.
2. Durante sua terceira licença, Napoleão ficou doente, provavelmente de malária, e foi tratado em agosto de 1790 no hospital de Bástia. O tratamento consistiu em soro de nitrato, que é um laxante e diurético; infusões de chicória e azeda paciência, e banhos. Custou 20 livres e 10 sous. P. Hillemand, *Pathologie de Napoléon* (1970) 51 n. Napoleão então começou a fazer anotações sobre o Velho Testamento, principalmente cronológicas: B.M. Add. MS. 24.207, f 47.
3. Carta a Tissot, Masson, *Napoléon Inconnu*, I, 167-9.
4. As últimas palavras do arcediago: Joseph, *Mémoires* (1853-1854), I, 47 e 117.
5. Atividades políticas de N em 1791 e 1792: Marcaggi, Chuquet. Paris em 1792: Bourrienne, *Mémoires* (1828-1830) I; J. Moore, *A Journal during a residence in France* (1793). Durante este período N estava desenvolvendo seu estilo nítido de oratória. Em 18 de abril de 1791, escreveu a Joseph criticando um dos discursos dele. Joseph havia dito: "Amigos da Constituição, moderadores da opinião pública, nós somos os guardiões do palácio sagrado da felicidade de uma grande nação..." N preferia : "Amigos da liberdade, vocês são os guardiões da felicidade de uma grande nação..." *Revue des Deux Mondes* em 15 de dezembro de 1931.
6. Expedição a Maddalena e fracasso em Ajaccio: Marcaggi, Chuquet.

Capítulo 5: Salvando a Revolução

1. França em 1793: J. Godechot, *La Grande Nation* (1956) e *Les commissaires aux armées sous le Directoire* (1937); R. C. Cobb, *Les Armées révolutionnaires* (1961-3); R. R. Palmer, *Twelve who Ruled* (Princeton, 1941).
2. Toulon. N dormindo a céu aberto: F. A. Doppet, *Mémoires* (Carouge 1797), 205; carta de N ao ministro da Guerra explicando seu plano para capturar Toulon, Corr. 8. A. Chuquet, *Dugommier* (1904). A peça sobre Toulon é de Pellet Desbarreaux, *La Prise de Toulon*, encenada em Toulouse, ano II.

462 NAPOLEÃO – UMA VIDA

3. Em suas ordens em Toulon, N estende a perna do a em "Buonaparte" acentuadamente sob a linha para formar o começo do traço superior do p. Essa idiossincrasia em forma de cunha seria preservada na assinatura imperial da segunda e terceira letras de "Napoléon".
4. Prisão de N em agosto de 1794: é quase certeza de que ele não foi aprisionado no Fort Carré, Antibes. O bilhete a Junot (Corr. 35) é provavelmente forjado. N sofreu prisão domiciliar com conde Laurenti em Nice. *Journal inédit de J. Laurenti*, citado por A. Thierry, "Un amour inconnu de Bonaparte" na *Revue des Deux Mondes* de 15 de novembro de 1940.
5. Atividades de N na Itália, j. Colin, *L'Education militaire de Napoléon* (1900).
6. Os meses antes do Vindemiário: Bourrienne; cartas de N ao seu irmão, em Joseph, *Mémoires*. Plano de N de ir para a Rússia: Lev Tolstói anotou em seu diário em 13 de dezembro de 1853: "Em 1798 o general Tamara recebeu uma proposta de Napoleão, que queria entrar para o serviço russo, mas eles não puderam concordar por Napoleão ter exigido o posto de major". *Tolstoy's Diary 1853-1857* (1927), 58. A menção ao ano 1798 é evidentemente um deslize para 1795, o único ano em que N procurou serviço no exterior.
7. Plano de N de ir para a Turquia: Corr. 61, 65.

Capítulo 6: Apaixonado

1. Emma pode ter sido Caroline du Colombier ou *Mademoiselle* de Lauberie de Saint-Germain, ambas tendo recebido posições na Corte depois que N se tornou Imperador. As cinco cartas, antiga propriedade da princesa Charles de Ligne e vendidas em leilão em 1932, foram publicadas em *La Revue Belge* (Bruxelas, 15 de maio de 1925). Os sentimentos de N não foram correspondidos, e na última carta ele pediu a Emma que lhe devolvesse seus billets-doux: "Posto que você não compartilha de meus sentimentos, devo repudiá-los como um erro funesto. Você se divertiu me humilhando, mas é boa demais para continuar ridicularizando meus malfadados sentimentos..."
2. O episódio com a prostituta: F. Masson, *Napoléon Inconnu* I, 182. N diz conhecer Nantes. Durante um dos feriados de Brienne ele pode ter ido se hospedar com a família Marbeuf na Bretanha.
3. O caso com Désirée: G. Girod de l'Ain, *Désirée Clary, d'après sa correspondance inédite avec Bonaparte, Bernadotte et sa famille* (1959).
4. Em 25 de julho de 1795 N escreveu a Joseph: "Vejo que você propositalmente não me deu notícias de Désirée, nem sei se ela ainda vive". No dia seguinte ele escreveu a uma certa *Mlle* Agier de Genebra, que havia cuidado dele durante uma indisposição em Lyon nove anos antes. Este e dois fragmentos de outra carta estão na Biblioteca Pública de Genebra. N expressa interesse na luta de Lausanne contra "o despotismo" de Berna, e desdém por prazeres sensuais, acrescentando que "o sentimento é a lógica das pessoas virtuosas".

Capítulo 7: Joséphine

1. Primeiros anos de Joséphine: Rainha Hortense, *Mémoires* (1927); F. Mossiker, *Napoléon and Joséphine* (1965); A. Castelot, *Joséphine* (1967).
2. "Muito pobre e orgulhoso como um escocês...". Stendhal, *Vie de Napoléon* (1929), II, 91.
3. O censurado *Lettres de Napoléon à Joséphine* (1833) permaneceu por quase um século a coleção mais completa disponível das cartas de N à sua esposa. Então veio a edição de Léon Cerf de 1929. Em 1941 Jacques Bourgeat elevou o total de cartas autenticadas a 254. O *Napoléon et Joséphine* de Jean Savant (1960) acrescentou 11 cartas.
4. Nomeação de N como comandante-chefe: Carnot, *Mémoires* (1861-4) II, 30; L. M. de La Revellière-Lépeaux, *Mémoires* (1895).
5. Recibo de N para livros da Bibliothèque Nationale: B.M. Add. MS. 35.394 f 170.

FONTES E NOTAS 463

Capítulo 8: A campanha italiana

1. Para os motivos por trás da expansão francesa: J. Godechot, *La Grande Nation* (1956).
2. Massena e outros comandantes de divisões de N: J. Marshall Cornwall, *Marshal Massena* (1965).
3. Uma batalha típica em estilo antigo foi a de Rosbach em 1757. Nela, 22 mil prussianos comandados por Frederico, o Grande enfrentaram 55 mil franceses e imperialistas sob o favorito de Madame de Pompadour, o príncipe de Soubise. Os prussianos perderam apenas 500 entre mortos e feridos; os franceses e imperialistas, 2.800. Napoleão em Elba contaria a Neil Campbell que "a batalha de Rosbach... produziu a Revolução na França, mais do que qualquer outra das causas que lhe foram atribuídas."
4. A campanha como um todo: *Corr.* I-III; mas N nunca emitiu a proclamação impressa como Corr. 91. Para esta e as guerras seguintes: D. G. Chandler, *The Campaigns of Napoleon* (1967).
5. Paz com o Piemonte: H.J. Costa de Beauregard, *Souvenirs* (1877).
6. Lodi: G. Agnelli, *La Battaglia al Ponte di Lodi* (Lodi 1934).
7. Características do soldado francês: carta de Sulkowski de 4 de fevereiro de 1797, depois de Rivoli. *Sulkowski avec Bonaparte en Italie* (1946), 207.
8. Relatório de Clarke sobre N: A. Dry, *Soldats Ambassadeurs sous le Directoire* (1906).
9. N e o Papado: P. M. J. Du Teil, *Rome, Naples et le Directoire* (1902).
10. Recusa de N de atirar em Wurmser: Bertrand II, 430.
11. Inovações militares de N: L. Desaix, *Journal* (1907).

Capítulo 9: Frutos da vitória

1. J. Bourgeat, *Lettres de Napoléon à Joséphine* (1941); L. Hastier, *Le Grand Amour de Joséphine* (1955), publicando pela primeira vez as cartas de Joséphine a Charles.
2. A pintura de N: H. Lemonnier, *Gros* (1904).
3. Visões religiosas de N nesta época: Desaix, 276.
4. Pingaud, *La domination française dans l'Italie du Nord* (1914); A. Heriot, *The French in Italy* (1957). Ernst Arndt citado em A. Pingaud, *Bonaparte, Président de la République Italienne* (1914).
5. N e Parma: U. Benassi, "Il generale Bonaparte ed il duca e i giacobini di Parma e Piacenza" em *Arch. storico per le province Parmensi*, n.s. vol.xii (Parma 1912). "Os quadros mais belos são vendidos por quase nada...": P. Wescher, "Vivant Denon and the Musée Napoléon", *Apollo*, setembro de 1964. A. Lensi, *Napoleone a Firenze* (Florença 1936).
6. Em 1796-7, N levou 227 pinturas da Itália para a França. Destas, 110 foram devolvidas em 1815. Na época, a carreira de N havia consolidado o gosto neoclássico de tal forma que os especialistas da restituição devolveram as esculturas clássicas e obras de Guercino, Guido Reni, os Caracci e assim por diante, mas deixaram no Louvre as melhores pinturas do *quattrocento* italiano.
7. J. Borel, *Gênes sous Napoléon Ier* (1929).
8. Negociações de paz: Napoléon I, *Campagne d'Italie* (1870), 306 ff.

Capítulo 10: Além das pirâmides

1. C. de La Jonquière, *L'Expédition d'Egypte* (1903-1904); J. C. Herold, *Bonaparte in Egypt* (1962).
2. Exigência de N que Talleyrand fosse para a Turquia: Miot, *Mémoires* I, 235.
3. N e Joséphine em Toulon: A. Dumas, *Mémoires II* (Bruxelas, 1852), 65-6.
4. Após capturar Alexandria, N imediatamente libertou os escravos e indenizou os habitantes que tiveram suas casas danificadas no ataque. Ordres diverses du 10 ao 15 Messidor na VI. A.G. 28 de junho. R. I.N. XXXVIII, 93.

464 NAPOLEÃO – UMA VIDA

5. Administração de N: F. Charles-Roux, *Bonaparte Governor of Egypt* (1937).
6. Trabalho do Instituto: E. Geoffroy Saint-Hilaire, *Études progressives d'un Naturaliste* (1835); *Lettres écrites d'Egypte* (1901); T. Cahn, *La Vie et L'Oeuvre d'Etienne Geoffroy Saint-Hilaire* (1962); D. V. Denon, *Voyage dans la Basse et la Haute Egypte pendant les campagnes du général Bonaparte* (1802).
7. N e a infidelidade de Joséphine; *Copies of original letters from the army of general Bonaparte* (1798).
8. Vida comparada a "uma ponte virada sobre um rio caudaloso": A. V. Arnault, *Souvenirs d'um sexagénaire* (1833).
9. Na Terra Santa, Napoleão visitou o vale onde fica a Rocha de Hebron. "Você se lembra", ele disse depois a Berthollet e Monge, "como atravessei o vale com o Gênesis em minha mão e fiquei espantado ao confirmar a precisão perfeita do livro hebreu". Conde Molé, *Sa vie et ses mémoires* (1922), ch. 7.
10. Caffarelli: B.U.; seu coração: Remacle.

Capítulo 11: Uma nova Constituição

1. A cena entre N e Joséphine em 18 de outubro chegou a nós em duas versões diferentes, nenhuma delas muito confiável: C. de Rémusat, *Mémoires* (1880), e Bourrienne, aproximando o que dizem que N contou a Collot, o fornecedor do exército.
2. F. Rocquain, *L'Etat de la France au 18 Brumaire* (1874).
3. O romance de Joseph, *Moina, or the Village Lass of Mount Cenis*, fala de um casal de pastores alpinos que vivem felizes em um moinho, isolados do mundo exterior por uma avalanche: uma projeção da vida do próprio Joseph em Mortefontaine. No romance de Lucien, *The Indian Tribe*, um jovem inglês, Edward, navega até o Oriente em um navio East Indiaman chamado *Bellerophon* (evidentemente, baseado em um dos navios de Nelson na Baía de Abukir). Naufragado no Ceilão, Edward vaga pela floresta, onde encontra uma bela caçadora reclinada na pele de um elefante. Seu caso de amor termina tragicamente. Ao mesmo tempo em que denuncia a "sede de fortuna imoderada", Lucien é essencialmente escapista: em vez de propor soluções, ele elogia terras distantes sem nome "que não possuem nada para atrair a especulação gananciosa da Europa".
4. Os eventos que precedem o 18 brumário: A. Vandal, *L'Avènement de Bonaparte* (1903-1907). O plano de Barras de trazer de volta Luís XVIII havia sido aprovado por George III. O memorando de Fauche Borel para o conde d'Artois, Hamburgo 24 de julho de 1799, em *Dropmore Papers V* (1906), 177 ff. Sobre Sieyès: P. Bastid, *Sieyès et sa pensée* (1939).
5. O *coup d'état*: Vandal; A. Ollivier, *18 Brumaire* (1959). Caligrafia de N: G. Rousseau, *Evolution des Ecritures de Napoléon* (1922).
6. Elaboração da Constituição: Vandal; F. Papillard, *Cambacérès* (1961); P. Vialles, *L'Archichancelier Cambacérès d'après des documents inédits* (1908). Para a visão de que N era um ditador, G. Lefebvre, *Napoléon* (1ª edição, 1936). A visão de Lefebvre foi desde então contestada por vários acadêmicos, mais efetivamente por F. Pétri, *Napoléon et le Parlement* (1955). Veja também A. Cobban, *A History of Modern France* (1963); Cobban observa que a Convenção, que Lefebvre considera a pedra fundamental da democracia, representava um voto efetivo de cerca de apenas 7,5% de todo o eleitorado.
7. O tributo de N a Washington foi sincero, e ele rapidamente encerrou a guerra com a jovem república americana. A assinatura da paz, em 3 de outubro de 1800, provocou um incidente divertido. Napoleão havia encomendado caixas de rapé no valor de 40 mil francos para serem dadas aos plenipotenciários americanos, Ellsworth, Davie e van Murray, mas as caixas não ficaram prontas a tempo. Por acaso, em Mortefontaine havia algumas moedas de ouro e

FONTES E NOTAS 465

medalhas da república romana; recentemente encontradas. N deu um punhado a cada um dos enviados. Quinze minutos mais tarde, voltaram parecendo envergonhados e decepcionados. Eles não poderiam aceitar o presente de N, já que sua Constituição proibia que os emissários aceitassem dinheiro. N veio ao socorro dos enviados conscienciosos. As medalhas e moedas, ele disse, embora fossem de ouro, eram primariamente "relíquias de um povo livre, entregues ao povo mais livre que agora habita o mundo". Com esta perspectiva e uma consciência tranquila, os americanos guardaram seu ouro e partiram.

Capítulo 12: O primeiro-cônsul

1. O físico e saúde de N: P. Hillemand, *Pathologie de Napoléon* (1970); J. Kemble, *Napoleon Immortal* (1959); J. Bourguignon, *Corvisart* (Lyon, 1937), P. Ganière, *Corvisart* (1951).
2. A habilidade em cavalaria de N: entre suas piores quedas está a de 30 de outubro de 1799 (8 de brumário) quando ele foi atirado a 3, 5 metros e perdeu a consciência por várias horas. Mas em 17 de janeiro de 1809 ele cavalgou de Valladolid a Burgos, uma distância de 120 km, em menos de 5 horas.
3. Genitália de N. Relatório do cirurgião Henry: B.M. Add. MS. 20214 ff. 200-1; ver nota para o capítulo 27.
4. Hemorroidas de N: carta a Jérôme em 26 de maio de 1807.
5. A disúria de N resultou de tensão nervosa: pelo menos é o que pensavam N e seu cirurgião Yvan: Hillemand, 20.
6. Fanny Burney sobre N: *Diary and Letters VI* (1846), 310-11. "Ele nos olha diretamente no rosto..." Mary Berry, *Journals and Correspondence* (1865).
7. Hábitos pessoais de N: Constant, *Mémoires* (1830-1831); F. Masson, *Napoléon chez lui* (1911), especialmente bom sobre roupas e comida. Sobre o zelo com os criados: C. F. Méneval, *Mémoires* (1894); Mlle Avrillon, *Mémoires* (1833) I, 240.
8. A calma de N: Bertrand II, 228.
9. As histórias de horror de N: G. Mauguin, *Napoléon et la Superstition* (Rodez 1946).
10. N no trabalho: J. G. Locré de Roissy, *Napoléon au Conseil d'Etat. Notes et procès-verbaux inédits* (1963); C. Durand, *Études sur le Conseil d'État Napoléonien* (1949). Linguagem simples no Conselho de Estado: J. Pelet de la Lozère, *Napoleon in Council* (Edimburgo 1837), 11.

Capítulo 13: Reconstruindo a França

1. Para este e os capítulos seguintes, o importante colóquio, *La France à l'époque napoléonienne*, em *Revue d'histoire moderne et contemporaine*, julho – setembro de 1970.
2. R. Savatier, *Bonaparte et le Code Civil* (1927); J. G. Locré de Roissy, *Esprit du Code Napoléon* (1805); A. C. Thibaudeau, *Mémoires sur le Consulat* (1827), que nos dá as palavras reais de N durante as discussões sobre o divórcio.
3. J. Bourdon, *Napoléon au Conseil d'État* (1963) contradiz o que ele chama "a teoria simplificada, adotada por historiadores demais, de acordo com a qual N queria suprimir o júri, mas este foi mantido pelo Conselho de Estado contra sua vontade".
4. Aplicação da lei civil aos soldados: G. Canton, *Napoléon Anti-militariste* (1902), citando muitos exemplos.
5. Projeto para uma escola de estudo avançado de História: 19 de abril de 1807. A. Aulard, *Napoléon Ier et le Monopole Universitaire* (1911).
6. Educação feminina: *Corr.* 12585.
7. G. Barral, *Histoire des sciences sous Napoléon Bonaparte* (1889).
8. Melhorias materiais na França: J. P. de Montalivet, *Exposé de la situation de l'Empire* (1813); conde Beugnot, *Mémoires* (1866).

466 NAPOLEÃO – UMA VIDA

9. Temos a opinião de uma inglesa inteligente sobre a França de Napoleão, formada por três anos de experiência morando naquele país. Trata-se de Anne Plumptre, filha do Presidente do Queens' College, Cambridge: "Eu era tão perfeitamente livre como sou na Inglaterra, eu ia aonde desejava ir, e fui recebida com a mesma polidez e hospitalidade de quando a paz ainda subsistia entre os dois países. Nunca testemunhei medidas duras do governo, a não ser em direção aos turbulentos e facciosos; vi em toda parte obras de utilidade pública sendo tocadas; indústria, comércio e as artes sendo incentivadas; e eu não poderia considerar o povo infeliz, ou o governo odioso... achei a expressão em todo lugar tão livre na França como na Inglaterra: escutei pessoas contarem seus sentimentos a respeito de Bonaparte e seu governo, tanto favoráveis como desfavoráveis, sem a menor reserva; e não apenas em companhia privada; entre amigos que se conhecem, mas da maneira mais pública, e nos grupos mais misturados, em diligências, e em *tables-d'hôte*, onde ninguém poderia conhecer previamente o caráter ou sentimentos daqueles com os quais se está conversando, e onde alguém entre o grupo poderia ser um espião da polícia para qualquer que os outros contrariassem – e mesmo assim esta ideia não era restrição para eles." *A Narrative of a Three Years' Residence in France...from the year 1802 to 1805* (1810), II, 324, 400.

Capítulo 14: Abrindo as igrejas

1. Religião diante do Consulado: A. Mathiez, *La Théophilantrhropie et le culte décadaire* (1904); D. F. Dupuis, Abregé (1798).
2. A Concordata: J. Leflon, Etienne-Alexandre Bernier (1938); A. Boulay de la Meurthe, *Documents sur la négociation du Concordat* (1891-1897 e 1905); J. Leflon, *La crise révolutionnaire* (1949); E. Consalvi, *Memorie* (Roma 1950).
3. Incidente em Clermont-Ferrand: Duc de Fezenzac, *Souvenirs militaires* (1861).
4. J. Leflon, *Monsieur Emery* (1945-1946); L. Adolphe, *Portalis et son temps* (1936); J. Jauffret, *Mémoires Historiques sur les Affaires Ecclésiastiques de France* (1823-1824).

Capítulo 15: Paz ou guerra?

1. George III, Pitt e o partido da guerra; duque of Buckingham e Chandos, *Memoirs of the Courts and Cabinets of George III* (1853-1855); *The Windham Papers* (1913); Earl of Malmesbury, *Diaries and Correspondence* (1844); J. W. Fortescue, *British Statesmen of the Great War 1793-1814* (Oxford 1911); J.H. Plumb, *The First Four Georges* (1956)
2. Envolvimento de Windham com *émigrés*: B.M. Add. MSS. 37868-9.
3. George III sobre a "carta do tirano corso": *The Later Correspondence of George III*, III (Cambridge, 1967), 308.
4. A política externa de N: H.C. Deutsch, *The Genesis of Napoleonic Imperialism* (Cambridge, Mass. 1938); A. Sorel, *L'Europe et la Révolution française* (1885-1904), VI, VII, VIII.
5. "As agressões vomitadas diariamente...": Mary Berry à Sra. Cholmeley, 2 de janeiro de 1800 (*Journals and Correspondence*).
6. Missão de Whitworth: O. Browning, *England and Napoleon in 1803* (1887); os Documentos de Liverpool no B.M.
7. Suíça: documentos em Bonaparte, *Talleyrand et Stapfer 1800-3* (Zurique, 1869); movimentações inglesas para apoiar a aristocracia suíça: P.R.O., F.O. 74, vols. 24, 36 e 38.
8. Agressões da imprensa inglesa a N: F. J. Maccunn, *The Contemporary English View of Napoleon* (1914); Dawson Warren, *The Journal of a British Chaplain in Paris* (1913).
9. "Tenho motivos para *ter certeza*..." Buckingham para Grenville, 24 de março de 1803, *Dropmore Papers* VII (1910), 151.
10. Relutância de N em ir à guerra: Remacle, 13 de maio de 1803.

FONTES E NOTAS 467

Capítulo 16: Imperador dos franceses

1. O plano da rue Saint-Nicaise: Archives Nationales F7 6271, 6272; Hortense, *Mémoires I*, 79; J. Rapp, *Mémoires* (1896), 81; J. Lorédan, *La Machine Infernale de la Rue Nicaise* (1924).
2. Plano de Cadoudal: Cartas de agentes ingleses em Munique e Stuttgart, nos Documentos de Liverpool. Duc d'Enghien: A. Boulay de la Meurthe, *Les dernières années du duc d'Enghien* (1886). N mais tarde discutiria com um inglês, "Fiz eu mais do que adotar o princípio de seu governo, quando ele ordenou a captura da frota dinamarquesa, a qual ele achava que ameaçava seu país?" W. Warden, *Letters written at St. Helena* (1816), 148.
3. Planos da coroação: A. Marquiset, *Napoléon sténographié au conseil d'État* (1913). Irmãs de N: M. Weiner, *The Parvenu Princesses* (1964).
4. Coroação: F. Masson, *La sacre et le couronnement de Napoléon* (1908). N concordou com Pio VII que ele deveria coroar a si mesmo, como a edição italiana da *Memorie* de Consalvi (Roma, 1950) deixa claro. A lenda de que N "tomou" a coroa é baseada na duvidosa tradução francesa, 1864.
5. O governo sob o Império continuou a ser de N e seu Conselho de Estado. Os que argumentam que o autoritarismo de N aumentou apontam para suas instruções a Berthier em 14 de fevereiro de 1806: "Atenha-se estritamente às minhas ordens... apenas eu sei o que devo fazer". Mas essa foi uma ordem excepcional, que refletia uma situação excepcional: a Prússia havia traído a aliança francesa, N planejava invadir Berlim, e o segredo era uma condição *sine qua non* para o sucesso.

Capítulo 17: O Império de Napoleão

1. Roma: L. Madelin, *La Rome de Napoléon* (1906); J. Moulard, *Le Comte Camille de Tournon* (Paris, 1927-32).
2. Nápoles: J. Rambaud, *Naples sous Joseph Bonaparte* (1911); B. Nabonne, *Joseph Bonaparte* (1949).
3. Espanha: A. Bigarré, *Mémoires* (n.d.).
4. Holanda: F. Rockquain, *Napoléon I et le roi Louis : Correspondance* (1875); L. Garnier, *Mémoires sur la cour de Louis Napoléon* (1828); A. Duboscq, *Louis Bonaparte em Hollande d'après ses Lettres* (1911).
5. "Um príncipe que ganha reputação de boa índole..." *Corr.* 12.299; cf. Lecestre, no. 134.
6. Vestfália: F. M. Kircheisen, *Jovial King* (1932).
7. Toscana: E. Rodocanachi, *Elisa Baciocchi en Italie* (1900); P. Marmottan, *Les Arts en Toscane sous Napoléon* (1901); S. F. Brulart de Genlis, *Madame de Genlis et la Grande Duchesse Elisa 1811-13. Lettres inédites* (1912).
8. Dalmácia: P. Pisani, *La Dalmatie de 1797 à 1815* (1893).
9. Inglaterra: "O francês vive sob um céu claro..." Pelet de la Lozère, *Napoleon in Council* (Edimburgo 1837).
10. A organização de conhecimento do Institut em uma base europeia: Bibliothèque de l'Institut de France, MSS 3260-81.
11. Goethe também observou a capacidade de N de extrair o melhor de seus administradores. "Sob o seu comando, os homens tinham a certeza de obter seu objetivo, assim como atores se apegam ao novo empresário, que eles pensam que lhes conseguirá bons papéis." *Conversations with Eckermann.*

Capítulo 18: Amigos e inimigos

1. "Ele me disse que para ele o coração não era o órgão do sentimento..." Caulaincourt II, 325.

468 NAPOLEÃO – UMA VIDA

2. J. de La Tour, *Duroc* (1913); J. Lucas-Dubreton, *Junot dit "La Tempête"* (1937) e *A Catalogue of the Celebrated Library of Field Marshal Junot* (1816); A. G. Macdonnell, *Napoleon and his Marshals* (1934); N em Jena: Carta do *chasseur à pied* Deflambard a sua mãe, 11 de novembro de 1806.
3. "Ele ficava furioso..." A. Pons de l'Hérault, *Souvenirs* (1897).
4. N sobre *Mlle* George: 5 de abril de 1803, Remacle.
5. N e o Rei da Saxônia: Bertrand I, 300.
6. Maréchale Lefèbvre e Madame de Chevreuse: G. Ducrest, *Mémoires sur l'Imperatrice Joséphine* (1828).
7. P. Gautier, *Madame de Staël et Napoléon* (1903). N diria em Sta. Helena: "A imperatriz Josephine e Madame Se Staël são dois opostos. Uma é mulher desde os pés até a ponta dos cabelos; a outra é diferente... Como disse Madame de Narbonne, ela tem pouco de feminino. É um homem!" Bertrand II, 329.

Capítulo 19: O estilo do Império

1. Arquitetura, escultura e pintura: G. Poisson, *Napoléon et Paris* (1964); L. Hautecoeur, *L'Art sous la Révolution et l'Empire en France* (1953); F. Benoit, *L'Art sous la Révolution et l'Empire* (1867); *Entretiens de Napoléon avec Canova en 1810* (1824); H. Lemonnier, *Gros* (1904).
2. Algumas vezes diz-se que a pintura favorita de N era *Alexandre, o Grande na Batalha de Issus* de Altdorfer, e que ele pendurou esta obra em seu banheiro em Saint-Cloud. A história apareceu primeiro no *Künstler lexicon* de Nagler em 1835, e me parece sem fundamento; uma extrapolação da visão errônea dos românticos de que N idolatrava Alexandre como herói (C. Gould, *Trophy of Conquest*, 1965).
3. "Vejo pelos papéis..." *Corr.* 14.599.
4. Música: T. Fleischmann, *Napoléon et la Musique* (Bruxelas 1965); truque de Méhul: G. Ducrest, *Mémoires*. Em Elba, N observou duas vezes que a *Marseillaise* havia sido o melhor general da República. A. Pons de l'Hérault, *Souvenirs*.
5. O gosto de N em ficção: "Napoleão me fala de romances... O que lhe causou mais viva impressão foi *Comte de Comminges*. Ele já havia lido duas vezes, sempre indo às lágrimas". Isto foi em 1806. Condessa Potocka, *Mémoires* (1897). Outro dos favoritos de N era *Epreuves du Sentiment de Baculard d'Arnaud* (Maastricht, 1779), 6 volumes de romances em estilo inglês com senhores vilões sendo desleais com leiteiras, que N confessou a Méneval que ele nunca conseguia ler com os olhos secos.
6. "Velho Horácio em *Horace* de Corneille..." J. Pelet de la Lozère, *Napoleon in Council* (Edimburgo, 1837), 9.
7. Discussão de N com Lemercier sobre a liberdade de imprensa: S. de Girardin, *Journal et Souvenirs* (1928). Thibaudeau, *Mémoires*. Em 1803 Viena tinha apenas um jornal político, o *Wiener Zeitung*, que foi censurado.
8. H. Welschinger, *La Censure sous le Premier Empire* (1882); V. Coffin, "Censura e Literatura sob Napoleão I" em *American Historical Review*, XXII, janeiro de 1917.

Capítulo 20: A estrada para Moscou

1. A política naval de N: F. L. Maitland, *Narrative of the Surrender of Buonaparte* (1826).
2. Tilsit e Erfurt: A. Vandal, *Napoléon et Alexandre I* (1891-1896).
3. A legalidade da anulação: L. Grégoire, *Le "Divorce" de Napoléon et de l'impératrice Joséphine* (1957).
4. A personalidade de Marie Louise: *The Private Diaries of the Empress Marie Louise* (1922).
5. Para a campanha russa, as fontes mais confiáveis são A. J. F. Fain, *Manuscrit de 1812* (1827) e as muitas Memórias de oficiais. P. de Ségur, contudo, escreveu seu *Histoire de Napoléon et de la Grande Armée en 1812* (1824) após um estudo prolongado de Tácito, e colocou N muito

FONTES E NOTAS

469

obviamente no papel de um imperador do século I. Seus muitos erros foram respondidos por Gourgaud em *Napoléon et la Grande Armée en Russie* (1825); Gourgaud também lutou em um duelo com Ségur e o feriu.

6. A rotina diária de N: T. Fleischmann, *Napoléon au Bivouac* (Bruxelas, 1957).
7. Curativos em Vitebsk: R. Soltyk, *Napoléon em 1812* (1836). O oficial que corrigiu a geografia de N: Fantin des Odoards, *Journal* (1895).
8. A chegada do retrato do rei de Roma: L. F. J. de Bausset, *Mémoires anecdotiques* (1827).
9. As experiências do capitão François estão registradas em seu *Journal* (1903).

Capítulo 21: Retirada

1. Moscou: abbé Surrugues, *Lettres sur la prise de Moscou en 1812* (1820). "As tropas receberam ordens de juntar alimentos para seis meses, para passar o inverno na capital incendiada". F. Pisani, *Con Napoleone nella Campagna di Russia, Memorie inedite di un ufficiale della Grande Armata* (Milão, 1942), 157.
2. A preocupação de N com os feridos: Fain II, 163-4.
3. A retirada: A. Brett-James, *1812* (1960); Pion des Loches, *Mes Campagnes* (1889); F. Roeder, *The Ordeal of Captain Roeder* (1960); G. Bertin, *La Campagne de 1812 d'après des témoins oculaires*; R. Soltyk, *Napoléon en 1812* (1836); R. T. Wilson, *Narrative of events during the Invasion of Russia by Napoleon Bonaparte* (1860).
4. A viagem de trenó: Caulaincourt. A cena em Varsóvia: D. de Pradt, *Histoire de l'Ambassade dans le Grand Duché de Varsovie en 1812* (1815).

Capítulo 22: Colapso

1. Sobre a corpulência de N, acredito que tenha resultado da falta de exercício e das refeições maiores e mais gordurosas – Marie Louise gostava de comidas pesadas. Alguns médicos supõem uma falência prematura da glândula pituitária (Kemble) ou um tumor da região pituitária (Hillemand). Em qualquer um dos casos, N teria manifestado uma mudança de personalidade notável, falta de sono e de vontade. Não vejo sinais de tal perda. Pelo contrário, N nunca foi tão energético quanto em 1813 e 1814.
2. Filho de N. F. Masson, *Napoléon et son fils* (1922). O palácio do rei de Roma: Méneval, *Souvenirs I*, 298. Em Elba, N se recusou duas vezes a mover pequenos proprietários inoportunos: E. Foresi, *Napoleone I all'isola dell'Elba* (Florença, 1884), 41-2; 49.
3. A entrevista em Dresden: A. J. F. Fain, *Manuscrit de 1813* (1824); C. Metternich, *Memoirs*, tradução inglesa (1880), I, 185 ff. Para uma refutação da frase atribuída a Metternick para N, "O que são mais ou menos 200 mil homens?": J. Grabowski, *Mémoires Militaires* (1907), 95-6.
4. Observações de N sobre ambição: Roederer, 8 de março de 1804.
5. A preferência repentina de N pela comédia: Fain.
6. O. von Odeleben, *A Circumstantial Narrative of the Campaign in Saxony* (1820). "Aides-de-camp..." Testemunha anônima, citada em A. Brett-James, *Europe against Napoleon: the Leipzig Campaign, 1813* (1970), 122.
7. Outro fator no colapso do Império foi, como Toynbee observa, o hábito do francês de pregar o repouso ao mesmo tempo em que glorifica as qualidades marciais: "uma canção de ninar tocada com um trombone".

Capítulo 23: Abdicação

1. As dificuldades de N com seus irmãos: Lecestre, nos 1098, 1122, 1123.

470 NAPOLEÃO – UMA VIDA

2. L. Madelin (ed.), *Lettres inédites de Napoléon à Marie-Louise*. 2ª ed. (1960); E. Gachot, *Marie-Louise intime* (1911-12).
3. A Batalha da França : A. J. F Fain, *Manuscrit de 1814* (1825). Para Bouvier: G. Bertin, *La Campagne de 1814 d'après des témoins oculaires* (1897). A fúria de N em relação a Guyot: L. Griois, *Mémoires* (1909) II, 292-6. Coignet uma vez viu N tão furioso que ele se pendurou em seu cavalo e caiu do outro lado.
4. A visão de N sobre o impossível: Conde Molé, *Sa vie et ses mémoires* (1922), cap. 7.
5. Paris. O número de parisienses servindo no ano de Jena: *Annuaire administratif et statistique du département de Paris* (1806), em Prudhomme, *Miroir de Paris I*, 98.
6. O erro de N ao restaurar as propriedades: Roederer, 11 de fevereiro de 1809.
7. F. –R. de Chateaubriand, *De Buonaparte et des Bourbons* (1814).
8. O retorno de N a Fontainebleau: Fain. Eventos no começo de abril: C. F. de Méneval, *Napoléon et Marie-Louise* (1843-5); *Lettres inédites*.
9. Tentativa de suicídio de N: Caulaincourt.
10. N no jardim de Fontainebleau: J. C. Hobhouse, *The Substance of some Letters written from Paris* (1817).

Capítulo 24: Soberano de Elba

1. L.G. Pélissier, *Le registre de l'île d'Elbe* (1897); A. Pons de l'Hérault, *Souvenirs* (1897); Neil Campbell, *Napoleon at Fontainebleau and Elba* (1869); P. Gruyer, *Napoléon, roi de l'île d'Elbe* (1904); N. Young, *Napoleon in Exile: Elba* (1914); R. Christophe, *Napoléon, Empereur de l'Ile d'Elbe* (1959).
2. Visconde Ebrington, *Memorandum of two conversations* (1823). Lord John Russel conversou com N por uma hora e meia, anotando em seu diário: "Sua maneira... parece estudada para deixar as pessoas à vontade por sua familiaridade; seu sorriso e risada são muito agradáveis". *Diary* 12 de dezembro de 1814.
3. Os cavalos de N: Sellier Vincent em *Nouvelle Revue Rétrospective, I-II* (1894-1895).
4. Caso do "contra-almirante": A. de Vitrolles, *Mémoires* (1884).

Capítulo 25: Cento e trinta e seis dias

1. A marcha para Paris: L. Marchand, *Mémoires* (1952-1955); A. Brett-James, *The Hundred Days* (1964); C. Manceron, *Napoléon reprend Paris* (1965). N, o granadeiro e seu pai idoso: G. Gourgaud, *Journal*, 21 de fevereiro de 1816.
2. *Acte additionnel*: B. Constant, *Journaux Intimes* (1952).
3. Waterloo: uma ordem até então desconhecida enviada por N a Ney dois dias antes da batalha foi vendida na Sotheby's em 27 de outubro de 1970. Nela lê-se: "Senhor príncipe de Moscowa. Estou surpreso com sua longa demora em executar meus comandos. Não há tempo a perder. Ataque com a maior impetuosidade tudo o que estiver em sua frente. O destino da nação está em suas mãos. Nap. 1 hora da tarde." Como resultado do atraso de Ney, o avanço francês em Bruxelas foi interrompido. Isso deu a Wellington tempo para distribuir suas tropas para Waterloo em 18 de junho. A caligrafia clara e legível é evidência forte de que N estava em boa forma física e mental. Inevitavelmente, contudo, os franceses procuraram uma desculpa dizendo que N não estava bem. A teoria favorita é a de hemorroidas. Mas a *única* evidência específica de hemorroidas é uma declaração do dr. Barral em 1900 de que o rei Jérôme lhe havia dito que N estaria sofrendo deste problema em Waterloo. Mas Jérôme nessa época já estava morto há 40 anos! Ele morreu em 1860, com 76 anos de idade. Contra isto, temos a declaração definitiva de L. Marcand, criado de N, de que N não sofria de hemorroidas em Elba, em Waterloo ou em Santa Helena. Hillemand, 23-5.

FONTES E NOTAS

4. Durante seu exílio em Santa Helena, N começou a pensar que ele devesse ter esperado duas semanas antes de enfrentar Wellington: "Talvez eu tenha errado em atacar." Gourgaud, 20 de outubro de 1817.

Capítulo 26: A última batalha

1. As relações entre N e Hudson Lowe aparecem sob uma nova luz desde a publicação dos *Cahiers* de Bertrand e do diário do Major Gideon Gorrequer, secretário de Lowe, em J. Kemble, *St. Helena during Napoleon's Exile* (1969). Também há muitos detalhes valiosos nas partes não publicadas dos Documentos Lowe, particularmente as cartas, diários e relatórios semanais do capitão Nicholls: B.M. Add. MSS. 20.209; 20, 210; 20.212.

2. Outras fontes contemporâneas: G. Gourgaud, *Journal de Sainte-Hélène 1815-1818. Edition augmentée d'après le texte original* (1944-1947); T. de Montholon, *Récits de la captivité de l'Empereur Napoléon à Sainte-Hélène* (1847); lady C. Malcolm, *A Diary of St. Helena* (1899); J. Stokoe, *With Napoleon at St. Helena* (1902). Também, W. Forsyth, *History of the Captivity of Napoleon at St. Helena* (1853) e G. Martineau, *Napoleon's St. Helena* (1968).

3. Antes de navegar, Hudson Lowe havia estado sob pressão de lady Holland para facilitar o exílio de N. Em uma ocasião ela convidou Lowe para jantar com Byron. "Eu perguntei a ele", Byron escreveu, "se as disposições eram as de um grande general: ele respondeu depreciativamente, 'que elas eram muito *simples*'". Byron se conteve, mas não viu Lowe novamente. "Eu sempre pensei", ele observou mais tarde, "que um grau de simplicidade era um elemento da grandeza". E. Tangye Lean, *The Napoleonists* (1970), 169.

Capítulo 27: O fim

1. Fontes contemporâneas como no capítulo 26; também L. Marchand, *Mémoires* (1952-5); Lord Roseberry, *Napoleon, the Last Phase* (1900).

2. As leituras de N podem ser deduzidas das anotações em Bertrand e das listas de livros enviadas a ele: F. G. Healey, "La Bibiothèque de Napoléon à Sainte-Hélène", *R.I.N.* LXXIII-V, LXXX. Entre os livros que ele corrigiu estavam o *Voyage en Syrie et en Egypte* de Volney (1787) e o *Histoire des Guerres des Gaules et des Français en Italie* de Servan (1805).

3. A esperança de N de ir para a América do Sul: em uma mensagem para o Corpo Legislativo, em 12 de dezembro de 1809, ele disse: "O Imperador nunca se oporá à independência das nações continentais da América... Se o povo do México e do Peru desejarem permanecer unidos com a terra-mãe, ou desejarem se elevar à altura de uma independência nobre; a França nunca se oporá aos seus desejos – desde que estes povos não formem nenhuma relação com a Inglaterra". W. S. Robertson, *France and Latin-American Independence* (Baltimore, 1939).

4. A doença de N: em 1819, de acordo com Bertrand, N perdeu toda a vontade de rapé, embora antigamente houvesse consumido grandes quantidades diariamente. O desgosto repentino de tabaco é frequentemente um sinal inicial de câncer do estômago.

5. N sobre os costumes babilônios: P. Ganière, *Corvisart* (1951).

6. A observação atribuída a N: "Eu conheço os homens e digo-lhe que Jesus Cristo não era um homem" é apócrifa. Beauterne, que a criou, nunca conheceu N.

7. A conversa sobre xaropes está registrada por Bertrand, III, 177.

8. A conclusão de que N morreu de câncer do estômago é de pesquisas médicas mais recentes: P. Hillemand, *Pathologie de Napoléon* (1970), 119-81. Pauline também provavelmente morreu de câncer do estômago.

9. A teoria de que N teria morrido de envenenamento por arsênico proposta por Sten Forshufvud em 1961 não conseguiu aceitação. O dr. R. Turner a rejeita em G. Martineau,

472 NAPOLEÃO — UMA VIDA

Napoleon's St. Helena (1968), 222-5; assim como o dr. Hillemand, 181-6. No entanto, mais teorias desse tipo podem ser esperadas, bem como, muito no início, se espalhou a história de que enquanto os cirurgiões haviam feito uma pausa para almoçar durante o *post-mortem*, ratos comeram o coração de N, e o cirurgião teve de substituí-lo pelo coração de um vitelo.

10. O relatório *post-mortem* foi assinado por Shortt, Arnott, Burton, Mitchell e Livingstone. Antommarchi assinou um relatório separado. Mais de dois anos depois, o cirurgião Henry, que havia estado presente no *post-mortem*, escreveu outro relatório para Lowe (B.M. Add. MS. 20.214 f200). Nele ele diz que o pênis e testículos eram "muito pequenos". Isto foi usado por Kemble, Hillemand e outros para uma teoria de puberdade tardia, portanto como evidência de falência pituitária.

11. É importante avaliar a declaração de Henry no contexto. Foi Henry que escreveu o relatório oficial assinado por Shortt, etc, embora ele mesmo, sendo então apenas cirurgião-assistente, não o tenha assinado, e o relatório oficial não faça menção a genitais pequenos. N teria presumivelmente tentado esconder qualquer deficiência neste aspecto, se ela existisse. Mas em 1814, em Vauchamps, ele ficou nu na frente de um destacamento de tropas, e sabemos de um relatório de Montchenu, o comissário francês, que já em 1819, N, nu em pelo, tomou banho em uma das piscinas de seu jardim com Montholon.

12. Quando nos voltamos para o restante do relatório de Henry, descobrimos que ele tem uma tendência a achar quase tudo pequeno: as mãos de N são pequenas, assim como seus pés, sua bexiga, seu coração. E há um incidente revelador na autobiografia de Henry, onde ele faz o possível para mostrar uma má imagem de N. Um dia Henry visita Madame Bertrand. Ela havia medido N contra uma porta branca, e agora mede Henry contra a mesma porta. Henry é mais alto. "Foi um conforto, ao considerar a imensa desproporção entre nossas estaturas intelectuais, saber que eu ganho dele em 5 centímetros na parte física.". *Surgeon Henry's Trifles* (1970), 168. Eu concluo que N pode ter tido uma genitália reduzida, assim como ele tinha mãos e pés pequenos, mas não há razão de acreditar que ele sofresse de puberdade tardia. Sem dúvida o diário não expurgado de Gourgaud e o diário do dr. Verling, ambos na Bibliothèque Thiers, mostram que o comportamento, atitudes e conversas de N eram, do ponto de vista sexual, apenas o que se espera de um soldado normal e saudável. Por exemplo, em 8 de setembro de 1819 N perguntou maliciosamente o que aconteceria se ele – Napoleão – pegasse gonorreia: teria Verling que relatá-la a Lowe?

ÍNDICE REMISSIVO

Abukir, Batalha de 166

Acre, Cerco a 162-65

Addington, Henry, visconde Sidmouth 230, 232, 238

Adye, capitão 388, 389

Albany, condessa de 269

Alcebíades 47

Alexandre I, czar 257, 258, 305-7, 309, 311-16, 322-23, 332, 334, 338, 342, 344, 364-68, 385, 397

Alfredo, rei 49

Ali (Louis Etienne Saint-Denis) 422-424

Allegri, Gregorio, Miserere 281

Alvinzi von Barberek, Josef 124-25

Andréossy, Antoine François 231, 236, 238

Andrieux, capitão 390

Angoulême, duquesa d' 386

Anna Pavlovna, grã-duquesa 308-9

Antommarchi, François 430, 432-38, 440, 442

Antraigues, Emmanuel d' 258

Appiani, Andrea 138

Argenteau, Eugène de Mercy 116

Ariosto, Ludovico 263

Arnault, Antoine 146, 169, 295

Arnault, Antoine, Les Vénitiens 297

Arndt, Ernst 139, 347

Arnott, Archibald 434-35

Arrighi, oficial corso 63

Artois, Charles, conde d' 85, 87, 227, 242, 243, 394-395

Astíanax 358, 420-21

Aubry, François 82, 84

Augereau, Charles 112, 114, 116-17, 174, 348

Augusta da Baviera, princesa 383

Auguste, Henri 293

Augusto, imperador 297, 305

Bacciochi, Felix, 137, 268

Bagration, príncipe 315, 317-18

Ballanche, Pierre Simon 302

Barclay de Tolly, Mikhail 315-17, 332

Barras, Paul 77, 85-8, 104-10, 123, 149, 169-70, 172-74, 235

Barrow, John, History of England 48-49, 89, 407, 428

Bathurst, Henry, conde 419, 421

Beauharnais, Alexandre de 100-3

Beauharnais, Eugène de 101, 102, 136, 161-64, 187, 192, 260, 308-10, 317-20, 326-328, 357, 369, 379, 383

Beauharnais, Fanny de 102

NAPOLEÃO – UMA VIDA

Beauharnais, Hortense de (futura esposa de Luís Bonaparte) 101, 102, 111, 136, 192, 235, 241-42, 336, 356, 379, 397, 401, 407

Beaulieu, Jean Pierre de 116-19, 124

Beaumont, *monsieur* de 283-84

Beckford, William 262

Belliard, Auguste 364

Belly de Bussy 46-7

Bénézech, Pierre 278

Bennigsen, Levin Leontievitch 350

Béranger, Jean Pierre de 302

Beresina, Travessia do 329-31

Bernadotte, Jean 99, 243, 286, 311, 348, 350, 354

Bernardin de Saint Pierre, Jacques Henri, La Chaumière Indienne 46-8, *Paul et Virginie* 79, 150, 428, 431-432

Bernier, Etienne 216, 218-19, 222

Berry, Mary 184, 231

Berthier, Louis Alexandre 109-13, 120, 123, 132, 150, 158, 161, 165, 222, 254, 313, 324, 326, 348, 349, 358

Berthollet, Claude 156-57, 179

Berton, padre Jean Baptiste 31

Berton, padre Louis 31, 39-42

Bertrand, Fanny (François Elisabeth) 379, 411, 429, 433, 435-39

Bertrand, Henri 373, 380, 395, 411, 417, 424, 430, 431, 433, 435-443

Bessières, Jean Baptiste 277, 319

Beugnot, Jacques 212, 267

Biennais, Guillaume 293

Bigonnet, deputado 175

Bigot de Préameneu, Félix 200

Bilderdijk, Willem 266

Blacas d'Aulps, Pierre de 396

Blanchard, Jean Pierre 43

Blangini, Giuseppe 293

Blücher, Gebhard Leberrecht von 341, 347-50, 355, 357-1, 401, 402, 407

Bodoni, Giambattista 276

Bonald, Louis de 302

Bonaparte, Caroline 59, 191, 240-41, 252, 268, 337, 343, 353

Bonaparte, Elisa (Maria Anna) 26, 38-40, 59, 66-7, 137, 252, 268-70

Bonaparte, Jérôme 59, 88, 89, 266-68, 337, 354, 369, 383, 402, 403

Bonaparte, Joseph (Giuseppe)
assina tratados de paz 229-30
Brumário 172
casamento 92-3
confidente de Napoleão 161
crise com a Inglaterra 236, 237
defende Paris 357, 358, 362-65
deseja ser herdeiro de Napoleão 252
educação 30, 31, 38, 39
em 1815 399, 401
em Blois 369
em Malmaison 192
exigindo seus direitos 354
infância 17, 20, 22, 27-9
início de carreira 59, 61, 73, 88, 136
Moina, romance 170
na coroação de Napoleão 253-54
nos EUA 427
opinião de Napoleão sobre 345
recusa coroa italiana 260
rei da Espanha 264-65, 337
rei de Nápoles 263-64
volta para a Córsega 42-3

Bonaparte, Letizia 15-24, 27-9, 36-7, 43, 50, 59, 60, 62, 70, 79, 88, 93, 136-37, 214, 381-82, 386, 389, 401, 407, 430-31

Bonaparte, Lucien (Lucciano) 25, 37-9, 59, 69, 71, 79, 81-82, 88, 89, 110, 136, 170, 172, 175-76, 203, 217, 252, 263, 335, 345, 400-401, 406, 407, 427

Bonaparte, Luís 46, 59, 79, 88, 89, 123, 136, 192, 252, 254, 265-66, 292, 345, 354, 438

Bonaparte, Napoleão, *ver* Napoleão

Bonaparte, Pauline 59, 60, 79, 83, 89, 136-37, 184, 268, 382, 385, 386, 389, 430-31

Bonnamy, General 319

Bonneville Ayral, coronel 248

Bonpland, Aimé 191

Borodino, Batalha de 316-20

Bossuet, Jacques Bénigne 223-24

Boswell, James 26, 51

Bou, Claudine Marie 45

Bourgogne, Adrien François 321, 329

Bourrienne, Louis Antoine Fauvelet de 64, 83, 147, 150, 161, 164, 174-75, 177

Bouvet de Lozier 244

Bouvier-Destouches, tenente 356

Bretchel, tenente-coronel 328

Brienne, Gautier V de 35

Brienne, Gautier VI de 35

Brienne, Jean de 35

Brissac, duquesa de 283

Brissot, Jacques Pierre 64

Broglie, Maurice Jean Madeleine de, bispo de Gand 222

Bruce, Cadete 408

Brutus, M. Junius 54, 79

Buckingham, George Nugent-Temple--Grenville, marquês de 227, 228, 236

Buffon, George Louis de, *Histoire Naturelle* 47

Buonaparte, Carlo 15-28, 30, 36-8, 41-43, 60

Buonaparte, Francesco 15

Buonaparte, Lucciano, arcediago 16, 21, 22, 29, 60-62

Buonaparte, Ugo 15

Burke, Edmund 229

Burney, Fanny 184

Byron, George Gordon, lorde 288, 418

Cacault, François 217-18

Cadoudal, Georges 240, 243-46, 247

Caesar, Julius 36, 49, 174, 181, 297

Caffarelli, Max 157-58, 164, 275

Calbo, Canon 265

Calmelet, Jérôme 109

Calonne, Charles Alexandre de 38

Cambacérès, Jean Jacques 179-80, 187, 195, 196, 247, 251, 254, 272, 285, 339, 346, 354

Cambronne, Pierre 371, 393

Campbell, Neil 382-83, 388-89

Canova, Antonio 269

Carbon, François 240, 241, 243

Carlos Carlos IV, rei da Espanha 258-59, 274

Carlos I, rei da Inglaterra 49, 50

Carlos II, rei da Inglaterra 51, 52

Carlos Magno 224, 249-51, 309

Carlos XII, rei da Suécia 324-25, 327

Carlos XIII, rei da Suécia, 286, 311

Carnot, Lazare 109, 139, 249, 285-86

Carteaux, Jean Baptiste François 72-75

Casabianca, Jacques 153

Castellane, Boniface Louis André 203

Castlereagh, Robert Stewart, visconde 230, 417

Catarina de Württemberg, princesa 267, 383

Catarina, a Grande, imperatriz 50, 257, 282, 305

Caterina, enfermeira 24

Cato, M. Porcius 36, 181

Caulaincourt, Louis de 273, 308-9, 313, 323, 326, 331-36, 344, 355, 358, 364, 366, 368-70, 372, 375, 400

Cervoni, general 204

César, cocheiro 242

Cesari, Colonna 68-69

Cesarotti, Melchiorre 139

Chabrillan, família 78

Chalgrin, Jean François Thérèse 291

Chameroi, Marie Adrienne 221

Champagny, Jean Baptiste Nompère de 291

Champollion, Jean François 160-61

Chandelier, Jacques 431

Chappe, Claude 203

Chaptal, Jean 203

Chardon, padre 31

Charles Emmanuel, rei 232

Charles, arquiduque 306

Charles, Hippolyte 133-35, 137, 149, 161

Charles, padre 34

Charlotte, princesa 413

Chastenay, Mademoiselle de 97

Chateaubriand, François René de 298-99, 302, 362, 401

Chateaubriand, François René de, Le Génie de Christianisme 192, 298

Chaumette, Pierre Gaspard 108-9

Chauvelin, François Claude de 18

Chauvet, tesoureiro 111

Chénier, Marie Joseph 298-99

Cherubini, Luigi 294

Chevreuse, Hermesinde de 284

Chilpéric, rei dos francos 250

Chopin, Nicholas 281

Cipriani, maître d'hôtel 411, 420

Clarence, duque de 229

Clarke, Henri 123, 129, 141

Clary, Désirée (Eugénie) 98-99, 433

Clary, Etienne 92-93

Clary, François 92

Clary, Julie 92-93, 252

Clary, Madame 92-94

Clisson et Eugénie 95-97, 111, 134, 432

Clisson, Olivier de 95

Cobbett, William 229

Cobenzl, Ludwig 144-46, 219, 228

Cockburn, almirante Sir George 413-14, 417

Cockerill, William 352

Código Civil 200-203

Coffinhal-Dubail, Jean Baptiste 149

Colar, Pierre 213-14

Collalto, conde de 15

Collot d'Herbois, Jean Marie 71, 78

Concordata 217-20, 225

Condillac, Bonnet de 205

Confúcio 48

Consalvi, cardeal Ercole 218-19, 224

Constant, Benjamin 285, 287-88, 297, 398

Constant, Constant Wairy, conhecido como 184-88, 244, 256

Constant, Mademoiselle, atriz 97

Conté, Nicolas 148, 160

Corbineau, Jean Baptiste Juvénal 329

Corneille, Pierre 36, 60, 206, 298, 384, 412

Corneille, Pierre
Cinna 297, 300
Horace 297

Cornet, Mathieu Augustin 173

Cornwallis, lorde 229

Correggio, Alvorada 139-40

Corsini, Tommaso 261

Corvetto, Louis Emmanuel 261

ÍNDICE REMISSIVO

Corvisart, Jean 191, 192
Costa de Beauregard 117-18
Crescenti, Girolamo 294
Cromwell, Oliver 49, 50, 174
Curée, Jean François 249
Cuvier, Georges 157, 272
Czartoryski, Adam George 257
Dalayrac, Nicolas 294
Dalberg, Emmerich Joseph, duque de 362
Dampierre, Bispo 220
Dandolo, Vincenzo 270
Danjou, Madame 215
Darwin, Charles 157
David, Louis
  Le Serment des Horaces 42
  Léonidas aux Thermopyles 292
David, Louis 81, 135, 255
Davout, Louis Nicolas 311, 317, 318, 324, 328, 405-406
Davy, *Sir* Humphry 352
Deflambard, soldado de infantaria leve 277
Delaborde, Henri François 314
Delacroix de Contaut, Charles 141
Delessart, major 393
Delille, Jacques 149
Delille, Jacques, *Jardins* 33
Denon, Dominique Vivant 148-49, 151, 159-60, 262, 291, 292, 360
Dénuelle de la Plaigne, Eléonore 280
Des Mazis, Alexandre 41-43, 45, 57, 90, 92, 210
Desaix, Louis 137, 159-60, 296
Descartes, René 205
Desgenettes, Nicolas René Dufriche 165
Dessaix, Joseph Marie 318
Didier, padre 58

Didot, François Ambroise 180, 276
Dillon, Arthur, arcebispo de Narbonne 213
Dommartin, tenente-coronel 73
Doppet, general 75
Doria, Andrea 143
Dou, Gerrit, *A Mulher Hidrópica* 117-18
Drake, Francis 245-46
Drouot, Antoine 388
Du Colombier, Caroline 90
Du Teil de Beaumont, barão Jean Pierre, 55-56
Du Teil de Beaumont, brigadeiro 75
Dubois, dentista de Napoleão 185
Duchâtel, Marie Antoinette 280-81
Duchesnois, *Mademoiselle* 280
Ducos, Roger 177
Dugommier, Jacques Coquille 75-80, 181
Dumas, Mathieu 208
Dumas, Thomas Alexandre 149
Dunan, chef de Napoleão 186-87
Duplan, cabeleireiro 185
Dupont de l'Etang, Pierre Antoine 297
Dupuis, Charles 214
Duroc, Géraud 150, 254-55, 273-76, 331, 346, 421
Dutems, Jean François Hugues 302
Duvernet, Théophile, *History of the Sorbonne* 57-58
Eblé, Jean Baptiste 330
Ecouchard Lebrun, Ponce Denis 154
Eduardo II, rei 49
Eliott, William 230
Elizabeth I, rainha 431
Emery, Jacques André 213, 224, 273, 308
Emmery, negociante de Dunquerque 106

478 NAPOLEÃO — UMA VIDA

Enghien, Louis Antoine, *duc* d' 245-47, 279

Erlon, Jean Baptiste Drouet, conde de 403

Essex, Arthur Capel, conde de 50-53

Essex, Eliabeth, condessa de 50-53

Estanislau II, rei da Polônia 282

Estêvão II, papa 249

Exelmans, Remi Isidore 359

Fantin des Odoards, Louis Florimond 314

Farine, general 403

Fenoyl, *Mademoiselle* de 28

Ferdinand, duque de Parma 139-40

Ferdinando I, rei de Nápoles 238, 262-63

Ferdinando VII, rei da Espanha 265

Fersen, Axel de 16, 38

Fesch, Giuseppe, futuro cardeal arce-bispo de Lyon 29, 30, 213, 220, 430-31

Fleury de Chaboulon, Pierre 387

Fleury, cardeal de 48

Fleury, duquesa de 284

Fontaine, Pierre François 289-90

Fontanes, Louis de 290, 298

Fouché, Joseph 78, 262, 353, 357, 406

Fouques, cientista 207

Fourcroy, Antoine François de 215

Fourès, Pauline 162, 280

Fourier, Jean Baptiste 148

Fournier, bispo 430

Fourreau, "Purge" 378

Fox, Charles James 228-29, 239

Francisco II, imperador 112, 127, 268, 305-309, 338, 340-44, 354, 360, 361, 370, 371, 373, 374, 380, 384, 400, 439

François I, rei 119

François, capitão 319-20

Franklin, Benjamin 192

Frederick William III, rei 258-59, 268, 355, 338, 342, 344, 365

Frederico Augusto I, rei da Saxônia 282

Frederico da Suábia, duque 15

Frederico, o Grande, rei 50, 181, 257

Fréron, Stanislas 73, 77, 83, 86, 87, 89, 92, 136

Friant, general 319

Frochot, Nicolas 289

Gaignier, tanoeiro 340

Gallo, Marchese di 144

Ganteaume, Honoré 167

Garat, Pierre Jean 294

Garrau, comissário do governo 123-24

Gasparin, Thomas 74

Genlis, Stéphanie Félicité de 269

Geoffroy Saint-Hilaire, Etienne 148, 157

George III, rei 227-30, 234, 236, 238

George, *Mademoiselle* (Joséphine Weimer) 280

Gérard, François 316

Giacominetta, amiga de escola 21

Giorgione, Concert champêtre 140

Giubega, Laurent 50

Godoy, Manuel de 259, 264

Goethe, Johann Wolfgang von 272, 288, 297

Goethe, Johann Wolfgang von, Werther 152, 296

Gohier, Louis 170, 172, 173

Gourgaud, Gaspard 407-8, 411, 413-14, 429

Grand, Catherine Noel 218

Granet, Conventionnel de Marselha 80

Grasse, François Joseph Paul, conde de 36

Grassini, Giuseppina 280, 294

Gratet de Dolomieu, Déodat 116

Gregório de Tours, São 295

Grenville, William 227, 229, 231, 236-37

Gresset, Louis, Vert-Vert 296

Grétry, André 283, 295

Grey, Charles, conde 231

Grimm, Jacob von 267

Gros, Jean Antoine 135-36, 292

Grouchy, Emmanuel de 402

Guglielmo, líder corso 51

Guyot, Claude Etienne 359

Hakim, Hashim ibn 54

Hamelin, Fortunée 137

Hardenberg, Karl August, príncipe von 238

Hatzfeld, princesa 247

Hatzfeld, príncipe 247, 294, 297

Hauté, carregador 34

Hauté, Madame 33

Hawkesbury, barão, futuro segundo conde de Liverpool 236-37, 343

Haydon, Benjamin 378

Henrique VIII, rei 219, 428

Henry, Walter 442

Hérault de Séchelles, Marie Jean 71

Hobhouse, John Cam 418

Hoche, Lazare 105, 147

Homero, *A odisseia* 295

Hood, Samuel, Visconde 75, 77

Hugo, Victor 289

Ilari, Camilla 20, 22, 29, 253

Jackson, Francis James 230

Jacquard, Joseph Marie 207

Jagiello, Ladislau II, rei 282

James I, rei 49

Januário, São 264

Jardin, cavalariço de Napoleão 278

Jean II, rei 35

Jerzmanowski, major 394

Jesus Cristo 137, 214, 429, 439

Joséphine, imperatriz 100-11, 131-37, 149, 161-62, 169, 175, 184, 188-91, 234, 241-42, 247, 249, 252-56, 280-81, 292, 294, 296, 308, 310, 324, 339, 345, 379-81, 440, 441

Joubert, Barthélemy 125, 127, 181

Jouberthon, Madame 252

Junot, Andoche 76, 79, 83, 111, 113, 161, 275-77

Keith, almirante Lorde 416

Keller, Heinrich 140

Kellermann, François Christophe 121-22

Kéralio, cavaleiro de 34, 37

Kilmaine, Charles 112

Kléber, Jean Baptiste 152-53, 164, 168

Kleinmuller, Madame 430

Kurakin, embaixador russo 311

Kutuzov, Mikhail Larinovich 316, 317, 319, 323-25, 327, 329, 332

La Bruyère, Jean de 134

La Fayette, Marie Joseph de 209

La Harpe, Amédée Emmanuel François de 116

La Revellière-Lépeaux, Louis Marie 126-27, 214, 253

La Tour du Pin, Henriette Lucy 353

Labédoyère, Charles de 394

Laczinski, Theodor 380

Lainé, Joseph 355

Lamarck, Jean Baptiste de 157

Lamballe, cerealista 240

Lamouret, capitão 391

Lancret, erudito 160

Lannes, Jean 119, 120, 126, 166, 275

Laplace, Pierre Simon de 179

Lapoype, general 80

Larrey, Dominique 157, 164, 274, 320

Las Cases, Emmanuel de 407, 411, 412, 415, 431

Lasausse, Jean Baptiste, Souvenirs continuels de l'Eternité 301

Latouche-Tréville, Louis de 304

Latour-Maubourg, Marie Victor, Marquis de 350

Laugier de Bellecour, Pierre François 34, 41-42, 273

Laurent, Bartolini 269

Lauriston, Jacques de 230, 323

Lavalette, Antoine Marie de 87, 153, 313, 363, 397

Lavater, Jean Gaspard 47, 97, 279

Lavoisier, Antoine Laurent de 149

Lawley, Robert, futuro lorde Wenlock 38

Le Lieur de Ville sur Arce, Charles 34

Le Père, Charles 158

Lebrun, Charles François 179-80, 195, 254, 341

Leclerc, Victoire Emmanuel 134, 136, 176

Lefèbvre, Catherine 283-85

Lefèbvre, François Joseph 172-73, 277, 367

Lefèvre, comissário 98

Legião de Honra 208-9

Leipzig, Batalha de 349-51

Lemercier, Népomucène 286, 298-300

Lenglet, deputado 174

Leonardo da Vinci, A Última Ceia 140

Leônidas 292

Lesage, Alain René, Gil Blas 41

Lesseps, Ferdinand de 168

Lesueur, Jean François 294

Licurgo 48

Limoëlan, Joseph Pierre Picot de 240-43

Locke, John 50

Lodi, Batalha de 119-21

Louise, princesa 27

Louise, rainha da Prússia 259

Lowe, *Sir* Hudson 413-25, 432, 434, 442

Luís IX, rei e santo 292

Luís XIV, rei 48, 80, 192, 208, 296

Luís XV, rei, 18, 393

Luís XVI, rei 25, 43, 49, 55, 57, 64-66, 85, 181

Luís XVIII, rei 85, 167, 172, 240, 299, 366, 385-87, 392, 395-97, 406

Lusignan, general 125

Macdonald, Alexandre 277, 348, 361, 367-68, 395

Mack, Karl 258

Maillard, coronel 63

Maillebois, Jean Baptiste François de III, 112, 119

Maitland, Sir Frederick Lewis 408-9

Malcolm, almirante Sir Pulteney 418

Malcolm, *Lady* Clementina 418

Malebranche, Nicolas de 205

Malet, Claude François de 331

Malmesbury, James Harris, conde de 228

Manning, contramestre 408

Mantegna, Andrea, Madonna da Vitória 140

Maomé 154

Marbeuf, bispo de 27, 30, 40, 45

Marbeuf, Louis Charles René, conde de 26, 37, 50

Marbeuf, Marquis de 27

Marchand, Louis 187, 410, 418, 420, 438, 441

ÍNDICE REMISSIVO

Maret, Hugues Bernard 358, 387-88
Maria Antonieta, rainha 25, 35, 105
Maria Carolina, rainha de Nápoles 126, 259, 264, 383
Maria Ludovica, imperatriz 338
Maria Luísa, rainha da Espanha 259
Marie Antonovna *ver* Narishkin
Marie Louise, imperatriz 127, 309-10, 334, 338-41, 355-54, 358-60, 363, 365, 369-74, 378, 380, 381, 383-84, 400, 429, 438-39
Marigny, François Augier, *History of the Arabs* 47
Marivaux, Pierre de, *Le Jeu de l'amour et du hasard* 324
Marmont, Auguste 123, 132, 270, 350, 358, 363, 364, 368
Martini, Jean Paul, Sappho 95
Mary I, rainha da Inglaterra 428
Mary, rainha da Escócia 431
Massena, André 112, 114, 116, 117, 120, 123, 125, 169, 232
Massillon, Jean Baptiste 178
Massimo, Marchese Camillo 284
Maury, Jean Siffrein 357
Maximus, Fabius 284
Mecklenburg-Schwerin, Frederick Louis de 379
Mehemet Ali 168
Méhul, Etienne 149, 293
  L'Irato 293
Melet, Dragão 328
Méneval, Claude François de 187, 197, 400
Méot, chef 264
Metternich, Clemens 313, 341-46, 353, 370, 371, 374, 380, 384, 399-400, 439
Mieszko, rei da Polônia 282

Mirabeau, Vitor, Marquis de 56, 64, 85, 181
Moët, Jean 362
Mollien, Nicolas 196
Moncey, Jeannot de 367
Monge, Gaspard 156-58, 164, 179
Montchenu, Claude de 422
Montenotte, Batalha de 116
Montesquieu, Charles, barão de 43, 178
Montesquiou, Madame de 334
Montfort, coronel 351
Montfort, Simon de 49
Montholon, Albine de 411, 418, 429, 439
Montholon, Tristan de 407, 411, 412, 418, 422, 423, 434, 438-44
Moore, John 64-65
Moore, subsecretário 234
Morati, comissário 62
Moreau, Jean Victor 209, 244
Mortier, Adolphe 326, 363
Moulins, Jean François Auguste 172-174
Mozart, Wolfgang Amadeus 281
Muiron, coronel 77, 167, 275, 421
Müller, Johannes von 295
Murad Bey 152
Murat, Joachim, rei de Nápoles 86, 113, 128, 132, 166, 176, 264, 277, 318, 320, 322, 324-28, 330-32, 348, 353, 357
Mustufa, general 166
Napoleão
  abdicação 368
  Acte additionnel 398-99
  amantes 280-81
  amizade com o czar Alexandre 305-7
  anexa o Piemonte 232
  apoia a Constituição de 1791 57-58
  aprende francês 31
  ataque abortado em Maddalena 68-69

atentado 241

autópsia 442

banido 69

Batalha de Leipzig 349-51

Batalha de Waterloo 403-5

Beresina, travessia do 329-31

bloqueio de Toulon 73-78

briga com Pio VII 223-26

Brumário 172-77

campanha de 1814 356-64

campanha egípcia 151-53, 166

captura Malta 150-51

características corsas 22-4

carta ao dr. Tissot 61

casa-se com Joséphine 110

casa-se com Marie Louise 209-10

cerco de Acre 163-65

Clisson et Eugénie 95-97

Código Civil 200-3

Concordata 217-20

confere a regência a Marie Louise 340

constituição do ano VIII 178-80

cônsul vitalício 247

coroação 255

coup d'état de 18-19

cria a Confederação do Reno 258

dá à Suíça o Ato de Mediação 216

Ensaio sobre a Felicidade 53-54

Elba, melhorias em 377-78

eleito primeiro-cônsul 180

em Moscou 322-25

escapa com sua família para a França 70

estabelece as Repúblicas Cisalpina e Ligúria 142-43

expressão facial 184

extensão do Império 260

físico 182-83

genealogia 15-16

gosto por banhos quentes 184

gostos em comida e vinho 186-87

hábitos de trabalho 194-95

história sobre a condessa de Essex 51-52

History of Corsica 51-53

Império, colapso do 351-53

infância 20-1, 28

Institut d'Egypte 156-61

invade a Rússia 312

lê Barrow 48-49

Le Souper de Beaucaire 72-73

Legião de Honra 208-10

lutando na rua em Ajaccio 62-63

morte 442

na Academia de Brienne 31-40

na École Militaire 41-44

nascimento 20

no Conselho de Estado 195-97

obras públicas 210-11

obras públicas em Paris 289-91

ocupa Nápoles 259

patente 44

perde a fé 35-6

política financeira 198-99

por que ele ganhava batalhas 128-29

prefere acadêmicos e escritores italianos 137-39

preso 80-81; 13

primeira campanha italiana 112-27

primeiros casos amorosos 90-99

propõe ceder Malta 238

publica o relatório de Sébastiani 233

quer entrar para a marinha 36-7

reação à infidelidade de Josephine 161-62

reformas educacionais 205-8

retirada de Moscou 235-40
roupas 185-86
saúde 183
suicídio, tentativa de 372
tenente coronel na Guarda Nacional da Córsega 62
testamento 438-39
testemunha o ataque às Tulherias 65
tratado de Campo Formio 144-46
tratamento dos criados 187-88
última doença 432-41
Varsóvia 332-34
Vendemiário 86-87
vida na guarnição 45-46
Narbonne-Lara, Louis, conde de 197
Narishkin, Marie Antonovna 306
Neipperg, Adam Albrecht von 383-84, 400
Nelson, Horatio, lorde 153, 230, 304
Nero, imperador 428, 431
Nesselrode, Karl von 365
Newton, Sir Isaac 156, 162
Ney, Aglaé 396
Ney, Michel 277, 318-20, 328, 330, 348, 350, 367, 368, 395-96, 401, 402-4
Nicholls, George 422, 423
Norry, Charles 157
Noverraz, criado suíço 424
O'Meara, Barry 421
Odiot, Jean Baptiste Claude 293
Odone, Paolo 24
Offa, rei 49
Oldenburg, duquesa de 309
Ordener, Michel 245
Oriani, Barnaba 139
Oudinot, Nicolas Charles 277, 328-30, 348
Pacca, cardeal Bartolomeo 225, 340, 342

Paesiello, Giovanni 93, 255, 293
Paesiello, Giovanni, Nina 293
Paganini, Niccolo 268
Paoli, Pasquale 16-19, 31, 41, 61, 67, 69
Paravicini, Geltruda 20-22
Paravicini, Nicolò 38
Parseval-Grandmaison, François Auguste 149
Patterson, Elizabeth 89, 267
Paulo I, czar 279
Pedro III, czar 279
Pelet de la Lozère, Jean 195, 301
Pellapra, Emilie 280
Pellet Desbarreaux, Hippolyte 78
Pensol, *Mademoiselle* 241, 242
Pepino, rei dos francos 49, 249
Peraldi, família 62
Percier, Charles 276, 289, 290
Permon, Cécile 44
Permon, Laure, futura Madame Junot 44, 276, 280
Permon, Madame 44
Petit, Jean Martin 404
Peyrusse, Guillaume Joseph Roux, barão 390
Pichegru, Charles 243
Pietri, oficial corso 63
Pio VI, Papa 57-58, 126, 214-16
Pio VII, Papa 216-17, 223-26, 251-53, 255, 340, 427
Pirâmides, Batalha das 152
Pitt, William 227-30, 235, 236, 258
Plancy, conde de 196
Platão, *A República* 48
Plutarco, *Vidas de Homens Famosos* 36, 384, 407
Polignac, príncipe Armand de 247
Pompeia 297

Poniatowski, príncipe Jozef 317-18, 350, 351

Pontécoulant, Louis Le Doulcet, conde de 84, 109

Pontornini 46

Portalis, Jean 200, 202, 221-23, 249

Pozzo di Borgo 62

Pradt, Dominique de 333

príncipe regente 355, 400, 408, 416

Provera, general 116-17, 124

Ptolomeu V, *Epiphanes* 160

Pym, John 49

Quasdanovich, general 125

Quenza, coronel 67-68

Racine, Jean
Andromaque 358, 420-21
Mithridate 386

Radcliffe, William 352

Raguideau, tabelião de Paris 108-10, 254

Ramolino, família 15-16

Ramolino, Letizia *ver* Bonaparte, Letizia

Randon, capitão 393

Raphael, *The School of Athens* 140

Rapp, Jean 241-42, 317, 318, 326-27, 345

Rauch, Christian Daniel 269

Raynal, *abbé* Guillaume 53

Réal, Pierre François 244-45

Récamier, Julie 104, 398

Recco, padre 21, 26

Redouté, Pierre Joseph 148, 191

Regnault de Saint Jean d'Angély, Michel 248, 249, 406

Rémusat, Auguste Laurent de 365

Rémusat, Claire de 365

Rey, general 125

Ricardo II, rei 49

Rigo, Michel 159

Rivoli, Batalha de 124-25

Robespierre, Augustin 80-82

Robespierre, Maximilien 71, 72, 80-81, 85, 98, 102, 342

Robinson, Henry Crabb 257

Rocca della Sera, tenente 63

Rochambeau, Jean Baptiste Donatien de 209

Roederer, Pierre Louis 65, 172, 179, 193-95, 277-78, 300, 345, 346, 448

Rollin, Charles, *Ancient History* 48, 158

Roma, rei de 310, 3146, 334, 339, 355-56, 358, 360, 363, 371, 373, 400, 406, 421, 427, 438, 441, 442

Rosey, capitão 245-46

Rostopchin, Fydor Vasilievich 322

Rousseau, Jean Jacques
"Considerações sobre o Governo da Polônia" 282
Emile 221
La Nouvelle Héloise 38

Rousseau, Jean Jacques 50, 264

Russell, lorde John 383

Russell, William, lorde 51

Rustam 185, 331

Sade, Donatien, Marquis de 169

Saint André, Jeanbon 207

Saint Germain, Claude Louis de 35

Saint Just, Louis de 71

Saint Réjant, Pierre Robinault de 238-43

Saliceti, Antonio Cristoforo 67, 69, 70, 73, 76-78, 80-82, 92, 114, 118, 123-24

Salier de La Tour 117

Sampiero, Corso 51

Savary, René 346, 360, 365

Saveriana, criada 59

Savigny, Marie Jules César Lelorgne de 157

Saxe, marechal de 38, 181

Scarpa, Antonio 139

Scherer, Barthélemy 109

Schwarzenberg, Karl Philipp, príncipe von 347-50, 357, 358, 365

Ségur, Louis Philippe de 250, 298

Senno, pescador de atum 383

Serbelloni, Gian Galeazzo 142

Serrano, Francisco 272

Sérurier, Jean Philibert 117

Sidney, Algernon 51

Sieyès, Emmanuel Joseph 56, 171-74, 177-79

Siméon, Joseph Jérôme 267

Simon, general 243-44

Sismondi, Simonde de 399

Smith, *Sir* Sidney 75, 163, 165

Solomon, Gideon 420

Somerset, Protetor 49

Sophie Barat, Santa 221

Soult, Nicolas 344, 392, 395

Soviris, oficial corso 50

Spallanzani, Lazzaro 138

Speransky, Mikhail Mikhailovitch 306, 311

Spina, cardeal Giuseppe 218

Spontini, Gasparo 268, 294

Staël, Germaine de 204, 286-88, 302, 315, 379

Staps, Frederick 308

Stendhal 203

Stokoe, John 432

Suffren, Pierre André, Bailli de 36

Tácito 431

Taillade, tenente 385, 390

Talleyrand-Périgord, Charles Maurice de 148, 162, 172-73, 213, 215, 218, 237, 245, 246, 254, 279, 282, 286, 288, 307, 324, 335, 346, 353, 362, 365, 366, 368, 385, 399-400

Tallien, Jean Lambert 98, 102, 110, 155

Tallien, Thérésia 98, 103-4, 135

Talma, François Joseph 339, 401

Tamara, general 84

Tardivon, Abbot 45

Tascher de La Pagerie família 100

Tasso, Torquato, *Jerusalem Delivered* 33, 263

Tavernier, Jean Baptiste 47

Tchitchagov, almirante 328-29

Temístocles 407

Tencin, Claudine Alexandrine Guérin de 293

Tennant, Charles 352

Thorwaldsen, Bertel 269

Tieck, Ludwig 269

Timandra 47

Tinseau, Charles de 231

Tissot, Samuel 60-61

Tolstoy, Nicolas 311

Tott, François de 147

Traditi, prefeito 376, 378

Treilhard, Jean Baptiste 249

Tronchet, François 200-202, 248

Truguet, Laurent 84

Tuchkov, general 317-18

Turgot, Anne Robert Jacques 207

Turnatori, professor 43

Tyler, Wat 49

Ugo, ancestral de Napoleão 15

Vandamme, Dominique René 348

Varesne, Madame de 27

Vaux, conde de 19

Vetri, Pietro 139
Vicente de Paulo, São 193
Victor Amadeus III, rei 66, 112, 117-18
Victor, Victor Perrin, conhecido como 328
Vignon, Pierre Alexandre 290
Villars, Claude Louis Hector, Duc de 112, 192
Villeneuve, Pierre de 304
Villoteau, Guillaume André 149, 157
Visconti, Giuseppina 132, 150, 158, 254
Vitrolles, Eugène de 387, 396
Vivian, John Henry 383
Volney, Constantin de 147, 152
Volta, Alessandro 138, 192
Voltaire 60, 154, 164, 171, 208, 263, 264, 384
   Alzire 53
   Essai sur les Mœurs 48
   Histoire de Charles XII 295, 324
   La Mort de César 33, 296, 333
Walewska, Marie 281-82, 380-81, 407
Walewski, Alexandre 282, 380-81

Walewski, Anastase 281
Warens, Louise Eléonore de 46
Washington, George 180, 175
Waterloo, Batalha de 402-405
Watteau, Louis 139
Wellington, Arthur Wellesley, duque de 344, 354, 399, 401, 402-406
Wendel, Ignace de 45
Whitworth, lorde 231, 232, 234-38
Wicar, Jean Baptiste 234
Wickham, William 229, 233-34
Wieland, Christoph Martin 295
Wilberforce, William 239
Wilkinson, John 45, 352
Wilson, Sir Robert 233
Windham, William 227, 230, 231, 243
Wittgenstein, Ludwigsberg, príncipe von 328-30
Wurmser, Sigismond de 122-26
Yorck von Wartenburg, Hans 338
York, duque de, futuro James II 52
Ziethen, Graf von 404